U0447051

本文集（全四卷）系河北省社会科学基金项目“《胡如雷先生全集》整理与研究”（批准号：HB23ZL001）结项成果

胡如雷文集

第三卷·隋唐政治史论集 隋唐五代社会经济史论稿

胡如雷◎著

阎荣素◎编

河北师范大学历史文化学院双一流文库

中国社会科学出版社

目　录

隋唐政治史论集

隋唐五代社会经济史论稿

隋唐政治史论集

前　言

今年1月份，我刚过了七十岁生日，俗话说："人生七十古来稀"，现在人生七十虽已不是什么稀罕之事，但自己感到毕竟年事已高，应该对以往的学术研究工作做一些总结了，这是我决定整理出版这本集子的主要考虑。

回顾以往，我虽然以隋唐史作为毕生的主攻方向，其实在青年时代并未系统学习过隋唐史。40年代后期我在西北大学读书时，学校开有中国通史课，但我只学到魏晋南北朝就离校了。后来转入清华大学历史系，而那里的中国通史已讲到了宋代。就这样阴错阳差，读了两所大学，也没能赶上听隋唐史的课。从清华毕业后，在孙毓棠先生的指导下，我才走上研究隋唐史的道路。转眼间，在这条路上已经跋涉了四十多个年头。

四十多年的时间，要说也不算短了，但真到了做总结的时候，才感到离"硕果累累"还相距甚远。由于各种因素的作用，我的研究工作往往没有什么长远规划，也谈不上系统性，所以选题比较杂乱，给论文集的编辑整理造成了不少困难。在翻检旧作时，我觉得有关隋唐政治史的论文稍多一些，所以就打算把这类旧作搜集起来，先出一本《隋唐政治史论集》。

如前所述，我治隋唐史基本上是自学出身，在治学方面没有受过严格的、科学的训练，基本功不过硬，基础也比较薄弱，因而，经过长时间的考验之后，自己至今还认为说得过去的成果实在是为数有限。这本文集所收的旧作中错误和不妥之处是在所难免的，望各位专家学者和广大读者能尽量予以指正，以免以讹传讹。另外，如果能以我的不足和失误为青年人提供一点前车之鉴，也算是坏事变好事吧！

我因身体多病，精力不济，多亏秦进才同志花大功夫帮助搜集整理，又承河北教育出版社的同志们多方努力，这本文集才得以面世。在此，我要对他们深表感谢。另外，在论文的搜集整理过程中，还有孙继民、吉成名和唐华全、张荣强、姜密等同志也做了不少工作，在此一并致谢。

胡如雷　1996 年春

隋文帝评价

隋文帝杨坚，是中国历史上起过显著进步作用的杰出皇帝。但对于这样一个重要人物，史学界过去却很少论述，本文打算在这方面查漏补缺，专就杨坚这个历史人物谈谈个人的看法。

一　统一集权帝国的重建和巩固

隋文帝在临终遗诏中说：

> 嗟乎！自昔晋室播迁，天下丧乱，四海不一，以至周、齐。战争相寻，年将三百，故割疆土者非一所，称帝王者非一人，书轨不同，生人涂炭！①

实际上，黄巾起义以后，从董卓之乱开始，就早已是"天下丧乱""战争相寻"了，"书轨不同，生人涂炭"岂止"年将三百"，而是足足有四个世纪之久。西晋的短期统一，只不过是一个短短的插曲而已。结束这四百年大混乱、大分裂的政治家不是别人，正是我们要评价的隋文帝杨坚。

在中国封建社会史上，有四次由分裂割据走向统一集权：第一次是由战国纷争到秦统一，第二次是由魏晋南北朝到隋统一，第三次是由五代十国到宋统一，第四次是由宋金对峙到元统一。隋文帝就是实现第二

---

① 《隋书》卷2《高祖纪下》。以下所引《隋书·高祖纪》不另注出处。

次大统一的关键人物，是可以和秦始皇、宋太祖、元世祖相齿列的政治家。隋统一不如秦统一意义重大，但秦始皇的暴君色彩远远超过了隋文帝；宋太祖虽然也不是以暴君的角色登上历史的舞台，但“积贫积弱”的北宋根本不能同繁荣强盛的隋朝同日而语；元朝的大一统超过了隋代，但落后民族带来的因素在隋朝却付之阙如。正如唐朝人所说，隋统一结束四百年的大混战，“使六合之中，观如晓日；八纮之内，若遇新晴!”[①]

分裂混战使生灵涂炭，人民群众迫切需要实现统一，但统一能否变成现实，并不取决于人民要求的有无，而取决于全国统一的客观条件是否已经成熟。杨坚生逢其时，正处在这一条件已经基本具备的阶段，所以他才可能顺应历史发展的趋势，完成时代所赋予的使命。

董卓之乱以后的“钱货不行”,[②] 自然经济的加强，并不是全国走向割据分裂的主要原因。封建社会贩卖“体轻价贵”奢侈品的转运商业，并非建立在地方分工、区域市场的基础之上，它的兴衰不足以决定国家的统一或分裂。欧洲14、15世纪中央集权制形成的经济前提是统一的民族市场的建立，而这一点往往不是封建性转运贸易所可为功的。魏晋南北朝时期出现大分裂、大动荡的真正原因有两个：第一，是农民的人身依附有所加强，豪强世族依靠稳定地占有依附农民而获得累世不衰的经济地位，经济地位的稳定性反映在政治上，就是“公门有公，卿门有卿”,[③] “以贵承贵，以贱袭贱”[④]。北朝功臣“多为本州刺史”,[⑤] 有的则凭仗门阀地位“累世本州刺史”[⑥]。世袭刺史、世袭县令是司空见惯的事。[⑦] 南朝也有类似的情况，晋安太守陈羽就曾在梁末以郡传于其子宝应。[⑧] 从冯业以后，冯氏一门在广东一带数世为守牧。[⑨] 无论南北，在战争时期，很多世族和豪强都在乡里招募宗族、乡党、部曲、义勇，率领

---

① 《全唐文》卷171朱敬则《隋文帝论》。
② 《三国志》卷6《董卓传》。
③ 《晋书》卷92《王沈传》。
④ 《魏书》卷60《韩麒麟附显宗传》。
⑤ 《周书》卷36《令狐整传》。参阅同书《王杰传》《刘雄传》《李穆传》及《李迁哲传》。
⑥ 《北齐书》卷43《羊烈传》。
⑦ 《周书》卷44《泉企传》《阳雄传》。
⑧ 《陈书》卷35《陈宝应传》。
⑨ 《北史》卷91《谯国夫人冼氏传》。

私人武装参战，往往借此立功晋升。这些守牧还在各地自辟僚佐，任用私人。这种同乡里发生密切联系的豪强、世族是瓦解统一政权的蠹虫，分裂割据的社会基础。第二，“永嘉之乱”以后的长期民族大混战，持续了好几百年，复杂的民族矛盾助长了分裂的趋势。

这两个因素，在南北朝后期终于逐步削弱了。门阀、豪强所过的养尊处优的生活使他们变成“熏衣剃面，傅粉施朱”的废物，是社会上的多余阶层。在生产力发展、劳动人民不断斗争下，超经济强制有走向缓和的趋势，地主控制部曲、家兵的能力随之有所削弱。在这种情况下，这一反动阶层不但经不起孙恩起义和北镇起义那样的沉重打击，甚至在统治阶级内部斗争中，尔朱荣的河阴之役也能使北方“衣冠歼尽”，[①]“侯景乱梁”也足以使“江东百谱”的名门望族“覆灭略尽”。[②]世族、豪强的衰落是统一集权得以实现的重要条件之一。北魏孝文帝的“汉化”政策取得显著效果，使民族隔阂大大消除，大致到北周末年，胡汉之间的民族界限已经很淡薄了，所以汉人杨坚能够入柄朝政，建立隋朝。这就克服了实现全国统一的另一个障碍。

大变革的时代必然造就出成就巨大历史业绩的杰出人物，这种人物只能在西魏、北周的土壤上培植起来，而不可能出现于北齐和南朝。北魏一度统一过北方，北强南弱的形势已经初步形成，但就全国统一的政治条件而言，尚不成熟。自太和之后，北魏上层集团在封建化过程中日益腐化，“唯事货贿”[③]。北方政权不首先在政治上振作起来，就很难有所作为，无从混一区宇。魏末农民大起义打击了腐朽的封建统治，在一定程度上冲刷了多年积累下来的政治污浊，然而东西魏分裂使历史走了迂回曲折的道路，全国统一又须从统一北方从头做起。一时形成三方鼎峙的局面，在神州逐鹿中鹿死谁手，就取决于哪一方能够产生顺应历史潮流、执行进步政策的杰出政治人物。就当时具体情况而言，北齐和南朝都不能造就这样的人物。东魏、北齐是崔、卢、李、郑门阀士族盘根错节的地区，而且商人势力猖獗，他们的干政造成了政治上的严重腐败。齐

① 《北齐书》卷29《李浑传》。

② 《北齐书》卷45《颜之推传》注。

③ 《北史》卷17《魏汝阴王天赐传》。

后主卖官敛财的结果，“州县职司多出富商大贾，竞为贪纵，人不聊生”[①]。段孝言掌选之下，“富商大贾，多被铨擢；纵令进用人士，咸是危险放纵之流”[②]。齐氏诸王选用的国臣府佐，同样也是“多取富商群小鹰犬少年”[③]。南朝的状况基本上与北齐相同。朱、张、顾、陆、虞、魏、孔、贺等大族的势力比北方的崔、卢、李、郑有过之而无不及。商业比较繁盛引起了官僚的普遍经商，其后果也是走向政治腐败。如刘宋邓琬父子在江州“使婢仆出市道贩卖”，故“贪吝过甚”，在政治上“卖官鬻爵”。[④]萧梁的郢州刺史曹景宗亦“在州鬻货聚敛”，在他统治下“部曲残横，民颇厌之”。[⑤] 在门阀盘踞要津、商贾干政、官吏经商的情况下，北齐和梁、陈只能走向衰亡，根本不能产生有所作为的政治家。关陇地区的门阀世族与山东、江南不能相匹，商人的势力亦极其有限，所以均田制推行的效果远非北齐可比，政治也比齐、梁、陈清明得多，这是宇文泰、宇文邕、苏绰和杨坚等一系列励精图治的杰出人物能在西魏、北周这块土地上生长起来的根本原因。

关于隋迁周鼎，历来被认为是“欺孤儿寡妇”，不足称道；至于南灭残陈，旧史也以为北强南弱的不敌之势早已形成，统一全国易如反掌，隋文帝本人没有什么显著作用。如清人赵翼就认为：“古来得天下之易，未有如隋文帝者”，是“安坐而攘帝位”，“至取陈则隋之基业已固”。[⑥]应当承认，隋统一的条件确实比秦统一时优越得多，因为北周早已东灭北齐，包举剑南；但完全看不到隋文帝的作用，似亦有偏颇之嫌。杨坚入总朝政之初，北周的相州总管尉迟迥、郧州总管司马消难和益州总管王谦曾先后举兵，发动叛乱，一时“半天之下，汹汹鼎沸”，如果处理不当，不能平定三方之乱，不但无从统一全国，甚至北魏末年的大分裂可能在北方重演。杨坚用了半年左右的时间就尽行歼灭这些势力，稳住了局面。他之所以能够做到此点，是与其政治才能分不开的。《隋书》卷50

① 《北齐书》卷8《幼主纪》。
② 《北齐书》卷16《段荣附孝言传》。
③ 《北齐书》卷10《襄城景王淯传》。
④ 《宋书》卷84《邓琬传》。
⑤ 《梁书》卷9《曹景宗传》。
⑥ 《廿二史劄记》卷15《隋文帝杀宇文氏子孙》。

《宇文庆传》：

> 初上潜龙时，尝从容与庆言及天下事。上谓庆曰："天元实无积德，视其相貌，寿亦不长。加以法令繁苛，耽恣声色，以吾观之，殆将不久。又复诸侯微弱，各令就国，曾无深根固本之计。羽翮既剪，何能及远哉？尉（迟）迥贵戚，早著声望，国家有衅，必为乱阶；然智量庸浅，子弟轻佻，贪而少惠，终致亡灭。司马消难反覆之虏，亦非池内之物，变成俄顷，但轻薄无谋，未能为害，不过自窜江南耳。庸、蜀崄隘，易生艰阻，王谦愚蠢，素无筹略；但恐为人所误，不足为虞"。未几，上言皆验。

可见杨坚在执政之前，对政治形势的估量早已成竹在胸，所以必已未雨绸缪，事先做了充分的准备，故能在事变面前处于主动地位，顺利地取得胜利。此外，他一登上政治舞台就革除周宣帝的"苛酷之政，更为宽大，删略旧律，作《刑书要制》"，并且"停洛阳宫作"，"躬履节俭"，收到了"中外悦之"的效果，[①] 使政局为之一新。没有这些措施，稳住局面也是不可能的。

隋朝统一集权的形势能否巩固下来，关键在于能不能有效地抑制、打击割据势力和豪强世族。隋文帝继承西魏、北周的政策，在这方面是很有作为的。苏绰为宇文泰拟定的《六条诏书》中对"州郡大吏，但取门资，多不择贤良"的积习深表不满，他认为"门资"是"先世之爵禄，无妨子孙之愚瞽"，因而主张根据"不限资荫，唯在得人"的原则"擢贤良"，"可起厮养而为卿相"。[②] 宇文泰接受了这一建议，坚决反对人君命官"亲则授之，爱则任之"，大力提倡"天官不妄加，王爵不虚授"。[③] 北周武帝继承这一传统，故"自周氏以降，选无清浊"。[④] 隋文帝不但做

① 《通鉴》卷174 太建十二年五月。
② 《周书》卷23《苏绰传》。
③ 《周书》卷2《文帝纪下》。
④ 《隋书》卷56《卢恺传》。

到“隋承周制，官无清浊”，[①] 而且正式下令废除了推行三百余年之久的九品中正制，宣布以“志行修谨”和“清平济干”二科举人，为科举制的产生奠定了基础。唐人刘秩曾高度评价这一改革，认为可以收“里闾无豪族，井邑无衣冠，人不土著，萃处京畿”[②] 的效果。可见这一措施既打击了门阀世族，又加强了中央集权，起了巩固国家统一的作用。隋文帝为了从经济上釜底抽薪地打击世族、豪强的隐占客户，通过均田制和“输籍法”诱使农民摆脱地主的控制，转化为国家的编户，杜佑在谈到“输籍定样”时说：“隋代之盛，实由于斯。”[③] 这一措施既削弱了割据势力的经济力量，又从财政上保证了中央集权国家的需要。把地方政权由三级制改为二级制，剥夺州县长官自辟僚佐的权力，收归吏部掌握，实际上也是为了削弱“世袭刺史”“世袭县令”的割据势力，强化中央集权。自东晋以来，南方各朝“刑法疏缓，世族陵驾寒门”。[④] 梁武帝时，凡朝士犯法，皆“屈法申之”，而对人民则“皆案之以法”，所以有一位老人遮道而诉：“陛下为法，急于黎庶，缓于权贵，非长久之术。”[⑤] 隋文帝统一全国后，对这一弊政“尽变更之”，结果引起世族、豪强的武装反抗，“陈之故境，大抵皆反”[⑥]。面对着这一反动割据势力的挑衅，文帝当机立断，派大军进剿，很快平定了叛乱。这是统一集权对分裂割据的一次重大胜利。隋朝在平陈之初，下令“人间甲仗，悉皆除毁”，以后又“收天下兵器”，严禁“私造”，只有中央所在地关中和沿边地区“不在其例”。这和秦始皇收兵器如出一辙。这一禁令当然有对付劳动人民的一面，但民间真正能够拥有大量甲仗和私造兵器的，基本上还是豪强地主，“揭竿而起”的农民在平常很少具备这样的条件和能力。因此，隋文帝收兵器也具有巩固国家统一的意图和作用。

国家的统一有利于抵御突厥的骚扰。隋文帝灭陈之后，一面派大军出击突厥，不断调民修筑长城，一面分化瓦解突厥贵族，终于使东突厥

---

① 《隋书》卷72《陆彦师传》。

② 《通典》卷17《选举典·杂论议中》。

③ 《通典》卷7《食货典·丁中》。

④ 《通鉴》卷177开皇十年十一月。

⑤ 《隋书》卷25《刑法志》。

⑥ 《通鉴》卷177开皇十年十一月。

贵族的气焰大为收敛，启民可汗直到仁寿年间“不侵不叛”。[①]

实现全国统一、出击突厥、修筑长城，都须人民群众付出一定的代价，但由于成就这些事业具有明显的进步性，在客观上符合人民的要求，尤其是隋文帝不像秦始皇那样操之过急，程限迫促，所以不致引起阶级矛盾的加剧，甚至能得到农民的支持。史称：

> 高祖北却强胡，南并百越，十有余载，戎车屡动，民亦劳止，不为无事。然其动也，思以安之；其劳也，思以逸之。是以民致时雍，师无怨讟，诚在于爱利，故其兴也勃焉。[②]

不能不说这是隋文帝比秦始皇高明的地方。

二　对经济发展的贡献

重视发展生产是西魏、北周以来统治者的一贯传统。苏绰在《六条诏书》中早已提出了“尽地力”的主张，特别强调“先足其衣食，然后教化随之”[③]。北周武帝“训兵教战，务谷劝农，”[④] 是苏绰主张的生动体现。隋文帝即位之初，就接受了度支尚书长孙平“以劝农积谷为务”[⑤] 的建议，实行大力发展农业的政策，并在以后行均田、置屯田、赐耕牛、设义仓，采取了一系列具体措施。在发展生产的政策和措施中值得特别提出的两项是：兴修水利和减轻徭赋。

在水利工程方面，开皇二年（582），开渠引杜阳水灌三畤原，[⑥] “溉舄

---

① 《隋书》卷84史臣曰。

② 《隋书》卷70史臣曰。

③ 《周书》卷23《苏绰传》。

④ 《隋书》卷29《地理志序》。

⑤ 《隋书》卷46《长孙平传》。

⑥ 《北史》卷11《隋本纪》及《隋书》卷1《高祖纪》均作开皇二年，唯《隋书》卷37《李穆附询传》系此事于元年，且作“三趾原”，今从《本纪》。

卤之地数千顷，民赖其利”。[①] 四年（584），开“广通渠”，引渭水直达潼关，漕运三百里，“关内赖之”，故亦名“富民渠”。[②] 为了准备灭陈，又于七年（587）开山阳渎，“以通漕运”。十五年（595），隋文帝又下诏“凿底柱”。更重要的是不少地方官在当地组织劳力，大力兴修灌溉工程，如怀州刺史卢贲利用沁水修成“利民渠”和“温润渠”，“以溉舄卤，民赖其利”。[③] 蒲州刺史杨尚希曾“引瀵水，立堤防，开稻田数千顷，民赖其利”。[④] 兖州刺史薛胄修成“薛公丰兖渠”，除“通转运，利尽淮海”外，亦借以倾泻积水，使沼泽“尽为良田”。[⑤] 寿州的芍陂是历史上遗留下来的旧有工程，但在隋初因五门堰“芜秽不修”，不能发挥效益，所以寿州总管长史赵轨“劝课人吏，更开三十六门，灌田五千余顷，人赖其利”[⑥]。在研究隋文帝时期的水利事业时，应当特别注意以下两点：第一，隋文帝时期的水利，以灌溉工程为主，开凿运河处于从属地位。甚至修广通渠，也是部分地感到“渭水多沙，流乍深乍浅，漕运者苦之”，[⑦] 可见开此渠有利于“漕运者”。隋炀帝即位以后，水利事业的规模更大了，但灌溉工程绝无仅有，主要是开凿运河，供转漕与巡游之用。这说明文帝重视发展生产，炀帝完全不顾农业。第二，隋文帝统治不过短短的二十多年，就兴修了这么多灌溉工程，水利事业的进展大大超过了唐初的武德、贞观之际，可见他对农业生产的发展是抓得很紧的。

在课役轻减方面，隋初也有显著成绩。《隋书》卷41《苏威传》：

> 初，威父（苏绰）在西魏，以国用不足，为征税之法，颇称为重；既而叹曰：“今所为者，正如张弓，非平世法也。后之君子，谁能弛乎？”威闻其言，每以为己任。至是（隋初），奏减赋役，务从

---

① 《隋书》卷46《元晖传》。

② 《隋书》卷61《郭衍传》有“漕运四百余里”的记载，但《隋书》卷24《食货志》作“凡三百里”。按地理位置推算，显然不到四百里，今从《食货志》。

③ 《隋书》卷38《卢贲传》。

④ 《隋书》卷46《杨尚希传》。

⑤ 《隋书》卷56《薛胄传》。

⑥ 《隋书》卷73《赵轨传》。

⑦ 《隋书》卷46《苏孝慈传》。

轻典。上悉从之。

按苏威当时为民部尚书，是继其父苏绰的遗志建议隋文帝推行“轻徭薄赋”政策的。隋统一后，“二十年间，天下无事，区宇之内晏如也”的局面是这一政策得以施行的政治前提。南朝不实行均田制，且课役制度杂乱无章，不易与隋初相比，但可以肯定的是，梁、陈的赋税不仅比开皇年间，而且比北朝时亦远为苛重。北齐、北周与隋代均一床受田一百四十亩，三朝农民负担亦约略相当，[①] 那么在什么意义上理解隋初徭赋之“轻薄”呢？第一，隋初的改革是在北周的基础上进行的，周宣帝曾“发山东诸州，增一月功为四十五日役”，[②] 与此相较，隋文帝时岁役二十日就显得减轻了一半以上。开皇元年（581）、六年（586）、七年（587）三次修筑长城，都是“二旬而罢”，可见法令正式宣布以前，岁役二十日的原则已在习惯上存在。法令公布以后，这一原则肯定在文帝时未遭破坏。第二，“人年五十免役折庸”亦是隋朝的新规定，有益于五十以上的劳动力从事生产。[③] 第三，在开皇十三年（593）营仁寿宫以前，除建大兴城及开广通渠外，大批征调农民长期服役的事比较少，与炀帝时相比，有霄壤之别。此外，平陈之初，隋朝宣布：“陈人普给复十年，军人毕世免徭役”，[④] “自余诸州，并免当年租赋”。[⑤] 一复十年、毕世免役，在历史上是很罕见的。开皇十二年（592），隋文帝又因“库藏皆满”，下诏河北、山东当年“田租三分减一，兵减半，功调全免”。十七年（597），再

---

① 就调而言，周、齐均为绢一匹、绵八两，隋仅为绢二丈、绵三两，尚不及前者的二分之一。但就租言，隋文帝时却比周、齐为重，因齐租二石五斗（包括垦租二石、义租五斗），周租五斛，隋租三石，而文帝时度量衡有改变，旧三升合新量一升，则新量三石当合旧量九石。北齐从役日数不详。北周“岁一月役”，是指兵而言，一般丁役则为“丰年不过三旬，中年则二旬，下年则一旬”。平均岁役二十日。隋朝军人“每岁为二十日役”，大致一般丁男亦为此数，与北周大致相等。

② 《隋书》卷24《食货志》。

③ 隋代“不役者收其庸”及唐代前期的输庸代役，即“无事则收其庸”不宜过分强调其进步性，因为统治者不征调服役时才让农民以庸代役，而不是农民自己决定徭役或输庸。五十以上的人一律“免役折庸”就具有明显的进步性，因为这一部分劳动人民可以保证人人不再服役。

④ 《北史》卷11《隋本纪》。

⑤ 《隋书》卷24《食货志》。

次以“中外府库无不盈积”，“遂停此年正赋以赐黎元”。[①] 在历史上，通常是在自然灾害严重袭击的时候统治者才被动地下令蠲免课役，这与隋文帝的主动优复是大异其趣的。隋朝的府帑充裕达到了惊人的程度，这无疑是剥削人民的结果，但这和我们这里的论点并不矛盾，因为国库充裕是建立在生产发展、人口增加的基础之上，而不是建立在敲骨汲髓、横征暴敛的基础之上。就剥削率而言，隋比周、齐、梁、陈均有所降低。唐代人形容当时的社会面貌是“仓廪实，法令行。君子咸乐其生，小人各安其业，强无陵弱，众不暴寡，人物殷阜，朝野欢乐”。尽管言过其实，但“仓廪实”与阶级矛盾的缓和确实是同样并存的。

隋文帝之所以能够做到“仓廪实”而民“安其业”，不能过分强调他的“躬履俭约”，因为他既大修仁寿宫，有奢侈浪费的一面，而且对将率命赏“莫不优隆”，在节流方面并不特别注意。封建社会的财政开支主要是两项：官禄和兵饷。隋文帝改三级制为二级制，大力并省州县，克服了过去“十羊九牧”“资费日多”[②] 的弊端，在客观上起了节省官禄的作用；改革府兵制，使军人落籍受田，并在长城以北“大兴屯田”，[③] 在恒安镇北“选沃饶地置屯田”，[④] 在客观上也起了压缩兵饷的作用。这些带有根本性的措施抵消他的浪费和优赏而有余，我们不能过分相信史书上说的：

> 帝既躬履俭约，六宫咸服浣濯之衣；乘舆供御有故敝者，随令补用，皆不改作；非享燕之事，所食不过一肉而已。……由是内外率职，府帑充实。[⑤]

隋文帝统一铜斗铁尺、重铸五铢钱等措施对国内经济交流的作用，一目了然，就不赘于此了。

---

① 《隋书》卷24《食货志》。
② 《隋书》卷46《杨尚希传》。
③ 《隋书》卷24《食货志》。
④ 《隋书》卷61《郭衍传》。
⑤ 《隋书》卷24《食货志》。

在隋文帝统治时期，农业、手工业均取得了长足的发展，社会上呈现着一派繁盛景象。隋朝建国之初，全国人口只有三百五十九万余户，灭陈时新得五十万户，合计不过四百余万户。隋文帝死后五年，人口总额达到八百九十万余户，[①] 较灭陈时增加一倍有余。我们知道，唐代直到开元二十四年（736），户数才突破了八百万大关。[②] 一般艳称“开元盛世”，却往往忽略隋代只经过二十多年社会经济就几乎达到了盛唐的水平。生产力的发展主要归功于劳动人民，但隋文帝个人所起的作用亦不容忽视。

三　隋文帝的治国之道

秦末农民战争之后，西汉以降，历代统治者基本上就是亦儒亦法，儒法并用，根本不存在纯粹的法家了。不过，由于在一般情况下儒家思想居于统治地位，所以法家的因素就易于隐而不显，明人赵用贤曾说：“三代而后，申、商之说常胜，世之言治者操其术而恒讳其迹。”[③] 大体说来，在分裂割据、斗争剧烈的时期，法家思想容易在一定程度上由隐而显。汉末三国之际是这样的历史阶段，故当时人认为：“今之学者师商、韩而上法术，竞以儒家为迂阔，不周世用。”[④] 但即令在这种时候，也没有绝对排斥儒家思想的政治家。像曹操就主张：“治定之化，以礼为首；拨乱之政，以刑为先。”[⑤] 从西魏到隋初，正是一个从“拨乱”走向“治定”的历史阶段，因而出现了一批法家色彩较浓的亦儒亦法的政治家。

魏末农民大起义以后，通行的持国原则是“先法令而后经术”。[⑥] 宇

① 《通典》卷7《食货典·历代盛衰户口》系此数字于大业二年（606），《隋书》卷29《地理志》系之于大业五年（609）。按五年曾进行“貌阅”，并于同年平定吐谷浑增置了四个郡，故以系于此年为长。

② 《唐会要》卷84《户口数》。

③ 《韩非子书序》。

④ 《三国志》卷16《杜畿附恕传》。

⑤ 《三国志》卷24《高柔传》。

⑥ 《周书》卷45《儒林传》末史臣曰。

文泰是一个“有霸王之略”的人物，企图“挟天子而令诸侯”,① 统一北方。他有志于“革易时政，务弘强国富民之道”。有一次问苏绰治国之道，苏绰在“指陈帝王之道”时“兼述申、韩之要”，并从此受到宇文泰的“宠遇”，得以“参典机密”。② 宇文泰采纳苏绰的建议，遂能“取威定霸，以弱为强”,③ 东抗高欢，收取剑南，在天下大乱中站稳了脚跟。北周武帝宇文邕沿着这条道路走下去，“修富民之政，务强兵之术”,④ 故能“以寡击众，戡定强邻”,⑤ 统一北方，为隋文帝统一全国奠定了基础。但西魏、北周这些人物并不是一法到底的法家，而是术兼儒法的，如苏绰就曾对其子苏威说：“唯读《孝经》一卷，足可立身治国，何用多为?”⑥ 不过，在三方鼎立、戎马生郊的时代，他们的法家色彩由隐而显罢了。

杨坚的父亲杨忠随宇文泰起事于关西，位至柱国、大司空，封隋国公。杨坚在宇文氏统治的时期逐渐成长起来，耳濡目染，不免受“申、韩之要”的影响，再加上时代所赋予他的使命，迫使他不得不更多地依靠法家的治国之道，所以史书上一再说隋文帝“不敦《诗》、《书》，不尚道德，专任法令，严察临下”⑦。“不悦儒术，专尚刑名。”⑧ 他很器重苏绰之子苏威，对朝臣说：“苏威不值我，无以措其言；我不得苏威，何以行其道?”⑨ 这样的君臣相得，绝不是单纯出于手足心腹之寄，而是有其深厚的政治基础的。明清之际的王船山也看到了隋文帝重法轻儒的色彩，故曾说：“隋无德而有政，故不能守天下而固可一天下。”⑩ 虽然不是赞扬的口吻，但毕竟承认“无德有政”可以统一全国，正如曹操、苏绰、宇文邕等人不可能是纯粹的法家一样，隋文帝也是儒法并用的政治家。

① 《周书》卷35《敬珍传》。
② 《周书》卷23《苏绰传》。
③ 《周书》卷2《文帝纪下》史臣曰。
④ 《周书》卷6《武帝纪下》史臣曰。
⑤ 《隋书》卷29《地理志序》。
⑥ 《隋书》卷75《何妥传》。
⑦ 《隋书》卷73《循吏传序》。
⑧ 《隋书》卷75《儒林传序》。
⑨ 《隋书》卷41《苏威传》。
⑩ 《读通鉴论》卷10《隋文帝》。

灭陈以后，“拨乱”的时代宣告结束，迎来了“治定”的新时期，于是他“招擢奇儁，厚赏诸儒”，在各地大兴学校，使“中州儒雅之盛，自汉、魏以来，一时而已”。[①] 不过，我们不能因此说隋文帝儒胜于法，因为他不久就下令裁减各级庠序，使儒学受到抑制，正由于这一点，后代人才攻击隋文帝“不悦儒术”。但也不能根据此点把杨坚的反儒看得太绝对化了，隋朝裁减学校是由于文帝发现国学胄子和州县诸生“未有德为代范，才任国用”者。如果各级学校确能培养出“德为代范”的人才，隋文帝是不会下这道命令的，可见他并不反对儒家所强调的“德”的本身。实际上，地主阶级宣扬“孔孟之道”的主要目的，是用以麻痹劳动人民的革命意志，并不是为了培养“德”才兼备的人才。隋文帝是个“素无学术”的老粗，不知道宣扬儒家教化的这种妙用，因而在裁减学校的问题上犯了幼稚病。

综上所述，隋文帝也是一个术兼儒法的政治家，但从全面权衡，在他的政治和思想行动中，是法多于儒、法胜于儒。“四人帮”把很多根本不是法家的历史人物强加上一顶法家的桂冠，结果弄得笑话百出，使人啼笑皆非；批判了“四人帮”的谬论之后，也应当承认，西汉以降，在儒法合流的时代，曾经稀疏地出现过一些法胜于儒的政治家。在这个问题上，唯一的正确原则就是实事求是，因为一个历史人物是法家还是儒家，是一个事实问题，根本不是一个理论问题。

隋文帝在法治方面的措施，有矛盾现象，对他的立法、行法、任法等方面也应当一分为二地加以分析。

首先应当肯定，隋文帝执行过疏缓刑罚的政策，南朝的陈后主执政时，“鬻狱成市”，“百姓怨叛”。北齐虽有《齐律》十二篇，然后主在位，“纲纪紊乱”。北周武帝制定《刑书要制》，不免流于“用法深重”。宣帝则“诛杀无度”，又“广《刑书要制》，而更峻其法，谓之《刑经圣制》。”[②] 杨坚任大前疑时，因《刑经圣制》过于深刻，曾“切谏”其“法令滋章”，并大行“法令清简”之政。文帝即位之后，于开皇元年至三年制

① 《隋书》卷75《儒林传序》。

② 《隋书》卷25《刑法志》。

定《开皇律》，其基本精神是“以轻代重，化死为生”，“尽除苛惨之法”，废除了前代的鞭刑、枭首、轘裂等刑，除去死罪八十一条，流罪一百五十四条，徒、杖等千余条。以后又规定死罪当上报中央，“三奏而后决”。史称：“自是，刑网简要，疏而不失。”[①] 当然，《隋律》的职能仍旧是镇压劳动人民，而且是相当残酷的；但在中国刑罚史上，隋代废除鞭刑、枭首、轘裂“苛惨之法”是一大进步，具有划时代的意义，故王船山说：

> 今之律，其大略皆隋裴政之所定也。政之泽远矣！千余年间，非无暴君酷吏，而不能逞其淫虐，法定故也……五胡以来，兽之食人也得恣其忿惨。至于拓拔、宇文、高氏之世，定死刑以五，曰：磬、绞、斩、枭、磔，又有门房之诛。……隋一天下，蠲索虏鲜卑之虐……足以与于先王之德政。[②]

可见《隋律》在一定程度上克服了刑罚的野蛮性，是有深远的历史影响的。

在史籍中也有相反的记载，如说隋文帝“以文法自矜”；[③]“恩不终于有功，罚每深于无罪”；[④]“逮于暮年，持法尤峻”[⑤]。这是否与前面所说疏缓刑罚的现象有矛盾呢？应当看到，隋文帝所表现的疏缓刑律主要是在立法方面，所表现的严峻自矜主要是在“持法”方面，这两方面确有不一致之处。范文澜同志就曾尖锐地指出：

> 隋定新律，标以“以轻代重，化死为生”的律意，比秦、汉系刑律确有很大的改进。不过，在封建朝代里，法律的条文与法律的使用，有很大出入。隋文帝自己就在朝廷上律外杀官员，并且允许长官对属官，以律轻情（罪情）重为理由，杖责属官。皇帝和长官可以不守法律，官吏对民众能否守法，也就难说了。[⑥]

---

① 《隋书》卷25《刑法志》。

② 《读通鉴论》卷10《隋文帝》。

③ 《隋书》卷25《刑法志》。

④ 《全唐文》卷171朱敬则《隋高祖论》。

⑤ 《北史》卷11《隋本纪》。

⑥ 《中国通史简编》第三编第一册第12页。

但应强调的是，在中国历史上立法与持法相矛盾是历代的通病，其源盖出于皇帝的专制主义。西欧封建社会的大部分时期中，国君无权制定法律,[①] 君权不能越出法律范围之外，君主的地位不是在法律之上，而是在法律之下。在这样的情况下，国王违法的事也会发生，但毕竟要少得多。中国封建社会从秦汉开始就形成了专制主义中央集权制，“前主所是书为律，后主所是著为令”，君令就是法权的源渊，在绝对君权的淫威之下，皇帝自然就易于不完全按照法制行事。因此，隋文帝的这一缺点不能完全归诸个人，是由政治制度造成的。

隋文帝的“持法”严峻，有对付劳动人民的一面，如法令规定，“盗”一钱以上就处以弃市，三人共“盗”一瓜，“事发即死”,[②] 显然为了保障地主阶级的私有制，对群众进行严厉镇压。法家历来任法，杨坚的政治路线法胜于儒，自然不免产生这一消极面。另一方面，他的严刑峻法也有惩治贪官污吏的职能，如对遣送西域朝贡使出玉门关而接受贿赂的贪官，均“亲自临决”，大量处死。又“往往潜令人赂遣令史、府史，有受者必死，无所宽贷”。隋文帝既大力打击贪官污吏，又“励精思政，妙简良能，出为牧宰”,[③] 因而当时“州县吏多称职，百姓富庶”。[④] 就打击贪官而言，其严刑峻法亦有积极作用，隋朝前期的吏治清明是与此点分不开的。

“四人帮”肯定或否定一个历史人物的唯一标准，就是看他是法家还是儒家，这一点是完全错误的，违反马克思主义的。按照历史唯物主义的理论，评价一个历史人物的真正根据，是看他在历史上对社会进步起促进作用还是阻碍作用。因此，我们肯定隋文帝这个人物，并非因为他的政治路线是法胜于儒，而是因为他对统一国家的重建、社会生产的发展、刑罚野蛮性的克服，都做出了贡献。即令对他的“持法尤峻”，也要一分为二，指出其消极的一面。

---

① 参阅吴于廑《从中世纪前期西欧的法律和君权说到日耳曼马克公社的残存》，《历史研究》1957 年第 6 期。（“存”原误作“余”。——编者注）

② 《通鉴》卷 178 开皇十七年三月。

③ 《隋书》卷 73《柳俭传》。

④ 《通鉴》卷 175 太建十三年十月。

四 时代和阶级的局限性

隋文帝在历史上虽然起过显著的进步作用，但在他身上也表现出了时代的和阶级的局限性，不容忽视。

首先，隋文帝统一全国，打击和抑制豪强门阀地主，但长期积累下来的这一反动势力和分裂割据因素不可能在一个早上消除干净，所以到隋末农民起义时，萧铣、沈法兴、薛举、刘武周、梁师都、李轨等割据势力就沉渣泛起，纷纷登台表演，只有隋末农民战争才是彻底摧毁这些反动势力的决定性一击。由此可见，杰出的个人尽管也能对历史发展起一定的促进作用，但与人民群众创造历史的巨大动力作用相比，是不能同日而语的。

其次，隋文帝对土地兼并淡然处之的态度，也是比较反动的。《隋书》卷40《王谊传》：

> 太常卿苏威立议，以为户口滋多，民田不赡，欲减功臣之地以给民。谊奏曰："百官者，历世勋贤，方蒙爵土，一旦削之，未见其可。如臣所虑，正恐朝臣功德不建，何患人田有不足?"上然之，竟寝威议。

在这个问题上，甚至用时代的和阶级的局限性都丝毫不能为隋文帝开脱，因为属于同一时代、处于同一阶级地位的苏威就提出了比较进步的主张。毋宁说，隋文帝是站在"朝臣""百官"这一阶层的立场上考虑问题的，所以表现的局限性就更大一些。

最后，隋文帝迁都龙首，大营宫室，造成"百姓劳弊"①。重用杨素，放纵他修筑仁寿宫，丁夫"死者以万数"，而不加治罪，② 也是属于同一

---

① 《隋书》卷22《五行志上》。

② 《隋书》卷24《食货志》。

性质的问题。他还以“日景渐长”为借口，规定“百工作役，并加程课”。[①] 此外，隋文帝“崇尚佛道”,[②]“普建灵塔”,[③] 也浪掷了大量的民力、物力。严刑峻法对人民的镇压已如前述。凡此种种，都是由隋文帝的阶级局限性所决定的。连封建史臣也不得不承认：“起仁寿宫……穷侈极丽，使文皇失德。”[④] 我之所以不主张过分强调隋文帝的“躬履俭约”，原因就在这里。

旧史论隋文帝者，多指责他“溺宠废嫡，托付失所，灭父子之道，开昆弟之隙”。关于这种似是而非之论，应当运用马克思主义理论加以分析。

在我国专制主义帝制的政体之下，作为地主阶级的政治总代表的皇帝，不能根据地主阶级的意志挑选出来，皇位只能采取嫡长子继承制。但皇帝所立的太子既然必须是嫡长子，就不能保证他将来必定是“圣君明主”。如果遇到暴君昏主继位，激化阶级矛盾，则“水可覆舟”，将给地主阶级带来横祸。为了解决这个问题，历来的皇帝对太子都强调师友之择，芝兰之染，但教育并非万能，败国覆宗的嗣君往往产生。这就决定了夺宗换嗣在历史上是司空见惯的事，但由此破坏了合法的嫡长子继承制。既有制度又不得不经常破坏制度，这就是个矛盾，在这一矛盾制约下，宫廷政变在中国历史上就成了家常便饭。隋文帝在太子废立上的犹豫不决及最后死于杨广之手，就是在这一规律制约下发生的历史悲剧。封建史臣不能探究来源于这一政治制度的深刻原因，对隋文帝个人多所指责，是皮相之论。何况封建史臣指责隋文帝在废立问题上的犹豫动摇，自食恶果，是从总结封建统治的经验出发，与我们评价历史人物的标准毫无关系。

也应当承认，如果隋文帝能立一个执行进步政策的嗣君，对历史发展是有好处的。但根据当时的历史发展趋势，他不可能做到这一点。在中国历史上，只有大规模的农民战争之后，才能连续出现几代进步皇帝。

① 《隋书》卷19《天文志上》。

② 《隋书》卷25《刑法志》。

③ 《高僧传》二集卷14《释童真传》。

④ 《隋书》卷68传末史臣曰。

隋朝不是紧接着农民大起义建立起来的王朝，而国家的富庶又达到了空前的程度，在这种情况下，统治者第二代的走向腐化是必然的，不可避免的。唐朝已有人指出，隋炀帝腐化的原因是："乘天下之有盈，骄海内之无事，乃自以土广三代，威震百蛮，恃才矜己，傲根明德。"[①] 实际上，隋文帝的几个儿子没有一个能做"圣君明主"。原来立为太子的杨勇，"文饰蜀铠"，多于"内宠"，文帝早已对他"恐致奢侈之渐"[②]。善进奇服异器的云定兴就特别受到太子勇的赏识。此外，还有不少的"弦歌鹰犬之才居其侧"[③]。隋文帝的三子秦王杨俊亦"盛治宫室，穷极侈丽"，渐趋"奢侈"，并且"出钱求息，民吏苦之"。[④] 四子杨秀则"车马被服，拟于天子"，"唯求财货市井之业"。[⑤] 末子杨谅虽然没有留下这方面的有关记载，大概也不会与各位乃兄有什么两样。《隋书》卷70传末史臣曰：

> 其隋之得失存亡，大较与秦相类。始皇并吞六国，高祖统一九州；二世虐用威刑，炀帝肆行猜毒；皆祸起于群盗而身殒于匹夫。原始要终，若合符契矣。

秦二世与隋炀帝所处的时代和条件基本上类似，他们的"虐用威刑"和"肆行猜毒"是合乎规律的，因此，在立嗣问题上苛求隋文帝，毫无意义。

在"四人帮""评法批儒"的日子里，有的论者把隋炀帝说成是儒家皇帝，认为他以儒家路线代替隋文帝的法家路线，是隋朝二世而亡的主要原因。实际上，像杨广这样的腐化暴君，根本谈不上是什么儒家还是法家，他的所作所为与儒家提倡的"仁政"毫无共同之处。隋炀帝的政策确实与隋文帝的政策不同，但这并不是什么以儒家路线代替法家路线。正如隋文帝这样一个历史人物的出现是历史发展的必然结果一样，隋炀帝这样一个腐化暴君的产生也并非出于偶然。脱离开历史发展规律谈路

---

① 《全唐文》卷171朱敬则《隋炀帝论》。

② 《隋书》卷45《房陵王勇传》。

③ 《旧唐书》卷62《李纲传》。

④ 《隋书》卷45《秦孝王俊传》。

⑤ 《隋书》卷45《庶人秀传》。

线决定一切，把路线的改变归之于某些历史人物的变换，这是十足的历史唯心主义的英雄史观。

归根结底，隋文帝能够在历史上起进步作用，是由于他顺应了历史发展的趋势，但这种趋势之形成，最终是由劳动人民的生产斗争和阶级斗争决定的。无论实现全国统一还是发展生产，农民和手工业者都是战斗的主力军。隋文帝的一系列政策虽然有利于人民发展生产、促进社会进步，他却不能在任何程度上代表劳动人民，始终是地主阶级的阶级利益的政治体现者。

（原载《社会科学战线》1979 年第 2 期）

周隋之际的“三方之乱”及其平定

杨坚建立隋朝并非一帆风顺，而是经历了曲折的斗争，在他走向皇位的途程中，最大的波折莫过于“三方之乱”的爆发及其平定了。对于这次重大历史事件，应当进行重点分析。

北周大象元年（579），周宣帝传位于年仅七岁的太子宇文衍（后改名阐），是为静帝。宇文赟自称“天元皇帝”。次年五月，宣帝崩，杨坚遂以“后父之尊”的地位在刘昉、郑译、柳裘、韦謩、皇甫绩等人的支持下辅政，拜左大丞相，“百官总己、以听于”坚。[①] 六月，相州（治今河北临漳县西南邺镇）总管尉迟迥起兵；七月，郧州（治今湖北沔阳）总管司马消难举兵以应迥；八月，益州（治今四川成都）总管王谦亦举兵反。这次三总管起兵反杨坚的事件称“三方之乱”。

一

尉迟迥、司马消难、王谦为什么要先后举兵呢？其目的何在？这是首先需要解释的问题。三人都是北周的大臣，举兵是否主要为了捍卫宇文氏政权呢？以下对他们分别进行探讨。唐高祖武德（618—626年）中曾以尉迟迥“忠于周室”而应其后人之请，许改葬。[②] 唐朝统治者并且在相州境内为他建庙树碑以旌表其忠。[③] 举兵之始，迥登城楼

---

① 《周书》卷8《静帝纪》。

② 《周书》卷21《尉迟迥传》。

③ 《金石萃编》卷82《周尉迟迥庙碑》。

号令士庶曰：

> 杨坚以凡庸之才，藉后父之势，扶幼主而令天下，威福自己，赏罚无章，不臣之迹，暴于行路。吾居将相，与国舅甥，同休共戚，义由一体。先帝处吾于此，本欲寄以安危。今欲与卿等纠合义勇，匡国庇人，进可以享荣名，退可以终臣节，卿等以为何如？[①]

按迥父俟兜尚宇文泰之姊昌乐大长公主，迥本人亦尚泰女金明公主，"与国舅甥"，诚非虚语。在北周发展势力的过程中，尉迟迥在复弘农（治今河南灵宝北）、破沙苑（今陕西大荔南）等重大战役中均立有大功，尤其是因为平蜀功"同霍去病冠军之义"，封"宁蜀公"，进蜀公，爵邑万户。他的命运与北周"同休共戚，义由一体"，也确乎是事实。尤其是他奉赵王宇文招之子"以号令"，拥周的旗帜就更加鲜明了。但所任下属，"多用齐人"，这一点甚至被封建史臣当作导致他失利的原因之一，[②] 就很难令人理解。看来，周灭齐之后，尉迟迥曾在宇文氏的异己力量中网罗过为己所用的人物。杨坚早就料到，"尉（迟）迥贵戚，早著声望，国家有衅，必为乱阶"[③]。镇压尉迟迥的重要将领之一宇文述，其高祖、曾祖、祖均仕魏，"并为沃野镇军主"；父盛，仕周亦位至上柱国、大宗伯，述在武帝时"以父军功起家拜开府"，述本人亦被武帝召为左宫伯，累迁英果大夫，[④] 按其与宇文周的关系并不减于尉迟迥，却在以隋代周的前夕没有起而捍卫北周政权，反而成了尉迟迥的劲敌，可见单纯从同周室的关系上不可能找到确切的答案。杨坚之父忠，"从周太祖起义关西，赐姓普六茹氏，位至柱国、大司空、隋国公"，杨坚本人不但少年仕途得志，而且长女妻周宣帝，[⑤] 际遇不下于尉迟迥；却不仅不是周室忠臣，恰恰成了周政权的篡夺者。道理也是相同的。尉迟迥起兵后，并州（治今山西太

① 《周书》卷21《尉迟迥传》。
② 《周书》卷21《尉迟迥传》。
③ 《隋书》卷50《宇文庆传》。
④ 《北史》卷79《宇文述传》。
⑤ 《隋书》卷1《高祖纪上》。

原市西南）李穆曾对劝他响应相州起兵的儿子李荣说："周德既衰，愚智共悉。天时若此，吾岂能违天！"因遣使上十三环金带于杨坚，以此"天子之服""微申其意"。[①] 按李穆之二兄贤、远并为宇文氏的"佐命功臣"，"子弟布列清显"；北周时穆"加邑九千户，拜大左辅"，并州又是"天下精兵处"。[②] 北周经过宇文赟的倒行逆施，即令以往与周室共命运的人，其中头脑冷静者也看清了周祚将尽的趋势，抱愚忠态度的人可谓凤毛麟角了。宣帝驾崩的消息传到并州，杨尚希正在当地抚慰，他与尉迟迥发丧于馆时发现，"蜀公哭不哀而视不安，将有他计，若不去，将及于难"[③]。这也反映尉迟迥举兵并非完全出于忠君之诚。再如平邺时亲登城楼逼迥自杀的崔弘度系博陵安平（今河北安平）人，显然是望族，不但"以前后勋进位上大将军、袭父爵安平县公"，而且其妹"先适迥子为妻"。[④] 此例亦足以生动地说明，尉迟迥捍卫周室的号召并不足以使他处于有利地位。

司马消难之父，名子如，是北齐的佐命功臣，位至尚书令。齐文宣帝末年，"民虐滋甚，消难既惧祸及，常有自全之谋"。后为高氏所疑，遂西投北周，尉迟迥起兵后他"欲与迥合势，亦举兵应之"。但不久就率麾下归于陈。背齐投周之际，杨坚父忠，曾迎之，"结为兄弟，情好甚笃"，坚"每以叔礼事之"。消难本人"轻于去就，故世之言反覆者，皆引消难云"。其妻高氏甚至亦明言他"性多变诈"。[⑤] 杨坚素知消难"反覆之虏，亦非池内之物，变成俄顷"[⑥]。这样的人无气节可言，根本谈不上能否忠于宇文氏的问题，所以李延寿对他的评价是："消难去齐归周，义非殉国，向背不已，晚又奔陈，一之谓甚，胡可而再。"[⑦] 可见郧州总管司马消难的举兵，也不是由于忠于宇文氏的周室。

---

① 《周书》卷30《于翼附李穆传》。"李荣"，《北史》卷59《李贤附李穆传》及《隋书》卷37《李穆传》均作"李士荣"。

② 《隋书》卷37《李穆传》。

③ 《隋书》卷46《杨尚希传》。

④ 《北史》卷32《崔辩附弘度传》。

⑤ 《周书》卷21《司马消难传》。

⑥ 《隋书》卷50《宇文庆传》。

⑦ 《北史》卷54《司马子如附消难传》论曰。

王谦父雄，魏末从贺拔岳入关，除金紫光禄大夫。孝武西迁后封临贞县伯，累迁大将军，行同州事。周孝闵帝践阼，授少傅，进位柱国大将军。芒山之战中箭而亡。谦“无他才能，以父功封安乐县伯”。雄死，因其身殒行阵，周室对谦“特加殊宠”。周宣帝崩，谦知杨坚将谋篡周，“以父子受国恩，将图匡复”，遂于益州举兵，总管长史乙弗虔、益州刺史达奚惎，“劝谦凭险观变”，隆州刺史高阿那肱画三策曰：

> 公亲率精锐，直指散关，蜀人知公有勤王之节，必当各思效命，此上策也；出兵梁、汉，以顾望天下，此中策也；坐守剑南，发兵自卫，此下策也。

王谦斟酌的结果是“参用其中下之策”，[①] 实即与乙弗虔、达奚惎“凭险观变”的建议无异。王谦口头上说世受“国恩、将图匡复”，实际上却并不出师“勤王”，意图在于以益州为根据地割据观望。杨坚出兵镇压王谦，以梁睿为元帅，以于义为行军总管，义父谨曾从魏武帝入关，仕周官至太师，宣帝即位，“政刑日乱”，义冒死上疏力谏，[②] 父子二人可以称得起是周室的功臣。比于义更重要的是梁睿，其父御，曾从贺拔岳镇长安，岳被害后，御与诸将“同谋翊戴周文帝”，后晋爵信都县公，官至尚书右仆射。宇文泰以梁睿“功臣子养宫中，复命与诸子游处”。七岁就袭爵广平郡公，累加仪同三司。[③] 按常理，他也应当是周室的重臣，却也没有与王谦站在一起，反而成了杨坚镇压王谦的得力干将。从于义和梁睿的事例也可看出，王谦同杨坚的矛盾与斗争，并不具有拥周与反周的性质，因而王谦举兵并不是真正为了捍卫宇文氏政权。

既然尉迟迥、司马消难、王谦起事的基本目的都不是“匡复”周室和“勤王”，那么他们同杨坚斗争的性质究竟是什么呢？应当怎样判断“三方之乱”的实质呢？这是本文接着要讨论的课题。

“三方”的发难者同杨坚表面上水火不容，势同冰炭，而实际上他们

---

① 《北史》卷60《王雄传附谦传》。

② 《隋书》卷39《于义传》。

③ 《北史》卷59《梁御传附睿传》。

的政治身份却非常相似，即或为宇文氏政权的功臣或功臣的后裔，或为皇族的姻亲国戚。前面已经指出，尉迟迥的母亲就是宇文泰之姊昌乐大长公主，他本人又尚金明公主；杨坚是周宣帝的岳父，与周武帝属同辈人；就连原为北齐属臣的司马消难，在投奔北周以后，其女亦成为周静帝后，[①] 与宇文氏结为皇亲。尤其值得注意的是，周宣帝即位后，一方面选妃立后，一方面大肆拔擢后族，致使这些人的权势一时均青云直上，如建德七年（578）闰六月，立妃杨氏为皇后，七月就以亳州（治今安徽亳州）总管杨坚为上柱国、大司马。次年正月，宣帝又以相州总管、蜀公尉迟迥为大右弼，大司马随公杨坚为大后承。七月，又以坚为大前疑；柱国司马消难为大后承，并纳其女为正阳宫皇后。上述事实说明，杨坚、尉迟迥、司马消难在宣帝朝都是青云直上，位望相当的重臣，不同的是周隋鼎革之际，杨坚居中央，其他三人分处地方，因而坚处于有利地位，但当他篡国的企图充分暴露之后，就不免引起“周室旧臣、咸怀愤惋”了。[②] 但他们都知道周祚将尽，无可挽救，所以不是对宇文氏的被取代而愤惋，而是对杨坚的即将龙飞九五不服气。这就是“三方之乱”的实质和各总管举兵的真实目的。因此，不论这场混战的结局如何，鹿死谁手，任何胜利者都不可能成为继续支持宇文氏政权的柱石。

二

为什么“三方之乱”主要发难于相州、郧州和益州呢？这是一个值得深思的问题。

应当说，从表面看，这场斗争首先是由杨坚挑起的。他辅佐静帝之初，以尉迟迥“望位夙重，惧为异图”，乃令迥子惇赍诏书以会葬为借口征迥，同时派韦孝宽代迥为相州总管。[③] 正是这一步步紧逼的条件下，尉迟迥决心走上了举兵的道路。益州的情况如出一辙，也是杨坚先以梁睿

---

① 《北史》卷54《司马子如附消难传》。

② 《隋书》卷2《高祖纪下》史臣曰。

③ 《周书》卷21《尉迟迥传》。

为益州总管，然后才引起王谦不受代而举兵。[①] 只有司马消难非因派人取代而起兵，但杨坚早已料到他“非池内之物”，恐怕双方间亦素存猜阻。杨坚之所以能预料三人起兵，除了对尉迟迥、王谦及司马消难等人有透彻的了解外，亦与他们所处的地理位置有关。

周灭北齐后，“时东夏初定，百姓未安”。尉迟迥起兵后杨坚曾对韦世康说：“汾、绛旧是周、齐分界，因此乱阶，恐生摇动，今以委公。”[②] 这反映北周在新兼并的地区，统治不稳，尤其是凡属两国交界之地，易于发生变故。相、益二州都是新的占领区，郧州更是与陈交界之地，多是易生意外的区域。尤其相州，是北齐“累世之都”，尉迟迥据有其他，“乘新国易乱之俗”，[③] 更容易举兵。在军事上，相州历来为兵家必争之地，因其“据河北之咽喉，为天下之腰膂”，[④] 故自曹魏直至北齐，北方之逐鹿中原者，往往建都于此。清人顾祖禹指出，争夺河南者必首先考虑河北，因“河北之足以治河南也，自昔为然”。而河北重镇则以邺为关键，“自古用兵，以邺制洛也常易，以洛而制邺也常难。”这就是“尉迟迥据之以问罪杨坚，则远近震动”的原因[⑤]。揆诸事实，迥起兵后，所管相、卫、黎、毛、洺、贝、赵、冀、瀛、沧等州，其侄尉迟勤所统青、齐、胶、光、莒等州“皆从之，众数十万”。此外，荥州刺史、邵国公宇文胄、申州刺史李惠、东楚州刺史费也利进国、东潼州刺史曹孝达亦“各据州以应迥”，徐州总管司录席毗与前东平郡守毕义绪也据兖州及徐州之兰陵郡以应迥；永桥镇将纥豆陵惠以城降迥。尉迟迥以相州为中心，不仅占领了黄河两岸的大片土地，而且“北结高宝宁以通突厥；南连陈人，许割江淮之地”，[⑥] 在“三方之乱”中，这是对杨坚威胁最大的一支力量。相州之所以成为发难起兵之地，黄河中下游势力之中心，确实不是偶然的，韦孝宽平定尉迟迥之后移相州治所于安阳（今河南安阳市

---

① 《隋书》卷37《梁睿传》。《北史》卷59《梁御附睿传》。《北史》卷60《王雄附谦传》。

② 《北史》卷64《韦孝宽附世康传》。

③ 《隋书》卷42《李德林传》。

④ 顾祖禹：《读史方舆纪要》卷49《河南》4。

⑤ 顾祖禹：《读史方舆纪要》卷46《河南序》。

⑥ 《北史》卷62《尉迟迥传》。

南)，“其邺城及邑居皆毁废之”，[①] 也就是为了彻底消除这个动乱的策源地；如果不是由于地理位置特殊，也不至于采取如此无情的手段。

益州也是一个特别适合于举兵的地区。蜀郡的地理特征是“其地四塞，山川重阻”，故王谦得“负固”起事。[②] 隋初于宣敏抚慰巴蜀，使还，曾上疏文帝曰：

> 山川设险，非亲勿居。且蜀土沃饶，人物殷阜，西通邛、僰、南属荆、巫。周德之衰，兹土遂成戎首；炎政失御，此地便为祸先。……三蜀、三齐，古称天险，分王戚属，今正其时。[③]

不仅如此，正像相州是敌国北齐的故都一样，益州也有北周以来的不少异己力量。周灭北齐后，高纬之弟仁英得免于死，但被“徙于蜀”。[④] 宇文护逼令独孤信自尽后，其妻子亦“徙蜀”。[⑤] 宇文泰“平蜀之后”“以其形胜之地，不欲使宿将居之”。[⑥] 上述诸事都说明，益州确实是一个使北方统治者头痛的多事之地。隋文帝即位后以第四子杨秀为益州刺史，总管“二十四州诸军事”，接着又进位上柱国、西南道行台尚书令，[⑦] 就与于宣敏的建议有关，同样贯彻了“不欲使宿将居之”的原则。梁睿讨平王谦后，杨坚以“巴蜀阻险，人好为乱”，于是下令“更开平道，毁剑阁之路，立铭垂诫焉”。[⑧] 做此决策的原因也是相同的。可见益州起兵不仅关乎王谦的个人因素，而且同当地的条件有关。

周、隋同陈朝相邻的地区，历来是心怀叵测的地方军将易于进行冒险投机的场所。如果说，益州的有利条件是，退有险阻可守，那么在南北朝相接的地区，则冒险者失败后有可投奔的去向。周宣帝时，徐州总

---

① 《周书》卷8《静帝纪》。
② 《隋书》卷29《地理志上》。
③ 《隋书》卷39《于义附宣敏传》。
④ 《通鉴》卷173太建九年十月。
⑤ 《隋书》卷41《高颎传》。
⑥ 《周书》卷12《齐炀王宪传》。
⑦ 《隋书》卷45《庶人秀传》。
⑧ 《隋书》卷1《高祖纪上》。

管王轨恐祸及，曾谓所亲曰：“此州控带淮南，邻接强寇，欲为身计，易同反掌。”[①] 隋开皇七年（587），后梁主萧琮朝于隋，其安平王萧岩遂“掠于其国，以奔陈”。[②] 徐州、江陵、郧州在这一意义上处于相同的位置，所以司马消难起兵不久就奔陈，不仅由于他是“反覆之虏”，而且与郧州的地理位置有关。

三

“三方之乱”造成的形势及对杨坚产生的威胁，是相当严重的，不容低估。

首先看一下北方的形势。尉迟迥在相州起兵后，“赵、魏之士，从者若流，旬日之间，众至十余万”。此外，“宇文胄以荥州，石愻以建州，席毗以沛郡，毗弟叉罗以兖州，皆应于迥”。[③] 除迥侄尉迟勤起兵青州外，申州刺史李慧亦起兵。[④] 在南方，益州王谦举兵后，“所管益、潼、新、始、龙、邛、青、泸、戎、宁、汶、陵、遂、合、楚、资、眉、普十八州及嘉、渝、临、渠、蓬、隆、通、兴、武、庸十州之人多从之”[⑤]。加之沙州氐帅上柱国杨永安在当地“扇动利、兴、武、文、沙、龙等六州以应谦”，[⑥] 更起了火上加油的作用。司马消难在郧州起事后，“所管郧、随、温、应、土、顺、沔、澴、岳九州，鲁山、甑山、沌阳、应城、平靖、武阳、上明、涢水八镇，并从之”[⑦]。再向东看，“荆、郢群蛮乘衅作乱”，“淮南州县多”应消难，[⑧] 整个北周陷于“朝野骚然”的境地，确如李德林在《天命论》中所描写，尉迟迥完全搅乱了北方，“地乃九州陷

① 《北史》卷62《王轨传》。
② 《隋书》卷1《高祖纪上》。
③ 《隋书》卷1《高祖纪上》。
④ 《周书》卷8《静帝纪》。
⑤ 《周书》卷21《王谦传》。
⑥ 《隋书》卷53《达奚长儒传》。
⑦ 《周书》卷21《司马消难传》。
⑧ 《隋书》卷1《高祖纪上》。

三，民则十分拥六”；王谦引起的震动亦非同小可，“震荡江山，鸩毒巴、庸，蚕食秦、楚”。[①] 薛道衡回顾这段历史时用“三川已震，九鼎将飞”[②]来形容形势的险恶，诚亦不为过分。

就全国的政局而言，杨坚还面临着另外两种敌对势力。在朝廷内部，“周氏诸王素惮”杨坚，“伺便图为不利”。[③] 他们虽已大部分被杨坚强迫内调至京师，但毕竟是一个可观的异己力量。就外部而论，北有高宝宁和突厥，南有陈朝，尤其是后者，看到中原大乱，遂虎视眈眈，伺机而动。不但尉迟迥勾结过高宝宁和突厥，司马消难亦曾使其子司马永“质于陈以求援”。[④] 果然“陈人见中原多故”，遣其将陈纪、萧摩诃、任蛮奴、周罗睺、樊毅等攻江北，沿长江一带“人多应之，攻陷城镇”。[⑤] 就连局促一隅的后梁小朝廷中，亦“将帅咸潜请兴师，与尉（迟）迥等为连衡之势”，认为这样“进可以尽节于周氏，退可以席卷山南”。[⑥] 由此可见，“三方之乱”调动了北周内部和外部各种反杨坚的势力，引爆了一场遍布南北的大动乱，而且有可能使这些力量互相配合，对关中的朝廷形成致命的威胁。正是由于形势万分险恶，杨坚才“忧之，忘寝与食”。[⑦] 他能否战胜各处的劲敌，确实是决定其能否实现以隋代周的关键。

杨坚在烽烟四起、处处失控的情况下是如何取得决定性胜利的呢？“三方之乱”失败的原因何在呢？这是我们接下去着重探讨的问题。

四

《隋书》卷50《宇文庆传》：

---

① 《隋书》卷42《李德林传》。
② 《隋书》卷57《薛道衡传》。
③ 《北史》卷75《李圆通传》。
④ 《北史》卷54《司马子如附消难传》。
⑤ 《北史》卷28《源贺附雄传》。
⑥ 《隋书》卷66《柳庄传》。
⑦ 《隋书》卷38《刘昉传》。

> 初，上潜龙时，尝从容与庆言及天下事，上谓庆曰：“天元实无积德，视其相貌，寿亦不长。加以法令繁苛，耽恣声色，以吾观之，殆将不久。又复诸侯微弱，各令就国，曾无深根固本之计，羽翮既剪，何能及远哉！尉（迟）迥贵戚，早著声望，国家有衅，必为乱阶；然智量庸浅，子弟轻佻，贪而少惠，终致亡灭。司马消难反覆之虏，亦非池内之物，变成俄顷；但轻薄无谋，未能为害，不过自窜江南耳，庸、蜀崄隘，易生艰阻，王谦愚蠢，素无筹略；但恐为人所误，不足为虞。”未几，上言皆验。

根据上述记载，杨坚料事如神，这是他取得胜利的重要条件。但这段议论还比较空洞，如果他未能采取一系列策略和措施，平定“三方之乱”恐仍属未定之天。在这里，客观的分析是重要的，主观的能动性亦不能忽略。

对杨坚威胁最大的是各种敌对势力的联合和相互配合，针对这一情况，他采取的主要策略就是尽量分化瓦解各种力量，使之持中立态度或被彻底争取过来。越是政局动荡、形势不明朗的时刻，越是会有人摇摆和观望，这一点为善于做争取工作的人提供了可利用的条件。杨坚抓住时机在这方面取得了成功。

尉迟迥相州起兵后，震动了黄河两岸，如果并州（治今山西太原）也举兵响应，形势就会严重百倍。当时并州总管李穆“颇怀犹豫”,① 尉迟迥亦确曾“遣使招穆”，穆子士荣“以穆所居天下精兵处，阴劝穆应之”。② 这时杨坚“虑其为迥所诱”，一面遣穆第十子浑（字金才）“乘驿往布腹心”,③ 一面令柳裘“往喻之。裘见穆，盛陈利害，穆甚悦，归心于”坚。④ 此一工作的成功使一度动摇的李穆彻底向杨坚方面倾斜，并解除了并、相连衡抗命的可能性，对以后顺利地平定尉迟迥起了决定性作用。李穆之侄崇时为怀州（治今河南沁阳）刺史，尉迟迥亦遣使招之，

① 《隋书》卷38《柳裘传》。

② 《北史》卷59《李贤附穆传》。“士荣”，《周书》卷30《于翼附李穆传》作“荣”。

③ 《隋书》卷37《李穆附浑传》。

④ 《隋书》卷38《柳裘传》。

“崇初欲相应，后知叔父穆以并州附”杨坚，慨然太息曰：“合家富贵者数十人，值国有难，竟不能扶倾继绝，复何面目处天地间乎？”当时韦孝宽是负责镇压相州起兵的元帅，崇兄询时为元帅府长史，“每讽谕之，崇由是亦归心焉”①。上述事实说明，李穆一族虽然知道“周德既衰，愚智共悉，天时若此，岂能违天”；另一方面，李氏一族显贵于北周，与宇文氏政权又结下了难解之缘。这就决定了在形势扑朔迷离之际态度可秦可楚，行动上犹豫不决。尉迟迥深知此点，所以一再遣使招穆、招崇；杨坚亦洞悉此中奥妙，把他们看作可争取的力量，不断派李浑、柳裘、李询去做说服工作。如果尉迟迥争取李氏，就会形成相、并、怀诸州并力拒战的局面，对杨坚的威胁是太大了。但双方进行争取的结果，是杨坚得逞而尉迟迥失败，所以平定相州的战斗中最后孰胜孰负，就无待蓍龟了。

杨坚不仅防止相州与并州连衡，而且甚至企图打进尉迟迥集团内部进行瓦解，早在迥谋举兵的前夕，杨坚就令候正破六韩裒诣迥喻旨，“密与总管府长史晋昶等书，令为之备”。虽然此事败露，晋昶为迥所杀，②却能从中看出杨坚分化敌人营垒的工作做得多么深入。杨崇“本姓尉迟氏”，与尉迟迥属同族，为仪同大将军，以兵镇恒山（治今河北正定南）。迥起兵之初，“崇以宗族之故，自囚于狱，遣使请罪”。杨坚“下书慰谕之”，后来同杨义臣回顾这一往事时曾下诏称，“朕受命之初，群凶未定，明识之士，有是可怀。尉（迟）义臣与尉（迟）迥本同骨肉，既狂悖作乱邺城，其父崇时在常山，典司兵甲，与迥邻接，又是至亲，知逆顺之理，识天人之意，即陈丹款，虑染恶徒，自执有司，请归相府”，③以示表彰，这说明连尉迟迥的“骨肉”之亲也被争取过来了。后来义臣赐姓杨氏，仍然是这一政策的继续。崔弘度之妹“先适（尉迟）迥子为妻”，但弘度随韦孝宽讨迥，邺城之战，追迥直上龙尾，最后逼迥升楼自杀，并令弟弘升亲取迥首。④ 这也是一个不顾姻亲之情而坚决站在杨坚一边的生动事例。

---

① 《隋书》卷37《李穆附崇传》。

② 《北史》卷62《尉迟迥传》。

③ 《隋书》卷63《杨义臣传》。

④ 《北史》卷32《崔辩附弘度传》。

于仲文在周宣帝时任东郡（治今河南滑县）太守。尉迟迥起兵后曾“使人诱致仲文，仲文拒之”，后来他“溃围而遁”，迥怒其不从己，破城后屠其三子一女。不久，仲文诣韦孝宽所计议用兵，总管宇文忻“颇有自疑之心”，向他表示平相州后“更有藏弓之虑”，仲文向他介绍杨坚的为人：“丞相宽仁大度，明识有余，苟能竭诚，必心无贰。仲文在京三日，频见三善，以此为观，非寻常人也。”他所说的“三善”具体是指：

> 有陈万敌者，新从贼中来，即令其弟难敌召募乡曲，从军讨贼，此其有大度，一也；上士宋谦，奉使勾检，谦缘此别求他罪。丞相责之曰：“入网者自可推求，何须别访，以亏大体。”此其不求人私，二也；言及仲文妻子，未尝不潸泫，此其有仁心，三也。

经此介绍，“忻自此遂安”。[①] 杨坚这种大度宽厚的作风，为其化敌为友、争取摇摆者提供了有利的条件。于仲文的第二叔翼，“先在幽州，总驭燕、赵，南邻群寇，北捍旄头，内外安抚”，第五叔智，“建旟[②]黑水，与王谦为邻，式遏蛮陬，镇绥蜀道”；仲文兄顗，“作牧淮南，坐制勍敌，乘机剿定，传首京师”；其第三叔义，亦对王谦“龚行天讨”。[③] 于氏一门可以说是“三方之乱”中为杨坚立下了汗马功劳的重要人物。

宇文氏诸王属北周皇族，是对杨坚的另一支巨大的敌对势力，如果他们同“三方之乱”联合行动，有意识地彼此配合，问题就复杂多了。杨坚本人亦深知此点，对“周氏诸王在藩者”，“悉恐其生变”。[④] 所以宣帝崩之初秘不发丧，立即称赵王宇文招之女以千金公主将与突厥和亲，以此为借口征赵王招及陈王纯、越王达、代王盛、滕王逌入朝。这年六月五王至长安后，尉迟迥始起兵，这就使宇文氏诸王不能与“三方之乱”在军事上共同行动，他们到长安后也施展各种伎俩谋害杨坚，但由于处于被监视、被控制的不利地位，所以不久，赵、越、陈、代、滕五王就

---

① 《隋书》卷60《于仲文传》。

② “旟”原作“旗”。——编者注

③ 《隋书》卷60《于仲文传》。

④ 《隋书》卷1《高祖纪上》。

先后以“谋执政”被诛杀。此外，毕王宇文贤亦遭到了同样的命运。对于在京诸王，亦以诈术瓦解他们，尽量防止其联合行动，如汉王宇文赞是周宣帝之弟，帝崩时居禁中，后来对杨坚执政有定策之功的刘昉当时曾对赞曰：“大王，先帝之弟，时望所归。孺子幼冲，岂堪大事！今先帝初崩，群情尚扰，王且归第。待事宁之后，入为天子，此万全之计也”。赞“时年未弱冠，性识庸下，闻昉之说，以为信然，遂从之。”① 按宣帝晚年已自称“天元皇帝”，将皇位让给静帝，汉王赞“性识庸下”，更不可能在混乱中“入为天子”，刘昉所说完全是一派谎言，但起了作用。杨坚把宇文氏势力与三总管势力通过调动加以隔离，最后各个击破，确实是成功之举。

相州、益州、郧州三地尽管先后起兵，王谦、司马消难也都有响应尉迟迥的意思，但就地理位置而言，“三方”彼此阻绝，地隔千里，很难在军事上进行配合，这是非常不利的一个客观条件。但陈、后梁与他们相邻，如果数国联成一气，杨坚能否短期内取得胜利，就很难说了。对于此点，他也有冷静的估量，并采取了有效的分化策略。最明显的例子，莫过于争取后梁中立的成功了。坚辅政之初，三方构难，颇惧梁主萧岿“有异志”，当时梁之将帅确实“咸请兴师与尉迟迥为连衡之势”。况且后梁还可西南向与王谦联系，果尔则可以把中原同西南的势力连接起来，形势会变得十分严峻。当时柳庄正奉萧岿之令“奉书入关”，杨坚不失时机地对他说：

> 孤昔以开府从役江陵，深蒙梁主殊眷。今主幼时艰，猥蒙顾托，中夜自省，实怀惭惧。梁主奕叶重光，委诚朝臣，而今已后，方见松筠之节。君还本国，幸申孤此意于梁主也。

柳庄返江陵后“具申高祖结托之意”，并称：

> 昔袁绍、刘表、王凌、诸葛诞之徒，并一时之雄杰也。及据要

① 《隋书》卷38《刘昉传》。

> 害之地，拥哮阚之群，功业莫建，而祸不旋踵者，良由魏武、晋氏挟天子，保京都，仗大义以为名，故能取威定霸。今尉（迟）迥虽曰旧将，昏耄已甚，消难、王谦，常人之下者，非有匡合之才。况山东、庸、蜀从化日近，周室之恩未洽。在朝将相，多为身计，竞效节于杨氏。以臣料之，迥等终当覆灭，隋公必移周国。未若保境息民，以观其变。

萧岿“深以为然，众议遂止”①。柳庄作为局外人，旁观者清，对形势的分析确有道理，杨坚与各总管虽然都是周室重臣和姻亲，但他“挟天子、保京都”，的确居于优势地位。至于“仗大义以为名”则未必谈得上，因为“三方”总管举的是名正言顺的匡周室、“勤王”的旗帜。只是周宣帝的胡作非为已经把周朝的招牌糟蹋得不成样子了，因而这面旗帜的号召力极其有限。杨坚通过柳庄稳住了后梁小朝廷，对遏止战火延烧起了不小的作用。

综上所述，杨坚辅政之初，到处存在着敌对势力，“三方之乱”爆发后如果这些势力都能联合起来，对他的威胁将十分严重。面对着这一形势，杨坚采取分化瓦解、各个击破的策略相当成功。“三方之乱”是对他的致命威胁。这次战乱的平定为以隋代周扫清了道路。

五

以上，我们分析了杨坚取胜的主观因素，现在就“三方之乱”本身的缺陷进行探讨，以便全面说明战乱平定的原因。

封建史臣多半是为胜利者编纂历史的，隋朝是在推翻北周的基础上出现的新朝代，尉迟迥、王谦、司马消难是失败者，因此后世的史籍即令有时勉强给他们中某些人加上忠君报国的美名，也很难做到公允评论。之所以把这次事件称作“乱”“构难”“叛”……原因就在这里。因此研

① 《隋书》卷66《柳庄传》。

究他们失败的主观因素时，不能盲目相信史书上的已有看法。

就以尉迟迥而言，并非平庸之辈，他“少通敏，有干能”，“任兼文武，颇允时望”。周太祖对之“深委仗焉”，绝非任人不当。迥平蜀后，“明赏罚，布恩威”，经略得当，“夷夏怀而归之”。入朝后“蜀人思之，立碑颂德”，[①] 起码称得起是地方循吏。王谦亦“性恭谦”，父卒后拜柱国大将军，他“以情礼未终，固辞不拜”，后来由于“高祖手诏夺情”才袭爵庸公。[②] 柳庄把他说成是“常人之下者”，未必符合事实。司马消难“幼聪惠，微涉经史”，与其父子如均“爱宾客”，邢子才、王元景、魏收、陆印、崔瞻等，“皆游其门”，在北齐政治昏暗之际能“曲意抚纳，颇为百姓所附”，[③] 用“反覆之虏”四字也不可能勾画出此人的真实全貌。既然如此，为什么杨坚平定“三方之乱”显得易如反掌呢？除了杨坚本身所具备的优势和优点外，也应当看到，三人虽非“平庸之辈”，但这些势力确实也存在一些严重的欠缺。

尉迟迥在邺城之役的最后挣扎中，“其麾下千兵，皆关中人，为之力战”，说明北齐旧地所征募之士卒未必是其心腹。尽管他委任“多用齐人”，但并不能在齐灭后的短期内就把关东的人心全部收买过来。尤其邺城是北齐的故都，异己力量应相当可观。尉迟迥作为北周总管起兵反对北周的丞相杨坚，邺中士女“观者如堵”，实际上采取了坐山观虎斗的态度。他手下的长史崔达拏系“文士，无筹略，多失纲纪，不能有所匡正”，确乎也是事实。正如柳庄所说，北周对关东“恩未洽”，在“从化日近”的情况下，尉迟迥在官吏和士卒中均缺少心腹，这是起兵六十八日而败的重要原因之一。至于“惑于后妻王氏”，“诸子多不睦”，[④] 就只能是极其次要的原因了。

王谦在益州的情况与尉迟迥在相州基本相同，蜀地也是“从化日近”，周恩“未洽”的新占领区，王谦“任用多非其才”，[⑤] 说明他手下

---

① 《周书》卷21《尉迟迥传》。
② 《周书》卷21《王谦传》。
③ 《周书》卷21《司马消难传》。
④ 《周书》卷21《尉迟迥传》。
⑤ 《周书》卷21《王谦传》。

也没有一个干练的心腹班子。当梁睿率大军压境的时候，王谦的长史乙弗虔、益州刺史达奚惎密遣使于睿，“请为内应”，而“谦不知惎、虔之反己也，并令守成都”，而且以二人之子为左右军，结果在最后决战中“左右军皆叛”，谦奔新都（今四川新都县），后为县令王宝执而斩之。[①]可见王谦也是由于没有形成核心势力，内部矛盾复杂，而叛己降敌之事不断发生，走向了分崩离析。

在“三方之乱”中，司马消难的势力最小，他凭借着与陈为邻的地理位置进行投机，如果尉迟迥、王谦得势他就坚持斗争，如果形势逆转就打算背周投陈，根本没有打算做坚决的斗争。“三方”中相州起兵的势力最大，对杨坚的威胁也最严重，所以北方战场的战局对起兵成败起决定性作用。司马消难一俟尉迟迥败死就先于王谦的覆灭而以郧州归陈了。他的这种投机态度就决定了他不可能成就什么大事业，起兵只能转瞬即逝。

平定“三方之乱”是以隋代周的关键性斗争，因此大象二年十月王谦败死乱事平定以后，只经过四个月左右的准备，杨坚就正式称帝以隋代周了。

六

“三方之乱”的平定，不仅为隋朝的建立扫清了道路，而且为杨坚的政权锻炼、准备了心腹的集团。

周末宣帝崩，引杨坚辅政的人物中，处关键地位的带头人物是刘昉和郑译，后以“有定策之功”，文帝封昉为黄国公、译为沛国公，“皆为心膂”，二人地位“朝野倾瞩”，故称“黄、沛”，时人为之语曰：“刘昉牵前，郑译推后。”[②] 杨坚为丞相时高颎向他表示，“愿受驱驰，纵令公事不成，颎亦不辞灭族”，但颎职仅相府司录而已，[③] 地位显然不能与昉、

① 《北史》卷60《王雄附王谦传》。

② 《隋书》卷38《刘昉传》。

③ 《隋书》卷41《高颎传》。

译相较。史书上说，二人后来“并以奢纵被疏，高祖弥属意于颎”，恐怕这并不是主要的原因，由于当时杨坚尚未建隋，“奢纵”与否尚不是他取舍人物的主要依据。那么高颎取代“黄、沛”，成为隋初的尚书左仆射兼纳言，“朝臣莫与为比”的原因何在呢？[①] 我认为关键在于“三方之乱”时各人是否经得起考验。《隋书》卷38《刘昉传》：

> 于时尉（迟）迥起兵，高祖令韦孝宽讨之，至武陟，诸将不一。高祖欲遣昉、译一人往监军，因谓之曰：“须得心膂以统大军。公等两人，谁当行者？”昉自言未尝为将，译又以母老为请，高祖不怿。而高颎请行，遂遣之。由是恩礼渐薄。

当杨坚处于困难的关键时刻，刘昉、郑译经不起考验，畏缩不前；高颎则与此相反，迎着困难向前冲，表现截然相反，所以后来昉、译见疏而颎“任寄益隆”，就是非常合乎情理的事了。《隋书》卷41《高颎传》：

> 颎有文武大略，明达世务。及蒙任寄之后，竭诚尽节，进引贞良，以天下为己任。苏威、杨素、贺若弼、韩擒（虎）等，皆颎所推荐，各尽其用，为一代名臣。自余立功立事者，不可胜数。当朝执政将二十年，朝野推服，物无异议。治致升平，颎之力也。论者以为真宰相。

可见隋初领导集团的形成中，高颎是一个核心人物，他对“开皇之治”的产生起了不小的作用，而这一人物的开始被重用，就是由平定“三方之乱”中的表现所决定的。

隋初另一个重臣是李德林，其“文诰之美，时无与二。君臣体合，自致青云”[②]。李德林在日益受杨坚重用过程中，“三方之乱”时所起的作用，亦为“君臣体合”的契机。前述韦孝宽讨尉迟迥至武陟时“诸将不

① 《隋书》卷41《高颎传》。

② 《隋书》卷42《李德林传》史臣曰。

一”指的是什么呢？事实是这样的：李询向杨坚上密启云，大将梁士彦、宇文忻、崔弘度等“并受尉迟迥饷金，军中慅慅，人情大异”。杨坚面对着这一情况“深以为忧”，与郑译等谋，打算代此三人。在这一严重时刻，李德林进计称：

> 公与诸将，并是国家贵臣，未相伏驭，今以挟令之威，使得之耳。安知后所遣者，能尽腹心；前所遣人，独致乖异？又取金之事，虚实难明，即令换易，彼将惧罪，恐其逃逸，便须禁锢。然则郧公以下，必有惊疑之意。且临敌代将，自古所难，乐毅所以辞燕，赵括以之败赵。如愚所见，但遣公一腹心，明于智略，为诸将旧来所信服者，速至军所，使观其情伪。纵有异志，必不敢动。

至此杨坚始“大悟”，语李德林曰：“若公不发此言，几败大事”。遂遣高颎往监军，“竟成大功”。当时“三方构难，指授兵略”，李德林皆“与之参详”；“军书羽檄，朝夕填委，一日之中，动逾百数”。他“机速竞发，口授数人，文意百端，不加治点”。[①] 事实说明，一代文翰名臣李德林，也是在平定“三方之乱”中经过考验的得力股肱。

前面已经谈到，并州总管李穆及其侄李崇等由摇摆而最后坚决倒向杨坚一边，对“三方之乱”的平定起了不小的作用，因而隋初其“子孙虽在襁褓，悉拜仪同，其一门执象笏者百余人。穆之贵盛，当时无比”,[②] 此族在有隋一代“家世隆盛”。[③]

“三方之乱”中为杨坚献出三子一女，诸叔亦在各地奋战，“合门诚款”的于仲文，“尉迟迥之乱，遂立功名。自兹厥后，屡当推毂”。《隋书》说他“取高位厚秩，良有以也”[④]。他受到的信任，也是在“三方之乱”的时候奠定了基础。

韦孝宽与梁睿是平定“三方之乱”的主帅，但在隋朝名不见史乘，

---

① 《隋书》卷42《李德林传》。

② 《隋书》卷37《李穆传》。

③ 《北史》卷59《李贤附浑传》。

④ 《隋书》卷60《于仲文传》史臣曰。

令人难解，其实这是由于另有具体原因。按韦孝宽在攻下邺城，凯还京师的次日即薨，时年七十二。[①] 如果他正当中年，肯定是会在隋初委以重任的。平定王谦的梁睿，告捷之始，就“自以威名太盛，恐为时所忌，遂大受金贿以自秽”。并且“自以周代旧臣，久居重镇，内不自安，屡请入朝”，最后以益州总管征还京师。[②] 日后之并不十分受重用，恐系与他这种特殊的身份有关，也同杨坚的生性疑忌分不开。

开皇元年（581），隋朝建立之初，中枢政权的组成人员是：高颎任尚书左仆射兼纳言，虞庆则任内史监兼吏部尚书，李德林为内史令，韦世康任礼部尚书，元晖任都官尚书，元岩任兵部尚书，长孙毗任工部尚书，杨尚希任度支尚书，杨惠任左卫大将军。[③] 可见与平定“三方之乱”有关的高颎和李德林处于非常突出的地位，他们是隋政权中最核心的人物。

（原载《河北学刊》1989 年第 6 期）

---

① 《周书》卷 31《韦孝宽传》。

② 《隋书》卷 37《梁睿传》。

③ 《隋书》卷 1《高祖纪上》。

北周政局的演变与杨坚的以隋代周

唐太宗在贞观四年（630）曾说过，杨坚是“欺孤儿寡妇以得天下”，①言外之意，以隋代周不费吹灰之力。清人赵翼也认为：

> 古来得天下之易，未有如隋文帝者，以妇翁之亲，值周宣帝早殂，结郑译等，矫诏入辅政，遂安坐而攘帝位。②

按周隋鼎革之际，周静帝年仅九岁，确实尚属幼冲，无任何政治能量可言，似乎杨坚的确拣了便宜。但这样看问题，不免显得太简单化了。应当承认，隋文帝篡周确实具备了一些有利的条件，但仅仅看到“欺孤儿寡妇”是流于皮相了，必须深入分析这些条件究竟是什么，才能抓住问题的实质。为了探讨这一课题，有必要对北周政局演变的历史进行全面剖析。

一　宇文护的专权

自拓跋魏分裂为东、西魏，宇文泰占据关中地区以后，北周政治史上最早发生的重大事件应当说是宇文护专柄，不但在当时是一件引起巨大震动的重要事件，而且对日后杨坚势力的培植、形成也产生了一定的

① 《贞观政要》卷1《政体》。

② 《廿二史劄记》卷15《隋文帝杀宇文氏子孙》。

影响。

宇文护出身皇族，其父宇文颢即宇文泰之兄。泰入关中之初，“诸子并幼，遂委护以家务”。以后宇文护“从太祖擒窦泰，复弘农（治今河南灵宝北），破沙苑（在陕西大荔南洛、渭之间），战河桥，并有功”。后来宇文泰西巡遇疾，“驰驿召护”至泾州（治今甘肃泾川西北），谓之曰：“吾形容若此，必是不济，诸子幼小，寇贼未宁，天下之事，属之于汝，宜勉力以成吾志。”泰死之后，宇文护“纲纪内外，抚循文武，于是众心乃定”[①]。宇文觉即位，是为孝闵帝，赵贵、独孤信谋袭宇文护，结果失败，“党与皆伏诛”。宇文护于是拜大冢宰，从此“威权日盛，谋臣宿将，争往附之，大小政事，皆决于护”[②]。他的权势甚至发展到了“势倾王室”[③]的程度。一时“缙绅等多谄附之，以图仕进”[④]。宇文护既以天子之兄的身份，又以大冢宰的地位，独柄朝政，不可一世。宇文觉不甘心当傀儡皇帝，与一部分朝臣谋诛护，事泄，孝闵帝被弑。护迎立宇文毓即位，是为明帝，因为皇帝“性聪睿，有识量”，“护深惮之”，于是不久就令膳部下大夫李安利用进食的机会毒杀了明帝。宇文护接着拥立宇文邕即位，是为武帝。当时实际情况是“百官总己以听于护”。宇文泰所建立的左右十二军是北周政权赖以建立和维持的军事基础，自泰崩后“皆受护处分，凡所征发，非护书不行。护第屯兵禁卫，盛于宫阙”。这是他得以随意弑帝立君的凭仗。由于兵权在握，尽管上面还有皇帝，却朝廷“事无巨细，皆先断后闻”[⑤]。通过上述事实可以看出，宇文护是一个地地道道的权臣，专横到了极点。

宇文护长期专权，究竟对北周政治产生了什么影响呢？可以肯定地说，主要是负面影响。首先是此人生活腐化，执政后“广营第宅”，韦敻曾当面劝诫：“酣酒嗜音，峻宇雕墙，有一于此，未或弗亡。”宇文护听后“不悦”。[⑥]他的诸子等亦“服玩侈靡，逾越制度。”[⑦]这样的人居于权

① 《周书》卷11《晋荡公护传》。

② 《周书》卷11《晋荡公护传》。

③ 《隋书》卷40《王谊传》。

④ 《周书》卷34《裴宽附汉传》。

⑤ 《周书》卷11《晋荡公护传》。

⑥ 《周书》卷31《韦敻传》。

⑦ 《周书》卷10《邵惠公颢附广传》。

力的峰巅，其用人方面的好恶就可想而知了。史称："（护）自恃建立之功，久当权轴。凡所委任，皆非其人。兼诸子贪残，僚属纵逸，恃护威势，莫不蠹政害民。"[①] 以下介绍几个具体的人物以见一斑。薛元信其人，"仗气豪侈，每食方丈，坐客恒满，弦歌不绝"。其弟薛善"家素富，僮仆数百人"。当时仪同齐轨，为人很正派，不满权臣专擅的局面，曾语善云："兵马万机，须归天子，何因犹在权门？"薛善白之于宇文护，轨遂被杀。宇文护"以善忠于己"而加以重用。后来北周武帝拨乱反正，因以此事谥薛善为"缪公"。[②] 这确实是一个腐化堕落的小人。再如侯龙恩，"为护所亲任"。宇文护诛赵贵等异己势力后，"诸宿将等多不自安"。侯植谓其兄龙恩曰："今主上春秋既富，安危系于数公。共为唇齿，尚忧不济，况以纤介之间，自相夷灭！植恐天下之人，因此解体。兄既受人任使，安得知而不言。"但侯龙恩"竟不能用"。侯植于是亲劝宇文护："推诚王室，拟迹伊、周，使国有泰山之安，家传世禄之盛。"宇文护不但不接受意见，反而因得知侯植对侯龙恩所说的那番话"乃阴忌之"。"植惧不免祸，遂以忧卒。"[③] 在宇文护专柄时期，正人君子不是完全不得势，如"性质直，小心畏慎"的冯迁，"每校阅文簿，孜孜不倦，从辰逮夕，未尝休止。以此甚为护所委任"[④]。但朝廷中这样的正人君子犹如凤毛麟角。尤其在官风不正的形势下，贤直的人往往还会遭到排摈或迫害，侯植即其一例。其他类似的例子如窦炽，"事亲孝，奉诸兄以悌顺闻"，"累世仕魏"为显官，周明帝"以炽前朝忠勋，望实兼重"而加以重用，后来"位望隆重"，"遂为当时盛族"，但宇文护却嫉妒他的射技，"因以为嫌"。周武帝即位后，炽"有劝护归政之议，护恶之，故左迁焉"[⑤]。贺若敦其人"志节慷慨"，是"忘生以徇国"的名将，亦不见容于宇文护，终至"逼令自杀"。因而史学家令狐德棻就此事大发感慨之词："嗟乎，政之纰缪，一至于此！天下是以知宇文护不能终其位焉！"[⑥] 再如薛端，"少

① 《周书》卷 11《晋荡公护传》。
② 《周书》卷 35《薛善传》。
③ 《周书》卷 29《侯植传》。
④ 《周书》卷 11《晋荡公护附冯迁传》。
⑤ 《周书》卷 30《窦炽传》。
⑥ 《周书》卷 28《贺若敦传》及传末史臣曰。

有志操”，“性强直，每有奏请，不避权贵。太祖嘉之，故赐名‘端’”。他任吏部侍郎，“自居选曹，先尽贤能，虽贵游子弟，才劣行薄者，未尝升擢之”，“雅有人伦之鉴”。但这样一个正直的人，却因为不同意宇文护废立皇帝的阴谋，引起“护不悦，出为蔡州刺史”。他在地方官任内亦“为政宽惠，民吏爱之”。①

在这样的政治气氛下，即令个别正人君子被宇文护看中，加以拉拢，也无不对他敬而远之，不肯与群小为伍。令狐虬，“早以名德著闻”，其子令狐整曾率乡亲两千余人入朝于周，整“善于抚驭，躬同丰约，是以人众并忘羁旅，尽其力用”。说明令狐父子都是尽力周室的正派人。宇文护“之初执政也，欲委整以腹心。整辞不敢当，颇忤其意，护以此疏之”。② 这是双方都持不合作态度的例子。历任河州（治今甘肃临夏东北）、云州（治今山西祁县西）、宁州（治今甘肃宁县）刺史的阎庆，“性宽和，不苛察，百姓悦之”，显然是一名循吏。尽管他的姑母即宇文护之母，但在护专权时期却“未尝阿附”③。这一事例太突出了，具有很强的说服力。苏威是北周名臣苏绰之子，“少有令名”，宇文护亦素“闻其贤”，曾企图加以拉拢，“强以女妻之”，但苏威“见护专权，恐祸及己，屏居山寺，以讽读为娱”④。宇文护杀孙恒、李植后，“欲委腹心于司会柳庆、司宪令狐整等。庆、整并辞不堪”⑤。可见柳庆也同令狐整一样，对权臣宇文护持不合作态度。看起来对宇文护敬而远之的是两种人：一种是正人君子，不屑于为专擅无君的权臣尽力，以保持名节；一种是看透了宇文护不能久安其位的发展趋势，不肯上这条贼船。只有那些无气节可言的小人和无远大眼光的急功近利者才会在这种极不正常的时代和政治环境中钻营，与宇文护沆瀣一气。

宇文护专权是违反一般政治原则的，违背传统的道德规范，所以必然遭到宇文泰以来的元老重臣的抵制和反对，这就使他着意打击这一势

① 《周书》卷35《薛端传》。

② 《周书》卷36《令狐整传》。

③ 《周书》卷20《阎庆传》。

④ 《通鉴》卷175陈宣帝太建十三年二月。

⑤ 《周书》卷11《叱罗协传》。

力，以巩固自己的权势和地位。赵贵与独孤信“皆与太祖等夷”，是资深的开国老臣，故宇文护摄政后，“贵自以元勋佐命，每怀怏怏，有不平之色，乃与信谋杀护”。后来此事被宇文盛告发，贵被杀。[①] 宇文护以独孤信“名望素重，不欲显其罪”，于是“逼令自尽于家”。[②] 李穆之兄李贤和李远，“并为佐命功臣，而子弟布列清显”，很有势力，他们也确实“谋害晋公护”，后来李远及其子植都被杀，李穆“亦坐除名”，[③] 就是理所当然的事了。再如于谨，是协助宇文泰建业关陇的元勋，泰崩后，宇文护“虽受顾命，而名位素下，群公各图执政，莫相率服。护深忧之，密访于谨”，后者赞助他辅佐孝闵帝宇文觉，[④] 可能当初只是希望宇文护做周公旦，并没有料到后来的事态恶性发展。就连于谨这样的人，其子于翼终因武帝即位之初“委翼腹心”，宇文护亦对他“内怀猜忌”，使之移官小司徒，“虽外示崇重，实疏斥之”。于翼在渭州刺史任内，“推诚布信，事存宽简，夷夏感悦”。[⑤] 作为元勋之后，又属循良的地方官，见重于宇文邕，必然遭到宇文护的排摈，也是合乎情理的。

特别值得一提的是，宇文护与杨氏的关系。隋文帝的父亲杨忠在北周时，武帝“将以忠为太傅，晋公护以其不附己，难之，乃拜总管泾、幽（豳）、灵、云、盐、显六州诸军事，泾州刺史”[⑥]。西魏时杨忠“间岁再举，尽定汉东之地，宽以御众，甚得新附之心”，魏恭帝赐姓“普六如氏”，[⑦] 这样的人自然也是属于“莫相率服”的心怀“怏怏”之列，故而必然“不附”于宇文护，当然会遭到打击。武帝初，护作为权臣，对杨坚“尤忌”，“屡将害焉”，赖大将军侯伏、侯寿等“匡护获免”。[⑧] 说明杨坚也是宇文护的眼中钉。明乎此，就可以理解隋文帝即位后为什么要为被宇文护打击过的人鸣冤平反了。如被护所杀的李贤，在隋初“追

① 《周书》卷16《赵贵传》。

② 《周书》卷16《独孤信传》。

③ 《周书》卷30《于翼附李穆传》、《隋书》卷37《李穆传》。

④ 《周书》卷15《于谨传》。

⑤ 《周书》卷30《于翼传》。

⑥ 《周书》卷19《杨忠传》。

⑦ 《周书》卷19《杨忠传》。“如”，《北史》卷11《隋本纪》作“茹”，《魏书》卷113《官氏志》作“普陋茹”。

⑧ 《隋书》卷1《高祖纪上》。

赠上柱国、黎阳公”。遇害的李植及其诸弟亦“并加赠谥”。[①] 李穆受到文帝重用，虽然由于在平定尉迟迥叛乱中起了重要作用，恐怕也与他同族中被宇文护诛杀者非止一人有关。独孤信是被宇文护“逼令自尽于家”的，所以隋文帝践极后亦特意对他下诏褒美之。[②]

综上所述可以看出，宇文护专权一事对杨坚的以隋代周起了如下的作用：首先，北周的开国功臣、栋梁之才及政治上起正面作用的忠直之臣，受到了打击，大大削弱了宇文氏政权的统治基础，对以后北周的覆灭产生了一定的影响。其次，宇文护打击的人很多，杨氏父子亦在其列，杨坚于是能够在这些失势的人中网罗人物，发展、壮大自己的势力，对日后的以隋代周是比较有利的。最后，还有一个间接的影响，即宇文护执政时“爰树其党，宗室长幼，并握兵权”，周武帝即位后一反其道，“惩专朝之为患，忘维城之远图”，结果，“配天之基，潜有朽壤之墟矣”。[③] 正是由于武帝这一政策走到了另一个极端，所以为杨坚夺权创造了一个方便的条件。

二　北周武帝灭佛

宇文邕是一个有作为的皇帝，绝不甘于在权臣柄政的形势下当傀儡皇帝，所以即位不久就于天和七年（572）通过精密的策划诛杀了宇文护。周武帝不仅在权力之争中同宇文护是敌对的，而且二人所推行的政策也大异其趣。在诛护后立即发布的诏书中就指责他“朋党相扇，贿货公行”，造成了“户口凋残，征赋劳剧，家无日给，民不聊生”[④] 的后果；所以武帝执政后反其道而行之，“身衣布袍，寝布被，无金宝之饰。诸宫殿华绮者，皆撤毁之”。“雕文刻镂，锦绣纂组，一皆禁断。后宫嫔御不

① 《周书》卷25《李贤附远传》。
② 《周书》卷16《独孤信传》。
③ 《北史》卷58《周室诸王传》。
④ 《周书》卷11《晋荡公护传》。

过十余人。劳谦接下，自强不息。”因而能成为“克己励精”[①] 的杰出皇帝。应当说，武帝基本上弥补了宇文护专权时期所造成的损失，在一定程度又加强和巩固了北周政权。但他的措施中也不是完全没有失算的地方，即也存在为杨坚夺权提供了可以利用的地方，其中大举灭佛毁佛就是具体表现之一。

佛教自东汉从印度传入中国之后，日渐发展，至魏晋南北朝时已广为普及，不仅统治阶级普遍信奉，就是在劳动群众中也产生了广泛的影响。北魏时爆发了不少由沙门参加或领导的农民起义，[②] 就反映贫苦大众在思想上并不拒绝佛教。此外，正光（520—525 年）以后，“所在编民，相与入道，假慕沙门，实避调役”，[③] 说明农民同寺院还发生了某些利益上的联系。北魏太武帝虽然有过毁佛之举，但继位的文成帝拓跋濬却再度大肆造寺，佛教不久就又死灰复燃了。宇文泰创业时亦“雅好谈论，并简名僧深识玄宗者一百人，于第内讲说”。又命薛慎等大臣“兼学佛义，使内外俱通。由是四方竞为大乘之学”。[④] 可见后来武帝登上皇位时所面临的仍然是一个佛教盛行的潮流。

北周武帝灭佛，从现象上看，具有思想领域斗争的性质。譬如他即位后，一再让朝臣、沙门、道士等议论儒、道、佛三教孰优孰劣，并评定三者的位次，最后排定的顺序是“以儒教为先，道教为次，佛教为后”[⑤]。但实质上，灭佛的主要目的在于“求兵于僧众之间，取地于塔庙之下”，[⑥] 这是因为宇文邕是一个“修富民之政，务强兵之术”，以实现“包举六合，混同文轨”[⑦] 为己任的现实主义统治者，灭佛毁寺是出于其政治需要而已。所以当时遭打击的不仅仅是沙门和寺院，连道士和道观也在劫难逃。

武帝灭佛所采取的手段是相当粗暴的，建德三年（574）下令初断

① 《周书》卷 6《武帝纪下》。
② 参阅任继愈《中国佛教史》第 3 卷，中国社会科学出版社 1988 年版，第 53 页。
③ 《魏书》卷 114《释老志》。
④ 《周书》卷 35《薛善附慎传》。
⑤ 《周书》卷 5《武帝纪上》。
⑥ 《广弘明集》卷 24 周释昙积《谏周太祖沙汰僧表》。
⑦ 《周书》卷 6《武帝纪下》。

佛、道二教时，“经象悉毁，罢沙门、道士，并令还民，并禁诸淫祀，礼典所不载者，尽除之”①。这次毁佛虽然没有像魏太武帝“沙门无少长悉坑之”②那样，从肉体上消灭僧侣，但其粗暴的程度也相当惊人。周灭北齐后，进一步推广这一政策，在旧齐地“毁破前代关山西东数百年来官私所造一切佛塔，扫地悉尽。融刮圣容，焚烧经典”③。此举波及的地域就更广大了。

尽人皆知，宗教信仰是一个属于意识形态领域的范畴，而且是涉及广大群众感情的问题，思想上的问题只能运用批判的武器加以解决，最不宜用武器加以批判。周武帝采取粗暴的手段灭佛毁像，不但不能从根本上清除信仰佛教的社会土壤，而且大大伤害了群众的感情。从我们今人的角度看，武帝此举无疑具有进步性；从当时的政治角度看，却不免使北周统治者引起了群众的反感。这就必然在一定程度上削弱了宇文氏的统治基础，有利于杨坚利用社会上普遍存在的不满情绪，以崇佛兴寺为手段，进行夺权，并在隋朝建立后继续以此巩固其统治。

三　宣帝的残暴与失德

宣政元年（578）六月，武帝崩，太子宇文赟即位，是为周宣帝。大象二年（580）五月，宣帝崩。宇文赟在位虽仅短短两年的时间，但在北周的历史上却起了极大的负面作用，实际上可以说，他对宇文周的覆灭产生了决定性影响。

早在武帝在世时期，宇文赟就暴露了自己是一个失德寡能的皇位继承人。如他“在东宫，亲狎谄佞，数有罪失”，尉迟运曾“屡言”其失于武帝。④后来武帝令太子征吐谷浑，他“在军中，颇有失德”，军还，从征的王轨以此奏于武帝，武帝大怒，乃挞太子，赟因而对王轨“大衔

① 《周书》卷5《武帝纪上》。

② 《魏书》卷114《释老志》。

③ 《历代三宝纪》卷11。

④ 《周书》卷40《尉迟运传》。

之”。王轨甚至严肃地向武帝奏云：“皇太子仁孝无闻，复多凉德，恐不了陛下家事。”还有一次利用内宴上寿的机会，王轨半开玩笑地捋武帝须曰：“可爱好老公，但恨后嗣弱耳。”武帝虽“深以为然”，但觉得“汉王次长，又不才，此外诸王并幼，故不能用其说”。[①] 在按照血统继承皇位的条件下，产生这样的问题是不可克服的。周宣帝即位后，果然是一个昏主暴君，“刑政乖僻，昏纵日甚”，[②] “政刑日乱”[③]。“号称强直”的大臣乐运，因发现皇帝“昏暴滋甚”，曾面陈“八失”，其中最重要的有：“内史御正，职在弼谐，皆须参议，共治天下。大尊比来小大之事，多独断之”。“大尊初临四海，德惠未洽，先搜天下美女，用实后宫；又诏仪同以上女，不许辄嫁。贵贱同怨，声溢朝野。”“大尊比来一入后宫，数日不出，所须闻奏，多附内竖”，“事由宦者，亡国之征”。“岂有削严刑之诏未及半祀，便即追改，更严前制？政令不定，乃至于是。”“都下之民，徭赋稍重，必是军国之要，不敢惮劳。岂容朝夕征求，唯供鱼龙烂漫，士民从役，祇为俳优角觝。纷纷不已，财力俱竭，业业相顾，无复聊生。”“不能采诽谤之言”，且“杜献书之路”。若不革除这些弊政，“臣见周庙不血食矣!”[④] 这个暴君“昏暴滋甚，喜怒乖度”，[⑤] 政治生活陷于极不正常的状况。

在这样的暴君昏主统治下，一般的政治规律是：君子失势，小人得志。当时的情形正是这样。《周书》卷40在尉迟运、宇文孝伯、颜之仪及乐运等人的传末史臣曰中云：“当宣帝之在东朝，凶德方兆，王轨、宇文孝伯、（宇文）神举志惟无隐，尽言于父子之间。淫刑既逞，相继夷灭。”再如王谊，被武帝看作“社稷臣，宜处以机密，不须远任也。”但宣帝即位后却“惮谊刚正，出为襄州总管”[⑥]。这就是这位君主在用人方面的取舍标准。王轨、宇文孝伯、宇文神举都曾参与武帝诛宇文护之谋，

① 《周书》卷40《王轨传》。
② 《周书》卷40《颜之仪传》。
③ 《隋书》卷39《于义传》。
④ 《周书》卷40《颜之仪附乐运传》。
⑤ 《周书》卷9《宣帝杨皇后传》。
⑥ 《隋书》卷40《王谊传》。

都是周室的栋梁之才，[①] 却在宣帝朝遭了厄运。此一事实反映，周宣帝与周武帝是完全不相同的皇帝，前者实际是绍继了宇文护的统治路线，并且加以恶性发展。其他如柳懿、柳敏、柳昂祖孙三代都是北周政权的中流砥柱，但武帝崩后昂亦“稍被宣帝疏”[②]。于谨是“从魏武入关”的开国功臣，其子义“少矜严，有操尚，笃志好学”，在安武太守任内“专崇德教，不尚威刑”，“风教大洽”。宣帝即位后于义上书切谏，当时像郑译、刘昉之类的小人“以恩幸当权，谓义不利于己，先恶之于帝”，后终遭摈弃。[③] 即令有的正人君子幸免于迫害、贬斥，也都愿洁身自好，急流勇退，不想在邦无道的时候飞黄腾达。如柳机其人，见宣帝“失德，屡谏不听，恐祸及己，托于郑译，阴求出外，于是拜华州刺史”[④]。

上述事实说明，如果说北周武帝曾经拨乱反正，纠正了宇文护的弊政，使政治有所中兴，那么这也仅仅是回光返照，周宣帝的倒行逆施迅即把武帝的施政成就化为乌有，从根本上瓦解了北周王朝的统治基础，宇文氏政权的末日景象已经明显地呈现出来了。这一点对隋朝的建立是极其有利的，杨坚对此了如指掌，所以他即位后曾对高颎说：“宇文孝伯，实有周之良臣，若使此人在朝，我辈无措手处也。”[⑤] 这还仅仅是就宇文赟迫害忠良一点而言，从一滴水可以看到大千世界，杨坚由此正看到了宣帝朝弊政的全貌，他必然会看准这一时机，进行以隋代周的积极准备。

北周武帝成功的地方，宣帝都没有继承，唯独对他“忘维城之远图”却很感兴趣，所以在即位后对皇族“芟刈先其本枝，削黜遍于公族”。“虽地惟叔父，亲则同生，假文能辅主，武能威敌，莫不谢卿士于当年，从侯服于下国。号为千乘，位侔匹夫。是以权臣乘其机，谋士因其隙，迁龟鼎速于俯拾，歼王侯烈于燎原。”故史臣论曰：“岂非摧枯振朽，易为力乎?”[⑥] 很显然，这对异姓篡权野心的实现，也提供了一个比较方便

① 《北史》卷57《邵惠公颢附护传》。
② 《周书》卷32《柳敏附昂传》。
③ 《隋书》卷39《于义传》。
④ 《隋书》卷47《柳机传》。
⑤ 《周书》卷40《宇文孝伯传》。
⑥ 《北史》卷58《周室诸王传》末史臣论曰。

的条件。

在周宣帝的倒行逆施下，不仅朝纲不振，而且整个宦风都流于腐败，隋朝人李谔对之曾做过如下的生动描述：

> 世之丧道，极于周代，下无廉耻，上使之然。用人唯信其口，取士不观其行。矜夸自大，便以干济蒙擢，谦恭静退，多以恬嘿见遗。是以通表陈诚，先论己之功状；承颜敷奏，亦道“臣最用心”。自衒自媒，都无惭耻之色，强干横请，唯以乾没为能。①

这的确是一个老实人吃亏、刁钻之辈占便宜的时代。

任何政权，像宣帝朝这样腐败下去要想不被推翻，都是不可能的，它或者在农民起义中陷于灭顶之灾，或者在统治集团中的某些人所发动的政变中为他人所取代。令狐德棻作为一个史学家，洞悉此中奥妙，所以对周隋鼎革之际的历史一针见血地指出：“以太祖之克隆景业，未逾二纪，不祀忽诸。斯盖宣帝之余殃，非孺子之罪戾也。”② 同把隋文帝“得天下之易”归之于“欺孤儿寡妇”和“安坐而得天下”的肤浅看法相比，显然令狐德棻的议论是深刻得多了。

四　北周政治对隋初政治的影响

在中国历史上，改朝换代是司空见惯的事，每一个朝代的灭亡都有一定的原因，所以每一个新建的王朝都必然要从前朝覆亡的历史中吸取经验和教训，在各方面不免有所因革，隋朝也不例外。既然北周的政治史对杨坚来说都还是记忆犹新的事，有的甚至还是他所亲见亲历，那么宇文氏政局的演变当然就成了他决定隋朝政治方针、制度及某些政策的主要参考因素。兹就其荦荦大者，列举以下数端。

---

① 《全隋文》卷20李谔《奏惩矜伐》。

② 《周书》卷8《静帝纪》。

周宣帝的昏暴荒淫为杨坚所亲见亲闻，尤其是对他得以顺利地以隋代周所提供的方便条件，在隋文帝的思想中留下的印象最为深刻。所以他即位后首先注意的是要一改宣帝弊政，使隋初政治生活耳目为之一新。为此，他确立了“除旧布新，移风易俗”① 的总方针。大象二年（580）九月，周静帝诏大赦天下，“停洛阳宫作”。② 按当时杨坚已经实际柄政，这完全是出于他的授意所下的诏书，借以笼络人心。次年，文帝即位之初又诏“犬马器玩口味，不得献上”，并下令“驰山泽之禁”。此外，还将太常散乐“并放为百姓。禁杂乐、百戏”。③ 周宣帝“不率典章，衣袆翟、称中宫者，凡有五”。隋文帝“思革前弊，大矫其违，唯皇后正位，傍无私宠”。④ 宣帝不但“采择无厌”，后宫美女无算，而且“恩之所加，莫限厮皂；荣之所及，无隔险诐。于是升兰殿而正位，践椒庭而齐体者，非一人焉；阶房帷而拖青紫，承恩幸而拥玉帛者，非一族焉”⑤。宇文护是以皇族的身份几危社稷，杨坚是以“后父之尊”的外戚身份篡夺了北周政权，因而文帝即位后从这些事件中吸取教训，非但“傍无私宠”，而且“惩周氏之失，不以权任假借外戚”，独孤皇后的兄弟官“不过将军、刺史”而已。⑥ 这就避免了大权旁落的危险。针对周宣帝时的重赋苛徭，大臣苏威“奏减赋役，务从轻典”，文帝“悉从之”。⑦ 宣帝曾“发山东诸州，增一月功为四十五日役”。文帝于开皇三年（583）宣布改为“减十二番每岁为二十日役”，并“减调绢一匹为二丈”。北周时“官置酒坊收利，盐池、盐井，皆禁百姓采用”。隋初则“罢酒坊，通盐池、盐井与百姓共之”。轻徭薄赋的政策深得民心，“远近大悦”。⑧ 民年五十“免役折庸”也是隋初的新规定。至于蠲免课役的事就更属屡见不鲜了，如平陈之初宣布：“陈人普给复十年，军人毕世免徭役”。⑨ “自余诸州，并免

① 《全隋文》卷19 薛道衡《隋高祖文皇帝颂并序》。

② 《周书》卷8《静帝纪》。

③ 《隋书》卷1《高祖纪上》。

④ 《隋书》卷36《后妃传序》。

⑤ 《周书》卷9《皇后传序》。

⑥ 《通鉴》卷175 太建十三年十月。

⑦ 《隋书》卷41《苏威传》。

⑧ 《隋书》卷24《食货志》。

⑨ 《北史》卷11《隋本纪》。

当年租赋”。[①] 一复十年、毕世免役，在历史上是很罕见的。开皇十二年（592），因“库藏皆满”，下诏当年河北、山东“田租三分减一，兵减半，功调全免”。十七年（597），再次以府库“盈积”而“遂停此年正赋，以赐黎元”。[②] 隋初之所以能实行上述政策，一方面自然与当时经济的发展有关，但恐怕同隋文帝的“躬先俭约”也是分不开的。

北周武帝“用法严正，中外肃然”。宣帝即位后胡作非为，上下不安，故一方面“恐失众望，乃行宽法，以取众心”；另一方面则“诛杀无度”，引起“上下愁怨”，“内外离心”。杨坚任宰相后吸取宣帝滥刑的教训，乃“行宽大之典”，删略旧律，作《刑书要制》，通过静帝下诏颁行。隋文帝即位后，“更定新律”，斟酌周、齐旧律，有所损益，即所谓的《开皇律》。其立法精神异于宣帝《刑经圣制》者，主要在于“以轻代重，化死为生”。“自是刑网简要，疏而不失。”[③] 虽然隋文帝后来喜怒无常，用法益峻，但制定隋律时的原则不能说没有从周宣帝的“政刑乖僻”“政刑日乱”中吸取了教训。

杨坚亲眼看到周宣帝大肆打击宇文氏宗族产生了皇室无藩卫之固的后果，而这正是他篡夺政权的一个方便条件，所以即位后“每惩周代诸侯微弱，以致灭亡，由是分王诸子，权侔王室，以为磐石之固”[④]。唐初人魏徵也说：“高祖始迁周鼎，众心未附，利建同姓，维城宗社。”[⑤] 其具体措施是：置河北道行台尚书省于并州（治今山西太原市西南），以晋王杨广为尚书令；置河南道行台尚书省于洛州（治今河南洛阳市），以秦王杨俊为尚书令；置西南道行台尚书省于益州（治今四川成都市），以蜀王杨秀为尚书。[⑥] 按隋代“天下唯置荆、并、扬、益四大总管，并、扬、益三州并亲王临统”[⑦]。洛州处中原的中心，重要性更在并、益二州之上。可见文帝这一措施反映了他对要害地区的重视。在家天下的封建时代，

① 《隋书》卷24《食货志》。
② 《隋书》卷24《食货志》。
③ 《隋书》卷25《刑法志》。
④ 《隋书》卷62《元岩传》。
⑤ 《隋书》卷43史臣曰。
⑥ 《隋书》卷1《高祖纪上》。
⑦ 《北史》卷64《韦孝宽附世康传》。

统治者总觉得血统关系是巩固、维系一姓统治的强有力的纽带，大多实行唯同姓是信是赖的方针，认为自己的子侄与兄弟才是最可靠的力量。实际上，这是一厢情愿的错觉，不但汉有“吴楚七国之乱”，晋有“八王之乱”，就连隋代在炀帝即位之初也曾发生过汉王杨谅的叛乱。政治力学自有它本身的发展规律，政治利益和政治斗争可以导致子弑其父、兄弟仇杀，血缘关系往往显得苍白无力。对于历代皇帝，如何平衡中央同地方之间的权力，怎样使用皇族及皇亲国戚这种血缘力量，历来都是一个令人头痛的难题。中央过度集权则地方缺乏积极性，过度分权则有尾大不掉之虞；完全不利用、不依靠宗族力量则感到无维城之固，王侯势力过大则又恐怕中央失控。隋文帝也跳不出这个魔圈，所以为解决这一难题而煞费苦心。

前面提到武帝灭佛虽然是具有进步性的举措，但采取的粗暴手段不免伤害了社会群众的感情，在现实政治中产生了不利于巩固其统治的影响。杨坚是一个抱有政治野心的人，不可能不利用此点以实现其以隋代周的目的。周宣帝即位后虽曾一度下令许官民信奉佛教，但他在位仅短短两年的时间，恐怕还来不及收到多大实效。尤其是社会感情上的创伤，往往不是很短的时间内可以平复的。因此，在这个问题上杨坚仍大有文章可作。北周静帝大象二年（580），下诏“复行佛、道二教，旧沙门、道士精诚自守者，简令入道”①。显然这完全是出于大权在握的大丞相杨坚的意图。按隋文帝后来专心佞佛，此时并复道教，这一点却足以说明，此举并非单纯出于他的信仰，而是主要出于政治考虑，其目的在于笼络人心。开皇年间，他即位后就表明了对佛教的态度：

> 朕于佛教，敬信情重。往者周武之时，毁坏佛法，发言立愿，必许护持。及受命于天，仍即兴复，仰凭神力，法轮常转。十方众生，俱获利益。②

① 《周书》卷8《静帝纪》。

② 《国清百录》卷2。

从开皇元年（581）起，历年不断发布诏令，许民间出家，并一再营造佛像，恢复寺院，大肆写经，立舍利塔。在统治者这样的大力倡导下，终文帝一朝，“崇缉寺宇，向有五千”①。各地“普建灵塔”②。“天下之人，从风而靡，竞相景慕，民间佛经多于六经数十百倍”。③ 广大的社会各阶级、各阶层“从风而靡”，并不是仅仅由于在上统治者的倡导，更重要的当时确实存在佛教大盛的有利文化、历史条件。《龙藏寺碑》说隋朝的兴佛是“上应帝命，下顺民心”④。可见此举是深得民心的，对隋政权的巩固统治起了作用。

北周武帝是佛、道二教并废，隋文帝虽然二教并兴，但其重点却在于佛教，原因何在呢？主要有三：首先，武帝把佛教的地位排在道教之后，其打击目标恐怕主要是前者，所以佛教所受的冲击要大于道教，故隋文帝把兴佛放在了首位。其次，民间佛教势力大于道教，文帝要想笼络人心，自然也必定会把兴佛摆在首位。最后，文帝特别佞佛，恐怕与他个人的经历有密切的关系。按杨坚于西魏大统七年（541）六月癸丑夜生于冯翊（治今陕西高陵）般若寺，有一尼姑对其母云：“此儿所从来甚异，不可于俗间处之。”于是“尼将高祖舍于别馆，躬自抚养”。⑤ “年至十三，方始还家。”⑥ 武帝灭佛时，这个尼姑曾“隐皇家”，即藏在杨坚的家中躲避劫难，隋文帝即位后曾“命史官王劭为尼作传”⑦。按照社会心理学的原理，一个人的学前期是接受社会化的最佳时期，在幼儿期要学习区分善恶，在儿童期要发展道德性及价值判断标准，开始发展人格的独立性，这些方面对一生都会产生重大影响。杨坚十三岁以前一直生长在寺院中，所接触的主要是僧尼，耳濡目染的是佛教的习俗，不可能不受到很大的影响。所以他当皇帝以后，尽管现实生活要求他玩弄权术，做很多不合佛教教义的事，但他对寺院、僧尼的感情不可能因此一笔勾

① 《大唐内典录》卷 5，转见郭朋《隋唐佛教》，齐鲁书社 1981 年版，第 18 页。
② 《续高僧传》卷 12《释童真传》。
③ 《隋书》卷 35《经籍志》。
④ 《金石萃编》卷 38。
⑤ 《隋书》卷 1《高祖纪上》。
⑥ 《集古今佛道论衡》卷乙，转见郭朋《隋唐佛教》，齐鲁书社 1981 年版，第 9 页。
⑦ 《续高僧传》卷 26《释道密传》，转见郭朋《隋唐佛教》，齐鲁书社 1981 年版，第 10 页。

销。武帝灭佛是在建德三年（574），当时杨坚已三十四岁，其父忠已于天和三年（568）去世，可见把抚养他的尼姑隐匿在家中完全是出于杨坚的主张，从这件事也可看出他对武帝灭佛是有严重反感的。总之，隋文帝个人的特殊经历与他大力提倡佛教，是有密切关系的。

从宇文氏政权到杨隋政权，在典章制度上发生了一个显著变化，不可不涉及。西魏废帝三年（554），“始作九命之典，以叙内外官爵”。恭帝三年（556），“初行周礼，建六官”。[①] 显然这都体现了宇文泰的路线，正如《周书·卢辩传》所说：“初，太祖欲行《周官》，命苏绰专掌其事。未几而绰卒，乃令辩成之。于是依《周礼》建六官”，“太祖以魏恭帝三年始命行之”。[②] 不仅官制，就是在礼仪方面，亦“后周宪章姬周，祭祀之式，多依《仪礼》”[③]。为什么宇文泰采取这些措施呢？《周书》卷2《文帝纪》下云：“性好朴素，不尚虚饰，恒以反风俗，复古始为心”；关于官制，更具体地记载：“初，太祖以汉、魏官繁，思革前弊，大统中，乃命苏绰、卢辩依周制改创其事。”看来行周官、周礼是两方面的原因：一则解决“官繁”问题，再则是为了适合宇文泰的“复古”思想。以下就这两方面分别加以探讨。北魏是拓跋族所建的王朝，该族原“世君玄朔”。有一套本族的制度和习俗，后来由于“交好南夏，颇亦改创”，很多官号“多同于晋朝”。但实际上是两族的政治文化混杂在一起，出现了“制定官号，多不依周、汉旧名，或取诸身，或取诸物，或以民事，皆拟远古云鸟之义。诸曹走使，谓之凫鸭，取飞之迅疾；以伺察者为候官，谓之白鹭，取其延颈远望。自余之官，义皆类此”的不伦不类现象。“自太祖至高祖初，其内外百官屡有减置，或事出当时，不为常目。”[④] 孝文帝虽然实行了大规模的汉化政策，但由民族混杂所造成的这些现象并没有全部解决。“北齐创业，亦遵后魏”，[⑤] 也没有理出一个新的头绪来。宇文泰是一个有作为的统治者，面对长期以来的混乱现象，当然企图力

① 《周书》卷2《文帝纪下》。
② 《周书》卷24《卢辩传》。
③ 《隋书》卷6《礼仪志一》。
④ 《魏书》卷113《官氏志》。
⑤ 《通典》卷19《职官典序》。

加整顿。为了解决由汉、魏混杂而造成的官制，他想加以简化，只实行一套古代的周制，似乎比较方便。“复古”思想的来源又是什么呢？恐怕与他打算适应汉族的文化传统有关。自魏孝文帝以来，鲜卑族逐渐汉化已经成为一种不可抗拒的历史潮流，然而在礼乐方面，汉化的程度却不深，正如魏收所说，“世宗优游在上，致意玄门，儒业文风，顾有未洽，坠礼沦声，因之而往。肃宗已降，魏道衰羸，太和之风，仍世凋落，以至于海内倾圮，纲纪泯然”[①]。显然，人们认为单纯依靠设官、置刑而完全不注意教化，要想巩固统治、传祚久远是办不到的。随着汉化的深入，宇文氏在文化上接受儒学是不可避免的。在汉族的传统文化中，即令到了汉代，也还是儒家思想居于统治地位，而其先秦的来源则是“周孔之道”，即令孔子和孟子，也都把三代作为理想王国来鼓吹。宇文泰虽然出身于关陇武夫，但并非没有文化的大老粗，史称：“及太祖受命，雅好经术，求阙文于三古，得至理于千载，黜魏、晋之制度，复姬旦之茂典。”[②]以后，周明帝宇文毓亦“尚儒重道”，[③]“雅爱儒学”[④]。北周武帝把儒教排在道、佛二教之前，其崇儒思想就更加明显了。由此可见，随着宇文氏的进一步汉化，崇儒意识也在皇族中越来越深入人心，由崇儒走向“复古”是顺理成章的事。

此外，行周制还有一个重要的作用，就是使宇文氏政权同门阀士族的关系逐渐走向密切。行六官和西周礼仪，自然要依靠熟习《周礼》和《仪礼》的人。连宇文泰也是“雅好经术”，而当时北方最懂经学的莫过于门阀士族中的通经之士。孝武西迁时“朝章礼度，湮坠咸尽”，最早协助宇文泰“因时制宜”，后来“依《周礼》建六官”，“并撰次朝仪，车服器用，多依古礼”的首席人物，就是“范阳涿人”卢辩，[⑤]显然是出身著名的望族。与卢辩合作完成此项任务的薛寘是“河东汾阴人”，[⑥]薛氏也是河东的大族。此外，范阳卢氏受到宇文泰重用的还有不少人，如

---

① 《魏书》卷108《礼志序》。
② 《周书》卷45《儒林传序》。
③ 《周书》卷37《寇儁传》。
④ 《周书》卷36《裴果附刘志传》。
⑤ 《周书》卷24《卢辩传》。
⑥ 《周书》卷38《薛寘传》。

“太祖又以（卢）诞儒宗学府，为当世所推，乃拜国子祭酒”。卢光“精于《三礼》”，宇文泰亦“深礼之，除丞相府记室参军，赐爵范阳县伯”。宇文邕曾“受业于光”。[①] 再如柳敏，“九岁而孤，事母以孝闻。性好学，涉猎经史”，宇文泰“克复河东，见而器异之，乃谓之曰：‘今日不喜得河东，喜得卿也。’……又与苏绰等修撰新制，为朝廷政典”。[②] 按：柳敏是河东解人，亦属著名的士族。事实上，士族是数百年来社会上形成的势力，又是汉族传统文化的继承者和代表者，任何人在当时的情况下要想巩固自己的统治，也不能不对之加以倚重。“士族—经学—儒学—六官”是合一的整体，所以宇文泰欲行周朝的官制、礼仪，所依靠者非士族莫属，这是完全合乎情理的。

既然宇文周行西周之典制以解决汉魏两族体制混杂的问题，为什么隋文帝即位以后，又要“改周之六官，其所制名，多依前代之法”[③] 呢？所谓“前代之法”，即“还依汉、魏”[④] 之制。这里所说的“魏”，已非拓跋魏之“魏”，而是指“曹魏”之“魏”。其中缘由在于宇文泰恢复西周的制度，做得未免有些迂腐，因为周制实行的经济基础是井田制，孪生的制度还有分封制；秦汉以后这两项作为前提的条件都不存在了，所以改行郡县制和三公九卿制。西魏建立的时候，社会状况同于秦汉以后，远与西周不能相比，故勉强实行六官，不免有方枘圆凿的感觉。既然政治制度与社会制度不配套，就免不了要部分地迁就汉制，纯行周制是有困难的。唐人杜佑已指出：“后周之初据关中，犹依魏制。及平江陵之后，别立宪章，酌《周礼》之文，建六官之职。其他官亦兼用秦汉。（原注：他官，谓将军、都督、刺史、太守之类是也）”[⑤] 因此，宇文泰只解决了汉制与拓跋魏制的混杂问题，却又制造了一个新的混乱现象，即周制与汉制的混杂，仍然有不成体统的感觉。加之，周宣帝这个昏君即位以后，又“事不师古，官员班品，随意变革”，更造成了“虽行《周礼》，

① 《周书》卷45《儒林传》中各人本传。

② 《周书》卷32《柳敏传》。

③ 《隋书》卷28《百官志下》。

④ 《隋书》卷26《百官志上》。

⑤ 《通典》卷19《职官典一》。

其内外众职，又兼用秦、汉等官”[①] 的局面，乱上加乱。这就使隋文帝即位以后又面临着整顿官制和礼仪的任务。在这种情况下，“复废周官，还依汉、魏”,[②] 就是顺理成章的事了。这样一来，不但汉族与拓跋族的制度混杂早已不存在了，先秦制度与秦汉制度的不配套现象也克服了，经济基础同上层建筑二者之间又吻合了。

（原载《社会科学战线》1990 年第 2 期）

① 《周书》卷 24《卢辩传》。

② 《隋书》卷 26《百官志上》。

隋文帝杨坚的篡周阴谋与即位后的沉猜成性

一　素怀政治野心

北周宣帝宇文赟统治时期，政刑紊乱，朝政日非，皇帝醉生梦死，酒色无度，很多人都预感到周祚将尽。杨坚是在宣帝朝才萌动了夺权篡周的念头呢，还是早已怀有这一政治野心呢？只有对他进行全面考察，看看其一贯言行，才能回答这个问题。

《隋书》卷1《高祖纪上》：

（周）明帝即位，授右小宫伯，进封大兴郡公。帝尝遣善相者赵昭视之，昭诡对曰："不过作柱国耳"。既而阴谓高祖曰："公当为天下君，必大诛杀而后定。善记鄙言。"

按：杨坚生于西魏大统七年（541），明帝元年（557）时年仅17岁，还未成年，不可能怀有那么大的野心。这一记载大概出于隋代史臣为杨坚日后的以隋代周寻找天命根据，附会而成，不足为信。《隋书》卷78《来和传》：

开皇末，和上表自陈曰：臣早奉龙颜，自周代天和三年（566）已来，数蒙陛下顾问，当时具言至尊膺图受命，光宅区宇。此乃天授，非由人事所及。……昔陛下在周，尝与永富公窦荣定语臣曰："我闻有行声，即识其人。"臣当时即言公眼如曙星，无所不照，当

> 王有天下，愿忍诛杀。建德四年（575）五月，周武帝在云阳宫，谓臣曰："诸公皆汝所识，隋公相禄何如？"臣报武帝曰："隋公止是守节人，可镇一方。若为将领，阵无不破"。……明年，乌丸轨言于武帝曰："隋公非人臣。"帝寻以问臣，臣知帝有疑，臣诡报曰："是节臣，更无异相。"

从这段记载看，早在北周处于鼎盛的武帝时期，宇文邕、乌丸轨等就对杨坚产生了怀疑。来和敢于私下对杨坚说"当王有四海"，并非由于他有神奇的相术，而是早已摸透了杨坚的内心隐密。窦荣定与杨坚的关系非同寻常，其妻即坚姊安成长公主，"高祖少小与之情契甚厚，荣定亦深知高祖有人君之表，尤相推结"①。这是窦荣定洞知杨坚政治野心的关键所在。所谓"人君之表"云，也纯系史书上的虚玄之语。郑译是宣帝崩后有定策之功的重要人物，"初，高祖与译有同学之旧，译又素知高祖相表有奇，倾心相结"②。郑译与窦荣定的情况极其相似。

不仅与杨坚关系密切的人早已深知其内心打算，甚至一般人对此也有所察觉。前述相者赵昭即其一例。此外，还有道士张宾、焦子顺、董子华三人，"当高祖龙潜时，并私谓高祖曰：'公当为天子，善自爱。'"③

从上述史实可以清楚地看出，杨坚素怀篡周的政治野心，以隋代周酝酿已久，远非一朝一夕发生的偶然事件。

杨坚任丞相总百揆之初，曾问庾季才曰："吾以庸虚，受兹顾命，天时人事，卿以为何如？"季才对曰："天道精微，难可意察，切以人事卜之，符兆已定。季才纵言不可，公岂复得为箕、颍之事乎？"杨坚"默然久之"，最后只得承认："吾今譬犹骑兽，诚不得下矣！"④ 造成骑虎难下局面的正是"人事"，而非"天道"，所以夺权代周的的确确是杨坚蓄谋已久、惨淡经营的结果。

杨坚最早产生篡周念头是在哪一年呢？这是一个无法彻底弄清的问

① 《隋书》卷39《窦荣定传》。
② 《隋书》卷38《郑译传》。
③ 《隋书》卷78《来和传》。
④ 《隋书》卷78《庾季才传》。

题。根据前面所介绍的史实和来和的追忆，起码在天和三年他已能同来和谈论“膺图受命，光宅区宇”之类的事。以后在建德五年（576）又受到了周武帝的怀疑。按天和三年杨坚二十六岁，建德五年三十六岁，到他出任丞相独揽大权、篡周前夕的大象二年（580）已年届四十。按此最保守的计算，他立志代周已长达十五年。二十六岁的人已完全成年，在政治上不会太幼稚。四十岁的人已属老谋深算，肯定在政治上已非常成熟。

由此可见，杨坚是一个地地道道的政治野心家。周武帝对他早存怀疑。周宣帝也因杨坚“位望益隆”，“颇以为忌”。有一次召坚，命左右曰：“若色动，即杀之。”① 这都反映杨坚的篡周野心已经明显地有所表露，他同宇文氏政权的斗争确实发展到了骑虎难下之势，箭在弦上，不得不发。

二 夺权的人事准备

任何打算采取非法手段夺取政权的野心家都不可能不事先进行充分的准备，而在这些准备工作中最核心的一项是拉拢党羽，培植私人势力。企图单枪匹马地达到目的，是根本不可想象的。杨坚既然蓄谋篡周已久，必然也在这一方面下过一番功夫，所以到他真正龙飞九五的时候，早就羽翼丰满了。

前面已经指出，周宣帝驾崩后引杨坚入朝辅政的主要人物有郑译，此人早与坚“有同学之旧”，而且“倾心相结”，宣帝对译“委以朝政”，超拜开府内史下大夫，是一个“颇专权”的权臣。② 与郑译一起定策的刘昉，在宣帝朝任小御正，甚“见亲信”，“以佞佞见狎、出入宫掖、宠冠一时”③。两例说明，郑、刘在周末期地位荣显，有一定实权，却在关键时刻站在杨坚一边，肯定是他早已收买了这些人，个人势力已暗地里打入朝廷，郑译与杨坚的早有旧交，尤其能说明真相。当时与刘、郑同谋

① 《隋书》卷1《高祖纪上》。

② 《隋书》卷38《郑译传》。

③ 《隋书》卷38《刘昉传》。

引杨坚入相的人还有柳裘、韦謩、皇甫绩等人，[①] 可知这无疑是一个政治集团，其中有的人是骨干，也有看风使舵临时靠拢过来的，总之他们势力不小，故有相当的能量。再如柳昂，与柳裘一样，也是河东望族出身，在周武帝时就有一定的权位，为大内史，致位开府，“当涂用事，百僚皆出其下”。宣帝即位，“稍被疏远，然不离本职”，杨坚代周前夕，昂对他“深自结纳”。[②] 不满于宣帝的人成为杨坚拉拢的对象，是顺理成章的事。隋初得到重用的长孙平，在北周时与宇文邕站在一边反对宇文护，宣帝时任小司寇，地位虽不重要，但杨坚“龙潜时，与平情好款洽”，所以杨坚任丞相后对长孙平“恩礼弥厚”。[③] 显然，长孙平在北周时也已经是杨坚的私人势力。崔仲方是博陵安平人，出身望族，“少好读书，有文武才干。年十五，周太祖见而异之，令与诸子同就学”，当时杨坚“亦在其中”，由是与杨坚“少相款密”。后来坚任丞相后，“与仲方相见，握手极欢，仲方亦归心焉。其夜上便宜十八事，高祖并嘉纳之。又见众望有归，阴劝高祖应天受命，高祖从之”[④]。崔仲方同杨坚的关系颇有几分像郑译同杨坚的关系，均有同学之谊。宇文忻与北周宇文氏系同族，祖莫豆于在周朝爵安平公。父贵，任大司马，封许国公。他应当是周政权的忠实大臣，但杨坚“龙潜时，与忻情好甚协，及为丞相，恩顾弥隆”[⑤]。说明他也早被收买了。

杨坚在培植私人势力中，自然会首先重视宗族中的人物。杨尚希与杨坚同为弘农杨氏，前者亦被周太祖赐姓普六茹氏，所以宣帝崩后看到相州总管尉迟迥将发动反杨坚的行动而夜从捷径遁归长安，“高祖以尚希宗室之望，又背迥而至，待之甚厚”[⑥]。背尉迟迥逃归京师，说明他早已是政治上归属杨坚的人。再如杨弘，是杨坚的从祖弟，北周灭齐后始入关，“与高祖相得，高祖哀之，为买田宅”。杨弘“性明悟，有文武干略”，所以杨坚任丞相后“常置左右，委以心腹”[⑦]。可见杨弘早已是杨坚

---

① 《隋书》卷47《柳裘传》。
② 《隋书》卷47《柳机附昂传》。
③ 《隋书》卷46《长孙平传》。
④ 《隋书》卷60《崔仲方传》。
⑤ 《隋书》卷40《宇文忻传》。
⑥ 《隋书》卷46《杨尚希传》。
⑦ 《隋书》卷43《河间王弘传》。

在北周时私人势力的中坚。杨素虽非隋朝的宗族，但也是弘农华阴人，与杨坚是同乡，可能均属望族弘农杨氏，所以坚任丞相后，“素深自结纳，高祖甚器之”，即位前就任大将军，迁徐州总管，进位柱国、清河郡公。杨坚又以素弟岳为临贞公。

还有的人与杨坚虽非同族、同乡，却属于姻亲，当然也成为他的心腹。最典型的莫过于窦荣定。其祖父是北周的太仆，本人颇得周太祖重用，任平东将军，在平北齐中立有军功，显然在当时也有一定的地位。其妻即安成长公主，是杨坚之姊，故坚“少小与之情契甚厚，荣定亦知高祖有人君之表，尤相推结”。到杨坚总百揆之初，因使领左右宫伯，镇守天台，总统露门内两厢仗卫，“常宿禁中”[①]。像窦荣定这样的贴身军人，杨坚也很重视，早已着手培植。另如李圆通其人，在保卫杨坚方面立了殊功，当时“周氏诸王素惮高祖，每伺高祖之隙，图为不利；赖圆通保护，获免者数矣”。圆通为什么这样忠心耿耿呢？原来他幼年“孤贱”，给使坚家，杨坚为隋国公时，“擢授参军事”，故任丞相后对圆通“委以心膂”[②]。可见杨坚在篡周前，不但在政治上拉拢私党，在武装势力方面也做了一定的准备。

没有这样的实力基础，恐怕后来平定“三方之乱”时韦孝宽、梁睿及李穆一族能否成为他得心应手的力量，是值得怀疑的。这一实力基础，比“后父之尊”的地位所起的作用，不知要重要多少倍。

正因为杨坚是通过拉拢、收买手段网罗私人势力，所以这些人中很多是“或南阳姻亚，或丰邑旧游”[③]。

三 试释周宣帝死因之谜

宇文护专权时期，杨坚地位并不显赫，甚至几乎遭到迫害。他开始得势的关键一步是周武帝聘其长女为皇太子妃，自此对他“益加礼重”。

① 《隋书》卷39《窦荣定传》。

② 《隋书》卷64《李圆通传》。

③ 《隋书》卷39传末史臣曰。

他攀登权力的第二步阶梯，是周宣帝即位后以后父的特殊地位拜上柱国、大司马。大象初年（579），迁大后丞、右司武，俄转大前疑。“每巡幸，恒委居守。”[①] 这时的宣帝已经自称“天元皇帝”，传位给静帝，杨坚实际上是大权在握。上述事实说明，杨坚在北周是依靠裙带关系渐渐走向权力顶峰的。但他以权臣兼外戚的身份篡位夺权毕竟是名不正、言不顺的事，因此不可能不采取非常手段，施展阴谋诡计达到以隋代周的目的。然而历史是由胜利者编写的，隋文帝是政治斗争中的胜利者，因而史料记载中就不可能不为尊者讳，掩盖某些历史真相。周宣帝的死因就是一个值得探讨的疑案。

《周书》卷7《宣帝纪》载：大象二年（580）五月己丑，“以上柱国、大前疑、随国公杨坚为扬州总管”。甲午夜，“备法驾幸天兴宫”。乙未，“帝不豫，还宫，诏随国公坚入侍疾”。丁未，“追赵、陈、越、代、滕五王入朝”。己酉，“大渐”，崩。宣帝时年二十二，根据以上史料，兹提出以下几个疑点：第一，周宣帝虽然是酒色之徒，但享年仅二十二，死得未免太早，而且史料始终没有记载可信的病况。另有记载称，发病不久“帝瘖不复能言”，[②] 有点像脑血栓中风，但刚过二十岁的人就得这种病，可能性不大。第二，一般皇帝在驾崩前都留有遗诏，就连为权臣宇文护所弑的周明帝宇文毓，“因食遇毒”后在“大渐”之际，还留下了遗诏。[③] 周宣帝即令不能说话，写几句话总是可以的，为什么对后事毫无安排不留遗诏呢？第三，杨坚是宣帝岳父，皇帝患病时让长辈入“侍疾”似不合乎情理。第四，五月辛卯朔，己丑为初五，甲午为初十，乙未为十一，丁未为二十三，己酉为二十四。初五那天宣帝还游天兴宫，《宣帝纪》云：“游戏无恒”，“晨出夜还，或幸天兴宫，或游道会苑。”可见天兴宫是他“游戏”的地方。初五游兴尚浓，身体应无任何不适的感觉，但六天之后就发生了“不豫”的情况，似乎很突然。从立即召杨坚入宫侍疾可以看出，病情发展得非常迅猛。而且杨坚侍疾后仅隔短短的十二天，就诏五王入朝，显然这时杨坚已着手清除异己力量，准备夺权篡周

① 《隋书》卷1《高祖纪上》。

② 《隋书》卷38《刘昉传》。

③ 《周书》卷4《明帝纪》。

了。第二天，宣帝驾崩。从发病到死只经历了十八天。这一病程极短、得病后瘖而不复能言、杨坚很快就断定皇帝最近几天就会驾崩等，都不能不使人怀疑宫廷之中是否发生了不为外人所知的内幕。总之，我总朦胧地感到周宣帝是被杨坚所弑而死。

我之产生上述猜测，还有一些其他的史料依据。《隋书》卷38《刘昉传》：

> 及帝不悆，召昉及（颜）之仪俱入卧内，属以后事。帝瘖不复能言。昉见静帝幼冲，不堪负荷。然昉素知高祖，又以后父之故，有重名于天下，遂与郑译谋，引高祖辅政。高祖固让，不敢当。昉曰："公若为，当速为之；如不为，昉自为也。"高祖乃从之。

这段记载可怀疑处有：首先，宣帝召刘昉、颜之仪入卧内是要"属以后事"，后来是在刘昉、郑译等人的建议下杨坚才入内侍病的，此事肯定发生在五月十一日以前。离宣帝死还有十多天时间，宣帝怎么会在刚刚发病不久就感到自己没有痊愈的可能而要安排后事呢？更何况像宣帝这样的昏君，在这种关键时刻根本不可能有什么冷静的判断和决策。其次，下令召刘昉、颜之仪的时候，肯定宣帝还能说话，但二人一进入卧内就瘖而不能言，时机这样巧，也很不正常。最后，即令杨坚真表示不愿辅政，这么重大的任务也绝对轮不到位仅小御正的刘昉头上，他怎么可能说出"如不为，昉自为也"这样的话来呢？颇不合情理。

《隋书》卷21《天文志下》载，宣政元年（578），占曰"女主凶"。两年后果然"宣帝崩，杨后令其父隋公为大丞相，总军国事"。隋文帝即位后甚至还追忆这段往事说，"公主有大功于我"[①]。这里所说的女主、公主，即指周宣帝的杨后、杨坚之女。按宣帝崩之初，劝杨坚入总朝政的定策功臣很多，一个女子在封建时代未必能在这样的大事上起决策作用，况且由女儿决定父亲的命运也不太合情理。既然如此，隋文帝所说的"大功"是何所指呢？我觉得"女主凶"的一个"凶"字很能使历

① 《隋书》卷37《李穆附敏传》。

史的隐情露出蛛丝马迹，即很可能杨坚弑宣帝时利用了女儿在皇帝身边的方便条件。如果这一推断不错，杨后为其父立“大功”就完全可以理解了。

我之猜测杨坚弑宣帝，还由于他早就对知己宇文庆吐露过这样的心曲：“天元实无积德，视其相貌，寿亦不长。”① 从宣帝的相貌上断定他“寿亦不长”是无稽之谈，这句话只暴露了杨坚急盼皇帝早死的愿望。

杨坚在大象二年（580）决定动手弑君，从时机上看是有其必然性的。杨坚生于西魏大统七年（541），周宣帝生于北周保定元年（561）。二人年龄相差达二十岁，大象二年宣帝二十二岁，杨坚已年届四十岁。杨坚既怀篡周野心，他同宣帝的年龄决定了为达此目的只有弑君一途可走，因为如果等宣帝享天年后再夺权，对杨坚来说无疑是为时太晚了。对于四十二岁的杨坚来说，已经到了弑君的合适时候，这时他政治上已相当成熟，经过多年经营羽翼已成；如果再晚下手十几年，不但自己已届高龄，而且周静帝也成年了，“欺孤儿寡妇”的便利条件就会成为过去。由此可见，弑君之举势在必行，至大象二年时此举对杨坚来说已刻不容缓，当时他的迫切心情是不难想象的。这就是他采取果断手段的客观条件。

此外，周宣帝对杨坚的猜忌也是促使他当机立断的重要因素。周武帝早已对杨坚产生过怀疑。不过当时北周正处盛期，政局稳定，加之周武帝“英明神武”，不存在杨坚实现野心的可乘之隙。宣帝即位后昏庸荒淫，渐失人心，杨坚以女妻宣帝后“位望益隆”，帝颇“忌之”，尝谓杨后曰：“必族灭尔家。”有一次把杨坚召来，宣帝对左右的人说：“色动，即杀之。”幸好杨坚来了以后“神色自若”，才免遭毒手。② 宣帝喜怒无常，生杀任刑，非止杨坚一人，其他臣僚亦莫不人人自危。在这种形势下，杨坚纵然不动手弑君，自己的身家性命也毫无保证，既然如此，为什么不先发制人呢！根据宣帝同杨坚的紧张关系，后者对前者下毒手发动政变，是势在必行之举。

---

① 《隋书》卷50《宇文庆传》。

② 《通鉴》卷174 太建十二年五月。

再从杨坚的个人秉性角度来分析一下这个问题。《周书》卷8《静帝纪》载，“开皇元年（581）五月壬申，崩，时年九岁”，寥寥数语，看不出静帝的死因。但《隋书》卷21《天文志下》明言：“静帝禅位，隋高祖幽杀之”。连一个年仅九岁的幼童，杨坚都不肯轻易放过，可以看出他是很能下毒手的。清人赵翼在《廿二史劄记》卷15《隋文帝杀宇文氏子孙》中称：

> 隋文……于是大权在手，宇文氏子孙以次诛杀，殆无遗种……窃人之国，而戕其子孙，至无遗类，此其残忍惨毒，岂复稍有人心。

根据隋文帝一贯心狠手毒的作风，弑杀周宣帝应当说也是情理中事。

四　隋文帝的沉猜多疑及其后果

《北史》卷73传末论曰：

> 元谐、虞庆则、元胄，或契阔艰危，或绸缪恩旧，将安将乐，渐见遗忘，内怀怏怏，矜伐不已。虽时主之刻薄，亦言语以速祸乎！然隋文佐命元功，鲜有终其天命，配享清庙，寂尔无闻。斯盖草创帝图，事出权道，本异同心，故久而愈薄。其牵牛蹊田，虽则有罪，夺之非道，能无怨乎？皆深文巧诋，致之刑辟，帝沉猜之心，固已甚矣！求其余庆，不亦难哉！

唐太宗李世民也批评隋文帝：

> 性至察而心不明。夫心暗则照有不通，至察则多疑于物。又欺孤儿寡妇以得天下，恒恐群臣内怀不服，不肯信任百司……①

① 《贞观政要》卷1《政体》。

隋文帝的过度猜疑，在历史上是非常引人注目的。

最典型的事例莫过于他对亲立的太子杨勇和为隋朝的建立和巩固立下了殊勋的高颎也不信任。有一年冬至日，百官朝太子勇，“勇张乐受贺”。隋文帝得知这一情况后问朝臣曰：“近闻至节，内外百官，相率朝东宫，是何礼也?”这件事使太子“恩宠始衰，渐生疑阻”于父子之间。文帝还令选宗卫侍官以入上台宿卫，高颎就此事奏称：“若尽取强者，恐东宫宿卫太劣。”文帝作色曰：

> 我有时行动，宿卫须得雄毅。太子毓德东宫，左右何须强武?此极敝法，甚非我意。如我商量，恒于交番之日，分向东宫上下，团伍不别，岂非好事！我熟见前代，公不须仍踵旧风。

隋文帝实际上是“疑高颎男尚勇女，形于此言，以防之也”[①]。说明他既疑太子有野心，更疑杨勇与高颎有勾结，沆瀣一气可能酝酿阴谋。篡周前夕，杨坚任丞相后曾遣杨惠向高颎谕意，当时颎欣然曰：“愿受驱驰。纵令公事不成，颎亦不辞族灭。”坚遂对之“委以心膂”。后来高颎对杨隋“竭诚尽节”，“以天下为己任”。[②] 对这样的大臣也不能充分信赖，说明隋文帝的猜疑确实是太过分了。他不仅怀疑臣僚存有二心，而且“颇信谗言，猜阻骨肉”，滕王杨瓒即因此“失志而死，创业功臣，多被夷灭”[③]。

一般说来，在君主制下，百官的情况比较复杂，皇帝作为最高统治者，对所有的僚属完全信赖是不可能的，对某些人、某些集团和势力产生一定的怀疑是正常的。但像隋文帝这样多疑寡信、过度沉猜，就显得不太正常。为什么产生这一现象呢？不应当单纯地从他先天的个人禀赋上寻找答案，更重要的通过杨坚的个人经历加以解释。

首先，一个以非常规手段夺取政权的集团和个人，往往对自身的统治能否巩固特别关注，即深恐别人或别的势力也用同类手段夺走他的权位。靠政变上台的人特别惧怕别人也对他发动政变，靠武装斗争上台的

① 《隋书》卷45《房陵王勇传》。

② 《隋书》卷41《高颎传》。

③ 《隋书》卷22《五行志上》。

人特别惧怕别人也拥兵自重。与此相同，靠施展阴谋手段上台的人必然对别人的阴谋诡计保持特别的高度警惕。尽人皆知，以阴谋手段夺权的人，大多要经历一个秘密酝酿过程，由于这个过程极其诡秘，所以为了发现和防备他人这种阴谋得逞所保持的警惕就必然易于过度，甚至发展到病态的程度，在这种情况下就会走向多疑。隋文帝在北周时早有野心，多方掩盖起来才没有被除掉；长时期拉帮结党，暗地里培植私人势力，甚至在皇帝身边、最高权力集团中都为自己布下了棋子；最后以弑君、政变方式达到了以隋代周的目的。他即位后自然会千方百计地防止再上演由阴谋诡计酝酿而成的政变，猜防过度终于造成了多疑的政治心理。周武帝、周宣帝都曾怀疑杨坚有篡周意图，但都由于没有根据，始终未能除掉这个心腹之患，这件事对杨坚来说体会是太深刻了，因此在他的思想意识中必然存在着这样一条原则：宁肯多疑而冤枉忠良，决不因轻信而放过一个可疑的人；宁肯因多疑而广开杀戒，决不因证据不足而埋下可能的祸根。隋文帝杀宇文氏、杀功臣、杀年仅九岁的周静帝，就与这种心态有密切的关系。

其次，杨坚以不正当的手段、违反封建道德的方式夺得了帝位，但他恐怕也自知难以掩尽天下人的耳目，必然认为对他不心服口服的人很多。当时的情况也确实是“高祖执政，群情未一”①。唐太宗所谓“恒恐群臣内怀不服”也符合他的思想状况。连魏徵也说：“高祖始迁周鼎，众心未附。”② 可以说，隋文帝的过度猜防部分来源于他的信心不足，这是政治上、道义上严重虚弱的反映。

最后，杨坚不像一般的开国皇帝那样经历过一个长期打天下的艰苦过程，不可能拥有像汉高祖、汉光武帝、明太祖所拥有的经过锻炼和考验的心腹班子。他虽然收买、拉拢了一些人，但在隋革周鼎的大趋势越来越明朗的时候有很多人是为进行政治投机而倒向杨坚的，原来并不是最可信的心膂，像高颎、李德林等人就是篡周前夕才临时被杨惠替杨坚拉过去的。此外，很多人是既仕于周，又仕于隋的“二朝臣僚”。这样，

① 《隋书》卷44《滕穆王瓒传》。

② 《隋书》卷43传末史臣曰。

在隋政权任职的人就不免泥沙俱下、鱼龙混杂。面对这种状况，隋文帝走向多疑也有其必然性。所谓“帝猜忌，二朝臣僚，用法尤峻”① 的记载就有力地证明了此点。

隋文帝越缺少绝对可信的大臣就越走向多疑，越猜疑百官就越不容易形成可信赖的心腹核心，在这方面陷入了恶性循环之中。

隋文帝究竟在什么问题上过度猜疑左右的人呢？这也要由他的经历来说明。他篡周建隋的成功首先应当归因于他早有这种政治野心，所以隋文帝疑忌臣僚，主要是怀疑他们不忠于杨隋政权，对隋室怀有二心。这一点，任何皇帝都是如此，不须加以详论。其次，隋文帝对臣僚间的人际关系特别关注，往往由此产生沉猜。譬如他怀疑高颎同太子杨勇有勾结，就是由于“高颎男尚勇女”②。再如王世积，有人告发他找道人相面，并云“公当为国主”。旋被征入朝按验其事，此时有司竞奏：“左卫大将军元旻、右卫大将军元胄、左仆射高颎，并与世积交通，受其名马之赠。”结果，不但王世积坐诛，“旻、胄等免官”，③ 亦遭株连。当时高颎虽未遭厄运，但后来的下场也很可悲，他的国令妄称颎子表仁谓父曰：“司马仲达初托疾不朝，遂有天下。公今遇此，焉知非福？”文帝闻之，大怒，囚颎而鞫之，宪司为迎合皇帝的多疑心理，复奏颎他事云：“沙门真觉尝谓颎云：‘明年国有大丧。’尼令晖复云：‘十七、十八年，皇帝有大厄，十九年不可过。’”隋文帝竟然相信这些诬陷和谗言，颎以此“除名为民”④。上柱国王谊“有功于国”，为元谐“俱无任用，每相往来”。有一胡僧妄告二人谋反，隋文帝“按其事，无逆状”，这件事本来就应当过去了，然而后来二人还是被加上“谋反”的罪名伏诛。⑤ 恐怕谊、谐均系蒙冤而死，但事件的起因却是“每相往来”引起了皇帝的猜疑。隋文帝之所以特别对臣僚之间的人际关系产生怀疑，显然是由于他在北周曾通过网罗私党培植个人力量，并在此基础上得以篡夺宇文氏政权。即位

① 《隋书》卷25《刑法志》。

② 《隋书》卷45《房陵王勇传》。

③ 《隋书》卷40《王世积传》。

④ 《隋书》卷41《高颎传》。

⑤ 《隋书》卷40《王谊、元谐传》。

后他自然对百官之间的交往特别敏感，进而达到了病态的程度。

隋文帝的多疑对政治生活造成了不良影响，主要表现在以下几个方面。

第一，由多疑而产生忌刻，尤其是不信任有大功的人，功臣们不但遭到迫害、诛杀，含冤而死，即令在世时也不敢、不能为杨隋政权尽力。高颎、王谊的情况已足以说明问题，还可举出更多的事例。梁睿是平定王谦叛乱的功臣，在隋朝正式代周前就为杨坚立下了汗马功劳，但在平定益州之初就“自以威名太盛，恐为时所忌，遂大受金贿以自秽”。文帝即位后，“睿时以周代旧臣久居重镇，内不自安，屡请入朝，于是征还京师”。这样一位“威振西川，夷獠归附”“威惠兼著，民夷悦服”的封疆大吏，却由于“声望愈重，高祖阴惮之”，[①] 而未能充分施展才能，被闲置在京师，不能不说是一件憾事。梁士彦在平定尉迟迥后除相州刺史，但“高祖忌之。未几，征还京师，闲居无事”，[②] 与梁睿如出一辙。再如宇文忻，“既佐命功臣，频经将领，有威名于当世。上由是微忌焉，以谴去官”[③]。在平定尉迟迥之乱中立有军功的王世积，入隋之后“见上性忌刻，功臣多获罪，由是纵酒，不与执政言及时事”[④]。无怪乎《隋书》对文帝作了如下的总结：

> 天性沉猜，素无学术，好为小数，不达大体，故忠臣义士莫得尽心竭辞。其草创元勋及有功诸将，诛夷罪退，罕有存者。[⑤]

这确实是一针见血之论。由此可见，最高统治者沉猜多疑，必然削弱政权的行政效能，难以形成稳定的政治核心集团，更无法造成君臣团结、和衷共济的局面。

第二，君臣之间相互缺乏信任，本来就易于酝酿统治集团内部的误会和矛盾，皇帝的过度猜疑往往会促使已有的误会加深，矛盾激化，使

① 《隋书》卷37《梁睿传》。
② 《隋书》卷40《梁士彦传》。
③ 《隋书》卷40《宇文忻传》。
④ 《隋书》卷40《王世积传》。
⑤ 《隋书》卷2《高祖纪下》。

本来可以避免与缓和的斗争恶化成为生死搏斗。梁士彦因隋文帝猜忌，“征还京师，闲居无事。自恃元功，甚怀怨望，遂与宇文忻、刘昉等谋作乱。将率僮仆，于享庙之际，因车驾出，图以发机”，① 显然事件的起因是皇帝的猜忌。宇文忻的参与其事，是由于文帝“微忌”他“有威名于当世”，“以谴去官”，遂与士彦“阴图不轨”。② 杨坚的多疑终于使心怀怨望的人真正勾结起来阴图反叛了。最高统治者是出于巩固政权而对臣下猜疑，过度猜疑却反过来成为臣叛君的催化剂，政权由此反而更加不巩固，这就是历史发展的辩证法。

第三，隋文帝因为对下沉猜，很少看到可信任的人，于是就必然陷于事必躬亲、大权独揽的局面，从而使百官不能充分发挥积极性和作用，政权机器不能有效地正常运转。唐太宗说隋文帝“多疑于物”，“不肯信任百司，每事皆自决断，虽则劳神苦形，未能尽合于理”。③ 这一论断是相当中肯的，独断专行必然易于犯决策错误。早在隋代，大臣杨尚希就已经发现了这一弊端，并且向文帝提出过建议。《隋书》卷46《杨尚希传》：

> 上时每旦临朝，日侧不倦。尚希谏曰：“周文王以忧勤损寿，武王以安乐延年。愿陛下举大纲，责成宰辅，繁碎之务，非人主所宜亲也”。

话说得很委婉，好像是出于对皇帝健康的关心，实则皇帝亲自过问“繁碎之务”，是不符合君道和政治原则的。显然，唐太宗的论断要比杨尚希的建议深刻得多。

第四，隋文帝虽然有时也“猜阻骨肉”，但在家天下的封建时代，对于多疑的皇帝来说，毕竟还是更信任宗室同姓，所以隋初出现了一些任用皇族的制度和情况。史称：“高祖始迁周鼎，众心未附，利建同姓，维城宗社。”④ 这虽然是接受北周武帝“忘维城之远图”，宣帝“削黜遍于

---

① 《隋书》卷40《梁士彦传》。
② 《隋书》卷40《宇文忻传》。
③ 《贞观政要》卷1《政体》。
④ 《隋书》卷43传末史臣曰。

公族”，[①] 削弱宇文氏在地方上的势力的教训，反其道而行之的结果，另一方面也同隋文帝多疑于异姓，“利建同姓”的原则有关。再如他的贴身宿卫军官也多用杨姓宗室中的人物。前已指出观德王杨雄是文帝族子，在隋初任左卫将军，后迁右卫大将军，不但宿卫宫闱，“朝夕左右”，而且“参与朝政”，“雄时贵宠，冠绝一时，与高颎、虞庆则、苏威称为‘四贵’”。[②] 杨处纲是文帝的族父，隋初授开府，督武候事，后转左监门郎将，数载之后又授右领军将军。此人“性质直”，但“无才艺”，[③] 实际上宗室同姓的身份对他的仕途起了不小的作用。杨子崇是文帝族弟，开皇初“拜仪同，以车骑将军恒典宿卫。后为司门侍郎”[④]。隋文帝的异母弟卫昭王杨爽，杨坚执政时，拜大将军、秦州总管，未之官，转授蒲州刺史，进位柱国。“及受禅，立为卫王，寻迁雍州牧，领左右将军。俄迁右领军大将军。”开皇七年（587），“征为纳言”[⑤]。可以看出，在隋文帝重用皇族的思想指导下，军队中确实存在一个杨姓集团。

房彦谦在开皇中私谓李少通曰：

> 主上性多忌刻，不纳谏争；太子卑弱，诸王擅威；在朝唯行苛酷之政，未施弘大之体。天下虽安，方忧危乱。

“及仁寿（601—604年）、大业（605—617年）之际，其言皆验”[⑥]。过去我总觉得，隋文帝统治时期是一片升平盛世景象，后来形势突然恶化是隋炀帝倒行逆施的结果，对房彦谦在开皇中的预言认为可能是史臣为美化唐初名臣房玄龄之父而故作惊人之笔。有时也考虑，如果所载属实，为什么房彦谦能如此料事如神呢？他预言的根据是什么呢？百思不得其解。最近通过分析隋文帝的沉猜多疑，心中恍然大悟，发现其中奥妙就在于房彦谦抓住了文帝多疑这个性格上的弱点。所谓“性多忌刻”就是

---

① 《周书》卷13《文闵明武宣诸子传》末史臣曰。

② 《隋书》卷43《观德王雄传》。

③ 《隋书》卷43《杨处纲传》。

④ 《隋书》卷43《杨子崇传》。

⑤ 《隋书》卷44《卫昭王爽传》。

⑥ 《隋书》卷66《房彦谦传》。

沉猜多疑的同义语。“不纳谏争”是对百官不信任，对很多事都独断宸衷，是“多自断决”的表现。“诸王擅威”是不信任异姓，“利建同姓，维城宗社”的必然结果。“唯行苛酷之政，未施弘大之体”显然是因为多疑造成很多冤案，对左右百官只要产生怀疑就不分青红皂白地加以处决。在这种情况下，朝廷政治生活极不正常，统治集团上层缺乏内聚力，君臣互疑，缺少诚信，政局不可能长久稳定，所以房彦谦“天下虽安，方忧危乱”的预测绝不是故作惊人之语，而是确实有所依据的。

研究隋文帝的沉猜、多疑当属于心理史学的范畴，但他的这一秉性不是来源于先天条件，而是来源于他的具体经历，所以存在决定意识是应该遵循的理论。从隋文帝多疑的消极后果也可以看到，在承认人民群众是历史的主人和动力的前提下，对个人的特点、性格也不能忽视，因为这些因素确实对社会历史能够产生明显的影响。

（原载《中国唐史学会论文集》，三秦出版社 1991 年版）

隋朝统一新探

中国历史上曾发生过四次最重要的统一事件：第一次是由战国走向秦统一，第二次是由魏晋南北朝的长期分裂走向隋统一，第三次是由藩镇割据和五代十国大分裂走向宋统一，第四次是由宋金对峙走向元统一。显然，由隋文帝杨坚发动的灭陈统一战争，在中国历史上占有重要的地位，不容忽视。在这篇短文里，我仅就有关隋统一的主要方面，作一试探性分析，希望得到大家的指教。

一　隋朝统一全国的主要条件究竟是什么

以往发表的论著，在谈到这个问题时，多认为南北朝后期商品经济及商品流通的发展是全国由分裂走向统一的最主要条件，所引据的史料主要是《北齐书》卷46《苏琼传》的如下简单记载："旧制以淮禁不听商贩辄度。"应当承认，北南分裂确实不利于商品流通，有碍商业发展。但问题是，当时的商品经济是否已经达到了促使全国实现统一的水平？商人是否已能作为一个具有相当能量的阶级或阶层独立地提出自己的政治要求，而且使之实现？我觉得答案是否定的。尽管商品经济在当时较北魏的"钱货无所周流"① 及以谷帛为市有所提高，但就全国范围而言，自然经济毕竟仍然居于支配地位，在此大环境下，朝廷绝对不会为了商人的需要而制定自己的大政方针。过去这种似是而非的观点之所以形成，

① 《魏书》卷110《食货志》。

盖由于简单地套用了外国史的发展模式。尽人皆知，西欧各国，如英、法、德等国，是在商品经济发展到足以促使民族市场形成的水平时才出现了中央集权的统一国家，那已经是封建社会末期的事了，资产阶级革命很快就接踵而起。而统一的民族市场的出现必然以区域分工为其前提。即在经济上，工业区不同农业区交换商品，就得不到足够的原料和商品粮；农业区不同工业区交换产品，就陷于工业品不足的困境。在这种谁也离不开谁的情况下才形成了全面的民族市场。这是路易十三、路易十四加强君主集权和英国都铎王朝执政的时代。隋统一前后，我国的商品经济无论怎样估计，距离西方16世纪所达到的水平恐怕也还有十万八千里之遥，所以商业的发展绝对不会对全国走向统一发生显著的作用。隋文帝在统一全国以后的第七年竟然下令："工商不得进仕"，[①] 可见他在灭陈时丝毫也不代表商人的利益，更根本不会考虑为发展商品流通而制定统一全国的政策。简单地套用外国公式来解决中国历史上的问题，往往违背了对具体事物进行具体分析的原则，得出的结论难免显得似是而非，缺乏说服力。

谈到隋朝统一的历史背景时，往往有人大谈人民群众的要求。可以肯定，统一的政治环境确实有利于人民的生产与生活，在任何时候人民都不希望生活在混乱和动乱之中。但历史的发展毕竟是不以人们的意志为转移的。东汉末年，人民群众也希望全国统一，但形势却由统一走向三国鼎立；唐代盛期，人民也愿意生活在歌舞升平中，并且希望大一统的局面长期持续下去，但"渔阳鼙鼓"之后却迎来了长达二百年的割据和分裂。可见问题不在于有没有人民群众这种随时都存在的要求，而主要在于什么时候具备了由分裂走向统一的客观条件。

促使隋文帝实现全国统一的客观条件既不是商品流通的推动，也不是全国人民群众的要求，那么它究竟是什么呢？要想回答这个问题，还是首先看看促成大分裂、大混战的真正原因到底是什么？这是能打开这把锁的有用钥匙。

经过三国分裂之后，西晋司马氏本来已经统一了全国，虽然中间爆

---

① 《隋书》卷2《高祖纪下》。

发过“八王之乱”，但这也只不过是一次类似西汉“吴、楚七国之乱”的短暂插曲，无伤大一统的全局。问题就出在“八王之乱”招致了“永嘉之乱”这一意外，从此历史进入了北方的各族大混战，匈奴、鲜卑、羯、氐、羌各族纷纷先后建立了由各族统治者分别执掌的政权，这种差异不是短期内能够泯灭的，所以北方各不相容的政权也就必然难以统一。如果鸟瞰一下全国的形势，注意一下东晋与南朝的历朝历代就会发现，南方不存在严重的部族混战，所以东晋和宋、齐、梁、陈始终呈现着半壁江山的一统局面。永嘉前后的民族内迁和嗣后各族政权间的长期混战是导致大分裂局面持续达数世纪之久的根本原因。这就是我的粗浅结论。

二 隋灭陈的深层原因

如果说，民族差别消失、民族混战结束以后，历史将必然走向统一，那么隋可以灭陈，陈也可以灭隋，而最终实现统一途径却是杨隋灭了南方的陈朝，这又是什么原因呢？

一般史学家多引史料说明，隋文帝杨坚“自强不息，朝夕孜孜”，使北方呈现“人庶殷繁，帑藏充实”[①] 的局面。而南方自“侯景乱梁”之后已经一蹶不振，至陈亡之前，君臣已是“酒色过度”，“小人在侧，宦竖弄权”，致使“百姓流离，僵尸蔽野”，[②] 至于国家财政则陷入了“府库空虚”[③] 的困境。因此，就全国局面而言，是“主昏于上，民䜣于下”。[④] 故而隋文帝一举南下，陈家小朝廷遂陷于土崩瓦解之势。应当承认，这些也都是确凿不疑的事实。但仅仅看到这点，就会把隋朝灭陈看成偶然的此盛彼衰。如果北方出现的不是隋文帝而是一个昏君，南方嗣位的不是腐朽透顶的陈后主而是一个英明皇帝，历史发展的结局岂不是很可能就会变成由陈灭隋，即由南方来实现统一了吗？显然，仅从历史

① 《隋书》卷2《高祖纪下》。

② 《陈书》卷30《傅縡传》。

③ 《南史》卷77《沈客卿传》。

④ 《隋书》卷60《崔仲方传》。

人物的个人品格来研究历史，就很可能流于上述的皮相之论。应当承认，北方之所以能先后出现魏孝文帝、北周武帝和隋文帝，南方之所以产生陈后主那样的昏君，是有其必然性的，是合乎历史发展规律的。于此不禁要问：这种规律究竟是什么呢？决定北强南弱的基本因素到底是什么呢？

我在拙著《中国封建社会形态研究》一书中，把各个历史周期划分为三个阶段，即恢复阶段、发展阶段、危机阶段。在恢复阶段，自耕农较多，政治比较清明，社会经济由弱变强；在发展阶段，经济走向繁荣，政治由清明走向局部腐化；进入危机阶段以后，土地兼并、土地集中严重，政治腐败黑暗，阶级矛盾趋于尖锐。如果用这一理论来衡量，我们可以看出，北方自魏孝文帝以来直至隋文帝时期，均田制在断续地推行，自耕农比较多，所以一直到隋统一前夕，可以说正处于由恢复阶段向发展阶段过渡，社会经济呈蒸蒸日上之势，政治生活也比较正常和清明。南方则早在刘宋时期豪强世族就已“封略山湖，妨民害治”，[①] 以后各代不断兼并土地，拥有土地数十顷、佃客数千家的地主比比皆是，不胜枚举。在此情况下，生产遭到严重阻滞，农民纷纷破产。与危机阶段孪生的政治腐败也就必然应运而生，因而像陈叔宝那样的昏君，像施文庆、沈客卿、孔范、阳惠朗、徐哲那样的佞幸，纷纷粉墨登场，也就成了历史的必然。

总之，处于危机阶段的陈朝与处于由恢复阶段向发展阶段过渡的隋朝并存南北，而且相互展开争战，谁胜谁败，几乎可以说是无待筮龟的。

三　隋朝在发动灭陈战争前的主要政治、军事准备

史称：“高祖受禅，阴有并江南之志。”[②] 这说明隋文帝早在开皇元年（581）代周之初，就已确定了下一步重大战略措施是准备出兵伐陈，但

① 《宋书》卷57《蔡廓附兴宗传》。

② 《隋书》卷52《贺若弼传》。

直到开皇九年（589）才大举南征，中间相隔九年，由此可见他对发动这场大规模统一战争是做了长期、充分准备的，此举并非轻举妄动。杨坚究竟做了哪些方面的具体准备呢？我打算从政治、军事两方面分别进行论述和剖析。

首先，让我们看看隋初的国际、国内政治环境。隋朝建立之初，杨坚面临的主要任务是建立和健全各种国家制度，如：由长安（今陕西西安市）迁都大兴城（故址在今陕西西安城和城东、城西、城南一带）；在政治上建立三省六部制，改地方政府三级制为二级制，并省州、县；在法制上颁行《开皇律》；在经济、财政上开凿广通渠，增加关中财力；尤其是在军事上“将定江表，首置军府，妙选英杰”①。通过上述整顿，隋朝内部趋于稳定，财富状况大为改善，更重要的是军力有明显增强，这就为发动灭陈战争打好了经济、政治、军力等方面的物质基础。

就对外关系而言，客观形势决定了隋文帝面临的任务是以主要力量对付北面的突厥、南面的陈朝和西面的吐谷浑。其中吐谷浑虽然对隋不时攻扰，冲突不断，但双方聘使也往来频繁，所以隋朝对吐谷浑的基本策略是以“抚慰”为主；况且后者远在西陲，即令同隋发生战事也绝对不会对关中形成致命的威胁，故可弃而不论。魏徵在谈到隋初的对外形势时正确地指出：“于时蛮夷猾夏，荆、扬未一，劬劳日昃，经营四方。”②所谓“蛮夷猾夏”，主要指的是北边的突厥；所谓“荆、扬未一”，指的就是陈朝偏安一隅，还未被隋朝统一。在南、北均存在敌对力量的形势下，隋政权居中应付，很为困难：如果全力南向，则北有突厥虎视眈眈，是不容忽视的后顾之忧；如果全力北向，则不但陈朝乘机北上，而且更遑论完成灭陈的大业。两相比较，杨坚自然觉得首先完成统一大业是主攻方向，解除突厥侵扰只居从属地位。但为了攻陈，就不得不对突厥采取适当的对策。

隋朝对北边采取的基本对策是：第一，当时突厥正陷于大分裂状况，正如杨坚所说：“且彼渠帅，其数凡五，昆季争长，父叔相猜。”③ 在东、

① 《汉魏南北朝墓志集释》图版488。

② 《隋书》卷2《高祖纪下》。

③ 《隋书》卷84《突厥传》。

西突厥相互矛盾的复杂情况下，隋既无意在灭陈之前大力解决北方的边患，杨坚遂采纳长孙晟的建议，采取了“远交而近攻，离强而合弱”[①]的策略，对突厥大肆分化瓦解，从而避免了大规模用兵。与此同时，第二，是加强北边防御工事，巩固边防，即“缘边修保障，峻长城以备之”[②]。查《隋书》卷1《高祖纪上》及《通鉴》卷175、卷176载，隋初，修筑长城的记录如下：

> 开皇元年四月，“发稽胡筑长城，二旬而罢”。
>
> 开皇六年二月，“令崔仲方发丁十五万于朔方以东缘边险要筑数十城”。
>
> 同年四月，“发丁男十一万筑长城，二旬而罢”。
>
> 开皇七年二月，“发丁男十万余筑长城，二旬而罢”。

事实说明，七年里三次修筑长城、一次在缘边险要筑城，而且越临近伐陈前夕，筑城的时间相隔越近，在两年的短期内竟有三次筑城行动。显然是为了伐陈而加紧巩固边陲的防务。我们必须以洞观全局的高度来看待频年北筑长城与准备南伐残陈之间的关系，才能有机地把两件事联系起来加以理解；否则就会把两件事看成孤立的、风马牛不相及的事件。

以下我们看看隋文帝为统一全国而在军事上直接做了哪些必要的准备。

隋文帝统治时期，重臣高颎任尚书左仆射，最受信任。他在职期间，“竭诚尽节，引进贞良，以天下为己任。苏威、杨素、贺若弼、韩擒（虎）等皆颎所推荐”[③]。尽人皆知，除苏威外，后面列举的三个人都是日后在灭陈战争中立下了丰功伟绩的名将。这说明杨坚交给高颎的一大重要任务就是为准备发动这场战争物色人才，高氏果然在这方面很好地完成了使命。

为了加强南线的军力，隋文帝进行了如下的部署：即位之初就任命韩擒虎“为庐州（治今安徽合肥市）总管，委以平陈之任，甚为敌人所

① 《隋书》卷51《长孙晟传》。

② 《隋书》卷84《突厥传》。

③ 《隋书》卷41《高颎传》。

惮”。[1] 同年，拜贺若弼为吴州（治今江苏扬州市）总管，他与寿州（治今安徽寿县）的源雄“并为重镇”，正是在吴州总管任上，贺若弼献“取陈十策”，[2] 另以秦王杨俊为山南道行军元帅，“督三十总管，水陆十余万，屯汉口（今湖北汉口），为上流节度”[3]。从上述部署看，值得注意的主要有两点：第一，韩擒虎和贺若弼无疑是隋军主力，都布置在长江下游，直接威胁陈叔宝的小朝廷，面对的是南方的主力部队。第二，秦王俊居长江上游，显然并非主力军队，但他与贺、韩、源诸军可配合形成隋军沿长江北岸的整体部署，从战略上呈全线出击的态势。当时陈朝的主要将领是南徐州（治今江苏镇江市）刺史萧摩诃和吴兴（治今浙江吴兴）内史任蛮奴，二人是南方最重要的武将，均与贺若弼、韩擒虎直接对峙。可见在长江下游展开的战役对战争全局必然具有决战意义。应当承认，隋文帝上述战略部署是完全正确的，即以主力打击敌方的要害、致命地区。

要想南征，隋军面临的首要任务必然是突破长江天险，要渡江没有精锐的水师是无能为力的。为了建立强大的水师，最重要的工作莫过于事先制造船舰。杨素是曾经向皇帝“进取陈之计”的重要人物，所以文帝拜他为信州（辖境在今四川以东至湖北巴东以西一带）总管，实际上让杨素驻守在永安郡（治今湖北新州），其主要任务是制造每舰能容战士八百人的“五牙”、每舰能容战士百人的“黄龙”以及规模稍小的“平乘”“舴艋”等船舰。可见杨素的任务非常重要、艰巨，其成败关乎渡江之役的大局。这一工作基本上在长江中游完成。

最后，谈谈灭陈战役的战术准备。对于如何展开进攻的战术问题，诸臣建议之多不胜枚举，其中最重要的莫过于贺若弼的“取陈十策”。《北史》卷68《贺若敦附弼传》、《隋书》卷52《贺若弼传》、《隋书》卷41《高熲传》均作“十策”，唯《北史》本传称隋统一后弼追述“御授平陈七策”时作“七策”，而且列举“七策”的内容。可能“十策”中有三策没有起实际作用，未能产生效果，故贺若弼在美化皇帝的“御授”之功时仅列其七，其实这“七策”也都是由贺若弼本人提出的。谨将

① 《隋书》卷52《韩擒（虎）传》。
② 《北史》卷68《贺若弼传》。
③ 《北史》卷71《秦王杨俊传》。

《北史》本传中这“七策”引录如下：

> 其一，请广陵顿兵一万，番代往来。陈人初见设备，后以为常，及大兵南伐，不复疑也。其二，使兵缘江时猎，人马喧噪。及兵临江，陈人以为猎也。其三，以老马多买陈船而匿之，买敝船五六十艘于渎内。陈人觇以为内国无船。其四，积苇荻于扬子津，其高蔽舰。及大兵将度，乃卒通渎于江。其五，涂战船以黄，与枯荻同色，故陈人不预觉之。其六，先取京口（今江苏镇江市）仓储，速据白土冈，置兵死地，故一战而剋。其七，臣奉敕，兵以义举。及平京口，俘五千余人，便悉给粮劳遣，付其敕书，命别道宣喻。是以大兵渡江，莫不草偃。

从上引“七策”中可以看出：第一，在隋朝君臣思想中，伐陈战争是一次突然袭击，必须以出其不意的方式发动突击猛攻，打得敌方措手不及，形成迅雷不及掩耳之势。第二，为发动这样的突袭，必须事先制造一些假象，尽量迷惑敌军，麻痹敌人。第三，先取京口是为了首先夺得那里的仓储，以解决隋军渡江后的暂时军粮供应不足问题，速据白土冈既可巩固对京口的占领，又可消灭敌军的主力，所以通过苦战夺取白土冈是一次意义重大的战役。其四，遣散在京口所得的俘虏，使他们扩大文帝敕书的影响，在政治上进行宣传，以瓦解陈方的军心。从以上分析可以看到，贺若弼的“取陈十策”是经过深思熟虑而精心制定的，从以后平陈战役的实际情况看，其基本内容也大体得到了贯彻。

上取陈之策的大臣很多，除贺若弼外，比较重要者当推高颎的下述建议：

> 江北地寒，田收差晚，江南土热，水田早熟。量彼收获之际，微征士马，声言掩袭。彼必屯兵御守，足得废其农时。彼既聚兵，我便解甲，再三若此，贼以为常。后更集兵，彼必不信，犹豫之顷，我乃济师，登陆而战，兵气益倍。又江南土薄，舍多竹茅，所有储积，皆非地窖。密遣行人，因风纵火，待彼修立，复更烧之。不出

数年，自可财力俱尽。

隋文帝“行其策，由是陈人益敝”[①]。高颎献策的特殊之处在于在物质上给敌人造成给养方面的困难，事实上的确收到了“陈人益敝”的效果。至于军事方面，他也主张给陈军制造假象，借以麻痹对方，为发动突然袭击创造有利条件。

隋文帝正是由于广泛采纳了诸人的意见，所以在大举发动攻陈之前准备工作十分充分，战略、战术决策非常正确。

四　贺若弼同韩擒虎的争功及其他重要将领的功勋

这次战争以陈朝的彻底覆灭而告终，事后贺若弼与韩擒虎在隋文帝面前的争功论辩相当著名。我们只将《通鉴》卷177有关此事的记载移录如下：

贺若弼、韩擒虎争功于帝前。弼曰：“臣在蒋山死战，破其锐卒，擒其骁将，震扬威武，遂平陈国。韩擒虎略不交陈，岂臣之比！”擒虎曰：“本奉明旨，令臣与弼同时合势以取伪都，弼乃敢先期，逢贼遂战，致令将士杀伤甚多。臣以轻骑五百，兵不血刃，直取金陵，降任蛮奴，执陈叔宝，据其府库，倾其巢穴。弼至夕方扣北掖门，臣启关而纳之，斯乃救罪不暇，安得与臣相比！”

二人确实都立有大功，应当如何判断二人的功劳孰大孰小呢？为了解决这个问题，我们必须首先判断各人功劳大小的标准。窃以为陈叔宝就擒于何人之手，平陈战争结束的早晚，都不是问题的要害，关键是看谁消灭了陈军的主要有生力量。《隋书》卷52《韩擒（虎）传》：

① 《隋书》卷41《高颎传》。

> 及大举伐陈，以擒（虎）为先锋，擒（虎）率五百人宵济，袭采石（今安徽当涂西北），守者皆醉，擒（虎）遂取之。进攻姑熟（今安徽当涂），半日而拔，次于新林（今江苏南京市西南）。江南父老素闻其威信，来谒军门，昼夜不绝。陈人大骇，其将樊巡、鲁世真、田瑞等相继降之……陈叔宝遣领军蔡徵守朱雀航（亦名朱雀桥，故址在今江苏南京市镇淮桥稍东，跨秦淮河上），闻擒（虎）将至，众惧而溃。任蛮奴为贺若弼所败，弃军降于擒（虎）。擒（虎）以精骑五百，直入朱雀门……遂平金陵，执陈主叔宝。

从上述过程看，韩擒虎兵力有限，而且进军非常顺利，始终没有与陈军发生大的战斗；任蛮奴军是陈方主力之一，是被贺若弼所败后才降于韩擒虎的，可见这应当归功于贺若弼。现在我们再实事求是地考察一下贺若弼的战绩。《隋书》卷52《贺若弼传》：

> 弼以大军济江，陈人弗之觉也。袭陈南徐州（治今江苏镇江市），拔之，执其刺史黄恪。军令严肃，秋毫不犯……进屯蒋山之白土冈，陈将鲁达、周智安、任蛮奴、田瑞、樊毅、孔范、萧摩诃等以劲兵拒战……（弼）遂大破之……从北掖门而入。时韩擒（虎）已执陈叔宝。

事实说明，白土冈之战是隋军与陈军间主力决战的决定性战役，陈方在这次战斗中投入了最精锐的“劲兵”，况且尽人皆知任蛮奴和萧摩诃等是南方最重要的将领，故消灭陈方主要有生力量的是贺若弼而非韩擒虎。由此可见，就平陈战功而言，自然是前者大于后者。高颎在谈到这次战役时也曾对隋文帝说：“贺若弼先献十策，后于蒋山苦战破贼。臣文吏耳，焉敢与大将论功！”① 这里未提韩擒虎，可见其战功不能与贺若弼相比。

前几年，史学界有人颇为肯定隋炀帝的贡献，尤其认定他在统一战

① 《隋书》卷41《高颎传》。

争中立有大功，对此我很难苟同。隋文帝在灭陈之役中确曾任命晋王杨广为行军元帅，并规定杨俊、杨素等所率全部五十万隋军“皆受晋王节度”[①]。但是我们知道，曾任行军元帅的有好几位，如杨俊、杨素也都担任此职，不能把主要战功都归于晋王杨广。如果杨广在平陈战役中有重要的谋划和行动，在《隋书·炀帝纪》中不可能漏载，但现在遍查该《本纪》，却无只字提及。按杨广的官历，他在开皇六年（586）拜雍州（治今湖北襄阳）牧，到开皇八年（588）才当上了行军元帅，在伐陈前夕他在前方任职期间不长，于这么短的时间里他根本不可能对战略部署做出重大决策。况且，在“东接沧海，西拒巴蜀”[②] 的广袤战线上，他也根本无力总揽全局。杨素、杨俊和荆州（治今湖北江陵）刺史刘仁恩、蕲州（治今湖北蕲州镇西北）总管王世积、吴州总管贺若弼、青州（治今山东益都）总管燕荣都是各自分头进军，与杨广几乎很少有瓜葛。因此，杨广所谓“节度”诸军，只不过是一个空名，并无实际效果。由此可见，在统一战争问题上，对隋炀帝是无法大加肯定的。

在灭陈战争的功过问题上，很少有人论及长江上游的战功。在中国古代史上，北方的政权发动统一南方的渡江战争时，能否在长江上游先取得胜利，往往显得非常重要。两次南征失败的战例是“赤壁之战”和“淝水之战”。曹操本来打算赤壁一战渡江灭吴，但他没有事先灭蜀，因而遭到一次重大的失败。苻坚也想从寿春（治今安徽寿县）南下直逼东晋的建康（今江苏南京市），但同样是在未能事先解决长江上游问题的情况下大败而归。反过来看，战国时期，秦国据有四川，而且在当地置了蜀郡，所以后来渡江灭楚时进行得比较顺利。曹魏早已灭了蜀汉，因而西晋灭吴时司马氏能完成统一大业。元朝对南宋采取了大迂回战略，由蒙哥率领的元军早已攻占了四川一带，长江中游的元军继而取得襄、樊之役大胜，然后才对临安（今浙江杭州市）形成了致命的威胁。上述史实说明，先解决长江上游的问题，对下游渡江有决定的意义。由此可见，在隋朝灭陈的统一战争中，我们不应当只注意长江下游的战事，也应当

① 《通鉴》卷176祯明二年十月。

② 《通鉴》卷176祯明二年十月。

把目光稍微西顾一下。

我们如果对长江中、上游略加留意，首先就应肯定杨素的作用。他不但在永安大造舰船，对整个渡江之役起了重要作用，而且在流头滩（在今湖北宜昌东北）夜袭陈将戚欣，把他打得大败不堪，然后又“率水军东下，舟舰被江，旌甲曜日”，以破竹之势先后打败陈南康（治今江西赣州市）内史吕仲肃、信州（治今重庆奉节东）刺史顾觉及荆州（治今湖北江陵市）刺史陈纪，于是“巴陵（治今湖南岳阳）以东，无敢守者”。最后，杨素与秦孝王会师“乃还”。[①] 其次，秦王杨俊任山南道行军元帅，“督三十总管，水陆十余万，屯汉口”，终于与杨素部队会师，其功亦不可没。

隋朝统一全国的伐陈之役，贺若弼、韩擒虎之功绩自然应当首先承认，杨素和杨俊之作用也不能忽视，这样考虑才比较正确和全面。

五　统一战争的余波

隋朝攻克建康（今江苏南京市）之后，陈后主的小朝廷已经覆灭，从大局看，统一事业似乎已经大功告成；然而纵观隋初历史，灭陈后不久所爆发的汪文进、高智慧等的叛乱是江南没有从根本上全部统一于杨隋政权的表现，所以杨坚平定这次叛乱仍可看作是统一战争的余波，只有彻底平定了这场战乱，才能承认隋文帝最终全部完成了统一中国的大业。因此，我们在分析隋统一过程时，应当把平定这次叛乱的战事也一并加以考虑。

据《隋书》卷48《杨素传》载，参加这次反隋斗争的重要成员除高、汪二人外还有李稜、朱莫问、顾世兴、鲍迁、叶略[②]、沈玄悋、沈杰、陆孟孙、沈雪、沈能、沈孝彻、王国庆等。据《北史》卷74《皇甫绩传》载，此外还有顾子元、元契、蔡道人等。《隋书》卷2《高祖纪》

---

① 《北史》卷41《杨敷附素传》。

② 《北史》卷41《杨敷附素传》有“叶皓”，《隋书·杨素传》作“叶略”，未知孰是。

又增加了吴代华、杨宝英、李春等人。沈氏一姓的人很多，沈氏一族“代居南土，宗族数千家，为远近所服”，[①] 反隋的沈姓者不少，反映这是大族沈氏反隋的表现。顾、陆、朱名族中的人也很多，史称：“泉州（治今福建福州市）人王国庆，南安豪族也，杀刺史刘弘，据州为乱。”[②] 所以可以肯定地说，这是南方大族的反隋大叛乱，对于刚刚灭陈的隋政权来说，确实是一次相当重要的挑战。尽人皆知，“侯景乱梁”之后，南方豪族的势力勃兴，很多著姓中的成员都担任了陈朝重要的地方官，[③] 可以说这些大姓与陈王朝已经结下了不解之缘。隋朝灭陈之役等于是动摇了他们的政治命根，必然要招致他们的拼死反抗。因此，能否胜利平定这次大叛乱牵涉到隋文帝是否能完成统一大业。不过，陈王朝已不复存在，因而这些叛乱均具有自发性质，虽然各具势力，却难以组成统一的战斗力量，故终于被杨素各个击破，“自余支党，悉来降附，江南大定”[④]。至此，隋文帝的统一大业可以说是全部完成了。在谈到此事时，我们必得在杨素的功劳簿上再补记一笔。

如果从个人功劳和作用看，在隋统一战争中应当按照下面的名次排列：隋文帝、高颎、贺若弼、韩擒虎、杨素和杨广，晋王广只能名列最后。

（原载《历史研究》1996 年第 2 期）

---

① 《旧唐书》卷 56《沈法兴传》。

② 《北史》卷 41《杨敷附素传》。

③ 参阅王仲荦《魏晋南北朝隋初唐史》第六章第五节中“江南地方豪族势力的兴起”。

④ 《隋书》卷 48《杨素传》。

略论李密

1949 年以后直至最近，史学界关于隋末农民起义中李密这个历史人物的争论，可谓几起几伏，始终没有解决。争论的焦点，集中在两个问题上：一是李密究竟算不算农民起义的领袖？二是李密究竟是不是农民起义的叛徒？其他很多问题，大多是从这两个问题，尤其是从第一个问题中派生出来的。

现仅就上述关键问题提出一些粗浅的看法，就正于大家。

一

李密的曾祖弼，是西魏的司徒；祖曜，是北周的太保，封魏国公；父宽，是隋朝的上柱国，封蒲山公。由于先世“皆知名当代”，[①] 所以李密在隋朝虽然还未及通显，但可以说是一个十足的贵族出身的纨绔子弟。正因为他出身显贵而又厕身于瓦岗军的领导地位，是否是农民起义的领袖，就成了长期争论不休的问题。主张李密是农民起义领袖的人说，李密虽然出身贵族，但他在参加杨玄感起兵时，尤其是投身瓦岗军后，阶级立场有了根本的转变；主张李密是混入农民军的阶级异己分子、野心家、阴谋家的人说，他的政治立场始终没有转变。争论说明，这首先是一个理论问题。

既然是一个理论上的原则问题，就不可避免地要涉及很多人，甚至

① 《旧唐书》卷 53《李密传》。

要涉及其他朝代类似的历史人物。其实仅就隋朝而论，当时几个最著名的农民军领导人，就都不是劳动农民出身。瓦岗军的另一个领导人翟让，原为东郡法曹[①]，是一个低级官吏，也并非农民。窦建德当过“里长”，其父卒时送葬者竟达“千余人”，他在当地的声望和地位恐怕不能完全用“颇以然诺为事”[②] 来解释。何况窦建德自夸是汉景帝太后父安成侯窦充的后裔，[③] 他本人也不以出身贫寒为荣。与窦建德少相友善的刘黑闼，“嗜酒，喜蒱博，不治产，亡赖”，“建德每资其费，黑闼所得辄尽，建德亦弗之计”[④]。窦建德能够供得起刘黑闼的酒资、赌费而满不在乎，说明其家境相当富裕。根据上述情况推断，“世为农”[⑤] 和“耕于田中”[⑥] 的记载并不能说明窦建德是一个真正的贫苦农民，实际上他是一个还没有完全摆脱劳动的小地主、小土豪。至于刘黑闼，则可以肯定是一个流氓无产者。江淮起义军的领导人杜伏威，“少落拓，不治产业，家贫无以自给，每穿窬为盗”[⑦]。和他有刎颈之交的辅公祏，“数盗姑家牧羊以馈伏威”[⑧]。他俩不是由于受剥削而起来斗争，而是由于偷盗的事被告发才铤而走险的。可见杜、辅二人是两个货真价实的小偷。如果根据李密的出身来否定他是瓦岗军的领导人，那么根据同样的原则来衡量，隋末农民起义的几个主要领导人就都成问题了。显然，这样的理论和原则能否成立，是很值得怀疑的。

对于这个理论问题，我的初步看法是：既不能因为这些人不是出身于劳动人民家庭，甚至是贵族出身，就否定他们是农民起义的领袖；也不能因为肯定他们是农民起义的领袖，就说其阶级立场得到了根本的改造。首先，今天的史学工作者应当充分运用阶级观点分析和评价古代的历史人物，却不能因此要求古人也具有明确的、科学的阶级观点；封建

① 《通鉴》卷183大业十二年十月，误作“东都法曹”，据胡三省注改。

② 《旧唐书》卷54《窦建德传》。

③ 《新唐书》卷85《窦建德传》。

④ 《新唐书》卷86《刘黑闼传》。

⑤ 《新唐书》卷85《窦建德传》。

⑥ 《旧唐书》卷54《窦建德传》。

⑦ 《旧唐书》卷56《杜伏威传》。

⑧ 《新唐书》卷92《杜伏威传》。

农民和地主阶级的思想意识是有明显差别的，但农民不可能具有科学的阶级观点基础上的阶级自觉；更不能根据今天无产阶级革命运动中的思想改造、立场转变来苛求于古人，或强加于古人。因为在古代历史上根本不存在这种政治概念和政治实践。不但像项羽、李密这样的人物做不到自觉改造世界观，甚至农民阶级中的一些人物，也难于在政治思想上同某些剥削阶级的人物真正、完全划清界限。譬如李密亡命时“往来诸帅间，说以取天下之策”，各支农民军“始皆不信”，后来“稍以为然”，竟相谓曰：“斯人公卿子弟，志气若是。今人人皆云杨氏将灭，李氏将兴。吾闻王者不死，斯人再三获济，岂非其人乎！”“由是渐敬密。”① 农民拥护命应符箓的“王者”，这是在思想意识上不能与地主阶级的观点划清界限；李密“公卿子弟”的身世不但没有在他和起义群众间造成什么政治鸿沟，反而在一定程度上成为他提高自己声望的资本。陈涉起义之所以要举起公子扶苏的旗号，赤眉起义军之所以要迎立一个刘盆子，绿林军对刘玄并没有感到不放心，就因为农民阶级并不能同地主分子，甚至皇族、太子，在政治上自觉地划清阶级界限。再如窦建德攻克景城，张玄素被俘而即将就戮之际，竟发生了这样的事：

> 县民千余人号泣，请代其命，曰：“此人清慎若是，今倘杀之，乃无天也。大王将定天下，当深加礼接，以招四方；如何杀之，使善人解体？”建德遽命释之。②

这种事如果发生在今天，那真是太荒唐和滑稽了。然而在历史上这却是活生生的事实。农民阶级不但有幻想“好皇帝”的皇权主义，并且也有反对贪官酷吏、拥护清官循吏的思想。马克思指出，农民“不能以自己的名义来保护自己的阶级利益……他们不能代表自己，一定要别人来代表他们。他们的代表一定要同时是他们的主宰，是高高站在他们上面的权威”③。近

① 《通鉴》卷 183 大业十二年十月。

② 《旧唐书》卷 75《张玄素传》。

③ 马克思：《路易·波拿巴雾月十八日》，《马克思恩格斯全集》第 8 卷，人民出版社 1961 年版，第 217 页。

代的农民尚且如此，古代的农民更会是这样。既然如此，像项羽、李密这种贵族出身的人厕身于农民起义军的领导地位，是否还有起义领袖和异己分子的区别呢？如果有，区别二者的标准又是什么呢？这是需要明确的另一个问题。我认为，这两种人的区别还是存在的，比较实际的区别标准应该是：如果他们真心实意地和这支农民军同生死、共命运，一起战斗，就应该承认是起义领袖；如果他们同农民军离心离德，有意识地搞垮农民军，那就应当看作混入起义队伍中的异己分子。尤其要看这些人在起义过程中做出了哪些贡献，起了什么作用。至于他们具有某些剥削阶级的意识，这原不足怪。即令在今天，革命阵营中不是也还有不少人具有一部分封建意识和资产阶级思想吗？那又如何能不顾历史条件地苛求于古人呢？即使那些纯粹出身于农民的起义领袖，也还是具有一些与封建意识相通的不健康思想。陈涉所说“王侯将相宁有种乎”，我看就不像一个革命口号，而是与战国以来“布衣卿相”的观点有相通之处，并且同刘邦的“大丈夫当如是也”，项羽的“彼可取而代之”非常相似。

二

根据上述原则来衡量，我认为李密虽然出身贵族，仍然不失为瓦岗军的领袖。

翟让在大业七年（611）组织瓦岗军起义，此后五年左右的岁月里，这支义军默默无闻，在百余支农民军中并不突出。从大业十二年（616）李密投入瓦岗军起，情况大为改观，此后瓦岗军迅猛壮大，取得了一次又一次的胜利，终于成为全国农民军中最重要的一支。究其原因，不外以下二端：第一，大业十二年前后，全国起义进入高潮阶段，林士弘称楚帝于南；窦建德称长乐王于北；杜伏威败陈稜，破高邮，据历阳；徐圆朗分兵略地，尽有琅邪以西，东平以南；卢明月饮马淮水，“众号四十万，自称无上王”①。不可否认，没有这样的斗争形势，任凭李密三头六

① 《通鉴》卷183义宁元年正月。

臂，也很难叱咤风云，横扫中原，取得“威之所被，将半天下”[①] 的成就。第二，应当看到，瓦岗军的发展壮大，既应归功于广大起义群众，也与李密的领导和决策有密切的关系。同样处于起义高潮，郝孝德、王薄、吕明星、孟让、王德仁等却始终不能壮大到瓦岗军那样的规模，就因其他农民军缺乏像李密这样的领导者。

为了正确评价李密的作用，介绍一下一般起义群众的政治状况是十分必要的。李密在投瓦岗军之前，曾说另一支义军的领导者郝孝德以取河朔之策，孝德曰：“本缘饥荒，求活性命，何敢别图！国家若知公在此，孝德死亡无日。翟让等徒众绝多，请将兵送公于彼。”[②] 李密到瓦岗军之初，向翟让建议：“今主昏于上，民怨于下，锐兵尽于辽东，和亲绝于突厥，方乃巡游扬、越，委弃东都，此亦刘、项奋起之会也。以足下雄才大略，士马精锐，席卷二京，诛灭暴虐，隋氏不足亡也。”翟让却谢曰：“吾侪群盗，旦夕偷生草间，君之言者，非吾所及也。”[③] 窦建德战败后，余众欲立其养子为主，征兵以拒唐兵，齐善行独以为不可，曰：“隋末丧乱，故吾属相聚草野，苟求生耳！……”[④] 张玄素在唐初曾说：“隋末沸腾，被于宇县，所争天下者不过十数人。”[⑤] 大致当时“争天下者”，计有李渊、王世充、李轨、薛举、梁师都、刘武周、萧铣、李密、窦建德、杜伏威、林士弘等人。其余的地主起兵，多系“保邑全身，思归有道”；[⑥] 其余的农民起义军，多系“求活性命”，“偷生草间”，并无远大抱负。瓦岗军原来也是在翟让“偷生草间”的思想指导下从事斗争的，所以局面开展有限；以后正是由于李密“席卷二京，诛灭暴虐，隋氏不足亡也”的思想灌输到瓦岗军中，这支起义队伍的面目始为之一新。祖君彦为李密起草的讨炀帝檄文，是一个复合品，指责暴君隋炀帝“鸩毒”文帝，“无复纲纪”，“科税繁猥”，致使“西蜀王孙之室，翻同原宪之贫，东海糜竺之家，俄成邓通之鬼”，这一类话是不满隋炀帝的地主分子

① 《魏郑公文集》卷3《与徐世勣书》。

② 《通鉴》卷183大业十二年十月《考异》引《革命纪》。

③ 《通鉴》卷183大业十二年十月。

④ 《通鉴》卷189武德四年四月。

⑤ 《旧唐书》卷75《张玄素传》。

⑥ 《旧唐书》卷75《张玄素传》。

的心声；但指责隋炀帝"头会箕敛，逆折十年之租；杼轴其空，日损千金之费，父母不保其赤子，夫妻相弃于匡床"，"百姓殍亡，殆无遗类"，[①]则是起义农民的政治抗议。李密虽然处处流露出地主阶级意识的烙印，但他把瓦岗军斗争的目标由"求食草间"提高到推翻隋政权的高度，不能不说对起义的发展在政治上起了决定性作用。李密把隋唐之际比作"刘、项奋起之会"，确实有想当皇帝的思想，但他以这种思想打动翟让时，翟让不是也对此"深加敬慕"[②]吗？可见后者并不反对当皇帝。实际上，农民起义的领袖，即令纯粹出身于劳动人民者，夺取政权后又有谁能逃脱"龙飞九五"的归宿呢？所以我们不能因为李密有皇权思想就否定他提高瓦岗军斗争目标的重大意义。

李密投瓦岗军后，取得的第一次重大胜利，是大败张须陀的战役，张须陀是当时镇压农民起义的名将，"将兵拒东郡贼翟让，前后三十余战，每破走之"[③]。这次战役即将爆发的时候，翟让"向数为须陀所败，闻其来，大惧，将避之"。李密正确地指出："须陀勇而无谋，兵又骤胜，既骄且狠，可一战擒也。"正是在他的部署下，最后打败隋军，于阵斩须陀。这次战役影响重大，致使"河南郡县，为之丧气"。[④]取得这次胜利，李密与翟让相较，谁起了决定性作用，不是一清二楚吗？在李密的建议下，瓦岗军破金堤关，攻克荥阳等地，达到了"休兵馆谷"的目的，克服了翟让领导时期"食无仓廪"的困难。在蒸蒸日上的形势下，不料翟让对李密说："今资粮粗足，意欲还向瓦岗。公若不往，唯公所适，让从此别矣。"翟让显然是又要回去过"偷生草间"的日子了。后来因为李密西行，"说下数城，大获资储"，翟让有所悔悟，才"复引兵从密"。[⑤]究竟是翟让的主张正确，还是李密的主张正确，也是不说自明的。

义宁元年（617），李密又向翟让建议攻洛口仓：

---

① 《旧唐书》卷53《李密传》。
② 《旧唐书》卷53《李密传》。
③ 《隋书》卷71《张须陀传》。
④ 《通鉴》卷183大业十二年十月。
⑤ 《通鉴》卷183义宁元年二月。

> 今百姓饥馑，洛口仓多积粟，去都百里有余，将军若亲帅大众，轻行掩袭，彼远未能救，又先无豫备，取之如拾遗耳。……发粟以赈穷乏，远近孰不归附！百万之众，一朝可集……除亡隋之社稷，布将军之政令，岂不盛哉！

翟让却曰："此英雄之略，非仆所堪，惟君之命，尽力从事，请君先发，仆为后殿。"[①] 正是在李密的这种战略思想指导下，瓦岗军又相继攻克了回洛仓和黎阳仓，并借开仓赈民之机，把这支军队发展到了百万之众。瓦岗军势力最大时，辖境"东至于海，南至于江，西至汝州，北至魏郡"，[②] 成为全国农民起义的中心，甚至连窦建德等著名农民领袖都对李密奉表劝进。尤其是武德元年（618）洛北之役，打得敌人"赴水溺死者万余人"，"在道冻死者又数万人"，王世充仅以身免。[③] 这是比斩张须陀更大的一次胜利。隋大臣中不断有人劝隋炀帝北还东都，认为这样更有利于镇压农民起义，但炀帝始终未能还都，这并不是由于单纯地流连江都景色，而是因为李密"据洛口，炀帝惧，留淮左，不敢还都"[④]。这对促成江都之变，起了巨大的作用。

上述事实说明，不按照李密的主张行事，瓦岗军就只能是"求食草间"的小股起义军；依了翟让的意见，瓦岗军就不可能发展壮大，直逼东都，威胁江都小朝廷的生存。在李密主张一个接一个实现的过程中，翟让只是扮演了一个配角。正因为自愧不如，翟让才拱手把瓦岗军的最高领导权让给了李密，尊他为"魏公"。从革命利益出发，应当承认，以李密代翟让是正确的，翟让的高姿态值得赞许，根本谈不上什么李密以阴谋手段窃取了农民起义的领导权。既然李密和翟让都出身于地主阶级，为什么领导权由翟而李的转移就具有由一个阶级转移到另一个阶级的性质呢？这显然是说不通的。

我们肯定李密是农民起义的领袖，并不等于说他是一个白璧无瑕的

---

① 《通鉴》卷183义宁元年二月。

② 《旧唐书》卷67《李勣传》。

③ 《隋书》卷85《王（世）充传》。

④ 《隋书》卷85《宇文化及传》。

完人。实际上，在他身上不但存在着地主阶级意识的烙印，而且他也犯了一系列的严重错误，其中最突出的莫过于错杀翟让一事。翟让被杀之初，“密之将佐始有自疑之心矣”[①]。此举对农民军内部的团结产生了不好的影响。李密被王世充打败后，原有意投奔驻守黎阳的徐世勣，当时就有人劝阻：“杀翟让之际，徐世勣几至于死，今向其所，安可保乎?”因此李密大败之余，未能利用这支大军恢复势力。实际上，这一顾虑是多余的，李密最后被杀时，徐世勣尚不忘旧情，为他发丧，“备君臣之礼，大具威仪”，一片赤诚之心，跃然可见。古人已经指出：“及偃师失律，犹存麾下数万众，苟去猜忌，疾趣黎阳，任世勣为将臣，信魏徵为谋主，成败之势，或未可知。”[②] 就当时形势而言，李密未必能挽狂澜于既倒，但李密不能与徐世勣合势，确实由于“猜忌”，而“猜忌”的由来仍然是酒席宴上对翟让的脑后一击。李密投奔唐朝不久，打算再次起兵，贾闰甫对他泣曰：“自翟让受戮之后，人皆谓公弃恩忘本，今日谁肯以所有之兵束手委公乎?”[③] 可见错杀翟让一事使李密声名狼藉，变成了一个“弃恩忘本”的不光彩的形象。无怪乎他最后自食恶果，上演了“军败牛关之侧，命尽熊山之阳”[④] 的悲剧。李、翟误会产生之后，本来应当相互解释，消除隔阂，加强团结，继续战斗，而李密采取了错误的解决方式，显然与他的个性有关，所以魏徵曾说他“智计英拔而器度局小”,[⑤] 可谓中肯之评。

错杀翟让虽然是李密所犯的一个严重错误，却不能说这次事件是地主阶级同农民阶级的矛盾在革命队伍中的反映，具有敌我矛盾的性质。这是因为：第一，翟李矛盾首先不是李密挑起的。翟让有一次对左长史房彦藻说：“君前破汝南，大得宝货，独与魏公，全不与我。魏公，我之所立，事未可知。”“彦藻惧，以状告密”，并与左司马郑颋向李密建议“宜早图之”。李密却说：“今安危未定，遽相诛杀，何以示远?”为什么

① 《通鉴》卷184义宁元年十一月。

② 《旧唐书》卷53《李密传》及传末史臣曰。

③ 《通鉴》卷186武德元年十一月。

④ 巴黎图书馆藏敦煌写本李义府撰《常何碑》，转见陈寅恪《论隋末唐初所谓“山东豪杰”》，《岭南学报》第12卷第1期。

⑤ 《魏郑公谏录》卷3《对李密王世充优劣》。

李密最后又决定暗杀翟让呢？主要是由于王儒信劝翟让自为大冢宰，总领众务，“以夺密权”。翟让之兄翟弘[①]又谓让曰：“天子，汝当自为，奈何与人！汝不为者，我当为之。”[②] 正是在王儒信、翟弘等人的煽动下，才使矛盾表面化、白热化了。第二，李密、翟让都出身于剥削阶级，都是为了将来当天子而争夺瓦岗军的最高领导权，这谈不上什么两个阶级或两条路线的斗争。第三，窦建德亦曾袭击另一支农民军，斩其领导人魏刀儿，“尽并其众”。[③] 海陵农民军首领赵破阵曾遣使召杜伏威，“请与并力”，伏威持牛酒入谒，亦在纵酒高会的时候“于坐斩破阵而并其众”。[④] 这与李密杀翟让如出一辙。既然窦建德、杜伏威不因杀魏刀儿和赵破阵而有损其农民起义领袖的身份，为什么李密却因为杀翟让一事而被说成混入农民军中的阶级敌人呢？显然这种说法有难通之处。诚然，窦建德杀魏刀儿，杜伏威杀赵破阵，具有把两支农民军合并起来的作用，而李密杀翟让发生在瓦岗军的内部，情况略有不同。但也要见到，“始，王世充知让与密必不久睦，冀其相图，得从而乘之。及闻让死，大失望，叹曰：‘李密天资明决，为龙为蛇，固不可测也。’”[⑤] 一支农民军内部以杀死一位领导人的代价换来一次小分裂代替一次大分裂，同一支农民军的领导人杀死另一支农民军的领导人以换来两支义军的合并，在本质上没有什么不同。最后，李密错杀翟让虽然是一个严重的政治错误，但决不能说是一次反革命事件。在封建社会的农民起义中，农民军内部火并和两个领导人之间相斗的事是司空见惯的，原不取决于领导人是否剥削阶级出身，因为农民也是小私有者，而且具有狭隘的品格，他们之间互争领导权和争当皇帝的事也是十分合乎情理的。把农民阶级理想化，甚至无产阶级化，把农民起义本身的很多缺点和弱点一概归之于出身不好的领导人，并不符合历史实际。

把翟李矛盾说成是敌我斗争的另一根据是二人对被俘隋官的态度不

---

① 两《唐书》的《李密传》均作“翟宽”，按《通鉴考异》，《蒲山公传》作“翟弘”，《河洛记》作“翟洪”，而后二书成书较早，今从《通鉴》。

② 《通鉴》卷184义宁元年十一月。

③ 《通鉴》卷186武德元年十一月。

④ 《旧唐书》卷56《杜伏威传》。

⑤ 《通鉴》卷184义宁元年十一月。

同，用人路线不同。最典型的事例，莫过于冯慈明被杀，史称：

> （大业）十三年，（冯慈明）摄江都郡丞事。李密之逼东都也，诏令慈明安集瀍、洛，追兵击密。至鄢陵，为密党崔枢所执。密延慈明于坐，劳苦之，因而谓曰："隋祚已尽，区宇沸腾，吾躬率义兵，所向无敌，东都危急，计日将下。今欲率四方之众，问罪于江都，卿以为何如？"慈明答曰："慈明直道事人，有死而已；不义之言，非所敢对。"密不悦，冀其后改，厚加礼焉。慈明潜使人奉表江都，及致书东都留守，论贼形势。密知其状，又义而释之。出至营门，贼帅翟让怒曰："尔为使人，为我所执，魏公相待至厚，曾无感戴。宁有畏乎？"慈明……因谓群贼曰："汝等本无恶心，因饥馑逐食至此。官军且至，早为身计。"让益怒，于是乱刀斩之。①

在这件事上，李密不免失之过于宽容，但不能因此就否定他是农民起义的领袖。武德元年（618），窦建德攻克冀州，俘虏了为唐朝坚守的刺史麹稜，"建德见稜曰：'卿忠臣也。'厚礼之，以为内史令。"② 窦建德久攻河间不下，郡丞王琮听到隋炀帝的凶闻后率士吏发丧，"建德遣使吊之"，后来王琮计穷而出，广大起义群众认为"琮拒我久，杀伤甚众"，"今请烹之"。窦建德却说："此义士也，方加擢用，以励事君者，安可杀之。往在泊中，共为小盗，容可恣意杀人，今欲安百姓以定天下，何得害忠良乎？"并且下令军中："先与王琮有隙者，今敢动摇，罪三族。"史称："初，群盗得隋官及山东士子，皆杀之。唯建德每获士人，必加恩遇。"③ 窦建德的上述表现与李密毫无二致，相似乃尔，甚至连杜伏威也不乏"进用士人"的记载，④ 却从来没有人因此说窦、杜二人是混入农民军的阶级异己分子，而偏偏根据同样的情况就把李密说成是阶级敌人，区别对待的原因不还是"蒲山郡公"这个贵族头衔吗？

---

① 《隋书》卷71《冯慈明传》。
② 《通鉴》卷186武德元年十一月。
③ 《旧唐书》卷54《窦建德传》。
④ 《新唐书》卷92《杜伏威传》。

李密灵魂深处除具有地主阶级的意识烙印外，他还有一个严重的缺点，就是刚愎拒谏。攻取兴洛仓后，任民众自取仓粟，“至负取不胜，委于道，践蹂狼扈”，司仓贾润甫对此提出意见：“禀取不节，敖庾之藏有时而儩，粟竭人散，胡仰而成功？”但李密“不听”。[①] 柴孝和建议瓦岗军“西袭长安”，勿为“他人我先”，[②] 李密不肯接受这一正确意见，坐失良机，使李渊父子捷足先登，在关中打下了统一全国的基础，从而能够“徐观鹬蚌之势，以收渔人之功”。关于此事，李世民曾敏锐地指出：“李密顾恋仓粟，未遑远略。”[③] 这是严重的战略失策，无怪乎古人也讽刺他：“始玄感乱，密首劝取关中；及自立，亦不能鼓而西，宜其亡也。”[④] 远在李密尚未失败时，就有人看到，“密虽有才气，未能经远，欲图功业，终恐无成”[⑤]。王世充食尽求战，裴仁基建议采取“彼出我归，彼归我出，数战以疲之，多方以误之”的战术，李密没有采纳，“战遂大败”。[⑥] 瓦岗军遭受的一些重大挫折，几乎都与李密的拒谏有关。不过，他并不是有意识地要搞垮农民军，而是不自觉地犯了一些错误，他在大多数时间里是与起义群众同甘共苦，战斗在一起，胜利在一起，也分享了失败时的苦难和不幸，所以不能因为他犯过错误就否认他是瓦岗军的领袖。

三

为了探讨李密是否农民起义的叛徒，必须首先明确，在古代农民战争史上，究竟怎样才够得上是叛徒。我认为，所谓叛变、背叛，主要是一个“气节”问题，而气节本身必须是当时人所能够自觉到的范畴。在阶级斗争和政治斗争中，一个历史人物在明确意识到敌我区别的条件下而向敌方变节投降了，那就是真正的叛徒。如果由于缺乏科学的阶级观

① 《新唐书》卷84《李密传》。
② 《旧唐书》卷53《李密传》。
③ 《通鉴》卷184义宁元年七月。
④ 《新唐书》卷84《李密传》赞曰。
⑤ 《文苑英华》卷875李峤《攀龙台碑》。
⑥ 《隋书》卷70《裴仁基传》。

点和阶级自觉而蜕变，丝毫不牵涉自觉的气节问题，那就很难说是叛徒。像元末农民起义的领导人朱元璋，是在节节胜利中登上了皇帝的宝座，从来没有在他所认为的敌人面前屈膝投降，尽管阶级地位发生了本质的变化，他也决不会认为自己丧失了气节，对这样的事实和行为，就只能称之为蜕变，而不能称之为叛变。对于今天的无产阶级革命者来说，蜕变也是叛变，因为我们有马克思主义的阶级观点，立场的转移并不是自发的行动，而完全是自觉的背叛。对古人，却不能这样苛求。

江都之变以后，宇文化及拥兵北上，盘踞东都的越王杨侗，作为隋政权的残余势力，曾册拜李密为太尉、尚书令、东南道大行台行军元帅、魏国公，且令“先平化及，然后入朝辅政”。李密亦“上表乞降，请讨灭化及以赎罪”。① 瓦岗军一贯攻打洛阳，越王侗和王世充是首当其冲的直接敌人，如果李密真的认罪投降，那确实称得起货真价实的叛徒。不过，关于此事，还须进行深入的分析。首先看一下敌人方面是否真诚地招降。东都城内，元文都是招降派的主要人物，他曾对卢楚说：

> 为国计者，莫如以尊官宠李密，以库物权啗之，使击化及，令两贼自斗，化及既破，而密之兵固亦疲矣。又其士卒得我之赏，居我之官，内外相亲，易为反间。我师养力以乘其弊，则密亦可图也。②

显然，这是一个阴狠毒辣的诡计，并不是真正的收买叛徒。李密与东都近在咫尺，对这种情况不会毫无所知，那么为什么还要向杨侗输诚受官呢？原来其中有不得不然的苦衷。史称：“时密与东都相持日久，又东拒化及，常畏东都议其后”，③ 所以才出此下策。既然双方都出于策略性考虑，并无诚意，那很难把李密说成是叛徒。在招降李密的问题上，东都城内分为两派，元文都和卢楚是招降派，王世充则持反对态度，双方

① 《通鉴》卷 185 武德元年六月。

② 《旧唐书》卷 54《王世充传》。

③ 《通鉴》卷 185 武德元年六月。《旧唐书·李密传》亦称，“密将与化及相抗，恐前后受敌，因卑辞以报谢焉”。

“不协，阴有相图之计”[①]。李密打败宇文化及之后，将入朝，中途听到元文都已被王世充所杀的消息，遂还金墉。如果李密这次真的赴东都入朝，那当然就是叛徒；但最后的结局是欲叛未遂，所以仍然无法给他戴上叛徒的帽子。至于接受过越王侗的官爵，单单这件事，尚不足以为李密定性。窦建德在消灭宇文化及之后，亦与王世充结好，“遣使朝隋越王侗于洛阳”,[②]“侗封之夏王”[③]。杜伏威在炀帝被弑后亦“上表于越王侗，侗拜伏威为东（南）道大总管，封楚王”[④]。如果接受越王杨侗的封号就是农民起义的叛徒，窦建德和杜伏威岂不也都成了叛徒？为李、窦、杜定叛徒的标准应该是一致的，不容区别对待。实际上，他们当时接受册封，是出于策略上的考虑，并不牵涉气节问题。

李密为王世充所败以后，西投关中的李唐政权，是否可以说他晚节不忠，最后落了个叛徒的下场呢？这仍要看是否牵涉气节而定。农民没有科学的阶级观点，在他们的气节观中，没有根据阶级立场是否转变来判别忠和逆的标准。农民自觉水平所允许的判断标准只能是，看一个人是否忠于自己的集团和领袖，是否向敌对集团投降。对于隋末的农民阶级来说，他们只知道反对隋朝就是正义，投降隋朝就是叛变，至于杨隋和李唐的阶级性完全一致，农民并没有明确的认识。历代农民之所以反对暴君而拥护“好皇帝”，就因为他们看不到暴君和“好皇帝”的阶级一致性。也正由于这一点，隋唐之际农民军打农民军者有之，农民军与地主武装联合起来打另一支农民军者有之。为了说明李密西投关中是否叛变，须首先弄清瓦岗军与唐朝之间是否存在敌对矛盾。根据史实，双方在整个天下鼎沸的时期，除武德元年（618）四月李建成、李世民兄弟欲攻东都，“李密出军争之，小战，各引去”[⑤] 外，唐军与瓦岗军从未再有交锋，绝大多数时期都是分别在关中和中原各行其是的。不仅如此，李渊起兵后，李密还致书李渊，呼之为兄，“请合纵以灭隋”，李渊虽然别

① 《隋书》卷59《越王侗传》。

② 《旧唐书》卷54《窦建德传》。

③ 《新唐书》卷85《窦建德传》。

④ 《旧唐书》卷56《杜伏威传》脱一“南”字，据《新唐书》卷92《杜伏威传》补。

⑤ 《通鉴》卷185武德元年四月。

有用心地对李密“卑辞推奖”,[①] 婉言相拒，但双方并没有发生重大冲突。

其次，还要看一下李密归唐是否违背了广大起义群众的政治愿望，是否有出卖的性质。《旧唐书》卷53《李密传》：

> 时王伯当弃金墉，保河阳，密以轻骑自武牢归之，谓伯当曰：“兵败矣，久苦诸君！我今自刎，请以谢众。”伯当抱密，号叫恸绝。众皆泣，莫能仰视。密复曰：“诸军（君）幸不相弃，当共归关中，密身虽愧无功，诸君必保富贵。”其府掾柳奭（误，《通鉴》及《新唐书·李密传》均作燮）对曰：“昔盆子归汉，尚食均输。明公与唐公同族，兼有畴昔之遇，虽不陪从起义，然而阻东都断隋归路，使唐公不战而据京师，此亦公之功也。”众咸曰：“然。”……于是从入关者尚二万人。

李密和起义群众不但不以唐朝为敌人，而且以未曾为李渊父子立功为憾事。兵败之余，走投无路，李密欲自刎“请以谢众”而“众皆泣”，说明李密始终对瓦岗军没有二心，群众对他是拥戴的。李密提出西归李唐的主张得到了广大群众的赞同。既然此举没有违逆农民军的愿望，又非向素来的敌人屈膝，根本不牵涉气节问题，那就无法据此把李密说成叛徒。实际上，这只是一种投奔性质的行动。

虽然如此，我们却应当运用阶级观点做如下的分析：李密和起义群众尽管不会自觉到此举有什么气节问题，他们的阶级地位却从此发生了质变，即李密由农民起义的领袖变成了封建官吏，随从入关的两万群众由农民军变成了唐朝的官军。但，正如不能因朱元璋蜕变而称他为叛徒一样，我们也不能因为李密不自觉的阶级地位的变化，把他说成是叛徒。

李密投靠唐朝以后不久，曾再度起兵，但这次事件已不再具有农民起义的性质，因为起事的原因是：“李密骄贵日久，又自负归国之功，朝廷待之不副本望，郁郁不乐”,[②] 遂起而造反。魏徵为李密撰写的墓志铭，

---

① 《旧唐书》卷53《李密传》。

② 《通鉴》卷186武德元年十一月。

亦说他愤愤于“当世旧部先附，多出其右；故吏后来，或居其上”[①]。可见这时李密是以唐朝官吏的身份，统治阶级中的一员，对李唐王朝心怀怨望，还想在官阶上更上一层楼，因未遂其愿而起事，应当说，这纯系统治集团内部争权夺利的斗争，已不再具有反压迫的性质，所以不能把这次事件当作农民起义的继续。

很多年来，流行着把李密当成阶级异己分子、阴谋家、野心家和叛徒的说法，很多不好的事情，发生在窦建德、杜伏威身上就情有可原，不加深究，发生在李密身上，就一概据以对他加以否定。我认为这是现实生活中唯成分论的极“左”思潮在史学研究中的具体反映。这样做的缺点是违反历史主义，把今天无产阶级革命的很多概念和标准强加于古人，苛求于古人；同时也违背了实事求是的原则，因而不能令人信服。在肃清极“左”思潮流毒的今天，应当实事求是地给历史人物以应有的历史地位。

（原载《中国农民战争史研究集刊》第2辑，上海人民出版社1982年版）

① 《魏郑公文集》卷3《唐故邢国公李密墓志铭》。

隋唐之际的林士弘起义考释

隋朝末年，农民起义风起云涌，不计其数；地主起兵亦复不少，此起彼伏；天下顿时陷于大乱。一般研究农民起义的史学工作者莫不把主要目光集中于三大支主力农民军：李密、翟让领导的瓦岗军，窦建德领导的河北起义军以及杜伏威领导的江淮起义军。应当说，把主要力量用来研究这三支农民军无疑是正确的，但面对全国“所在”起义的历史事实完全忽略其他起义的分析和研究，则未见得合适。在这些众多的农民起义中，林士弘所领导的农民军就是一支不容忽视的力量，其势力极盛时“北至九江，南洎番禺，悉有其地”①，占领区相当辽阔，不下于北方几支主力军分别所占有的区域。以往，很少有专文对这支农民军进行剖析，甚至有的专门探讨隋末农民战争的专著也从未对它涉及，似有偏枯之失。在这篇短文里，我打算在这方面做一点拾遗补缺的工作，略事考释林士弘起义的有关史事，望能引起大家对这支农民军的重视。

《隋书》卷4《炀帝纪》载：

> （大业十二年）“十二月，鄱阳（在今鄱阳湖附近一带）贼操天成举兵反，自号元兴王，建元始兴，攻陷豫章郡（治今江西南昌市）……壬辰，鄱阳人林士弘自称皇帝，国号楚，建元大平，攻陷九江、庐陵郡”（今江西吉水北）。

按《旧唐书》卷56《李子通附林士弘传》载：

① 《旧唐书》卷56《李子通附林士弘传》。

林士弘者，饶州（治今江西波阳）鄱阳人也。大业十二年，与其乡人操师乞起为群盗。师乞自号元兴王，攻陷豫章郡而据之，以士弘为大将军……师乞中矢而死。士弘代董其众。

操天成和操师乞都自称“元兴王”，又在同年起义，可见二者实为一人。按《旧唐书·李子通附林士弘传》上述记载，林、操二人不但有同乡关系，而且林士弘原来是操师乞的部属，只是在师乞牺牲后士弘才得以“代董其众”的。但除《隋书·炀帝纪》外，其他记载都作“师乞”，从无作“天成”者，这是什么原因呢？《新唐书》卷87《李子通附林士弘传》在这个问题上为我们透露了一点消息，据载：“师乞自号元兴王，建元天成。”是知“天成”并非师乞之名，《隋书·炀帝纪》是误把年号当作人名了，因而错误地出现了“操天成”。

其次，这支农民军由操师乞领导时并无“楚”的称号，只是由林士弘“代董”操氏之众以后才宣布“国号楚，建元太平”的。《隋书·炀帝纪》将林、操二人起义分作两事记载，而且一开始就说林士弘“自称皇帝，国号楚”，显然是记叙不准确，很不恰当。

最后，司马光在《通鉴考异》中曾引《唐高祖实录》说，林士弘最初曾“自称南越王，寻僭号，建元延康”①。看起来，很可能在操师乞起义爆发之前，林士弘已经起义，曾经称王建号，大致操氏起事后二人才合并到一起，共同战斗。只是这一事实为诸书所漏载，我们无法详究。

把上述情况一一澄清后，关于林士弘的早期活动才能有一个比较清楚的轮廓。

大业末年，农民起义的烈火燃遍祖国的山山水水，反对隋朝政权是他们斗争的主要方向，所以一切的农民反隋斗争是时代的主流，都属于这个大潮中的一部分，林士弘起义自然也不例外。另外，就事实而论，操师乞、林士弘攻占豫章是直接打击隋朝地方政权的表现，操氏牺牲后林氏大败刘子翊同样是直接与隋统治进行斗争，此外被隋朝封为邵国公的邵州（治今湖南邵阳市）刺史杨纶，后以罪徙岭南，然以后为士弘农

① 《通鉴》卷183大业十三年十二月《考异》。

民军“所逼，携妻、子，窜于儋耳（今海南岛西部）”,[①] 更是皇族遭到起义军打击的表现。不过，我们在承认此点的同时也应当看到，隋王朝毕竟已经陷于农民起义的汪洋大海之中，土崩之势早已形成，所以林士弘取得以上几项战果可以说是唾手而得，不用花费很大的气力。个人觉得，需要他以很大精力从事的斗争，毋宁说是与萧铣势力的互相周旋。况且双方的占领区相邻接，在势力上彼消此长，相互影响也确实很大，所以我在这里打算重点谈谈这个问题。

萧铣是后梁宣帝的曾孙，其祖父萧岩在隋初因“叛隋降陈”而被隋文帝杨坚所“诛”。后来虽然萧铣任罗川令，但他作为后梁的遗老遗少，并且祖父被杀，对隋王朝是怀有刻骨仇恨的。他在隋末乘“大乱”之机起兵后，占领区相当辽阔，势力范围最大时“西至三峡，南交趾，北距汉水”，梁朝的旧境也大体包括于其中。他起兵的目的是“复梁祚”，故自称“梁王”，其设法行政亦“一用梁故事”。[②] 支持他的势力也尽是一些在地方上颇有影响的大族豪强，如“世为南平帅”的宁氏，就曾“皆以地附萧铣”。[③] 可见这是一支地地道道的地主武装，虽然萧铣和林士弘打的都是反隋的相同旗号，但在阶级成分上二者是大异其趣的，所以相互间的斗争必然具有阶级斗争的性质。以下我们看看双方斗争的具体情况。

林士弘在打败刘子翊后徙居虔州（治今江西赣县），称帝不久又攻占了九江（治今江西九江市）、临川（治今江西临川西）、南康（治今江西赣州市）、宜春（治今江西宜春市）等郡，势力迅猛壮大，因此占领区随之扩大，史称：“北至九江，南及番禺（治今广东广州市），皆为所有。”[④] 这样，他就成了萧铣面对的主要劲敌，须要后者认真对付。义宁元年（617）十二月，萧铣遣部将苏胡儿袭击豫章，陷而据之，士弘只得被迫“退保余干（治今江西余干县）”[⑤]。尽人皆知，豫章是林士弘据以起家的重要据点，现在竟然被萧氏所陷，可见这是一次农民军方面所遭到的重

① 《隋书》卷44《滕穆王瓒附纶传》。

② 《新唐书》卷87《萧铣传》。

③ 《新唐书》卷222下《南蛮传》。

④ 《通鉴》卷183大业十二年十二月。

⑤ 《通鉴》卷184义宁元年十二月。

大挫折。此后不久，萧铣迁都江陵（治今湖北江陵市），即皇帝位，拥有“胜兵四十余万”,[①] 势力臻于极盛。

正在萧铣不可一世的时候，发生了冯盎归附于林士弘的重大事件。冯盎是十六国时期北燕冯跋的后裔，北燕亡后冯氏举族南徙岭表，至冯盎时他们已“居越五世”,[②] 并且“累代为本部大首领”[③]。最初，冯盎与林士弘处于敌对地位，如当时番禺、新兴（今广东新兴县）农民起义领导人高法澄及冼宝彻等并“受林士弘节度”，曾大杀隋官。对此，冯盎一度“率兵破之”，“进讨”宝彻兄子冼知臣，并“禽宝彻、智臣等”。[④] 这显然是对林氏势力的打击。但以后在武德元年（618）四月，冯盎终于“以苍梧（治今广西梧州市）、高凉（今广东阳江西）、珠崖（今海南岛东北部）、番禺之地附于林士弘”[⑤]。岭南豪族冯盎的归附说明，林士弘农民军的势力已经相当可观，否则冯氏的态度不会发生如此巨大的转变。冯氏的归附大大壮大了林士弘的势力，所以此后这支农民军达到足以与萧铣势力抗衡的程度。一时人们很难看出林、萧发展趋势将孰胜孰败。因此在南方广大地区形成了林、萧对峙的局面。

现在我们略事观察一下这两支敌对势力的内部缺点，以便于比较分析。

林士弘起义军内部闹过张善安与他分裂的事件。原来张氏最初起义时仅拥有一支千人左右的队伍,[⑥] 力量不大。以后他渡江归附了林士弘，两支起义军得到联合，这本来是应当加以肯定的好事，但不幸的是，林对张“不信之”，“善安憾之”，所以后者“袭击士弘，焚其郛郭”，士弘只得离开豫章，善安因得以“复来据之”。[⑦] 这是豫章地区发生的一次起义军内部的分裂事件，农民军不可能不受此影响而势力有所削弱。关于

① 《旧唐书》卷56《萧铣传》。

② 《新唐书》卷110《冯盎传》。

③ 《旧唐书》卷109《冯盎传》。

④ 《新唐书》卷110《冯盎传》。

⑤ 《通鉴》卷185武德元年四月。

⑥ 《旧唐书》卷56《李子通附张善安传》载，张本来“有众百余人”。孟让被王世充打败后，“其散卒稍归之”，善安又“得八百人”。估计他率领的队伍两项合起来也不会超过一千人。

⑦ 《旧唐书》卷56《李子通附张善安传》。

此事的详情，因史有阙文，不得而知，但可以想见，大概与瓦岗军内部李密杀翟让的事件在性质上基本差不多。值得提出的是，此后林士弘农民军内部再未发生类似的斗争，而且仅有的这次内争所产生的不良后果也并不十分明显。

与此相反，萧铣势力的内争却相当严重复杂，景象大不相同。最根本的是萧氏本人在性格上“外宽内忌，疾胜己者”①。他率领的部下诸将亦复“恃功恣横，好专诛杀”②。对于这些桀骜不驯的武将他曾下令让他们“罢兵营农”，实际上是要以此“夺帅之权也”，结果引起有人“遂谋为乱”；对尚书令张绣的“恃勋骄慢，专恣弄权”，他也非常不满，最后终于“恶而杀之”。在萧梁小朝廷中“大臣相次诛戮”的结果，引起“故人、边将皆疑惧，多有叛者，铣不能复制”。可以看出，这是一个人心涣散，毫无内聚力的武装势力，分崩离析的局面终使萧氏“兵势益弱”。③

从表面上看，好像林士弘同萧铣分别占领的区域旗鼓相当；然就实际情况而论，显然是林优萧劣，林强而萧弱。因而在武德四年（621）十月，萧铣不得不最后走上了“降唐”的道路。他垮台后，其“散兵稍往归之，士弘复振”④。农民军因此有所壮大，故能够在萧氏失败后又支撑了长达一年左右的时间。

最后我们谈谈林士弘起义失败的悲剧结局。

武德五年（622）十月，林士弘曾派其弟鄱阳王林药师率兵二万攻围循州（治今广东惠州市），唐朝的总管杨世略⑤“破斩之”，关于这一事件，《新唐书·李子通附林士弘传》的记载是：

> 武德五年，士弘弟鄱阳王药师以兵二万围循州，总管杨世略破斩之，士弘请降。王戎亦献南昌（今广东博白东南）地，诏戎为南

① 《新唐书》卷87《萧铣传》。

② 《通鉴》卷188武德三年十一月。

③ 《旧唐书》卷56《萧铣传》。

④ 《旧唐书》卷56《李子通附林士弘传》。

⑤ 《旧唐书》卷56《李子通附林士弘传》及《通鉴》均作“杨略”，唯《新唐书》卷87《李子通附林士弘传》作“杨世略”，未知孰是。

昌州总管。士弘复遁保安城山，诱溃亡，谋复乱。

对于这段史料，须要辨明的有以下几点：第一，王戎是林士弘所任命的司空，他既已献南昌地而得任唐官，林士弘看到这一事实后始而“请降”，继而又“复谋乱”，应该说，这是不合情理的。就当年的大形势而言，刘黑闼再次起兵，已经在三月间彻底宣告失败，杜伏威亦于七月间“入朝”于唐，全国统一的大局已经十分明显，在这种形势下林士弘仍然要“复谋乱”，只能反映林士弘的彻底革命思想十分坚定，达到了不计成败的程度。既然如此，“请降”之说就值得怀疑，因为无法说明他最初“请降”的动机是什么。一个坚定的起义领袖也不可能初则“请降”，继而“谋乱”，如此出尔反尔。根据史实，他后来“复谋乱”是确凿不疑的事实，所以最初“请降”之说值得怀疑。第二，《新唐书·李子通附林士弘传》说林士弘曾“遁保安城山”，《旧唐书·李子通附林士弘传》则说他“惧而遁走，潜保于安城之山洞”。究竟“安城山”是个专有地名呢？还是错把“安城之山洞”误写成“安城山”呢？窃以为《旧唐书·李子通附林士弘传》之说比较可信，因为首先，“潜保”于“山洞”是合情合理的事，“潜”字与“山洞”正好前后呼应。其次，《新唐书》刻意追求“文省”于《旧唐书》，容易产生引起误解的这一不准确记载。最后，遍查史料，尤其是《括地志辑校》及《元和郡县志》等书，并无“安城山”的记载。

林士弘最后的结局怎样呢？《旧唐书·李子通附林士弘传》的记载比较翔实可信，说林氏“潜保于安城之山洞”以后，他原来的部属司空王戎降唐后已被任命为洪州（治今江西南昌市）刺史，他于此时“召士弘藏之于宅，招诱旧兵，更谋作乱”。可见二人继续斗争的意志始终存在，过去“降唐”并非出于本意。这也许是由于记载有错误。林、王正谋再度发动起义之时，不料叛徒张善安“密知其事，发兵讨之”。正在这个关键时刻，不料“会士弘死，部兵溃散”。起义遂告最后失败。

须要一提的是张善安的可悲下场。他在降唐以后在洪州任职，不巧正赶上辅公祏领导江淮起义军再度起兵抗唐，“善安亦举兵应之”。唐朝派李大亮前去镇压，善安再生降意，因亲自到大亮营中洽降，不料中计，为大亮所执，送长安后他伪称“不与公祏交通”，后来才发现了他与公祏“相往复”的书信，因此而被唐朝“诛之”。[①] 这个反复无常的叛徒终于以被“诛”结束了自己可耻的一生。

（原载《河北师院学报》1994 年第 4 期）

① 《旧唐书》卷56《李子通附张善安传》。

对隋唐之际王世充势力的几点剖析

隋唐之际最重大的历史事件无疑是农民大起义，所以过去学者们无不集中力量研究各支农民军，这一重视阶级斗争的倾向无疑是正确的，但由此就忽略了王世充这一统治阶级内部武装势力的研究。应当看到，王世充势力的兴衰同败亡，均与农民起义的大潮有密切的关系，而它盘踞中原这一要害地区，对全国的形势也产生了不可低估的影响，我们不能对它完全忽视。本文就是企图在这方面有所论述，略补前人研究之不足。

一 在镇压农民起义声中崛起的王世充

人们一提起王世充，首要的印象是他盘踞中原，在洛阳建立过郑政权，后来在唐、郑、夏斗争中占有重要地位，至于他的其他活动，往往为人所忽略。其实王世充是以在江左镇压农民起义起家的，正是以此为资本日后才能向中原发展势力。

王世充随隋炀帝至江都（今江苏扬州市），史书上说他“善候人主颜色，阿谀顺旨，每入言事，帝善之”。[①] 但这并不是后来派他去中原镇压瓦岗军的真正原因。以下的史实说明他从江左赴中原的真正原因是他在江都一带镇压农民起义屡建功勋。大业九年（613）全国的形势已经是“时所在盗起”，[②] 江左自然也不例外，尤其是当地农民军对身处江都的隋

① 《隋书》卷85《王充传》。《隋书》避李世民讳，王世充均作“王充”。

② 《通鉴》卷182大业九年三月。

炀帝威胁最大。在这种形势下，王世充以江都丞的身份屡立战功，他领兵数万人首先打败刘元进和朱燮，二人“败死于吴”。正是由于这一表现，“帝以世充有将帅才，益加宠任”。[①] 以后他又在大业十二年（616）“讨斩”了格谦，于义宁元年（617）正月“大破”卢明月。[②] 至此，王世充的政治身份实际上变成了屡建奇功、率领军队的武将，也由此日益得到隋炀帝的信任。

就在这时，翟让、李密领导的瓦岗军成了中原的最大势力，河南郡县多陷于密。而且李密以重兵包围东都，直接威胁隋朝的第二个政治中心。隋炀帝无奈之余，遂派江都通守王世充率领“江淮劲卒”赴援东都。尽人皆知，隋文帝时长安（今陕西西安市）是全国唯一的政治中心，洛阳并没有取得东都的地位，开始重视洛阳的统治者正是隋炀帝杨广，他在即位的当年就下诏营建东都，洛阳从此成为隋朝的第二个政治中心。可见隋炀帝对洛阳特别重视，对这个都市也怀有特殊深厚的感情。当时派赴洛阳一带的除王世充外还有王降、韦霁、王辩和薛世雄等各路人马，事实说明这是一次中原大会战，非比寻常的一般战役。此外还有越王杨侗从东都派出的兵马，与王世充军“合十余万众”。而且炀帝明令“诸军皆受世充节度”。[③] 可见王世充是中原会战中隋朝军队的总统帅，其地位比较突出。

上述事实说明，王世充是在镇压江左农民起义军中起家的，正是以此为资本才能参加中原的会战并成为最高统帅的。阿谀奉承对他的地位日渐显赫并不起主要作用。

二　东都元文都、卢楚同王世充矛盾斗争的实质

武德元年（618）五月，隋炀帝已经被弑于江都，李渊父子在长安建立了唐朝。东都的留守官奉洛阳的越王杨侗为帝，改元皇泰。在皇泰帝

① 《通鉴》卷182大业九年十二月。

② 《通鉴》卷183义宁元年正月。

③ 《通鉴》卷183义宁元年九月。

的政权中王世充任纳言，与段达、元文都、皇甫无逸、卢楚、郭文懿、赵长文等显官“共掌朝政，时人号‘七贵’”①。在这个小朝廷中，只有王世充兵权在握，而在戎马倥偬的岁月里，只有兵权才是最重要的权力，所以这个政权的实质是皇泰帝其名，王世充其实，后者成了东都唯一的实权派。至此，王世充的地位等于又上升了一步。

武德元年（618）七月，东都城内发生了王世充与元文都、卢楚等人之间的一场斗争，从表面看，这是一场武将同文官间的斗争，但斗争的实质是什么呢？很值得研究。

事情的经过是这样的：江都政变之后，东都周围的军事形势很快就发生了变化，从王世充与李密的对峙由于宇文化及的率军北返发展成了三种势力鼎立的局面。面对着大大复杂化了的局势采取怎样的策略呢？这是三方都须面临的难题。当时有一位名叫盖琮的人建议杨侗与李密“合势拒化及”。内史令元文都也向内史令卢楚表示：“今雠耻未雪而兵力不足，若赦（李）密罪使击化及，两贼自斗，吾徐承其弊。化及既破，密兵亦疲。”② 即坐山观虎斗，收一箭双雕之效。应该看到，这是一个非常狠毒和精明的主意。当时李密处于两面受敌的不利境地，如果全力对付宇文化及，又恐怕王世充抄他的后路。适逢盖琮以皇泰帝使者的身份前来联系，李密喜出望外，遂接受了皇泰帝的官爵，答应悉以精兵东击宇文化及。在这三支势力中可以看出，宇文化及处于最不利的地位，很少有纵横捭阖的余地，因为他既须与瓦岗军进行面对面的斗争，又以弑主灭隋的叛逆者身份与宗室杨侗相抗，李密和王世充都是他的敌人。李密所处的地位稍优于宇文化及，因为他毕竟还有与东都势力取得妥协的可能性，略有回旋的余地。在三者中最居上游地位的是东都的小朝廷，王世充处于完全主动地位，因为他不但可与瓦岗军结盟，共同与宇文化及抗争，而且可以坐山观虎斗，冷眼坐等李密和宇文化及在相争中两败俱伤，收渔人之利。

不料此事引起了东都城内的一场大政治动荡，即引发了王世充与文

① 《通鉴》卷185武德元年五月。

② 《通鉴》卷185武德元年六月。

官元文都、卢楚的政治大搏斗。在满朝官吏中，独有王世充对此持反对意见，他曾对麾下的诸将激怒说："文都之辈，刀笔吏耳，吾观其势，必为李密所擒。且吾军人每与密战，杀其父兄子弟，前后已多，一旦为之下，吾属无遗类矣。"[①] 元文都、卢楚等文官听说王世充这一席话后，知道文、武之间的斗争已不可免，因而酝酿利用世充入朝的机会"伏甲诛之"。不料事机不密，性格懦弱的段达向王世充告了密，所以王世充先发制人，发动政变，诛杀了元文都、卢楚、赵长文和郭懿等人。

从表面看，事情发生在王世充与文官之间，但从实质上分析，这场斗争实际是由于王世充害怕李密入朝引起的。所以斗争的实质是王、李矛盾。王世充自到中原以来，经常作战的对象是瓦岗军，首战就在义宁元年的十月，李密在洛水之南"大破"隋军，王世充第一次吃到了苦头。此后他企图恢复威信，勉强请战，不料又被打得"大败，西走"[②]。从此他就困守在洛阳城内，龟缩起来。隋军同瓦岗军"前后百余战，未有胜负"[③]。王世充始终没有取得重大胜利。他领教了李密的厉害，原来寄希望于翟让同李密间的内争，后来听说翟让已死，他的希望破灭了，因而叹曰："李密天资明决，为龙为蛇，固不可测也!"[④] 洛阳久处瓦岗军的围攻之中，形成"东都号令不出四门，人无固志"[⑤] 的困境，形同累卵。

现在李密如果接受皇泰帝的条件，被册拜为太尉、尚书令、东南道大行台行军元帅，并册封为魏国公，王世充自然相形见绌，而且自己深知将来在朝廷上绝不是李密的对手。因此，为了阻止李密入朝，他必须首先打击主张收容李密的文官，干掉元文都和卢楚等人。

由此可见，这场收容与反收容的斗争，实际具有王世充同李密争权的性质。李密正欲进入东都接受皇泰帝的官爵时听到洛阳城内发生了这样的剧变，因而打消了受隋官的初衷，"乃还金墉"。从此，洛阳附近最

---

① 《旧唐书》卷54《王世充传》。
② 《通鉴》卷183义宁元年十月。
③ 《旧唐书》卷54《王世充传》。
④ 《通鉴》卷183义宁元年十一月。
⑤ 《通鉴》卷185武德元年六月。

主要的形势是王世充与瓦岗军的长期对峙。东都城内则王世充“渐结党援，恣行威福”，皇泰帝仅仅是“拱手而已”[①] 的傀儡皇帝。

三　王世充势力的极盛时期

从武德元年（618）九月起，王世充势力进入了极盛的时期，一度出现过独霸中原的局面。

主要表现之一，是他首先打败了李密领导的瓦岗军。洛阳久处围困之中，迫在眉睫的困难是粮食方面难以得到补给，当时城内“大饥”，米一斛的价钱高达八九万，“东都人归密者日以百数”。[②] 显然，王世充是很难持久的。李密本来应当利用敌人这一致命缺点，打消耗战，把王世充的势力耗垮，但是他缺乏这样的战略眼光，轻率地发动了同洛阳的决战。此外，他更不可能看到自己的严重弱点，即在刚刚打败宇文化及之初，瓦岗军“劲卒良马多死，士卒疲弊”，急需在短期内进行休整，无力连续作战；其次，李密本人在骤胜之后滋长着严重的骄傲情绪，“有轻世充之心，不设壁垒”，[③] 部将陈智略、樊文超、单雄信等也急躁请战，可见轻敌冒进是从李密到部将都具有的普遍情绪。在这种错误的思想支配下，决战的结果就是瓦岗军大溃，李密西入关投降唐朝。这样一来，形成了王世充势力独霸中原的局面。

表现之二，是王世充的政治地位在东都小朝廷中上升为最高统治者。瓦岗军失败后，对王世充来说，可谓暂时没有了迫在眉睫的“外患”，他遂得以将目光全部转向内部，解决政治问题。前不久，林士弘、刘武周、梁师都、薛举、李轨、李渊、萧铣、沈法兴等均已先后称帝、称王，在这种风气下“杨隋”的旗号遂大为贬值，对王世充来说皇泰帝已经不再具有号召力了，况且他也想学习以上诸人的榜样，亲自尝尝龙飞九五的滋味。尤其是打败瓦岗军更使王世充的声望大大提高，在东都城内更加

---

① 《通鉴》卷185武德元年四月。

② 《通鉴》卷185武德元年七月。

③ 《旧唐书》卷54《王世充传》。

不可一世。为了实现自己的野心，王世充初则网罗了一批隋朝的显官、名士，让他们做太尉府的官属；继则被皇泰帝拜为相国，“总百揆，进爵郑王”；最后在武德二年（619）四月，由他一手导演了一幕“禅让”的滑稽剧，“废侗自立”，[①] 登上了皇帝的宝座，建元开宝，正式建立了郑政权。从政治地位来说，这标志着王世充巅峰阶段的到来。

表现之三，是到武德二年的秋冬之交，王世充管辖的疆域相当可观，“时河南之地皆入世充”，[②] 这是郑国国土最大的时期，显然，李密的失败是导致这一形势产生的决定性因素。

为什么从武德元年（618）九月至武德二年（619）四月王世充的势力能如此膨胀呢？它的外部条件是什么呢？对此，须要把握全国的形势。像林士弘、萧铣、高开道、薛仁杲、李轨等人，均在边远地区发展势力，既无心问鼎中原，也无力威胁王世充的势力范围。能够严重影响他的势力范围的人，不过窦建德和李渊、李世民父子而已。夏、郑接壤，而且两国间素有矛盾，但窦建德在武德元年、二年间正在全力解决三个急迫的问题。一是吞并“据深泽，掠冀、定之间，众至十万，自称魏帝”的魏刀儿。[③] 二是进攻据有幽州（治今北京市）的罗艺，以解除南进时的后顾之忧。三是随着宇文化及在中原碰壁后的北上，又为窦建德新添了一个势力不小的敌人。因此，河北的夏政权当时无暇南顾，为郑政权的壮大势力提供一个有利的外部条件。李渊、李世民父子在长安建立唐政权后，首要的任务是建立一个稳定的后方，消灭将来东面而争天下时的后顾之忧。为此，李世民就不得不以全部力量对付自称西秦霸王、尽有陇西的薛举和自称河西大凉王、割据河右的李轨，在这种情况下唐朝也无暇东顾，王世充遂得以乘机在中原达于极盛的局面。如上所述，王世充在打败李密以后一度势力鼎盛于中原，是与其有利的外部条件分不开的。

---

① 《旧唐书》卷54《窦建德传》。

② 《通鉴》卷187武德二年十月。

③ 《通鉴》卷186武德元年十一月。

四 郑、夏联合抗唐之役

瓦岗军失败后，郑政权的势力独据中原，唐朝于武德元年（618）十一月平定陇右的薛仁杲和于次年五月执斩李轨平定了河西后，李世民全力东征，唐、郑间遂展开了正面的大规模冲突。当时夏政权远处河北，因此唐、夏尚不可能直接接触。但随着唐师的东进河南，毕竟对窦建德也形成严重的威胁，于是在武德三年、四年（620、621）间就发生了郑、夏联合抗唐的战役。

就黄河流域的主要政治、军事而言，正如夏政权的中书舍人刘斌所说："今唐有关内，郑有河南，夏居河北，此鼎足相持之势也。"① 在这三个势力中，夏、唐之间尚有缓冲余地，因为唐军首先进攻的对象是郑政权。唐朝方面采取主动进攻的态势，又有关陇广大地区作后方，显然处于最有利的地位。王世充的小朝廷处于最不利的地位，首先是他久处围城之中，始终无法解决给养问题，中原州、县投降唐军者，"时月相继"，洛阳城内则"公私愁窘，人不聊生"，甚至王世充让台省官外放为各州的营田使，"丞郎得为此行者，喜若登仙"。② 连中枢显官也视东都为望而生畏的危险之地。其次，郑政权所管辖的地方州、县官"相继来降"③ 唐军，洛阳日益成为一个离群索居的孤岛，支持它的城镇越来越少，形势岌岌可危。最后，当李世民进军中原时，为了对付强敌压境，王世充曾派王弘烈、王行本、王泰、王世恽、王世伟、王应玄、王玄恕、王徇等人分守各地，从这些人都姓王，都是王世充的同宗人可以看出，他已不敢把兵权交给异姓的人使用，除王氏同宗外他已无心腹可言，在政治上十分孤立。在大军压境的情况下，很多人都能看透"唐兵悉众攻郑，首尾二年，郑势日蹙而唐兵不解。唐强郑弱，其势必破郑"④ 的大形势，王

① 《旧唐书》卷54《窦建德传》。
② 《通鉴》卷188武德三年十一月。
③ 《旧唐书》卷2《太宗纪》。
④ 《旧唐书》卷54《窦建德传》。

世充碰到了这一生死攸关的大难题，出路何在呢？他采取了联合窦建德共同抗拒唐兵的战略，于是在武德三年（620）底，正式遣使于夏，请求窦建德发兵救洛都，解东都之围。

夏国统治者对此作如何考虑呢？中书舍人刘彬对窦建德说得非常坦白，他认为在唐强郑弱的情况下王世充“势必不支，郑亡，则夏不能独立矣”，所以不如与郑“解仇除忿”，发兵救郑，打退唐师后“徐观其变，若郑可取则取之，并二国之兵，乘唐师之老，天下可取也”。[①] 窦建德接受了这一建议，立即遣使于洛阳，许以赴援，郑、夏间的联盟就这样建立起来了。从刘彬的议论可以看出：第一，随着唐兵的东进，唐与郑间的矛盾、唐与夏间的矛盾大大超过了郑、夏间的矛盾，占居支配地位，这是郑、夏结盟的基础。第二，郑、夏间的矛盾虽然退居次要地位，但并没有从根本上加以克服，二者实际上是同床异梦，各有打算，双方都怀有鬼胎。不过，郑、夏联盟总算建立了，所以窦建德在武德四年（621）就大举发兵，赴援洛阳，这样就展开了郑、夏联合抗唐之役。

当时夏、唐兵都碰到了相同的问题，即在短期内都没有取得绝对胜利的把握，师老在外，兵士发生了思归的动摇情绪。唐方将帅中有人看到窦建德来势凶猛，又恐在郑、夏联兵的形势下自己“腹背受敌”，很多人“皆请避其锋”。[②] 远处关中的李渊也认为“兵久在外，意欲旋师”。[③] 至于夏方，由于久攻武牢（今河南虎牢）不克，数战不利，所以“将士思归”，[④] 军心同样发生了动摇。究竟怎样对付这一复杂形势呢？薛收对李世民有这样的建议：“世充据有东都，府库填积，其兵皆是江淮精锐，所患者在于乏食，是以为我所持，求战不可。建德亲总军旅，来拒我师，亦当尽彼骁雄，期于奋决。若纵其至此，两寇相连，转河北之粮以相资给，则伊、洛之间战斗不已。今宜分兵守营，深其沟防，即世充欲战，慎勿出兵。大王亲率猛锐，先据成皋之险，训兵坐甲，以待其至。彼以

① 《通鉴》卷188武德三年十一月。此“刘彬”与《旧唐书》卷54《窦建德传》“刘斌”同为一人。

② 《通鉴》卷189武德四年三月。

③ 《旧唐书》卷63《封伦传》。

④ 《通鉴》卷189武德四年四月。

疲弊之师，当我堂堂之势，一战必克。建德即破，世充自下矣。”[①] 李世民也认为王世充是“上下离心，不烦力攻，可以坐克”，如果让窦建德攻下武牢，“两贼并力其势必强”，[②] 所以采纳了薛收的意见，决心立即进行决战。从薛收、李世民对形势的分析可以看到：第一，唐军和夏军的争衡是主要的斗争，只要李世民能打败窦建德，王世充便是瓮中之鳖，不在话下。第二，对郑政权围而不战，就可以把它耗垮，胜利是指日可待的。第三，关键的问题是郑、夏是否能取得接触，如果二者“相连”，唐军就难以在短期内取得最后的胜利，所以李世民采取隔开郑、夏的办法，以围困的办法对付东都，以主力与夏兵展开决战。应当说，李世民的这一决策对他来说是完全正确的。所以按照这一战略展开决战的结果，窦建德被唐军所俘，王世充知道大势已去，遂于武德四年四月素服降唐，郑亡。他“自篡位，凡三年而灭”。[③]

五　王世充失败的内部政治原因

关于王世充失败的外因，在这里不拟探讨，因为这还牵涉李渊、李世民等方面复杂的因素。至于军事方面的因素，在前面的论述中也大致涉及了。兹打算在这里只分析一下郑政权失败的内部政治原因。在世人心目中或者有这样的看法，即农民起义遍及全国的时候，王世充以一支地主武装孤立地困守洛阳，自然不可能取胜，殊不知日后在全国取得最后胜利的李渊、李世民父子，领导的也是一支地主武装，我们不能以性质论成败。究竟是什么内在政治原因导致王世充的失败呢？这与他的个人政治缺点有很大关系。

据《通鉴》记载，王世充其人“性谲诈，有口辩”，[④]“残忍褊隘”。[⑤]

---

① 《旧唐书》卷73《薛收传》。

② 《通鉴》卷189武德四年三月。

③ 《旧唐书》卷54《王世充传》。

④ 《通鉴》卷181大业六年三月。

⑤ 《通鉴》卷185武德元年七月。

《隋书》在本传中也说他“沉猜多诡诈”，“性矫伪”。这一根本性缺陷是暴露得一清二楚的，连他的部下也深知他“鄙隘贪忍，不顾亲旧，岂能成大业哉?”① 当瓦岗军还同王世充相互对峙的时候，徐文远曾对李密说：“是人残忍，意又褊促。”② 可见敌对营垒中的人也知道王世充待人接物的缺点。在这样的性格支配下，他根本不可能以诚待人，很难在身边团结住正人君子，而正派人反而都属于他的对立面。如元文都，是“性鲠直，明辨有器干”③ 的人，结果在皇泰帝的小朝廷中与王世充势不两立。与元文都一起谋诛王世充的卢楚，在隋炀帝时也是“鲠急口吃”，“当朝正色，甚为公卿所惮”的直臣，“每存纠举，无所回避”。④ 还有的正派人看透了王世充的为人缺点，断定他最终成就不了大业，所以对他持不合作态度，不免走上弃郑降唐的道路，这方面如皇甫无逸就是很典型的例子。他在隋炀帝时“甚有能名”，任淯阳太守，“差品为天下第一”，而在王世充正式称帝后，斩关而欲降唐，并且对追骑说：“吾死而后已，终不能同尔为逆。”⑤ 在这些人的心目中，王世充的郑政权始终是一个叛逆的代表，树立不了正统的形象。不但文官，就连武将也能看透王世充的上述缺点，纷纷走上弃郑投唐的道路。秦琼就是因为“薄世充之多诈”，与程咬金、吴黑闼、牛进达等数十骑临阵降唐，他临别向王世充表示：“虽蒙殊礼，不能仰事，请从此辞。”后来秦琼成了唐方“从讨王世充”的“前锋”。⑥ 再如程知节，本来王世充对他也是“接遇甚厚”，但是他深知王世充“器度浅狭，而多妄语”，“岂是拨乱主乎?”所以在是后分手时公开说：“荷公接待，极欲报恩。公性猜贰，傍多扇惑，非仆托身之所，今仅奉辞。”⑦ 李君羡的例子同上述诸人如出一辙，他也是由于“恶世充之为人”而背郑降唐，并且后来成了唐朝讨伐王世充时“先锋陷阵”的勇将。⑧ 可见人

① 《通鉴》卷187武德二年正月。
② 《旧唐书》卷189上《徐文远传》。
③ 《隋书》卷71《元文都传》。
④ 《隋书》卷71《卢楚传》。
⑤ 《旧唐书》卷62《皇甫无逸传》。
⑥ 《旧唐书》卷68《秦叔宝传》。
⑦ 《旧唐书》卷68《程知节传》。
⑧ 《旧唐书》卷69《薛万彻附李君羡传》。

们在乱世择主而事，不但看掌权者以什么态度对待自己，更重要的是看他能否在群雄逐鹿中成为可能的最后胜利者。

还有的人因为看出王世充并非成就大业的材料，故对他领导的政权退避三舍，坚决不肯在洛阳的小朝廷中任职。如御史大夫郑颋，虽然是显官，却认为自己是“侧身猜忌之朝，累足危亡之地”，有意削发为僧，所以他在朝廷上“多称疾不预事”。最后王世充因为郑颋有意出家而把他杀害了。[①] 尽人皆知，陆德明是唐朝著名的经学大师，在隋唐之际王世充曾经任命他做汉王师，对此的反应是“德明耻之，服巴豆散，卧称病。”[②] 为了收买人心和网罗人才，王世充曾立三榜于府门外求才，“当时有识者见其心口相违，颇以怀贰”[③]。

如上所述，诡谲多诈的人根本不可能有远大的前程，因而也就不可能对左右的人真正产生吸引力，由王世充这样的人领导的政治军事集团，当然不可能形成内聚力，这是王世充最终走向失败的主要原因之一。

正人君子对郑政权敬而远之，王世充却能网罗一些令人切齿的反动势力。这方面最突出的例子是朱粲被他所收容。尽人皆知，朱粲是以杀人食肉闻名于世的魔王，这支地主武装横行各地，人人切齿。王世充却收编了这支军队，并拜朱粲为龙骧大将军。后来唐朝平定东都，俘斩朱粲于洛水上，“士庶嫉其残忍，竞投瓦砾以击其尸，须臾封之若冢”[④]。王世充对这样的人收编招抚，自然不免引起广大群众的愤怒，使自己更加孤立。

王世充的“褊狭”还使他不能正确对待部下，因而有人在此缺点影响下走上转投敌对营垒的道路。罗士信原来是李密的属官，后来才陷于王世充的，“世充知其骁勇，厚礼之，与同寝食”，可谓亲密无间。但后来瓦岗军失败不久，世充又得邴元真等，尽拜为将军，“不复专重”士信，所以罗士信出奔降唐，而且后来成为唐军攻郑的重要力量。[⑤] 应当看

---

① 《通鉴》卷 188 武德四年二月。

② 《通鉴》卷 187 武德二年正月。

③ 《旧唐书》卷 54《王世充传》。

④ 《旧唐书》卷 56《李子通附朱粲传》。

⑤ 《旧唐书》卷 187 上《罗士信传》。

到，王世充在对待罗士信和邴元真的问题上是失之于不能公平待人，不讲先来后到的，罗士信因不服而降唐。

此外，王世充还是一个不善于处理政务的烦琐主义者，缺乏王者的气度，这也招致了部下离心力的增加。每次听朝，他都要“殷勤诲谕，言词重复，千端万绪”地叮嘱，结果，侍卫的朝臣“不胜倦弊”，对他产生了厌烦情绪。但是王世充对自己这一缺点“终不能改”。[①] 不少人由此也可看出王世充绝不会成为群雄逐鹿中的强者，不可能成为最终的胜利者。

在王世充这样无能的人领导下，东都城内自然不免陷于“中外离心”，“政令不一”，[②] 在强邻四逼的时期，如此不良的政治实体很难长期生存下去，遑论对敌人取胜了，所以王世充的政治缺点是导致郑政权最终败亡的主要内在因素。

[原载《厦门大学学报》(哲学社会科学版) 1994 年第 2 期]

① 《通鉴》卷187武德二年四月。

② 《隋书》卷70《李密传》。

论唐太宗

李世民是我国历史上少见的杰出政治家，开明的封建皇帝。他不但受到古人的同声赞颂，而且在今天史学家的笔下也是一个非常受重视和给予肯定评价的历史人物。关于他一生的政治成就和政治思想，内容极为丰富，远非短短一篇论文所能全部涉及。在这篇文章里，仅就唐太宗的特点、产生这个政治家的条件和他的局限性谈谈个人的一些看法。

一　唐太宗的特点

首先谈这个问题，是为了说明从古到今几乎所有的政治家、史学家对李世民这一风云人物特别重视的真正原因。

唐太宗是隋末农民大起义推动历史变化、前进的转折时期产生的开明皇帝。但每一次大规模的农民战争以后都能出现一个或连续几个能够促进历史发展的统治者，为什么他们未能享有唐太宗这样的评价和占有如此之高的历史地位呢？他的夺目光彩究竟在哪里呢？我觉得最主要的原因在于，唐太宗不仅是一个在实践上特别成功的政治家，而且是一个在政治理论上有所建树的理论家。读一下《贞观政要》就可以明显地感到，贞观一朝，世民与侍臣几乎天天在研究治理天下的理论。袁枢所以能从《通鉴》中提炼出《贞观君臣论治》这个题目①，就因为这方面的议论太丰富了。对于以后各代统治者来说，唐太宗不仅是一个模范皇帝，

① 《通鉴纪事本末》卷19。

而且他的治国之道可以垂戒于将来，具有超时间的价值，后人因而能够从两方面在他身上吸取教益和力量。

唐太宗政治思想的基础是儒家传统思想中的“仁义”，在政治实践中也就是孟子以来所强调的“仁政”。在崇尚古代、推奖先王的古代，古人认为以“仁义”治天下，推行“仁政”的是夏、商、周三代的“先圣”，秦汉以后这样的人物就犹如凤毛麟角了，只有汉文帝、汉景帝和唐太宗是几个“庶几成、康”的人，而太宗的成就又超迈于文、景。这样，他的形象就显得特别高大了。唐人吴兢说：“太宗时政化，良足可观，振古而来，未之有也。”① 欧阳修《新唐书·太宗纪》赞称：“甚矣，至治之君，不世出也！……唐有天下，传世二十，其可称者三君，玄宗、宪宗皆不克其终；盛哉，太宗之烈也！其除隋之乱，比迹汤、武；致治之美，庶几成、康。自古功德兼隆，由汉以来，未之有也。”苏辙也赞美他“自三代以下，未见其比也”②。这些只是歌颂他的政绩。只有曾巩的评价，最为全面：

> ……有天下之志者，文帝而已，然而天下之材不足，故仁闻虽美矣，而当世之法度亦不能放于三代……代隋者唐，更十八君，垂三百年，而其治莫盛于太宗之为君也。诎己从谏，仁心爱人，可谓有天下之志；以租庸任民，以府卫任兵，以职事任官，以材能任职，以兴义任俗，以尊本任众，赋役有定制，兵农有定业……可谓有天下之材；行之数岁，粟米之贱，斗至数钱，……几致刑措，可谓有治天下之效。……由唐、虞之治五百余年而有汤之治，由汤之治五百余年而有文、武之治，由文、武之治千百余年而始有太宗之为君，有天下之志，有天下之材，又有治天下之效。③

这等于说，唐太宗是一个既有治道，又有实践，并且取得了成效的全面人物，无怪乎文帝不能与之相比，只能把他排列到尧、舜、商汤、文王、

① 《贞观政要序》。

② 《栾城后集》卷10《历代论四·唐太宗》。

③ 《元丰类稿》卷9《论·唐论》。

武王的行列中了。所谓“功德兼隆”“仁心爱人”的太宗之贤，正说明在后人心目中，他是一个儒家理想政治人物的化身。

什么是唐太宗政治理论的核心呢？我觉得一部《贞观政要》，概括起来，可以一言以蔽之，就是有关“君道”的教科书。吴兢之所以把《君道篇》置于开宗明义的位置，恐怕就是由于认识到“君道”是全书的总纲，故举之以张其余各目。实际上，其余各篇题目虽殊，但都是围绕着为君之道发挥议论的。唐太宗晚年把自己一生的政治经验总结在一本书中，命名为《帝范》，为首的一篇是《君体》，书名和篇目安排的用意，与吴兢相同。秦汉以降，在中国封建社会中盛行中央集权政体，与之孪生在一起的是君主专制的制度。在专制主义下，国家万机，取决于一人的裁夺，明君在上，泽流万民；君主昏暴，祸殃全国。尽管明君、昏君的交替出现是有规律的，受客观条件制约的，但在古代，人们却认识不到这种规律性，因而历史唯心主义特别容易滋长，占统治地位的是英雄史观。这样，历代政治家和史臣就特别易于把国家的治乱兴衰看成取决于皇帝个人的事，从而就必然特别留意于探讨君道。汉代以后，儒家思想定于一尊，故所谓君道，也就是按照儒家政治准绳当皇帝的政治原则。唐太宗正因为在儒家政治思想的武库里添加了新的内容，使之更为丰富和生动，所以特别受到后代人的推崇。

李世民讲君道，处处离不开儒家的“仁义”和“仁政”观点。他一再说：“余思三代以来，君好仁，人必从之。”[①]“周、孔儒教，非乱代之所行；商、韩刑法，实清平之秕政。道既不同，固不可一概也。”[②]“朕看古来帝王，以仁义为治者，国祚延长；任法御人者，虽救弊于一时，败亡亦促。”[③] 唐太宗主要不是以秦王的武功垂名青史，而是以开明的圣君取得崇高的历史地位，所以商、韩之法对他来说是居于次要的地位，在其整个政治生涯中，儒家的“仁义”是最高的政治准则。明乎此，对他的其他观点、言论、措施就能准确地加以把握。

就纳谏而言，最重要的诤臣是魏徵。他也认为“仁义，理之本也；

---

① 《全唐文》卷10太宗《金镜》。

② 《魏郑公谏录》卷3《对周孔儒教商韩刑法》。

③ 《贞观政要》卷5《仁义》。

刑法，理之末也。”圣人应当“尊德礼而卑刑罚”。[①] 他一生前后所谏二百余事，涉及的方面很广，但最后归结到一点上，就是对唐太宗一切违背“仁政”的言行提批评意见，所以皇帝当面表扬他：“劳公约朕以仁义，弘朕以道德，使朕功业至此。”[②] 唐朝后期的皇帝宪宗曾说：“朕览国书，见文皇帝行事少有过差，谏臣论诤，往复数四。”[③] 贞观一朝设法行政多符合“仁政”的原则，所以后人认为犯错误较少，而唐太宗所以能在这方面做得比较好，原因之一就是通过纳谏在统治阶级内部集中了众臣的智慧。

唐太宗知人善用，素为人所称道，他的用人标准是“才行兼备”，[④]“举行能之人”。[⑤] 所谓“才”与“能”是指办事能力而言，所谓“行”就是讲政治标准。魏徵曾说：“乱世惟求其才，不顾其行；太平之时，必须才行俱兼，始可任用。”[⑥] 因而在贞观一朝，德行是用人时的主要考虑。魏徵引《说苑》一书所举臣下有“六正”“六邪”，前者即“圣臣”“良臣”“忠臣”“智臣”“贞臣”与“直臣”，后者即“具臣”“谀臣”“奸臣”“谗臣”“贼臣”与“亡国之臣”。[⑦] 其中除“智臣”与“具臣”主要是就才能而言，其余各条谈的全是德行。可见太宗君臣所强调的德行，就是儒家一贯所宣扬的忠、孝、节、义等。这方面，有几个最突出的例子：辰州刺史裴虔通并没有其他过错就被“除名削爵，迁配驩州”，唐太宗这样处理的理由是：“君虽不君，臣不可以不臣。裴虔通，炀帝旧左右也，而亲为乱首。朕方崇奖敬义，岂可犹使宰民训俗？”[⑧] 这样强调忠君，已经强调到了过分的程度。东突厥败亡之际，颉利可汗众叛亲离。只有阿史那思摩“随逐颉利，竟与同擒。太宗嘉其忠”而加以重用，并赐姓李。[⑨] 薛万彻是隋朝名将薛世雄之子，后为太子建成所用，“玄武门之变”

---

① 《贞观政要》卷5《公平》。
② 《贞观政要》卷1《政体》。
③ 《旧唐书》卷14《宪宗上》。
④ 《通鉴》卷194贞观六年十二月。
⑤ 《旧唐书》卷70《杜正伦传》。
⑥ 《贞观政要》卷3《择官》。
⑦ 《贞观政要》卷3《择官》。
⑧ 《旧唐书》卷2《太宗纪》。
⑨ 《旧唐书》卷194《突厥传》。

时万彻血战宫门，建成败后竟亡于终南山，唐太宗不以仇敌遇之，反而“以其忠于所事，不之罪也”，并除殿中少监。① 魏徵的情况与万彻大同小异。可见唐太宗在用人上也是坚持儒家原则的。

不仅要求官吏忠贤，就是皇帝驾驭臣下之道，也要以忠信为原则。唐太宗赞扬晋武帝是“虽仇雠不弃，仁以御物，宽而得众，宏略大度，有帝王之量焉”②。《贞观政要》专辟《诚信》一篇，就是集中讲国君驭臣之道，因而唐太宗在原则上不赞成君主玩弄权术。如他一再说：“流水清浊，在其源也。君者政源，人庶犹水，君自为诈，欲臣下行直，是犹源浊而望水清，理不可得。朕常以魏武帝多诡诈，深鄙其为人。如此，岂可堪为教令？”又说：“朕欲使大信行于天下，不欲以诈道训俗。”③ 这是儒家忠信之道在君臣关系上的典型运用。至于唐太宗的刑罚宽平、轻徭薄赋、与民休息等方面的言论和措施，其属于儒家“仁政”的范畴，是一望而知的，就不须要加以论证了。

唐太宗的突出成就之一，是实行了亘古未有的比较开明的民族政策。这在某种程度上甚至具有一点点民族平等的思想，贞观一朝因此出现了“胡越一家，自古未有也”④ 的局面。正如他自己所说：“自古皆贵中华，贱夷、狄，朕独爱之如一，故其种落皆依朕如父母。”⑤ 他实行这种政策的指导思想是什么呢？我觉得仍然是儒家的“仁义”和“仁政”，只不过是把这种一贯在汉族内部坚持的原则，扩展到处理民族关系方面而已。唐太宗对此概括为一句话：“抚九族以仁。”⑥ 他还亲自对侍臣说：“传云：‘己所不欲，勿施于人。’朕今每事由己，诚能自节，岂独百姓不欲而必顺其情，但夷狄不欲亦能从其意耳。”⑦ 贞观十八年（644）东突厥降众向唐朝请求居处于胜、夏二州一带，群臣多加反对，唐太宗却说：“夷狄亦人耳，其情与中夏不殊，人主患德泽不加，不必猜忌异类。盖德泽洽则

① 《旧唐书》卷69《薛万彻传》。

② 《晋书》卷3《武帝纪》制曰。

③ 《贞观政要》卷5《诚信》。

④ 《通鉴》卷194贞观七年十二月。

⑤ 《通鉴》卷198贞观二十一年五月。

⑥ 《帝范》卷1《君体》。

⑦ 《册府元龟》卷18《帝王部·帝德》。

四夷可使如一家，猜忌多则骨肉不免为雠敌。”① 可见“四夷一家”是推行“仁政”、施以德泽的结果。

对于一个成功的政治家和历史人物，免不了溢美和过誉，但古人对唐太宗也还是有所指责的。这种指责集中在以下几个方面。第一，把他在“玄武门之变”时诛兄杀弟，逼父退位，说成是“无君父也”。② 明人方孝孺认为：“太宗之早得位，天下之幸也；其所以早为政于天下者，太宗之不幸也。”③ 其所以“不幸”，就在于对个人来说道德上有所瑕疵。第二，宋人范祖禹认为唐太宗接受“天可汗”的称号是“事不师古”，违反了孔子所说的“夷狄之有君，不如诸夏之亡也”，“不足为后世法”。④ 曾巩也说这样事“四夷”是“非先王之所务也。”⑤ 总之，是不符合儒家传统的尊夏贬夷、用夏变夷的原则。第三，范祖禹指责东征高丽之举是“天下无事，不知用之于礼义”，发动战争说明他“非有理义以养其志，中和以养其气”。⑥ 可见古人即令在指责唐太宗时，也仍然是用儒家的标准对他进行衡量的。

古人尽情讴歌唐太宗，还由于他不仅善于丰富和发展儒家的治国之道，而且善于把这种政治理论很好地运用到现实的政治生活之中，取得了比较理想的效果。他不愧为一个儒家的政治实践家。吴兢把唐太宗的“贞观之治”概括为“崇尚节俭，大布恩德”，“从谏如流，雅好儒术”，“每因一事，触类为善”，“志在忧人”，深得“人心”，能使天下“囹圄常空，马牛布野”，这些政绩“皆古昔未有也”。⑦ 即三代以后，人们梦寐以求的儒家政治理想，在贞观年间变成了活生生的现实。这样一个模范皇帝自然就在古人的心目中被偶像化了。

我们今天运用马克思主义研究唐太宗，评价标准自然与古人完全不同。但这一历史人物在现代人看来，也还是具有一些特点的。其主要特

① 《通鉴》卷197贞观十八年十一月。
② 《唐鉴》卷2《高祖纪下》。
③ 《逊志斋集》卷5《唐高祖》。
④ 《唐鉴》卷3《太宗一》。
⑤ 《元丰类稿》卷9《论·唐论》。
⑥ 《唐鉴》卷6《太宗四》。
⑦ 《贞观政要》卷1《政体》。

点在于：首先，他实行让步政策、进步措施比其他新王朝的开明皇帝更加卓有成效，对社会发展所起的促进作用更为显著。其次，在虚怀纳谏、知人善用、遵守法制等方面，他表现得特别善于集中本阶级的智慧，发挥本阶级成员的作用和积极性，能够很好地代表一个阶级的根本的、长远的利益。这些对其他阶级也是可供借鉴的，即令对今天也能有所启迪。

既然唐太宗推行让步政策，采取进步措施，都是以儒家的政治思想作为理论基础，而这些政策与措施我们也承认其有进步性，那就必然产生这样的疑问：儒家思想有没有进步性呢？自五四运动“打倒孔家店”以来，尤其是1949年以后，无论是站在资产阶级立场上的激进派，还是站在无产阶级立场上的革命家、史学家，大多对儒家思想持基本否定的态度，认为自董仲舒以来这种传统思想禁锢了人们的头脑，阻碍了社会进步，甚至是中国封建社会长期停滞的主要原因之一。我觉得，对于从事资产阶级民主革命和社会主义革命的人们，儒家思想中可继承的东西即令有，也只占次要地位，其主要的方面是应当加以批判和否定的。但这种思想在历史上曾经起过什么作用，那就是另外一个问题了，因为在全然不同的时代，它所起的作用是可以大异其趣的。如果肯定让步政策和“贞观之治”而同时却全部否定它们的政治理论基础——儒家思想，总不免使人有圆凿方枘之感。

董仲舒的“天人感应”是唯心主义思想，因而也被全面否定。我觉得，对此也应当一分为二：就其论证君权神授而言，具有保守与反动的一面；但就其用“天谴”来警劝皇帝推行“仁政”来说，就具有进步性。而这后一方面往往为人所忽略。专制主义下的中国皇权比西欧中世纪的一般君权强化得多。在行政、立法、司法、军事权集于一身的情况下，人间再没有什么权力能够对皇权加以限制。如果皇帝无法而又无天，就能干出令人难以想象的罪恶勾当，就能破坏或危及地主阶级的根本利益。正因为从人间找不到能够制约、限制皇权的权力，董仲舒才借“天谴”来对暴君略施警诫。这是地主阶级在皇权面前显得软弱的表现，正因为软弱，才形成了唯心主义的观点。这种“天人感应”的思想使皇帝为非作歹的胆量稍有收敛，所以我觉得就具有进步性。在这一方面，唐太宗也是一个具有特点的人物。他一方面认为“安危在乎人事，吉凶系于政术。若时主昏虐，灵贶未能成其美；如治道休明，咎征不能致其恶”；[①]一方面，也说过“水旱不调，皆为人君失德”[②]。贞观十八年（644）山南献连理木，唐太宗说：“朕观古之帝王，睹妖灾则惧而修德者福自至，见祥瑞则逸而行恶者祸必臻。今瑞应之来，朕当劳心劳力以答天地耳。”[③]他强调唯物主义的“吉凶在人”时是为了强调推行“仁政”的重要性，他承认“天谴”时是为了克服人君的“失德”，鞭策自己更好地推行“仁政”。这就是他的特点，但从这点也可以看出“天人感应”思想在政治上具有一定的进步作用。

也许有人要说，地主阶级不可能对人民施以“仁政”，不可能在劳动人民中“爱人”，唐太宗宣扬“仁义”纯系一种骗局。我觉得，“仁义”也好，“仁政”也好，确实是一种地主阶级的阶级政策，唐太宗宣扬、推行这些政策和思想确实是从地主阶级的根本利益出发的，不能完全相信他口头上的辞令。但不大力宣扬“仁义”、不强调实行“仁政”的隋炀帝与宣扬“仁义”、强调“仁政”的唐太宗相比，其政治实践的后果是很不相同的。我们今天肯定儒家的政治思想，并不是继古人之后宣扬超阶级的“仁义”和“仁政”，而是在充分肯定其阶级性的前提下，根据它们对历史发展的客观作用给予适当的评价。正如我们不能因为重赋苛徭与轻徭薄赋都是对农民进行剥削，就不加区别地对二者全都否定一样，我们也不能因为“仁政”与暴政都是对农民的压迫，就不承认前者对社会发展的作用。既然在阶级社会里，劳动人民不能避免来自皇帝的棍棒，我们就只能对较轻的一阵给予相对的肯定，因为历史只能在其下蹒跚前进。如果与西欧的基督教相比，中国的儒家思想显得开明得多，我国封建社会人们所受的思想束缚要比西方少得多。这一点当另文专论，在这里仅略提一句，就不进一步发挥了。

---

① 《唐大诏令集》卷114《诸符瑞申所司诏》。

② 《贞观政要》卷6《仁恻》。

③ 《唐会要》卷28《祥瑞上》。

二 产生李世民这一历史人物的条件

分析唐太宗这一人物产生的条件，实质上也就是探讨他所具有的政治特点的形成原因。出现这个杰出的封建皇帝，在当时是必然的呢？还是具有偶然性或偶然因素？是只有客观条件呢？还是也有主观条件？这是下面所要回答的主要问题。

首先，唐太宗之所以能够成为开明、进步的皇帝，主要是由于他所处的时代不允许出现暴君和坏皇帝。在专制主义制度下，没有任何权力可以限制皇权，但存在制约它的社会力量。隋末农民大起义就具体地显示了这种巨大的力量。在我国历史上，大规模的农民战争之后必然产生好皇帝，是一条不可抗拒的规律，唐太宗正是在这条规律的制约下登上了政治舞台。他一生的言论，经常突出一个“怕”字。“居安思危”“以古为镜”几乎是唐太宗的口头禅。且看他是如何借鉴历史的，他说：“如秦始皇，亦是英雄之主，平定六国以后，才免其身，至子便失其国。桀、纣、幽、厉亦皆丧亡。朕为此不得不惧。”① “观近古帝王，有传位十代者，有一代、两代者，亦有身得身失者，朕所以长怀忧惧。”② 又说：“舟所以比人君，水所以比黎庶，水能载舟，亦能覆舟。尔（指太子李治）方为人主，可不畏惧。”③ “《书》云：‘可爱非君，可畏非民’。天子有道则人推而为主，无道则人弃而不用，诚可畏也。”④ 总起来说，唐太宗“怕”字当头，主要就是怕君主“失德”引起农民起义，最后导致破家亡国，“畏民”是“怕”的核心。他所说的“以古为镜”，主要就是指以亡隋为鉴而言。唐初对汉族推行的让步政策、开明措施与隋末农民战争有关，尽人皆知，不必论证。即令他对少数民族推行的“仁政”，亦与农民起义有密切的关系。他说：“为政之要，务全其本，若中国不静，远夷虽

① 《魏郑公谏录》卷4《对有天下者皆欲子孙万代》。

② 《魏郑公谏续录》。

③ 《贞观政要》卷4《教戒太子诸王》。

④ 《全唐文》卷10太宗《民可畏论》。

至，亦何所益？隋炀帝篡祚之初，天下强盛，弃德穷兵，以取颠覆……朕虽不能远慕尧、舜、禹、汤之德，目睹此辈，何得不戒惧乎？”[①] 他处理民族问题时经常坚持的一个根本原则是“中国根本”，“四夷枝叶”。所以，除晚年发动征高丽的不正义战争外，他很少穷兵黩武，而是不断有意识地避免了一些不必要的民族战争。他所以留心于此，就因为怕过分的事四夷会引起内部的农民起义，而为了减少和避免民族战争，就需要“抚九族以仁”，以缓和民族矛盾。

隋末农民起义，不是一次一般的农民起义，而是一次规模空前的农民战争，对地主阶级的打击特别沉重，这也是使雄才大略的唐太宗反而“怕”字当头的主要原因。他亲口承认：“古来虽复时遭丧乱，未有如隋日者。”魏徵应之曰：“前代虽逢丧乱，皆有牧宰，割据不过数岁，即有所归。至于隋末，天下鼎沸，百姓涂炭，经十余年。”[②] 张玄素也认为：“臣观自古以来，未有如隋室丧乱之甚。”[③] 君臣心有余悸之甚，不是没有原因的。然而，秦末、新莽末、东汉末、元末、明末也都发生过大规模的农民战争，像元、明两代的战争规模甚至超过了隋代，但明初、清初却没有出现像唐太宗这样“千古一人”的皇帝。所以农民起义的作用仅仅是一个重要的条件，如果没有其他充足条件加以补充，仍然不能令人信服地说明问题。

其次，唐太宗特别注意和研究“君道”，还与隋朝覆灭的具体特殊条件有密切的关系。像西汉末、东汉末、元末、明末那样，土地高度集中，经济危机成为社会的不治之症，即使杰出的皇帝和政治家在现实面前也显得苍白无能，王朝的颠覆已不取于皇帝个人之是否贤明。在这种情况下，农民起义以后新王朝的统治者就未必肯对前朝的政治进行过多的总结。康熙帝从明思宗身上究竟能够吸取多少经验和教训，是很值得怀疑的。如果一个还比较强盛的王朝，主要不是因为土地兼并等无法抗拒的经济规律所起的作用，而是由于皇帝个人的残暴引起农民战争，那么继起王朝的君臣就特别留心从前朝的统治中汲取惨痛的教训。在中国历史

---

① 《全唐文》卷10太宗《政本论》。

② 《魏郑公谏录》卷3《对丧乱未有如隋日者》。

③ 《旧唐书》卷75《张玄素传》。

上，这种情况有两次，一次是西汉初年总结亡秦的教训，另一次就是贞观一朝君臣从亡隋汲取教训。陆贾、董仲舒、李世民、魏徵这种人物的成批出现，就是由于这种原因。魏徵有一句话最能代表他们对这一历史现象的看法：

> 昔在有隋，统一寰宇，甲兵强锐，三十余年，风行万里，威动殊俗，一旦举而弃之，尽为他人之有。彼炀帝岂恶天下之治安，不欲社稷之长久，故行桀虐，以就灭亡哉！恃其富强，不虞后患。驱天下以从欲，罄万物而自奉……民不堪命，率土分崩。遂以四海之尊，殒于匹夫之手……①

实行君主专制而又不讲“君道”，就很难想象会犯什么样的错误和导致什么样的恶果。杨广就是一个最不讲究“君道”的人。所以在唐初人看来，隋文帝时好端端的天下突然之间就变成了废墟，可见“君道”是多么的重要了。如前所述，专制主义制度本身已经很容易使人夸大皇帝个人在历史上的作用，而在汉初和唐初，这种作用就会进一步为人所放大。正是在这样的条件下，唐太宗一再强调：“天下静乱，必在于君，化以成俗，亦繇其主”，②“夫安人宁国，惟在于君，君无为则人乐，君多欲则人苦”③。这就是他特别讲究“君道”的根本原因。

复次，西汉初年与唐代初年的历史条件相似，两朝统治者都总结前朝的惨痛教训，但为什么唐太宗的很多特点，如从谏如流，知人善用，坚持法制，开明的民族政策等等，在汉高祖、文帝、景帝身上或者并不突出，或者付诸阙如呢？我觉得产生唐太宗的上述优点与隋炀帝这个反面教员的特殊缺点有关。以纳谏为例，杨广其人是“骄矜自负，以为尧、舜莫己若，而讳亡憎谏，乃曰：‘有谏我者，当时不杀，后必杀之。’”④他不但饰非拒谏，甚至向他反映真实情况，汇报农民起义的事实也是不

---

① 《贞观政要》卷1《君道》。

② 《册府元龟》卷18《帝王部·帝德》。

③ 《贞观政要》卷8《务农》。

④ 《新唐书》卷132《吴兢传》。

允许的，谁说真话谁就被杀。大臣苏威“欲令帝知天下多盗”，婉转地透露了一点情况，佞臣裴蕴趁机奏称：“此大不逊，天下何处有许多贼?”炀帝因说：“老革（指苏威）多奸，将贼胁我。欲搭其口，但隐忍之，诚极难耐。”① 在其淫威之下，“郡县有表奏诣阙者”，连苏威也“诃诘使人，令减贼数。故出师攻讨，多不克捷”。② 唐初的长孙无忌对此曾说：“隋氏之亡，其君则杜塞忠谠之言，臣则苟欲自全，左右有过，初不纠举，寇盗滋蔓，亦不实陈。据此即不惟天道，实由君臣不相匡弼。”③ 唐太宗本人也知道，“隋炀暴虐，臣下钳口，卒令不闻其过，遂至灭亡”④。由此可见，没有杨广的拒谏，就不会有李世民的纳谏。

非止纳谏一端，在其他方面，也存在同样的情况。如隋炀帝制定《大业律》，“其枷杖、决罚、讯囚之制，并轻于旧”。但执行起来是“益肆淫刑”，“生杀任情”。⑤ 唐太宗与此针锋相对，不但立法宽平，而且强调：“法者，非朕一人之法，乃天下之法”；⑥ “朕以至公临天下，法之所行，无舍亲昵”⑦。他在实践中做得也是比较出色的。

再如在用人与对待臣下方面。隋炀帝“性多忌剋”，⑧ “猜忌臣下，无所专任”，有的“恶其直道”，有的“忿其正议”，不是“加以刎颈之诛”，⑨ 就是因忤旨而贬废。围绕在他身边的是虞世基、宇文述、裴蕴一类的奸佞，而对他们却偏听偏信，最后使政治局面无法收拾。杨广的嫉才妒能尤其突出，像薛道衡、王胄、祖君彦等人仅有“一词章吟咏之长”，“且或死或废”。⑩ 杀道衡时他还无耻地说：“更能做‘空梁落燕泥’否?”杀王胄时也说“‘庭草无人随意绿’，复能作此语耶?”⑪ 唐太宗正

① 《隋书》卷67《裴蕴传》。
② 《隋书》卷41《苏威传》。
③ 《贞观政要》卷10《行幸》。
④ 《贞观政要》卷2《求谏》。
⑤ 《隋书》卷25《刑法志》。
⑥ 《贞观政要》卷5《公平》。
⑦ 《册府元龟》卷157《帝王部·诫励二》。
⑧ 《册府元龟》卷181《帝王部·疑忌》。
⑨ 《隋书》卷4《炀帝纪下》。
⑩ 《读通鉴论》卷10《炀帝》。
⑪ 《隋唐嘉话》。

是从隋炀帝的身上汲取了教训，在晚年的自我评价中做过这样的总结：

> 自古帝王多疾胜己者，朕见人之善，若己有之。人之行能，不能兼备，朕常弃其所短，取其所长。人主往往进贤则欲置诸怀，退不肖则欲推诸壑；朕见贤者则敬之，不肖者则怜之，贤不肖各得其所。人主多恶正直，阴诛显戮，无代无之；朕践祚以来，正直之士，比肩于朝，未尝黜责一人。①

唐太宗的以诚信待下，也与隋炀帝的疑忌臣属形成鲜明的对照。

隋炀帝“大忌胡人，乃至谓胡床为交床，胡瓜为黄瓜”②。正是以此为鉴，产生了唐太宗的“四夷如一家”观点。

秦始皇与隋炀帝对人民的统治都相当残暴，但二人相同的地方也仅此而已。至于拒谏饰非、疑忌臣下、妒能嫉才、偏信佞幸等方面，秦始皇或则没有这些缺点，或则虽有而不如杨广突出。所以西汉初年尽管也总结亡秦之失，却产生不了像唐太宗这样的杰出皇帝，高祖、文、景不免稍有逊色。因此可以说，没有隋炀帝就没有唐太宗，后者是前者的影子，但不是相像的影子，而是头脚倒立的水中倒影。

以上三点，都讲的是产生唐太宗这一历史人物的政治特色的客观条件。我觉得除此之外，李世民个人的品质与道德素养，也是一个不可忽视的主观条件。就以纳谏而论，同样处于唐初，客观条件完全一样，李渊也知道“周、隋之季，忠臣结舌，一言丧邦，良足深诫”③。李治也说：“炀帝拒谏而亡，朕常以为戒。”④ 但这两个一前一后的人物，与李世民相比，在纳谏方面均显得瞠乎其后，这一事实足以说明，唐太宗的政治品质确有过人之处。无怪乎宋人孙甫就此盛赞：“人君资性，至此者鲜矣！”⑤由此可见，在唐朝初年出现一个推行进步政策的封建皇帝虽有其必然性，

---

① 《通鉴》卷198贞观二十一年五月。

② 《贞观政要》卷6《慎所好》。

③ 《全唐文》卷1高祖《颁示孙伏伽谏书诏》。

④ 《通鉴》卷201麟德二年二月。

⑤ 《唐史论断》上《定朝廷之制》。

但李世民能够开明、进步到如此的程度，却又具有偶然性。不从主观和客观两个方面分析，就很难全面说明问题。

在所有上述主观、客观条件中，客观条件是主要的，主观条件是次要的。只有承认这一点，才能唯物主义地把唐太宗这一历史人物的出现看作是必然的，偶然性只居从属地位。在所有的客观因素中，隋末农民战争的作用又是最主要的因素。只有劳动人民的阶级斗争和生产斗争，才能迫使统治者进行让步，实行开明的进步政策，并使之在社会经济中发挥作用。

我们通常研究和评价历史人物时最重视历史唯物主义关于英雄人物与人民群众在历史上的作用，这无疑是十分正确的。但通过分析唐太宗这一人物，我觉得对此还应当加以如下的补充：在统治阶级内部，也应当既看到个人的作用，也看到本阶级中其他群众的作用，甚至在二者中也应以后者为主。综观唐太宗一生，他的错误主张和意见并不少。如果实行他的主张分封宗室、实行世袭刺史制，将可能引起“七国之乱”和“八王之乱”的重演；如果按照他“百姓无事则骄逸，劳役则易使”[①] 的观点，必然导致役重徭苛。假若没有魏徵、张玄素、徐惠妃等人的一再进谏而广增豪华的宫殿，普建离宫别馆，假如不是长孙皇后朝服苦谏才未致错杀魏徵……那唐太宗恐怕在历史上也仅仅不过是一个极其平庸的君主，不可能居于文、景二帝之上。唐太宗在政治上并不是一个天生的绝代佳人，只是由于通过纳谏这一美容师修饰了面庞上的斑痕与黑痣，集中了地主阶级内部的群众智慧，才使他在政治舞台上显得像一个国色天香。他自己也意识到这一点，一再指出：“朕年十八，犹在民间，百姓艰难，无不谙练。及居帝位，每商量处置，或时有乖疏，得人谏诤，方始觉悟。若无忠谏者为说，何由行得好事?”[②] “以天下之广，四海之众，千端万绪，须合变通，皆委百司商量，宰相筹画，于事稳便，方可奏行。岂得以一日万机，独断一人之虑也。且日断十事，五条不中，中者信善，其如不中者何?”[③] 唐太宗并不认为自己是一个完人，而是肯于承认：“自

① 《贞观政要》卷10《慎终》。

② 《贞观政要》卷4《教戒太子诸王》。

③ 《贞观政要》卷1《政体》。

知者为难，如文人、巧工，自谓己长，若使达者、大匠诋诃商略，则芜辞、拙迹见矣。天下万机，一人听断，虽甚忧劳，不能尽善。”① 他不是把功劳全部归于一己，把错误悉委诸别人，而是肯于在臣下面前承认，天下大治“非朕一人之力，实由公等共相匡辅”，②“中外乂安，皆公卿之力”③。这一点与隋炀帝相比，就有宵壤之别，杨广“自负才学，每骄天下之士，尝谓侍臣曰：‘天下当谓朕承借余绪而有四海耶？设令朕与士大夫高选，亦当为天子矣。’谓当世之贤，皆所不逮”④。明清之际的王夫之就此发议论说：“故人不己若，危亡之媒也；谓人不己若，而危亡必矣。太宗君臣之知此也，是以兴也。不然，太宗之才，当时之臣无有能相项背者，惟予言而莫违，亦何所不可乎?”⑤ 从唐太宗的事迹可以看出，他的成就也是地主阶级内部群策群力的结果。看到这一点更有助于克服英雄史观。

三　唐太宗的局限性

唐太宗作为封建时代的剥削阶级代表人物，与其他类似的人物相同，也必然具有阶级的局限性和历史的局限性。

就阶级的局限性而言，不管他说了多少“爱民”“子民”，以“仁义”抚民的话，始终是代表地主阶级的根本的、长远的利益的。大家所熟知的一条材料是贞观四年（630）对侍臣所说的：“朕终日孜孜，非但忧怜百姓，亦欲使卿等长守富贵。”⑥ 实际上，“忧怜百姓”仅仅是手段，使地主阶级“长守富贵”才是所要达到的真正目的。唐太宗在批评晋武帝时说：

① 《新唐书》卷132《吴兢传》。
② 《贞观政要》卷10《慎终》。
③ 《通鉴》卷194贞观六年七月。
④ 《隋书》卷22《五行志上》。
⑤ 《读通鉴论》卷20《太宗》。
⑥ 《贞观政要》卷6《贪鄙》。

> ……见土地之广，谓万叶而无虞；睹天下之安，谓千年而永治。不知处广以思狭则广可长广，居治而忘危则治无常治。……曾未数年，纲纪大坏，海内版荡，宗庙播迁……为天下笑，其故何哉？良由失慎于前，所以贻患于后。①

从地主阶级和统治集团的长远利益出发，这一根本目的可谓跃然纸上。尽管唐太宗的政策和措施在历史上起了进步作用，在“贞观之治”下劳动人民的状况也有所改善，但应当明确的是，这一杰出的历史人物在任何程度上都不代表农民阶级的利益。所谓“代表”，其意义无非是阶级利益的集中体现，而这只能是指一个阶级的根本利益而言，并不是指一个阶级所能得到的小恩小惠和眼前小利。隋炀帝和唐太宗的阶级基础是一致的，区别只在于前者只顾一己的当前利益而损害了地主阶级的长远利益，后者则二者兼顾，并能使当前利益服从于长远利益。唐太宗虽然颁布过《氏族志》，但我认为他并非仅仅代表地主阶级中的某一阶层，他恰恰是整个地主阶级的总代表。

谈论唐太宗的阶级局限性，不仅要揭露他的阶级本质，而且要指出这种阶级本性在他身上有哪些具体表现，怎样妨碍他进一步发挥进步作用。首先，地主阶级具有寄生性和腐朽性，唐太宗虽然提倡俭约，反对穷奢极欲，但在他的本性中也具有纵奢享乐的一面。魏徵就批评他有的时候“意在奢纵，忽忘卑俭，轻用人力”，“虽忧人之言不绝于口，而乐身之事实切于心”。② 他在晚年也在太子李治面前承认：“吾在位以来，所制多矣：奇丽服玩，锦绣珠玉，不绝于前，此非防欲也；雕楹刻桷，高台深池，每兴其役，此非俭志也；犬马鹰鹘，无远必致，此非节心也；数有行幸，以亟劳人，此非屈己也。”③ 这一自供说明，地主阶级的“欲”“志”“心”在唐太宗身上也是存在的，他与隋炀帝不同之处在于能对之加以“防”“俭”“节”“屈”，但这种克制不可能是彻底的。所以既然存在民力、民财的浪掷，就必然多多少少妨碍了经济发展的速度和广度。

---

① 《晋书》卷3《武帝纪》制曰。

② 《贞观政要》卷10《慎终》。

③ 《帝范》卷4《后序》。

唐太宗虽然自称“怜民”“恤民”，但地主阶级的本性决定了他必然同时敌视和蔑视劳动人民。前引“百姓无事则骄逸，劳役则易使”一语就能生动地说明这个问题。最具有代表性的是下述这件事：当他知道隋代农民为逃避徭役而自残手、足的“遗风犹存”以后，不但不肯减削徭赋，反而下令：“自今有自伤残者，据法加罪，仍从赋役。”① 用严法对待劳动人民的消极反抗了。在刑罚方面，贞观一朝虽较隋炀帝时有所疏缓，但唐太宗也曾说：“比有奴告主谋逆，此极弊法，特须禁断”，因下令：“自今奴告主者，不须受，尽令斩决。”② 可见为了维持地主阶级的等级尊严，唐太宗是毫不留情地采取最严厉的手段的。在用人方面，他虽然强调“不以卑而不用，不以辱而不尊”，③ 同时却又规定：“工商杂色之流，假令术逾侪类，止可厚给财物，必不可超授官秩，与朝贤君子比肩而立，同坐而食。”④ 这样，以“行能”举人的原则就不能贯彻得很彻底了，劳动人民即使符合“行能”标准，也很难预于士流。

在以阶级对抗为基础的社会里，统治阶级为了维持其根本利益往往也提出公而忘私、大义灭亲等道德规范；但由于那种社会是以私有制为基础的，剥削阶级所强调的“公”就必然与其阶级本性中的“私”发生矛盾，所以这种阶级中的杰出人物，也很难在道德上完全合乎规范。唐太宗发动“玄武门之变”，对今天的史学家来说，由他执政更有利于历史的发展，未可厚非；但就封建道德来讲，杀兄诛弟，逼父退位，毕竟不是什么很光彩的事。所以不但他本人及其朝臣要在编纂《实录》时歪曲历史以掩盖恶迹，就是后人也不免对此多所微词，斥之为“无君无父”。唐太宗尽管一再强调国君要以“诚信”待臣下，反对以“诈道”玩弄权术，但只要他把君权看成一己的私有财产，绝对不施展权术就是不可能的。他宣扬“设分悬教，以术化人”时就主张“术以神隐为妙”。⑤ 从这里隐约听到了申不害的声音。唐太宗临终时恐怕李勣“屡更大任”，“不

① 《通鉴》卷196贞观十六年七月。

② 《贞观政要》卷8《刑法》。

③ 《帝范》卷1《求贤》。

④ 《旧唐书》卷177《曹确传》。

⑤ 《帝范》卷1《建亲》。

厌伏”太子，就外授叠州刺史，并向李治布置：“今若即发者，我死后可亲任之；如迟疑顾望，便当杀之。”① 这样做的目的是使李勣荷太子之恩，“必致其死力”，② 难道这不是赤裸裸地玩弄权术！无怪乎范祖禹把这件事比之于汉高祖驾驭黥布、彭越的“徂诈之术”。③ 总之，只要具有权力私有观念而又实行君主专制体制，这一类权术就难以完全避免。

唐太宗的民族政策，有其开明、进步的一面，也有其消极面。唐太宗作为封建皇帝，不可能没有大汉族主义思想，这是显而易见的事，史料俯拾即是，不必胪列。在此需要指出的是，他在处理民族关系时，也还有其他的方面。这些需另文专论，限于篇幅，不能展开论述了。

出于地主阶级贪边功的本性，唐太宗一生中最大的失策莫过于晚年对高丽发动的不义战争。范祖禹对此看得很清楚：“太宗之伐高丽，非独恃其四海之富，兵力之强，本其少时奋于布衣，志气英畏，百战百胜，以取天下，治安既久，不能深居高拱，犹思所以逞志，扼腕踊跃，喜于用兵，如冯妇搏虎，不能自止。”④ 正是在这个问题上，他与隋炀帝的阶级共性表现得非常明显了。

以下，再就唐太宗的历史局限性谈谈自己的看法。

纳谏是唐太宗受到千古称颂的特长。但即令在这一方面，他也做得远非十全十美。贞观六年（632），还在他虚怀若谷的时候，骄恣情绪还没有大肆滋长，有一次他竟认为“魏徵每廷辱我”，产生了“会须杀此田舍翁”的念头，只是由于长孙皇后朝服一谏，才霁威息忿，消除了杀机。⑤ 后来他有时“渐恶直言”，甚至“谓忠谠者为诽谤”，遂使“正臣不得尽其言”。⑥ 所谓纳谏，实质上就是最高统治者集中本阶级的集体智慧，以求更正确、更准确地代表其阶级利益，少犯或不犯错误。唐太宗在纳谏方面之所以不断出现一些问题，根本原因在于：在君主专制下，皇帝与地主阶级之间未能建立民主体制，皇帝是否广开言路，主要取决

① 《隋唐嘉话》。

② 《旧唐书》卷67《李勣传》。

③ 《唐鉴》卷6《太宗四》。

④ 《唐鉴》卷6《太宗四》。

⑤ 《通鉴》卷194贞观六年三月。

⑥ 《贞观政要》卷5《诚信》。

于他个人的作风，这样，地主阶级中广大成员的意志、意见和智慧的表达、采纳和实施，就不能从根本上得到保证。

唐太宗虽然强调法令是“天下之法”，“非朕一人之法”，在坚持法制方面做得也比较出色，但他也仍然是有缺点的。早在贞观六年（632），唐太宗就承认：“朕比来决事，或不能皆如律令。”① 后来魏徵也批评他有时“取舍在于爱憎，轻重由乎喜怒。爱之者，罪虽重而强为之辞；恶之者，过虽小而深探其意。法无定科，任情以重”②。张亮、张蕴古、卢祖尚等人就是在这种喜怒无常的情况下被轻刑重判而处死的，连唐太宗本人也感到后悔莫及。法制遭到破坏的根本原因是，在君主专制的政体下，皇帝集立法权、司法权、行政权、军事权、财政权于一身，尤其是立法权与司法权合而为一，这样，皇帝本身凌驾于法律之上，从而就从根本上破坏了法制。再加上儒家几千年来强调“人治”而忽略“法治”，更助长了这种倾向。

“慎终如始”，几乎是贞观一朝君臣之间经常挂在嘴边的口头禅。魏徵一再告诫唐太宗防止“不慎厥终，忘缔构之艰难”，③ 并不断向他提醒要“居安思危”，“常能自制，以保克终之美”。唐太宗自己也意识到：“朕所以不敢恃天下之安，每思危亡以自戒惧，用保其终。”④ 但实际上不能防止皇帝走上每况愈下的下坡路。贞观十二年（638）魏徵就已指出：“贞观之初，恐人不言，导之使谏。三年已后，见人谏，悦而从之。一二年来，不悦人谏，虽黾勉听受，而意终不平，谅有难色。”⑤ 次年，又在《十渐疏》中全面批评唐太宗在纳谏、用人、奢俭等方面今不如昔的倾向。⑥ 尤其是晚年，“北阙初建，南营翠微，曾未逾时，玉华创制”；东征高丽的战争更使“士马疲于甲胄，舟车倦于转输”；⑦ 剑南人民为造战舟，

---

① 《通鉴》卷194贞观六年十二月。

② 《贞观政要》卷5《公平》。

③ 《贞观政要》卷1《君道》。

④ 《贞观政要》卷10《慎终》。

⑤ 《贞观政要》卷2《纳谏》。

⑥ 《贞观政要》卷10《慎终》。

⑦ 《贞观政要》卷9《征伐》。

"至卖田宅、鬻子女不能供，谷价踊贵，剑外骚然"①。唐太宗死后仅仅四年，就爆发了睦州女子陈硕真领导的农民起义。这就是从贞观十年（636）前后开始他到晚年所走的道路。

为什么唐太宗这样一个杰出的人物不能避免走下坡路的命运呢？首先，随着时光的流逝，隋末农民起义在他意识中的印象逐渐淡漠了，尤其是在长期升平的景象中，产生了"怕"字为"傲"字所取代的倾向，这就是魏徵所说：

> 凡百元首，承天景命，莫不殷忧而道著，功成而德衰。有善始者实繁，能克终者盖寡，岂取之易而守之难乎？昔取之而有余，今守之而不足，何也？夫在殷忧，必竭诚以待下；既得志，则纵情以傲物。竭诚则胡越为一体，傲物则骨肉为行路。②

这段话说明，从"道著"到"德衰"是封建时代的一条规律，对任何皇帝来说都是不可抗拒的，而这种转化的条件是地位的变化，转化的关键则是一个"傲"字。其次，地主阶级本性中就具备这些消极的因素，即令在唐太宗身上也是存在的，但它们滋长、发作需要适当的温度和条件，而君主专制体制下的皇位终身制则是提供这种条件的温床。对于一个开创基业的皇帝，长期陶醉在功业和颂声之中，就不可能始终如一地兢兢业业、谨言慎行，在政治上走下坡路是必然的，根本无法避免。正因为这是历史条件所规定的，我才把唐太宗每况愈下归之于历史的局限性。

唐太宗虽然有局限性，而且他的缺点日渐严重，但即令他的晚年，也还不能看作一团漆黑。尽管他有这样那样的问题，直到临终前，还不能说已经由明君基本上转化成了昏君。他最后在太子面前总结其一生，承认自己有严重缺点，并说："汝当更求古之哲王以为师，如吾，不足法也。"③ 说明头脑始终保持冷静和清醒。像玉华宫的修建虽然是晚年奢侈

① 《通鉴》卷199贞观二十二年九月。

② 《贞观政要》卷1《君道》。

③ 《通鉴》卷198贞观二十二年正月。

腐化的反应，但也还不能与隋炀帝营建显仁宫相比，前者实际是“正殿瓦覆，余皆葺之以茅”，也还有“务从俭约”的传统。[①] 直到贞观十七年(643)，还赐高季辅钟乳一剂，以表扬他的“上疏陈得失”，并说：“卿进药石之言，故以药石相报。”[②] 朝廷上的忠贤之辈始终比邪佞占优势，法制也基本上没有破坏。他评价自己的功过是“益多损少”，“功大过微”，[③] 比较全面和中肯。综观他的一生是这样，单就其晚年而言，也还可以说是这样。

（原载《中国史研究》1982 年第 2 期）

① 《唐会要》卷 30《玉华宫》。

② 《贞观政要》卷 2《纳谏》。

③ 《通鉴》卷 198 贞观二十二年正月。

唐太宗生年考

唐太宗李世民的生年，各书记载并无歧异，但其享年及一生行事系年的记载则有很大出入，所以他究竟出生在哪一年，仍旧是一个值得考证的问题。

《册府元龟》卷2《帝王部·诞圣门》载："太宗以开皇十八年（598）十二月戊午生于武功之别馆。"《旧唐书·太宗纪》的记载与此相同，唯在纪末载明，贞观二十三年（649）五月崩于含风殿，"年五十二"。生年与享年推算吻合，似无疑问。《新唐书·太宗纪》未载生年，崩年与《旧唐书·太宗纪》同，唯享年作"五十三"，以此推算，则生年当在开皇十七年(597)。《新唐书·太宗纪》又云："大业中，突厥围炀帝雁门……太宗时年十六，往应募。"查雁门之围发生于大业十一年（615），据此上推十六年，李世民当生于开皇二十年（600）。是知唐太宗生年有开皇十七年、十八年、二十年三种可能，享年有五十三岁、五十二岁、五十岁三种可能。

贞观八年（634），唐太宗亲自对侍臣说："朕年十八，便为经纶王业……二十四而天下定，二十九而居大位。"① 次年（635）又对公卿说："朕观古先拨乱之主，皆年逾四十，惟光武年三十三。但朕年十八便举兵，年二十四定天下，年二十九升为天子。"② 这一次是专门谈"拨乱之主"的年龄问题，似乎比较确凿。类似的记载亦见于《贞观政要》卷5《公平》及两《唐书》的《虞世南传》。李渊父子开始起兵于大业十三年（617），即义宁元年（617），如果这一年李世民确实是十八岁，则其生

① 《贞观政要》卷10《灾祥》。

② 《贞观政要》卷10《慎终》。

年当为开皇二十年（600），可做年十六应募解雁门之围的佐证。但唐太宗自己的说法就有自相矛盾的地方，因为他统一全国的过程中，武功止于武德五年（622）第一次平定刘黑闼，最后打败刘黑闼的是建成与元吉，打败辅公祏的是李孝恭与李靖等，均与秦王世民无涉，以年十八举兵推算，武德五年太宗当为二十三岁，与二十四岁定天下之说不符。如果“定天下”系指武德四年（621）平定窦建德与王世充而言，则此年当系二十二岁，与二十四岁定天下之说更相径庭。按“玄武门之变”发生于武德九年（626），依大业十三年（617）十八岁推算，则太宗即位时仅二十七岁，即令到改元贞观的次年，也仅二十八岁，与二十九岁居大位的说法相抵牾。如果平刘黑闼时确实是年二十四，则“玄武门之变”登极时也仅年二十八岁，只有以贞观元年（627）作为升大位的年代，才勉强足二十九岁，但这又与十八岁起兵的说法相矛盾。由此可见，唐太宗对自己经历的记忆，在时间上是不准确的，甚至可以说不足为据。

《旧唐书·太宗纪》又载：“及高祖之守太原，太宗时年十八，有高阳贼帅魏刀儿，自号‘历山飞’，来攻太原，高祖击之，深入贼阵。太宗以轻骑突围而进，射之，所向皆披靡，拔高祖于众之中。”这条材料错误甚多，须先加以辨明：第一，据两《唐书》的《高祖纪》载，李渊于大业十一年拜山西河东慰抚大使（《旧唐书·高祖纪》作“黜陟讨捕使”，《通鉴》作“抚慰大使”，《大唐创业起居注》作“太原道安抚大使”，《起居注》最可信，以“安抚大使”为是），于龙门击败毋端儿部农民军；接着又南击柴保昌于绛州；又与马邑太守王仁恭北败突厥。据《通鉴》，当时漫天王王须拔和魏刀儿等部农民军均活动于上谷一带，“南寇燕、赵”。李渊以主力在自己统辖的区域内先后向西、南、北等方向用兵，决无力远击上谷的魏刀儿，所以这次作战的敌将肯定不是魏刀儿。第二，据《新唐书·高祖纪》及《通鉴》，李世民救父之举应指李渊拜太原留守后与甄翟儿战于雀鼠谷之役。《大唐创业起居注》也说，“结营于太原之南境”的是“贼帅王漫天别党，众逾数万，自号‘历山飞’”，并未肯定这个“历山飞”就是魏刀儿。大概由于甄翟儿原是魏刀儿的部将，亦号“历山飞”，[①] 所以《旧

① 据《隋书》卷4《炀帝纪下》。

唐书·高祖纪》就张冠李戴了。第三，关于李渊拜太原留守事，两《唐书》的《高祖纪》及《大唐创业起居注》均系于大业十三年（617），《隋书·炀帝纪》未提拜官事，唯系破甄翟儿之役于大业十二年（616）十二月。司马光在《通鉴考异》中指出上述歧异后并未说明理由和根据就轻率地说："今从《隋帝纪》。"按《起居注》出于温大雅之手，是最原始的记载，比较可信，所以十三年之说为长。退一步讲，即令拜官果在十二年十二月，破甄翟儿也应当是次年的事了。可能《隋书·炀帝纪》是讹"三"为"二"了。据以上考证，如果雀鼠谷之役确系发生在大业十三年，当时李世民是十八岁，则其生年当为开皇二十年（600）。因《旧唐书·高祖纪》这条史料舛错较多，故"时年十八"仅能佐证大业十一年（615）世民解雁门之围时"年十六"的记载，尚不足以作为最后定论的确证。

据《新唐书·怀王玄霸传》，李世民的同母弟李玄霸于"大业十年（614）薨，年十六"[①]。据此推算，李玄霸当生于开皇十九年（599），果尔则唐太宗生于开皇二十年之说完全不能成立，因为李世民是次子，李玄霸是李渊的第三子，绝无兄晚弟早之理。还可以进一步证明，唐太宗生于开皇十八年（598）十二月之说亦难成立，因李世民、李玄霸同母所生，窦氏在不到十三个月的时间内先后两次生子的可能性虽然不能完全排除，但就常情而言，这种可能性也不大。既然如此，唐太宗的生年最可能的是开皇十七年（597）。如果出生的月、日记载不错，该年十二月癸卯朔，戊午当为十六日。折算成公历，其出生年月日应当是公元598年1月28日。

假如上述考证不误，则大业十一年突厥围雁门时，李世民年十九岁；大业十三年太原起兵时，年二十一岁；武德四年（621）平窦建德、王世充时，年二十五岁；武德五年（622）第一次打败刘黑闼时，年二十六岁；武德九年（626）即位时，年三十岁，太宗生于十二月十六日，刚过半个月就算两岁了，所以"未三十而居大位"[②] 的说法也能勉强说得过去。

（原载《河北师院学报》1981年第4期）

① 《旧唐书》本传未载其薨年及享年。

② 《旧唐书》卷72《虞世南传》。

“玄武门之变”有关史事考辨

历史记载除了出于封建史臣的阶级偏见而经常歪曲史实以外，凡涉及统治阶级内部斗争的历史时，由于修史人的党派性，亦往往为了抑彼扬此而有所回护和诬罔。尽管提倡“直笔”，因为历史典籍是按照胜利者的利益来编纂的，所以要做到这一点却很不容易。唐代前期的“玄武门之变”是一次重大的政治斗争，李世民又是一个胜利者，故围绕着这次事件的很多历史记载都部分地或完全地离开了历史的本来面目。唐初房玄龄等人“删略国史”，编纂“高祖、太宗实录”时，对“六月四日事（指“玄武门之变”），语多微文”。李世民虽然表示：“朕之所为……盖所以安社稷，利万民耳。史官执笔，何烦有隐?”但君主专制制度下的御用史臣怎能做到唐太宗所要求的“改削浮词，直书其事”[①] 呢？司马光早已指出：“按建成、元吉虽为顽愚，既为太宗所诛，史臣不无抑扬诬讳之辞。”[②] 为了辨认历史的真实面貌，兹就有关这一事件的若干史实的失实记载，择要加以考辨。

首先谈谈李渊是否曾经一而再、再而三地要立李世民为太子的问题。《通鉴》卷190武德五年（622）十一月：

上之起兵晋阳也，皆秦王世民之谋，上谓世民曰：“若事成，则天下皆汝所致，当以汝为太子”。世民拜且辞。及为唐王，将佐亦请以世民为世子，上将立之，世民固辞而止。太子建成，性宽简，喜

---

① 《贞观政要》卷7《文史》。

② 《通鉴》卷190武德五年十一月《考异》。

> 酒色、游畋；齐王元吉多过失；皆无宠于上。世民功名日盛，上常有意以代建成，建成内不自安，乃与元吉协谋，共倾世民，各引树党友。

这是《通鉴》中关于“玄武门之变”的开场白。对此条记载，可辨析者有以下二端：其一，李渊起兵晋阳是否“皆秦王世民之谋?”其二，李渊从起兵到武德五年（622）是否一再有立世民为太子的意图?

关于第一点，目前已有不少治唐史者注意到，太原起兵，李世民固然参与其谋，但《通鉴》及两《唐书》把首倡之功全归李世民，李渊被描绘成全无主见的庸人，是不符合真实情况的。对此，本文不拟详加论证，兹举数则现成史料略证之。《新唐书》卷1《高祖纪》载，李世民最初提出起事的建议时，李渊“初，阳不许，欲执世民送官。已而许之曰：‘吾爱汝，岂忍告汝邪?’”可见“不许”是假，欲执送是表演，实际情况是此议正中下怀。《通鉴》记载此事，略去“阳”字，下面又加上李渊对李世民的一段话：“吾一夕思汝言，亦大有理。今日破家亡躯亦由汝，化家为国亦由汝矣。”[①] 这样一删一增就把起事的功劳都归诸李世民了。李氏父子攻霍邑时，阴雨连绵，宋老生顽抗，遇到了困难，李渊一度动摇，打算撤回晋阳，李建成与李世民共同谏阻下才打消了这一错误念头。据《通鉴》载，李渊此刻竟对李世民说：“吾之成败皆在尔，知复何言?唯尔所为。”司马光在《考异》中已经觉察到《太宗实录》“尽以为太宗之策，无建成名，盖没之耳”[②]。既然如此，李渊怎么可能仅对李世民说：“吾之成败皆在尔”，“唯尔所为”这样的话呢？李靖在大业末年就已“观察高祖，知有四方之志”。[③] 刘文静亦同样“察高祖有四方之志”[④]。据《大唐创业起居注》所载，李渊其人，在政治上“素怀济世之略，有经纶天下之心”；在军事上“尤善射，每见走兽飞禽，发无不中”。绝对不像两《唐书》和《通鉴》所描写的那样平庸无才，唯子之言是从，毫

① 《通鉴》卷183义宁元年四月。

② 《通鉴》卷184义宁元年七月。

③ 《贞观政要》卷2《任贤》。

④ 《旧唐书》卷57《刘文静传》。

无主见。早在起事之前，李渊就"命皇太子于河东潜结英俊，秦王于晋阳密招豪友"，并且对李世民说："唐固吾国，太原即其地焉。今我来斯，是为天与，与而不取，祸将斯及。"后来因所遣兵为突厥所败，隋炀帝将问罪之际，李渊又对李世民说："隋历将尽，吾家继膺符命，不早起兵者，顾尔兄弟未集耳。"[①] 可见高祖已久蓄起兵之念，原不待李世民之苦谏。温大雅此书没有留下晋阳起兵"皆秦王世民之谋"的片言只字。按温氏撰书时，李世民尚未成为"玄武门之变"后的胜利者，所以没有虚构情节，滥施浮词。纪昀在介绍《大唐创业起居注》时特别指出它"据事直书，无所粉饰"的特点，没有《高祖实录》"欲以创业之功，独归太宗"的缺点。此外还提醒人们，"凡与《唐史》不同者，或此书反为实录"。[②] 修国史、实录的史臣把"创业之功，独归太宗"，不仅仅是为了贬低李渊和建成，拔高李世民，同时也是为后来夺宗政变预置伏笔。

下面谈第二点。李渊在起事之初就私许立世民为太子一事，不但不见于《大唐创业起居注》，就在两《唐书》的《高祖纪》《太宗纪》中亦均付阙如，可以肯定此一记载是来源于实录的虚构。从情理上说，李氏父子起事之初，李建成为长子，李世民为次子，在南下征途中二人并肩作战，直至克长安，功劳方面的差距并不显著，李渊怎么可能于此草创之际就要违背立嗣以长的传统呢？李渊封唐王之初，是否会有以李世民为世子之意呢？将佐是否能有此请呢？仍然不可能。按义宁元年（617）十一月，李渊"进封唐王"，当即"以陇西公建成为唐国世子；太宗为京兆尹，改封秦公"。次年，高祖即位，于六月即"立世子建成为皇太子"。[③] 根本没有发生立长立次的争议，李渊也没有必要在国事纷繁、戎马倥偬之际就在立嗣的问题上出个难题，自乱其步。《通鉴》把李渊欲以李世民代李建成一事系于武德五年（622），《旧唐书》卷64《隐太子建成传》也记载此事："太宗功业日盛，高祖私许立为太子。"这两条史料也不可信，因贞观九年（635）时唐太宗曾亲口对房玄龄说："武德六年（623）已后，太上皇有废立之心，我当此日，不为兄弟所容，实有功高

---

① 《大唐创业起居注》卷1。

② 《四库全书总目》，中华书局1965年版，第420页。

③ 《旧唐书》卷1《高祖纪》、《旧唐书》卷64《隐太子建成传》。

不赏之惧。”[①] 足见武德六年（623）以前，李渊根本没有产生过废立的念头。以常理推断，李渊即令非超凡出众的英明圣主，仅仅具有中常之才，在废立这个棘手问题上也会反复斟酌，慎重考虑，绝不会在决心未下之前就当面私许于世民。隋文帝废杨勇立杨广，唐太宗在承乾与魏王之间犹豫，都经历了很复杂的过程，这绝不是可以轻率处理的事。如果历史上果真有武德五年（622）私许一事，国史、实录、两《唐书》必然会抓住此点大书特书，翔实描述情节，不可能这样轻描淡写地带一笔了事。

东宫、秦府之间的斗争，真正激化和加剧，那是从武德七年（624）开始的。这年夏季，建成已在私募“长林兵”戍守东宫宫门，暗地派人赴幽州募突厥骑兵，并让其心腹庆州总管杨文幹在当地募兵潜送京师。就在这一年，李建成还对李元吉说：“安危之计，决在今岁。”[②] 当李渊幸宜君县的仁智宫时，杨文幹竟然因事泄而发动了武装叛乱。这次未遂政变爆发后，高祖一面召李建成来仁智宫面责，一面力劝李世民亲往镇压杨文幹，此时他说了下面几句重要的话：

> 文幹事连建成，恐应之者众，汝宜自行，还，立汝为太子。吾不能效隋文帝诛杀骨肉。废建成，封作蜀王，地既僻小易制。若不能事汝，亦易取耳。[③]

这件事是可信的，因为一则当时秦王功业已经大大超过建成，去岁兼灭夏、郑是李世民在统一全国过程中立下的最大功勋，秦府文官武将不少，可以说得上是羽毛丰满，由谁来继承皇位的问题已经提到日程上来了；再则李建成阴谋政变一事败露的情况下，不愿“诛杀骨肉”的高祖一怒之下，确实可能说出夺宗改嗣的话来。李世民所说武德六年（623）以后李渊“有废立之心”，恐怕指的就是这件事。但这一“废立之心”只是他头脑中的一闪念，并未真正付诸实践。太子之所以未废，张婕妤、尹德妃及个别大臣的谏阻所起的作用是微不足道的，我觉得最根本的原因是

① 《贞观政要》卷5《忠义》。
② 《通鉴》卷191武德七年六月。
③ 《旧唐书》卷64《隐太子建成传》。

李渊没有决心，“废立”的念头转瞬即逝。史称：“帝以建成首谋，未忍治”，故“诏捕”了数名东宫官宣布要加以论处，“以薄太子罪”。[①] 对建成和世民，则只责备了一下“兄弟不能相容”,[②] 就再也不提废立的事了。事实说明，在李建成如此不成体统的场面下，高祖尚且百般保护他，前此就更不可能萌动废立的念头了。

仁智宫的一场风波过去了，但它的影响却是巨大而深远的。“还，立汝为太子”这句失口之言，无论对太子还是秦王，都是一个极大的刺激，双方对这句话非常敏感，所以此后两年斗争加剧，日益公开化，均力图加快步伐，争取跑在对方的前面，取得主动权。在这些斗争中，李建成、李世民也围绕着争夺皇位继承权的问题作过文章，不过，有关记载仍有失实之处。

仁智宫事件刚刚结束，在某些大臣的建议下，为了躲避突厥的侵扰，高祖打算迁都。对于这一决策，秦王力持异议，主张坚决抵抗，李建成则投其父之所好，并借机中伤李世民是借抗突厥“以久其兵，而谋篡夺”[③]。有一次高祖在城南校猎，命三子驰射角胜，李建成故意把“肥壮而喜蹶”的胡马推荐给李世民，妄图加以陷害。秦王发现这一情况后说：“彼欲以此见杀，死生有命，庸何伤乎?”李建成却把这句话歪曲成“我有天命，方为天下主，岂有浪死!”向高祖汇报。李渊闻之大怒，责李世民说：“天子自有天命，非智力可求；汝求之一何急邪!”[④] 从高祖这次公开表态说明，仁智宫事件后，废立的念头彻底打消了。

关于废立问题，还有一条值得质疑的记载，《旧唐书》卷64《隐太子建成传》：

> （建成）后又与元吉谋行酖毒，引太宗入宫夜宴。既而太宗心中暴痛，吐血数升，淮安王神通狼狈扶还西宫。高祖幸第问疾，因敕建成：“秦王素不能饮，更勿夜聚。”乃谓太宗曰：“发迹晋阳，本是

---

① 《新唐书》卷79《隐太子建成传》。

② 《旧唐书》卷64《隐太子建成传》。

③ 《新唐书》卷79《隐太子建成传》。

④ 《通鉴》卷191武德七年七月。

> 汝计；克平宇内，是汝大功。欲升储位，汝固让不受，以成汝美志。建成自居东宫，多历年所，今复不忍夺之。观汝兄弟，终是不和，同在京邑，必有忿竞。汝还行台，居于洛阳，自陕以东，悉宜主之。仍令汝建天子旌旗，如梁孝王故事。"

《通鉴》系此事于武德九年（626）六月，已经是玄武门之变的前夕了。这一记载是完全不可信的，理由是：第一，仁智宫事件和蹶马谋害事两年之后，双方斗争已至密锣紧鼓的决战时刻，李世民作为头脑冷静、精明异常的政治家，在此时此刻冒险赴宴，这种可能性很小。吕思勉先生曾就此事指出："太宗是时，安敢轻赴建成之宴。"① 第二，从"发迹晋阳，本是汝计"到"欲升储位，汝固让不受"云云，前已论证，均属子虚乌有，高祖不可能说这样的话。仁智宫事件中，李渊确实表示要立秦王为太子，但唯独这一次恰恰没有"固让不受"的记载。第三，"天无二日，民无二主"，是历代统治者的座右铭，高祖如果真的让李世民在洛阳"建天子旌旗"，那岂不是拿李家的天下进行儿戏，他绝不会出此下策。最后，如当时高祖能作此想法，则两年前断不至于面责李世民"汝求之何急邪?"由此可见，这一记载，是封建史臣在虚构此前各事的基础上又新虚构出来的，不能令人置信。

李世民在"玄武门之变"中取得胜利时，萧瑀、陈叔达劝高祖立世民为太子，"委之国事"，李渊说："善，此吾之夙心也。"② 是否能以此证明他过去一而再、再而三地产生过废立的念头呢？仍然不能，正如赵翼所说，此时"高祖亦危极矣"③。这根本不是李渊的由衷之言，他这样说，只不过是为了找个下台的台阶，略事挽回一下面子而已，纯系违心之论。

国史、实录之所以在废立问题上一再无中生有地捏造谎言，目的只在于为唐太宗的逼父让位、诛杀兄弟辩护，把违背封建伦理道德的李世民说成是顺合其父夙志的圣君孝子。拨开蒙在史籍上的迷雾，使史实水

① 《隋唐五代史》上册，中华书局1959年版，第77页。

② 《通鉴》卷191武德九年六月。

③ 《廿二史劄记》卷19《建成元吉之子被诛》。

落石出后，就可以看到，李渊在东宫、秦府的长期斗争中，尽管也偶然有过动摇，但从总的方面看，他一直是向建成、元吉这边倾斜的。

接着想剖析一下这场政治较量中，究竟哪一方是造成宫门喋血的主要根源。

司马光在《通鉴》中搜集了几乎全部史料，用以描写"玄武门之变"的前前后后，《通鉴》及两《唐书》给人以总的印象是：秦王处处受迫害，处于被动地位；李建成、李元吉是造成事件的根源，是酿成兄弟仇杀的罪魁祸首。直至写到政变前夕，秦府官属苦劝起兵时，李世民还说："骨肉相残，古今大恶。吾诚知祸在朝夕，欲俟其发，然后以义讨之，不亦可乎！"只是到尉迟敬德和长孙无忌以"窜身草泽"相威胁时，秦王才最后定计。[①] 仔细分析起来，这中间也存在封建史臣的以假乱真。

前面已经指出，从攻克长安到"玄武门之变"，除仁智宫事件外，李渊始终属意建成，在这种情况下，毋庸讳言，李建成以太子之尊，居于优越的地位，时间对他有利，只要等到高祖驾崩，就能顺理成章地即位。如果说李建成也确实有过危机感，那么威胁不是真正来自李渊，而是来源于"秦王恃有大勋，不服居太子之下"[②]。所以东宫有时确实也主动进攻，如招兵买马，促成杨文幹之变，但那也仅仅是以攻为守，即为了保住既得的权位。李世民是次子，又从未立为太子，如果他安于秦王的地位，不企图继嗣皇位，那就根本不会发生"玄武门之变"。可以肯定，为了进行夺权，李世民在总的方面，不是消极被动的，而是主动进攻的一方。为了赢得胜利，他必然施展了很多阴谋和伎俩，只是这些生动的事实却均不见于记载。只要我们仔细阅读史料，仍可发现一些蛛丝马迹。

政治野心不是天生的，往往随着一个人的功业和地位的上升而产生、滋长起来。武德四年（621）发生了一件很有趣的事：

> 世民以海内浸平，乃开馆于宫西（疑当作"西宫"），延四方文学之士，出教以王府属杜如晦，记室房玄龄、虞世南，文学褚亮、

① 《通鉴》卷191武德九年六月。

② 《旧唐书》卷64《隐太子建成传》。

> 姚思廉，主簿李玄道，参军蔡允恭、薛元敬、颜相时，谘议典签苏勖，天策府从事中郎于志宁，军谘祭酒苏世长，记室薛收，仓曹李守素，国子助教陆德明、孔颖达，信都盖文达，宋州总管府户曹许敬宗，并以本官兼文学馆学士，分为三番，更日直宿，供给珍膳，恩礼优厚。世民朝谒公事之暇，辄至馆中，引诸学士讨论文籍，或夜分乃寝。又使库直阎立本图象，褚亮为赞，号十八学士，士大夫得预其选者，时人谓之："登瀛洲。"①

对此我们不禁要提出这样的问题：李世民在戎马倥偬的岁月里为什么要搜罗如此众多的文翰之臣，而且全部集中于秦府而不向高祖推荐？他于武德四年（621）就在西宫开馆，讨论经籍，讲究治道，究竟想干什么？为什么此事发生在这一年而非以前？应该说，这件怪事的出现不是偶然的。当年五月，李世民俘窦建德降王世充，这对他有两个重大意义：一是出现了"海内浸平"的形势，二是他的功业从此大大超过了太子李建成。从战乱到承平是一个历史的转折，武功将日益让位于文治，所以李世民开馆延士是要迎接天下安谧的新时代。个人功勋的积累和声望的上升，使他潜藏的夺权企图开始破土萌发了。不言而喻，李世民此举就是为将来的称帝组成一个"影子内阁"。实际上，他与学士"讨论文籍，或夜分乃寝"，对士大夫备加"恩礼"，已经俨然有些天子的神采了。这件事恰恰发生在李建成、李元吉向李世民展开进攻以前，哪一方是肇事的根源不是很清楚吗？

在"玄武门之变"以前，建成依仗高祖的支持，曾大事翦除秦王府的羽翼。他与元吉认为，"秦王府中所可惮者，唯杜如晦与房玄龄耳"，②因唆使李渊将二人逐出秦府归第，并下令禁止私谒李世民。此外，他们还以财物利诱秦府骁将尉迟敬德、段志玄和李安远，③并使高祖下令以程知节为康州刺史④，只是由于形势紧迫，知节抗命，才未赴任。这样看

① 《通鉴》卷189武德四年十月。

② 《旧唐书》卷66《杜如晦传》。

③ 《旧唐书》卷68《尉迟敬德传》、卷68《段志玄传》、卷57《李安远传》。

④ 《旧唐书》卷68《程知节传》。

来，好像李世民是坐等尽翦羽翼，一筹莫展了。其实并非如此。巴黎图书馆所藏《常何碑》云：

> 令从隐太子讨平河北。又与曹公李勣穷追（徐）员（亦作圆）朗，贼平，留镇于洧州。（武德）七年，奉太宗令追入京，赐金刀子一枚，黄金卅挺（铤），令于北门领健儿长上。仍以数十金刀子委公，锡骁勇之夫，趋奉藩朝，参闻霸略，承解衣之厚遇，申绕帐之深诚。九年六月四日，令总北门之寄。

陈寅恪先生据此碑云：“太宗与建成、元吉两方皆诱致对敌之勇将。常何旧曾隶属建成，而为太宗所利诱。当武德九年六月四日常何实任屯守玄武门之职，故建成不以致疑，而太宗因之窃发。”① 我意陈先生的看法对错参半。按碑文，早在武德七年（624），常何已被秦王追入京师，令领玄武门健儿长上，久已不隶属于建成，不存在政变时建成“不以致疑”的问题。但李世民在“玄武门之变”前曾经广事收买非秦府的势力，则是确然无疑的。不仅常何一人，玄武门的其他守将也受到了他的收买。《旧唐书》卷187上《敬君弘传》：

> （君弘）掌屯营兵于玄武门，加授云麾将军。隐太子建成之诛也，其余党冯立、谢叔方率兵犯玄武门，君弘挺身出战其所，亲止之曰：“事未可知，当且观变，待兵集成列而战，未晚也。”君弘不从，乃与中郎将吕世衡大呼而进，并遇害。

《旧唐书》置此传于《忠义列传》，实属不伦不类，当时皇帝是高祖，李世民发动政变非李渊意，敬君弘、吕世衡不秉君命而为秦王死事，何忠之有？敬君弘不听所亲之劝，不肯在“事未可知”的时候“观变”，却坚决站在秦王一边，事先没有被收买是完全不可能的。吕世衡的情况亦当如是。据此估计，“玄武门之变”以前，李世民是用阴谋手段全部收买了

---

① 《唐代政治史述论稿》，生活·读书·新知三联书店1956年版，第55页。

屯守北门的将领，这一点对他的成功起了不小作用，只是内情全部被史臣掩盖了。

常、敬、吕诸人虽非东宫下属，但正如陈寅恪先生所说，李世民“诱致对敌之勇将”，亦不可避免。杨文幹起兵之所以酿成，是由于李建成派赴庆州的联络人尔朱焕和桥公山中途谒仁智宫告变，这两个变节的人是否与秦府有瓜葛，颇值得怀疑。“玄武门之变”即将爆发的时候，突厥又一次犯塞，李渊令元吉出征，李建成与齐王密谋利用李世民为李元吉饯行的机会“令壮士拉之于幕下，因云暴卒”①。不料此事被太子率更丞王晊密报秦王。王晊不奏天子而私赴秦府，说明他已经是李世民在东宫收买下的坐探。

政变前夕，杜如晦和房玄龄“衣道士服”潜入秦府与李世民“谋议”，而据吴兢称，“隐太子之败，如晦与玄龄功第一”②。房、杜二人究竟与秦王进行过哪些密谋，两《唐书》的本传及《通鉴》中亦很少具体涉及。甚至像刘师立这样一个并非十分关键的人物，世民亦尝引之“密筹其事，或自宵达曙”③。但“密筹”的内容就不得而知了。

对于“六月四日事”本身的记载，也颇成问题。从《通鉴》与两《唐书》的叙述看，好像李世民实在不愿意先发制人，着意“欲俟其发，然后以义讨之”。只是由于尉迟敬德等人的苦劝，才最后定计发难。事实并非如此，当时敬德所说“且大王素所畜养勇士八百余人，在外者今已入宫，擐甲执兵，事势已成，大王安得已乎?”④ 就透露了一些消息。当时实际情况是，李世民连政变使用的武装都集中起来了，箭在弦上，焉有不发之理。他如果真的一再表示要后发制人，那也只不过是企图以此激发属将的义愤，并且在政治上多少冲淡一些逼父杀兄的不义而已。“玄武门之变”中李世民之所以成为胜利者，原因之一就在于他的主动进攻策略顺利地实现了，所以事件刚一爆发，李建成、李元吉就立即丧生，从而使秦王获得了破竹之势。

---

① 《旧唐书》卷64《巢王元吉传》。

② 《贞观政要》卷2《任贤》。

③ 《旧唐书》卷57《刘师立传》。

④ 《通鉴》卷191武德九年六月。

如上所述，李建成、李元吉的阴谋和诡计在史籍中是事无巨细，一一备载，甚至不免添枝带叶，多所渲染；而对李世民的阴谋和伎俩则语焉不详，讳莫如深。这样就造成了这样的假象：李建成、李元吉是“玄武门之变”的根源，由于他们的步步进逼，李世民才被迫采取非常手段的。事实恰恰与此相反，正是由于李世民要主动夺取皇位继承权，李建成才不得不起而应战。当然，在双方较量的过程中，谁都想争得主动权，向对方展开进攻，所以从具体战役上看，李建成、李元吉一方由于有高祖的支持，有时对秦府步步紧逼也很厉害；但从总的战略上看，李世民却是发难者。

司马光使用史料素称审慎，而且对国史、实录有所怀疑，但《通鉴》在结束“玄武门之变”时有如下一段议论：

> 臣光曰：立嫡以长，礼之正也。然高祖所以有天下，皆太宗之功；隐太子以庸劣居其右，地嫌势逼，必不相容……太宗始欲俟其先发，然后应之，如此，则事非获已，犹为愈也。既而为群下所迫，遂至蹀（喋）血禁门，推刃同气，贻讥千古，惜哉！①

看来温公并没有完全剔除国史、实录中的不实之处，所以《通鉴》中贯彻了“高祖所以有天下，皆太宗之功”的精神，把李建成描画成“庸劣”不堪的小人，并在最后把太宗发动政变说成是“为群下所迫”。李世民确实是想把“玄武门之变”说成是“事非获已”，封建史臣就是根据这一原则，虚构了上述种种失实的情节。

本文揭示李世民在“玄武门之变”中的阴谋诡计，指出史料记载之捏造、回护，并不是想否定唐太宗这样一个人物，评价历史人物应以他对历史所起的作用为根据，而不是看他在政治斗争中是否施展过阴谋诡计。尽管李世民在“玄武门之变”中使用过不正派的斗争手段，但我们对他的胜利仍予以肯定，这是因为从唐初社会发展来说，李建成胜利不会更加对历史进步有利。我们之所以辨析“玄武门之变”的史实，意在

---

① 《通鉴》卷191武德九年六月。

于说明下述两点：第一，李世民并不是一个像历代人所美化的圣人，即令在封建道德上也不是一个完人。第二，牵涉政治斗争的史料大多存在严重问题，必须对之提高警惕；否则就要犯轻信的错误。

（原载《中国古代史论丛》1982 年第 1 辑，福建人民出版社 1982 年版）

唐太宗民族政策的局限性

唐太宗李世民不仅以自古艳称的“贞观之治”垂名青史，而且他处理国内民族关系的政策和措施也有超迈前人的高明之处，如比较开明地安置东突厥降众，普遍设置民族压迫色彩不太浓厚的羁縻府州，以文成公主和亲吐蕃等成就，都是素为古今所称道的。尤其是他把“抚九族以仁”当作“君之体也”①；“岂独百姓不欲而必顺其情，但夷狄不欲，亦能从其意”② 和他所谓“自古皆贵中华、贱夷狄，朕独爱之如一”③ 的开明态度，在我国历史上确属罕见，是非常难能可贵的。关于这些积极、进步、开明的方面，已见到的论著不乏详尽的介绍和论列，我不打算在这篇短文里再有所冗赘。

在对唐太宗的一片赞扬声中，谈论他的局限性的论著很少，尤其是介绍、分析他的民族政策的局限性的论著更显得不足。针对这种情况，打算在这篇文章里重点谈谈唐太宗民族政策的局限性。这样做，主要考虑有二：其一，全面地评论，克服一下片面性，希望起一点平衡作用，以恢复历史的本来面目；其二，从理论的角度谈谈个人对这一问题的看法，或许对民族关系史的研究能有所裨益。

贞观初年唐朝平定东突厥以后，唐太宗开始在北方边境大置羁縻府州，以少数族“首领为都督、刺史，皆得世袭。虽贡赋版籍多不上户部”。④ 以后在其他地区增设羁縻府州，情况基本相同。在这样的制度下，

---

① 《帝范》卷1《君体》。

② 《册府元龟》卷18《帝王部·帝德》。

③ 《通鉴》卷198贞观二十一年五月。

④ 《新唐书》卷43下《地理志七下》。

唐朝统治者对各族的剥削和压迫确实比以往历代都有所减轻；但作为地主阶级的皇帝，唐太宗不可能完全不掠夺、榨取少数民族的劳动人民。譬如他发动征服吐谷浑的战争，一方面固然是由于慕容伏允下面的“天柱王用事，数入塞侵盗”①，另一方面恐怕也是为了掠夺耕畜。当时恰恰是长期战火之余，唐朝严重“乏耕牛”，常与吐谷浑、突厥等族互市，因而“资于戎狄，杂畜被野”。② 在贞观八、九年（634、635）间征服吐谷浑的战争中，唐军先后“收杂畜数万”“收杂畜二十万”收“杂畜五万”。③ 数量之巨实属惊人，不能不认为唐太宗发动战争是具有掠夺耕畜的预定目标的。再如贞观十七年（643）薛延陀真珠可汗向唐朝请婚，为大量献羊马以为聘礼，竟大量搜刮族内牲畜，当时该族“先无府藏，调敛其国，往返且万里，既涉沙碛，无水草，羊马多死”，送到唐朝时“所耗将半”。④ 这实际上是唐太宗通过真珠可汗间接剥削薛延陀人民，而且相当残酷。唐太宗这一方面的缺陷毋庸讳言是来源于他的阶级局限性。

李世民处理民族关系的原则之一，是尽量分化一个民族，使之从内部分裂，产生矛盾，以达到抵消其力量、减少唐朝边患的目的。贞观四年（630）东突厥破亡之初，唐朝君臣召开了一次讨论安边策的大型会议，在热烈的争论中，尽管各派意见纷纭，但在一点上他们却完全一致，即都主张分而治之。建议把突厥降众南迁兖、豫等州的人，主张“分其种落，散居州县”，化整为零，把他们同化于汉族，颜师古主张置于河北，但须“分立酋长，领其部落”。李百药也说：“突厥虽云一国，然其种类区分，各有酋帅。今宜因其离散，各即本部署为君长，不相臣属。”他认为这样的好处是“国分则弱而易制，势敌则难相吞灭，各自保全，必不能抗衡中国（指唐朝，下同）”。窦静的意见是：“分其土地，析其部落，使其权弱势分，易为羁制。”⑤ 唐太宗采纳的是温彦博的安边策，其中也包含有这样的内容：“各有酋长，不相统属，力散势分，安能为害？”⑥ 最后的具体

① 《唐会要》卷94《吐谷浑》。

② 《唐会要》卷94《吐谷浑》。

③ 《新唐书》卷221上《吐谷浑传》。

④ 《旧唐书》卷199下《铁勒传》。

⑤ 《通鉴》卷193贞观四年四月。

⑥ 《贞观政要》卷9《安边》。

措施是，首先把原来分别由颉利可汗和突利可汗统辖的范围仍划分为东、西二部；其次又把颉利所辖范围再划分为左、右二部，左置定襄都督府，右置云中都督府。[①] 这样做，就完全贯彻了“分其土地，析其部落，使其权弱势分，易为羁制”的原则。此外，李靖征服东突厥时，“俘男女十余万”，[②] 而突厥降众随其酋长、贵族入长安者“近万家”。[③] 如每家以五口计，则内徙京师者竟占全部降众的一半左右，这个数字是很惊人的。为什么唐太宗会这样处理问题呢？恐怕用意有二：一则把突厥人一分为二，削弱各部分的力量；一则把大量降众置于长安，便于监视和控制。大量突厥人南徙关中，确实有利于同汉族的交往，但李世民这样做的政治目的，绝不是为了发展文化交流。

不仅对突厥如此，唐太宗对薛延陀也采取过类似的政策。真珠可汗夷男曾立其二子分主南、北二部，唐太宗乘机于贞观十二年（638）遣使册立二人为小可汗，用意在于“外示优崇，实欲分其势也”[④]。后来真珠可汗又请求以其庶长子曳莽为突利失可汗，居东方统辖铁勒诸部；以嫡子拔灼为肆叶护可汗，居西方统辖薛延陀本部。唐太宗也都慨然应允，原因是什么，史有阙文，无从确证，恐怕目的也仍然是借此以“分其势”，希望制造该族的内部矛盾。贞观十九年（645），夷男卒后，二子果然“不协”，甚至发生了兄弟仇杀的悲剧。[⑤] 虽然不能把这件事归罪于唐太宗，但可以肯定的是，这种局面正是他所求之不得的。事实说明，唐太宗分化薛延陀的政策确实收到了一定的效果。

唐太宗不但在各个少数族内部制造矛盾，分化削弱，而且在各少数民族之间，也往往挑拨离间、制造矛盾，使他们彼此牵制，以达到减少边境威胁的目的。

---

① 《通鉴》作“分颉利所统之地置顺、祐、化、长四州都督府，又分颉利之地为六州”，必有误。据《旧唐书》卷194《突厥传》，原来突利居东方，颉利居西方，故知四州都督府所辖为突利故地。且旧传还特别载明，“剖颉利故地左置定襄都督、右置云中都督二府”，更可证明《通鉴》之误。

② 《通鉴》卷193贞观四年二月。

③ 《通鉴》卷193贞观四年五月。

④ 《旧唐书》卷199下《铁勒传》。

⑤ 《通鉴》卷198贞观十九年九月。

贞观十三年（639），发生了一次意外的事件。唐太宗于四月间幸九成宫，突利可汗之弟阿史那结社率阴结部落四十余人，进犯皇帝的行宫，图谋不轨，事情很快就平定了，没有造成大的动乱。但“自结社率之反，言事者多云突厥留河南不便”，唐太宗于是下令使“突厥及胡在诸州安置者”，全部“还其旧部，俾世作藩屏，长保边塞”。① 对于这件事，不免要提出这样的疑问：在九成宫发生的一次小小的事件与南迁塞内的几万户突厥降众有什么关系呢？为什么因为这样一次纯属偶然的事件就要把几万户突厥人赶回塞北呢？唐太宗这样做是不是太小题大做了呢？孤立地看，这些疑问确实难以圆满解答。为了认识事物的实质，需要把这次北迁突厥的措施放在整个北部边疆形势的变化这一基础上来加以理解。

颉利可汗被俘以前，唐朝在北边的主要敌手是东突厥而不是薛延陀，所以当时唐太宗采取的主要策略是拉拢薛延陀以孤立、打击突厥，也就是要制造和利用东突厥与薛延陀的矛盾，以便造成南北夹攻颉利可汗的形势。为此，唐朝在贞观二年（628）遣使册封夷男为真珠毗伽可汗，赠以鼓纛。次年，夷男入朝，颉利因之大惧，亦连忙遣使称臣于唐。可见唐太宗的这种政策是成功的。贞观四年（630）东突厥败亡之后，唐朝同突厥的矛盾大体上解决了，薛延陀乘“朔塞空虚”的机会势力坐大，尽据“古匈奴之故地，胜兵二十万”。形势的变化使唐太宗产生了“以其强盛，恐为后患”② 的感觉。在唐朝与薛延陀的矛盾上升为主要矛盾、突厥与唐朝的矛盾基本解决的条件下，唐太宗仍然要利用突厥与薛延陀之间的矛盾，不同的是唐朝现在不再是联合薛延陀反对突厥，而是联合突厥反对薛延陀。因此，他把大量突厥人北迁塞外，用意无非是加剧两族间的矛盾，使突厥人替唐朝阻挡薛延陀势力的南进。东突厥的阿史那思摩临行前曾向唐太宗奏称：“臣非分蒙恩，为部落之长，愿子子孙孙为国家一犬，守吠北门。若薛延陀侵逼，请从家属入长城。”③ 很明显，突厥首领准确地领会了唐太宗的意图，知道自己北返塞上的职责就是“守吠北门”，以防止薛延陀的南进；只是由于自知仅有突厥部落三万户，胜兵才

① 《通鉴》卷195贞观十三年六月、七月。

② 《旧唐书》卷199下《铁勒传》。

③ 《通鉴》卷196贞观十五年正月。

四万，未必是薛延陀的对手，所以才在奏疏中做了退一步的打算。从此以后，薛延陀与突厥之间不断发生军事冲突，这些战争在实质上就是唐朝与薛延陀之间的前哨战。以北方形势的变化和唐朝利用少数民族间矛盾的一贯策略为背景，唐太宗把东突厥北迁河北的原因就不难找到了。

贞观十五年（641）唐朝打败薛延陀以后，夷男于次年遣使请婚，唐太宗开始表示："朕为苍生父母，苟可以利之，岂惜一女？"[①] 但素以崇奉诚信著称的李世民不久就以聘财不足为借口，拒绝和亲。连褚遂良也觉得如此出尔反尔太不成体统，批评皇帝"失口于人"，[②] 不讲信用。这样的事在唐太宗一生中并不多见，为什么他轻率地改变了主意？请看他的自白："君等知古而不知今，昔汉家匈奴强而中国弱，所以厚饰子女嫁与单于；今中国强而北狄弱，汉兵千人堪击其数万。延陀所以扶服稽颡，恣我所为，不敢骄慢者，以新得立为君长，杂居非其本属，将倚大国，用服其众。彼同罗、仆骨等十余部落，兵各数万，足制延陀，所以不敢发者，以延陀为我所立，惧中国也。若今以女妻之，大国子婿，增崇其礼，深结党援，杂姓部落更尊服之。夷狄人岂知恩义？微不得意，勒兵南下，所谓养兽自噬也。今不与其女，使命颇简，诸姓部落知吾弃之，其争击延陀必矣。"[③] 由此可以看出：首先，唐太宗拒婚是经过深思熟虑做出的决定，并非轻率的变卦。其次，他这样做仍然是企图制造北方各族间的矛盾，以达到以夷制夷的目的。

就西南方面的民族关系而言，吐谷浑、吐蕃是与唐朝发生主要接触的两大势力。在处理三者关系的时候，唐太宗也玩弄过利用民族矛盾的伎俩。文成公主和亲松赞干布，是我国民族关系史上一段佳话，但一般历史论著很少涉及和亲以前的一段不愉快的经历，那就是吐蕃为此曾大动干戈，李世民是吃了苦头以后才同意通婚的。为什么他原来不同意和亲呢？为了说明其中原因，必须深入探讨一下三大势力间的关系、吐谷浑内部统治集团间的状况和唐太宗采取的策略。

在三大势力之中，吐谷浑处于两大势力之间，是唐朝和吐蕃争夺和

---

① 《旧唐书》卷199下《铁勒传》。

② 《旧唐书》卷80《褚遂良传》。

③ 《通典》卷199《边防典十五·薛延陀》。

争取的对象。在吐谷浑的内部，上层统治集团中的大多数人倾向于吐蕃，一度在长安为质于隋朝的慕容顺属于亲唐势力的代表人物。当时慕容伏允年事已高，大权在握的天柱王“数入塞侵盗”唐朝，当属于亲吐蕃的一派。贞观八、九年（634、635）间，唐太宗派李靖、段志玄等大破吐谷浑后，在他扶植下慕容顺自立为可汗，向唐朝“称臣内附”，[①] 从而建立了一个亲唐政权。他死后其子诺曷钵嗣位，唐太宗妻以弘化公主，“资送甚厚”[②]。贞观八年，松赞干布遣使于唐，唐太宗命冯德遐报聘，松赞干布见德遐大喜，听说突厥和吐谷浑皆尚唐朝公主，所以也遣使随德遐入朝，“多赍金宝，奉表求婚”。但唐太宗没有答应和亲。[③] 吐蕃使者回去向松赞干布报告：“初至大国，待我甚厚，许嫁公主。会吐谷浑王（此‘王’字衍）入朝，有相离间，由是礼薄，遂不许嫁。”[④] 就当时形势而言，诺曷钵是吐谷浑中的亲唐派，对吐蕃持敌对态度，他离间唐朝同吐蕃的关系是合情合理的。对唐朝来说，为了支持诺曷钵在吐谷浑的统治，也难于同他的敌对势力吐蕃通婚，否则就会产生有利于吐谷浑内部反诺曷钵的集团的副作用。所以唐太宗拒绝松赞干布的请婚，实际具有加强诺曷钵同吐蕃矛盾的意图。后来没有想到弄巧成拙，吐蕃不但因此在贞观十二年（638）大举进攻吐谷浑，而且也攻打唐朝的松州（治所在今四川松潘），战火烧到唐太宗自己头上来了，才最后许以文成公主和亲吐蕃。可见在处理唐朝、吐谷浑、吐蕃三者间的关系时，唐太宗也施展过

① 《旧唐书》卷198《吐谷浑传》。

② 《旧唐书》卷198《吐谷浑传》。

③ 《旧唐书》卷196《吐蕃传》。按吐谷浑求婚于贞观十三年（639），次年弘化公主入吐谷浑，则知此处所谓请婚系指贞观八年伏允为其子求婚事，但这次因伏允不肯亲迎而未果。唐与突厥通婚事系指贞观八年唐太宗许婚西突厥统叶护可汗之举。王忠在《新唐书吐蕃传笺证》一书中认为吐蕃请婚当在贞观十年（636），理由是：第一，《旧唐书》卷3《太宗纪》载：“十年十二月壬申，吐谷浑郡王慕容诺曷钵入朝”。据此认为“请婚是贞观十年，即公元六三六年事。本传下文有‘会吐谷浑王入朝’之言，似吐蕃与吐谷浑请婚约为同时之事。”第二，“又《新唐书》卷110《阿史那社尔传》云：‘突厥处罗可汗之次子……十年入朝……诏尚衡阳公主。’是突厥得尚公主亦为吐蕃请婚时事。”（该书第27页）我觉得这两个根据都不确凿，因为：第一，伏允曾为其子请婚于贞观八年，与冯德遐使吐蕃的年代正相吻合，舍八年说而取十年说，没有充足的理由。第二，据《阿史那社尔传》，他在贞观十年已归降唐朝，任驸马都尉，“典卫屯兵”，所以他是以唐朝蕃将的身份尚公主，根本无两族和亲的性质。王忠同志忽略了贞观八年唐朝和亲于统叶护事，故解释不免牵强。据此，松赞干布开始请婚一事，以置于八年为长。

④ 《旧唐书》卷196《吐蕃传》。

权谲，只是玩弄得并不成功而已。

唐太宗所采取的上述策略和手段，在今天看起来，都是不可取的。至于传统的大汉族主义意识，在他的言论中不时流露，就更不待言了，不必一一枚举。

我们指出唐太宗处理民族问题上的局限性，丝毫不意味着想从总体上抹杀他在这一方面的进步性，也不想否定这种进步性占据绝对的支配地位。唐太宗在缔造我国多民族国家上做了很多前人所没有做到的事，有很大的贡献。所谓局限性，只占从属地位而已。

为什么要特别谈一下唐太宗民族政策的局限性呢？我的意图在于从理论上纠正一下，长期以来有关民族关系史的论著，多大谈历史上各族之间的友好交往而有意回避一些民族矛盾的偏向。按照马克思列宁主义的民族理论，民族压迫和民族矛盾是生产手段私有制和剥削制度造成的，剥削阶级不可能真正实行民族平等和民族团结的政策。恩格斯说："迄今为止，一切统治者及其外交家玩弄手腕和进行活动的目的可以归结为一点：为了延长专制政权的寿命，唆使各民族互相残杀，利用一个民族压迫另一个民族。"① 最开明的唐太宗，作为封建统治者，不是也玩弄过这种手腕吗？在阶级社会里，这是不可避免的。正因如此，列宁才没有美化十月革命前俄国的民族关系，而是把这个多民族国家称作"民族牢狱"。列宁还说："无产阶级认为民族要求服从阶级斗争的利益。"② 只有无产阶级取得革命胜利，消灭了剥削制度，彻底打倒了剥削阶级的统治者，才能真正把"民族牢狱"改造成为和睦的民族大家庭。正如马克思和恩格斯所说："民族内部的阶级对立一消失，民族之间的敌对关系就会随之消失。"③ 所以我们在看到历史上存在民族友好交往的同时也揭示一些民族关系的阴暗面，不但没有害处，反而有利于加强今天的民族团结，这样做恰恰可以教育各族人民，使他们认识到中华人民共和国的成立对于民族关系的改造具有多么伟大的意义，使他们更加感觉到今天的民族团结是如何来之不易，使他们进一步体会到贯彻党的无产阶级民族政策

① 《马克思恩格斯选集》第 1 卷，人民出版社 1972 年版，第 304 页。

② 《列宁选集》第 2 卷，人民出版社 1972 年版，第 521 页。

③ 《马克思恩格斯选集》第 1 卷，人民出版社 1972 年版，第 270 页。

是多么重要，使他们从理论上明确大汉族主义和地方民族主义是剥削阶级影响的残余，应当加以彻底清除。如果一味强调历史上民族关系的光明面，回避民族矛盾和民族斗争的史实，就很难进行上面所说的这些教育。关键的问题不是不讲民族关系史上的阴暗面，而是要用历史唯物主义的基本理论武装各族人民，让大家能够正确地对待这些不愉快的往事。只有各族人民真正普遍掌握马列主义的民族理论和阶级观点，我们的民族团结才能建立在非常坚实的基础之上。

（原载《历史研究》1982 年第 6 期）

再论唐太宗的民族政策

——兼答熊德基先生

《历史研究》1982 年第 6 期发表了熊德基先生《唐代民族政策初探》[①] 及拙著《唐太宗民族政策的局限性》[②] 二文，两篇文章各侧重谈一个方面，虽然看法略有分歧，但在大的方面论点是一致的，即都认为唐太宗的民族政策具有进步性，应当加以肯定，只是对其局限性的多少估计略有不同而已。最近，熊德基先生又在《中国史研究》1985 年第 3 期发表了《从唐太宗的民族政策试论历史人物的局限性》一文，并且加了副标题《与胡如雷同志商榷》[③]。在这里我首先表示热情欢迎，理由有二：一是"文化大革命"以后，学术界的争鸣文章多不点名，这是一种不正常的现象，熊先生坦率地点名辩论，有益于树立良好的学风。二是拙文《局限性》中有笔误，虽然早在《李世民传》里作了更正，但承蒙熊文指出，仍有必要，谨于此表示谢意。

至于《商榷》一文所提出的尖锐意见，则基本上不敢苟同，故草此短文略事辩驳，再次就教于熊先生。

一　有关的几个理论问题

开宗明义，须要首先指出，熊先生的前后二文在论点上有明显的自

---

① 以下简称《初探》。

② 以下简称《局限性》。

③ 以下简称《商榷》。

相矛盾的地方。如《初探》一文曾说："任何统治阶级的政策都有其阶级局限。唐李氏出身于关中'八柱国家'之一的大世家，他们的政策必然从他们的阶级利益出发，民族政策力求'四夷降伏，海内乂安'，也是为达到统治阶级长治久安的目的。""封建王朝的民族怀柔政策，不管如何开明，都要受到不可逾越的统治阶级利益的制约。"但在《商榷》一文中作者却说："唐太宗确有其阶级局限性，如他大力提倡法治，甚至一再诏谕法司对'死刑'要'三覆奏'、'五覆奏'。但为了巩固他的统治或维持个人威信，又亲自制造许多冤案，甚至因迷信而有意地诛杀有功的大将。但未必表现于民族政策方面。"看来在 1982 年，熊先生认定唐太宗的民族政策有局限性，到 1985 年就不存在局限性了。其实岂止前后二文有矛盾，即在《商榷》一文中说法也极不统一，时而说唐太宗的局限性"未必表现于民族政策方面"，时而说他"也流露出卑视或辱骂少数民族的思想和言论。这就是他的历史局限性的具体表现"。于是读者不禁坠入了五里雾中，弄不清唐太宗对少数民族的态度和实行的政策究竟有没有局限性。

熊先生在理论上对局限性的论点也是自相矛盾的。《商榷》一文认为历史人物的局限性，"无非是指历史人物某些活动的一种量的规定性"。局限性"并非每个人都平均一样，也不一定平均的表现在一个人的一切方面"。同时却又说阶级利益"制约着人们的立场、思想和意图及行动的方向和限度"。至此读者必然会提出这样的质疑：阶级的局限性究竟是一个数量问题呢？还是一个本质问题呢？没有一个人会荒唐到认为局限性"每个人都平均一样"和"平均表现在一个人的一切方面"这样的程度。但怎么能用"量的规定性"来给局限性下定义呢？实际上，阶级的局限性恰恰是一个实质性的问题，重要的问题不在于它的存在是否"平均"，而在于它普遍存在于同一阶级的一切人身上，只不过各人程度不同而已。至于是否存在一个人的一切方面，我觉得那要作具体分析，凡属与一个人的阶级性无关的方面，自然可以不存在这种局限性；但凡属于阶级性有关的方面，阶级局限性都存在，自然程度上可因人而异。这是由于地主阶级的任何统治者在考虑、处理此类问题时，都不可能不从一定的立场和观点出发，而这些立场、观点和政策都不可能不具有阶级性。因此，认为唐太宗的某些政策可以没有阶级的局限性，显然是错误的。还应当指出，进步性和局限性有时是用于分别叙述或论证两件事，有时却能反映同一事物的两个方面，即最进步的政策和措施也不可能不具有阶级性，不体现阶级利益。譬如文成公主和亲松赞干布一事，不但唐朝同吐蕃曾因此一度兵戎相见，而且唐太宗此举毕竟具有维护封建统治的目的。但我们并不因此否定这次和亲的意义和作用，因为客观上起的作用、在历史上的地位与阶级局限性是两个问题，或者说是同一事物的两个不同方面。这两个方面是对立统一的关系，并不是有此无彼或有彼无此的关系。

《商榷》一文正是由于未能很好认识这种辩证关系，所以在引用经典语录上颇有文不对题的地方。如作者先引马克思的话“要了解一个限定的时期，必须跳出它的局限，把它与其他历史时期相比较。要判断历届政府及其行动，必须以它们所处的时代以及它们同时代的人们的良知为尺度。任何人看到培根本人把魔鬼学列入科学编目，就不会责难一个十七世纪的英国政治家依据迷信行事”。又引列宁的话，“判断历史的功绩，不是根据历史没有提供现代所要求的东西，而是依据他们比他们的前辈提供了新的东西”。用以说明“怎样估计历史人物的局限性”的原则。马克思所指的以同时代人的良知为尺度判断一个历史行动，并不是谈论有无局限性的问题，而是要求人们理解这种行动产生的社会环境和当时的“合理”性。难道培根把魔鬼学列入科学编目也没有局限性吗？列宁所说的是“判断历史的功绩”的原则，并不是判断历史局限性的原则，怎么可以张冠李戴呢？

《商榷》一文认为拙文是以后世、后人的观点和标准来要求7世纪的唐太宗，是“苛求古人”。这就牵涉到史学工作者应当站在什么样的时代高度、哪一个阶级的立场来分析历史人物的局限性问题。所谓时代局限性，就是当时历史环境制约下不得不出现的局限性，如果不从另一个更高、更发展的时代高度来进行历史的回顾，当然就根本不可能发现这种局限性，当时人处于当局者迷的地位，不可能自行觉察到这一点。前引马克思的话中有“要了解一个限定的时期，必须跳出它的局限，把它与其他历史时期相比”，所说的正是这一点，可惜熊先生恰恰把这句话的含义看漏了。判断唐太宗的阶级性，只能站在无产阶级的立场上，如果站在地主阶级的立场上就根本看不出他有什么阶级局限性。谈论局限性是否就犯了非历史主义的“苛求古人”的错误呢？完全不是这样。所谓“苛求古人”，是指要求古人做他们所不能做到的事，并因此对他们做否定的评价；指出局限性并不是要求古人超越时代和阶级，而是在肯定其进步作用和积极面的同时要对他们进行全面的观察，以免陷于盲目的歌颂。譬如我们谈到资产阶级革命的局限性时，大家一致的说法是：“用一种新的人剥削人的制度代替了旧的人剥削人的制度。”如果按照熊先生的观点，这样谈显然就是“苛求古人”，因为在他看来，不能要求资产阶级进行社会主义革命，消灭人剥削人的制度。只要肯定资产阶级革命推翻封建制度，资本主义社会比封建社会进步，革命具有伟大意义和进步性，这样谈论资产阶级革命的局限性，就不算“苛求古人”。

以我之见，不但古人有历史局限性，地主阶级和资产阶级中的人物有历史局限性，任何时代的人也都具有局限性，概莫能外。这是由于：首先，历史是一条永远奔腾向前的长河，没有止境，人类社会总是处于由低级向高级发展的过程中，每一代人或每一个人，至多只能比他们的前人多做一些事情，多成就一些事业，多认识一些前人所从未认识的事物，但他们的后人总会比他们成就更多的事业，认识更多的事物。其次，根据马克思主义的认识，不论多了不起的思想家，他所发现和认识的真理，都既包括绝对真理成分，也包括相对真理成分。多么伟大的人物所创造的理论，也不能全部是绝对真理而不包括相对成分，正因如此，理论方能在实践中继续前进。马克思和恩格斯创立了辩证唯物主义、历史唯物主义理论体系，做出了伟大的贡献，由于历史条件的局限，却不能做出无产阶级革命可以首先在一国取得胜利的结论，不能预言帝国主义发展的不平衡性，只有到帝国主义时代，才能由列宁做出新的理论贡献。列宁只看到了托拉斯和卡特尔，只讲商品输出和资本输出，却不可能就跨国公司、欧洲共同市场及技术输出、信息社会做出预言，也同样是由于历史的局限。即令我们今天的人，也还会由于历史环境的制约而存在局限性。到人类进入共产主义社会、阶级完全消灭以后，回顾我们今天史学家的论著时，同样还会发现既有贡献，也存在不足的地方和片面之处。这并不是对每一代人、每一个人进行“苛求”，而是无情的客观现实。比前人有创新，比后人有不足，最幸运的人物也只能处于这样的历史地位。

拙文《局限性》征引了列宁“民族牢狱”的说法，指出民族矛盾、民族关系中的阴暗面不但客观存在，而且可以用以教育今人珍视和加强现在的民族团结，即使之起忆苦思甜的作用。《商榷》一文也认为“如果为了研究历史，总结民族关系的经验并进而上升到理论的高度以发现它的规律性，则无论是民族友好或民族矛盾，确有必要全部都应如实的反映出来，否则是不可能取得科学的结论的”。但紧接着又认为“科学研究与教育工作是既有联系又有区别的”。言外之意，为了进行教育，就不能把民族友好和民族矛盾“如实的反映出来”，也难以谈论经过全面研究所发现的“上升到理论的高度”的“规律性”。接着并就这些问题对拙文提出三点问题：“(1) 中国历史上确存在着民族矛盾和民族压迫，但比之民族友好交往，究竟哪方面更多，更深，占得时间更长，规模更大？即哪一方面占主流？它是哪些物质的、思想的条件造成的？(2) 中国历代王朝处理民族关系的政策和措施有无不同于别国的独具的特点？这些特点与十月革命前的沙皇的民族政策相比较有何异同？希望胡同志提出有确然可信的史实为例证的理论见教；(3) 在教育人民时，揭示民族关系中的阴暗面何以反能有利于民族团结？（我不敢轻率地判定它有利或有害。但历史告诉我：努尔哈赤在兴兵伐明时，曾捏造和渲染所谓‘七大恨’，确曾激发了满族战士对明的仇恨而提高了战斗力；辛亥革命前的一些民主革命志士宣传‘扬州十日’和‘嘉定三屠’，也对推翻清室的统治起了很大的鼓动作用)。”这几个问题确实很重要，须要加以辨明。只是由于个人世界史的知识不多，业务水平有限，还不可能全面做出答复，兹就力所能及者略事争辩。

首先需要提出的是，科学性与革命性是否需要统一的问题。符合科学的结论和发现的客观历史规律是否有一些不能用来教育各族人民？关于此点，恩格斯说：“科学愈是毫无顾忌和大公无私，它就愈加符合于工人的利益和愿望。”[①] 列宁也指出，马克思主义的理论“对世界各国的社

---

① 《马克思恩格斯选集》第 4 卷，人民出版社 1972 年版，第 254 页。

会主义者之所以具有不可遏止的吸引力，就在于它把严格的和高度的科学性……和革命性结合起来”[①]。按照熊德基先生的说法，研究民族友好及民族矛盾所得到的科学结论及所发现的“规律性”，不能用于教育人民，即不具有革命性。于此不禁要向熊先生请教，为什么在中国古代民族关系问题上科学性与革命性就统一不起来呢？这难道是正常的吗？为什么只有用片面性的历史才能教育人民呢？“拒绝科学，竭力蔑视任何概括，躲避历史发展的一切‘规律’，用树木挡住森林”，正是列宁批评司徒卢威对“科学分析”所持的“绝望”态度。[②]我国各族人民是革命的力量，相信会张开双臂拥抱科学的真理，绝不会像资产阶级那样采取理论上的怯懦态度。认为他们文化水平不高、政治觉悟低，只能隐瞒科学研究所得出的结论，只能用片面的历史知识当教材，恐怕是太低估了各族革命人民的水平。

其次，在中国历史上，民族关系中的主流是友好交往呢？还是矛盾和压迫？这是一个史学界尚有争议的问题，远非一两篇短文可以解决。我写这篇短文是为了答复熊先生的问题，没有必要卷入这个纠缠不清的争论旋涡。

再次，中俄两国在封建主义时代的民族关系各有什么特点，个人由于对俄国史毫无研究没有发言权。想必熊先生对俄国史是很有造诣的，所以能够看到中俄两国民族关系的各自特点。我想请熊先生就这个问题提供有价值的成果，亮明自己的看法，以广我们的见识。我之所以介绍列宁的观点，是由于个人感到经典作家所谈的道理，是放之四海而皆准的、具有普遍指导意义的理论，并不完全是单就一个国家的问题就事论事。列宁还说：“民族压迫政策是专制制度和君主制度的遗产。”[③]中国封建社会也实行专制制度和君主制度，为什么中国的统治者就那么善良？请熊先生谈谈中俄两国的封建统治者，在阶级性上各有什么特点。列宁认为：“在资本主义制度下，要消灭民族的（和一般政治上的）压迫是不可能的。”[④]封建

① 《列宁选集》第1卷，人民出版社1972年版，第81页。
② 《列宁全集》第20卷，人民出版社1958年版，第192页。
③ 《列宁全集》第24卷，人民出版社1957年版，第269页。
④ 《列宁全集》第22卷，人民出版社1958年版，第319页。

社会的民族压迫，实际上也不会比资本主义开明，皇帝专制更加粗暴。恩格斯非常中肯地教导："只有无产者才能够消灭各民族的隔离状态，只有觉醒的无产阶级才能够建立各民族的兄弟友爱。"① 以上这些道理，无论对俄国、对中国，还是对全世界，都完全适用。中国的封建皇帝无论多么开明，也不"能够建立各民族的兄弟友爱"。如果熊先生认为唐太宗能够做到这一点，恩格斯的话不适用于唐朝，请加以论证。

最后，谈论历史上的民族矛盾和民族关系中的阴暗面，是否有损于今天的民族团结？熊先生虽然谦虚地说"我不敢轻率地判定"，但从下文所举的例证"七大恨"和辛亥革命宣扬"扬州十日""嘉定三屠"看，熊先生的看法不说自明，即认为不利于民族团结。对此，须要提出以下几点质疑：第一，俄国十月革命以后，苏维埃政权也致力于建立友好和睦的多民族国家。列宁却大谈革命前的"民族牢狱"，难道革命导师就不怕这样说影响民族团结吗？为什么谈论俄国革命前民族关系中的阴暗面就不会对民族团结不利而在我国这样说就有害于民族团结呢？第二，绝口不谈唐代民族关系中的阴暗面，在实践中能够做到吗？熊先生在《初探》一文中就大谈武则天当权后"唐初的民族政策即开始遭到破坏，各民族的关系也开始动乱"；"边将又轻启边衅"，营州都督赵文翙（按熊文脱一"文"字）对契丹等族"遭受到饥荒不仅不加赈济，而且对其酋长视同奴隶"；唐玄宗对少数族"穷兵黩武，也导致边将轻启边衅"；玄宗还"忽视了民族怀柔政策，一意加强边兵"等情况。熊先生谈论的这些史实是否属于阴暗面？为什么写这些东西就无害于今天的民族团结？第三，即令对唐代民族关系中的阴暗面矢口不谈，宋辽、宋夏、宋金战争能够不谈吗？文天祥的事迹能从历史上抹掉吗？元朝的四等级制能够回避吗？按照熊先生的意见不讲"扬州十日"和"嘉定三屠"即令可以做到，清朝的薙发令、文字狱和农民的抗清斗争也能不讲吗？无可讳言，抱着加强民族团结的目的回避历史上的民族压迫和民族关系中的消极面，是出于善良的愿望，无奈这样的做法太幼稚，也是完全行不通的。

无产阶级的史学工作者理所当然地是唯物主义者，而彻底的唯物主

---

① 《马克思恩格斯全集》第2卷，人民出版社1957年版，第666页。

义史学家首先应当不畏惧铁的历史事实，我们没有必要隐瞒史实和歪曲历史记载，关键的问题是要以正确的观点和态度科学地分析历史现象。只要得出的结论是实事求是的、科学的，就不会对无产阶级的利益带来任何不利。对于历史上民族关系中的消极面，根本不可能避而不涉及，只要在谈论时采取批判、否定的态度，并揭露其造成的根源是剥削阶级的阶级性和客观时代条件，就不会产生不利于民族团结的影响。列宁就是根据这样的原则大谈“民族牢狱”的。

二　关于若干史实、记载的说明和辩驳

《商榷》列举了不少史实，用以证明《局限性》一文的论证缺乏有力的史料依据，甚至有歪曲记载之处。对此谨作如下辩驳。

《商榷》举出的第一件史实是，唐太宗平定东突厥后，关于安置突厥降众的问题，没有采纳窦静的意见，而是采取了温彦博的建议，所以不能说李世民的安置政策具有分而治之的目的。对此，还是请温彦博本人来作证吧。他在同魏徵进行反复的辩论时亲口说，按照他的主张任突厥人在河南、河北居住，“各有酋长，不相统属，力散势分，安能为害？”①熊先生虽然也引用了这条史料，但不知为什么就是不能从其中看出分而治之的目的。《商榷》接着说，把突厥之地分为东西二部羁縻府州，“都是按照颉利和突利二人原来统辖的范围划分的”，即没有“分其土地，析其部落”的意图，但原来的突厥是作为一个民族整体而存在的，往往举族南下就是证明，同现在的“各有酋长，不相统属，力散势分”有显著的区别。

唐太宗以近万家突厥降众迁于长安，并拜其酋长为将军、中郎将、五品以上官，拙文认为此举具有二重性：一方面体现了政策的开明处，一方面也具有便于控制与监视的目的。熊先生认为这是自相矛盾的说法，即把二重性绝对化地对立起来，认为如果政策开明就不会有控制监视的

① 《贞观政要》卷9《安边》。

性质，如果目的中有控制监视的因素政策就不可能开明。这种简单的看法是根本不符合辩证法的。事物的复杂性恰恰在于具有多种因素，所以我们必须全面观察史实。熊先生认为唐太宗的这种政策完全是进步的，没有局限性，但后来因阿史那结社率夜犯九成宫御营的事败露之后，李世民“悔处其部众于中国，还其旧部于河北”，并说“初，不纳魏徵言，遂觉劳费日甚，几失久安之道”。[①]《商榷》一文对此却不置一词。不知道熊先生认为唐太宗的懊悔有没有局限性？李世民前后矛盾的态度恐怕给熊先生出了一个难题。拙文说太宗的政策开明，是将其与残酷镇压或“化胡虏”为汉民的民族同化政策相较而言，并不是与控制监视政策相比较，因此根本不发生是否自相矛盾的问题。

关于贞观十三年（639）结社率谋袭九成宫御营一事，《商榷》反对我把它说成“小小的事件”，认为这是“谋反大逆的阴谋案件”，并不赞成我把太宗因此事而将突厥北迁漠南的做法看成是利用突厥与薛延陀间的矛盾。于此首先要纠正熊文的一个错误，《唐律》的“十恶”中有“谋反”和“谋大逆”，并无“谋反大逆”。把这件事说成“谋反”是可以的，说它是“谋大逆”则欠妥，按《唐律》给“谋大逆”下的定义是“谋毁宗庙、山陵及宫阙”。[②] 看来熊先生判断事件的大小，不是根据历史事件在当时的社会政治意义，而是看结社率犯了哪些律条。这同鄙意大相径庭。拙文是在袭九成宫御营与北迁突厥二事之间进行比较，在这一意义上，前者不过是一件偶然的少数族成员的个人犯罪问题，后者则是牵涉数以万计的突厥人口集体迁徙的大事，其性质和意义是完全不能同日而语的。熊文也承认北迁突厥的意图之一是“加强北边防御”，“等于移防”，所防的敌人难道不正是薛延陀吗？熊文还以太宗“明令薛延陀与突厥不得互相侵犯”的史实否定他利用两族间的矛盾，还是让我们看看铁的史实吧。东突厥亡后，薛延陀势力乘机发展，“东至室韦，西至金山，南至突厥，北临瀚海，即古匈奴之地，胜兵二十万”。“太宗亦以其强盛，恐为后患。”[③]这就是突厥北迁时的背景和形势。薛延陀夷男听说阿史那思摩北归漠南，

① 《贞观政要》卷9《安边》。

② 《唐律疏议》卷1《名例》。

③ 《旧唐书》卷199下《铁勒传》。

"心恶思摩，甚不悦"①。突厥方面则"咸惮薛延陀，不肯出塞"。当时部落仅三万户，胜兵不过四万，正是在这种情况下唐太宗赐薛延陀玺书："尔在碛北，突厥在碛南，各守土疆，镇抚部落。其逾分故相抄掠，我则发兵，各问其罪。"② 可见突厥与薛延陀之间本来就存在交恶的关系，一个不欢迎对方北来，一个不愿意北迁，正是在唐太宗的强制下突厥才勉强接受了"守吠北门"的任务。由于两族相较突厥处于劣势，唐太宗才赐玺书薛延陀，实际上李思摩根本无力也不可能主动攻打薛延陀，所谓"各守土疆"，劝禁"逾分故相抄掠"，只是外交官腔，实质上这封玺书是对薛延陀的单方面警告，也等于是保护北迁突厥，毫无加强民族和睦关系的意图，因此不能否认唐太宗具有利用民族矛盾以加强边防的政治目的。

据《通鉴》载，贞观十二年（638）薛延陀真珠可汗"立其二子拔酌、颉利苾主南、北部"，唐太宗"拜其二子皆为小可汗"，"外示优崇，实分其势"。③ 贞观十九年（645）记载真珠卒时又云"初，真珠请以其庶长子曳莽为突利失可汗，居东方，统杂种；嫡子拔灼为肆叶护可汗，居西方，统薛延陀；诏许之，皆以礼册命"。真珠卒后，拔灼袭杀曳莽，自立为"颉利俱利薛沙多弥可汗"④。《册府元龟》卷964、《唐大诏令集》卷128、《全唐文》卷6贞观十二年册文"灼"字均作"酌"。熊先生认为"拔酌"即"拔灼"，《通鉴》两次提到的太宗册真珠可汗子实为一事，说我把一件事误说成二事，所以《局限性》一文据此说太宗"制造该部的内部矛盾"不能成立。首先需要说明的是，史籍记载的究竟是一事还是二事，只能存疑，因为：拔酌与颉利苾原来是分主南、北二部，拔灼和曳莽是分主东、西二部，两处记载册封有可能是二次。再者，即令"拔灼"就是"拔酌"，颉利苾与曳莽亦绝非一人，因后者封为突利失可汗，而突厥与薛延陀均属铁勒诸姓，同操突厥语，突厥原有颉利可汗和突利可汗，分辖东、西二部，是知薛延陀之颉利苾与突利失可汗亦为二人。至少目前熊先生还没有举出材料证明二者为一人。果尔则册封仍

① 《旧唐书》卷199下《铁勒传》。

② 《通鉴》卷195贞观十三年七月。

③ 《通鉴》卷195贞观十二年九月。

④ 《通鉴》卷198贞观十九年九月。

有可能是两次，即拔灼先与颉利苾一起受封，后来又同曳莽一起受封。熊文以史籍中无第二次册封的册文为理由肯定只有一次册封，但唐代诏令、册文保存至今者仅属少数，大多都散佚或失载。这一理由也无太大的说服力。如果真珠可汗仅有二子，那么把颉利苾和曳莽视为一个还说得过去，但我们起码知道，大度设也是夷男之子，所以不宜做如此假设。其次，再退一步说，即令册封小可汗果真是一次，这对我的结论又有什么妨碍呢？唐太宗册封拔酌和颉利苾时不是已经具有“外示优崇，实分其势”的意图吗？再举一例略事证明，唐太宗原已同意与薛延陀和亲，贞观十七年（643）蕃将契苾何力奏称：“夷男性刚戾，既不成婚，其下复携贰，不过一二年必死，二子争立，则可以坐制之矣！”太宗“从之”。褚遂良等众臣以为绝婚失信，建议践婚约，唐太宗却说：“薛延陀所以匍匐稽颡，惟我所欲，不敢骄慢者，以新为君长，杂姓非其种族，欲假中国之势以威服之耳。彼同罗、仆骨、回纥等十余部，兵各数万，并力攻之，立可破灭，所以不敢发者，畏是中国所立故也。今以女妻之，彼自恃大国之婿，杂姓谁敢不服！戎狄人面兽心，一旦微不得意，必反噬为害。今吾绝其婚，杀其礼，杂姓知我弃之，不日将瓜剖之矣，卿曹第志之。”连司马光都有点看不下去，于是就此发了如下的议论：“臣光曰：孔子称去食、去兵，不可去信。唐太宗审知薛延陀不可妻，则初勿许其婚可也；即许之矣，乃复恃强弃信而绝之，虽灭薛延陀，犹可羞也。”① 真珠卒后二子相残，是唐太宗求之不得的事，怎么能说他不肯利用薛延陀内部的矛盾呢？

《局限性》一文说唐太宗借口通婚，向薛延陀大量索求聘礼，是对该族人民的“间接剥削”。《商榷》认为真珠可汗搜刮牲畜是出于他的“求婚心切”，“唐太宗本来没有向他索取财物”。《旧唐书·铁勒传》载，太宗“许以新兴公主妻之，因征夷男备亲迎之礼，仍发诏将幸灵州与之会”。后来又“发使受其羊马”，由于“羊马多死”，而且“后期”，他决定停幸灵州。聘礼羊马最后来时，因“所耗将半”，唐朝议者反对“聘财未备而与之婚”，坚持“当须要其备礼”，“于是下诏绝其婚”，可见李世民原来责夷男“备亲迎之礼”，并不是如熊先生所说，“本来没有向他索

① 《通鉴》卷 197 贞观十七年闰六月。

取财物”；而且索求的羊、马有数量规定，“聘财未备”，成为绝婚的理由。这一切难道能用夷男“求婚心切”来解释吗？恐怕不是我的说法“不合事实”，恰恰是熊先生的论点没有史实依据。

拙文《局限性》中介绍了松赞干布请婚遭拒绝后出兵攻打吐谷浑和进攻唐朝松州的史实。说唐朝虽然取胜，太宗是“吃了苦头以后才同意”文成公主和亲吐蕃。《商榷》对此也提出异议，认为吐蕃军“并未攻下松州”，“显然此役未经大战”，不能说“战火烧到了唐太宗自己头上来了，才最后许以文成公主和亲吐蕃”。按当时吐蕃军“二十余万屯松州西境”，此役唐军步骑五万左右。[①] 战争的规模并不算小，而且造成“边民大扰”[②] 的严重形势。熊先生认为“唐太宗是从整个战略上考虑再许婚的”。于此不禁要提出以下的质疑：为什么打仗以前，唐太宗不能从整个战略上考虑允许和亲呢？如果战争规模很小，不发生什么作用和影响，为什么唐太宗在战争前后的态度发生了转变呢？除战争以外还产生了哪些新的因素促成了这种转变呢？希望熊先生能做出“符合”“史料原意”及“历史实际”的解释。

《商榷》说唐朝的民族政策是唐高祖李渊制定的，即所谓“怀柔政策”，《初探》中的史料依据是武德二年的诏令：“……是以昔王御宇，怀柔远人，义在羁縻，无取臣属。朕祗应宝图，抚临四极，悦近来远，追革前弊，要荒藩服，宜与和亲……静乱息民……”[③]《商榷》并指责拙文是“抹煞高祖首创之功而仅说太宗执行的民族政策‘高明’、‘进步性’，是否对唐太宗有偏爱赞颂之嫌？”首先，李渊自己就承认，“怀柔远人”是“昔王御宇”的传统原则，并不是他的什么新创造。和亲则始于西汉。这些冠冕堂皇的话在历代诏令中俯拾即是，如汉文帝遗匈奴书中就说：“《书》曰：‘二国已和亲，两主欢悦，寝兵休卒养马，世世昌乐，阖然更始。’朕甚嘉之。圣人者日新，改作更始，使老者得息，幼者得长，各保其首领而终其天年。朕与单于俱由此道，顺天恤民，世世相传，施之无穷。天下莫不咸便。”[④] 因此，认为唐高祖的一道诏书就为唐朝二百多年

① 《通鉴》卷195贞观十二年八月。

② 《册府元龟》卷978《外臣部·和亲》。

③ 《册府元龟》卷174《帝王部》。

④ 《史记》卷110《匈奴列传》。

的民族政策定下了基调，未免把问题看得过于简单了。其次，谈论唐代民族政策的开明性，莫不以和亲及设置羁縻府州为主要内容。关于和亲，唐高祖于义宁年间曾遣使赍女妓遗突厥始毕可汗“以结和亲”，这显然谈不上是什么真正的和亲，因女妓既非公主，又非宗女。以后，武德五年（622）、六年（623）先后有西突厥和东突厥请婚之事，均未通婚。武德八年（625），西突厥叶护再请婚，也由于颉利频岁攻唐，路梗，未果。[①]而唐朝第一次和亲，也是中国历史上意义最大的一次，就是唐太宗贞观十二年（638）以文成公主妻松赞干布。关于设置羁縻府州，史称：“唐兴，初未暇于四夷，自太宗平突厥，西北诸蕃及蛮夷稍稍内属，即其部落列置州县。其大者为都督府，以其首领为都督、刺史，皆得世袭。”[②]这里可注意者有二：一则李渊“未暇于四夷”，说他为以后二百多年的民族政策奠定基础，纯属无稽之谈。再则，作为重要的贯彻民族政策的制度——羁縻府州恰恰是创建于贞观朝，而不是武德朝。至于高祖诏中的“每为羁縻”，并非指羁縻府州而言，“羁縻”二字古籍中早已用于民族关系，并非李渊的新创造，如《史记·司马相如列传》中就有“盖闻天子之于夷狄也，其义羁縻勿绝而已”之语。最后，拙文的标题是“唐太宗民族政策的局限性”，只谈唐太宗本人又有什么不可以呢？尤其令人奇怪的是，认为唐太宗的局限性“未必表现于民族政策方面”的熊德基先生自认为对唐太宗没有“偏爱赞颂之嫌”，而大谈唐太宗民族政策局限性的我，却“对唐太宗有偏爱赞颂之嫌”。这真是令人难以理解。

三　必须全面分析唐朝的民族政策和民族关系

熊先生在《初探》一文中把唐朝的民族政策概括为“怀柔政策”，应当承认，李氏王朝的很多皇帝确曾实行过这种开明的政策；但唐朝的民族政策绝对不是以“怀柔”二字可以概括得了的，它还有另外的一面。

---

① 《册府元龟》卷978《外臣部·和亲》。

② 《新唐书》卷43下《地理志七下》。

《旧唐书·回纥传》史臣曰："自太宗平突厥，破延陀，而回纥兴焉。太宗幸灵武以降之，置州府以安之，以名爵玉帛以恩之，其义何哉？盖以为狄不可尽，而以威惠羁縻之。开元中，三纲正，百姓足，四夷八蛮，翕然向化，要荒之外，畏威怀惠，不其盛矣！"这里所一再强调的"惠"，即指怀柔而言；所说的"威"，即威慑、统治而言，因为在封建主义时代，多民族国家中一般都有统治民族与被统治民族的区别。如果考虑到民族政策的各个方面，似乎把它称作"羁縻政策"更加符合实际。从唐朝来说，对各族实行的总政策是"以威惠羁縻之"；李氏王朝希望少数民族对唐朝采取的态度，是"畏威怀惠"。实际上，历代都实行羁縻政策，宋人云："忿鸷沓贪，以攻战为业者，夷狄之谓也。故古先哲王，怀之以恩信，惊之以威武，长辔远驭，羁縻不绝而已。"① 当然，不同的时期，不同的统治者，随着形势的不同，羁縻政策中的"威"与"惠"会有不同的侧重，威服和怀柔的色彩可以有浓淡之别，但不论任何历史阶段、任何封建皇帝，其民族政策中都不可能不同时包括这两个方面。把唐朝的民族政策概括为"怀柔"二字，是用玫瑰色涂抹历史，然而却改变不了史实是一个多面体，它的背面不可能不显露出来。

《初探》一文对和亲政策竭尽了讴歌之能事，但这一历史现象也同样具有历史的、阶级的局限性。唐太宗作为封建皇帝，松赞干布作为奴隶社会的赞普，在和亲的问题上必然怀有各自的政治目的，否则就不会发展到因和亲而兵戎相见。金城公主和亲吐蕃是继文成公主和亲之后的另一件值得大书特书的重大历史事件，具有深远的意义；但此事同样也打上了阶级局限性的烙印。史称："（睿宗时）杨矩为鄯州都督，吐蕃遣使厚遗之，因请河西九曲之地，以为金城公主汤沐之所，矩虽奏与之。吐蕃既得九曲，其地肥良，堪顿兵畜牧，又与唐境接近，自是复叛，始率兵入寇。"杨矩"悔惧，饮药而死"②。这就使金城公主和亲减了色。实际上，因通婚而割让土地的事早在太宗时就发生了。乙毗射匮可汗是西突厥的亲唐势力，曾于贞观年间遣使贡方物，并"请赐婚"，唐太宗"许之，诏

① 《册府元龟》卷973《外臣部·助国讨伐门序》。
② 《旧唐书》卷196《吐蕃传》。

令割龟兹、于阗、疏勒、朱俱波、葱岭等五国为聘礼”①。应当承认，以领土为汤沐邑和聘礼是非常不健康的现象。

武德八年（625），西突厥遣使请婚，唐高祖问计于裴矩，裴矩对曰：“西蕃悬远，诚如圣旨，但北寇（东突厥）盛强，数为边害，当今之计，须远交而近攻，权可许婚，以近（攻）颉利，且羁縻之。待一二年后，中国完实，足抗此夷，然后徐思其宜，此盖一时之策也。”“帝然之。”②这说明李渊同意和亲，并不是为了同叶护建立和睦友好的民族关系，而是出于远交近攻的一时权宜之计，最终是要灭亡西突厥的。

唐朝与回纥的关系，可以说是民族关系中之较好者，历朝皇帝不像对其他族那样妻以宗女，而往往以真正的公主和亲回纥，但这种和亲关系也并非一帆③风顺，而且夹杂着一些纵横捭阖的因素。如自咸安公主死后，回纥屡次归阙请婚，“欲继前好”，宪宗“久未之许。至元和末，其请弥切，宪宗以北虏有勋劳于王家（指助平‘安史之乱’），又西戎（吐蕃）比岁为边患，遂许以女妻之”④。当政治上不需要时，任凭你怎样恳切地乞婚也“久未之⑤许”，最后应允和亲是出于对付吐蕃的需要。

前举唐初绝薛延陀婚一事，真珠可汗执意通婚，曾反驳其臣属的反对意见称：“我本铁勒之小帅也，蒙大国圣人树立我为可汗，今复嫁我以公主，车驾亲至灵州，斯亦足矣！”⑥ 唐太宗为了孤立、打击真珠可汗，不顾其上述态度，最后推翻前约而绝婚，也完全是出于政治目的。实际上，唐代皇帝包括李世民本人，拒婚的事史不绝书，无须胪列。《初探》一文列举了不少和亲的史实，但对大量拒婚的记载一条也没有引用，把和亲说得那么富有诗情，不知熊先生对拒婚、推翻婚约又持什么态度？

和亲并不完全是牧歌式的事情，唐与回纥的和亲被封建史臣说成是“忍耻和亲，姑息不暇”。⑦ 不仅如此，有时某些少数民族统治者还以和亲

---

① 《旧唐书》卷194《突厥传》。

② 《册府元龟》卷978《外臣部·和亲》。

③ “帆”原脱。——编者注

④ 《册府元龟》卷979《外臣部·和亲》。

⑤ “未之”原误倒。——编者注

⑥ 《册府元龟》卷978《外臣部·和亲》。

⑦ 《旧唐书》卷195《回纥传》史臣曰。

为假相蒙蔽唐朝，作为发动战争的一种伎俩。如唐玄宗开元六年诏中曾提到有关后突厥的一件往事：“往事默啜狂逆，为人之蠹。又诈降遣使于我求婚，我国家不违，赏赐无数，所在军镇，为之解严，遂背信乘虚，纵凶深犯，损我百姓，陷我数州。”①

和亲发生在李氏皇族和各族的可汗、赞普之间，自然会深深地打上阶级的烙印，产生局限性是必然的。实际上，和亲是唐朝统治者和少数族统治者间进行政治游戏时手中掌握的一张牌，打不打这张牌，什么时候打，取决于客观形势和他们怎样考虑当时的政治利益，是受历史条件制约的，并不是完全出于善良的愿望和缔造中华民族大家庭的高尚动机。和亲狂想曲中实际上伴有一些不和谐的杂音，史学工作者想闭目塞听是办不到的。

和亲是熊德基先生民族关系交响曲中的最强音，情况尚且如此，《初探》所列举的其他方面，自然也不会两样。限于篇幅，不能一一驳论，兹就一般艳称的几件事实略事介绍。

武则天赐后突厥农器、粮种一事是中原与突厥间经济交流中的著名大事件，其原委怎样呢?《旧唐书·突厥传》载：“圣历元年，默啜表请与则天为子，并言有女，请和亲。初，咸亨中，突厥诸部落来降附者，多处之丰、胜、灵、夏、朔、代等六州，谓之‘降户’。默啜至是又索此降户及单于都护府之地，兼请农器、种子。则天初不许。默啜大怨怒，言辞甚慢，拘我使人司宾卿田归道，将害之。时朝廷惧其兵势，纳言姚琦、鸾台侍郎杨再思建议，请许其和亲，遂尽驱六州降户数千帐，并种子四万余硕、农器三千事，以与之。”这次事件的过程中虽然没有大动干戈，却发生了一些不愉快的事情。双方的是非曲直姑不置论，剥削阶级的统治者之间，在大办好事的时候也会发生一些龃龉，是完全合乎情理的。

唐朝后期，李氏王朝与吐蕃之间一再结盟、会盟，穆宗长庆三年甚至树立了“长庆会盟碑”，亦称“甥舅会盟碑。”这些史实一般都是作为汉藏两族友好的见证加以介绍的。于此不禁要问，为什么唐代前期这种

① 《册府元龟》卷980《外臣部·通好》。

事较少，而在后期却史不绝书，难道“安史之乱”以后的两族关系比前期更好吗？对此需要透过现象看到本质。唐朝前期盟会不多，反映当时双方间的冲突和战争并不频繁，两族关系以和睦交往为主流。“安史之乱”以后至长庆三年（823）一再结盟，正说明冲突和战争在双边关系中占了主流，需要不断缓和冲突以便休战和休整。结盟中的一个重要问题就是在两个王朝之间进行划界，这恰恰是疆界因战争频仍而难以划定的表现。建中四年（783）的盟文中就有“甥舅之国，将二百年。其间或因小忿，弃惠为仇，封疆骚然，靡有宁岁”①之语。正是为了解决这种矛盾，德宗才一再遣崔汉衡等人入蕃交涉，并最后由陇右节度使张镒与吐蕃相尚结赞盟于清水，划定疆界。但从贞元二年（786）以后战事又起，界碑被牵倒，烽火连年，于是需要再度结盟定界，然而紧接着就发生了土犁树劫盟之举。起德宗贞元至宪宗元和，战争断断续续达四十年左右。回顾这些会盟通使，正如旧史臣所说：“虽每遣行人，来修旧好，玉帛才至于上国，烽燧已及于近郊。”②最后双方均感内外交困，疲惫不堪，才在穆宗时结盟树碑。此后直至唐亡的八十年中，唐蕃间未再发生大的战争，通使聘问不绝，和睦关系又得到了恢复和维持，消极面退居次要地位了。

讲唐朝与南诏间的经济文化交流，无不举汉族工匠传去丝织技术者，但史实的全貌怎样呢？文宗大和初，南诏大容嵯巅（大容为封号，义“大兄”）悉众掩邛、戎、嶲三州，陷之。入成都，将还，“乃掠子女、工技数万引而南，人惧，自杀者不胜计。……南诏自是工文织，与中国埒”③。原来这次交流是战争掠夺的副产品，双方付出过血的代价。唐朝与南诏的关系，就总体而言，和睦多于战争，双方交流情况尚且如此，其他族与唐朝的关系就更可想而知了。

《商榷》一文不承认唐太宗曾经制造、利用过某些民族内部的矛盾及两个少数民族间的矛盾，但某些少数民族的统治者的确施展过这种策略。唐德宗时，吐蕃相尚结赞“颇多言谋”，曾相与议曰：“唐之名将，李晟

① 《旧唐书》卷196《吐蕃传》。

② 《旧唐书》卷196《吐蕃传》。

③ 《新唐书》卷222《南诏传》。

与马燧、浑瑊等尔，三人必为我忧。”于是“行反间”之计，“遣使因马燧以请和”，但到真正盟会时在土犁树劫盟“以卖燧”。果然德宗于兴元三年册拜李晟为太尉中书令，罢河东节度使马燧为司徒，“竟中结赞之计”①。这是在唐朝内部挑拨离间的铁证。自唐中叶起，唐朝、吐蕃、南诏之间展开了复杂的斗争，先是南诏在吐蕃的诱胁下背唐而降附之，后来异牟寻复谋归唐，又受到吐蕃的掣肘，在这样的情况下唐朝同吐蕃之间根本不可能在南诏左右摇摆的问题上协调好三方间的关系。

列举上述史实的目的是借以说明，在以阶级对抗为主的社会里，民族矛盾作为阶级矛盾的派生物，是无时不在、无处不有的。即令像和亲这样的好事，也不可能不打上时代的和阶级的烙印，显示出局限性来。把封建国家想象成多民族的理想王国，是一厢情愿的空想。当时的实际状况是：矛盾中有交往和经济文化交流，和睦相处时期也在酝酿新的斗争，交往中还存在纵横捭阖，即此中存彼，彼中有此。忽略了民族关系中的局限性，不但抹杀了无产阶级革命对彻底改造民族关系的伟大意义，而且也无法说明古代民族关系的客观发展规律，实际上就使科学研究成为不可能的事。问题不在于我们是否谈这种局限性，或谈多谈少，关键是以什么态度对待客观上存在的历史实际。只要我们对历史上的民族压迫、民族分裂、大汉族主义、地方民族主义持批判和否定的态度，就等于告诫今天必须克服这些消极面的残余，这样如实地介绍民族关系史，根本不会产生不利于民族团结的影响。

我在谈到和亲、会盟、交流等史实时揭示了其中的消极因素，这绝不等于对这些古人的举措持否定态度，因为它们在当时尽管有局限性，毕竟在历史上起了进步、积极的作用，而且后一方面居于支配地位。这正如我们指出“轻徭薄赋”具有剥削农民的阶级局限性时，仍然肯定它是进步、开明的政策，对历史发展起了积极作用一样。

（原载《中国史研究》1987 年第 4 期）

① 《册府元龟》卷 998《外臣部·奸诈》。

魏　徵

——千古流芳的谏臣和一代著名的史臣

唐代以降，人们一提起历史上的忠臣和谏臣，在意识中闪现的第一个形象就是魏徵。唐太宗虚怀纳谏，魏徵面折廷争，已经成了中国政治史上的一段佳话。这个人物，透明度很高，甚至达到了妇孺皆知的程度，在他身上做文章，似乎已经题无剩义了，还有什么可谈的呢？个人感到，仅仅从表面上认识这个历史人物，自然会困于谈不出什么新意。如果就当时的具体历史政治环境从多方面进行探讨，就会觉得问题并不那么简单。况且，魏徵除以谏臣闻名千古而外，还是一个重要的史臣，他的著述大多流传至今，在史学史上也占有一定的地位，其史学思想也有值得研究、分析之处。基于上述考虑，拟在这篇短文里对这一人物进行一些新的探讨。

一　处于乱世，善于择主而事

魏徵卒于贞观十七年（643），享年六十四岁，据此推算，生年当为北周大象二年（580）。他二岁时隋朝建立，十岁时隋灭陈统一了全国。大致他的前半生正当隋朝强盛升平的阶段，是有利于埋头经籍、潜心钻研的好时光。隋末农民大起义爆发的时候，魏徵已是三十多岁的成年人了，在政治上、学业上早已完全成熟，且正当“而立”年华，他必然面对着动乱的时代认真地考虑自己的前程。

《旧唐书》卷71《魏徵传》：

> 钜鹿曲城人也……徵少孤贫，落拓有大志，不事生业，出家为道士。好读书，多所通涉，见天下渐乱，尤属意纵横之说。

读此数句，疑窦顿生。魏徵既“有大志”为什么又要“出家为道士”呢？既然当了道士，为什么又“属意纵横之说”呢？道士应当主要攻读老庄的书，为什么还要“多所通涉”呢？这一连串矛盾均意味着，处于乱世，不宜轻举妄动，但动乱对他却也意味着一个机会。《新唐书》卷97《魏徵传》称：“隋末乱，诡为道士。”一语道破了他出家是假，毫无遁世避俗的念头，道观只是一时藏身之处，魏徵身着道袍，实际是在窥测方向，等看准目标后力求一显身手。“纵横之术”正是乱世最有用的武器，“通涉”的各种典籍则包含着天下太平以后有用的政治思想和治国之道。所有的矛盾现象都可以从他怀抱“大志”这一点得到解释。王通号称“文中子”，是隋代的大儒，魏徵曾游其门，虽然未正式建立过师徒关系，但二人有过接触则可以肯定。① 有一次王通问起魏徵的个人志趣，他坦率地回答：“愿事明王，进思尽忠，退思补过。”② 可见这不是一个一般的道士，而是一个把缙绅当作衬衫穿在里面的伪出家人，实际上是一个潜在的政治人物，只是当时尚未登上政治舞台扮演政治角色而已。《全唐文》139卷载有魏徵所撰《道观内柏树赋并序》一篇，序称：

> 元坛内有柏树焉，封植营护，几乎二纪。枝干扶疏，不过数尺，笼于众草之中，覆乎丛棘之下，虽磊落节目，不改本性。然而翳荟蒙茏，莫能自申达也。惜其不生高峰，临绝壑，笼日月，带云霞，而与夫臃肿之徒，杂糅兹地。此岂所谓方以类聚，物以群分者哉！

而且赋中有“高节未彰，贞心谁识”；“匪王孙之见知，志耿介其何极”

① 从尹协理同志说，参见其著作《王通论》，中国社会科学出版社1984年版。

② 《中说·天地第二》。

等句。在这里，魏徵显然是以“柏树”自况，序及赋中倾述了他不甘寂寞的情怀。大致此赋写于隋末天下大乱的时候，魏徵还没有在政治上找到自己的出路，所以苦闷中怀有抱负，希望中难免苦闷，始终在盼望着有朝一日登高峰而临绝壑，出人头地，实现“笼日月，带云霞”的理想。

魏徵家境“孤贫”，单独依靠自身的力量，难以立足，政治抱负只有寄托在择主而事上。在群雄林立的局面下，投奔什么人呢？选择标准只能有两个：首先，他必须是群雄逐鹿中有可能获鹿的人，即可能的胜利者；其次，他必须是具有贤明品质的人，只有这样的人才能成为魏徵所理想的“明主”。这两个条件中，自然首要的是前者，因为贤明而不能“获鹿”，无法成为他所事的“明主”，只有在胜利者中择明主而事，才是现实的抉择。魏徵事实上确实也是这样考虑和行动的。

第一个被选中的投奔目标是瓦岗军的领导人李密。为什么当时魏徵首先投奔李密呢？这是由于瓦岗军的势力最大，而且据有要害地区——中原，战胜群雄的可能性最大。魏徵后来为李密所撰的墓志铭中曾用“七国之地，四为我有；五都之地，三在域中”① 的文字形容当时的局面，大概他当初就是依照这样的形势估计决定了自己的投奔取向的。而且李密一再开仓济民的举动也在魏徵心目中造成了他可能成为“明主”的印象。因此，魏徵脱下道袍第一次踏上仕途，并非轻率的行动，而是经过审慎考虑的决断。

既然如此，为什么魏徵以后又改而投奔关中李渊父子呢？是否意味着是一次轻率的朝秦暮楚的举动呢？答复是否定的。他之所以西奔关中，一则由于瓦岗军在与王世充的战斗中“骁将锐卒死伤多矣”，在政治上、军事上大势已去，这支势力已经不可能成为未来的胜利者，再则由于魏徵曾“进十策”而李密“不能用”。② 并且通过亲身接触，发现李密虽然“智计英拔”，却有“器度局小”③ 的缺陷。魏徵“择主”的两个条件在李密身上都不存在了，尤其是瓦岗军随即彻底瓦解，他于是只得随李密一起西入关中。此时群雄尚多，可投奔者不乏其人，为什么魏徵不就近

---

① 《魏文贞文集》卷3《唐故邢国公李密墓志铭》。

② 《旧唐书》卷71《魏徵传》。

③ 《魏郑公谏录》卷3《对李密王（世）充优劣》。

投奔王世充或北投窦建德呢？他并非简单地以李密的去向为自己的去向，而是经过认真分析形势才做出抉择的。秦始皇统一中国所走的是以关中为基本根据地然后东面而争天下的道路。从西魏、北周到杨隋，历朝统治者也是首先经营关中，最后渡江灭陈，走的是同样的军事道路。尤其是隋末杨玄感起兵中，因未能采取西进关中的战略而迅即败死的事例更近在眼前。魏徵熟知以往的历史，又亲自看到了杨玄感的下场，自然会认识到，处于大混乱的时代，谁占有了关中，谁就可能是鹿死其手的胜利者。现在瓦岗军不复存在，李渊父子在长安已经站稳了脚跟，所以魏徵目光西向既是十分自然的又说明他是很有眼力的。后来由李氏统一全国的生动事实反映，他的抉择非常正确。

从魏徵两次"择主"可以看出，他很善于分析变幻莫测的形势，有能力从众多的风云人物中挑选出可能的最终胜利者，其政治洞察力相当敏锐。

归唐之初，魏徵任秘书丞，迅即自荐为李渊出潼关"安辑山东"，具体任务是说降据守黎阳（治今河南浚县东南）的瓦岗军余部徐世勣，为此他先致书世勣劝降云：

> 自隋末乱离，群雄竞逐，跨州连郡，不可胜数。魏公（指李密）起自叛徒，奋臂大呼，四方响应，万里风驰，云合雾聚，众数十万。威之所被，将半天下，破世充于洛口，摧（宇文）化及于黎山。方欲西蹈咸阳，北凌玄阙，扬旌瀚海，饮马渭川，翻以百胜之威，败于奔亡之虏，固知神器之重，自有所归，不可力争，是以魏公思皇天之乃眷，入函谷而不疑。公生于扰攘之时，感知己之遇，根本已拔，确乎不动，鸠合遗散，据守一隅。世充以乘胜余勇，息其东略；（窦）建德因侮亡之势，不敢南谋。公之英声，足以振于古今。然谁无善始，终之虑难，去就之机，安危大节。若策名得地，则九族荫其余辉；委质非人，则一身不能自保。殷鉴不远，公所闻见。孟贲犹豫，童子先之，知几其神，不俟终日。今公处必争之地，乘宜速之机，更事迟疑，坐观成败，恐凶狡之辈，先人生心，则公之事去矣。①

① 《旧唐书》卷71《魏徵传》。

这封信，从内容到遣词用字，与《战国策》中的语言何其相似乃尔，魏徵不愧为长于“纵横之说”。信中对形势的分析，并无欺骗对方之意，确实也是他本人的亲身感受，正是根据这一形势分析他才西奔关中的。信写得很有说服力，所以徐世勣得书后遂定计归唐，并立即开仓运粮以馈李神通之军。

大概魏徵未及离开黎阳就为窦建德所获，并被任命为起居舍人。武德四年（621），窦建德为李世民所擒，魏徵随裴矩至关中再次归唐。唐朝的太子李建成闻其名，引为洗马，这是个隶属于司经局的职务，位从五品下，不算显赫，也无实权可言，所掌不过东宫图籍而已。[①] 但太子是皇位的接班人，一旦将来即位，东宫官就可附于骥尾而飞黄腾达。对于他“尽忠明王”的抱负来说，这个职位也还差强人意。

出乎意料的是太子李建成不但未能最终登上帝位，反而在“玄武门之变”中成了李世民的刀下之鬼，这次事件对魏徵无疑是一个沉重的打击。世民政变成功后问魏徵：“汝离间我兄弟，何也？”他理直气壮地回答：“皇太子若从徵言，必无今日之祸。”[②] 原来他事先早已料到兄弟之间迟早要爆发一场你死我活的皇位争夺大搏斗，曾劝太子“早为之所”，即先发制人，故此时有此一问一答。李世民大概欣赏他的忠直，遂未加迫害，反而引为詹事主簿。唐太宗即位后迅即再擢升魏徵为谏议大夫，封钜鹿县男。可以想见，建成遇难之初，魏徵再度产生了严重的失落感，不免觉得前途茫茫，没有想到却获太宗的擢拔，尽管谏议大夫也是一个毫无实权可言的职位，但毕竟在面前又展现了一条新的出路，因此“玄武门之变”对他来说，表面上是一个打击，实际上却意味着也是一次机会。从此，魏徵同唐太宗之间建立了稳固的、长期的君臣关系，他的政治生涯步入了一个新的阶段。

魏徵在君臣关系问题上是很富有想象力的，不但强调要君明臣忠，以诚信相待，而且深知君臣相遇之难，如云：

---

① 《唐六典》卷26。

② 《旧唐书》卷71《魏徵传》。

> 夫君臣相遇，自古为难。以石投水，千载一合；以水投石，无时不有。其能开至公之道，申天下之用，内尽心膂，外竭股肱，和若盐梅，固若金石者，非惟高位厚秩，在于礼之而已。①

在他看来，君臣相处，能否建立“和若盐梅，固若金石”的密切关系，“高位厚秩”还是其次的条件，关键在于皇帝能否礼贤下士。正是在这一点上，唐太宗做得非常成功，所以魏徵受命“安辑河北”的过程中完成任务异常出色，并曾对此加以解释：“主上既以国士见待，安可不以国士报之乎?”②“以国士见待”何所指呢?《贞观政要》卷5《忠义》的下述一段记载可以作为注释：

> 贞观十一年（637）太宗谓侍臣曰：“狄人杀卫懿公，尽食其肉，独留其肝，懿公之臣弘演呼天大哭，自出其肝，而内懿公之肝于其腹中。今觅此人，恐不可得。”特进魏徵对曰：“昔豫让为智伯报仇，欲刺赵襄子，襄子执而获之，谓之曰：‘子昔事范、中行氏乎?智伯尽灭之，子乃委质智伯，不为报仇，今即为智伯报仇，何也?’让答曰：‘臣昔事范、中行，以众人遇我，我以众人遇之。智伯以国士遇我，我以国士报之。’在君礼之而已。”

魏徵在这里是以豫让自况，却流露出了对唐太宗知遇之恩的感激之情。

唐太宗能以礼待魏徵、王珪等旧东宫官员，君明臣忠，魏徵“愿事明王，进思尽忠，退思补过”的宿志得到了实现的理想环境，于是贞观朝的庙堂成了他的政治舞台，使之得以成功地扮演有声有色的生动角色。

回顾魏徵所走过的这段道路，非常曲折，这是时代动乱的必然结果。在人生的征途中，他一再委质于人，一再遭到挫折，但“尽忠明王”的初衷始终没有改变，委质于李密就尽忠于李密；委质于建成就尽忠于建

① 《全唐文》卷139魏徵《论治道疏》。

② 《旧唐书》卷71《魏徵传》。

成，甚至建成死后他还向世民表示“丧君有君”，要求送葬至墓所，以“申送往之哀”。[①] 正是这种忠于所事的品质打动了唐太宗，所以受到赏识和拔擢。魏徵的前半生全力以赴寻找自己的投依目标，由于他善于估计形势，矢志要事英明之主，终于达到了目的，应当说，魏徵尽管历尽坎坷，但从总的方面看，尤其是从最后的政治归宿看，他还是幸运的。

二　魏徵与唐太宗君臣关系面面观

魏徵从“玄武门之变”结束至逝世，在贞观朝供职达十七年之久，在这漫长的岁月中君臣之间的关系怎样呢？对此，古人已经形成了一种刻板印象，正如王方庆在《魏郑公谏录》的“序”中所说，“主圣于上，臣忠于下”，“契协云龙，义均鱼水，成百代之楷模，固一时之准的”。大致后代人论君臣关系，亦莫不以唐太宗与魏徵的主圣臣直为模范。于此，打算进一步探讨的问题有两个：其一，二人结合的具体环境和条件是什么？其二，双方的关系就那么理想和始终如一吗？有没有负面的东西？兹就此二问题略事分析。

历代农民战争以后，新王朝往往会出现一些明君贤臣，但像唐太宗和魏徵达到“义均鱼水”程度的，却只能是一小部分，在唐初之所以能够产生这一罕见现象，还有其他一些具体的原因。

李世民生长在戎马倥偬的岁月里，前半生度过了铁马横戈的生涯。李渊太原起兵后进军关中，建立唐朝，直到“玄武门之变”前，一直以长子李建成为太子，李世民只在政变成功后当了两个月左右的太子，就龙飞九五，登上了帝位。严格地讲，他没有受到储君应当得到的教育和培养，不可能成为合格的皇帝角色。由此就产生了两个先天性缺陷：首先是文化水平低，其次是政治教养不足。对此，他本人也颇有自知之明，如贞观二年（628）他对房玄龄说：

---

① 《全唐文》卷 139 魏徵《请陪送建成、元吉表》。

> 为人大须学问。朕往为群凶未定，东征西讨，躬亲戎事，不暇读书。比来四海安静，身处殿堂，不能自执书卷，使人读而听之。君臣父子，政教之道，共在书内。古人云："不学，面墙，莅事惟烦"。不徒言也。却思少小时行事，大觉非也。①

以后又在贞观九年（635）说，"（朕）少从戎旅，不暇读书，贞观以来，手不释卷，知风化之本，见政理之源"②。可见唐太宗即位后面临着一个迫切的任务，就是进行文化补课和政治补课，其中尤以政治补课为主，文化补课只不过是进行政治补课的手段而已。按常理，每一个人都是先经历社会化的过程，然后才能使自己成为角色，唐太宗却是先成为皇帝这样的社会角色以后才开始学习当皇帝的行为规范，属于非常特殊的情况。

唐太宗即位后做了一些很不得体的事，确实说明他并不谙熟"君道"。在生活上，他先纳其弟元吉之妻为妃，后来又将庐江王李瑗之姬据为已有，此外还下诏欲以郑仁基女为充华而该女早已许配陆爽。③ 在政治上，如蜀王妃之父杨誉"在省竞婢"，都官郎中薛仁方"留身勘问"，太宗闻之，竟然说："知是我亲戚，故作如此艰难。"有一次，有人反映，三品以上官对皇帝"特所宠异"的越王有所"轻蔑"，太宗勃然大怒说："我有一言，向公等道。往前天子，即是天子；今时天子，非天子耶？往年天子儿，是天子儿，今日天子儿，非天子儿耶？我见隋家诸王，达官已下，皆不免被其踬顿。我之儿子，自不许其纵横，公等所容易过，得相共轻蔑。我若纵之，岂不能踬顿公等。"④ 再如长乐公主出降时，太宗敕所司"资送倍于长公主"。⑤ 等等。类似的例子，不一而足，从大臣的谏疏中不难发现这些不成体统的事。因此，唐太宗如不进行政治补课，就不可能真正懂得作为皇帝应当遵守的规范，不会懂得皇权行使的限度

---

① 《贞观政要》卷6《悔过》。

② 《贞观政要》卷10《慎终》。

③ 《魏郑公谏录》卷2《谏聘郑仁基女为充华》，《贞观政要》卷2《直谏》。其他见于《通鉴》等。

④ 《贞观政要》卷2《直谏》。

⑤ 《贞观政要》卷5《公平》。

在哪里。

可以为唐太宗补文化课的人很多，如虞世南、褚亮、姚思廉、欧阳询、蔡允恭、萧德言等人，都“以本官兼学士，令更日宿直”，引入内殿，“讲论前言往行，商榷政事，或至夜分乃罢”。[①] 其中自然也谈论了政治，但补政治课，最理想的方式还是要结合皇帝的具体言行，在实践中借机说教，这样最生动、最尖锐、最深刻，也最能打动皇帝。魏徵既有很高的文化素养，又具有忠直的品格；加之口才出众，应对于朝堂，娓娓动听，见之于谏疏，文笔生辉；由他来担任帝王师是最理想的人选。唐太宗深知自己需要补课教师，如贞观六年（632）诏中称：

> 朕比寻讨经史，明王圣帝，曷尝无师傅哉？前所进令遂不睹三师之位，意将未可。何以然？黄帝学大颠，颛顼学录图，尧学尹寿，舜学务成昭，禹学西王国，汤学威子伯，文王学子期，武王学虢叔。前代圣王，未遭此师，则功业不著乎天下，名誉不传乎载籍。况朕接百王之末，智不同圣人，其无师傅，安可以临兆民哉？[②]

他又亲口承认，对魏徵是“敬之重之，同于师傅，不以人臣处之”[③]。可见唐太宗越补经史课，越感到自己需要师傅，越学习越感到离不开魏徵，所以魏徵在朝廷上扮演的是谏臣兼帝王师的双重角色。这一点同唐太宗在文化上、政治上的先天不足有密切的关系。

唐太宗之特别需要魏徵，还同他在“玄武门之变”中逼父退位、杀兄戮弟，在封建道德上违背了孝、悌等原则，有损其个人形象有一定的关系。尤其是隋炀帝杨广弑其父文帝以抢班夺权的丑剧刚刚演过，人们记忆犹新，这就更加重了唐太宗的内疚感，深恐在人们的心目中把自己同杨广加以类比。为了在道德上改善个人的形象，不免就要失之东隅，收之桑榆，即力争成为圣君明主，以资弥补。尤其是即位之后，权力之争已经结束，在道德上进行自我完善，努力使自己成为青史垂名的皇帝，

---

① 《通鉴》卷192武德九年九月。

② 《贞观政要》卷4《尊敬师傅》。

③ 《魏郑公谏录》卷5《太宗御西堂宴集》。

就成了他价值观中自我实现的首要目标。因此，唐太宗是一个极其富有想象力的皇帝，不可能是平庸之辈。在我国封建社会，历来把“三代”当作理想的政治王国，把尧、舜看作理想的君主，把周孔之道当成最高的治国之道，唐太宗一心想把自己打扮成“三代”的圣君，至于尧、舜之上，以达到道德上自我实现的目的，自然就以行仁政、施德治为己任，在现实的政治舞台上演了一出理想王国的喜剧。早在贞观之初，魏徵的谏诤还来不及发挥作用之前，太宗就说：

> 朕看古来帝王，以仁义为治者，国祚延长；任法御人者，虽救弊于一时，败亡亦促。既见前王成事，足是元龟，今欲专以仁义诚信为治。①

魏徵的政治思想同太宗的政治需要一拍即合，这是君臣建立良好关系的现实原因之一。为了上演这样的政治剧，取得戏剧性效果，单靠皇帝一个角色难以成功，须有大臣扮演配角活跃舞台，后者必须是忠直之贤良。唐太宗深知：“为政之要，惟在得人，用非其才，必难致治。今所任用，必须以德行、学识为本。”② 魏徵其人恰好是二者兼备，尤以德行为突出，是扮演这个配角最理想的人选。这出政治剧果然上演得非常成功，唐太宗和魏徵果然成了历史舞台上的著名演员，二人一问一对、一谏一纳、一犯颜逆鳞而一敛容虚怀，戏剧性效果非常明显，终于成为政治史上的佳话。唐太宗在魏徵的默契配合下，确实达到了在政治上、道德上自我实现的目的，逼父退位、诛杀兄弟的失德之行大大地被冲淡了。

魏徵须有“明王”以尽其忠，唐太宗需要帝王师傅为他补政治课，需要忠直谏臣与他同台演政治剧，二人确实是相互需要而又水、石相投，由此遂能建立“义均鱼水”的关系。

历代史家在歌颂唐太宗同魏徵的君臣关系时，不免产生“晕轮作用”，即把二人之间的光明面无限夸大，从而忽略了事物的负面，这就难

① 《贞观政要》卷5《仁义》。

② 《贞观政要》卷7《崇儒学》。

免使后人形成片面性印象。

就情理而言，魏徵作为忠直的谏臣能够杰出地尽职极言，那只能是以后的事，唐太宗当初任命他为谏议大夫时对此点并不能有准确的预料。“玄武门之变”刚刚结束，太宗先后以魏徵和王珪为谏议大夫，显然是出于如下的考虑：二人均属太子建成的心腹，不宜未加考验就委以重任，而谏议大夫一职毫无实权可言，把他们安排在这样的闲散职位上比较放心。只是魏徵深知自己的特殊身份，也不敢有非分之想，得到这样的职务已感万幸，因而就采取现实的态度，争取在现职上尽力而为，在此基础上徐求开拓前途。正是在这样的心情支配下，他诚惶诚恐、兢兢业业地大胆谏诤，以求在政治生活中表现自己的品格和才能，希望借此得到皇帝的赏识。

贞观元年（627）夏秋间，魏徵迁尚书右丞，仍兼谏议大夫（《旧唐书·魏徵传》误作“左丞”。今从《新唐书·魏徵传》及《唐仆尚丞郎表》）。尚书省是掌国务大权的部门，但魏徵任此职仍不足以说明他已得到重用。当时萧瑀是左仆射，长孙无忌是右仆射，[①] 都是魏徵的顶头上司，地位比他显赫得多。其他两省的长官，高士廉任门下侍中，房玄龄任中书令，[②] 都是三品官，居宰职，均比魏徵官高一品。唐代尚书左右丞中，左丞正四品上，右丞正四品下，左高右低，当时戴胄为左丞，魏徵以右丞而居于其下，可见其地位尚比不上戴胄。次年，杜如晦以兵部尚书检校侍中，并摄吏部尚书，旋又迁右仆射，仍知选事。[③] 上述诸人中，长孙无忌是文德皇后之兄，高士廉是无忌及皇后之舅父。房玄龄和杜如晦均属原秦王府心腹之臣，此时“共掌朝政，至于台阁规模，典章文物，皆二人所定，甚获当时之誉，时称‘房杜’焉”[④]。就政权格局言，可以说当时存在的是“房杜体制”。魏徵在上层政治圈内，面对着皇亲国戚和秦府旧臣，面对着“房杜体制”，只能感到自愧不如，在政治力量的较量中没有多大能量。大致此时他除了在朝廷上发发议论、讲讲君道以干皇

① 据严耕望《唐仆尚丞郎表》。

② 《新唐书》卷61《宰相表上》。

③ 据严耕望《唐仆尚丞郎表》。

④ 《贞观政要》卷2《任贤》。

帝外，就是在尚书省秉承左右仆射的指示办理一些例行公事而已，不可能有大的作为。

王珪与魏徵都是建成的东宫官，但至贞观时期擢拔晋用也有所区别，并不同步。贞观元年（627）太宗即位之初，王珪就以黄门侍郎“参预政事”，次年即拜门下侍中，成为三省最高长官之一。魏徵则至贞观三年（629）始“参预朝政”，职事官仅秘书监而已。迟至贞观七年（633），他才晋位侍中，[①] 成了正式的宰相。事实说明，唐太宗对二人并未同等对待，实际上是有所轩轾的，对王珪的重用超过了魏徵。在贞观朝经历了长达七年的考验才进入上层最高权力集团，对一个人来说，是难熬的。

再从魏徵初步进入宰相班子时整个宰相阵容的情况看，他的处境也很不利。当时房玄龄任尚书左仆射已达四年之久，而且地位十分稳固，故贞观十三年（639）时他“以一居端揆，十有五年”而一再抗表辞位。[②] 右仆射是李靖，此人在李渊克长安之初几乎被斩，世民曾为他“固请”，故被召入秦王“幕府”，与唐太宗结下了恩旧之缘，所以在贞观二年（628）就能以本官刑部尚书兼检校中书令。[③] 得以“参预朝政”的还有右卫大将军、兵部尚书侯君集和检校吏部尚书戴胄，前者在李世民当秦王时早已被“引入幕府，数从征发”，“渐蒙恩遇”，“玄武门之变”时“君集之策居多”，故至贞观四年（630）就迁兵部尚书“参议朝政”。[④] 后者在隋末为王世充部属，李世民克武牢时收之，“引为秦府士曹参军”，至贞观朝先后除兵部郎中、大理少卿，能“犯颜执法”，见重于太宗，历任尚书左右丞、谏议大夫、民部尚书、吏部尚书等要职，贞观四年已“参预朝政”。[⑤] 以上诸人在贞观以前都同李世民有特殊的关系，皇帝对他们的信任和重用都超过了魏徵。

在“房杜体制”时期，房玄龄一直任左仆射，杜如晦于贞观四年罢右仆射后，从次年起李靖任此职达五年之久。后来温彦博继任二年，接

---

① 《新唐书》卷61《宰相表》上。

② 《贞观政要》卷2《任贤》。

③ 《旧唐书》卷67《李靖传》。

④ 《旧唐书》卷69《侯君集传》。

⑤ 《旧唐书》卷70《戴胄传》。

任的是高士廉。至魏徵去世那年，仍然是房玄龄为左仆射，高士廉为右仆射，魏徵一生始终没有晋职仆射，“房杜体制”后也根本不可能出一个“房魏体制”，魏徵的实权一直不能与房玄龄、李靖和高士廉等人相比。大致贞观七年（633）他任侍中后，在政事堂会议上的发言权才稍有改善。

再从贞观七年魏徵拜侍中时诸重要人物的年龄考察一下当时的情景。这一年魏徵五十四岁，唐太宗三十七岁，[①] 房玄龄五十四五岁，[②] 萧瑀六十岁，[③] 李靖六十三岁，[④] 高士廉五十八九岁。[⑤] 杜如晦已于贞观四年（630）卒，可弃而不论。两《唐书》的长孙无忌本传失载享年，无法推算他贞观七年时的年龄。从上述可知的诸人年龄看，魏徵比唐太宗大十七岁，太宗把他当作师傅看待也是合情合理的。但与其他人相比，除房玄龄的年龄与魏徵不相上下外，其余诸人均长于魏徵，少则五岁，多则九岁。所以他在政事堂议政时，不免显得年轻、资浅，再加上与这些皇亲国戚、秦府旧属相比，更会自惭形秽。因此，魏徵发挥的作用，多见于同唐太宗的问对、议论中，他在政事堂、门下省的作为却很少为史籍所记载。这恐怕不是出于史臣的疏忽，而是有其具体原因的。

魏徵任侍中之初，本来对他是一件莫大的值得庆幸之事，但他“以目疾，频表逊位”，并且又向唐太宗“面请逊位”，既云“频表”，又是“面请”，肯定逊位是由衷之举。果真是由于健康状况欠佳吗？从他后来长期任此职看，“目疾”并未影响工作。既然如此，为什么要这样一逊再逊呢？“徵自以无功于国，徒以辩说，遂参帷幄，深惧满盈”[⑥] 的记载揭示了此中奥秘，即自感既无功于平定天下，又无功于“玄武门之变”，在秦府旧属及建国有功的显贵达官、皇亲国戚面前，不敢轻于就此重要职位，勉强进了这个公卿集团，也预料会被见外的。魏徵在贞观朝已经尽

---

① 关于唐太宗的生年，记载不一，取拙文《唐太宗生年考》（见《河北师院学报》1981年第4期）的结论推算年龄。

② 房玄龄卒于贞观二十三年（649），《旧唐书》本传作享年七十岁，《新唐书》本传作七十一，故贞观七年时年龄不确，当为五十四岁或五十五岁。

③ 萧瑀卒于贞观二十一年（647），享年七十四岁（《旧唐书》卷63《萧瑀传》），据此推算。

④ 李靖卒于贞观二十三年（649），享年七十九岁（《旧唐书》卷67《李靖传》），据此推算。

⑤ 高士廉卒于贞观二十一年，《旧唐书》本传作享年七十二岁，《新唐书》本传作七十一，贞观七年时年龄不确，当为五十八岁或五十九岁。

⑥ 《旧唐书》卷71《魏徵传》。

力达七年之久，还保持着这样的态度，时时持有戒心，可见他同皇帝及大臣间并没有做到水乳交融，而是存在着某些隔阂和戒惧之心的。魏徵尽管口头上强调君臣之间大臣不应“存形迹”，而事实上他也不能完全做到。唐太宗同魏徵在理论上，或者说在口头上，经常大唱“诚信”相处的高调，但君臣疑忌之事却不能根除，如贞观十四年（640）魏徵上疏称：

> 窃观在朝群臣，当主枢机之寄者，或地邻秦、晋，或业与经纶，并立事立功，皆一时之选，处之衡轴，为任重矣。任之虽重，信之未笃，则人或自疑。人或自疑，则心怀苟且，心怀苟且，则节义不立。节义不立，则名教不兴。名教不兴，而可与固太平之基，保七百之祚，未之有也。……夫委大臣以大体，责小臣以小事，为国之常也，为治之道也。今委之以职，则重大臣而轻小臣；至于有事，则信小臣而疑大臣。信其所轻，疑其所重，将求至治，岂可得乎？①

有一次他还直接指明唐太宗对有些大臣“谓之为朋党，虽忠信而可疑”②。连魏徵本人也遭到过太宗对他的不恰当怀疑，如贞观六年（632）有人揭发魏徵“阿党亲戚”，太宗使御史大夫温彦博“案验其事”，虽然证明“言者不直”，毫无事实根据，唐太宗还是通过彦博转告魏徵：“自今已后，不得不存形迹”，③ 直到魏徵死后，唐太宗还“疑徵阿党”过侯君集和杜正伦，遂把御撰御书的魏徵碑推倒，并勾销了原许以衡山公主妻徵子叔玉的婚约。④ 唐太宗在“玄武门之变”中之所以能够取胜，重要条件之一是秦王府的文武心腹精诚团结，而且这次事件中他们施展了种种阴谋伎俩，用这种手段取胜的人最容易猜防过甚，深恐臣下也朋党比周，连魏徵这样忠直之臣有时也遭怀疑，是合情理的。因此，魏徵心存戒惕是很有必要的，不可避免。

---

① 《贞观政要》卷3《君臣戒鉴》。

② 《贞观政要》卷5《诚信》。

③ 《贞观政要》卷2《直谏》。

④ 《通鉴》卷197贞观十七年七月。

唐太宗同魏徵之间不但有戒惧之心，偶然也出现过相当紧张的情景。太宗有一次向长孙皇后吐露过想杀魏徵的念头，尽人皆知，无须介绍。还有一件君臣龃龉的丑事，却很少为人所提及，不妨简略介绍一下，太宗正在移建一座旧阁，魏徵认为欠妥，皇帝却以为这是“谤我作望陵台”，魏徵感到此项工程，“用十车铜”，不免靡费，太宗盛怒之余甚至对杜正伦谈及此事称：

> 魏徵于朕，非义从府臣，朕于罪人之中擢与富贵……朕为其能谏争，遂宠遇至此，乃恃宠自骄……看伊意况，似国不得伊时即不得理。古来帝王，未有魏徵，亦得为化。在朕今日，何藉魏徵！①

看来只要遇到不愉快的场合，皇帝就要揭“非义从府臣”这一伤疤，王珪、魏徵“拔仇虏之中”是唐太宗一再挂在嘴边的话。关于移阁的这段记载中有“职在枢近，已经十年”之语，说明此事发生在他的晚年，经过长期相处，“玄武门之变”仍然作为一个阴影出现于太宗的回忆之中，魏徵始终没有直接掌握大权日理万机，恐怕就是由于君臣间的这种特殊关系所致，他本人的“性非习法”② 恐怕并非主要因素。

尽管唐太宗同魏徵的关系有其消极的一面，但积极的方面毕竟居于支配地位。唐太宗不但承认，“贞观之后，尽心于我，献纳忠说，安国利人，成我今日功业，为天下所称者，惟魏徵而已。古之名臣，何以加也！”③ 而且把他同魏徵的关系，与苻坚同王猛的关系相比拟；④ 有时还把魏徵比作当今的诸葛亮：“魏徵怀忠奉国，蹈履仁义，惟以道德为务，无所欺负，执持朕躬，必欲致于尧、舜之上。诸葛亮所行，无以过也。所不如者，行师用兵耳。”⑤ 作为帝王的谏臣，魏徵对唐太宗政治路线的确

---

① 《魏郑公谏录》卷5《太宗移旧阁》。

② 《旧唐书》卷71《魏徵传》。

③ 《贞观政要》卷2《任贤》。

④ 《魏郑公谏录》卷5《论十六国诸主优劣》：“太宗与群臣论及十六国诸主优劣。太宗曰：‘苻永固何独为所称？’房玄龄对曰：‘为任使得人则见称，无其人则不见称。当时为有王景略。’太宗谓群臣曰：‘此犹朕之有魏徵’。公（魏徵）拜谢焉。”

⑤ 《魏郑公谏录》卷5《太宗以公比诸葛亮》。

立方面，确实起了重要的作用。

综上所述，由于魏徵来自“仇虏”，君臣还因其他缘由，他同太宗的关系并非毫无芥蒂，所以魏徵在贞观时期掌权有限，实绩不多；由于魏徵处于太宗师傅的地位，忠直敢谏，所以他对贞观朝的政治方向、原则方针却起了显著的作用。应当全面地看到这两个方面才能恢复历史的本来面貌。

三　作为史臣的魏徵

魏徵作为历史人物，其首要的角色是谏臣，除此之外，他还能以什么角色取得历史地位呢？考察他的一生，另一个当之无愧的社会角色应当是史臣，魏徵正是在史学领域中干出了很多实绩。

高祖武德（618—626 年）中，魏徵与侍中陈叔达、中书令萧瑀、左仆射封德彝、太子詹事裴矩等奉诏修魏、梁、陈、周、齐、隋六代史。由于当时侍中以下“各居权要，既不相统摄，撰者无所禀承”，所以“事历数年，竟无次序”。到贞观初年，魏徵任秘书监时，“乃奏停后魏而修梁以下五代”，于是奉敕遣秘书丞令狐德棻、秘书郎岑文本撰周史，前中书侍郎颜师古、给事中孔颖达撰隋史，著作郎姚思廉撰梁史及陈史，中书舍人李百药撰齐史。后来颜师古徙职，由许敬宗代之。在这个庞大的修史班子中，魏徵“总加修撰，裁定去取，咸资笔削，多所损益，务在简正”。而且“隋史序、论，皆出公手，梁、陈及齐，各为总论”①。可见魏徵实际处于总负责人的地位。刘知几也承认修梁、齐、陈、周、隋五代史中魏徵是“总知其务，凡有赞论，徵多预焉”②。《魏郑公谏录》笼统地说“咸资笔削”，欠妥，魏徵总知五代史修撰之务是事实，但据《册府元龟》记载，梁、陈二史的编次及笔削“皆思廉之功。”③ 可见魏徵对

① 《魏郑公谏录》卷 5《进五代史》。《册府元龟》卷 556《国史部・采撰》卷 2：“梁、齐各为总论”。可能“梁”字后脱一“陈”字。

② 《史通》卷 12《古今正史》。

③ 《册府元龟》卷 556《国史部・采撰》卷 2。

《梁书》和《陈书》并未加以笔削。这五部史书中，《梁书》56 卷，《陈书》36 卷，《北齐书》50 卷，《周书》50 卷，《隋书》55 卷，[①] 合共 247 卷，可谓卷帙浩繁。在魏徵的主持下，诸史“始以贞观三年（629）创造，至十八年（644）方就”[②]，历时达十五年之久。遗憾的是魏徵卒于贞观十七年（643），未及看到全部写竟成书。按他贞观二年（628）迁秘书监，次年即着手修史，到他逝世时诸史已基本撰成，可见他的后半生除了应对于朝廷之外，几乎全力以赴从事修史，所以给他加上一顶史臣的桂冠可以说是当之无愧的。

在修纂诸史过程中，大概魏徵以修《隋书》的贡献最大。关于隋史，隋人王劭曾修书 80 卷，“以类相从，定其篇名。至于编年纪传，并阙其体”。大致“篇名”系为志书所定，因与纪传无涉。此外，他还撰有《大业起居注》，但“及江都之祸，仍多散逸”[③]。关于此点，唐太宗亦曾问起“《大业起居注》今有在者否?”魏徵对曰：“在者极少。”太宗又问：“《起居注》既无，何因今得成史?”魏徵又对曰：“隋家旧史，遗落甚多，比其撰录，皆是采访，或是其子孙自通家传，参校三人所传者，从二人为实。”况且，《大业起居注》本身就存在严重缺点，起居舍人崔祖濬当时有志“大欲记录”，但隋炀帝“意不在此，每须书手纸笔，所司多不即供”，因此祖濬等只得“私将笔抄录”，魏徵断言“非唯经乱零落，当时亦不悉具”。[④] 可见隋炀帝不同于唐太宗，他缺乏“以史为鉴”的思想，自然也不重视修史，再加上经乱散逸，给唐初修《隋书》平添了不少困难。由此可见，魏徵为撰修《隋书》的纪、传，在搜集史料方面是出了大力的，他亲为此书撰写序、论，也是其特别重视这部史书的表现。

魏徵得以大力参与编纂史书的工作，与他任秘书监也有一定的关系。贞观二年任此职后，他“以丧乱之后，典章纷杂”，因而“奏引学者校定四部书，数年之间，秘府图籍，粲然毕备”。[⑤] 秘书省收藏了大量的典籍。

---

① 同上书作梁史 50 卷，陈史 30 卷，误，均少于今存本。《隋书》共 85 卷，但其中包括《五代史志》30 卷，后者系长孙无忌等撰修，成书于显庆元年（656），与魏徵无关，故不计入。

② 《史通》卷 12《古今正史》。

③ 《史通》卷 12《古今正史》。

④ 《魏郑公谏录》卷 4《对隋大业起居注》。

⑤ 《旧唐书》卷 71《魏徵传》。

这一工作也主要由魏徵主持，这就为修纂史书提供了比较方便的条件。

除修梁、陈、周、齐、隋五代的史书外，魏徵还利用资料顺手的条件，另撰写了不少其他著作，主要者计有如下几部。

唐太宗大概深感自身年轻时教养不足，故即位后狠抓对太子、诸王的教育工作，于是在贞观七年命魏徵“录古来帝王子弟成败事”编成一书，取名《自古诸侯王善恶录》,[①] 篇幅仅 2 卷,[②] 但也可以说是一部历史资料书。此外，太宗还“欲览前王得失”，命魏徵与虞世南、褚亮、萧德言等人从六经、诸子中选“上始五帝”，“下尽晋年”的资料编辑成《群书治要》50 卷,[③] 此书与《自古诸侯王善恶录》当系性质相同的著作，不过由于其中包括诸子的内容，理论性略强。

贞观十五年（641）唐太宗令高士廉、杨师道、岑文本、颜相时等十余人编撰成《文思博要》1200 卷，藏于秘府。参加编写的史臣中也有魏徵。[④] 该书卷帙浩繁，诸人均出力不小。

魏徵认为《礼经》经秦火之后，汉人戴圣所编的《戴氏礼》“条流不次”,[⑤] 唐太宗也以其“条目杂乱”，因令魏徵“更事编录，以类相从，别为篇第，并更注解”，因成《类戴氏礼》20 卷。[⑥] 这部书也抄录数本以赐太子及诸王，肯定成了他们学礼的教材。唐太宗曾指出魏徵能够“导我以礼”,[⑦] 可见君臣对礼特别重视，所以由魏徵撰此书是顺理成章、合情合理的事。

除上述诸书外，据《旧唐书》卷 47《经籍志下》载，有关魏徵的著作还有：《谏事》5 卷、《魏徵集》20 卷。按《谏事》的卷数与《魏郑公谏录》相同，可能就是王綝所辑的同一部书。

---

① 《贞观政要》卷 4《教戒太子诸王》。

② 《旧唐书》卷 46《经籍志上》。

③ 《唐会要》卷 36《修撰》作《群书政要》，《旧唐书》卷 47《经籍志下》作《群书理要》，均与避唐高宗名讳有关，当作《群书治要》。

④ 《唐会要》卷 36《修撰》。

⑤ 《唐会要》卷 36《修撰》。

⑥ 《唐会要》卷 36《修撰》。《魏郑公谏录》卷 5《上类戴氏礼》书名同。唯《旧唐书》卷 46《经籍志上》载有《次礼记》20 卷，当系同书之异名。《旧唐书》卷 71《魏徵传》作“《类礼》二十卷”，当系简称。

⑦ 《魏郑公谏录》卷 5《权贵疾公》。

总之，魏徵一生在史书的编纂上可谓硕果累累，作为史臣是当之无愧的。以下，打算就他的史学思想略事介绍和分析。

史学是政治性很强的一门学科，一个人的政治思想怎样，对其史学观点有明显的影响，魏徵为《隋书》写的序、论，集中反映了他的史学思想，从而也无处不贯彻他的政治观点。魏徵为《梁书》《陈书》所写的部分总论和赞，同样也可以说明此点。综观这些史论，对研究作为史学家、政治家的魏徵，是有所助益的。

就魏徵的历史观而言，他既重人谋，又崇天命，思想上具有二元论倾向。如他在《隋书·高祖纪》末所写的史臣曰中，承认杨坚能够平定尉迟迥、王谦、司马消难发动的“三方之乱”，以隋代周，“斯乃非止人谋，抑亦天之所赞也”。“天赞”就是唯心史观的反映。但另一方面，同唐太宗一样，魏徵也不尚符瑞，所以批判隋文帝“雅好符瑞，暗于大道”，这是他历史观中可贵的地方。

《隋书·经籍志》在中国学术史上占有相当重要的地位。魏徵为此志所写的序中有下述不可忽视的长篇议论：

> 夫经籍也者，机神之妙旨，圣哲之能事，所以经天地、纬阴阳、正纲纪，弘道德，显仁足以利物，藏用足以独善，学之者将殖焉，不学者将落焉。大业崇之，则成钦明之德；匹夫克念，则有王公之重。其王者之所以树风声，流显号，美教化，移风俗，何莫由乎斯道？……今之所以知古，后之所以知今，其斯之谓也。是以大道方行，俯龟象而设卦；后圣有作，仰鸟迹以成文；书契已传，绳木弃而不用；史官既立，经籍于是兴焉。
>
> 夫经籍也者，先圣据龙图，握凤纪，南面以君天下者，咸有史官，以纪言行。言则左史书之，动则右史书之。故曰“君举必书”，惩劝斯在。……《春秋传》，晋赵穿弑灵公，太史董狐书曰“赵盾杀其君”，以示于朝……齐崔杼弑庄公，太史书曰“崔杼弑其君”，崔子杀之。其弟嗣书，死者二人。其弟又书，乃舍之。南史闻太史尽死，执简以往，闻即书矣，乃还。……不虚美，不隐恶，故得有所惩劝。

从这段议论看，魏徵认为有史官然后才有经籍，经籍的内容虽广，包括经、史、子、集等，但其功用皆在于有裨“今之所以知古，后之所以知今”。因此，魏徵思想中已经朦胧地产生了“六经皆史”的意识。史学的职能在于“惩劝”，要达到惩恶劝善的目的，史书就应该撰写得实事求是，即通过真实的史实教育今人和后人使其从中汲取教益。如果史书中记载的史实都是谎言或包含有谎言成分，那就根本起不了惩劝作用。所以魏徵不但继承了司马迁的“不虚美，不隐恶”的优良传统，而且举出了董狐、南史等能够做到秉笔直书的模范人物，供人们学习。这同刘知几在《史通》中所强调的“直书”“实录”，章学诚在《文史通义》中所说的“史德”有异曲同工之妙。史学和经籍的社会、政治功用既然是多方面的，治史和著述不可能不接触各种知识，故《经籍志序》的结尾处概括之为：

> 夫仁义礼智，所以治国也；方技数术，所以治身也；诸子为经籍之鼓吹，文章乃政化之黼黻，皆为治之具也。故列之于此志云。

既然广义的史学与各种知识、各类典籍都有关系，所以魏徵认为治史者必备的一个条件就是知识渊博，《经籍志》卷2介绍“史官”说：

> 夫史官者，必求博闻强识，疏通知远之士，使居其位，百官众职，咸所贰焉。是故前言往①行，无不识也；天文地理，无不察也；人事之纪，无不达也。内掌八柄，以诏王治，外执六典，以逆官政。书美以彰善，记恶以垂戒，范围神化，昭明令德，穷圣人之至赜，详一代之亹亹。

这里所说，比刘知几强调“才、学、识”中的“学”时发挥得更加亲切和具体。从这段议论中还可以看出，史臣不仅必备广博的知识，而且具有崇高的地位，其所以如此，由于使命是非常神圣的。魏徵根据自己确

① “往”原误作“住”。——编者注

立的上述原则对隋唐之际的王劭、袁充等人曾加以评价，如说前者“好诡怪之说，尚委巷之谈，文词鄙秽，体统繁杂，直愧南、董，才无迁、固，徒烦翰墨，不足观采”，这无异从史德、才、学、识等方面进行了全盘的否定。

鉴往知来，是古人对历史职能的共同认识，魏徵也是如此，认为：“古者，司史历记前言往行，祸福存亡之道。”[①] 所谓“前言往行”，包括两个方面的内容：一则是统治者的“前言往行”和国家兴亡之由；一则是指历史上其他人物的“前言往行”及其作为个人的成败得失。从总体上讲，魏徵首先重视的还是前者。封建王朝有兴有亡，魏徵也不是同等重视，而是首先把目光投向亡国的教训，即所谓“鉴国之安危，必取于亡国”。[②] 具体到他身处的隋唐之际，贞观朝君臣特别重视的自然是从亡隋的史实中吸取教训。因此魏徵为《隋书》写的序和史臣曰中，着墨最多、篇幅最大的是《炀帝纪》，杨玄感、李密等人本传，宇文化及、司马德戡、裴虔通等人本传，《高丽传》《南蛮传》等的传末史臣曰，以及《食货志》的序。这就从政治腐败、朝纲不正、横征暴敛和域外用兵几个导致隋亡的方面进行了比较全面的总结。

值得特别注意的是，魏徵并没有把隋亡的责任全部归罪于隋炀帝杨广，而是尽力寻找导致杨隋政权覆灭的远因，并从隋文帝身上挖掘其根源，所以在《高祖纪》末的史臣曰中，不仅指出了杨坚的很多缺点，而且总结称：“迹其衰怠之源，稽其乱亡之兆，起自高祖，成于炀帝，所由来远矣，非一朝一夕！”看到这一点的，非止魏徵一人，如早在开皇（581—600）年间房彦谦就曾对李少通做如下预言：“主上性多忌刻，不纳谏争。太子卑弱，诸王擅威。在朝唯行苛酷之政，未施弘大之体。天下虽安，方忧危乱。”[③] 不同的是一人总结于事后，一人预见于事前。这样的见解是相当深刻的，可谓入木三分。作为史臣，魏徵是很有洞察力的。

魏徵以《隋书》的序、论为教材，供唐太宗从中学习历史教训，甚至为《梁书》《陈书》所写的论赞也具有同样的性质。他谈到梁武帝时云：

---

① 《隋书》卷34《经籍志·子部》。

② 《贞观政要》卷8《刑法》。

③ 《隋书》卷66《房彦谦传》。

> 自古以安为危，既成而败，颠覆之速，书契所未闻也。《易》曰：成天之所助者信，人之所助者顺！（按张森《梁书校勘记》："《南史》'信''顺'二字互易，与《易》文合"）高祖之遇斯屯剥，不得其死，盖动而之险，不由信顺，失天人之所助，其能免于此乎！①

这同贞观五年（631）谏唐太宗："惟愿陛下居安思危，孜孜不怠耳！"②贞观十一年（637）魏徵上疏中"臣观自古受图膺运，继体守文，控御英雄，南面临下，皆欲配厚德于天地，齐高明于日月，本支百世，传祚无穷。然而克终者鲜，败亡相继，其故何哉？所以求之，失其道也"③的语言，如出一辙。魏徵在《陈书》中阐发的史论极其有限，唯独在卷7《后主沈皇后附张贵妃传》末加了一段评论，指斥"后宫之家，不遵法度"，宦官李善度、蔡脱儿仗后、妃之势，浊乱朝政，最后导致"贿赂公行，赏罚无常，纲纪瞀乱"的恶果。这一段"史臣侍中郑国公魏徵"发表的史论其所以独加于沈皇后、张贵妃的传末，绝非随意之举，其原因盖在于魏徵认为后妃干政，宦者便佞之徒"内外交结，转相引进"，是促使陈亡的关键因素。以上为《梁书》《陈书》所写的论，也无不体现了"鉴国之安危，必取于亡国"的治史原则。

魏徵在贞观朝一再提醒唐太宗要注意做到"善始令终"，在《贞观政要》一书中几乎俯拾即是。这一思想，在他的史论中也有不少表现，如他根据陈朝列位皇帝的事迹最后进行这样的总结：

> 遐观列辟，纂武嗣兴，其始也，皆欲齐明日月，合德天地，高视五帝，俯协三王；然而靡不有初，克终盖寡。其故何哉？并以中庸之才，怀可移之性；口存于仁义，心怵于嗜欲；仁义利物而道远，嗜欲遂性而便身；便身不可久违，道远难以固志。佞谄之伦，承颜候色，因其所好，以悦导之，若下坂以走丸，譬顺流而决壅。非夫感灵辰象，降生明德，孰能遗其所乐，而以百姓为心哉？此所以成、

① 《梁书》卷6纪末史臣侍中、郑国公魏徵曰。

② 《贞观政要》卷10《慎终》。

③ 《贞观政要》卷1《君道》。

康、文、景千载而罕遇，癸、辛、幽、厉靡代而不有。……古人有言，亡国之主，多有才艺，考之梁、陈及隋，信非虚论。然则不崇教义之本，偏尚淫丽之文，徒长浇伪之风，无救乱亡之祸矣！[①]

这无异于一篇长篇的政治论文，道理发挥得比《十渐疏》还要深刻，无怪乎唐太宗本人也觉悟到了研读史书，发现"末代亡国之主，为恶多相类也"[②]。并且他坚决反对给自己编辑文集以求虚名。

关于"善始令终"的问题，魏徵对于皇帝本人一再提醒，甚至对于大臣也有所告诫，在《隋书》卢恺、令狐熙、薛胄、宇文弼、张衡、杨汪等人的本传后，借题发挥曰："然皆有善始，鲜克令终，九仞之基，俱倾于一匮，惜哉！"[③] 对王仁恭也特别指出他"初在汲郡，以清能显达；后居马邑，以贪吝败亡。鲜克有终，惜矣！"[④] 这些史论无异于《十渐疏》的注释。

魏徵的史论完全是为他的政治主张服务的，或者说史论是在政治思想的指导下写成的。不仅前引诸例如此，还有一些更直接、更典型的例子。《隋书》卷74《酷吏传》的"序"中有如下一段纲领性的议论：

夫为国之体有四焉：一曰仁义，二曰礼制，三曰法令，四曰刑罚。仁义、礼制，政之本也；法令、刑罚，政之末也。无本不立，无末不成。然教化远而刑罚近，可以助化而不可专行，可以立威而不可以繁用。

在《酷吏传》末又以史臣曰的形式作一总结：

御之良者，不在于烦策，政之善者，无取于严刑。故虽宽猛相资，德刑互设，然不严而化，前哲所重。

---

① 《陈书》卷6纪末史臣侍中、郑国公魏徵曰。

② 《贞观政要》卷8《辩兴亡》。

③ 《隋书》卷56传末史臣曰。

④ 《隋书》卷65《王仁恭传》末史臣曰。

现代社会学认为，进行社会控制的手段主要有二，即法律和道德。魏徵所说的“德刑互设”，就是指的这两种手段，但二者之间，他所特别强调的是先德后刑，即先仁义、礼制而后法令、刑罚，这正是传统的儒家观点。所以魏徵作为一个杰出的政治家，必然崇儒学、重教化。对此，《隋书》卷75《儒林传》的序发挥得可谓淋漓尽致：

> 儒之为教大矣！其利物博矣！笃父子，正君臣，尚忠节，重仁义，贵廉让，贱贪鄙，开政化之本源，凿生民之耳目，百王损益，一以贯之。虽世或污隆，而斯文不坠，经邦致治，非一时也。

魏徵认为德治、教化不仅要由皇帝从上面来倡导，而且要依靠下面的官吏来贯彻，所以贪官污吏完成不了这种任务，只能寄希望于清廉的良吏。他在《隋书》卷73《循吏传》的序中云：

> 古之善牧人者，养之以仁，使之以义，教之以礼，随其所便而处之，因其所欲而与之，从其所好而劝之。如父母之爱子，如兄之爱弟，闻其饥寒为之哀，见其劳苦为之悲，故人敬而悦之，爱而亲之。

《循吏传》末又有史臣曰：

> 古语云：善为水者，引之使平；善化人者，抚之使静。水平则无损于堤防，人静则不犯于宪章。然则易俗移风，服教从义，不资于明察，必藉于循良者也。

由此可以看出，实行仁政，必资循良之吏；而官吏是否循良，识别的标准亦端视其能否进行德治和教化。唐太宗就是在魏徵、王珪等人的辅助下，深知推行仁政的重要性，这是“贞观之治”能够出现的原因之一。这中间，应当承认魏徵的史论起了一定的作用。

魏徵看来，儒家的仁义、诚信不仅是君道的主要构成因素，而且也是臣下立身尽忠、处世接物的原则，不可须臾以离。唐初修五代史以前，各朝所修的纪传体史书均有类传，《隋书》同过去修成的《史记》《后汉书》《宋书》《魏书》等相比，新增了《诚节》《孝义》两种类传。大体上，史书上某些类传出现的原因，不外以下两种：或者是史书所记叙的时代某种人物特别多，他们在历史上起了不容忽视的作用，如《史记》中之特置《游侠列传》《日者列传》《龟策列传》，《后汉书》中之特置《宦者列传》，即属于此种情况；或者是出于修纂史书的人从他自身的政治需要和褒贬标准出发，《隋书》中《诚节》《孝义》二类传的首次出现于正史，即属于这种情况。魏徵在《诚节传》的序中称：

> 士之立身成名，在乎仁义而已。故仁道不远，则杀身以成仁；义重于生，则捐生而取义……至于临难忘身，见危授命，虽斯文不坠，而行之盖寡。固知士之所重，信在兹乎！非夫内怀铁石之心，外负凌霜之节，孰能安之若命，赴蹈如归者也！皇甫诞等当扰攘之际，践必死之机，白刃临项，确乎不拔，可谓岁寒贞柏，疾风劲草，千载之后，懔懔如生。岂独闻彼伯夷，懦夫立志，亦冀将来君子，有所庶几。故掇采所闻，为《诚节传》。

这里所说的臣节，其核心仍是“仁”“义”二字，而且修史者立《诚节传》的目的和用心，在此无异于和盘托出了。

与《诚节传》所表彰的各个人物相反，像宇文化及、司马德戡、裴虔通、王世充及段达等人，在魏徵的心目中自然成了反面的形象，所以《隋书》置数人传于一卷，并且亦冠以序：

> 夫肖形天地，人称最灵，以其知父子之道，识君臣之义，异夫禽兽者也……父不可以不父，子不可以不子，君不可以不君，臣不可以不臣。故曰君犹天地，天可雠乎！是以有罪归刑，见危授命，竭忠贞以立节，不临难而苟免。故闻其风者，怀夫慷慨，千载之后，莫不愿以为臣。此其所以生荣死哀，取贵前哲者矣。至于委质策名，代卿世禄，出受心膂之寄，入参帷幄之谋，身处机衡，肆赵高之奸宄，世荷权宠，行王莽之桀逆，生灵之所雠疾，犬豕不食其余。虽

> 荐社污宫，彰必诛之衅，斫棺焚骨，明篡杀之咎，可以惩夫既往，未足深诫将来。昔孔子修《春秋》，而乱臣贼子知惧，抑使之求名不得，欲盖而彰者也。今故正其罪名，以冠于篇首，庶后之君子见作者之意焉。①

传末史臣曰，这些奸臣罪臣“相寻葅戮”，“继踵诛夷”，是“快忠义于当年，垂炯戒于来叶。呜呼，为人臣者可不殷鉴哉！可不殷鉴哉！”实际上，这一卷等于是一个《奸逆传》，可惜魏徵未冠此类传之名目。《诚节传序》同《隋书》此卷之序所宣传的政治观点是完全一致的，不同的是一者寓劝，一者寓惩，共同的归宿均在于宣传儒家的臣节规范。

魏徵为《孝义传》写的序称：

> 《孝经》云：“夫孝，天之经也，地之义也，人之行也。”《论语》云：“君子务本，本立而道生。孝悌也者，其为仁之本与！”《吕览》云：“夫孝，三皇、五帝之本务，万事之纲纪也。执一术而百善至，百邪去，天下顺者，其唯孝乎！”然则孝之为德至矣，其为道远矣，其化人深矣。故圣帝明王行之于四海，则与天地合其德，与日月齐其明，诸侯卿大夫行之于国家，则永保其宗社，长守其禄位；匹夫匹妇行之于闾阎，则播徽烈于当年，扬休名于千载。

正因为魏徵特别重视孝、义，所以才特意“述其所行，为《孝义传》”。显然，这是修齐治平思想在他意识中的反映。

魏徵一身而二任焉，既扮演史臣的角色，又扮演谏臣的角色，这两者实际上是统一于儒教的。他不仅身体力行，在朝廷上面折廷争，而且也要在史学领域宣传忠谏的意义和必要性，如《隋书》卷61《宇文述、郭衍等传》末史臣曰中有如下的议论：

> 謇謇匪躬，为臣之高节；和而不同，事君之常道。宇文述、郭衍，

① 《隋书》卷85《宇文化及等传序》。

> 以水济水，如脂如韦，便辟足恭，柔颜取悦。君所谓可，亦曰可焉。君所谓不，亦曰不焉。无所是非，不能轻重，默默苟容，偷安高位，甘素餐之责，受彼己之讥。此固君子所不为，亦丘明之深耻也。

这无异于利用反面人物作教材，从正面发挥忠谏的道理和意义，并指出了这是关乎臣节的原则所在。从魏徵一生的行事、著述看，他最有资格进行这样的说教，最有资格以左丘明自况。此外，魏徵还在《隋书》中到处借题发挥这一看法，如在卷69传末史臣曰中批评虞世基“君昏不能纳谏”，指斥裴蕴“巧于附会”，讥讽裴矩“承望风旨，与时消息”。魏徵如此修史，完全是为唐初的政治服务的，同时也是从历史上为自己的实践寻找有力的根据。

通过上述分析可以看出，一个人在政治上不正直，就根本不可能成为具有史德的史臣，缺史德的臣子在政治上也不可能做到“和而不同”，必然流为“无所是非”，“默默苟容，偷安高位”的庸人。

四　家风与家学

为什么魏徵这样一个谏臣兼史臣的历史人物会出现于唐太宗时期呢？杰出的人物在历史的某些阶段，并不是作为偶然的个人而出现，往往是成批地走上历史舞台。在贞观朝，谏臣原不止魏徵一人，当时能犯颜直谏者不下三十人。如王珪、刘洎、岑文本、马周、褚遂良等人均在这方面有突出的表现。史臣也不止魏徵一人，如许敬宗、敬播、姚思廉、李百药、令狐德棻、李延寿等都是有成就的著名史臣。但谏臣在史学方面的成就与魏徵相比瞠乎其后，史臣在直谏方面也不能与魏徵同日而语，于是不禁要问，魏徵其人为什么能把二者统一在自己身上，而且做得那么锦上添花呢？其中必然与他本人的内在素质有关，或者可以说是具有个人品质、修养方面的特殊偶然条件。个人感到若探究此中奥秘，不能不从魏徵的家风与家学谈起。

魏徵的曾祖是魏钊，字显义，“雅性俊辩，博涉群书，有当世才，兼资文武，知名梁、楚、淮、泗之间”，深得魏太武帝拓跋焘的赏识。北魏征淮南，魏钊立奇功，拓跋焘喜谓群臣曰：“中国士人，吾拔擢咸尽，文武胆略，未有若钊俦。”① 是知魏氏一族并非名门著姓，魏钊是以自身的文武才能和胆略见重于时的。魏徵的祖父魏彦，虽一再为李崇等王公擢用，然以政局变幻，风云难测，时萌退隐之念，卒于光州刺史，也不是只求宦达，不择手段的无耻之辈。魏徵父魏长贤的政治品格特别值得称道。北齐河清（562—564 年）中，曾以著作郎的身份“上书讥刺时政，大忤权幸”，由此被贬为屯留令。当时亲故认为他“不相时而动”，即不识时务，有的人“为书以相规责”，他却在复书中说：

> 士之立身，其路不一。故有负鼎俎以趋世，隐渔钓以待时，操筑傅岩之下，取履圯桥之上者矣。或有释赁车以匡霸业，委挽辂以定王基，由斩袪以见礼，因射钩而受相者矣。或有三黜不移，屈身以直道；九死不侮，甘心于苦节者矣。皆奋于泥滓，自致青云。虽事有万殊，而理终一致，榷其大要，归乎忠孝而已矣。夫孝则竭力所生，忠则致身所事，未有孝而遗其亲，忠而后其君者也。……自顷王室板荡，彝伦攸斁，大臣持禄而莫谏，小臣畏罪而不言，虚痛朝危，空哀主辱。匪躬之故，徒闻其语；有犯无隐，未见其人。此梅福所以献书，朱云所以请剑者也。抑又闻之，嫠不恤纬而忧宗周之亡，女不怀归而悲太子之少，况仆之先人，世传儒业，训仆以为子之道，厉仆以事君之节。今仆之委质，有年世矣，安可自同于匹庶，取笑于儿女子哉！是以肠一夕而九回，心终朝而百虑，惧当年之不立，耻没世而无闻，慷慨怀古，自强不息，庶几伯夷之风，以立懦夫之志。吾子又谓仆干进务入，不畏友朋；居下讪上，欲益反损。仆诚不敏，以贻吾子之羞，默默苟容，又非平生之意。故愿得锄彼草茅，逐兹鸟雀，去一恶，树一善，不违先旨，以没九泉，求仁得仁，其谁敢怨？但言与不言在我，用与不用在时。若国道方屯，时不我与，以忠获罪，以信见疑，贝锦成章，青蝇变色，良田败于邪

① 《北史》卷 56《魏长贤附钊传》。

径，黄金铄于众口，穷达运也，其如命何！吾子忠告之言，敢不敬承嘉惠。然则仆之所怀，未可一二为俗人道也。

这封信正气凛然，说明长贤心口如一，忠贞不贰，其高风亮节跃然纸上。对于他的不幸遭遇，“人皆为之怏怏”，本人却“处之怡然，不屑怀抱”[①]。魏徵生长在这样的家庭里，得到长贤如此的家教，耳濡目染，皆为忠孝之教诲、节义之行事，所以他最后能够成为贞观朝的忠直谏臣，千古传诵，可以说是其来有自。

长贤之父魏彦，“博学，善属文”，任著作郎期间“思树不朽之业，以《晋书》作者多家，体制繁杂，欲正其纰缪，删其游辞，勒成一家之典”。后虽因宦途曲折，宿愿未酬，但他有志于修史却是确定无疑的。长贤入齐后亦官至著作郎，“更撰《晋书》，欲还成先志”。此外，他还是著名史学家魏收的族叔。[②] 魏收的另一位族叔是季景，其才学与收“相亚”，洛阳号称“二魏”。季景子魏澹，亦“高才，善属文”，入隋迁著作郎。隋文帝“以魏收所撰《后魏书》褒贬失实”，诏魏澹别成《魏史》，其书自魏道武帝讫魏恭帝，为十二本纪，七十八列传，别有史论及例各一卷，合92卷，“义例与魏收多所不同”[③]。直至唐朝，尚存魏澹所撰《魏纪》12卷。[④] 魏徵同魏收、魏澹系同族兄弟，同辈中竟有三人从事修史。上述史实说明，魏徵生长在一个史学世家中，三代人从事修史，家学渊源对他的影响是非常显著的。所以魏徵在唐初能够成为重要的史臣，同样也是其来有自。

隋末农民战争的推动下出现了“贞观之治”，这是出现魏徵这一重要历史人物的大气候，魏氏一族的家风和家学，是出现这个历史人物的小气候。

（原载《河北师院学报》1989年第3期）

---

① 《北史》卷56《魏长贤传》。

② 《北史》卷56《魏长贤传》。

③ 《北史》卷56《魏季景附魏澹传》。

④ 《旧唐书》卷46《经籍志上》。

论武周的社会基础

旧史论“武周革命”者，多以“女祸”目之，认为这是皇室内部的倾轧与篡夺，也就是以李、武二氏之争权当作问题的枢纽。而封建史臣对武则天的横肆污蔑，则使我们对历史本来面目的认识更加上了一层蒙混。事实上，通观唐史，则可见所谓“武周革命”这一斗争是有其复杂的社会阶级背景的，它对唐代社会、政治的影响亦绝不仅止于那短短的十几年。陈寅恪先生曾在《唐代政治史述论稿》一书及其近著《记唐代之李武韦杨婚姻集团》[①] 一文中先后提出这个问题加以讨论，其论点是以不同的地域婚姻集团间之斗争来分析历史事件的进程。这里就个人读史的一得之愚，提出一些极不成熟的意见，借供专家参考。

首先，我们要否定把这一事件局限于李、武二氏争权的观点。当时反对武则天的地主集团及后来对她进行人身攻击的史臣自然乐于站在封建的男子特权的立场上，给她扣上一顶“女祸”的帽子来进行宣传，但我们却有责任把被传统封建理论的偏见所掩盖了的这一斗争的社会阶级背景加以揭露。因此，我们无条件地相信那些史料是危险的。但即令在这些史料中，我们仍旧能够窥见一些真实的消息。

远在上元三年（676）（即仪凤元年，《通鉴》作上元二年），“高宗以风疹，欲逊位，令天后摄知国事，与宰相议之”[②]。后来虽经郝处俊谏止，但可见高宗对武则天的才能及政治见解是赏识的。高宗崩后，皇太子即位于柩前，遗诏：“军国大事有不决者，取天后处分。”[③] 最后，在武

① 《历史研究》1954 年第 1 期。

② 《旧唐书》卷 84《郝处俊传》。

③ 《旧唐书》卷 5《高宗纪下》。

周结束的前夜，经过吉顼、狄仁杰等的说服，又因诸武皆非武则天所属意，所以终于迎还庐陵王（中宗），作为皇位的继承人。所谓张柬之、桓彦范、崔玄晖、敬晖、李湛、李多祚等之诛戮二张（易之、昌宗），匡复中宗，不过是水到渠成之举。

分析以上史实，可知：从武则天辅佐高宗始，至迎还庐陵王武周结束止，武、李之争并不是问题的关键所在。为了正确辨认这一斗争的实质，我们还需要从当时整个地主阶级的发展情况及不同集团之消长中求取答案。

隋唐地主政权的建立，结束了魏晋以来士族门阀专擅的局面。新兴的地主政权通过科举制度，为一般非士族的地主打开了仕进之途，这是尽人皆知的事实，但这还只是问题的一方面；另一方面，武周以前，在李唐政权中能够置身通显者，绝大多数仍然是皇族、功臣、贵戚及由此一大官僚贵族集团出身的知识分子。其根本原因是：魏晋以来，士庶对立的门阀政治虽然基本上消灭了，但这种风气却仍然残存下来。太宗时，山东士人仍尚门阀，所以高士廉、韦挺、岑文本、令狐德棻等奉命责天下谱牒，参考史传，考其真伪，编成《氏族志》时，仍把崔干居第一。结果太宗大为不满，乃以“今日官爵高下作等级”，[①] 重新编撰。由这一事实可以看出：第一，这一士庶对立的遗风是仍然存在的；第二，太宗所要求的并不是彻底消灭这一区别，而只是以新的谱牒重新排列。虽然我们知道李唐的这种情况与过去的士庶之别是不能同日而语的，但在这一残存的思想意识支配之下，李唐新兴的大官僚贵族在一定程度上把持仕途却是完全可以理解的。

隋末农民起义的范围是十分广泛的，故对于地主阶级的打击也是十分普遍而沉重的。唐初武德、贞观时，除了借助于政治势力的大官僚贵族地主集团外，一般的中小地主的势力尚小，他们对于政治上的要求自然还不太迫切。但永徽、显庆之后，经过半个世纪的发展，随着农村的阶级分化及土地兼并之逐渐展开，这一批中小地主的经济地位日益提高了。因此，他们必然企图挤入大官僚贵族集团，以便为自己扩充土地造

---

① 《旧唐书》卷65《高士廉传》。

成更有利的条件，而且使其政治地位亦相应上升。这就是武周以前，社会上新兴起来的一股冲击力量。他们虽然也可通过科举仕进，但科举及第者并不一定就能除官受禄，只有再经过试吏部一关后，才能解褐入仕。此外，唐代举官除科举外，又有门荫、武功、艺术、胥吏之类，可见通过科举而最后能至于显达并不是一条平坦的道路。原来的中小地主现在在政治上迫切地要求仕进，最具体的表现，是当时科举选士的拥挤情况。《唐会要》卷74论选事条刘祥道上疏称：

> 今之选司选士，伤多且滥。每年入流，数过一千四百人，是伤多也；杂色入流，不加铨简，是伤滥也。古之选者，不闻为官择人，取人多而官员少也。今官员有数，而入流无限，以有数供无限，遂令九流繁总，人随岁积。谨约准所须人，量支年别入流者，令内外文武官一品以下，九品以上，一万三千四百六十五员，举大数当一万四千人。壮室而任，耳顺而退，取其中数，不过支三十年。此则一万四千人支三十年而略尽。若年别入流者五百人，三十年便得一万五千人定数。顷者一万三千四百六十五人足充所须之数。况三十年之外，在官者犹多，此便有余不虑其少。今年当入流者，遂逾一千四百，计应须数外，尚余两倍。又常选者仍停六七千人，更复年别新加，实非处置之法。

同书卷条魏元同上表称：

> 今诸色入流，岁有千计，群司列位，无复新加，官有常员，人无定限。选集之始，雾积云屯，擢叙于终，十不收一。

这种新兴地主集团趋之若鹜的严重情况，表示科举制度是如何不足以满足他们的欲望。在“官有常员，人无定限”的情况下，另一种解决问题的办法，就只能是使原来的大官僚贵族集团作一定程度上的让步。但这一集团的皇族、贵戚、功臣不但有血缘的纽带，而且有历史传统造成的封建君臣关系作维系的工具，这就使得任何的让步都成为十分困难和不易为功。通过科举而终于能够仕进的一般地主知识分子并非绝对没有，但其侥幸除官者亦多署外职，不居显要，而唐初宦风则重京官，轻外职。与此相反，大官僚贵族子弟则虽无特长，亦多盘踞要津，如《旧唐书》卷87《魏玄同传》：

> 今贵戚子弟，例早求官，髫龀之年，已腰银艾，或童丱之岁，已袭朱紫。弘文、崇贤之生，千牛、辇脚之类，课试既浅，艺能亦薄，而门阀有素，资望自高。

由此可见，地主阶级中这两大集团的矛盾必然日益尖锐，最后成熟为剧烈的斗争。武则天正是在这一斗争已经明朗化的时候，逐步掌握了政柄，终于建立了武周。在这一斗争中，她正是地主阶级中这一新兴的集团的代表。

武则天的家庭出身对其政治面貌是有着很大影响的。她的父亲武士彠“微时与邑人许文宝以鬻材为事，常聚材木数万茎，一旦化为丛林，森茂，因致大富”，[①] 李渊“尝领屯汾晋，休其家，因被顾接。后留守太原，引为行军司铠参军……兵起，士彠不与谋也。以大将军府铠曹参军，从平京师”[②]。《旧唐书·武士彠传》虽言高祖起兵前，“士彠尝阴劝高祖举兵”，但又称“初义师将起，士彠不预知”。从以上记载，可见武士彠在高祖起兵前不是主谋者，起兵后，亦无军功，只不过是“从平京师”，所以他在李唐政府中的地位是极其不重要的。同时，从《太平广记》记载中，可看出他本来是一个木材业的投机商人，因此可以推论，他个人的经济利益和李氏政权的直接联系是非常薄弱的。武则天出生在这样一个家庭里，自然易于了解新兴地主的经济发展情况及政治上的欲望。她个人又曾两次入宫，所以大官僚贵族集团把持仕途的情况对她来说，自然也并不生疏。因此，她之所以能够成为新兴地主集团的代表也是其来有自的。

---

① 《太平广记》卷137《武士彠》。

② 《新唐书》卷206《武士彠传》。

我们从当时斗争中两派人物的具体分析中，可以清楚地看出各派所代表的利益集团。

武则天远在即位以前，即已开始给大官僚贵族以打击。其中首先是对长孙无忌。《旧唐书》卷65《长孙无忌传》：

> （显庆）四年，中书令许敬宗遣人上封事称：监察御史李巢与无忌交通谋反，帝（高宗）令敬宗与侍中辛茂将鞫之。敬宗奏言“无忌谋反有端”。帝曰：“我家不幸，亲戚中频有恶事。高阳公主与朕同气，往年遂与房遗爱谋反，今阿舅复作恶心。近亲如此，使我惭见万姓。”……遂去其官爵，流黔州……其子秘书监、驸马都尉冲等并除名，流于岭外。敬宗寻与吏部尚书李义府遣大理正袁公瑜就黔州重鞫无忌反状。公瑜逼令自缢而死。

按：《新唐书·长孙无忌传》，当时武则天以无忌不助己而衔之，敬宗系揣后意而加以陷害，故此事最后原因，无疑是武则天的政策使然。况许敬宗等均为武则天个人爪牙，他敢于遣人上封事告密，并不是偶然的。长孙无忌既是贵戚，又居宰相职三十年，所以武则天把他当作大官僚贵族集团中的代表人物首先加以陷害。

紧接着这一事件，大臣中遭陷害者有于志宁、褚遂良、上官仪等。

首先起兵反对武则天的是唐初功臣李勣（原名徐世勣）之孙徐敬业，他在《讨武氏檄》中称：“敬业，皇唐旧臣，公侯冢子，奉先帝之遗训，荷本朝之厚恩。宋微子之兴悲，良有以也；袁君山之流涕，岂徒然哉！”① 可见他不但是以匡复庐陵王（中宗）为号召，而且以“旧臣”与“公侯”为旗帜。《旧唐书·徐敬业传》中只说“敬业坐事，左授柳州司马，其弟盩厔令敬猷亦坐累左迁”，当时二人究竟坐何事，不得而知，但由李勣的后代同时贬官这一事实，已经可以知道这和武则天打击大官僚贵族集团的政策是分不开的。

坐通徐敬业而被诛者，又有“伏事先朝二十余载，受遗顾托，大权

① 《全唐文》卷199骆宾王代李敬业作《讨武氏檄》。

在己"[①] 的裴炎，及勇武善战、屡立战功的宿将程务挺。

徐敬业平后，武则天曾对大官僚集团作过一次极饶兴味的训诫。《新唐书》卷 76《则天武皇后传》：

> 太后方怫恚，一日召群臣廷让曰："朕于天下无负，若等知之乎？"群臣唯唯。太后曰："朕辅先帝逾三十年，忧劳天下。爵位富贵，朕所与也。天下安佚，朕所养也。先帝弃群臣，以社稷为托，朕不敢爱身而知爱人。今为戎首者皆将相，何见负之遽？且受遗老臣伉扈难制有若裴炎乎？世将种能合亡命若徐敬业乎？宿将善战若程务挺乎？彼皆人豪，不利于朕，朕能戮之。公等才有过彼，蚤为之，不然，谨以事朕，无诒天下笑。"

这段材料分明表示反对武则天的皆"将相"，武则天所消灭的也正是"老臣""世将种""宿将"。这里虽未指出武则天所代表的是什么集团，但说明了她所打击的是什么集团。这一席谈话实为对所有大官僚贵族的严重警告。

大官僚贵族集团中，除功臣、宿将之外，最主要的就算李氏宗室了，所以武则天的利剑也必然要指向他们。其初，韩王元嘉与其子通州刺史黄公譔及越王贞父子谋起兵，当时"皇宗国戚内外相连者甚广"[②]。鲁王灵夔、霍王元轨、范阳王蔼、江都王绪等均有匡复之志。垂拱三年（687），以明堂成，武则天将行大享之礼，追皇宗赴集，这正是大肆屠杀宗室的好机会，元嘉亦认为："大享之际，神皇必遣人告诸王密，因大行诛戮，皇家子弟无遗种矣！"[③] 于是琅邪王冲仓卒起兵，唯越王贞应之，诸王未及赴，故其事败。事后诸王或遭杀戮，或流岭表中途遇害。"自是，宗室诸王相继诛死者，殆将尽矣！其子孙年幼者咸配流岭外，诛其亲党数百余家。"[④]

武周建立之后，最后一次大规模的屠杀是刘思礼案所引起的。《通鉴》卷 206 神功元年正月条：

---

① 《旧唐书》卷 87《裴炎传》。

② 《旧唐书》卷 64《韩王元嘉传》。

③ 《旧唐书》卷 76《越王贞传》。

④ 《旧唐书》卷 6《则天皇后纪》。

> 箕州刺史刘思礼……与洛州录事参军綦连耀谋反……明堂尉吉顼闻其谋，以告合宫尉来俊臣，使上变告之。太后使河内王武懿宗推之。懿宗令思礼广引朝士，许免其死，凡小忤意皆引之。于是思礼引凤阁侍郎同平章事李元素、夏官侍郎同平章事孙元亨、知天官侍郎事石抱忠、刘奇、给事中周谮及王勮兄泾州刺史勔、弟监察御史助等，凡三十六家，皆海内名士，穷楚毒以成其狱。壬戌，皆族诛之，亲党连坐流窜者千余人。

从上引文中“皆海内名士”几个字上可以推知这一批被杀者，必然也就是李唐《氏族志》中比较显赫的一部分大官僚无疑。

武则天这样的大肆屠杀，除了引起徐敬业及越王贞等转瞬即逝的武装冲突外，并未造成长期的大规模战争，其原因何在呢？第一，地主阶级及其政权遭隋末农民起义打击之后，在唐初曾实行了一系列缓和阶级矛盾、恢复发展社会经济的政策。至武周前后，虽然亦有土地兼并等现象，但生产力之继续发展的条件是绰有余裕的；同时，战争正是破坏这种小农经济最可怕的幽灵，农民在生活相对安定的情况下，对生产的兴趣远比对地主集团间厮杀的兴趣为高，因此徐敬业等反对武周的战争得不到广大农民的参加和支持。第二，农兵结合的府兵制度尚未破坏，地方上不可能有足够的集中起来的兵力与中央抗衡，而起兵者多仓促从事，临时征集是比较困难的，故徐敬业起兵时，只得利用囚犯及丁役工匠等数百人首先发难，越王贞等之起兵，亦因兵力不足，孤立寡助而失败。与此相反，武则天则可利用集中于关中的中央优势兵力以临地方。由此可见，地方起兵之失败是必然的结果。

由以上分析，我们已可看出武则天打击的对象是大官僚贵族集团；此外，我们从武则天所提拔起来的新兴官僚之具体分析，更可看出她所代表的是什么集团了。

为了打击大官僚贵族集团，武则天曾培养了一批酷吏，如许敬宗、索元礼、周兴、来俊臣等，但这些人只是她所利用的爪牙，他们在其历史任务完成后，大多亦遭杀戮，所以从表面看，这一批酷吏似乎很重要，但从实质上观察，在当时的政治决策中，他们并不是骨干。另外，为了在宫廷政变中准备一定的条件，武则天曾任用了最为可靠的诸武，如武懿宗、武三思、武承嗣等，但这些人亦只能在一定时期中起作用，通观武周历史，他们亦并不是政治上的中流砥柱。为了真正认识武周的社会基础，这两部分官吏是不应该作为主要考察对象的。我们还是从一般的大批新兴官僚之分析入手比较合适。

由天授至长安，在两《唐书》中有传可查而比较重要之宰相三十余人，其中绝大多数都是科举出身，按其家庭成分说，很少是属于大官僚贵族集团的。当然其中亦不免有极少数例外，可是我们知道在敌对阶级矛盾极端尖锐化的时候，尚不免有个别分子游离出来背叛了原来的阶级，何况我们所讨论的还是统治阶级内部两大集团的斗争呢？这种例外的情况并不妨碍我们达到正确结论。

此外，我们从这一批人物流露的言论中，正可看到他们真正的政治态度。《旧唐书》卷92《魏元忠传》载：仪凤中，元忠赴洛阳上封事称：

> 臣闻才生于代，代实须才。何代而不生才，何才而不生代？故物有不求，未有无物之岁；士有不用，未有无士之时。夫有志之士，在富贵之与贫贱，皆思立于功名，冀传芳于竹帛。故班超投笔而叹，祖逖击楫而誓，此皆有其才而申其用矣。且知己难逢，英哲罕遇，士之怀琬琰以就埃尘，抱栋梁而困沟壑者，则悠悠之流直睹此士之贫贱，安知此士之方略哉？故汉拜韩信，举军惊笑；蜀用魏延，群臣觖望。嗟乎富贵者易为善，贫贱者难为功至于此也！

从这段记载中，可知当时并未能真正举人唯才，大官僚贵族集团把持仕途的情况在这里又得到了一次印证。所以元忠反对以贫贱定取舍的陋习，这实际上是新兴地主集团不平的呼声。

再如李怀远，早孤，家贫好学，有宗人欲以高荫相假者，怀远竟加以拒绝，并叹曰："因人之势，高士不为；假荫求官，岂吾本志？"[1] 怀远这一叹，一方面说明他是新兴地主集团中的梗骨之士，不肯向大官僚贵

---

① 《旧唐书》卷90《李怀远传》。

族集团投降；另一方面说明他对“因人之势”“假荫求官”的大官僚贵族集团是十分鄙视的。

不次擢用由科举出身的新兴地主集团的知识分子，虽然是扩大政权基础的一种办法，但仅止于此，还是远不足以满足他们的要求的，“官有常员”的障碍必须加以扫除，所以武则天采取了不拘常式、大刀阔斧、破格用人的手段。垂拱元年（685），“诏内外文武九品已上及百姓咸令自举”[①]。天授元年（690），又制“官人者咸令自举”[②]。长寿元年（692），将存抚使所举者，无问贤愚，悉加擢用，高者试凤阁舍人、给事中，次试员外郎、侍御史、补阙、拾遗、校书郎。时人为之语云：“补阙连车载，拾遗平斗量；欋推侍御史，盌脱校书郎。”[③] 中宗复位后，这种政策并未稍煞，在李峤的奏请下，又置员外官数千人，故“官僚倍多，府库减耗”[④]。嗣后，又出现了由卖官形成的大批斜封官。《通鉴》卷209景龙二年（708）七月：

> 安乐、长宁公主及皇后妹郕国夫人、上官婕妤、婕妤母沛国夫人郑氏、尚宫柴氏、贺娄氏、女巫第五英儿、陇西夫人赵氏皆依势用事，请谒受赇，虽屠沽臧获用钱三十万，则别降墨敕除官，斜封付中书，时人谓之“斜封官”。……其员外、同正、试、摄、检、校、判、知官凡数千人。西京、东都各置两吏部，侍郎为四，铨选者岁数万人。

由于这种情形十分严重，姚元之、宋璟、毕构等曾于景云元年（710），奏准“悉宜停废”[⑤]。但崔湜、薛昭素等认为：“斜封官皆先帝（中宗）所除，恩命已布。姚元之等建议一朝尽夺之，彰先帝之过，为陛下招怨。今众口沸腾，遍于海内，恐生非常之变。”于是景云二年（711）制：“诸

---

① 《旧唐书》卷6《则天皇后纪》。

② 《旧唐书》卷6《则天皇后纪》。

③ 《通鉴》卷205长寿元年一月。

④ 《旧唐书》卷74《李峤传》。

⑤ 《通鉴》卷210景云元年八月。

缘斜封别敕授官先停任者，并量材叙用。”[①] 由“众口沸腾，遍于海内”八字，可知这一部分官僚是新兴地主集团中有普遍代表性的，所以停废之后引起了全国新兴地主集团的不满。最后之所以不得不又“量材叙用”者，实由于这一集团在李唐地主政权中的势力已经不可轻视了。正如辛替否所说：“富商豪贾，尽居缨冕之流；鬻伎行巫，或涉膏腴之地。”[②]

史不绝书地认为武则天有用人唯才的优点，这和当时官僚来源之大加扩充是分不开的。她正是把“怀琬琰以就埃尘，抱栋梁而困沟壑”的新兴地主集团的人才尽量提拔上来的。因此，数十年后的陆贽在追述武周时，亦不得不认为“是以当代谓知人之明，累朝赖多士之用。此乃近于求才贵广，考课贵精之效也”[③]。

武则天把政治中心由长安迁至洛阳，并且“徙关内雍、同等七州户数十万，以实洛阳”[④]。这一重要措施同样是服务于她的政治意图的。长安是唐初大官僚贵族的老巢，为了在更有利、更方便的条件下打击这一集团，当然最好是把他们带至孤立无助的洛阳；另外，在传统的政治势力不易把持的神都，自然也容易使新兴地主集团消除顾虑，趋之若鹜。正因如此，洛阳市上洒满了大官僚贵族的鲜血，而赴洛阳伏阙上书的新兴地主比比皆是。为了进一步接近新兴地主集团，倾听他们的意见，武则天又于垂拱二年（686），置延恩、招谏、申冤、通玄四匦，并设专人看守，每日所收投书，至暮并进。这种广泛征求地主阶级各种意见，并以匦的形式加以制度化的措施，在当时实属创举。

隐身在李武皇冠更换背后的两大地主集团的斗争，从表面上看，确实也相当剧烈、残酷，但这毕竟是统治阶级内部的斗争。根据当时情况，新兴地主集团所要求的，还不能是独占政治上的统治权，而只是与大官僚贵族集团分享其统治权；他们并不能完全消灭对方，而只能在一定程度上打击对方。因此，这次斗争在最初的时候，曾经尖锐至使人感到这是一场殊死战，但随着历史的发展情况的逐渐转变，斗争终究是缓和下

① 《通鉴》卷210景云二年二月。

② 《通鉴》卷209景龙二年七月。

③ 《旧唐书》卷139《陆贽传》。

④ 《旧唐书》卷6《则天皇后纪》。

来了。这首先表现在武则天的罗织屠杀政策，并不是始终如一，而是有其限度的。陈子昂在垂拱二年（686），曾上疏谏止残杀，结果是“太后不听”。[①] 自徐敬业及越王贞等平后，已给大官僚贵族集团以极其沉重的打击，所以武则天的恐怖政策也就逐渐改变了。自长寿元年（692），命严善思按问告密者始，“罗织之党，为之不振”。朱敬则亦认为武则天本任威刑，以禁异议，当时既已“革命”，故上疏谏宜省刑，“太后善之”。同时，周矩亦劝“缓刑用仁”，“太后颇采其言，制狱稍衰”[②]。最初被一度利用来火中取栗的酷吏来俊臣遭弃市，周兴则徙于岭表，途中为仇人所杀。相反地，用法持平的徐有功却取代了他们的地位，擢为夏官侍郎。长安元年（701），武邑人苏安恒上疏称：“何不禅位东宫，自怡圣体。”疏奏，“太后召见，赐食慰谕而遣之”[③]。次年，安恒复上疏称：“臣愚以为天意人事还归李家，陛下虽安天位，殊不知物极则反，器满则倾。”结果，“太后亦不之罪”。[④] 同年八月，最后敕：“自今有告言扬州（指徐敬业）及豫、博（指诸王）余党，一无所问。内外官司，无得为理。”[⑤] 由此可见，对武则天的酷刑屠杀，我们应当从当时统治阶级内部不同集团之间的矛盾和斗争中去理解，而不应当归结为武则天个人的嗜杀成性；否则，这种前后政策大异其趣的现象，就是完全不能理解了。

其次，这一斗争的趋于缓和，还表现在武则天于其任务完成后，终于又把皇冠奉还了李氏的庐陵王。由此可见，武则天称帝的作用，只是使新兴地主集团所已取得的利益，用皇冠的暂时更换，进一步巩固下来。所以中宗复位以后，武周时期提拔起来的张柬之、崔玄晤、袁恕己、敬晖、桓彦范、姚元之等均全部留用下来了。不仅如此，直至开元、天宝时，这一集团的势力在李唐政权中还是极其重要的。

最后，我们约略谈谈“武周革命”对唐代政治社会之长远的影响。

在政治上，除原来的大官僚贵族集团外，当时又增加了大批新兴的

---

① 《通鉴》卷 203 垂拱二年三月。
② 《通鉴》卷 205 长寿元年七月。
③ 《通鉴》卷 207 长安元年八月。
④ 《通鉴》卷 207 长安二年五月。
⑤ 《通鉴》卷 207 长安二年八月。

官僚。这次官僚集团之突然的庞大，使得当时的政治生活变得异常复杂，官僚集团间的倾轧成为普遍的长期的现象。团结在韦后与安乐公主周围的一派与团结在太平公主与玄宗周围的一派相争。在后一集团中，太平公主与玄宗又分裂为两派。唐初所谓吏治清明的往事，只能成为历史的回忆了。

在社会经济方面，主要的影响有二：其一，初唐土地兼并最主要的势力——大官僚贵族，遭武则天痛击之后，他们对土地的兼并受到了一些限制，遂使农业生产仍然得到了继续发展的条件。所以盛唐的“开元之治”，户口增加到将近一千万的情况，与“武周革命”是不无关系的，这是积极的一面。其二，由于整个官僚集团扩大了，人民的负担也随之日益沉重了。官僚集团中新兴起来这一支力量，必然也成为土地兼并中的一支生力军。所以开元、天宝之后，均田制破坏了，剧烈的土地兼并也就逐渐开始了，这是消极的一面。

总之，唐代李武集团的斗争，是当时统治阶级内部矛盾的表现。陈寅恪先生认为它们只是不同地域婚姻集团间的斗争，我以为那是不能说明这一问题的本质的。

（原载《历史研究》1955 年第 1 期）

关于武则天研究中的几个问题

武则天作为中国历史上著名的女皇帝，曾经叱咤风云，不可一世，无论在古代史臣的心目中或现代史学家的视野中，都占有特别醒目的重要地位。对她的评价，历来代有不同，毁之者不乏其人，誉之者也偶尔存在。时至今日，这仍是一个尚待解决的问题。至于武曌的其他方面，见仁见智，也不一致。这确实是一个非常特殊的历史人物，值得我们重新研究。她本人所具有的复杂性，也为探讨这一课题设置了一定的难度。本人不自量力，企图在文中略谈研究这一历史人物的几个方面的问题，就教于通人、专家和广大读者。

一

回顾国内近半个世纪以来的唐史学界，普遍流行着这样一种共识：认为武则天在政治上代表庶族地主阶层或中小地主阶层，或称一般地主阶层，她所打击的是士族阶层或大官僚贵族阶层，其政治作为有进步性。譬如笔者就曾在《历史研究》1955 年第 1 期发表过拙文《论武周的社会基础》，文中把武氏说成是一般地主阶层的政治代表，她所打击的政敌系唐初以来的大官僚贵族集团。上述各种说法尽管不完全相同，却都认为武则天代表进步势力，遭她打击的是保守势力或反动势力。从现象上看，也的确好像是这样，如她大力发展科举制，破格用人，擢拔了不少寒微之士；受她排挤、压制、杀戮的也多是皇族、公卿、显宦中海内名家。但我们必须承认，武则天本人并没有明确的阶级观点和自觉的阶层意识，也不具备以阶级或阶层划线的概念，那么我们不禁要问：武则天是在什么真实的思想支配下能做到这一点呢？英国著名史学理论家 R. G. 柯林武德有一句名言："一切历史都是思想的历史。"因此，今人有必要探讨一下武氏究竟是在什么具体政治环境下如何思想和考虑的，有必要设身处地为她考量一番。

武曌果真代表庶族打击士族或大官僚贵族吗？且看史实。深为她信赖的李义府曾"自言本出赵郡，始与诸李叙昭穆"①。并亲自为其子"求婚"于"七姓"②。事实说明，他不与士族为敌，而且力求同他们结亲，其重士族门第的意识相当浓厚，正是由于李氏一族未能列入《贞观氏族志》，他才建议修《姓氏录》的。可见改《氏族志》为《姓氏录》，不但不是打击士族的表现，恰恰是李义府企图千方百计挤入士族行列的反映。仪凤年间（676—679 年）曾任中书令的李敬玄，"前后三娶，皆山东士族，又与赵郡李氏合谱"③。他的士庶观念与李义府完全相同。再如卢承庆其人，官至度支尚书及宰相，他的籍贯是幽州范阳（治今河北涿州），其祖父思道在隋代任郡守，他本人曾是贞观朝的民部侍郎、兵部侍郎，④可见承庆不仅出身士族，而且是唐初的达官显宦。崔玄暐虽然最后参加了推翻武周政权的"五王"政变，但毕竟曾在武则天晚年还超拜天官侍郎及宰相，更何况其郡望是博陵（治今河北定州），母亲系"卢氏"，⑤不问可知是崔、卢望族联姻，也证明武则天并没有见士族就排斥打击。还有韦待价，是江夏王李道宗的乘龙快婿，不但身任宰相，还出身京兆万年，⑥情况类似崔玄暐，也是显贵加望族。韦安石出身京兆韦氏，其曾祖是周、隋鼎革之际的名臣韦孝宽，后来安石经苏良嗣推荐被武则天任命为膳部员外郎，不久又出任并州（治今山西太原）司马，"则天手劳之"曰："如此称职，深慰朕怀。"⑦武氏当政期间一再拜相的陆元方，是苏州

① 《旧唐书》卷 82《李义府传》。

② 《新唐书》卷 223 上《李义府传》。

③ 《旧唐书》卷 81《李敬玄传》。

④ 《旧唐书》卷 81《卢承庆传》。

⑤ 《旧唐书》卷 91《崔玄暐传》。

⑥ 《旧唐书》卷 77《韦挺附待价传》。

⑦ 《旧唐书》卷 92《韦安石传》。

吴县（治今江苏苏州市）人，“世为著姓”，显然出身顾、陆、朱、张诸望族，“则天将有迁除，每先以访之”，① 是又一个士族充当武氏心腹的例证。从以上史实可以看出，武则天思想上存在的实际是一条实用主义原则，只要能为我所用，肯替她效犬马之劳，士族也好，庶族也好，贵族官僚也好，平民百姓也好，都会受到奖拔和重用；她思想上根本没有一条对士族、显贵一律排摈的用人路线。

既然如此，前面提到的那种政治假象究竟是怎样产生的呢？也就是在什么条件下因何产生的呢？关于此点，必须首先弄清楚武则天当时所处的具体政治环境。她本来是一个野心勃勃的、具有政治抱负的女子，但在唐太宗长期统治的稳定局面下无隙可乘，客观上没有她从事政治活动的余地。高宗即位后，贞观朝的元老重臣理所当然地掌管朝政，长孙无忌、褚遂良等名臣大权在握。李治利用太子承乾同魏王泰的相争，在偶然的机缘下骤然登上皇位，不免成为徒具虚名的傀儡君主。对于此种处境，他不可能甘心。于是朝政中隐伏着斗争的因素。正是在这种微妙的政治机缘下，武则天得以利用丈夫不甘寂寞的心理，巧施手腕，赢得了高宗对她的宠幸，因而得以由昭仪而宸妃，由宸妃而皇后，步步高升。然而在最初阶段，她还难以骤然干政。在这种氛围中，为实现其政治野心，她必然遇到两个实际问题：一是阻力特别大，不但有庞大的李氏皇族，而且还有武德、贞观以来历数十年形成的大批元老重臣，他们在政治上颇具能量。二是武氏同杨坚、李世民不同，杨坚在篡周以前早已步入政坛，手下形成了一个可资信赖的心腹集团；李世民在秦王府中也拥有不少的文臣、武将，如房玄龄、杜如晦、长孙无忌和尉迟敬德等，不乏可以倚重的力量。与此相反，武则天却不是一个成熟了的政治势力的代表，而是单枪匹马地依靠施展阴谋诡计突然地闯入了政治生活，登上了“二圣”的宝座。在此形势下，敌众我寡的力量对比状况必然迫使她要打击很多人，否则难以扫清她通往权力顶峰道路上的障碍。另外，为了改变这种寡不敌众的不利状况，她必须网罗、培植自己的政治羽翼，因而破格用人、发展科举制等政策应运而生。严格地讲，这种用人路线

① 《旧唐书》卷88《陆元方传》。

赤裸裸地带有浓厚的收买色彩。正是由于这两种原因，才形成了她代表庶族地主、中小地主阶层打击大官僚贵族或名门望族阶层的假象，从而蒙住了史学家的眼睛。这两点均来源于其实际需要，并非来源于她的阶层意识。

二

再谈谈酷吏政治问题。

为什么武则天执政前期酷吏横行呢？是出于她个人的残酷成性，还是其产生具有历史的必然性？如系出于实际的政治需要，那么这种客观需要又是什么呢？总之，问题很多，且非常重要，值得一一加以回答。

清人赵翼特别强调“武后之忍”，即指其残酷成性而言，他认为“古来无道之君好杀者”，如石虎、苻生、齐明帝等；“英主好杀者”，如明太祖等，“皆未有如唐武后之忍者也”；惊叹她是“真千古未有之忍人也哉！”① 但仅仅归之为残忍嗜杀并不能诠释全部的历史秘密。事实上，“武后之忍”是其来有自的。主要是出于实际的政治急需。我们应当唯物主义地回答这个问题。

首先，前面已经指出，武则天面临的政敌是一个庞大的、很具政治能量的集团，她自顾势单力薄，深知从他们手中夺权谈何容易，而唯一可依仗的只不过是高宗对她的私宠而已。从敌对营垒看，顾命大臣长孙无忌和褚遂良等也不甘寂寞，深深懂得肩上所负的重担，故能做到“悉心奉国，以天下安危自任”。甚至连皇帝本人也“宾礼老臣，拱己以听”②。在此敌强我弱的力量对比形势下，武后唯一可采取的手段就是对他们狠下毒手，于是酷吏就成了可资利用的爪牙。这是酷吏政治产生的主要原因之一。

其次，在男尊女卑的封建时代，武则天以一介女子而要干政问鼎，

---

① 《廿二史劄记》卷19《武后之忍》。

② 《新唐书》卷105《长孙无忌传》。

实现其野心和抱负，毋庸讳言是名不正、言不顺的不道之举。她在政治上缺乏信心，自己也感到理不直、气不壮。加之，她本来就没有什么真正的心腹集团，况且为人惯施阴谋诡计，所以不可避免地对很多朝臣都感到怀疑，难以信任。任何人被诬陷为怀有二心，对她来说都是可能的和可信的。譬如武氏“信重”狄仁杰，群臣莫及，常谓之“国老”而不称呼名字，但“五王”基本上就是他提拔、荐举上来的。又如李湛是李义府之子，应该说是武则天完全可以信赖的人了，但后来竟是“五王政变”的参加者之一，诛杀二张时武则天出人意表地对他说：“汝亦为诛易之将军邪？我于汝父子恩不少，何至是也!”① 难怪连狄仁杰这样的人也曾一度下狱，几乎含冤而死。再如刘祎之是“北门学士”之一，竟曾对贾大隐说：“太后既能废昏立明，何用临朝称制，不如返政，以安天下之心。”大隐密奏此事后，武则天谓左右曰：“祎之我所引用，乃有背我之心，岂复顾我恩也。”最后他竟“赐死于家”②。可见把酷吏政治完全归因于她的残酷成性是皮相的看法。从这一意义上说，酷吏肆虐不是武则天有力量、自信心强的反映，恰恰是她在政治上十分虚弱的表现。在这种广猜博疑的心情支配下，值得武氏真正信为心腹的人可以说是绝无仅有，打击面自然趋向扩大化。欧阳修对此已有所觉察，故一针见血地指出：

> （武氏）盗攘天权，畏下异己，欲胁制群臣，橹翦宗支，故纵使上飞变，构大狱……于是索元礼、来俊臣之徒，揣后密旨，纷纷并兴。③

他在《索元礼传》中也说：“（武后）见大臣常切齿，欲因大狱去异己者。”④ 这就是武则天当时的实际心态。大致反武斗争高涨一次，酷吏政治也就随之猖獗一次。徐敬业和越王贞的起兵不仅用事实论证了她的多疑有理、有据，而且从反面对酷吏政治起了推波助澜的作用。

再次，在封建专制体制下基本上实行的是人治而非法治，人治势必

① 《旧唐书》卷82《李义府附湛传》。
② 《旧唐书》卷87《刘祎之传》。
③ 《新唐书》卷209《酷吏传序》。
④ 《新唐书》卷209《索元礼传》。

要求最高执政者要大树特树自己的个人权威；否则就不能震慑天下，稳定政治局面，巩固统治。在一般情况下，也就是在正常的时候，太子作为嗣君，就拥有先天的权威地位，在这里皇统和血统起了关键性作用。对武则天来说，她既不姓李，又是女子，根本不具备上述优势，因为革代易姓早已使政治越出常轨而病态地运转。怎么办呢？酷吏政治是帮助她震慑天下，树立威望的唯一救命稻草。这是大狱屡兴、酷吏满朝的主要原因。对此，赵翼也洞悉其中奥妙，故云：

> （武后）欲立威以制天下，开告密之门，纵酷吏周兴、来俊臣、邱神勣等起大狱，指将相俾相连染，一切按以反论，吏争以周内为能，于是诛戮无虚日。①

可见把酷吏政治简单地归因于她的残忍成性是肤浅的看法。

实行“诛戮无虚日”的恐怖政策是为了削弱政敌的力量，如何从相反的方面来设法壮大自己的实力呢？从当时形势看，武则天登上政治舞台之前是毫无组织准备的，她根本无心腹和智囊可言。这种两手空空、一贫如洗的状况迫使她必然要拼命地、疯狂地网罗、收买一批肯为她效力的人，但从皇族、公卿、显宦中很难物色到可资拉拢的对象，于是就不得不在其他一般士人中收买人才。在这方面，李义府的经历和他之终于被信重，最具有代表性。在太宗时，义府曾任监察御史，侍奉过晋王。李治被立为太子后，义府曾任崇文馆直学士，与司议郎来济“俱以文翰显，时称‘来、李’”，谈不上有多大实权。后来为长孙无忌所恶，“奏斥壁州（治今四川通江）司马”，仕途上陷于穷途末路，为了摆脱此种狼狈境地，不得不进行政治投机，遂参加到武后“肆志攘取威柄”的活动中来，最后成为她的一员得力干将。② 武则天后来改用诗赋取士，发展科举制，并非如杜佑所说是由于她“好雕虫之艺”③，而是因为她要以此广泛地拉拢士人、培植拥戴自己的力量。破格用人、“殿前试人”和“武举”

① 《廿二史劄记》卷19《武后之忍》。

② 《新唐书》卷223上《李义府传》。

③ 《通典》卷15《选举典·历代制下》。

等先后出台，也莫不出于相同的目的。她不仅收买士人，而且在初露头角时还于高宗面前“数上书言天下利害，务收人心。”[①] 史实一再说明，武则天为改变敌强我弱的不利处境曾经绞尽了脑汁，费尽了心机。

由此可见，武氏诛杀皇亲国戚及元老重臣，并不意味着她具有自觉的阶层意识；破格用人、发展科举取士也不是由于她能在政治上代表一般地主阶层或中小地主阶层的利益。两个方面都是出于其现实的政治需要。后人对这些现象的理解与诠释，同历史的实际情况之间有时竟至于这样地貌似实异，真是值得惊叹。

三

武则天一面实行酷吏政治，一面不择手段地网罗、收买士人，使政治生活陷于极不正常的状况，与贞观时期的“君明臣直”形成了鲜明的对比。这种病态必然要产生很多弊端，今就其荦荦大者略举如下。

首先，酷吏横行、冤案丛生使上层统治集团中笼罩着异常恐怖的氛围，很多人感到朝不虑夕，寝食难安。一时间“朝士人人自危，相见莫敢交言，道路以目”[②]。在这种恶劣环境中生活的人必然同当政者离心离德，莫不力求摆脱这种政治气氛。这一点对武则天的统治极其不利。《旧唐书》卷85《徐有功传》也说：“时酷吏周兴、来俊臣、丘神勣、王弘义等构陷无辜，皆抵极法，公卿震恐，莫敢正言。”甚至像元万顷、刘祎之这样一些“北门学士”，也难逃“坐诛”和“赐死”的厄运。[③] 至于其他一般臣僚，就更难于自保了。恐怖政治还使朝臣们在武氏面前“无敢逆意直谏”，这一病态持续“几二十年”之久。[④] 既然酷吏政治使武则天手下的满朝文、武产生了明显的离心力，一般朝臣怀念太宗时的健康气

① 《新唐书》卷4《则天皇后本纪》。

② 《通鉴》卷204天授元年七月。

③ 《新唐书》卷201《元万顷传》、卷117《刘祎之传》。

④ 《通鉴》卷203永淳元年七月。

氛的心情自不免油然而生，“是以唐之名臣，难忘中兴之计”。[①] 这种情绪在暗中酝酿，对武曌长期统治是莫大的威胁。

其次，政治生活极端反常、大的变故不断发生，为某些钻营、投机的野心官僚提供了有利、方便的机会。不但像张昌宗、张易之、薛怀义一类的政治垃圾可以青云直上，像李义府、许敬宗这班心术不正的佞臣也得以翻手为云、覆手为雨，而且以武三思、武攸绪为代表的诸武也可以仅凭同武氏的血亲关系飞黄腾达。在歪风邪气猖獗的日子里，“奸邪有党，宰执求容，顺之则恶其名彰，逆之则忧其祸及，欲存身致理者，非中智常才之所能也”[②]。真是做人难上加难呀！在我国历史上，凡是小人得志、君子失势的时刻，正人直臣往往采取退避三舍的态度，所谓“邪无道隐”，就是他们奉为圭臬的座右铭。另一些做不到退隐洁身的正派人则经不住考验，常常会发生变化，与小人同流合污，从而不能坚持操守。如李迥秀其人，在大足（701 年）时领选，“铨汰文武，号称职”，以后由于二张“贵骄”，他遂“桡意谐媚”，因而“士论顿减”，最终竟至“坐赃”被贬，[③] 堕落成了贪官污吏。魏元忠在武周朝任宰相，“有清正名”，但因为他“稍惮权幸”武三思，后来变成了“不能赏善罚恶”的庸人，故“誉望大减”[④]。贞观时期，于志宁曾“谏太子承乾，几遭贼杀，然未尝惧，知太宗之明，虽匕首揕胸不愧也”。而到武则天立为皇后以后，竟“不敢出一言，知高宗之昧，虽死无益也”[⑤]。一般直臣并不畏死，但怕含冤而死，“虽死无益”，甚至正派人也很难经得起这种考验。至于普通的循臣良吏，尽管能抵制沦为贪官污吏的厄运，也很难不考虑全身免祸的问题，遂不免由此转化成碌碌无为的平庸之辈。如豆卢钦望“居宰相积十余年”，就是由于看到了张易之、武三思等的“怙势宣烝”“戮忠戚”而“不能有所裁抑”，只能做到“独谨身谆谆自全”，[⑥]“以此获讥于代”[⑦]。比

---

① 《旧唐书》卷 87《魏玄同传》末史臣曰。

② 《旧唐书》卷 92 传末史臣曰。

③ 《新唐书》卷 99《李大亮附迥秀传》。

④ 《新唐书》卷 122《魏元忠传》。

⑤ 《新唐书》卷 104《于志宁传》末赞曰。

⑥ 《新唐书》卷 114《豆卢钦望传》。

⑦ 《旧唐书》卷 90《豆卢钦望传》。

他略逊一筹的苏味道，“前后居相位数载，竟不能有所发明，但脂韦其间，苟度取容而已”。以此竟获绰号“苏摸稜”。[①] 说话处世模棱两可，竟成了他在官场中混世的秘诀。

武则天广肆网罗士人，尽管不难从中发现一批行能俱佳的人才，但也必然由此导致官僚集团恶性膨胀起来，尤其是泥沙俱下、鱼龙混杂，中间必然包括很多全力趋竞的野心家和政治垃圾，因使宦风日下，人心逐渐浇薄。连魏元忠也看不惯当时“有司选士，非贿即势”的颓风，指出其根源盖在于“非为官择吏，乃为人择官”[②]。徐有功也指斥“掌选之曹，用舍不平，补拟乖次，嘱请公行，颜面罔惧”，因此引起“嚣谤满路，怨讟盈朝”[③]。其实这种不良趋势早在武后当政之初就严重地存在了，显庆二年（657）刘祥道就已惊呼：

> 今之选司取士，伤多且滥：每年入流数过一千四百，伤多也；杂色入流，不加铨简，是伤滥也……[④]

“多”与“滥”的后果是导致在人事方面出现严重的腐败，而且这种现象越到后来越严重，遂不免引起公愤。同太宗朝的减官裁员相比，不得不承认武周政治是一个大倒退。难怪人们要产生怀旧情绪了。

从上述史实可见，武则天的用人路线既拔擢了一些优秀人才、直臣循吏，更重要的是也使坏人、佞臣涌入朝廷，只看到前者不免流于片面。为什么有这一负面影响呢？盖由于她疯狂地网罗拥戴自己的力量，达到了为目的不择手段的地步。

最后，武则天的多猜广疑及滥施刑狱使她很难在自己周围凝聚成一个健康、稳定的领导核心，这也是促使其政权短命的重要原因之一。韦承庆就曾一针见血地指出：“文明（684 年）、垂拱（685—688 年）后，执政者未满岁，率以罪去。”他还批评取士随意和滥竽充数道：

---

① 《旧唐书》卷 94《苏味道传》。

② 《新唐书》卷 122《魏元忠传》。

③ 《旧唐书》卷 85《徐有功传》。

④ 《旧唐书》卷 81《刘祥道传》。

> 臣谓陛下求贤之意切，而取人之路宽，故一言有合而付大任。夫以尧举舜，犹历试诸难，况庸庸者可超处辅相，以百揆万机畀小人哉？①

武则天既轻率用人，又轻率罢官、诛戮，是非常不严肃的。检《新唐书》卷61《宰相表》，从显庆元年（656）至神龙元年（705）历时半个世纪，曾任宰相的大臣竟达百名以上，遭罢相者亦不减五十余人之多，这还不包括那些致仕、被杀及因其他原因而薨者四十人左右在内，这种朝除夕免的不正常状况使一个人很少能够久安其位，尤其是作风正直的人更难久居相位。像狄仁杰那样能久处荣显而最后得以善终者，真是犹如凤毛麟角。所以朝廷“每除一官”，户婢们就偷偷地说：“鬼朴又来矣！”果然“不旬月，辄遭掩捕、族诛”。② 在这种气氛下，野心家、投机者、阿谀奉承的人可以在一个早上突然直升九霄，不能适应此种气候的正派人、迂腐者、书生气十足的士大夫也可能骤然间祸从天降，杀身灭族，正如卢藏用所说：“今左右近臣，多以顺意为忠；朝廷具僚，皆以犯忤为患。至令陛下不知百姓失业。”③ 上面的统治者不能听逆耳的忠言，只愿听顺旨迎合的假话，实际上就等于鼓励下面不正派的朝臣和士人蝇营狗苟，因而形成了“士类竞为趋进”④ 的风气，结果是使最高统治者成为脱离社会实际的人，货真价实的孤家寡人；下面则宦风日趋腐败，正派人反而感到难以容身。

吏治不清明，权臣、贪官遍于朝廷，必然影响社会经济的顺利发展和政局的稳定。魏玄同就曾上疏指出：“方今人不加富，盗贼不衰，狱讼未清，礼义犹阙者，何也？下吏不称职，庶官非其才也。”⑤ 出现“庶官非其才”的关键原因是“下吏不称职”，即政治动荡引起人事不稳使然。著名文学家兼大臣的陈子昂虽然是武则天的拥戴者，但也不得不承认：

---

① 《新唐书》卷116《韦思谦附承庆传》。

② 《通鉴》卷205长寿元年八月。

③ 《旧唐书》卷94《卢藏用传》。

④ 《旧唐书》卷102《刘子玄传》。

⑤ 《旧唐书》卷87《魏玄同传》。

“当今山东饥，关、陇弊，历岁枯旱，人有流亡。”[①] 甚至连对武氏忠心耿耿的狄仁杰也指出：“方今关东饥馑，蜀、汉逃亡，江、淮以南，征求不息。”[②] 应当看到，站在武曌一边的人们这样说，是非常可信的，毫无夸大、渲染之嫌。

至于武则天建天枢、筑明堂等劳民伤财的事，尽人皆知，在这里就无须罗列了。

四

现在谈谈武则天推行的是法家路线还是道家路线这个令人感到格外扑朔迷离的问题。在“评法批儒”的年代，武则天被完全说成是法家路线的推行者，史料中也确实存在“法网严密”，“士类……多陷刑戮”[③]及“挟刑赏之柄以驾御天下，政由己出”[④] 的记载。可见这种说法也不是毫无根据。前不久，李斌诚同志在《武则天与道教》一文[⑤]中罗列了很多武氏提倡道教的史实，如她在建言十二条中主张“令王公以下，皆习《老子》”，并要求明经科准《孝经》《论语》同样加以策试。[⑥] 她还下令广立宫观以度道士。按道家思想同法家思想大相径庭，形同水火，这究竟是怎么一回事呢？确实是一个值得探讨的问题。

通过分析史料和史实，窃以为在武则天的政治路线中，既有法家的因素，也有道家的成分，那么这类似冰炭的两种思想又是如何相互结合的呢？其中奥妙就在于“上法下道”四个字。以下对此略加分析。

所谓“上法”，是指在上层统治集团中实行法家的严刑重罚路线。当时的主要斗争并不是阶级斗争，而基本上是在统治阶级内部进行和展开的。为了夺权，武则天必须以严刑峻法打击政敌，她所收买和拉拢的人

① 《旧唐书》卷190中《陈子昂传》。

② 《旧唐书》卷89《狄仁杰传》。

③ 《旧唐书》卷102《刘子玄传》。

④ 《通鉴》卷205长寿元年一月。

⑤ 《武则天与文水》，山西人民出版社1989年版。

⑥ 《通鉴》卷202上元元年十二月。

也只能是官吏和企图爬到上层的士人。所以法家所强调的“刑、赏”二字就只在朝廷百官中派上用场。在看到此点的同时，也应承认她有一些违背法家原则的行为，譬如任人唯亲就是一个明显的例子。她提拔杨执柔是“要欲我家及外氏常一人为宰相”[①]。因为他同武氏之母杨氏为同族。宗楚客受到重用是由于他乃“武后从姊子”。其兄秦客亦因同样的关系颇受青睐。秦客之弟宗晋卿竟然得以“典羽林兵”[②]。宗氏一门可以说是因裙带关系而能通显一时。至于武三思、武攸宁、武攸绪诸人能够平步青云，则完全取决于他们与武则天同系一族一姓。武周时期朝廷中盛行裙带风，并不符合法家任人唯贤的原则。此外，法家确实主张任法，但在酷吏政治下冤狱成市、滥诛乱杀，也并不符合法家的政治要求。

因此，武则天对上层实行法家路线，但她并不是一个合格的、较好的法家人物，毋庸讳言有其较差的一面。

所谓“下道”，是指她对下层社会和普通百姓基本上实行“无为”政治而言。尽管武则天有时大兴土木，发兵远征，加重了农民的负担，但她在思想上却知道：“臣之与主，共养黎元，必当省徭轻赋，以广人财；不夺人时，以足人用。”她也深知：“人者，国之本。”[③] 因此认同“道常无为而无不为”[④] 的道理。武周时期经常改元，其年号中就有“垂拱”，即取意“故冕旒垂拱，无为于上者，人君之任也”[⑤]。她知道实行道家路线可以使农民稳定，生产发展，故又云：“清静无为则天与之时。”[⑥] 尽管武则天对下倡导“无为”政治，但她毕竟是一个热衷于政治斗争的野心家、寄生虫，所以一生中也干了很多不利于下层民众的、违背道家原则的事。筑明堂、建天枢就是这方面最突出的例子。

由此可见，如果武则天的政治路线中有“下道”的一面，那么她也不是一个完全合格的执行道家路线的政治家，远比不上汉文帝和汉景帝。

正因为武则天政治中有“上法”的一面，所以在她统治的半个世纪

---

① 《新唐书》卷100《杨恭仁附执柔传》。

② 《新唐书》卷109《宗楚客传》。

③ 《臣轨》卷下《利人章》。

④ 《臣轨》卷上《守道章》。

⑤ 《臣轨》卷上《同体章》。

⑥ 《臣轨》卷下《廉洁章》。

中上层统治集团乱作一团，几乎可以说是朝无宁日；正因为武则天政治中有“下道”的一面，所以在这半个世纪中社会经济取得了长足的发展，故徐敬业起兵时“海内晏然，纤尘不动”。陈子昂据此断言：“岂非天下蒸庶，厌凶乱哉？臣以此卜之，知百姓思安久矣。”[①] 这正是徐敬业起兵作乱、诸王兴师问罪转瞬即败的根本原因。经济较顺畅地发展时社会必然稳定。

在武则天的意识中，并不知道她自己实行的究竟是哪家的路线。这是一个非常现实的政治人物，她并不想把全国思想定于一尊。对于她，哪家的思想有可利用的地方，都可以提倡。僧怀义曾与明法等造《大云经》，声称武氏“是弥勒下生，作阎浮提主，唐氏合微”，所以日后以周代唐和亲自称帝时她就册封怀义、明法等九人为“县公”。从此《大云经》“颁于天下，寺各藏一本”[②]。看来武则天对佛教也不排摈和拒绝。史书上还有“则天初革命，尤好符瑞”的记载。[③] 事实说明，只要对她有利，道家也好，法家也好，佛教也好，符瑞也好，都可以兼收并蓄。其实她什么家也不是，什么家的成分也包括于其政治路线之中。不过，就其主要方面而言，自然以道、法两家的色彩稍微浓重一些而已。

五

以下分析武则天的政治下场和悲剧结局。

武曌崩于神龙元年（705）。由于诸史书记载互异，关于她的享年有四种说法：八十三岁，八十二岁，八十一岁或八十岁。汪篯同志根据她十四岁入宫时正值贞观十一年（637）考证，认为诸说中以八十二岁说为长。[④] 据此推算，她七十岁时正当延载元年（694）。我国历来有“人生七十古来稀”的说法，显然武则天当时已届耄期，无论对于她本人来说还

---

① 《陈伯玉文后集》卷9《谏用刑书》。
② 《旧唐书》卷183《武承嗣附薛怀义传》。
③ 《旧唐书》卷70《岑文本附长倩传》。
④ 《汪篯隋唐史论稿》，中国社会科学出版社1981年版，第120、123页。

是对于臣僚来说，都不能不慎重地考虑她身后的事了。各种势力和人物怎样对待这一日益紧迫的形势和考虑她驾崩后何以自处呢？是一个非常现实和重要的问题。

我国历朝奉行家天下原则，传统习惯是实行皇位嫡长子继承制，这是一个不成文的接班制度。在皇帝专制的人治政治下，必须树立嗣君的个人威信才有利于他顺理成章地继承皇位。为此，历来皇帝多愿早立太子，一则便于大树其威望，以便天下尽早归心；再则让他在朝廷上和东宫中尽早开始局部的政治实践，使之尽快成熟起来。

唐朝的皇族是李氏，由于武周政权作为一个反常的政治插曲横梗其间，从而打乱了皇统。这样，中宗显和睿宗旦就只能成为两个过渡性人物一再昙花一现地出现于政治舞台。他俩的首次执政是作为由唐王朝向武周王朝过渡的桥梁而出现；他俩的第二次执政是作为由武周王朝向李氏王朝回归的桥头堡而存在；所以两次都不能久居皇位。中宗第一次称帝后仅历时两个月就被武则天废为庐陵王，根本来不及树立个人的权威。他第二次即位已经是"五王"政变的结果，其复位"庸非己力"，[①] 根本没有起过什么关键作用。睿宗首次即位是在文明元年（684）二月，到载初元年（689）九月就在以周代唐声中从皇位上跌落下来，沦为"皇嗣"。论时间，他在位时间长达六年左右，应当能有所建树而提高威望。但当时武则天临朝称制，"政由天后，诸武皆当权任"，[②] 李旦只不过是一个仅具象征性的傀儡皇帝而已，因此就根本无统治经验和政治威望可言。

这样，到武则天晚年，由谁接班的问题变得日益现实和紧迫，历史正处于十字路口，发展趋势极不明朗。经过半个世纪的动荡和折腾，朝廷中形成了以下几种势力：中宗和睿宗虽然本身都不具有实际的能量和威信，但他们毋宁说是一块代表李氏皇族的招牌，对那些有着浓厚怀旧心情的人们却具有诱惑力，能够起不小的号召作用。而以狄仁杰、张柬之等为代表的不少人却愿意团聚在傀儡皇帝的旗帜下伺机而动。所以这股潜在势力不容忽视。第二种势力是以武三思、武攸绪为代表的诸武集

---

① 《旧唐书》卷7《中宗纪》史臣曰。

② 《旧唐书》卷67《李勣附敬业传》。

团，他们高举“武周”皇朝的大旗，企图凭借同武则天的血亲关系而继承皇位和维持其特殊的既得权位。但武曌一则考虑身后的“血食”问题，一则感到“武氏诸王，殊非属意”，[①] 也无意使武周王朝一代一代地传下去。第三种势力以薛怀义、二张为代表的得势佞幸，其地位类似于历朝的阉宦，他们是完全攀附于武曌身上的寄生物，现在眼看寄主已不久于人世，自然无不为自己的未来命运感到惶惶不可终日，也在设法寻找一条政治生路。

至于酷吏集团，也是一个可观的势力，但在武曌晚年已经大为削弱。酷吏们仅仅是武氏用以夺权和震慑天下的爪牙，一旦完成了这一暂时的任务，就被她弃若敝屣了。早在垂拱（685 年）时她就已接受王及善“剿绝元恶”[②] 的建议开始打击酷吏。四年之后，武氏在载初元年（689）更觉悟到“满朝侧息不安”，长此下去有负面影响，所以稍稍改变策略，“制狱稍息”[③]。人们感到政治空气有所变化，说话的胆量渐渐大了起来，如朱敬则在长寿（692 年）时的上疏中指出，天下既尽宁晏，宜绝告密罗织之徒，“愿改法制、立章程”，以“顿奸险之锋芒，窒罗织之源”。对此，“则天甚善之”。[④] 六年之后，武曌进一步推卸责任，甚至采取嫁罪于人的手腕，虚伪地说：

> 往周兴、来俊臣等数治诏狱，朝臣相逮引，一切承反。朕意其枉，更畀近臣临问，皆得其手牒不冤。朕无所疑，即可其奏。自俊臣等诛，遂无反者，然则向论死得无冤邪？

她还说连宰相也“务顺可，陷我为淫刑主”[⑤]。由于力图摆脱“淫刑主”的罪名，酷吏们遂先后成为她的替罪羊和牺牲品。由此可见，周兴、来俊臣、索元礼和侯思止等人在武周朝末期已经退出了历史舞台。不过，

① 《旧唐书》卷186上《吉顼传》。
② 《旧唐书》卷90《王及善传》。
③ 《旧唐书》卷186上《索元礼传》。
④ 《旧唐书》卷90《朱敬则传》。
⑤ 《新唐书》卷124《姚崇传》。

造成酷吏政治的根源是武则天本人，欺世盗名是无济于事的。

在上述种种势力间，最处于上游地位的要算是佞幸集团了。史称："则天春秋高，政事多委易之兄弟。"她在长生殿颐养时，甚至"宰臣希得进见，唯易之兄弟侍侧"①。一时对二张"倾朝附之"②。连武三思也要对他们"屈节"并"为（薛）怀义御马"③。可见佞幸集团的权势是超过了诸武的。不过，他们深知武曌年迈，已经朝不保夕，唯恐她死后"祸变及己，乃引用朋党，阴为之备"④。二张曾密问吉顼"自安之策"，后者的答复是："明公若能从容请建立庐陵及相王，以副生人之望，岂止转祸为福，必长享茅土之重矣！""易之然其言"，并向武则天正式提出此一意见，"则天意乃定。"⑤ 权势最显赫的二张向李显、李旦倾斜，对中宗复位应该说是起了不小的作用。二张属于佞幸，武则天死后他们必然要找新的寄主，否则无法靠自已的力量独立生存下去，所以只能从中宗、睿宗身上打主意，谋一条出路。

朝廷中的第三种势力是以狄仁杰等为代表的正人君子。他们显然同二张、李义府和许敬宗等人不能同流合污，也反对酷吏政治，对贞观朝的"君明臣直"无比怀念，一往情深。这一派的中坚人物和领袖无疑是狄仁杰，《旧唐书》卷 89 本传称，"仁杰常以举贤为意，其所引拔桓彦范、敬晖、窦怀贞、姚崇等，至公卿者数十人"。他还对武曌说，荆州长史张柬之"其人虽老，真宰相才也。且久不遇，若用之，必尽节于国家矣"。武氏接受他的推荐，终于拔擢柬之为相，史称："柬之果能兴复中宗，盖仁杰之推荐也。"仁杰是武周名臣，深得信重，而"五王"中的大多数人竟是由他推荐的，这真是历史的讽刺。在政治天平上，当左右两方处于平衡状态时，在一边稍加一点重量，天平就会整个倾向一边。在武则天晚年，狄仁杰就能起这样的作用。这一派中还包括宋璟，其人"当官正色，则天甚重之"⑥。他和姚崇是日后的开元名相，两人都由狄仁

① 《旧唐书》卷 78《张行成附易之、昌宗传》。

② 《旧唐书》卷 96《宋璟传》。

③ 《新唐书》卷 206《武士彟附三思传》。

④ 《旧唐书》卷 78《张行成附易之、昌宗传》。

⑤ 《旧唐书》卷 186 上《吉顼传》。

⑥ 《旧唐书》卷 96《宋璟传》。

杰荐进，可见狄梁公不但对“五王”政变起了关键作用，而且为以后的“开元之治”也做出了不小的贡献。

长安二年（702），苏安恒上疏劝武则天还政李氏，曾一针见血地指出：“陛下虽居正统，实唐氏旧基。”[①] 这是足以打动武氏的。而且根据她终于迎还中宗的举动也可证明确实接受了这一建议。但是，有两个重要因素值得考虑：第一，中宗显在位时期不长，而且是傀儡皇帝，在武则天的淫威下他根本不可能建立威望，取得统治经验，所以无力震慑天下；第二，武周末期朝廷上有好几种势力，互不相容，彼此虎视眈眈，必然等待时机一决雌雄。这两点就决定了武曌崩后政局不可能稳定，必然陷于严重动荡。果然形势不等人，她还没有死就发生了“五王”政变，她终于被赶下了皇帝的宝座。对于一个充满了政治野心而又一度高居权力顶峰的人来说，这无疑是沉重的一击，退居上阳宫的武曌必然产生了严重的失落感和孤独感，不到年底，她就饮恨而终。这就是一代女皇的下场和悲剧结局。

女皇驾崩了，一场政治大地震过去了，但大震之后必有余震。百足之虫，死而不僵，武氏残余势力尚在，除佞幸集团被消灭外，其他势力还很复杂，所以大悲剧落下帷幕后还有作为余震的政治动荡的余波。这就是武曌身后留下的政治遗产只能是一次接一次的政变。第一次政治余震是神龙三年（707）太子重俊矫制杀武三思的斗争，这仍是李、武斗争的继续。第二次余震是景龙四年（710）韦后毒弑中宗的事件。韦后行事亦如武后，在某种程度上可以说是后者的化身。最后一次政治余震是先天二年（713）李隆基同郭元振除掉太平公主的政变，而太平公主就是武则天的亲生女儿。这些政变相继发生的共同根源是：中宗和睿宗无威望可言，武氏残余仍有相当的政治能量，李、武二氏必然要继续进行较量。先天二年最后一次政变告终后，历史才可能进入“开元盛世”。

由此可见，在人治政治下，缺乏有威望的皇帝接班人，而朝廷中又存在着几种错综复杂的势力，必然导致政变接二连三地不停发生，最后结束这种乱局是需要付出惨重政治代价的。

---

① 《旧唐书》卷187上《苏安恒传》。

六

武则天是一个政治巨人，也是一个极其复杂的历史人物。在她身上，优点与缺点并存，成就与罪恶互见，功与过交织在一起。对她加以肯定或否定，都很容易举出不少强有力的论据和理由。究竟怎样才能做出科学的、公正的客观评价呢？确实是一个比较困难和颇费斟酌的问题。现在我打算不自量力地碰一下这个难题，提出一些粗浅的看法。

历来痛斥武则天的封建史臣，无不把武周政治称作“女祸”，指责她大逆不道，以武代李，破坏了唐朝的皇统；尤其是作为女子，更无资格龙飞九五，在政治舞台上兴风作浪，滥施刑狱；她把政局搞得有如一团乱麻，宦风日下；在私生活中信任二张和薛怀义等，污秽不堪。在流行男尊女卑观点的封建时代出现这样的唾骂之声，原不足为奇。但这同今人的评价标准全然不同，不必在这里多费笔墨，加以逐一批驳。

中华人民共和国成立以后，新中国的史学家中也有少数人对这一人物持基本否定的看法。对武则天进行科学的、客观的评价，还是要根据历史唯物主义理论，结合她在历史上的地位和作用，实事求是地、冷静地做出正确的结论。只有这样的评价结论才经得起仔细的推敲和时间的考验，才能还历史以本来面目。

半个世纪以来，国内也出现了一些肯定和歌颂武则天的史学家和文学家，确实比古人前进了一大步，但遗憾的是失之于把这个历史人物歌颂得过于高大，即评价过高。譬如说她是“中国历史上唯一的女皇帝”，其功业和地位可与英国的伊丽莎白女王相比，远居于俄国叶卡捷琳娜二世之上。对武则天应当肯定或否定，另当别论，但因为她是女性就捧得过高，与封建史臣因为她是女性就贬之为“女祸”，实令人有异途同归之感，都是不伦不类的。总之，评价历史人物主要应当根据其所发生的历史作用及在历史上所占的地位如何，丝毫也不包括性别因素。其实古人中也有头脑比较冷静的史学家，已经提出了摒弃以性别因素进行评价的观点，如赵翼就曾肯定武则天“纳谏知人”，说她“能别白人才，主持国是”。至于男女作风问题，赵氏更进一步指出：“人主富有四海，妃嫔动至千百，后既身为女主，而所宠幸不过数人，固亦无足深怪。”这就是采取了一种比较宽容的态度。他还特别强调“区区帷薄不修，固其末节”，根据武氏“知人善任，权不移下”，把她称为“女中英主”。[①] 可见赵翼并没有因为武氏是女性而对她加以苛求。这一点在封建时代是极其难能可贵的。

现在言归正传，还是研究对武则天应当作何评价的问题吧。个人极不成熟的看法是：武则天是一个应当基本上肯定的人物，不应当持大体否定的态度；但肯定中又应当掌握分寸，不能评价过高。因为其局限相当显著，要一一加以指出。

我们说武则天这个历史人物应当基本肯定，主要的理由是：在她执政的半个世纪中，社会经济确实取得了长足的发展。当时农业和手工业有所进步和提高，城市趋向繁荣，社会相对安定，再置安西四镇之功尤不可没。如果在社会大踏步前进中上面的统治者竟是一个倒行逆施的昏君，这种说法恐怕有方凿圆枘之嫌。类似的矛盾现象在历史上也百无一见。关于武则天在这方面的积极贡献和业绩，老一辈的史学家早已介绍了很多，无须我在此重复胪列，姑以略。

以下想重点谈谈不宜对她评价过高的问题。

首先，在隋末农民大起义的推动下，武氏所处的历史阶段相当于西汉的景、武之际，社会经济会理所当然地发展，处于这种有利的环境和条件下，最高统治者只要少干坏事或不干坏事，即使他们未采取积极的政策和措施，社会也会自然地向前迈进。回顾汉文帝和汉景帝，他们除了实行“无为”政治之外又采取了具有历史意义的哪些积极措施呢？非常有限。同样，遍查有关武则天的史料，她除了实行“下道”政策外，所推行的进步政策也犹如凤毛麟角，非常有限。

其次，武则天在奢侈浪费、滥用民力等方面却有不少惊心触目的劣迹，这些史实早已为人所熟知。只是消极作用还不足以抵挡社会的继续前进，所以当时的经济、文化等尚能保持发展的势头。

---

① 《廿二史劄记》卷19《武后纳谏知人》。

再次，在肯定武则天“知人善用”和“纳谏”的同时，也应当看到，其酷吏政治使朝臣“不敢逆意直谏”的一面，与唐太宗相比，她是不能望其项背的。此外，其刚愎自用和任人唯亲的倾向也相当明显，不容忽视。

最后，酷吏政治的最大负面影响是使统治集团中人人自危，不少人产生了思念贞观时期“君明臣直”的怀旧情绪，促使离心力大增，最终导致武周成为昙花一现的短命王朝。武则天还没有来得及自然驾崩就被“五王”政变赶下了政治舞台，可悲也夫！

就武则天执政的时期而言，大致可以说其政绩是每况愈下，越到晚年越差，正如苏安恒在奏疏中所说：

> 陛下革命之初，勤于庶政，亲总万机，博采谋猷，傍求俊乂，故海内以陛下为纳谏之主矣。暮年已来，怠于政教，谗邪结党，水火成灾，百姓不亲，五品不逊，故四海之内，以陛下为受佞之主矣。①

大概君主制下实行皇帝终身在位的制度，多年南面天下的帝王必然要在政治上走下坡路，汉武帝如此，唐太宗如此，武则天也难以例外。这一带规律性的现象和命运，对任何人来说都是无法摆脱的，客观历史规律非常无情。

综上所述，在武则天统治的半个世纪中，社会经济确实在继续发展，但对社会进步起了决定性作用的却是隋末农民起义，她个人的作用十分有限的。与此相反，武氏的消极政策和措施在一定程度上对社会进步起了拖后腿的作用，而在这方面，尽管其他臣僚也应负一定的责任，但起主要作用的却是她本人，因为酷吏和贪官是在她的卵翼下才得以猖獗和肆虐的。

有的史学家认为武则天之前有“贞观之治”，在她之后又出现了“开元之治”，因而说她居于“承上启下”的地位，其进步作用不容忽视。对此，我颇有保留意见，不敢苟同。如上所述，在很多方面，武周政治前不如“贞观之治”，后不逮“开元之治”，与前者相比，在吏治上甚至出

---

① 《旧唐书》卷187上《苏安恒传》。

现了倒退，所以武则天不是唐太宗光辉事业的理想继承者。武周政治的政治遗产是连续不断的一连串政变，是一个政治乱局，恰好是“五王”政变及李隆基平定了太平公主集团之后，才迎来了“开元盛世”。所以，“开元之治”也很难说是武周政治的延续。武则天掌权的半个世纪，并不是历史长河中两个高峰中间的另一个异军突起的高峰，反而恰恰是呈现谷底趋势的一段变了调的插曲。如果不出现武周政治，也许“贞观之治”“永徽之治”以后不久就会产生“开元之治”，而唐玄宗即位时上距贞观末年长达七十年左右，其中一个重要的原因就是武周政治在中间作梗。

（原载《社会科学战线》1993 年第 1 期）

狄仁杰与“五王政变”

生性多疑的武则天对狄仁杰是信任倍至，从来没有对他产生过政治上的怀疑，不但“常谓之‘国老’而不名”，而且“仁杰好面引廷争，太后每屈意从之。”在狄仁杰死后，武曌甚至说：“朝堂空矣。”从此朝堂有重大事件，众或不能决，太后辄叹曰：“天夺吾国老何太早耶!”① 可见武氏对狄氏是终生不疑的。可是另一方面，所谓推翻武周政权的“五王政变”的重要人物，却多是狄仁杰推荐而渐渐得到重用的，譬如为首的张柬之就是最突出的例子，正是在狄氏的力荐下他才被武曌“竟召为相”。其他如桓彦范和敬晖等人也大多得到过狄仁杰的“引拔”。② 由最忠实于武周朝廷的狄仁杰重用的“五王”竟然是武周政权的颠覆者，这中间的人事关系究竟如何呢？过去曾经苦思而不得其解。近来一再推敲，并重新翻检史籍，终于在自己思想上得到初步的解释。个人认为这一谜底终算是解开了。兹不揣简陋，大胆提出来写成这篇短文，不见得正确，仅供同行们参考。希望能得到有关专家和广大读者的批评与指正。

为了解决这一问题，我们首先有必要考查一下狄仁杰的政治经历，尤其是要特别留意一下他所见所闻的一些突出的时弊。长寿元年（692），酷吏来俊臣曾诬陷任知古、裴行本、崔宣礼及狄仁杰等“谋反”，均逮捕置狱中，“所司但待日行刑，不复严备”，仁杰利用时机，“求守者得笔砚，拆被头帛，书冤置绵衣中，谓德寿曰：‘时方热，请付家人去其

① 《通鉴》卷207久视元年九月。

② 《旧唐书》卷89《狄仁杰传》。

绵。'"德寿不知其真正意图，如其吩咐行事，因此仁杰子光远"得书，持以告变"。经过一番曲折，"故得免死"，但毕竟由此仁杰"贬彭泽（今江西湖口县西）令"。[①] 事实说明他是亲自吃过酷吏政治的苦头，这件事对他来说，是体会甚深，终生难忘的。

武曌晚年，"春秋高，政事多委（张）易之兄弟。"[②] 当时张易之、张昌宗不但把持政柄，"专政"于朝，而且张易之的哥哥张昌期亦在各州刺史任上"所在苛猛暴横"。张家可谓权势不可一世。二张"俱承辟阳之宠"，[③] 是武氏的面首，在朝廷上是尽人皆知的公开秘密，自然狄仁杰也会了如指掌，他对此不可能没有看法。当时二张兄弟"权宠日盛"，[④] 可以说是倾朝附之。如苏味道这个"摸稜宰相"，作为老于官场的官僚，就曾"党附"二张，因此日后张氏兄弟被杀后得了个贬"眉州（治今四川眉山）刺史"的下场。[⑤] 身为宰相的韦承庆以"素附离"二张闻名于世。[⑥] 一时二张"纵恣益横，倾朝附之"[⑦]。可以说是异常引人注目的事。对这些情况，狄仁杰当然看在眼里，记在心中。武曌晚年，"卧疾长生院，宰臣希得进见，唯易之兄弟侍侧"[⑧]。可以说二张是居于关键地位的人物。

对于以上两个弊端，尽人皆知。内史王及善在谈到第一点时他亲对武曌说："（来）俊臣凶狡不道，引亡命污戮善良，天下疾之。"对第二点称："二张怙宠，每侍宴，无人臣礼。"并且及善亲自对二张"数裁抑之"[⑨]。这些情况对于狄仁杰来说都是了如指掌的事。酷吏最猖狂的时期是在革唐为周之际，所以早在武周政权建立以前，像周兴、来俊臣已经先后处死。据史载，自载初（689）以后，"狱乃稍息，而酷吏寖寖以罪去"[⑩]。酷吏政治早已结束。遗留下来的最突出的问题，只剩下二张专

---

① 《旧唐书》卷89《狄仁杰传》。

② 《旧唐书》卷78《张行成附张易之传》。

③ 《旧唐书》卷78《张行成附张易之传》。

④ 《旧唐书》卷92《魏元忠传》。

⑤ 《新唐书》卷114《苏味道传》。

⑥ 《新唐书》卷116《韦思谦附韦承庆传》。

⑦ 《旧唐书》卷96《宋璟传》。

⑧ 《旧唐书》卷78《张行成附张易之传》。

⑨ 《新唐书》卷116《王及善传》。

⑩ 《新唐书》卷209《酷吏传序》。

政了。

武曌晚年遇到了一个最令人头痛的难题是如何建立皇嗣的抉择。如果让武氏后人如武承嗣、武三思、武攸暨等人继位吧，他们“殊非属意”，[1] 都不是武则天满意的接班人；如果还政于李氏吧，那就势必恢复唐朝，辛苦结营的“武周”将只能成为在历史上昙花一现的现象。正在她举棋不定之际，二张专柄就成了朝廷上众臣最关注的中心。当时全力反对二张的人很多，其中最著名的是桓彦范。《旧唐书》卷91《桓彦范传》：

> 时司仆卿张昌宗坐遣术人李弘泰占己有天分。御史中丞宋璟请收付制狱，穷理其罪，则天不许。彦范上疏曰：“昌宗无德无才，谬承恩宠，自宜粉骨碎肌，以答殊造，岂得苞藏祸心，有此占相……原其本奏，以防事败，事败即言奏讫，不败则候时为逆，此乃奸臣诡计，疑惑圣心。今果遂其所谋，陛下何忍不察？若昌宗措此占相，奏后不合更与弘泰往还，尚令修福，复拟禳厄，此则期于必遂，元无悔心。纵虽奏闻，情实难恕。此而可舍，谁其可刑？……伏请付鸾台凤阁三司考竟其罪。”疏奏不报。

上述事实说明，武则天难以找到接班人，连张昌宗这样的小人也深知其中奥秘，因而找李弘泰之类的术士为他卜相，这就充分暴露了他的夺权野心。就是在这么严重的问题上，武则天仍然对张昌宗包庇罪恶，所以宋璟和桓彦范等人力主追查到底，结果却是“疏奏不报”。

按当时情势看，“五王”集中力量反对的只是张易之、张昌宗二人，原无意彻底打倒武曌，只是由于她一再包庇二张的罪恶，他们才被迫走到连武氏也一并推翻的路上。如姚崇也是力主打倒二张的人，曾亲自参加了张柬之领导的“五王政变”，但在武曌行将退出政治舞台的关键时刻，却“独流涕”，而且说：“比与讨逆（指讨二张），不足以语功。然事天后久，违旧主而泣，人臣终节也。由此获罪，甘心焉。”[2] 这就是一

① 《旧唐书》卷186上《吉顼传》。

② 《新唐书》卷124《姚崇传》。

个典型的事例。姚崇对二张恨之入骨，故参与了"讨逆"活动，但他对武则天本人还是有感情的，所以不忍一旦"违旧主"而啜泣。像他这种怀有对武氏好感的人可能不是绝无仅有，只是敢于不合时宜地流露真情的人，并不算多。可见"五王政变"的矛头所向，主要是直指二张，武则天下台只是由于她受牵连所致。

还有一件事很能说明问题。长安（701—704 年）中，张柬之代杨元琰为荆州（治今湖北江陵）长史，二人"泛江中流，言及则天革命，议诸武擅权之状。元琰发言慷慨，有匡复之意。及柬之知政事，奏引元琰为右羽林将军"，杨元琰至东都后，柬之谓曰："记昔江中之言乎？今日之授，意不细也。""乃结元琰与李多祚等，定计诛张易之兄弟。"[①] 这件事情反映，张柬之作为"五王"之首，企图革除武曌晚年的弊政，酝酿已久，远非一朝一夕之谋，而且私下还可以与杨元琰公然在底下议论。这也就是狄仁杰等力荐张柬之及"五王"的秘密所在。早在政变前张柬之等已经在拉帮结派，进行了政变的准备工作。正因此事经过长期的酝酿，所以到事件发生时，政变进行得比较顺利。

诛杀二张之初，薛季昶对敬晖说："二凶虽除，产、禄犹在，请因兵势诛武三思之属，匡正王室，以安天下。"但敬晖与张柬之"屡陈不可，乃止"。[②] 这件事也反映，为了集中力量打击二张，所以"五王"对像武三思这样的势力暂时可以不问。这是造成日后武三思得势的诱因之一。

为什么对酷吏弊政武则天可以在称帝之际亲自加以革除，在二张专柄的问题上她就不能亲手解决呢？这两件事有一个根本性的区别。对周兴、来俊臣等一帮酷吏，她只是利用而已，一旦他们的历史任务已经完成，武氏就可以弃若敝屣，毫不留情地加以清除。对于二张的问题，则性质上有所不同。他们既然是武曌的面首，则她对二人不可能没有深厚的私情，所以不忍心下手亲自诛讨，而且一再包庇、容忍。譬如前述关于张昌宗与李弘泰一案，本来是大逆不道的事，理应追究到底，但在这种感情的支配下，对宋璟、桓彦范等人的建议可以"疏奏不报"，即不了

① 《旧唐书》卷 185 下《杨元琰传》。

② 《旧唐书》卷 91《敬晖传》。

了之，实际上是加以宽容。又如武氏将崩前夕，“政事多委易之兄弟”，御史大夫魏元忠“尝奏二张之罪”，又有攻击二张“引用朋党”，甚至竟有人“榜其事于路”，左御史台中丞宋璟“请按之”。但则天“阳许”，司礼卿崔神庆亲自追查，审理此案，他却“希旨雪昌宗兄弟”。[①] 显然崔神庆也是摸透了武则天的心情，按她的意旨“雪昌宗兄弟”的。显然，武曌对这两名面首，私情甚深，不会下手亲加诛讨，反而一味包庇。很多朝臣知道这个情结，最后知道不把武周政权彻底推翻，就很难从根本上解决二张专权的问题。

综上所述，“五王政变”在实质上是反对张昌宗、张易之兄弟，彻底推翻武周政权并非出于初衷，只是由于武曌一再包庇、宽容二张，才不得不连她也彻底打倒。由于“五王”原来并无打倒武曌的原始目的，所以他们能与忠于武周的狄仁杰合作。后来由于武则天一再站在包庇二张的立场上说话，才产生了始料所不及的后果。当然，推翻武周政权是件大事，好像“五王”与武则天处于对立位置，但这只是一种假象，不明了问题的实质，就会被它所迷惑，就会感到难于解释清楚忠于武则天的狄仁杰推荐的“五王”为什么竟然是与武周政权敌对的势力，只有看透了本质，上述问题才能迎刃而解。这就是事物的现象与本质发生矛盾的结果。因此，当武周政权颠覆前后，狄仁杰提拔张柬之等“五王”的原因在于斯，“五王政变”时的感情与理智的矛盾也在于斯。

这就是我解开狄仁杰与“五王政变”这一复杂、曲折的谜底的一把钥匙。

（原载《隋唐政治史论集》，河北教育出版社 1997 年版）

① 《旧唐书》卷 78《张行成附张易之传》。

唐“开元之治”时期宰相政治探微

一般提到“开元之治”，就会首先把目光集中在姚崇、宋璟、韩休及张九龄等一代贤相身上，大摆他们的事迹，但这些名相是在什么条件下出现的？玄宗任用贤良的用人路线有什么特色？“开元之治”时期的宰相政治中又存在什么问题及玄宗主要采取什么策略对付这种问题？等等，尚很少看到有专门的文章论及。在这篇短文里，不可能对有关“开元之治”时期宰相政治中的方方面面都研究清楚，只就其主要方面略抒己见，以就教于大家。

普通谈论“开元盛世”时常常用“河清海晏，物殷俗阜”；“左右藏库，财物山积”；“路不拾遗，行者不赍粮”[①] 等文字来加以描绘。这固然是“开元之治”的一个重要方面，却不是使它特别显得光彩夺目的主要原因，因为在武周时期和天宝年间，社会升平、经济发展的状况并不比开元时期逊色，却无人艳称“武周之治”或“天宝之治”。窃以为“开元之治”是一个政治概念，其关键问题主要体现在一个“治”字上，它所以能在公元8世纪上半叶在神州大地上异彩独放，是由于唐玄宗李隆基于先天（712—713年）、开元之际一举结束了长达半世纪的政治动乱局面，从此唐朝政治生活进入了一个稳定、清明的时期。

尽人皆知，开元年间，政局稳定得以长期维持多年，是同当时的宰相政治分不开的。史称：“开元中，上急于为理，尤注意于宰辅。”[②] 为什么唐玄宗特别重视宰相呢？原来在他思想中存在着一个突出的念头，就

① 《开天传信记》。

② 《明皇杂录》卷上。

是恢复"贞观之治"时期的君明臣直。大家知道，"贞观之治"最著名的两条是：纳谏与任用魏徵、房玄龄、杜如晦等贤相。对于前者，玄宗在开元前期是尽量师法的；对于后者，也努力做到像太宗一样，尽量擢用贤良，即所谓"开元之盛，所置辅佐，皆得贤才"①。

在这种思想路线下，玄宗的置相原则是少而精。有一次玄宗在便殿与诸学士宴饮，席间他问李白："我朝与天后之朝何如?"白答曰："天后朝政出多门，国由奸幸，任人之道，如小儿市瓜，不择香味，惟拣肥大者；我朝任人，如淘沙取金，剖石采玉，皆得其精粹者。"② 这一用人原则显然来源于接受历史的教训。武则天执政时期，在用人方面的主要考虑是看一个人对她的态度如何。只要能为我所用，一概加以收买，因此所拔擢的人中自然不免鱼龙混杂，良莠不齐，并且引起奔竞之风甚嚣尘上。中宗又大搞所谓"斜封官"，"官爵逾滥"③，宦风更加走向浊乱。玄宗正是有鉴于此，才特别注意要"擢用贤俊"的。自武则天以来，官僚集团恶性膨胀，宰相班子也受到了冲击和影响，玄宗针对这一弊政加以改革，史称："先天以前，宰相多至十余人；开元之后，常二至三人。"④这种少而精的原则特别重要，它的好处主要是：首先，皇帝用人得以做到"淘沙取金，剖石采玉"，选拔的多是人才中的精英；其次，善于趋竞的小人感到相位难得，趋附的气焰不免有所收敛；最后，中央最高权力集团比较精干，自然也减少了一些不必要的人际矛盾。

玄宗择相是兼重才德的，但他所特别强调的还是把德摆在首位。睿宗复位后在景云二年（711）的一道制中说：

> 顷者官失其序，侥幸路开，人不务德，惟速是视……不闻公议，唯乞荣班……今位参台省，阶列通班，唯务趋竞，余何足纪。朕方欲大革浇浮，俾归淳俗。自今已后，谒见之日，若更有干冒祈荣者，虽地处亲勋，才称俊秀，皆当格之清议，一从屏黜，崇廉耻之节，

① 《新唐书》卷127赞曰。

② 《开元天宝遗事》卷下。

③ 《册府元龟·帝王部·革弊》。

④ 《册府元龟·宰辅部·总序》。

洽升平之化。[①]

从表面看，这是睿宗李旦所下的制，但我们知道，“睿宗因其子之功”而复位，且“在位不久，固无可称者”。[②] 是知制文所体现的实际上还是李隆基的观点。玄宗即位后执行的仍旧是这一用人路线。从制文本身看，李隆基认为是否“才称俊秀”仅居次要地位，首重的是看一个人是否有“廉耻之节”，即在政治、道德上是否作风正派。对于那些有才无德之徒必须加以“屏黜”，不能信重。景云二年（711）制的颁布具有重大现实意义，它使多年积累下来的官场宦风得以廓清，政治生活的面目为之一新。

玄宗置相的第二个原则是尽量不轻易重用功臣。史料中有不少姚崇忌功的记载，如：刘幽求是曾劝“五王”诛武三思的人物，韦后“将行篡逆”时他又与李隆基“潜谋诛之”，并且日后亲自参加过讨平韦氏的行动。不久，他又在讨平太平公主的斗争中立了功。对这样一位“自谓功在朝臣之右”的大功臣，姚崇却“素嫉忌之”，奏称幽求对所任“散职”不满，“兼有怨言”，在他奏请下，玄宗终于贬刘幽求为睦州刺史。再如钟绍京，也参加过讨韦后的活动，以功拜户部尚书，但姚崇“素恶绍京之为人，因奏绍京发言怨望，左迁绵州刺史”。当窦怀贞等“将谋逆”的关键时刻，魏知古向李隆基“独密奏其事”，所以开元初先后拜黄门监、紫微令等显要职务，然而有记载却说，姚崇对知古“深忌惮之，阴加谗毁，乃除工部尚书，罢知政事”[③]。我们知道，宰相职在调和鼎鼐，须能看得远、器量大，姚崇心胸如此狭小，怎样能成为开元朝的一代名相呢？这确实令人难以理解。《新唐书》卷121在传末的赞曰中透露了一点其中奥秘：“姚崇劝不用功臣，宜矣！”原来这些功臣先后失宠，并不是由于姚崇个人忌功妒能，而是来源于玄宗和姚崇的一个用人原则——少重用功臣。还可举出另一个例子说明玄宗基本上同意姚崇的意见。王琚其人在诛讨韦后和太平公主等重大事件中都站在李隆基一边，“常预秘计”，玄宗即位后一度受重用，“时人谓之‘内宰相’”，但“或有上说于玄宗

① 《册府元龟·帝王部·诫励》。

② 《新唐书》卷5《玄宗纪》赞。

③ 以上均见《旧唐书》本传。

曰：‘彼王琚、麻嗣宗谲诡纵横之士，可与履危，不可得志。天下已定，宜益求纯朴经术之士。’玄宗乃疏之。”最后把王琚赶出京师，在外州当了刺史，而且对他加以“削封”。[①] 可见唐玄宗本人就不完全信重翼戴过他的有功之臣。实际上，在用人方面的这一原则上，玄宗与姚崇是一拍即合的，并非出于姚崇个人的忌功害能。

唐玄宗置相的第三个重要原则是尽可能不用皇亲国戚为宰辅。睿宗复位之初已深感“诸王及皇亲任刺史、别驾，多有愆过”，在一道敕文中说他们“或闻蠹政，当官不存于职务，处事多陷于偏私。禽荒酒色者盖多，乐善敬贤者全少”。[②] 这当然反映了李隆基对皇亲国戚的看法。所以开元二年（714）玄宗以宋王成器为岐州刺史，申王成义为豳州刺史，邠王守礼为虢州刺史，不但把他们赶出长安，而且责令他们莅州后“委务于上佐”。[③] 皇亲国戚任地方长官尚不给予实权，被上佐所架空，他们到京师挤入宰相行列就更根本没有可能了。玄宗又禁约王公，不让与外人交结，皇亲国戚基本上被封闭起来，与政务完全隔绝。对皇亲国戚的违法行为，玄宗一律绳之以法。此类事迹很多，不一一列举。从上述情况看，皇亲国戚凭借血缘纽带在政治上大搞特权，是比较困难的。《新唐书·宰相表》所列的开元年间之“三公”中虽然不乏李氏诸王，但尽人皆知，唐代的“三公”不是真正的宰相，真正掌握相权的是同中书门下三品，或称同中书门下平章事。《宰相表》同中书门下三品中所列的货真价实的宰相中却无一人是重要的皇族中人或其他国戚。由此可见，裙带关系在开元时期的宰相政治中是派不上用场的。

在历史上，政局稳定的时代常常是正直君子得势的时期，政治动荡往往是奸佞小人得势的大好机遇。从武则天到先天、开元之际以前，政局连续出现大的波动，所以小人势力甚嚣尘上，在这种形势下，甚至本来正派的人也会蜕变为佞臣。李隆基对这种投机分子是很有警觉的，即使他们中有人把政治赌注押在他本人身上，也不会受到信重，因为政局混乱中投机分子本质最容易得到充分的暴露，被他看清。崔日用就是这

① 《旧唐书》卷106《王琚传》。

② 《册府元龟·帝王部·诫励》。

③ 《旧唐书》卷8《玄宗纪上》。

样的人，他在宗楚客、武三思等竞为朋党的时期，“潜皆附之”，后来韦后称制时，他把赌注全押在李隆基身上，“深自结纳，潜谋翼戴”；最后还参加过讨平太平公主的活动。可以说这是一个既敢于又善于投机的人，在政治赌场中常常是赢家。但是李隆基掌权以后，他的本质已暴露无遗，所以“复求入相，竟亦不遂”。可见玄宗在开元时期还有一条不使小人入相的原则。

正是由于玄宗坚持了上述一系列正确的置相原则，所以开元朝的宰相大都作风正派，为官清直，政事堂充满了正气，邪气难以渗透其间。关于姚、宋、韩、张诸名相的嘉言懿行，尽人皆知，无须介绍。其他良相的为人、治绩在史料中也比比皆是，但知道的人并不普遍，兹举其重要记载以略明之。卢怀慎“少清俭廉约，不营产业”，至开元初“及秉钧衡，器用服饰无金玉文绣之丽，所得俸禄，皆随时分散，而家无余蓄，妻子不免匮乏”，就连他的儿子卢奂亦“历任以清白闻”，“岭南利兼山海，前后牧守赃污者多，乃以奂为岭南太守，贪吏敛迹”。[①] 卢怀慎父子可谓一门清廉。李元纮在开元初迁万年县令，“赋役平允，不严而理”，治绩比较突出，所以不久擢为京兆尹。当时三辅一带“诸王公权要之家”皆缘渠建立碾硙，“以害水田”，元纮知道后“令吏人一切毁之，百姓大获其利”。他“性清俭，既知政事，稍抑奔竞之路，务进者颇惮之”。[②] 任用这样一位宰相的意义不仅仅是重用了一名贤良，更重要的是在他的影响下使整个宦风大为改善，政治走向清明。再如裴光庭，其人“沉静少言，寡于交游”，显然不会去搞不正当的人际关系。他在“既历清要”之初，时人“初未许之”，然任职稍久，“公务修整，众方叹伏焉”，因而最后终于拜相。[③] 魏知古也是开元朝宰相中的重要人物，宋璟对他有这样的评价：“叔向古之遗直，子产古之遗爱，能兼之者，其魏公乎?”[④] 活生生的一个双料贤相。上述史实说明，开元时期确实类似贞观朝，贤相满朝的宰相政治前后辉映，令人目不暇接。

① 《大唐新语·清廉》。

② 《旧唐书》卷98《李元纮传》。

③ 《旧唐书》卷84《裴光庭传》。

④ 《大唐新语·劝励》。

“开元之治”时期的宰相政治比较正常和清明，但这并不意味着其中就万事大吉，不存在任何问题了。仔细深入分析，尽管主流是好的，支流的弊端也不是没有，值得后人注意和借鉴。

首先，同中书门下平章事虽然人数不多，但毕竟是一个议政、决策班子，既然宰相非止一人，就存在一个个人能否充分发挥积极性和作用的问题。开元时期宰相政治中经常出现的问题之一是有的宰相实际处于被架空的地位，起不了真正的作用。先天年间，“军国庶务，多访于（姚）崇，同时宰相卢怀慎、源乾曜等但唯诺而已。崇独当重任……”① 如源乾曜在其他宰相面前就“不敢与之争权，每事皆推让之”。后来李元纮、杜暹“知政事”时，源乾曜仍然是“无所参议，但唯诺署名而已”。连古代的史臣也批评他：“职当机密，无所是非，持禄保身，焉用彼相?”② 实际上，这绝不能仅仅归之于源乾曜本人。持此种“无所是非，持禄保身”态度的人不是个别的。卢怀慎是尽人皆知的“伴食宰相”，无须多加介绍。开元中的工部尚书牛仙客“既居相位”以后，所能做的只是“唯诺而已”。“百司有所谘决”，他的回答只是“但依令、式可也”，他个人则“不敢措手裁决”。③ 这一方面固然由于牛仙客自己毫无相才可言；另一方面也应看到，政事堂集体议政的体制也使尸位素餐者有适宜的生存土壤。同中书门下平章事是一个集体负责的宰相班子，但集体负责有时候等于谁也可以不负专责，一旦出现了问题和差错，每一个人都可以推卸责任。

在我国封建社会，历代都实行中央集权制下的官僚政治，这种官制的一个重要特点是：历来官僚们都患一个流行的职业病，即搞派系斗争，人事矛盾特别复杂。开元时期的宰相政治也属封建的官僚体制，自然不可避免地产生这一病态。政事堂并不是一个一贯和衷共济的平静之地，而是一个充满了人事纠纷的是非场所。

开元时期宰相班子中最早发生的矛盾是姚崇与张说之间的龃龉。论与玄宗的关系，张说自然具备先天的优势，“不惟东宫之旧，复赞先天监

① 《册府元龟·宰辅部·任职》。

② 《旧唐书》卷98《源乾曜传》及史臣曰。

③ 《册府元龟·宰辅部·不称》。

国之事，情义至密，非他相可比，故任用以来，言必从，计必行”。[①] 玄宗诛太平公主后，征姚崇为同州刺史。他“素与张说不协”，张说讽赵彦召“弹之”，没有想到玄宗不纳，姚崇终于拜相。后来二人“同为宰辅，颇疑阻”，屡次“相侵”，张说对姚崇“衔之颇切”。姚崇自己也承认二人间“衅隙甚深”。[②] 最后张说为姚崇所构，出为相州刺史。在姚、张关系问题上，玄宗处理得比较得体。对此，宋人孙甫有一段中肯的议论：

> 初，明皇以崇可相，将召之，张说辈谗言交结，一不能动，遂以大柄付之崇，荷其信任之意，力救时弊，行之不疑，数十年纷乱之政，旬日而变，纪纲法令，卓然振起，非君臣相得之诚至深至悉，何以及此？然为姚崇则易，为明皇则难。……张说有辅翊旧勋，素亲倚任，方居左右，与崇不协，崇虽才过于说，适在疏远，不任说而任崇，此所以为难也。[③]

可见玄宗轩姚轾张是行之不易的，这与他当时善于知人有关。应当承认，张说在人品上不能不说是略逊姚崇一筹的。王仁裕说张说其人虽有“宰辅之才”，但“多诡诈，复贪财贿，时人亦多之，亦污之”。[④] 还有记载称张说是“幸佞人也”，他任并州刺史时曾经“谄事”过王毛仲，“饷致金宝不可胜数”。不久，毛仲巡边时在天雄军与张说相遇，张说竟“把毛仲手起舞，嗅其靽鼻”。[⑤] 姚崇曾批评张说“少怀奢侈，尤好服玩”，[⑥] 恐怕不完全是有意贬损，而是有事实根据的中肯之辞。玄宗在这互有矛盾的二人中重姚轻张，并且在以后不久免去张说的相位，可以说是恰当的抉择。

开元中期是宰相班子中风浪迭起的多事之秋。十五年（727），尚书右丞相张说与御史大夫崔隐甫（《旧唐书·玄宗纪》误作“崔德甫”）、

① 《唐史论断》卷中《册忠王为皇太子》。

② 《大唐新语·匡赞》、《明皇杂录》卷上。

③ 《唐史论断》卷中《相姚元崇》。

④ 《开元天宝遗事》卷下。

⑤ 《朝野佥载》卷五。

⑥ 《明皇杂录》卷上。

御史中丞宇文融“以朋党相构”，玄宗因下制让“说致仕，隐甫免官侍母，融左迁魏州刺史。”① 当时崔、宇文二人虽尚未拜相，但张说毕竟是作为尚书右丞相卷入这场高官显宦的斗争的。在难以判明谁是谁非的情况下，玄宗采取各方均罢的做法，是有其正确性的，它可使宰相及高官显宦们认识到，谁要闹无谓的人事纠纷，到头来很少有人会占到便宜，其后果往往是两败俱伤。

杜暹是正直清廉的良相，李元纮也是循良之臣，但二人同任宰相时，杜暹“与李元纮不协”②，双方闹人事纠纷。对此，玄宗在开元十七年（729）的制中除了批评二人“不能同心戮力，以祇帝载，而乃肆怀相短，以玷朝伦”外，还宣布了对二人的处理：“暹可荆州长史，元纮可曹州刺史。”③ 这又是坚持了双方两罢相的原则。正因为玄宗采取了这一正确的态度和政策，所以开元年间尽管宰相班子和官场中存在一些人事纠纷和矛盾，但从总体看，问题还不十分严重，没有闹到不可收拾的地步。应该说，宦风的主流是好的。

对“开元之治”，孙甫有划分为三个阶段的说法：

> 明皇即位之初，励精政事，得姚崇、宋璟、张九龄之徒继为辅相，尽力赞助，故德化被于人间，风俗既厚，狱讼几息。及在位渐久，怠于政治，虽奸邪乘间而进，尚有忠贤任用，未至大害于政。及罢免贤相，专任奸人，直臣言事，遂遭杀戮，三子无辜，俱以谗死，其他流贬者不可胜道，此固君之大过……④

简言之，开元初期是君子当权，小人失势，至中期则奸邪、忠贤并用，末期是直臣失权而奸佞猖獗。随着奸佞势力由小到大，从不得势到受宠，朝廷中的斗争必然由不大尖锐而日趋尖锐和复杂，所以越到开元后期，宰相间的矛盾越显得突出。张说任中书令期间，“素恶”宇文融“之为

① 《旧唐书》卷8《玄宗纪上》。

② 《旧唐书》卷98《杜暹传》。

③ 《册府元龟·宰辅部·罢免》。

④ 《唐史论断》卷中《刑罚几措推功李林甫、牛仙客》。

人，又患其权重，融之所奏，多建议争之。融揣其意，先事图之”。结果张说在宇文融、崔隐甫的弹奏下罢相。宇文融恐怕张说将来还会“复用，为己患”，遂“数谮毁之”。因此引起玄宗的反感，“恶其朋党”，寻贬宇文融为魏州刺史。[①] 开元二十一年（733），侍中裴光庭卒，玄宗令萧嵩“举朝贤以代光庭者”，萧嵩以韩休“柔和易制，故荐引之”。不料休拜相后多能“折正”萧嵩，不因私恩对他有所相假，于是嵩“遂与休不叶”。宋璟以此称赞韩休有“仁者之勇。”[②] 不难看出，萧嵩确实是私心太重，器量狭小，故与生性峭直的韩休不能相容。

开元二十三年（735）前后，李林甫“自无学术”，他知道张九龄“文行为上所知，心颇忌之，乃引牛仙客知政事”[③]。由此在牛仙客的取舍上引起了一场争论。关于此事，《大唐新语》卷7的记载比较细致，特全部逐录如下：

> 牛仙客为凉州（治今甘肃武威）都督，节财省费，军储所积万计。崔希逸代之，具以闻，诏刑部尚书张利贞覆之，有实。玄宗大悦，将拜为尚书。张九龄谏曰：“不可。尚书，古之纳言，有唐以来，多用旧相居之。不然，历践内外清贵之地、妙行德望者充之。仙客本河湟一吏典耳，拔升清流，齿班常伯，此官邪也。又欲封之，良为不可”。……玄宗不悦。翌日，李林甫奏：“仙客宰相材，岂不堪一尚书？九龄文吏，拘于古义，失于大体。”玄宗大悦，遂擢仙客为相。

玄宗用仙客为相，“颇忧时议不叶”，连宦官高力士都对他说：“仙客出于胥吏，非宰相器。”[④] 事实也说明牛仙客进入政事堂后确实起不了宰相议政与决策的作用。张九龄与李林甫之间的争执确实具有忠贤与奸佞之争的性质。

---

① 《旧唐书》卷105《宇文融传》。
② 《旧唐书》卷98《韩休传》。
③ 《旧唐书》卷99《张九龄传》。
④ 《明皇杂录》补遗。

开元朝的宰相政治从何时开始由第二阶段进入第三阶段呢？窃以为开元二十四、五年之际是关键时刻。开元二十二年（734）时，张九龄为中书令，李林甫以礼部侍郎拜相，裴耀卿为侍中，当时尚属贤佞并进时期，是第二阶段的明证。二十四年（736），在任用牛仙客的问题上张九龄与李林甫展开了公开的斗争，结果玄宗站在林甫一边，仙客终获实封。此时"裴耀卿与九龄善，林甫并疾之"。双方尚处于势均力敌的局面。至这年十一月，形势发生了急转直下的变化，当时"林甫日短九龄于上，上浸疏之"。接着由于严挺之为王元琰一案卖力，而"九龄与挺之善"，玄宗乃"以耀卿、九龄阿党"，并罢去二人相职。次年，监察御史周子谅"弹牛仙客非才，引谶书为证"而获罪，李林甫抓住时机说周子谅是"张九龄所荐也"，结果玄宗贬九龄为荆州长史。[①] 至此，开元朝的宰相政治发生了巨大变化，遂正式进入第三阶段。从九龄获谴之日开始，"自后朝士惩九龄之纳忠见斥，咸持禄养恩，无敢庭议矣"[②]。政事堂议政的声浪随之趋向消沉，宰相政治日渐削弱。朝廷上呈现小人得势的一派衰象。

由第二阶段转入第三阶段的重要因素，一般都强调唐玄宗的个人变化，最典型的议论莫过于《新唐书》卷126的赞曰：

> 人之立事，无不锐始而工于初，至其半则稍怠，卒而漫澶不振也。观玄宗开元时，厉精求治，元老魁旧，动所尊惮，故姚元崇、宋璟言听计行，力不难而功已成；及太平久，左右大臣皆帝自识擢，狎而易之，志满意骄，而张九龄争愈切，言益不听。

我们承认，居帝位太久，是会发生局部蜕变的，唐玄宗自然也难以例外。但我们不能完全归之于个人的蜕变，开元时期宰相政治之所以从第二阶段转入第三阶段，还有其客观条件。《旧唐书》卷105传末史臣曰：

> 宇文融、韦坚、杨慎矜、王铁皆开元之幸人也，或以括户取媚，

① 以上见《通鉴》卷214。

② 《大唐新语·识量》。

或以漕运承恩，或以聚货得权，或以剥下获宠，负势自用，人莫敢违。

可以看出，开元末是一个大用计臣的时候，这些计臣中如宇文融就曾进入宰相班子，有些虽未拜相，也和宰相的除拜发生了密切的关系。史称："后李林甫用紫曜之谋，爰兴变造；牛仙客取彭果之计，首建和籴，数年之中，甚觉宽贷。"① 据陈寅恪先生考证，"紫曜"当作"裴耀"，"耀"后脱去一"卿"字，所以"紫曜"当作"裴耀卿"，其说甚是。② 事实说明，李林甫的得势，不能完全归之于他的狡猾，与他荐用牛仙客等计臣有关。尽人皆知，牛仙客作为财计之臣终于获得了政事堂议政的身份。他所倡导的和籴是在开元二十五年（737）才大兴于关中的，而这也正是宰相政治发生剧变的关键年代。

玄宗之所以大用计臣，不能完全用他"厌倦万机，日恣侈逸"，导致关中匮乏来加以解释。更重要的原因是，土地日益集中，农民逐渐破产，按丁征敛的租庸调制已经不能充分发挥作用。财政开支的增加，除了因为"天子骄于佚乐而用不知节"，③ 还由于玄宗"见海内完治，偃然有攘却四夷之心"，宇文融正是"度帝方调兵食"，④ 才大兴括户的。可见大批财计大臣涌入中枢，除了因为皇帝、百官的腐化和奢靡外，还由于经济形势、开边政策等很多方面的客观情况的变化所引起。正是这场官场巨变导致了张九龄的罢相。《国史补》上：

元宗开元二十四年，时在东都……欲西幸。裴稷山、张曲江谏曰："百姓场圃未毕，请待冬中。"是时李林甫初拜相，窃知上意……乃言："二京，陛下东、西宫也，将欲驾幸，焉用择时？假有妨于刈获，则独可蠲免沿路租税。臣请宣示有司，即日西幸。"上大悦。自此驾至长安，不复东幸。旬月，耀卿、九龄俱罢，而牛仙客进焉。

① 《高力士外传》。

② 参见俞大纲《读〈高力士外传〉释"变造""和籴"之法》，载《历史语言研究所集刊》第5本第1分。

③ 《新唐书·食货志》。

④ 《新唐书》卷134《宇文融传》赞曰。

裴稷山即裴耀卿，张曲江即张九龄，二人因为不欲玄宗西还长安而与李林甫发生矛盾，玄宗幸东都具有就粮的性质，如果关中财政状况好转，府库充裕，皇帝就可免去不断东幸之苦。从此车驾"不复东幸"的关键实在于进用牛仙客，关中此后大兴和籴，可见正是在财用问题上产生了罢张九龄和进用计臣牛仙客的事件，李林甫也恰恰是利用这一争执进一步争得了玄宗的信用。

既然"开元之治"是一个政治范畴的概念，那么宰相政治就必然是它的关键问题，所以政事堂的人事巨变必然起着里程碑式的作用。开元二十四年（736）张九龄罢知政事，同年牛仙客拜相，从此形成李林甫一派独霸政事堂的局面。此后，尽管开元年号还持续了五年，但作为一个政治概念，"开元之治"却从这一年就已寿终正寝了。

（原载《历史研究》1994 年第 1 期）

论唐代开元时期对地方吏治的重视与整饬

普通论及“开元之治”，莫不把目光集中在中枢政权，强调朝廷上任用姚崇、宋璟、韩休、张九龄等贤良的名相，呈现出一派清新向上的振奋气象；但当时的地方吏治状况如何，则往往为人所忽略。如果唐玄宗全力整顿中央政权而完全置地方吏治于不顾，广大地区的人民多处于贪官、酷吏统治之下，那么在全国出现“开元之治”的和平景象，是完全不可能的。究竟唐玄宗采取了哪些整顿地方吏治的措施呢？这是一个不容忽视的重要方面。本文就是试图在这一方面略抒己见，希望能起补苴罅漏的作用。

首先应该指出，李隆基本人在思想上是非常重视地方吏治的。在他一手操持之下，其父李旦复位。睿宗重新登极之初就以皇帝的名义下了一道《拣择刺史诏》，其中提到“共理天下者在良二千石，宜令中书、门下于内外官内拣择，必取才望兼优，公清特著，可以宣风导俗者，具以名闻”[①] 任命为刺史。应当看到，睿宗的诏书中是包含了其子李隆基的思想。唐玄宗正式登上皇帝的宝座以后，很快就规定：“自今已后，都督、刺史每欲赴任，皆引面辞，朕当亲与畴咨，用观方略。”[②] 这是先天二年（713）的事。五年之后，吏部侍郎卢从愿与李朝隐选叙了一大批县令，即将赴任，玄宗听说有“选叙大滥，县令非才”的说法，因“悉召县令于宣政殿庭，试以理人策”。结果是把其中较差的“四十五人放归学问”。卢、李二人因此事被贬为州刺史。[③] 新选叙的县令如此之多，玄宗都要一

---

① 《唐大诏令集》卷100《拣择刺史诏》。

② 《唐大诏令集》卷100《命新除牧守面辞敕》。

③ 《通鉴》卷211开元四年五月。

一复试，加以甄别，工作做得够细致的，由此可以看出他对县令的除授是多么的严肃认真。

究竟采取了哪些措施整顿地方吏治呢？这首先要看此前存在的主要问题是什么。早在贞观年间，马周就曾指出："今朝廷独重内官，刺史、县令颇轻其选，刺史多是武夫勋人，或京官不称职方始外出。边远之处，用人更轻。所以百姓未安，殆由于此。"① 在上者重内轻外，在下的官员自然更愿意担任京官，谁也不愿意出充外台官，所以"逮贞观之末，升平既久，群士多慕省阁，不乐外任"②。到武则天时，这种风气已形成官场的普遍舆论，当时的"物议莫不重内官，轻外职"，李峤说"比来所遣外任，多是贬累之人，风俗不澄，实由于此"③。"开元之治"的前夕，谏议大夫宁原悌在景云元年（710）一针见血地指出，这样的风气导致的不良后果是"今天下诸州，良牧益寡"④。有关官员们向往京官的渴望心情的记载连篇累牍，最典型的莫过于汴州（治今河南开封市）刺史倪若水。开元初年，"人皆重内任，虽自冗官擢方面，皆自谓下迁"。班景倩原任扬州（治今江苏扬州市）采访使，后被擢升大理少卿，调任时途经汴州，若水为他饯于郊，顾谓左右曰："班公是行若登仙，吾恨不得为驺仆!"⑤ 我以为这种风气的出现，一方面固然与统治者的重京轻外观点有关，恐怕同科举制的推行亦不无关系。唐代科举取士独重进士科，而投考者能否中举，主要不是看考卷上所作诗赋的优劣，而是看你在"行卷"中能否取得成功。尽人皆知，行卷时首先要把自己平日的篇什呈于政治上、文坛上有名望地位的人，然后通过他最后送到主考官手中，即向礼部侍郎推荐。可以想见，不但主考官身居京师，恐怕有名望地位的人也都住在京师。所以人们不亲到长安，搞起"行卷"来非常困难。这不仅与已得官位的官员本人的仕途有关，而且他们的子女能否有锦绣前程也基本上取决于是否身在首都。在这样的情况下，难怪"长安居，大不易"，而

① 《唐会要》卷68《刺史上》。
② 《通典》卷33《职官典十五·郡太守》。
③ 《唐会要》卷68《刺史上》。
④ 《唐会要》卷68《刺史上》。《全唐文》卷278"益"字作"盖"字。
⑤ 《新唐书》卷128《倪若水传》。

众人却照旧趋之若鹜，一个劲地往长安挤。

优秀人才荟萃京师，“贬累之人”及“京官不称职”者任地方官，这固然是一种极不公正的现象；但我们也必须承认，全国三百多个州的刺史或郡守和一千余县的县令并非全部都是中央排泄出来的官吏渣滓，地方官队伍如此之大也是一个藏龙卧虎的渊薮，其中必然有很多行能俱佳的优秀人才，但在千军万马向京官进军的路上这些在京师无甚影响的人就很难挤进京官的行列了，即所谓“形要之家，多任京官，使俊乂之士，沈废于外。”① 这也是另一个侧面的不公正现象。

对这种弊政怎样克服呢？玄宗采取的主要措施是加强内外官的交流。关于此点，武则天在晚年已注意及之，她曾接受李峤、唐休璟等人的建议，命京官韦嗣立、杨再思等二十余人“以本官检校刺史”，但除其中少数人如薛谦光、司马锽等堪称循良、治绩突出外，其他大多数人乏善可陈，事迹平平。② 这恐怕与武周时期吏治在整体上不够理想有关。所以这一措施没有取得明显的效果。睿宗复位后在景云二年（711）十月敕中规定：“内外之职，出入须均。京官中有才干堪理人者，量与外官，（外官）有清慎者与京官。”③ 这大约是其子李隆基的主意，因为李旦就是全凭其子的作为才勉强登上帝位的。唐玄宗即位后，在政治上一扫武则天以来数十年的混浊局面，大刀阔斧地整顿吏治，自然地方吏治也在他的视野之中，不可能不加以整饬，为此，他发布了不少诏令，采取了一系列重要措施，推行的结果也收到了相当的成效。如开元二年（714）初玄宗针对地方吏治存在的弊病就曾下制：

> 今之牧守，古称侯伯，贤者任之则循良之迹著，不贤者任之则愁苦之声作，每冀精于所择，委之俞往，岂时或颓靡，苟且尚多，何吏之殊尤，寂寥不嗣……当于京官内简宏才通识堪致理兴化者，量授都督、刺史等，久在外藩频有声进状者，量授京官。使出入常

① 《通鉴》卷212开元八年五月。

② 《通鉴》卷207长安四年二月。

③ 《册府元龟》卷69《帝王部·审官》。

均，永为恒式。①

这里值得特别注意的是两点：所谓“授都督、刺史”的京官不再是“贬累之人”或“不称职者”，而是其中有“宏才通识”的精英人物，这与以往相比，不能不说是一个大的变化。第二点，诏末“使出入常均，永为恒式”几个字说明，内外官交流不是临时性措施，而是要成为今后一个时期的长期政策。此制颁布后没有几年，左拾遗张九龄在《上封事书》中也表达了类似的意见：

> 今刺史、县令除京辅近处雄望之州，刺史犹择其人，县令或备员而已。其余江淮、蜀陇、三河诸处，除大府之外，稍稍非才。但于京官出为州县者，或是缘身有累，在职无声，用于牧宰之间，以为斥逐之地；或因势附会，遂忝高班，比其失势，且无他责。又谓之不称京职，乃出为刺史。至于武夫、流外积资而得官，成于经久，不计于有才。诸若此流，尽为刺史，其余县令已下，固不可胜言……臣愚以为，欲理之本，莫若重刺史、县令……宜悬以科条，定其资历，凡不历都督、刺史有高第者，不得入为侍郎、列卿，不历县令有善政者，亦不得入为台、郎、给、舍……不得十年频在京职，又不得十年尽任外官。如此设科以救其失则内外通理，万姓获宁。②

按：当时张九龄任左拾遗③，当在玄宗即位后不久，他上封事应是开元初年的事。他的意见相当深刻，与玄宗的主张完全吻合，而且他提出的内外交流办法更加具体和全面，所以后来玄宗终于照此执行。

开元六年（718），玄宗又敕：“刺史兼于京官中简择历任有善政者补署。”④ 事隔二年，紧接着又发布了一道敕，比较重要，特抄录其主要部

---

① 《唐大诏令集》卷100《简京官为都督刺史诏》。

② 《张曲江文集》卷16《上封事书》。

③ 《曲江集》及《新唐书·张九龄传》均作“左拾遗”，唯《旧唐书·张九龄传》误作“右拾遗”。

④ 《唐会要》卷68《刺史上》。

分如下：

> 顷来朝士出牧，例非情愿，缘沙汰之色或受此官，纵使超资，尚多怀耻。亦有朝廷勋旧，暂镇外台，却任京都，无辞降屈，且希得入，众以为荣。为官择人，岂合如此！自今已后，诸司清望官阙，先于牧守内精择，都督、刺史却向京官中简授。其台郎以下除改，亦于上佐、县令中通取，俾中外迭用，贤良靡遗。[①]

从开元八年（720）的这道敕中可以看出，开元二年（714）制颁布六年以后，朝士仍然不愿出牧，外台官依旧渴望晋为京官，官场风气并没有发生大的改变。对此，开元八年敕特宣布了新的规定：只有地方官有善政才可以擢升为中央的台郎官。这样就使开元二年、六年（718）的制敕所宣布的政策精神进一步得以具体化，增加了这一措施的可操作性。

一而再、再而三地颁行诏敕，显示玄宗对贯彻这一精神是很有决心的，在最高统治者的一再号召下，百官中就不免有人起来响应。宰相源乾曜是首先响应号召的重要人物，他在开元中上疏表示："臣窃见形要之家并求京职，俊乂之士多任外官，王道平分，不合如此。臣三男俱是京任，望出二人与外官，以协均平之道。"应当承认，这是非常勇敢和大胆的，具有反潮流精神，值得在历史上大书特书。玄宗对他的请求表示"从之"，改源弼官为绛州（治今山西新绛县）司功，源絜为郑尉，并就此下制表扬乾曜"率先庶僚，崇是让德"。"因令文武百僚父子兄弟三人并任京司者，任自通容，依资次处分。"这样一来，"由是公卿子弟京官出外者百余人。"[②] 不难看出，这是一次不小的政治举措，而且实行起来难度很大，但最后是实实在在地得到推行贯彻了。因为声势较大，所以它的意义和影响不容忽视，对改变官场舆论和宦风起了震动作用。

此后，唐玄宗一直坚持这一原则，不断加以贯彻，如：开元十二年（724）六月，"上以山东旱，命台阁名臣以补刺史"，让黄门侍郎王丘、

---

① 《唐大诏令集》卷100《京官都督刺史中外迭用敕》。

② 《旧唐书》卷98《源乾曜传》。

中书侍郎崔沔、礼部侍郎知制诰韩休等五人“出为刺史”。[①] 次年，玄宗又“自选诸司长官有声望者”源光裕、杨承令及寇泚等“十一人为刺史”。[②] 这样做的效果确实不错，地方吏治由此有所改善。如王丘莅怀州（治今河南沁阳）后“在职清严，人吏甚畏慕之”，[③] 是一个典型的地方循吏。韩休任虢州（治今河南灵宝）刺史后，“以地在两京之间，驾在京及东都，并为近州，常被支税草以纳闲厩”，他为减轻该州人民负担，奏请将税草“均配余州”，中书令张说反对这一建议，“下符不许之”。韩休不服，将再次执奏，有人说这“必忤执政之意”，但他说：“为刺史不能救百姓之弊，何以为政！必以忤上得罪，所甘心也。”最后“竟执奏获免”[④]。其他诸人的治绩无从查考，但从王丘、韩休的例子可以推断，大多也不会相差太远。

开元以前，地方吏治中存在的另一个缺点是任期过短，迁转太速。早在武则天执政的天授二年（691），身任获嘉县主簿的刘知几就曾上疏：

> 历观两汉已降迄乎魏、晋之年，方伯岳牧临州按郡，或十年不易，或一纪仍留，莫不尽其化民之方，责以治人之术，既而日就月将，风加草靡，故能化行千里，恩渐百城。今之牧伯有异于是，倏来忽往，蓬转萍流，近则累月仍迁，远则逾年必徙，将厅事为逆旅，以下车为传舍。或云来岁入朝，必应改职；或道今兹会计，必是移藩。既怀苟且之谋，何假循良之绩？用使百城千邑无闻廉、杜之歌，万国九州罕见赵、张之政。[⑤]

虽然刘知几建议适当延长地方官的任期，但从武则天直到中宗、睿宗诸朝都没有采取措施解决这个问题。唐玄宗即位不久，就在先天二年（713）指出地方官改转过速的弊端是“遂令进之则易，吏烦于送迎；退之则难，

---

① 《通鉴》卷212开元十二年六月。

② 《通鉴》卷212开元十三年二月。

③ 《旧唐书》卷100《王丘传》。

④ 《旧唐书》卷98《韩休传》。

⑤ 《唐会要》卷68《刺史上》。

人务于苟且。”为革除“前弊”，他特做出新的规定：“自今已后，都督、刺史……至任之后，宜待四考满，随事褒贬，与之改转”，以达到“久其事则有恒”的目的。[①] 以后，又在开元六年（718）二月下诏宣布：“与我共理，惟良二千石，久于其政，然后化成。承前代以来，颇多侥幸，但因入考，即有改转。自今已后，非灼然应黜陟者，更无迁易。”[②] 尽人皆知，地方官员任期过久，则不免在当地形成关系网，便于搞不正当的人际关系；任期过短则产生做客思想，施政中必然出现短期行为，不会为当地做长远打算。唐代对官员每年考课，“待四考满”改转意味着每人任期四年，这是一个长短适中的年限规定，它对改善地方吏治是很有利的。

唐承汉制，仍实行所谓朝集制度，其方法是各道地方官，皆以“都督、刺史及上佐更为”朝集使，每年十月二十五日赶到京师向中央汇报政绩及赋税岁入，集中在考堂进行考课。[③] 考绩的结论直接影响到都督、刺史以后的黜陟，对地方官来说，这确实是关系到自己仕途优劣的大事，因此他们以往常常利用朝集的机会向中央有关考课的官员送礼、行贿，即所谓“先是，朝集使往往赍货入京师，及春将还，多迁官”[④]。看来这一办法很灵，带些名贵的土特产分送要人，大大有助于自己的升迁。对此，宰相宋璟于开元七年（719）奏请下“一切勒还，绝其侥求之路”[⑤]。这对反腐倡廉，促使地方官真正做到勤政廉政，是大有裨益的，不失为一项有效的整饬地方吏治的措施。

尽人皆知，唐代中央派遣按察使及巡察使等分赴各地观察、巡抚，具有检查地方官吏工作的性质，即所谓“究吏治之能否，察狱讼之冤正”[⑥]。

据《册府元龟》卷161《帝王部·命使》所载，从显庆五年（660）东都正式成为武则天的政治中心算起，直到睿宗复位的景云元年（710）以前，在半个世纪中仅遣使巡察六次，平均八年多才有一次。但从李隆基辅佐睿宗复位至天宝十四年（755），历时仅四十五年就共遣使达二十

① 《唐大诏令集》卷100《命新除牧守面辞敕》。

② 《唐大诏令集》卷100《刺史令久在任诏》。

③ 《唐六典》卷3《尚书户部》。

④ 《通鉴》卷212开元七年十一月。

⑤ 《旧唐书》卷96《宋璟传》。

⑥ 《册府元龟》卷652《奉使部·总序》。

六次之多，平均每约二年就有一次。尤其值得注意的是，从开元五年（717）至十六年（728）的十一年间遣使巡察竟达十二次之多，可以说几乎每年都有。尽人皆知，这正是“开元之治”的极盛阶段，与武则天执政以来至睿宗复位前的八年多才遣使一次相比，显然看出是两个天地。可见开元朝的盛期，玄宗对整饬、监督地方吏治是十分注意的。从开元十四年（726）起到天宝十四载（755），十九年中仅遣使巡按三次，平均六年多才有一次。次数的骤减有两方面的原因：第一，是开元二十二年（734）初置采访处置使，各道开始有了常驻地方的监察官员，减少了遣使的必要性和迫切性；第二，此后不久张九龄就被罢相，李林甫逐渐得势，“开元之治”实际上就有名无实了，所以玄宗自然不再重视地方吏治的优劣了。

唐代另一个检查地方吏治的机会是皇帝的不断巡幸。固然统治者不断行幸的主要目的是祠祭先圣及名山大川，避暑游乐，从事蒐狩，但也不排除还有一些其他的附带目的，如访察民情、观省风俗等等。不过最首要的还是意在游乐，所以唐初以来不断有大臣谏止巡狩以减少沿途百姓供顿之劳的上疏。

至玄宗时，情况稍稍发生了变化。开元五年（717），帝幸东都，右散骑常侍褚无量曾上表建议，不妨利用巡幸的机会，所至之处“观人好恶”，除对那些“不敬不孝”的予以“削地黜爵”外，对“有功于人”者也要“加秩进赏”。这样做是“盖虑夫州牧、县宰德化未敷，下情不得上通”，所以皇帝能亲自体察一下地方吏治的实际状况。① 玄宗是接受了这一意见的，证据是开元十三年（725），他东行封禅后，在归途中对张说称：

> 向者屡遣使臣分巡诸道，察吏善恶，今因封禅历诸州，乃知使臣负我多矣。怀州刺史王丘，饩牵之外，一无它献。魏州刺史崔沔，供张无锦锈，示我以俭。济州刺史裴耀卿，表数百言，莫非规谏。且曰“人或重扰则不足以告成”。朕常置之坐隅，且以戒左右。如三

① 《唐会要》卷27《行幸》。

人者，不劳人以市恩，真良吏矣！[①]

这里虽然没有说发现了地方官吏治中的什么劣迹，但从中已挖掘出了一些良吏，应该说是表现不好的州牧恐怕也在他的视野之中，这是不言而喻的事。此后开元年间不断巡狩，恐怕都有整饬地方吏治的目的。大家知道，玄宗时期在开元二十二、三年（734、735）裴耀卿改革漕运以前，是要常常幸东都去就粮的，此后则不复幸东都，人们往往仅用关中粮食供给的足与不足来解释。我从前也持这种看法，现在看起来，还应当补充一点次要的原因，就是东巡频仍恐怕与考察地方官吏良窳有关，开元后期放松了地方吏治，因而玄宗也就不太愿意东巡了。当然，首先应当承认，玄宗不复幸东都的主要原因还是漕运改革的成功和关中的大兴和籴，这一点是毫无疑义的。

总之，应当承认，“开元之治”时期唐玄宗整饬地方吏治的态度和措施对后人还是非常有参考价值的。

（原载《河北师院学报》1993 年第 4 期）

① 《通鉴》卷 212 开元十三年十一月。

略论“安史之乱”的性质

关于唐代“安史之乱”的性质问题，从来就异说纷纭，莫衷一是。主要分歧意见，不外下列三种：第一种意见认为，“安史之乱”是民族矛盾。其理由是，在范阳、卢龙等地，唐朝与奚、契丹等不断发生战争，民族矛盾不但存在，有时还相当尖锐。安史集团盘踞的地区有大量的少数民族杂居，安禄山和史思明都是“杂种胡人”，他们所统领的士兵也多数是各少数民族成员。参加战乱的汉人不过高尚等数人而已。况且这个地区的汉人也大部分“胡化”，不应该再当作汉族成员来看待。第二种意见认为，“安史之乱”兼有民族矛盾和唐朝统治阶级内部矛盾的性质，而以后者为主。其所以是民族矛盾，理由大致与第一种意见所持者相同；其所以又是统治阶级内部矛盾，因为“安史之乱”的爆发与府兵制的破坏、边兵与节度使的兴起有关，而这些问题都与民族矛盾无关。第三种意见认为，“安史之乱”的性质是单纯的唐朝统治阶级内部的斗争，丝毫没有民族矛盾的性质。这种意见确实存在，只是直到目前为止，还很少见诸文字。大致在1949年以前，第一种意见非常盛行，曾经广为传播。目前坚持和接受这种看法的人已经是绝无仅有了。现在普遍流行的是第二种意见，不少隋唐史论著的作者就持有这种看法，其影响也比较大。

我同意第三种意见，故在这篇短文中初步提出一些粗浅看法，就正于大家。

应该承认，鼙鼓之声的确首先发自范阳，当地确实存在民族斗争，安史将士也确实以各少数民族成员为主。那么怎样能肯定“安史之乱”没有民族战争的性质呢？为了解决这个问题，必须首先从理论上明确，决定战争性质的根据究竟是什么。列宁说：

> 决定战争的性质的是战争所继续的是什么政策（“战争是政策的继续”），战争是由哪一个阶级进行的，是为了什么目的进行的。[①]

可见，为了确定“安史之乱”的性质，就要搞清楚：第一，安禄山和史思明是什么阶级？是唐朝的统治阶级呢？还是边境少数民族内部的统治者呢？第二，安禄山和史思明在战争爆发之前实行什么性质的政策？他们为了什么政治目的而发动战争？问题不在于东北边境是否存在民族斗争，关键在于这种民族斗争是否曾经作为一个政治因素作用于“安史之乱”的战争性质；问题不在于安史集团的民族成分，关键在于他们的政治身份是否能够代表少数民族，是否为了少数民族某些阶级的政治利益而发动战争。总之，离开了阶级观点，无法正确地判断战争的性质；不把民族矛盾放在政治关系的范畴内来理解，同样无法正确地判断战争的性质。

就政治身份而言，安禄山和史思明都是唐朝的边防镇将，均属于唐朝的统治阶级。他们不但不是少数民族内部的成员，而且是边境各族的敌人。唐朝设置十节度经略使就是为了“备边”。安禄山一人身兼范阳、平卢、河东三镇节度使，唐朝置河东节度使“以御突厥”，置范阳节度使“临制奚、契丹”，置平卢节度使“镇抚室韦、靺鞨”。[②] 史思明最后也做了平卢节度都知兵马使。可见三镇边将是东北各族的对立物。安禄山曾“以边功市宠，数侵掠奚、契丹”。[③] 正因为他“偶缘微立边功，遂至大加宠用”[④]。史思明也是由于经常与各族斗争，“频立战功”，[⑤] 才被唐玄宗赐名“思明”（原名“窣干”），超资擢用。安史集团正是在屠杀各少数民族的血泊中，逐渐飞黄腾达起来，积累了自己的政治资本的。

为了准备发动战争，安禄山曾经以蕃将三十余人代汉将，并养同罗、奚、契丹八千“曳落河”为假子。韦见素对杨国忠说：“禄山反状暴天

① 见《列宁全集》第25卷，人民出版社1958年版，第353页。

② 《通鉴》卷215天宝元年正月。

③ 《通鉴》卷215天宝四载九月。

④ 《旧唐书》卷200下《安禄山等传》末史臣曰。

⑤ 《旧唐书》卷200上《史思明传》。

下，今又以蕃代汉，难将作矣。”[①] 上述情况是否说明安禄山在发动战争时，其政治身份发生了转化呢？即是否由唐朝的节度使转化成少数民族在政治上的代表者？答复是否定的。“安史之乱”爆发于天宝十四载（755）十一月，而安禄山“阴蓄异志，殆将十年”[②]。他在长期准备战争的过程中，不但没有减少或停止对奚、契丹各族的敌对行动，而且变本加厉，一直到“安史之乱”爆发的前夕（天宝十三载、十四载），还在对各族大肆用兵，甚至曾俘虏了奚王李日越。[③] 当时杨国忠等人一再揭发安禄山的“反状”，麻木不仁的唐玄宗却说：“禄山，朕推心待之，必无异志。东北二虏，借其镇遏。”[④] 沉醉在“霓裳羽衣曲”中的皇帝认为安禄山“必无异志”，是错误的轻信，但把他看作“镇遏”奚、契丹的爪牙却完全正确。史称“禄山与（奚、契丹）相侵掠未尝解，至其反，乃已”[⑤]。这是否能作为安禄山转化的证明呢？仍然不能。他之所以暂时停止与奚、契丹“相侵掠”，不是由于他转化成了两族政治利益的体现者，而是由于他和唐朝中央政权的矛盾上升为主要矛盾，与少数民族的矛盾暂时降至次要地位，《新唐书》卷219《北狄传》称：

> 自至德后，藩镇擅地务自安，鄣戍斥候益谨，不生事于边。奚、契丹亦鲜入寇，岁选酋豪数十入长安朝会。

这条材料说明，藩镇仍然是边境各族的对立物，故尽管战争和冲突可以减少，边防却仍须“益谨”。节度使与各族紧张关系得到缓和，唐朝就与各族友好往来，这同样说明，藩镇仍然是唐朝对待边境诸族的政策的执行者和体现者，它并没有站在少数民族一边。

在“安史之乱”爆发的时候，安史集团的政治身份确实发生了转化，不过他们只是由唐朝的镇将转化成为唐朝的叛乱者，而不是由唐朝的镇

① 《新唐书》卷118《韦凑附见素传》。
② 《通鉴》卷217天宝十四载十月。
③ 《通鉴》卷217天宝十三载四月。
④ 《通鉴》卷217天宝十四载二月。
⑤ 《新唐书》卷219《北狄传》。

将转化成为边境各族的代表者。

不仅安禄山和史思明等上层分子不能在政治上代表边境各族，就是叛军中的大量蕃兵也不能代表各族人民的政治利益。《旧唐书》卷39《地理志二》称：

> 自燕以下十七州，皆东北蕃降胡，散诸处幽州、营州界内，以州名羁縻之，无所役属。安禄山之乱，一切驱之为寇，遂扰中原。

《新唐书》卷225上《安禄山传》亦称：

> 禄山谋逆十余年，凡降蕃夷皆接以恩；有不服者，假兵胁制之。所得士，释缚给汤沐衣服，或重译以达，故蕃夷情伪悉得之。禄山通夷语，躬自慰抚，皆释俘囚为战士，故其下乐输死。

可见安史集团中的大量“蕃兵”都是投降了唐朝的降卒。他们不但与本民族已经失去了联系，而且还站在唐朝一边对边境各族作战。安禄山为了“收众心”，曾在天宝十三载（754）奏称：“臣所部将士讨奚、契丹、九姓、同罗等，勋效甚多，乞不拘格，超资加赏。”① 事实说明，安史集团中的蕃将、蕃卒，在政治身份上也是唐朝的边将、边兵。在“安史之乱”爆发时，他们的政治身份也发生了转化，不过，不是由唐朝的边将、边兵转化成为代表东北各族的兵、将，而是由唐朝的边将、边兵转化成为唐朝的叛将、叛兵。

如果我们不问战争发动者的阶级地位和政治身份，只根据他们的民族成分来判断战争的性质，那就必然使自己在问题面前陷于混乱而不能自拔。譬如唐朝的朔方军中蕃兵也不少，镇压“安史之乱”的将领如高仙芝、王思礼、哥舒翰、郭子仪、李光弼、浑惟明、浑释之、仆固怀恩、荔非元礼、论惟明、白孝德等人也都不是汉人。如果我们根据上述错误的原则判断战争的性质，“安史之乱”岂止是东北各族与汉族间的民族战

---

① 《通鉴》卷216天宝十三载二月。

争，而且必然被说成是中国各民族的大混战。显然，这样的结论不会为任何人所接受。用民族的、文化的差异断言“安史之乱”是民族战争的史学家，总是把《旧唐书·李林甫传》中的一段记载作为自己论证的根据，原文如下：

> 国家武德、贞观以来，蕃将如阿史那社尔、契苾何力，忠孝有才略，亦不专委大将之任，多以重臣领使以制之。开元中，张嘉贞、王晙、张说、萧嵩、杜暹皆以节度使入知政事。林甫固位，志欲杜出将入相之源，尝奏曰：“文士为将，怯当矢石，不如用寒族、蕃人。蕃人善战有勇，寒族即无党援。”帝（玄宗）以为然，乃用（安）思顺代林甫领（朔方节度）使。自是，高仙芝、哥舒翰皆专任大将，林甫利其不识文字，无入相由。然而禄山竟为乱阶，由专得大将之任故也。

这段记载旨在说明，“胡人”安禄山在怎样的机缘下得以“专得大将之任”，做了三镇节度使，而最后成为战争的发动者，并不能说明唐朝任用“寒族蕃人”就必然引起民族斗争。镇压“安史之乱”的高仙芝、哥舒翰岂不也是在同样的机缘下，以蕃人而“专任大将”？我们只能根据这条史料理解发动叛乱的为什么是安禄山而不是其他人，却不能由此断言“安史之乱”是民族战争。实际上，“安史之乱”所以爆发是具有更深刻得多的社会政治原因的。在唐朝中央集权逐渐破坏，节度使割据势力已经形成的条件下，没有李林甫的建议和任用蕃将，武装叛乱也总是要爆发的，不过战争的发动者可能不是安禄山而已。所以司马光在《通鉴》卷216天宝六载（747）十二月录《李林甫传》中所述的这段史实时，中间加入了下面一段：

> 及开元中，天子有吞四夷之志，为边将者十余年不易，始久任矣。皇子则庆、忠诸王，宰相则萧嵩、牛仙客，始遥领矣。盖嘉运、王忠嗣专制数道，始兼统矣。

所谓久任者即指王晙、郭知运、张守珪等人而言，他们都是汉人。王忠嗣、盖嘉运也是汉人。可见不用“寒族蕃人”，由于边将的“久任”和“兼统”，也一定会出现汉人的割据、叛乱势力。我认为司马光这样安排史料是很有见地的。

为了判明“安史之乱”的性质，我们必须研究安史集团发动战争的政治目的，战争爆发之前，安禄山所执行的政策的性质即取决于此。起兵之初，他揭出的口号是“讨杨国忠”，实际上，这只是一个幌子，也就是封建史臣所说的：“词虽欲诛国忠，志则谋危社稷。”[①] 关于安禄山发动战争的真正目的，《新唐书·安禄山传》记载：

> 时太平久，人忘战。帝（玄宗）春秋高，嬖艳钳固。李林甫、杨国忠更持权，纲纪大乱。禄山计天下可取，逆谋日炽。

《通鉴》卷216天宝十载（751）二月条亦称：

> 禄山既兼领三镇，赏刑己出，日益骄恣。自以曩时不拜太子，见上春秋高，颇内惧，又见武备堕弛，有轻中国之心。

我们可以明显地看出，是唐朝统治集团的腐化、黑暗从内部削弱了自己的力量，从而萌动了野心家安禄山的谋反念头。他只是为了夺取统治权而发动战争，所以在占领洛阳后，就迫不及待地立刻自称大燕皇帝。安禄山的起兵，既不包括反对民族压迫的政治目的，也不包括建立民族统治的政治目的。实际上，这是一次统治阶级内部争夺皇权的斗争。宋祁所谓“以臣反君”[②]，确实一语道破了“安史之乱”的性质。

我们从“安史之乱”的影响上也能看出这次战争的政治性质。如果“安史之乱”具有民族斗争的性质，则在战争过程中，安史集团必然会在一定程度上得到北方各族的支持或响应。事实上，我们遍查史料，东北各民族，甚至奚与契丹，均对“安史之乱”没有任何反应。他们对安史

---

① 《旧唐书》卷104《高仙芝等传》末史臣曰。

② 《新唐书》卷225上《逆臣传上》传末赞曰。

集团所发动的战争表示了极端的冷淡。“安史之乱”不但没有激化唐朝与东北各族间的矛盾，而且奚和契丹此后“岁选酋豪数十入长安朝会”。可见这次战争没有留下任何民族斗争的遗痕。“安史之乱”的明显后果是藩镇割据的进一步发展，此后“中原刺史亦循其例，受节度之号”[①]，出现了“天下尽分裂于方镇”[②]的局面。在没有民族矛盾的广大地区，也普遍产生了割据者和叛乱者。如果说，“安史之乱”因为爆发于存在民族斗争的东北沿边，还可能被人误解为民族战争；那么淮西李希烈、吴元济的叛乱，剑南刘辟的叛乱，江南李锜的叛乱，山南梁崇义的叛乱，就在任何程度上也无法再被误解为民族斗争了。实则这些叛乱仍是“安史之乱”的继续和发展，在性质上，均属唐朝统治集团的内讧，没有什么根本差别。

“安史之乱”并不是由于唐朝的民族压迫政策而引起，所以叛乱集团没有丝毫正义性。在统治阶级的这次混战中，广大的人民群众遭受了一次浩劫，而战争的发动者安禄山和史思明则是造成这场灾难的罪魁祸首。叛军在战争过程中所表现的残酷和暴虐是完全与统治阶级的反动性分不开的。有的史学家却用“种族仇恨”和“种族报复”[③]来解释这些野蛮行为，这是不符合历史实际的。正因为“安史之乱”没有任何正义性，所以各地才有很多农民起来与叛军进行顽强的斗争。这是唐朝能够最终平定“安史之乱”的主要原因之一。只是由于唐政权的腐朽，指挥错误，官吏将帅存在矛盾，才延长了平定叛乱的过程，导致了常山再陷、潼关之破、睢阳失守、九节度使邺郡之溃及邙山之败。虽然如此，我们仍不能对安史集团有任何程度的肯定。

唐朝人经常把安史集团称作“逆胡”“羯胡”“胡虏”等，在诗歌中经常用“胡尘”“胡骑”来形容叛军，这难道不反映“安史之乱”具有民族斗争的性质吗？答复仍然是否定的，理由是：第一，这些词句只说明叛乱者的民族成分，即叛军中多数是少数民族成分的人，但不能说明战争的性质，因为决定战争性质的是政治条件，而不是与政治无关的民族条件。第二，唐朝统治者站在大汉族主义立场上，一方面要用这些词

---

① 《旧唐书》卷44《职官志三》。

② 《廿二史劄记》卷20《唐节度使之祸》。

③ 杨志玖：《隋唐五代史纲要》，上海人民出版社1957年版，第86、87页。

句辱骂叛乱者，另一方面也想用“羯胡乱常”“以夷乱华”的罪名加诸叛党，从而论证自己是“师出有名”，可以更加理直气壮地鸣鼓而攻。与此相同，南朝人也骂侯景为“羯胡”，[①]但任何人也不能因此把“侯景乱梁”说成是民族斗争。统治者的各种观点和说法与马克思主义判断战争性质的原则无丝毫共同之处。轻易根据古人的用语下结论往往是不妥当的。

总之，只有运用列宁的经典指示，结合史实，具体分析安史集团的阶级地位、政治身份、发动战争的政治目的等，才能正确地确定“安史之乱”的性质。离开了上述原则，就等于是抛弃了阶级观点研究问题，其结论自然不免牵强附会，难以令人信服。

（原载《光明日报》1962年10月10日）

① 《梁书》卷55《武陵王纪传》。

唐玄宗李隆基卒年辨

关于李隆基的生年，《册府元龟》卷2《帝王部·诞圣》和《旧唐书》卷8《玄宗纪上》等均作垂拱元年（685）八月，记载完全一致。但他的卒年，各书记载却有抵牾。《旧唐书》卷9《玄宗纪下》作："上元二年（761）四月甲寅，崩于神龙殿，时年七十八。"《旧唐书》卷10《肃宗纪》亦系于是年。《新唐书》卷5《玄宗纪》作："上元元年（760），徙居于西内甘露殿。元年建巳月，崩于神龙殿，年七十八。"《新唐书》卷6《肃宗纪》则系于宝应元年（762）建巳月（即四月）甲寅，《通鉴》卷222与《新唐书·肃宗纪》同。既然记载有分歧，就须加以辨明。

各书记载，玄宗享年均为七十八岁，如按生于垂拱元年（685）推算，崩于上元二年（761），享年仅七十七岁，与七十八岁之说不合。且上元二年四月乙卯朔，该月的干支记日根本没有甲寅，可以肯定，《旧唐书·玄宗纪》的记载是错误的。《新唐书·玄宗纪》在前面写过"上元元年"，后面又接着出现一次"元年"，不合史书一般纪年体例，参以《新唐书·肃宗纪》，"元年"前当脱漏"宝应"二字。如果玄宗崩于上元元年，则享年仅七十六岁，与七十八之说相去更远。只有《新唐书·肃宗纪》和《通鉴》的记载是正确的。因为：第一，玄宗崩于宝应元年（762），恰好享年七十八岁，与各书享年记载吻合。第二，肃宗在上元二年九月始明令以建子月为岁首，上元元年（760）及二年（761）四月均不可能有建巳月，只有宝应元年才能出现建巳月。第三，该年建寅月即原来的正月，建巳月正好是四月，与《旧唐书·玄宗纪》崩于"四月甲寅"之说相符。

宝应元年四月庚戌朔，甲寅当为初五，折算成西历，则玄宗崩于公元762年5月4日。

通过上述考证可以看出，《旧唐书·玄宗纪》的记载是错误的，《新唐书·玄宗纪》脱“宝应”二字，《新唐书·肃宗纪》及《通鉴》的记载是正确的，司马光虽然没有于此处附以《考异》，但他实际是做过推敲才这样写的。

为什么《旧唐书·玄宗纪》《肃宗纪》会出现这样的错误呢？很可能是，肃宗在上元二年（761）改为以建子月为岁首，而该年的建子月是十一月，这样，宝应元年（762）的建巳月就和上元二年（761）十一月同属一年，于是发生了跨年的混乱。《旧唐书》的作者忽略了此点，因而发生了差错。

（原载《河北师院学报》1984年第2期）

唐代牛李党争研究

牛李两党在唐代后期此沉彼浮，反复较量，持续斗争达半个世纪之久，是当时政治生活中的重大事件。双方争执的焦点是什么？两个朋党的社会基础怎样？为什么牛李党争恰恰发生在宪、穆、敬、文、武、宣六朝？两党之间孰优孰劣？本文试图对上述一系列问题做一试探性研究，结论未必全面和正确，希望治隋唐史的同志们给予批评和指正。

一　两党争执的焦点是对藩镇叛乱持不同态度

牛李两党在很多政治问题上都持针锋相对的意见，分析党争必须首先抓住双方斗争的焦点。牛李之争的焦点是什么呢？过去传统的看法是，牛党重进士科，李党"抑浮华"而重门第，即把双方对科举制的不同意见当作最主要的斗争焦点。但两党成员的身份、出身极其复杂，用这一标准划分很难做到一刀齐，甚至力持此说的陈寅恪先生也发现，牛党中的李宗闵、牛僧孺及李珏等代表人物，"俱是北朝以来之旧门及当代之宗室"，而李党的中坚人物如陈夷行、李绅、李回、李让夷等"复皆以进士擢第"。[①] 可见用双方对进士科的不同政策划分两党成员，是非常牵强的。唐代后期统治阶级内部的最大纷争，莫过于频繁不绝的藩镇战争，牛李两党对藩帅自擅、叛乱所持的政见是泾渭分明的，双方成员往往围绕着这一问题展开尖锐的斗争。我觉得抓住这个关键入手剖析，有利于说明

① 《唐代政治史述论稿》，生活·读书·新知三联书店1956年版，第86页。

各个方面的很多问题。

对于父死子继、以下叛上的藩帅，李党历来主张坚决打击，无情镇压；牛党则一贯持姑息养奸、息事宁人的态度。

唐宪宗是唐代后期大规模讨伐藩镇的有作为的著名皇帝，所倚重的杜黄裳、裴度、武元衡都是朝廷扫平节镇的股肱之臣。李德裕之父李吉甫在元和二年（807）拜相，他对藩镇叛乱的态度，与杜、裴、武等人完全相同。元和初，剑南刘辟反，“帝命诛讨之，计未决。吉甫密赞其谋”，为之献策，“事皆允从，由是甚见亲信”。[①] 接着，吉甫又料到镇海节度使李锜“必反”，向宪宗奏称：“讨之必克”，于是“帝意决”。平定李锜后，李吉甫以功先后封赞皇县侯和赵国公。李党的政治生命，可以说就是从摧抑藩镇开始的。德宗以来，“姑息藩镇，有终身不易地者”，这是节度使在各地盘根错节、肆意割据的重要条件之一。对此，“吉甫为相岁余，凡易三十六镇”。[②] 按他亲撰的《元和国计簿》统计，当时全国“方镇四十八”，[③] 在一年多的时间内调换藩帅百分之七十以上，确实是抑制藩镇的一个强有力的措施。

就在这一关键时刻，牛僧孺、李宗闵、皇甫湜等人首先发难，于元和三年（808）在对策中挑起了斗争。皇甫湜的对策保存下来了，但其中只有一些针对时弊的泛泛之论和部分攻击阉寺的话，并无使李吉甫感到刺耳的刻薄之辞。新、旧《唐书》的记载也只笼统地说“讥刺时政”，“诋切时政”等，并未确指“时政”是什么。杜牧为牛僧孺所撰的墓志铭中略微透露了一点消息，其中有“忧天子炽于武功”一语，[④] 这说明牛党所刻意“痛诋”的正是裴度、李吉甫等人赞助下的大肆讨伐藩镇。

元和七年（812），魏博田季安卒，夫人元氏擅立其子怀谏为节度副大使，对此，李吉甫“请兴兵讨之”，“盛陈不可不用兵之状”，[⑤] 态度十分明朗。两年之后，淮西节度使吴少阳卒，其子元济请袭父职，李吉甫

① 《旧唐书》卷148《李吉甫传》。

② 《新唐书》卷146《李吉甫传》。

③ 《通鉴》卷237元和二年十二月。

④ 《樊川文集》卷7《唐故太子少师奇章郡开国公赠太尉牛公墓志铭并序》。

⑤ 《通鉴》卷238元和七年八月。

认为“宜因时而取之”，这一建议“颇协上旨，始为经度淮西之谋”。[①]可惜他在这年十月死去，平定淮西的重任就落在裴度和李愬等人的肩上了。

李吉甫一生坚持同强藩巨镇斗争，所以后来牛党萧俛驳吉甫谥议时以“用兵征发之弊，由吉甫而生”[②] 为理由，对他进行攻击。

唐武宗是唐代后期第二个大力摧抑藩镇的皇帝，而会昌年间也正是李德裕权势达于顶点的历史时期。他执政时最大的功绩，莫过于平定泽潞的刘稹，这次事件中“筹度机宜，选用将帅，军中书诏，奏请云合，起草指踪，皆独决于德裕，诸相无预焉”[③]。武宗对李德裕的《让太尉表》的“批答”中说：“潞童怙乱，须议翦除，唯卿竭诚，与我同志。晋武平吴之计，全在张华；汉高镇俗之谋，谁先周勃?”[④] 评价可谓无以复加了。正因为李德裕辅佐武宗平定藩镇有功，“故威名独重于时”，君臣之间“言从计行，是时王室几中兴”[⑤]。

与李吉甫、李德裕父子截然相反，牛党一贯反对用兵藩镇。早在裴度讨吴元济时，李逢吉就曾“虑其成功，密沮之”[⑥]。元和十五年（820），元稹起草的《令狐楚衡州制》中有“密隳讨伐之谋，潜附奸邪之党”一语，[⑦] 反映令狐楚也是反对讨伐吴元济的。牛僧孺对藩帅叛乱所持的姑息态度尤为明显。大和五年（831），幽州军逐其帅李载义，文宗问计，牛僧孺居宰相之尊，竟然说：“此不足烦圣虑。且范阳得失，不系国家休戚。自安、史已来，翻覆如此。前时刘总以土地归国，朝廷耗费百万，终不得范阳尺帛斗粟入于天府，寻复为梗。至今（杨）志诚亦由（犹）前载义也，但因而抚之，俾扞奚、契丹不令入寇，朝廷所赖也。假以节旄，必自陈力，不足以逆顺治之。”[⑧] 朝廷不必问“逆顺”，可谓姑息到了

① 《旧唐书》卷148《李吉甫传》。
② 《旧唐书》卷172《萧俛传》。
③ 《旧唐书》卷174《李德裕传》。
④ 《李文饶文集》卷18《让太尉第三表》。
⑤ 《新唐书》卷180《李德裕传》。
⑥ 《旧唐书》卷167《李逢吉传》。
⑦ 《旧唐书》卷172《令狐楚传》。
⑧ 《旧唐书》卷172《牛僧孺传》。

极点。

武宗平泽潞后，有人反映牛僧孺、李宗闵同刘从谏有暧昧关系。据《新唐书·牛僧孺传》载，河南尹吕述也说："僧孺闻（刘）稹诛，恨叹之。"据新、旧《唐书》中《李宗闵传》，刘稹叛时，宗闵为太子宾客分司东都，李德裕"以宗闵素与刘从谏厚，上党近东都，宗闵分司非便"，因此移官湖州刺史。[①] 按《通鉴》，刘稹败后，李德裕曾使人赴潞州求僧孺、宗闵同从谏来往书疏，"无所得"。我觉得牛李二人与刘从谏有所勾结是可以肯定的，理由是：第一，大和中，刘从谏入朝，僧孺、宗闵正执朝柄，未加扣留，纵之使去，这种瓜葛其来有自，远非一朝一夕的事。第二，如果二人与刘氏向无勾结，李德裕也断不敢说"宗闵素与刘从谏厚"。由此可见，牛党不但反对摧殄强藩巨镇，而且他们与某些节度使还有千丝万缕的关系。

二　牛党和李党的社会基础

为什么牛、李两党对藩帅的自擅和叛乱采取水火不相容的态度呢？这完全取决于他们代表的不同的社会阶层以及各个阶层间利益的冲突。根据唐代后期的具体社会状况，把地主阶级仅仅划分为大地主阶层与中小地主阶层是不妥当的，应当划分为如下三个阶层：公卿显官集团、地方豪强大地主阶层、中小地主阶层。

李党是公卿显官集团的政治代表。李德裕就曾在武宗面前直言不讳地说："……然朝廷显官，须是公卿子弟。何者？自小便习举业，自熟朝廷间事，台阁仪范、班行准则，不教而自成。寒士纵有出人之才，登第之后，始得一班一级，固不能熟习也。"[②] 李德裕向皇帝献《丹衣箴》后，敬宗的答诏中说："卿之宗门，累著声绩，冠内廷者两代，袭侯伯者六朝。"[③]

① 《旧唐书》卷176《李宗闵传》作"封州刺史"，《新唐书》卷174《李宗闵传》及《通鉴》皆作"湖州刺史"。

② 《旧唐书》卷18上《武宗纪》。

③ 《旧唐书》卷174《李德裕传》。

李吉甫、李德裕父子出身这样一个公卿宗门，他们提出“朝廷显官须是公卿子弟”就是十分自然的了。这一集团的荣辱与中央政权的盛衰有血肉的联系，因而对藩帅的自擅和叛乱感到不能容忍，必然执行摧抑方镇的政策。

李德裕公然反对擢拔“寒士”为显官，这是否说明李党打击中小地主呢？主张牛党代表中小地主的史学家大多持此种论点，不过他们往往回避这样一些记载：“李太尉德裕颇为寒进开路。及谪官南去，或有诗曰：八百孤寒齐下泪，一时南望李崖州。”[①]“李相德裕抑退浮薄，奖拔孤寒。”[②] 李德裕既反对擢“寒士”为“朝廷显官”，又“奖拔孤寒”，岂不互相矛盾？关于此点，应当把这里所说的“寒士”和“孤寒”区分为两个不同的地主阶层，才能科学地说明问题，不能单纯地回避材料。

“安史之乱”以后，逐渐形成了“天下尽分裂于方镇”的局面，林立于全国的节镇就是代表地方豪强大地主的政权。《樊川文集》卷9《唐故范阳卢秀才墓志》云：

> 秀才卢生，名霈，字子中。自天宝后三代，或仕燕，或仕赵，两地皆多良田畜马。生年二十，未知古有人曰周公、孔夫子者……镇州有儒者黄建……因语生以先王儒学之道，复曰：“……但能为先王儒学之道，可得其公卿之位，显荣富贵，流及子孙……”……开成三年，来京师举进士，于群辈中酋酋然。

这段记载非常典型。卢霈是燕、赵两地的大地主，“仕燕”“仕赵”说明他与节度使有血肉联系。这种人想挤入中央政权置身通显，唯一的出路是赴京师举进士。此种地方豪强与中央累世公卿的望族相比，自然显得是寒士。李党所要排挤贬抑的就是这一阶层。牛党成员不论其个人出身如何，对进士科千方百计地辩护，一再反对中央摧抑藩镇，正说明他们就是地方豪强大地主的政治代表。

---

① 《唐摭言》卷7《好放孤寒》。

② 《玉泉子》。

真正的中小地主在各地藩镇的统治下，是备受节度使和豪强大地主的欺凌的。如剑南东川节度使严砺，在宪宗时借口管内有响应刘辟叛乱的人，擅自籍没八十八户的庄宅一百二十二所，奴婢共二十七人。这些拥有庄宅和奴婢的“百姓”，显然属于毫无权势的中小地主。严砺在当地“横征暴赋，不奉典常，擅破人家，自丰私室”，遂致“管内产业，阡陌相连，童仆资财，动以万计”。[①] 很明显，中小地主作为地主阶级的最底层，必然视藩镇为眼中钉，急切地希望中央政权能够扫平群藩。

中央的公卿显官集团尽管企图摧抑藩帅，却深感自己势单力薄，难以独力为功。全国各地的中小地主虽然对节度使、豪强大地主深恶痛绝，但也感到力不从心，无可奈何。在这种情况下，公卿显官集团就和中小地主阶层在反藩镇的基础上结成了政治联盟。李德裕所“奖拔”的“孤寒”，大概就是这种出身于中小地主的士人。在中国历史上，主张打击割据势力、加强中央集权的统治者常常到中小地主阶层中去寻找力量，这几乎是一个规律，唐代后期的情况也不例外。

陈寅恪先生认为，李党“抑浮华”，反对进士科，崇尚礼法、经义、门风，代表“山东士族”；牛党“以浮华放浪著称”，利用科举制下的座主、门生、同年等关系结为朋党，代表“山东寒族”及“江左士大夫”。[②] 这一论点在1949年前后一向占支配地位，为很多人所接受。此外，1949年后又流行着一种新的看法，认为唐代科举制代替了魏晋以来的九品中正制，为庶族地主、中小地主广开仕途，所以李党“抑浮华”是代表门阀残余，牛党力倡进士科是代表中小地主。这种观点与陈氏的说法大同而小异。对于这些论点，特提出以下几点进行辩驳：

首先，文宗时杜悰曾说：“德裕有文学而不由科第，常用此为慊慊。”他确实是“盛有词藻”，“文学过人”，[③] 有不少篇什行于世的。因此，对李德裕的反对进士科，不能看得太绝对化了。德裕的曾祖李载原来是“燕代豪杰，常臂鹰携妓以猎，旁若无人”，[④] 很难说是“山东士族”讲

① 《元氏长庆集》卷37《弹奏剑南东川节度使状》。

② 《唐代政治史述论稿》。《记唐代之李武韦杨婚姻集团》，载《历史研究》1954年第1期。

③ 《通鉴》卷244大和六年十二月。《唐语林》卷1《言语》、卷7《补遗》。

④ 《国史补》中。

究礼法的作风。李党中出身进士科者也大有人在。因此，单纯根据对科举制的态度断言李党代表“山东士族”或门阀残余，并不十分有力。

其次，在隋朝和唐初科举制最初诞生的时候，它确实为寒门庶族开辟了仕途；但事物不是一成不变的，这一制度推行到中唐、晚唐时期，由于弊端丛生，中小地主就很难通过这一途径置身通显了。史称：“贡举猥滥，势门子弟，交相酬酢，寒门俊造，十弃六七。”长庆元年（821）“钱徽掌贡士，为朝臣请托，人以为滥。”[①] 其时，李宗闵曾为其婿苏巢请托，杨汝士曾为其弟殷士请托，可见牛党是以“势门”的身份排挤其中的中小地主“寒门俊造”的。再如大中十四年（860）的取士，“皆以门阀取之”，其中就包括牛党令狐绹之子。[②] 通常由趋炎附势的人主考，“榜出，率皆权豪子弟”[③]。只有遇到个别能够持平的主考官时，中小地主才能侥幸地挤入官僚集团。

科举制之所以成为大地主把持仕途的工具，是与“关节”“温卷”“呈榜”这些流弊密切相关的，因此，与其说牛党是拥护科举制本身，不如说他们是钻了科举取士的流弊的空子，遂得以飞黄腾达，并通过“座主”“门生”“同年”等关系结为朋党。如杨虞卿与汝士、汉公兄弟三人把科场搞得乌烟瘴气，有的人甚至对他们“输金袖璧”，公然行贿，于是“凡在朋党四十余人”[④]。唐武宗也说：“我比闻杨虞卿兄弟朋比贵势，妨平人道路。”[⑤] 能够对牛党“输金袖璧”的显然不是中小地主，牛党利用科举制“妨平人道路”，恰恰说明他们是排斥中小地主阶层的。

李党郑覃是攻击进士科最力的人，唐文宗与他语及选士，“覃曰：‘南北朝多用文华，所以不治。士以才堪即用，何必文辞？’帝曰：‘进士及第人已曾为州县官者，方镇奏署即可之，余即否。’”[⑥] 可见进士及第曾任州县官者，大多与节度使发生过关系，这一点曲折地反映，牛李两党关于进士科之争，也与藩镇的不同政治态度有关。唐文宗问杨嗣复：“天

---

① 《旧唐书》卷164《王播附起传》。
② 《册府元龟》卷651《贡举部·谬滥》。
③ 《唐语林》卷3《方正》。
④ 刘轲：《牛羊日历》。
⑤ 《旧唐书》卷18上《武宗纪》。
⑥ 《旧唐书》卷173《郑覃传》。

后用人，有自布衣至宰相者，当时还得力否?”他回答说：“凡用人之道，历试方见其能否。当艰难之时，或须拔擢；无事之日，不如且循资级。”① 牛党如果真正代表中小地主阶层，就不应当反对擢布衣为宰相。

需要特别指出的是，如果认为牛李党争是“山东士族”与“山东寒族”“江左士大夫”之争，那就无法回答下述问题：尚经义、崇礼法的阶层同尚文词的阶层之间有什么必然发生斗争的物质原因呢？为什么党争不发生在宪宗以前，也不拖延到宣宗以后，恰恰发生在这半个世纪中呢？主张牛李党争是大地主同中小地主斗争的史学家显然也无法科学地说明党争的时间性。

三 牛李党争的时间性

弄清牛李党争的社会基础及两党争执的核心问题以后，就能够说明为什么党争恰恰发生在从宪宗到宣宗的五十年间，为什么党争以牛胜李败而告终。

公卿地主、中小地主同地方豪强大地主之间的斗争，表现在军事上，就是连绵不断的藩镇战争；表现在政治上，就是牛李党争。二者是完全合乎节拍的。唐朝后期，藩镇割据和藩镇战争的历史大致可以分作三个阶段：从“安史之乱”到德、顺之际，是藩镇割据向全国发展及定形的阶段；从宪宗到武宗，是中央同藩镇反复进行较量，朝廷希望恢复中央集权而进行挣扎的阶段；宣宗以后，是中央失去较量的能力，藩镇取得全面胜利的阶段。牛李党争恰恰发生在第二个阶段，正说明它是割据与反割据斗争的产物。

从德宗到宪宗，是唐朝对藩镇的政策发生变化的时候，也是党争开始的时期。史称：“自贞元以来居方镇者，为德宗所姑息，故穷极僭奢，无所畏忌。及宪宗即位，以法制临下。”② 元和年间，先后斩刘辟，平李

① 《旧唐书》卷176《杨嗣复传》。

② 《旧唐书》卷146《杨凭传》。

锜，擒史宪诚，田弘正归命，诛吴元济，王承宗献德、棣二州，李师道售首，“当此之时，唐之威令，几于复振”①。中央对藩镇的得势意味着公卿显官集团地位的上升，所以“宪宗朝，公卿子孙多擢用之”②。牛僧孺、李宗闵首先发难于元和之际，绝非偶然，两党的初次交锋是中央同藩镇的斗争转入新的历史阶段的反映。朝廷对藩帅的一系列胜利决定了李吉甫、裴度等人的当权和牛党的失势。

宪宗以后，中央同藩镇间的战争时断时续，双方互有胜败，国家的政策摇摆不定，故历穆、敬、文三朝两党势力互有消长，更迭执政，始终没有形成一党长期执政的稳定局面。穆宗即位之初，朱克融首叛于卢龙，王庭凑继乱于成德；以后，史宪诚逼杀魏博节度使田布，昭义刘从谏“浸骄”，一时形成“国威不振”③ 的局面。这一情况反映到政治上，就是牛党李逢吉及其卵翼下的“八关十六子”的飞扬跋扈，不可一世。唐文宗集中全力打击宦官，无暇对藩镇大规模用兵，他本人又始终动摇于两党之间，加之李训、郑注对牛李两派的人物同加贬抑，所以双方在文宗朝荣辱无常，哪一方也没有取得稳定的优势。

唐武宗即位后对泽潞大加挞伐，故李党在会昌年间独秉国钧，史称：“武宗用一李德裕，遂成其功烈。”④ 可见李党的得势，牛党的潦倒与当时藩镇战争的形势有密切的关系。

宣宗即位，牛党人物粉墨登场，李德裕南贬，从此退出了历史舞台，这标志着中央政权此后再也无力同藩镇进行较量，藩镇对中央取得了最终的胜利。党争以牛胜李败而告终，原因就在这里。

此外，就两党的人数而言，牛众李寡，前者数倍于后者，这是唐朝后期藩镇势力远远超过中央势力的反映。

关于党争之时间性，陈寅恪先生曾以宦官与党争之关系加以解释。他认为：“外朝士大夫朋党之动态即内廷阉寺党派之反影。内廷阉寺为主动，外朝士大夫为被动。”宪宗朝宦官开始分为两派，所以外朝党争初见

---

① 《新唐书》卷7《宪宗纪》赞。

② 《通鉴》卷248大中二年十二月。

③ 《旧唐书》卷167《李逢吉传》。

④ 《新唐书》卷8《武宗纪》赞。

端倪；宣宗以后“阉寺起族类之自觉，其间不发生甚剧之党争，而能团结以对外”，牛李党争“遂亦不得不归于消歇也”。[①] 这一论点过去在史学界也广为流行，但深入进行分析，却很难成立。如果把党争说成是宦官内部派别斗争的“反影”，那就必然把党争看作历史的偶然现象，因为宪宗朝不发生宦官的内争，就根本不会爆发党争。如此解释，党争的社会根源就很难肯定了。此外，为什么宦官在宪宗朝分作两派？为什么宦官内争结束于宣宗时？对这些问题显然也难以回答。

揆诸史实，陈说也颇有难通之处。陈寅恪认为宪宗时吐突承璀主张用兵藩镇，是支持李吉甫的宦官，但没有看到，牛党皇甫镈也对承璀“厚赂结其欢心，故及相位”[②]。宪宗死于陈弘庆、王守澄、梁守谦一派宦官之手，这几个人在立君的问题上与吐突承璀有尖锐矛盾，按道理，牛党应当拥护，李党应当反对陈、王、梁诸人，但事实却是：“吉甫素与枢密使梁守谦相结。”[③] 而穆宗将崩之际，牛僧孺扬言：“梁守谦、王守澄将不利于上。”[④] 再如文宗时枢密使刘弘逸、薛季稜二人同宦官仇士良有尖锐矛盾，仇在会昌初唆使皇帝赐死弘逸等，并贬降杨嗣复和李珏，按道理仇士良应该是支持李党的后台人物，但“上（武宗）信任李德裕，观军容使仇士良恶之”[⑤]。可见仇士良与牛李两党都没有什么瓜葛，他同刘弘逸、薛季稜等人的阉寺之争也根本不是外朝党争的背景。

唐代后期宦官内部确实不断发生派系斗争，但这种斗争多爆发在国君交替的时候，一般都是围绕着弑君、立君问题展开的，是单纯的权力之争，并不是什么政见之争。党争是不同社会阶层之间的斗争，有深厚的根源，不仅是权力之争，而且是政见之争。因此，这两种斗争间并无必然联系。由于枢密使日伴君王，口含天宪，掌握着进退朝臣的大权，牛李两党中的某些人物自然不免因缘攀附以求进身，但这并不能证明党争是阉寺派别斗争的“反影”。

---

① 《唐代政治史述论稿》，生活·读书·新知三联书店 1956 年版，第 112、121 页。

② 《旧唐书》卷 135《皇甫镈传》。

③ 《通鉴》卷 239 元和七年十月。

④ 刘轲：《牛羊日历》。

⑤ 《通鉴》卷 246 会昌二年四月。

《新唐书·方镇表序》说："喜则连衡而叛上，怒则以力而相并。"大致懿、僖以前，"连衡而叛上"的战争占多数，这是党争持续半个世纪之久的真正背景；宣、懿以后，"怒则以力而相并"的藩镇战争占多数，所以牛李党争结束，代之以南衙北司间的斗争。所谓"南北司争权，咸树朋党，外结藩帅"，[①] 这种斗争实质上反映了藩镇与藩镇的火并。

如上所述，各地吹一次藩镇战争的风，中央就随着掀一层党争的浪；中央对藩镇的胜利伴随着李党的得势，藩镇对中央的胜利意味着牛党的得势；"以力相并"的藩镇战争代替了"连衡叛上"的藩镇战争，南衙北司的斗争遂代替了牛李党争。

四　李党的进步性和牛党的反动性

一般认为李党代表"山东士族"或门阀残余，牛党代表庶族地主或中小地主的史学家，都肯定牛党是进步势力，李党是反动势力。其立论根据，无非是李党对科举制这一进步制度持否定态度，牛党则持肯定态度。对于这一看法，不敢苟同。判断牛李两党的孰优孰劣，不应当孤立地死抓住一个问题，而要全面研究两党所执行的各项政策。我的粗浅看法是：李党的政策具有进步性，牛党的政策多具有反动性。

第一，藩镇林立使全国陷于割据分裂，战火连年，给人民带来了深重的灾难，无论如何不能说节度使和地方豪强大地主是进步力量。李党主张坚决摧殄藩镇，努力恢复中央集权，牛党则对节度使的叛乱听之任之，实行姑息养奸的政策，在这个问题上，李党优于牛党是毋庸置疑的。

第二，李党中除了像郑覃等个别人主张从根本上取消进士科外，李德裕等人并不反对科举取士，他们只是针对"关节""呈榜""温卷"等流弊提出一些改革科举制的主张，而这些改革实际上是具有进步性的。唐文宗时，李德裕就建议："进士试论议，不试诗赋。"[②] 善于吟风弄月的

① 《旧唐书》卷177《崔慎由附胤传》。

② 《通鉴》卷244太和七年七月。

人并不一定就有济世之才，从论议中确实更易于发现一个人的政治主张和才能。李德裕又提出禁止及第进士呼有司为“座主”，自谓“门生”，趋附其门，聚集参谒，并请勒停进士及第后的曲江大会等。① 这一主张是付诸实施了的，这样既可杜塞座主、门生的朋比勾结、“树党背公”，又可克服一春之宴所费万钱的弊端，也有利于解决中小地主由于贫寒无力举办宴会而“苦于成名”的困难。李德裕还向武宗建议，改变那种“呈榜”的旧例，即“进士未放榜前，礼部侍郎遍到宰相私第先呈及第人名”，以防止宰相和有司从中徇情作弊，改换及第人选。② 李党进行的上述改革，有利于整顿吏治，克服“输金袖璧”，货贿成风，对社会发展不能说没有好处。李德裕也大概就是通过这些改革“奖拔”了数以百计的“孤寒”，为大批中小地主广开了仕途。

武宗崩后，宣宗即位，牛党进入了全盛时期，“君、相务反会昌之政”，③ 因而在大中元年（847）公然敕：“自今进士放榜后，杏园任依旧宴集，有司不得禁制。”④ 在这个问题上，牛党的反动性是昭然若揭的。

第三，李党一贯主张精简国家机构，裁汰冗官。李吉甫认为自秦至隋十有三代，“设官之多，无如国家者”。元和时，“内外官以税钱给俸者不下万员。天下三百余县（当作‘州’字），或以一县之地而为州、一乡之民而为县者甚众”，因而向宪宗建议“吏员可省者省之，州县可并者并之，入仕之途可减者减之”。宪宗采纳了这一建议，于元和六年（811）“并省内外官计八百八员，诸司流外一千七百六十九人”⑤。会昌时李德裕又以“州县佐官太冗”，奏请裁减。武宗接受了这一建议，于会昌四年（844）裁汰了数以千计的官吏。⑥ 裁减冗官能够减少俸禄开支，有利于减轻人民负担，当然是一项进步措施。

牛党与此相反，他们主张广辟仕途，扩充官员。皇甫湜在对策中早已指斥执政者在取士中“刻之太深”，说“举于礼部则曰幽昧者凡陋而不

① 《李文饶文集补·停进士宴会题名疏》。

② 《李文饶文集补·请罢呈榜奏》。

③ 《通鉴》卷248大中元年闰二月。

④ 《旧唐书》卷18下《宣宗纪》。

⑤ 《通鉴》卷238元和六年六月、九月。

⑥ 《通鉴》卷247会昌四年六月。

可采，选于吏部则曰声名者虚浮而不可用；工文者则惧华而不实，敦质者则惧朴而寡能；冠盖之族则以为因依，微贱之人则以为幽险；上求之愈切，下损之弥细。夫士何负于有司而蹇顿之、抑刻之如是哉?"[①] 真是满腹牢骚，不吐不快。李德裕大裁冗官后"衣冠去者皆怨"[②]。大概这些怨者多是牛党，所以宣宗即位后牛党执政，立即下令："会昌四年所减州县内复增三百八十三员。"[③] 在这个问题上李优于牛也是十分明显的。

第四，在维州事件中，李党力主收复失地，牛党执行民族投降政策，历来自有公论。需要说明的是，在这次事件中牛党是出于意气之争，并不是从根本上反对收复维州。李党失败后，在牛党执政时期，杜悰曾于大中三年（849）收复维州。文宗时牛僧孺是因"与德裕有隙，害其功"，[④] 所以反对收复维州。因意气之争而不顾民族利益，以私害公，也是应当加以否定的。

第五，武宗灭佛是具有进步性的举措，当时李德裕秉政，对这件事是积极赞助的。他一贯反对佛教和寺院经济，如认为："释氏之教，出于西夷，弃五常之典，绝三纲之常，殚竭财力，蠹耗生人。黜其异端，以正王度，庶可复古，谅非近名。"[⑤] 武宗灭佛之际，有不少僧侣亡命趣幽州，李德裕曾告诫张仲武不得招纳，仲武因以刀授居庸关吏曰："僧敢入者斩。"[⑥] 德裕还向武宗上《贺废毁佛寺德音表》[⑦]，表示赞助灭佛之举。

宣宗和牛党在灭佛问题上也是"务反会昌之政"。宣宗即位之初就立即宣布："应会昌五年所废寺，有僧能营葺者，听自居之，有司毋得禁止"，在这样的政策下，"僧尼之弊，皆复其旧"。[⑧] 可见在这个问题上同样是李党进步，牛党反动。

或曰：在哲学上，牛党坚持唯物主义，李党宣扬唯心主义，因此不

---

① 《皇甫持正文集》卷3《制策一道》。

② 《新唐书》卷180《李德裕传》。

③ 《通鉴》卷248大中元年十二月。

④ 《通鉴》卷244太和六年十一月。

⑤ 《李文饶文集》卷20《祈祭西岳文》。

⑥ 《新唐书》卷180《李德裕传》。

⑦ 《李文饶文集》卷20。

⑧ 《通鉴》卷248大中元年闰二月。

能说李党进步，牛党反动。牛党赞成唯物论确乎是事实，牛僧孺在《善恶无余论》一文中驳斥“积善之家，必有余庆；积不善之家，必有余殃”的传统观点，认为“善恶庆殃俱无余也”；在《讼忠》一文中宣传“人道迩”，“天道远”，肯定“舍人道征天道，弃迩求远，无裨于教者也。”[①]李珏则说：“丧乱之时，佐命者务神符命；理平之代，只合推诸人事。”[②]李党坚持唯心主义也确实是事实，李德裕认为：“谪见于天，以警在位，稽于前史，皆有明征。”[③] 与牛党的“善恶无余”论相对立，他还宣扬“冥数有报”[④] 的唯心主义思想。虽然在哲学上有这样的分歧，却不能说在政治上是牛党进步，李党反动，理由如下：

首先，在一般情况下，进步势力坚持唯物主义，反动势力宣扬唯心主义，确乎是事实；但在特定的条件下，也有相反的情况。如英国资本主义取代封建社会的时候，资产阶级曾利用宗教战胜国王和贵族，而为了反对中等阶级，贵族却举起了唯物主义和自然神论的旗帜。进步势力宣扬唯心主义，在历史上并非绝无仅有的事。

其次，为什么牛党坚持唯物主义、李党宣扬唯心主义？这是应该加以说明的问题。唐代后期，全国走向割据分裂是历史的必然，豪强大地主的利益与这种历史趋势吻合，所以牛党能从社会实际出发，承认藩镇林立的现实。牛僧孺认为：“君道无定名，便国利人则君之道也……君人者当务乎道适时，不务乎名饰位也，故舍名而就时者日昌，舍时而就名者日亡。”[⑤] 李宗闵也说：“可以王而王，可以霸而霸，非人之所能为也，皆此时也。人皆奉时以行道者也，不能由道以作时者也；能因变以建功者也，不能由功以反变者也。”[⑥] 牛党舍名就实、趋时应变的观点，无异于宣称：统治者不必强行恢复中央集权制了，这是不可能的。这种主张不符合历史前进的总方向，但适应了客观历史的暂时逆转，所以不能说牛党主张唯物主义必然在政治上具有进步性。

---

① 均见《全唐文》卷682。
② 《旧唐书》卷176《杨嗣复传》。
③ 《李文饶文集》卷18《为星变陈乞状》。
④ 《李文饶外集》卷4《冥数有报论》。
⑤ 《全唐文》卷682 牛僧孺《辨名政论》。
⑥ 《全唐文》卷714 李宗闵《随论上下篇》。

李党主张恢复中央集权的统一国家，但唐朝这所大厦已经东倒西歪，不可救药，只能由黄巢大起义把它推倒，然后在废墟上由柴荣、赵匡胤重建大一统的国家。这一遥远的未来李德裕是不可能看到的。牛党飞扬跋扈，李党最后失势，这些铁的事实使李党感到对政局无能为力。在这种情况下，提倡经学的李党就只能把自己的未来寄托于“阴德”余庆，求之于“冥报有数”，诅咒牛党早晚有倒霉的时候。李党虽然在政治上没有前途，从而在哲学上陷于唯心主义，但他们恢复统一集权的主张无疑是进步的。

五　有关党争的几个著名人物

一般如李吉甫、李德裕父子，李绅、郑覃、陈夷行、韦处厚、李让夷、李回、王茂元等人属于李党，如牛僧孺、李宗闵、李逢吉、韦贯之、段文昌、令狐楚、令狐绹、李珏、杨虞卿、杨嗣复、杨汝士、杨汉公、皇甫镈、李固言、刘栖楚、白敏中、李汉、杜悰、张又新等人属于牛党，已为一般治隋唐史者所公认。还有几个历史上比较著名的人物，属牛属李，有待于进一步辨明。在分析这种问题时，应当把各个人的政治主张同其人事关系结合起来进行研究，片面地根据一个方面下结论，是不能令人信服的。

我觉得裴度应当列入李党。唐宪宗以裴度讨伐淮西吴元济时，李逢吉、韦贯之、令狐楚、皇甫镈、萧俛等牛党人物群起而攻之，逢吉、贯之因此事而罢相，故此后“逢吉常怒吉甫、裴度”①。宪宗后来重用盐铁使皇甫镈，以本官同平章事，崔群与裴度“以物议上闻”，坚决反对。宪宗见裴度疏后“以为朋党”②。可见裴度与李吉甫、崔群等人在元和时已经与牛党围绕着藩镇叛乱问题发生了斗争，而且在宪宗心目中是结成了朋党的。穆宗即位后召裴度自太原入京，将拜相，李逢吉又利用元稹与裴度的矛盾，造谣中伤，当时“八关十六子”异常猖獗，裴度旋出镇兴元。敬宗即位后，韦处厚上疏称，裴度平定藩镇“勋高中夏，声播外

① 《旧唐书》卷174《李德裕传》。

② 《旧唐书》卷135《皇甫镈传》。

夷”，要求对他加以重用。[①] 在李党的心目中，裴度的黜陟进退也就是一个是否镇压藩镇的问题。宝历初，裴度上章请入觐，“逢吉之党坐不安席，如矢攒身”，甚至伪造“非衣小儿”的图谶妄加陷害。[②] 大和三年（829），裴度“荐李德裕，将大用”，结果为李宗闵等人所阻，复出镇，[③] 因此，裴度与宗闵“为怨”。[④] 上述史实雄辩地说明，裴度一贯站在李党一边，围绕着摧殄藩镇的问题与牛党进行了长期的斗争，而且始终受牛党的排斥和打击，把他列入李党是完全合情合理的。

诗人元稹的《连昌宫词》末句云：“努力庙谟休用兵”，[⑤] 宦官崔潭峻颇欣赏此诗，曾荐之于穆宗。陈寅恪先生因潭峻为“元和逆党”，应与主张“销兵”的萧俛、段文昌为一党，故根据《连昌宫词》推论元稹政治主张与牛党有相通之处。[⑥] 这是似是而非之论，因为：首先，元稹不但奏劾过剑南东川节度使严砺擅自籍没吏民田宅、奴婢，而且曾因浙西观察使韩皋违制决杀县令孙澥奏罚其一月俸料。[⑦] 这两件事说明他一贯反对藩帅在各地欺压中小地主的暴行，其政治立场与牛党迥异。其次，《连昌宫词》的最后几句对宪宗、李吉甫、裴度等人讨伐刘辟、李锜、吴元济的战争备加称赞：“今皇神圣丞相明，诏书才下吴蜀平；官军又取淮西贼，此贼亦除天下宁。”至于“努力庙谟休用兵”，只是希望朝廷今后多运用政治手腕，少依靠军事手段，来维护国家的统一，这同牛党的“销兵”议没有丝毫本质上的共同之点。宪宗讨刘辟时，元稹还上疏云：“忠臣孝子思得食其肉而快其心久矣。”[⑧] 反对藩镇的态度十分鲜明。再次，元稹在同州刺史任内对当地“豪富兼并，广占阡陌，十分田地，才税二三”的情况深为不满，主张核实田亩，均平课役，庶使“贫富强弱，一世均平”[⑨]。这说明他在经济上也是主张打击地方豪强大地主的，与牛党

① 《旧唐书》卷170《裴度传》。
② 《旧唐书》卷167《李逢吉传》。
③ 《旧唐书》卷176《李宗闵传》。
④ 《新唐书》卷174《李宗闵传》。
⑤ 《元氏长庆集》卷24。
⑥ 《唐代政治史述论稿》，生活·读书·新知三联书店1956年版。
⑦ 《元氏长庆集》卷38《论浙西观察使封杖决杀县令状》。
⑧ 《元氏长庆集》卷33《论讨贼表》。
⑨ 《元氏长庆集》卷38《当州两税地》。

不同。最后，元稹与李宗闵虽然一度“素相厚善”，但后来争欲进取而“二人遂有嫌隙”，[①] 可见他在人事上也没有始终站在牛党一边。

陈寅恪先生认为白居易、白敏中兄弟也是牛僧孺的同党。[②] 白敏中属于牛党，毫无问题，但把白居易也株连在内，就未见其宜。我们并不否认白居易与牛党有瓜葛，然而他对于藩镇的自擅和叛乱却一贯持反对态度。元和三年（808）淮南节度使王锷借入朝之机“厚进奉”，赂宦官，求平章事，白居易对此大加反对，“事遂寝”。[③] 元稹自监察御史谪为江陵府士曹掾后，白居易向宪宗累疏进谏，肯定元稹奏劾严砺、韩皋的功绩，并云：“臣恐元稹贬官，方镇有过，无人敢言。”[④] 在这里，白居易是站在反对藩镇的立场上为元稹辩护的。武元衡遇刺后，李师道、王承宗等节度使嚣张一时，不可一世，白居易亦“首上疏，请亟捕贼，刷朝廷耻”。只有对王承宗的问题上，他主张罢兵，那是在“兵老不决”的情况下出于具体的考虑，[⑤] 并不说明他反对镇压藩帅叛乱。

文宗时，李德裕、李宗闵“朋党事起”，党争白热化。白居易之妻是杨颖士从父之妹，而颖士和杨虞卿“与宗闵善”。在这关键时刻，白居易“愈不自安，惧以党人见斥，乃求致身散地”，[⑥] 遂移官还东都，除太子宾客。这一超然态度反映白居易在人事方面不肯卷入牛李党争，我们不能单纯根据他与杨颖士的姻亲关系就断言他是牛党。

有不少人把诗人杜牧也当作牛党的才人，对此论点，我亦表示异议。杜牧与牛党确实有密切的人事关系，牛僧孺在淮南节度使任内，杜牧曾为其幕僚，先后任推官、掌书记等职，二人从此结下了深厚的情谊。会昌二年（842），杜牧以比部员外郎出刺黄州，自云：“会昌之改（政），柄者为谁？忿忍阴汗（污），多逐良善。牧实忝幸，亦在遣中。”[⑦] 所谓“柄者”，显然是指李德裕而言，可见杜牧是受李党排摈的。既然如此，

① 《旧唐书》卷 168《钱徽传》。

② 《唐代政治史述论稿》，生活 · 读书 · 新知三联书店 1956 年版。

③ 《通鉴》卷 237 元和三年九月。

④ 《旧唐书》卷 166《白居易传》。

⑤ 《新唐书》卷 119《白居易传》。

⑥ 《旧唐书》卷 166《白居易传》。

⑦ 《樊川文集》卷 14《祭周相公文》。

为什么否认杜牧是牛党人物呢？因为杜牧在政见上趋向于李党的主张。他的名作《罪言》《原十六卫》《战论》《守论》等中明显地表示了反对藩镇割据、加强中央集权的政治主张。武宗平泽潞时，杜牧在《上李司徒相公论用兵书》[①] 中直接为李德裕献策，并且尖锐地批判萧俛和段文昌的“销兵”议。李德裕“亦颇采牧言”[②]。平定刘稹之后，杜牧立即向德裕致贺启。此外，杜牧对武宗、李德裕灭佛之举也是完全赞同的，[③] 与牛党在宣宗时的倒行逆施完全不同。还有一件事特别值得一提，回纥为黠戛斯大败之后，其中一支在乌介可汗率领下南渡大漠，于会昌初欲强借唐朝的振武城和天德城，不但“渐侵内地”，而且剽掠党项与吐谷浑。对于这件事，牛僧孺主张“固守关防，伺其可击则用兵”。李德裕则认为，“出师急击，破之必矣；守险示弱，虏无由退。击之为便”[④]。当时杜牧亦“说德裕不如遂取之”，“德裕善之”。[⑤] 上述事实说明，尽管在人事上杜牧亲牛背李，但在政治上，他却同李党站在同一的立场上。

总之，所谓党争，不是统治阶级内部无原则的单纯权力之争，而是不同社会阶层之间的政见之争，因此，我们必须把政治方面、人事方面统一起来进行分析，才能划分两党的成员；二者间相较，政治方面更为重要。根据这一原则，裴度在政见上和人事上都是站在李党立场上同牛党展开斗争的，所以我们确认他是李党的成员。元稹、白居易、杜牧既然在政治上主张镇压藩镇，与李党的主张一致，那么无论他们在人事上与牛党人物有多少瓜葛，我们也不能把他们看作牛党成员。毋宁说，元、白、杜三人是一些非牛非李的超然人物。

（原载《历史研究》1979 年第 6 期）

---

① 《樊川文集》卷 11。

② 《通鉴》卷 247 会昌三年四月。

③ 《樊川文集》卷 10《杭州新造南亭子记》。

④ 《旧唐书》卷 18 上《武宗纪》。

⑤ 《新唐书》卷 166《杜佑附牧传》。

试论唐朝“甘露之变”中文宗和“南衙”朝官失败的主要原因

唐文宗李昂于太和九年（835）与“南衙”大臣李训、郑注等企图一举尽诛宦官仇士良等，于十一月二十日早朝时让金吾大将军韩约奏报左金吾仗院内石榴树降有甘露，皇帝命仇士良、鱼志弘等宦官前去察看虚实，实际上预伏兵仗打算一网尽诛阉寺，不料事机不密，让仇等看出破绽，于是宦官大打出手，不但李训、郑注遇害，而且朝官王涯、贾悚、舒元舆等大批朝官被杀，这次事件在历史上称之为“甘露之变”。应该说，这是一次政变式的斗争，揆诸情理，“南衙”的朝官人数相当可观，而且他们还得到皇帝的支持，在事件爆发之初他们还处于主动发动的一方，事前又有精心的策划和部署，取胜的可能性很大，可是为什么唐文宗和“南衙”官员一败涂地，取胜的一方竟然是以仇士良为首的宦官集团呢？这是一个发人深思的问题。本文就是打算就此点略作探微和解释，试着回答这一重要问题。

一　从文宗所重用的李训、郑注的为人看“甘露之变”的失败

在“甘露之变”以前及事件发生过程中，唐文宗所依靠的两员著名干将，无疑是李训和郑注。我们先看看这两个人的政治品格和为人，然后再分析皇帝依靠他们的原因。

二人并非真正以除宦官为己任的官员，不可能成为真正的清君侧者，

而实际上是与宦官有过千丝万缕联系的投机政客。

郑注就是投靠名阉王守澄起家的人。在他微时“以药术游长安权豪之门”，并无什么既定的政治主张。后来投靠襄阳节度使李愬，也仅仅充作一般的幕僚。不久，他又随李愬“移镇徐州（治今江苏徐州市）”。此人的特点是“诡辩阴狡，善探人意旨”，因而为愬出谋划策，“未尝不中其意”。由于他“挟邪任数，专作威福”，故而“军府患之”。当其在徐州时，王守澄正任那里的监军。守澄对郑注“延坐与语”，在交谈中发现他“机辩纵衡，尽中其意”，谈得非常投机，所以又进一步“延于内室，促膝投分，恨相见之晚”。从此，郑注“出入守澄之门，都无限隔”。以后，在穆宗朝和敬宗朝，王守澄入知枢密，“国政多专于守澄”，郑注遂因附于名阉王守澄的骥尾日后得以在长安走上飞黄腾达的仕途。① 当时就有人指出，“郑注奸猾无双”，“必为国患”。② 太和八年（834）发生大旱，李中敏在上表中亦说郑注“奸邪”，应当“斩注”以祈雨。③ 事实说明，他是一个闻名遐迩的小人，尽人皆知。此外，郑注其人还有一个特点，即在显达后仍“常衣粗裘，外示质素”④。可见他还是一个十足的两面派人物。

我们再看李训的为人究竟怎样。他的从父是牛党的名人李逢吉。当时逢吉正急于恢复自己的宰相职位，而李训自称“与郑注善”，于是其从叔交给他“数百万”的金、帛和珍宝，让他持入长安对郑注行贿。也就是通过这种机会，郑注把李训推荐给了中尉王守澄，因而训得以顺利地进入中枢政权。对于他，李德裕洞若指掌，曾对皇帝说：“李训小人，不可在陛下左右。顷年恶积，天下皆知。”⑤

由此可知，李训和郑注是一丘之貉，都是借大宦官起家的政客，统统不是正派人。

历来的封建史臣都对唐代宦官持全面否定的态度，按情理，他们对这两位著名的谋诛宦官的人物李训和郑注应该在史书中加以歌颂和赞扬，

---

① 《旧唐书》卷169《郑注传》。

② 《通鉴》卷244 太和七年九月。

③ 《通鉴》卷245 太和八年二月。

④ 《新唐书》卷179《郑注传》。

⑤ 《旧唐书》卷174《李德裕传》。

或者在有关二人的记载中不免要隐恶扬善，但细检两《唐书》和《通鉴》，刘昫、欧阳修、宋祁和司马光等人却很少对二人有所肯定和赞扬，而有关二人的不光彩记载却俯拾即是，因此可以断言，关于郑、李在为人方面的政治缺点的记载，可以说是真实无疑的，确实可信。唐文宗在“甘露之变”前有宋申锡案，申锡本谋诛宦官，不幸失败，而当时在失败的关键时刻，又是这个郑注唆使人诬陷宋申锡，以致后者最终遭贬死。即令日后在“甘露之变”中完全站在郑、李一边的唐文宗本人，也并非完全被蒙在鼓里，他对郑注之“依倚王守澄，权势熏灼”，就表示“深恶之”。[①]

二 唐文宗重用郑注和李训的背景及原因

既然唐文宗也知道郑注和李训不是循良之辈，深知郑注与宦官王守澄勾勾搭搭，那么不禁要问：为什么还要把诛杀宦官的希望完全寄托在这些不正派的政客身上呢？这是接下来需要探讨的问题。

早在“甘露之变”的四年之前，即在太和五年（831），发生过另一起谋杀宦官的政治事件，即所谓“宋申锡案”。当时唐文宗已“常患中人权柄太盛”，又深知宪宗和敬宗均先后死于阉寺之手，而且到此时王守澄仍是“跋扈尤甚”，作为皇帝，李昂觉得对这种宦寺肆虐的局面“不能堪”，因而他重用宋申锡当作谋诛宦官的心腹。为什么选中了他呢？因为感到申锡在朝廷上“清慎介洁，不趋党与”，是位可以推心置腹的贤良大臣，可以与之谋大事。当宋申锡得到醒目的奖拔和重用之际，“时论以为激劝”，[②] 就是说，社会上的舆论对他也是一片赞扬声。但文宗就是依靠这样一位忠直之臣对付宦官，结果却完全失败，甚至宋申锡本人也最后遭贬死的厄运。仔细分析起来，这次谋诛宦官失败，关键就在于宋申锡本身。他得知皇帝的意图后，就轻率地对京兆尹王璠“密谕帝旨”，后来由于王璠的“漏言”，使王守澄的党羽郑注“得其谋”，[③] 遂使宦官王守

---

① 《通鉴》卷244太和七年九月。

② 《旧唐书》卷167《宋申锡传》。

③ 《新唐书》卷152《宋申锡传》。

澄能够“阴为之备”。[①] 郑注在王守澄的指示下唆使神策都虞候豆卢著出面，“诬告申锡与漳王谋反”，因而王守澄能够以此为借口贬死宋申锡。这次谋诛宦官之举遂宣告失败。可以说，“宋申锡案”是“甘露之变”的一场序幕和预演，但所演的却是一出失败的悲剧。而导致失败的关键因素就在于宋申锡的“忠厚”[②] 和老实。

据《通鉴》载，漳王“贤”而“有人望”，所以唐文宗得到诬告状后也“信以为然”，好像是皇帝上了王守澄和郑注的当。按情理，既然宋申锡的计谋都是文宗参与一手策划的，而且宋申锡也为人“谨直”，[③] 当不至在君臣之间可存在什么严重的误会。所谓文宗“信以为然”，恐怕是出于他事后为推卸责任，一股脑地把责任推在宋申锡身上的掩饰之词。这样做无非是要搪塞宦官王守澄等，并借以在阉寺面前洗刷自己。

从这次事件中，唐文宗还从反面汲取了如下的教训：以为依靠、任用“忠厚”“谨直”的大臣既然不足以办成诛杀宦官的大事，于是就转而在不正派的朝臣中另外物色依靠的对象，李训和郑注遂自然成了被选中的目标。“甘露之变”过后，有一次在会昌三年（843），唐武宗谈到文宗当年“好听外议，谏官言事多不著名，有如匿名书”。李德裕对称：“臣顷在中书，文宗犹不尔。此乃李训、郑注教文宗以术御下，遂成此风。”[④] 应当承认，唐文宗在“甘露之变”中发动政变的动机是无可非议的，完全具有正当性，但他所依靠的人和采取的手段却是错误的。以不正确的手段企图达到正当的政治目标，是“甘露之变”中文宗和“南衙”朝官必然要失败的根本原因之一。

三　李训同郑注的内部斗争涣散了自己的政治阵线

综观郑注和李训的个人品格，他们与宋申锡确实是两种截然不同的

---

① 《通鉴》卷244太和五年二月。

② 《新唐书》卷152《宋申锡传》。《通鉴》也说他“沈厚忠谨”。

③ 《旧唐书》卷167《宋申锡传》。

④ 《通鉴》卷247会昌三年八月。

政治人物。宋申锡是由衷反对宦官专权的直臣，在他的一生中同阉寺毫无瓜葛，在其心目中拥有既定的一贯政治路线。李、郑二人是走宦官王守澄的门路爬到政治舞台上的，他们与宦官很难从根本上划清界限。那么他们后来又怎样变成反宦官斗争的重要干将呢？这与当时的政治气氛有密切的关系。

宋申锡贬死后，唐文宗发现当时的一般大臣都是“持禄取安”的庸人，很少有人能做到“伏节死难”。[①] 因此深感自己在与宦官的斗争中陷于孤家寡人的不利地位，不免显得势单力薄，在朝臣中难以得到有力的奥援。再加上他又觉得像宋申锡那样“忠厚”“谨直”的大臣不足为恃。在这样的境遇和心情下，急于大诛宦官的唐文宗就难免饥不择食、不拘良莠地物色朝臣，只要能为我所用就行。正是在这样的气氛下，“善探人意”的李训和郑注等嗅觉十分灵敏的政客自然善于“揣知上意”，于是他们就把政治赌注押在了皇帝身上，所以由名阉王守澄的拥护者摇身一变而成了谋诛宦官的干将。由此可见，李训、郑注不像宋申锡那样，具有一贯反宦官的立场，而是应时而动的一些政治投机者，一会儿可走王守澄路线，可以参与迫害宋申锡的事件，一会儿又可以变成宦官的对立面。可见在“甘露之变”中，李训和郑注完全是以政治赌棍的身份被推上了政治舞台，但与前次把赌注押在王守澄身上不同，这次是把赌注完全押在唐文宗身上。

既然李训和郑注都是各自为个人的私利卷入政治旋涡的，二人就很难在诛讨仇士良等宦官的斗争中始终保持同心同德、一心一意，而是为了个人的私利难免出现同床异梦的现象。据史书记载，早在郑注拜相之前，李训就曾“亦忌注，不欲使为相”[②]。以后，随着李训的“禄位俱大”，更与曾经“引用”过他的郑注陷于“势不两立”的状况，所以在“甘露之变”爆发前不久，借口“中外应赴之谋”，在其建议下唐文宗命郑注为凤翔节度使，后者终于被赶出了长安。实际上，李训是企图独占诛杀宦官的功劳，并打算“俟诛内竖，即兼图注”[③]。由此可见，同谋诛

① 《新唐书》卷179《李训传》。

② 《通鉴》卷245太和九年七月。

③ 《旧唐书》卷169《李训传》。

宦官的两员主将尚且勾心斗角，各人内怀鬼胎，如何能同心同德地一致对外呢？无怪乎在“甘露之变”中宦官一方终于大获全胜了。

当“甘露之变”正进行之际，率领邠宁兵的节度使是“训素所厚”的郭行余，但当时“邠宁兵竟不至”，[①]这对文宗的失败起了不小的作用。可见郭行余所统率的“邠宁兵”尚且没有坚决地和李训站在一边，说明人心涣散到了何种严重的地步！

李训和郑注相互掣肘，矛盾重重，关键时刻邠宁兵的人心涣散，这必然大大降低了反宦官的一方的战斗力，自然不能不对事变的进程发生消极的影响。这也是在“甘露之变”中唐文宗和“南衙”官员失败的原因之一。

四　“甘露之变”意图的提前败露是政变派的一大失策

在“宋申锡案”以后，唐文宗及“南衙”官员与宦官之间经常发生芥蒂，双方更加互不相信，常常陷于疑惧之中。各方都时时有预防意外不测事件的高度警惕。后来文宗发动“甘露”事变，本意在于以政变的方式企图一举尽诛宦官的势力，以便从根本上解除这个心腹之虑。在双方各存高度戒心的形势下，政变尤其适宜于采取突然袭击的方法，打得对方陷于迅雷不及掩耳的被动地位，为此，就要求事先要做到极度保密，以免触动对方的极其敏锐的神经。稍有疏忽，就会露出蛛丝马迹，反而会因此提高对方的警觉。以这个一般的政变要求来衡量，唐文宗和李训、郑注等人在“甘露之变”前的行动是十分不明智的，甚至可以说是非常愚蠢的。他们究竟干了哪些事呢？请看《新唐书》卷179《李训传》的如下记载：

> 宦人陈弘志时监襄阳（治今湖北襄樊市）军，训启帝召还，至青泥驿，遣使者仗杀之。复以计白罢（王）守澄观军容使，赐鸩死。

① 《通鉴》卷245太和九年十一月。

又逐西川（治今四川成都市）监军杨承和、淮南（治今江苏扬州市）韦元素、河东（治今山西太原市南晋源镇）王践言于岭外，已行，皆赐死。而崔潭峻前物故，诏剖棺鞭尸。元和逆党几尽。

对上述几件事需要进行逐一分析。杖死陈弘志没有什么说得出的借口，他与杨承和、韦元素、王践言等的移官或处死，情况基本上相同，唯一的原因是他们都是身任监军的宦官。王守澄之“赐鸩死”是由于李训和郑注当时在上台之初要投文宗之所好，以便取得皇帝的信任，所以王守澄遂充当了李、郑开刀时的牺牲品。尤其是对已经死去的崔潭峻“剖棺鞭尸”，做得未免太幼稚和过分了，唐文宗对宦官的仇恨之情简直达到了难以压抑的程度，甚至要鞭打宦官的尸体以表演给活宦官看。但是这样一来，文宗、李训和郑注等人的政治目的岂不也就昭然若揭了吗？尤其是他们的矛头直指“元和逆党”，其企图岂不就赤裸裸地暴露无遗了吗！可见以上这些政治行动起了打草惊蛇的作用，对“甘露之变”的意图起了提前败露的作用。这无异于政变派事前就提示仇士良等宦官：“你们迟早都要大祸临头，谁也难逃覆灭的下场。”这些幼稚做法导致了两个明显的后果：首先是使宦官集团处于高度警觉的状况之下，随时准备应付可能发生的意外和不测；其次是把所有的敌对势力动员起来，使宦官集团一致对付“南衙”的朝官。政变的发动者一方是李训和郑注同床异梦，二人陷于互相矛盾之中，彼此掣肘；阉寺集团则是得到充分的启示把所有的力量动员起来，随时准备应战。在这种形势下，斗争的结局是孰胜孰败，就无待蓍龟了。

五　李训、郑注不善于团结一切反宦官势力是其重大失策

政治斗争非常复杂，李训和郑注以简单的方法去对待，不能尽量争取一切可以争取的力量去壮大自己的势力。譬如唐顺宗时“二王八司马”中的王叔文虽曾在翰林中“大会诸阉，袖金以赠”，[①] 但他仍不失为反宦

① 《国史补》中。

官俱文珍的一位领袖人物。“甘露之变”发生的时候也正是牛、李两党相争得如火如荼之际，其中党人中也不乏可争取的对象。譬如李德裕虽与大阉杨钦义有过交往，然而在太和初，牛党分子李宗闵就曾“以中人助、先秉政”，德裕因此出为郑滑节度使。[①] 到唐武宗时，大宦官仇士良仍“恶之”。[②] 至于李德裕论宦官监军之弊，十分恳切，尽人皆知。像他这样的人，在反宦官的斗争中就可以利用。再如开成三年（838）初，牛党分子杨嗣复“欲援进李宗闵，恐为郑覃所沮，乃先令宦官讽上”[③]。显然郑覃对宦官不会有好感，对他也有利用的可能。但是李训和郑注过于狭隘，他们“生平恩仇丝毫必报”，[④]“凡不附己者，目为宗闵、德裕之党，贬逐无虚日”，因此招致“中外震骇”。[⑤] 即对党人，不论牛、李，采取一概排斥和打击的态度，实际上，是使自己成为反宦官斗争中的孤家寡人。这也大大妨碍了政治目标的成功。也就是在李训、郑注的心目中，敌人除宦官之外，又增加了党人，这对反宦官的斗争是非常不利的。

尽人皆知，唐文宗曾经说过：“去河北贼非难，去此朋党实难。”[⑥] 说明皇帝对牛、李两党的长期相争在心中是烦透了。李训、郑注之所以大批贬逐党人，除了出于个人的狭隘外，更主要的还是要投文宗之好，这与他们作为政治赌棍的品格，是密切相关的。

“甘露之变”中唐文宗和“南衙”朝臣的失败是影响深远的，“自是，中官用事，衣冠道丧”。[⑦] 宦官使“天下事皆决于北司，宰相行文书而已”。[⑧] 这种局面因此得以长期维持下去。

（原载《唐代的历史与社会》，武汉大学出版社 1997 年版）

---

① 《新唐书》卷 180《李德裕传》。
② 《通鉴》卷 246 会昌二年四月。
③ 《通鉴》卷 246 开成三年正月。
④ 《旧唐书》卷 169《郑注传》。
⑤ 《旧唐书》卷 176《李宗闵传》。
⑥ 《旧唐书》卷 176《李宗闵传》。
⑦ 《旧唐书》卷 170《裴度传》。
⑧ 《通鉴》卷 245 太和九年十一月。

略谈唐代宦官滥收假子的现象

尽人皆知，宦官是失去了生殖能力的人，本来不存在子息问题，但其势力在不断发展、膨胀的过程中，却出现了大量收养假子的现象，而且这种现象越到后来越发严重。本文不打算广泛谈论宦官任意弑君、立君的世人已经很熟悉的问题，只想简略地谈谈这个现象，并且进一步探讨一下究竟它在政治上起了什么作用。

宦官要想发展势力，就不免要拉帮结派。唐懿宗时杨收拜相，“与左军中尉杨玄价叙同宗相结，故得为相”[①]。可见一般士大夫出身的官吏也愿意攀附宦官，“叙同宗相结”，宦官更愿借此与宰相等显官发生追认的血缘关系，无疑这也是宦官拉帮结派的手段之一。但“同宗相结”，毕竟面比较狭窄，不利于广事结派，所以就转而采取了大肆收养假子的手段，借以扩大拉帮结派的面，显然这就方便得多了。

贞元七年（791）三月十三日的一道敕中规定：“内侍省五品已上许养一子，仍同姓者，初养日不得过十岁。”[②] 这条规定很严格，限制有三：第一，宦官的地位在五品以上，才得收养假子，官位不足五品者不允许收养；第二，收养的假子必须与养父同姓，即不得收养异姓者；第三，最初收养的时候，假子必须是十岁以内的小儿，超过十岁者不得被收养。

收养假子的宦官，大致都是身任枢密使、左右神策军中尉等要职的著名大阉，自然都在五品以上，而且地位达不到五品的内侍省宦官，自然权势也比较小，他们很难物色到愿意当假子的人。大概只有这一条限

① 《通鉴》卷250咸通四年五月。

② 《唐会要》卷65《内侍省》。

令是得到了严格遵守的。

至于同姓方能收养的规定，从表面现象上看，好像确实是父子同姓，譬如杨思勖的养父也姓杨；[①] 杨复光是“内常侍杨玄价之养子”；[②] 杨复恭的假子名杨彦博；[③] 都是父亲和养子同姓。实际上，这可能是一种假象。譬如杨思勖“本姓苏”，后为“内官杨氏所养，以阉从事内侍省”，所以才改姓名的。[④] 俱文珍是贞元（785—804 年）末年宦官，“从义父姓曰刘贞亮”[⑤]。显然他的“义父”也是宦官，只是日后俱文珍在历史上以本名著称。唐末的宦官田令孜，“本姓陈，咸通中，从义父入内侍省为宦者”[⑥]。他的义父肯定是一位姓田的宦官，只是在史籍中没有留下姓名。再如杨复恭的假子中有一名是天威军使杨守立，他“本姓胡，名弘立”，有人指责复恭在唐昭宗面前竟然“肩舆造前殿，多养壮士为假子”，复恭辩解说多收假子“使典禁兵，或为方镇”，是为了“卫国家”，皇帝直问他：“卿欲卫国家，何不使姓李而姓杨乎?”“复恭无以对。”[⑦] 事实说明，胡弘立是因被杨复恭收养才改姓为杨的。唐僖宗时，王建、韩建、张造、晋晖、李师泰等“帅众数千逃奔行在”，田令孜“皆养为假子，赐与巨万”。[⑧] 显然，这“数千”之众也不可能原来都姓田，但令孜却可以把他们“皆养为假子”。以上大量事实说明，朝廷规定的宦官收养假子须“皆为同姓者”，早已被突破，这样的限令已经荡然无存。这条规定的限制是从何时开始被突破的？无从查考，但史称：“贞元之后，天子爪牙之士悉命统之，于是畜养假子，传袭爵土，跋扈之兆，萌于兹矣。”[⑨] 德宗时是宦官势力进一步猖獗的重要时刻，据此，“贞元之后”可以说是宦官收养假子成风的开始时期。养父、假子突破同姓的限制，为以后宦官大肆滥收假子开了方便之门。

---

① 《旧唐书》卷 184《杨思勖传》。
② 《旧唐书》卷 184《杨复光传》。
③ 《旧唐书》卷 184《杨复恭传》。
④ 《旧唐书》卷 184《杨思勖传》。
⑤ 《旧唐书》卷 184《俱文珍传》。
⑥ 《旧唐书》卷 184《田令孜传》。
⑦ 《通鉴》卷 258 龙纪元年十一月。
⑧ 《通鉴》卷 256 中和四年十一月。
⑨ 《唐会要》卷 65《内侍省》。

田令孜临时收养的这“数千”名假子，显然都是成年人，“初养日不得过十岁”的规定也早已被突破。

由于上述两条规定的限制早已被突破，这就为宦官大批收养假子大开了方便之门，所以到昭、僖之世，宦官养假子达到动辄成百上千的惊人程度，就不足为奇了。如昭宗时名宦杨复恭一人竟“养宦官子六百人”。①

宦官大批收养假子，为形成某些宦官集团创造了前提，也成了唐末阉宦专柄的重要手段之一。譬如杨复恭所收养的六百名假子，“皆为监军”，其中有人甚至“不输贡赋，上表讪薄朝廷”，② 真是目无国家的法纪，跋扈到了极点。昭宗欲讨除复恭，但惧其假子杨守立“为乱”，乃对复恭称：“吾要卿家守立在左右，可进来。”显然这六百名身任监军的假子，都是他的个人势力，对皇权形成了极大的威胁。昭宗把杨守立内调中央，并且对他恩宠有加，显然是为了达到调虎离山的政治目的。③ 可见宦官和假子形成了皇权的最大异己力量，随时有可能准备谋反。

杨复恭还有相当数量的假子外任诸州刺史，号“外宅郎君”，他们与大量任监军的假子合起来是一股不小的势力，所以杨氏一族“天下威势，举归其门”；昭宗“欲斥复恭，惧为乱。”④ 事实说明宦官的大量假子分布在全国各地任监军和刺史，这样就从中央到地方，在全国范围内形成了一个有如天罗地网的宦官家族的关系网，使皇帝也奈何他们不得，宦官的地位就更加巩固了。

总之，唐代宦官大量收养假子，在历史上是一个很突出的现象，它对唐朝的政治生活发生了不容忽视的作用和影响。值得今后进一步探究这一问题。

（原载《河北师院学报》1996 年第 2 期）

---

① 《通鉴》卷 258 大顺二年八月。

② 《通鉴》卷 258 大顺二年八月。

③ 《旧唐书》卷 184《杨复恭传》。

④ 《新唐书》卷 208《杨复恭传》。

唐朝的宦官是商贾阶层在政治上的代表者吗？

现在在唐史学界部分学者中流行着一种错误理论，即把宦官集团说成是当时商贾利益在政治上的代表。其主要根据是，宦官所统领的神策军有十余万之多，他们中的很多人出身于长安的富家子弟，这些富人中有不少是在长安市面上乘时射利的商贾。从史料上看，也确实有这样的记载，譬如神策军“多是市井屠沽，庇身军籍”①。又如“神策军士皆长安富家子，赂宦官窜名军籍，厚得禀赐，但华衣怒马，凭势使气，未尝更战阵”②。但在看到此点的同时，也应看到当时还有宦官集团侵犯商贾利益的另一面。

根据之一，是唐德宗时所实行的“宫市”办法。原来，“宫中要市外物，令官吏主之，与人为市，随给其值”，但后来在贞元（785—804年）末年改为“以宦者为使，抑买人物，稍不如本值。末年，不复行文书，置白望数百人于两市并要闹坊，阅人所卖物，但称‘宫市’，即敛手付与，真伪不复可辨，无敢问所从来。其论价之高下者，率用百钱物买人值数千钱物，仍索进奉门户并脚价钱。将物诣市至有空手而归者。名为‘宫市’，而实夺之”③。白居易的名诗《卖炭翁》④所描写的就是一个小工商业者在“宫市”中被宦官掠夺的故事，所以特别声明此诗所吟是“苦宫市也”。诗中所说的“黄衣使者白衫儿”就是指宦官及其爪牙而言。

根据之二，是大宦官鱼朝恩重用刘希暹为神策都虞候，希暹“善候

① 《权载之全集》卷47《恒州招讨事宜》。

② 《通鉴》卷254广明元年十一月。

③ 《韩昌黎外集》卷7《顺宗实录》卷2。

④ 《白氏长庆集》卷4。

朝恩意旨，深被委信”，他曾“讽朝恩于北军置狱，召坊市凶恶少年，罗织城内富人，诬以违法，捕置狱中，忍酷考讯，录其家产，并没于军。或有举选之士，财货稍殷，客于旅舍，遇横死者非一。坊市苦之，谓之‘入地牢’”。[①] 尽人皆知，同鱼朝恩一样，刘希暹也是有名的宦官，他们打击的“城内富人”必然大部分也是富商巨贾，所以他们横行霸道的结果是“坊市苦之”。难道这些宦官也能够在政治上代表商贾的利益吗？

根据之三，是唐僖宗时的著名宦官田令孜，曾经“说上籍两市商旅宝货，悉输内库，有陈诉者，付京兆杖杀之”[②]。

正是由于上述宦官对商贾百般肆虐，所以才有“中人之出，虽沽浆卖饼之家，无不彻业塞门，以伺其去”[③] 的现象。可见商贾视宦官如虎狼，避之唯恐不及，哪里还谈得上宦官在政治上代表工商业者的利益呢！

商贾子弟一部分得以庇身入神策军，是由于他们对宦官采取了行贿的手段。宦官集团一般说来是一个非常腐朽的社会势力，所以自然就容易成为受贿者。双方是通过这种非常的贿赂关系发生了不正当的联系。但不能因此就说宦官变成了商贾阶层在政治上的代表。实际上，接受贿赂是一般官僚的通病，他们除了接受商贾的贿赂，还会接受官阶比他们低的官吏，或没有任何政治身份的庶族地主阶层的贿赂。难道我们能因此说官僚是商贾或庶族地主等阶层在政治上的代表吗？

因此，根据上述全面分析，很难把宦官看成整个商贾阶层在政治上的代表。宦官还有不少损害、侵犯商贾利益的一面。应当全面、冷静地对待这一问题。

（原载《中国史研究》1996 年第 3 期）

---

① 《旧唐书》卷 184《鱼朝恩附刘希暹传》。

② 《通鉴》卷 252 乾符二年正月。

③ 《唐会要》卷 86《市》。

关于朱温的评价问题

最近，傅衣凌同志在《关于朱温的评价》一文中，把朱温说成是值得肯定的正面人物，认为他也在北方统一、恢复生产的事业中发挥了一定的积极作用，“在政治上也有相当的建树”①。对于这一问题，我持有与傅同志相反的看法。现仅初步提出自己的粗浅意见，就正于傅同志和读者。

一　朱温是农民起义的叛徒和敌人

提到朱温，我们立刻会联想到在黄巢领导的农民大起义的失败过程中，他发挥了可耻的作用。为了认识此点，我们需要研究当时的具体历史条件。

唐末农民战争，在乾符六年（879）由广州北伐以前，一直采取避开敌人主力，向敌人力量比较薄弱的地区游动作战的战略。从广州北进开始，农民军展开了主动的攻坚战，最后在广明元年（880）冬，直捣长安，唐僖宗、田令孜狼狈逃蜀。接着，黄巢称帝，建立了大齐政权。应该说，这是农民战争达到高潮的阶段，阶级斗争进行到了决定性时期。而就在这一紧急时期，朱温无耻地背叛了农民军，给农民起义以致命的一击。关于此事，《旧五代史·梁太祖纪》作了这样的记载：

① 《厦门大学学报》（社会科学版）1959 年第 1 期。

中和二年（公元 882 年）二月……时河中节度使王重荣屯兵数万，纠合诸侯以图兴复。帝时与之邻封，屡为重荣所败，遂请济师于巢，表章十上，为伪左军使孟楷所蔽不达；又闻巢军势蹙，诸校离心，帝知其必败。九月，帝遂与左右定计，斩伪监军使严实，举郡降于重荣。

傅同志也认为："温的叛变是必须谴责的；惟若追究其责任，则似不能归由朱温一人负责，而要牵涉到农民军的内部团结，孟楷与朱温的矛盾。"我认为薛居正在《旧五代史·梁太祖纪》中的记载并不完全可靠。实际上，当时农民军的主力并未消灭，就在朱温降唐后，还有黄巢"兵势尚强"的记载。① 正因为唐军无力镇压起义，杨复恭才建议乞兵于李克用。在沙陀兵至关中以前，唐军一直没有占绝对优势，所以司马光在《通鉴》中记载云："自高浔之败，诸军皆畏'贼'，莫敢进。及克用军至，'贼'惮之曰：'鸦军至矣，当避其锋。'"② 可见朱温降唐并非由于农民军真正"势蹙"，而是他想利用自己的军事实力及举足轻重的地位进行政治投机。他的叛变是当时最重大的事件，对起义军极其不利，所以僖宗在蜀知道这一消息后，高兴地说："是天赐予也!"③ 并随即赐朱温名"全忠"。

中和二年四月的形势是：王铎屯灵感寺，泾原军屯京西，易定、河中军屯渭北，邠宁、凤翔军屯兴平，保大、定难军屯渭桥，忠武军屯武功。敌人对长安采取自西南至东北的包围攻势。当时朱温守同州，与王重荣的河中军隔渭水为邻，有险可守。对于农民军来说，北、西、西南三面之逼则必须首先大力应付。因此，黄巢不发援军是出于军事布置的全盘考虑，并不是由于孟楷和朱温的不团结。所以，朱温的投降只能由他自己负责。

傅同志根据《旧五代史·梁太祖纪》中"不事生业"的记载，断言朱温的出身是流氓无产者，所以他的性格必然富有破坏性，而"这是温

① 《通鉴》卷 255 中和二年十月。

② 《通鉴》卷 255 中和二年十二月。

③ 《旧五代史》卷 1《梁太祖纪一》。

的先天性的一个历史缺陷”。言外之意，朱温的叛变是“先天性”所决定的，无可奈何。某些叛变革命的人确实与其不好的出身有关，但个别出身于农民的人也不是不可叛变的。事实上，《旧五代史・梁太祖纪》的记载过于简略，另有记载称：“梁太祖微时，常佣力（刘）崇家。”[①] 可见朱温出身于雇农，并非流氓无产者。何况出身不好亦不能成为减轻朱温罪责的理由。

马克思列宁主义经典作家一再指出，缺乏先进阶级的领导，单纯的农民起义必然失败。这是一条铁的规律。我们却不能用农民起义失败的必然性来为朱温的叛变开脱，唐末农民起义的失败是合乎历史发展规律的；同时，我们也要看到，农民起义的规模越大，打击敌人越沉重、有力，对社会发展的推动作用也越显著，这也是规律。朱温的投敌正是使农民起义提前结束，大大削弱了农民起义的作用。尽管农民起义必然失败，但叛变行为终究不能逃避历史责任，不这样看问题，就脱离开了辩证唯物主义。

不仅如此，朱温在背叛农民军以后所扮演的角色更为无耻。我们必须揭穿此点。“屡为重荣所败”的朱温投降了王重荣之后，在大肆镇压农民起义的过程中，却“所向无不克捷”。[②] 农民军由关中东撤后，与敌人的斗争主要进行于河南一带。起义军围陈几达三百日之久。当时河南唐军的形势是“汴、宋连年阻饥，公私俱困，帑廪皆虚；外为大敌所攻，内则骄军难制。交锋接战，日甚一日。人皆危之”[③]。可见农民军在这里取得重大成就的可能性是存在的。就在一般唐将披靡、无力镇压起义的时候，朱温却“锐气益振”，以新的农民起义镇压者的可耻姿态出现于中原。中和三年（883），朱温攻陷亳州；次年三月，攻陷瓦子寨，“巢将陕人李唐宾、楚丘王虔裕降于全忠”[④]。朱温屠杀起义军“数万众”。起义军在陈四周设寨相望，朱温“分兵翦扑，大小凡四十战”。[⑤]

① 《旧五代史》卷108《刘鼎传》。

② 《旧五代史》卷1《梁太祖纪一》。

③ 《旧五代史》卷1《梁太祖纪一》。

④ 《通鉴》卷255中和四年三月。

⑤ 《旧五代史》卷1《梁太祖纪一》。

陈州唐守军看到朱温援军已至，遂“出军纵火，急攻巢寨，‘贼’众大溃，重围遂解”①。农民军在中原的决定性战役，又在朱温和李克用的镇压下宣告失败了。以后，朱温又偕同李克用大败农民军于王满渡，攻陷瓦子寨。朱温在关中叛变时，还只是发挥了使敌我力量对比发生变化的作用，在中原，朱温却进一步由叛徒发展成为农民起义军的最凶恶的敌人了。

二　朱温并没有统一北方

朱温确实翦除了北方的一些藩镇，然而他并没有统一北方。我们不能强调他对北方统一的作用。

首先，河东李氏始终是朱温的大敌，不但未被朱温所征服，而且终于成了朱梁政权的掘墓人。其次，割据于岐的李茂贞虽然在军事上曾被朱温所败，但李氏亦自称王号，岐州终非朱梁所有。此外，刘仁恭、刘守光父子据燕，始则封王，继则称帝，直至乾化三年（913），才被晋灭，燕地终非梁土。光化三年（900），定州王处直表示归服于梁，朱温又打败了刘仁恭，《通鉴》称：“河北诸镇皆服于全忠。”但胡三省紧接着就说：“史言河北诸镇皆羁服于全忠，全忠不能并有其地也。”② 这真是一针见血之论。不但已经表示归服的王处直仍为割据势力，“秉旄五代”的王氏所占据的镇州亦始终为朱梁势力所不及，所以在开平四年（910），王镕和王处直终于连接晋人而叛。魏博大镇，藩镇世袭一百余年，朱温亦未能以武力征服，因而开平三年（909），邺王罗绍威上表请代时，朱温由于出于意表还“抚案动容”。③ 其他节度使，很多也是割据势力，仍是中唐以来藩镇割据的继续。如开平三年，同州节度使刘知俊就曾据本郡反。又如魏州的杨师厚亦“矜攻恃众，骤萌不轨之意，于是专割财赋，置银枪效节军凡数千人”，所以他死后，梁末帝“闻其卒也，于私庭受贺”，

① 《旧五代史》卷14《赵犨传》。

② 《通鉴》卷262光化三年十月及胡注。

③ 《通鉴》卷267开平三年十一月。

但最后，杨师厚所树之亲军还是“果为叛乱”。[①] 这和唐代藩镇“自署文武将吏，不供贡赋”；[②] “喜则连衡而叛上，怒则以力而相并”[③] 的情形有什么两样呢？实际上，朱温打败秦宗权、朱瑄、朱瑾、时溥、王师范后，其势力所及，主要不过河南、淮北及关中的一部分地区而已。这哪里谈得上统一了北方呢？

傅同志说，唐末、五代时期，各个武力集团在各次战争中，“都残杀过不少的人民，荒废了大量的土地，烧毁了不少的庐舍，包括朱温本人在内，也是如此”。但又认为朱温与其他人有些不同，尚能“关心人民的生活”，注意“养兵休士”。事实上，朱温在当时是以凶残称著的，其嗜杀成性，可于下列史实看出：乾宁二年（895），朱温在巨鹿大败朱瑄，“杀戮将尽，生擒贺瓌、柳存、何怀宝及贼党三千余人。是日申时，狂风暴起，沙尘沸涌。帝曰：‘此乃杀人未足耳。’遂下令尽杀所获囚俘”[④]。天复三年（903），朱温令朱友宁讨王师范，久攻不拔，复命刘捍往督之，梁军因“驱民丁十余万，负木石，牵牛驴，诣城南筑土山，既成，并人畜木石排而筑之，冤号声闻数十里。俄而城陷，尽屠之”[⑤]。天祐三年（906），梁军攻陷高唐，“军民无少长皆杀之”[⑥]。乾化二年（912），朱温命杨师厚攻赵枣强，拔之，“无问老幼皆杀之，流血盈城”[⑦]。朱温“关心人民生活”及注意“养兵休士”的情况是个别的。而梁军大量屠杀人民的记载却俯拾即是。王夫之在《读通鉴论》中曾说：“温固贼也，残杀之心，闻屠戮而心喜。”正因为朱温以残杀称著，所以在战争中，常常受到人民的阻击和反抗。如乾化二年，梁攻蓨县未下，闻晋军大至，烧营而遁，当时“蓨之耕者皆荷锄奋梃逐之。委弃军资器械不可胜计”[⑧]。这种杀人盈城的犯罪行为正是朱温不能完全统一北方的主要原因之一。

---

① 《旧五代史》卷22《杨师厚传》。
② 《通鉴》卷223 永泰元年七月。
③ 《新唐书》卷64《方镇表序》。
④ 《旧五代史》卷1《梁太祖纪一》。
⑤ 《通鉴》卷264 天复三年五月。
⑥ 《旧五代史》卷2《梁太祖纪二》。
⑦ 《通鉴》卷268 乾化二年三月。
⑧ 《通鉴》卷268 乾化二年三月。

三　关于朱温在恢复生产中的作用问题

虽然我们不能对朱梁时期北方生产的恢复估计过高，但一定程度的经济恢复却是可以肯定的。然而朱温个人的作用却极其微不足道。朱温执政时期，豁免赋役的诏令亦仅少数几次，犹如凤毛麟角。所谓朱温重视农业生产的具体表现，不过是一些“祈福禳灾”“观稼”“观麦”的表演性活动，而这些活动再多也是无补于实际的。朱温统治时期，农民负担的兵役、徭役仍旧相当沉重，因有人民“但苟免徭役，自残肌肤”及“军人百姓割股，青齐河朔尤多”的记载。[①] 傅同志曾引用《旧五代史·食货志》的下列记载证明自己的论点：

> 梁祖之开国也，属黄巢大乱之后，以夷门一镇，外严烽候，内辟污莱，厉以耕桑，薄以租赋，士虽苦战，民则乐输，二纪之间，俄成霸业。及末帝与庄宗对垒于河上，河南之民，虽困于挽运，亦未至流亡，其义无他，盖赋敛轻而丘园可恋故也。

我们对这一事实并不持一笔抹杀的态度，当时确实有的地方生产恢复较显著，但应该给予必要的分析。傅同志曾举出张全义在洛阳、韩建在华州、成汭在荆州推行让步政策的事实，并归功于朱温，称：“朱温在进行恢复生产工作中，又表现出他对于当时积极恢复生产的人，是重用的。”我认为朱梁时期之所以能有“内辟污莱，厉以耕桑，薄以租赋”的情况正是与这些“良吏”相联系的，他们的工作确是使朱温“俄成霸业”的因素。但这些成就却与朱温没有联系。

朱温的势力范围是由小而大的。至文德元年（888），张全义才归附于朱温。从此，朱温始“兼有孟洛之地”[②]。但在前三年（光启元年），

① 《旧五代史》卷2《梁太祖纪二》。

② 《旧五代史》卷1《梁太祖纪一》。

张全义已经据有东都，除河南尹，开始推行其恢复农业生产的政策，可见张全义让步政策的推行并不是由于朱温对他的“重用”。相反地，朱温之所以能够翦除一些藩镇，倒是由于张全义“主给其粮仗无乏”[①]。还必须指出，尽管张全义在恢复生产中发挥了显著的作用，而朱温对他并不十分重视，史称：

> 梁祖经营霸业，外则干戈屡动，内则帑庾多虚，齐王（即张全义）悉心尽力，倾竭财资助之。及北丧师（柏乡之败），梁祖猜忌王，虑为后患，前后欲杀之者数四。[②]

直至张全义之妻储氏当面指出张全义“资陛下创业”[③] 的功绩后，才挽救了张全义的性命。

欧阳修在《新五代史・韩建传》中说，唐僖宗“还长安，建为潼关防御使、华州刺史”。按僖宗还长安于光启元年（885），所以韩建在华州开始推行“辟污莱，劝课农事”的政策亦当不迟于光启元年。然至天复元年（901），汴军入关时，韩建始降朱温。在过去，朱温的势力根本不及于关中。可见华州农业的恢复也不是朱温“重用”韩建的结果。相反地，倒是韩建重征商贾所得的九百万缗，被朱温“尽取”而去，朱温之“并吞关中”未始不与韩建之支援有关。

成汭袭取归州后，“自称刺史”，训练士伍，以后又自行攻取了荆州，“昭宗拜禹荆南节度使留后”。[④] 从此，成汭独立地在荆州推行“通商训农，勤于惠养”的政策。况且以后荆南为高氏所据，一直不是朱温的统治区。由此可见，无论“北韩”与“南郭”，[⑤] 他们在南北生产恢复中的作用都与朱温无关。

---

① 《通鉴》卷257文德元年四月。

② 《洛阳缙绅旧闻记》卷2《齐王张令公外传》。

③ 《旧五代史》卷63《张全义传》。

④ 《新唐书》卷190《成汭传》。

⑤ 成汭一度改名郭禹，因与韩建推行恢复生产的政策而著名，时人称为“北韩”“南郭”。

四　余论

如上所述，朱温是农民起义的可耻叛徒和镇压农民起义的刽子手。在唐末农民起义的失败过程中，朱温发挥了巨大的消极作用。至于北方的统一事业，如与曹操相较，则朱温不能望其项背，其势力所及，主要不过河南、淮北而已，在河北、关中的占领地亦极其有限，而且藩镇割据的事实始终没有消灭。朱温在战争中的残杀人民，却与曹操相侔而毫无逊色。曹魏屯田的推行与曹操的倡行领导有关，而朱梁个别地区经济的恢复则不能归功于朱温。至于诛杀宦官和打击朝士，自然有其积极作用，但在朱温一生的事业中，只占据其次要的地位。傅同志没有全面考虑朱温的功、过，反而说："朱温虽背叛和镇压黄巢起义军，做了一桩很不光彩的大坏事，可是他并没有违背黄巢起义的目的，并且黄巢所没有做的工作，朱温倒是一一替他做了。"这一结论是完全不符合历史事实的。

（原载《光明日报》1959年9月17日）

编后记

历史，是以人类社会生活为对象的古老而又年轻的学科，它思接千代，视通万里，既是凝固的现实、民族的记忆，又是连接未来的纽带。历史的奥蕴，隐藏在表象的背后，只有智者才能用聪明智慧感受、体验到它，才能揭示历史的本来面貌，归纳总结历史的规律。胡如雷先生正是一位四十多年来在历史科学领域内锲而不舍的探索者，无论是在坎坷的岁月，还是在多彩的晚年，都没有改变他探索历史规律的初衷。他以深厚的理论修养，渊博的史学功底，磅礴恢弘的气度，高瞻远瞩的视野，研究中国封建社会的政治、经济和隋唐史等领域，留心相邻学科的课题和方法，瞻前顾后，左顾右盼，进行跨学科的探讨，把严密的探讨思辨与实事求是的考辨结合于一体，把不信权威、追求真理的精神和尊重、继承前人研究成果的态度熔于一炉，视历史文献与考古资料并重，古今贯通，中西结合，从宏观着眼，从微观入手，从而形成了独特的学术风格。不仅写出了独辟蹊径、自成一派的中国封建社会政治经济学——《中国封建社会形态研究》，对马克思主义史学理论的发展作出了新的贡献，而且出版了不同流俗、别具一格的《李世民传》《唐末农民战争》《抛引集》等书，并发表了近百篇学术论文。此外，还参加了多部专著、大型工具书的编撰。他的很多文章，促进了史学研究的深入发展；他的许多观点，已被史学界普遍认同；他的思路，给史学工作者以新的启迪；他的成就，使他成为《中国大百科全书·中国历史》卷所收录的从孔子以来的八十五位史学家之一。

胡先生已年过古稀，回过头来系统总结他四十多年来的学术成就，是一件十分有意义的工作。一方面，把四十余年所发表的文章，分门别类地编成几部书，至少可减去许多人的翻阅寻找之劳，有利于学术研究者参考利用。再就是这些文章，本身具有多方面的学术价值，仍不失其启迪后来人的作用。还有，通过把有关论文编集成书，既可以看出胡先生历史研究的发展概况，又可以从中看到建国后史学界开拓进取历程的一个方面，使其具有当代史学史文献资料汇编的作用和文化积累的意义。

我虽然在大学读书时，有幸听胡先生讲魏晋南北朝隋唐史，有幸在胡先生教诲下步入史学研究的领域，但无缘入室跟胡先生研究隋唐史，深知自己学识的浅薄，但还是不揣浅陋接受了整理《隋唐政治史论集》的任务。在胡先生的指导下，坚持既保持文章的本来面目，为学术研究提供资料，又要符合出版规范的原则。对文章，除个别字词订正外，观点、内容决不妄加改动。主要在形式上做些技术性加工。把胡先生四十多年来发表在不同时期、不同报刊、不同版式规格、不同字体的研究隋唐政治史的文章，统一编排成横排、页下脚注、使用规范字的形式。页下脚注，力求统一为书名、卷数、篇名或年月及页码与期数的格式。年号纪年，原有夹注的统一为公元某某年或公元某某—某某年，没有的则一个也不补充。数字、书名、地名、引文格式等，采取了少数向多数看齐的方法。既求体现出胡先生写文章的特色，又能做到体例基本上一致与出版规范相协调。文章排列顺序，力求反映历史发展的顺序，又能体现出文章的内在联系。

在胡先生指导下整理《隋唐政治史论集》，使我有机会系统地拜读胡先生研究隋唐政治史的文章，聆听胡先生的教诲，深受启迪。整理工作自始至终得到河北教育出版社的鼎力支持，胡先生的弟子、子女亦共襄盛举，大家同心协力地工作，才得以使本书面世。如果说《隋唐政治史论集》是胡先生对学术界的新贡献，那么其中如出现技术性的失误，则是整理者不容推卸的责任，我们期待着大家的批评指教。

秦进才

1996 年春节于河北师院历史系

（《隋唐政治史论集》，河北教育出版社 1997 年版）

隋唐五代社会经济史论稿

两件敦煌出土的判牒文书所反映的社会经济状况

敦煌出土的 P. 3813 号文书，在池田温的《中国古代籍帐研究》一书中定名为《唐（七世纪后半?）判集》，这件文书中包括十九条判词，其中除三条有残缺外其余十六条均完整。P. 2979 号文书在《中国古代籍帐研究》中定名为《唐开元二十四年九月岐州郿县尉□勋牒判集》，这件文书中有判有牒，共十一条，其中除两条有残缺外其余九条完整。上述两件文书中有不少史料价值很高，能够反映重要社会经济状况的记载，但在国内发表的学术论著中介绍、使用得却很不够，故在这篇短文里做一些粗略的考订和评介，以就正于方家通人。

由于工作条件所限，不但看不到原件，并且接触不到缩微胶片，故所引文书均出自《中国古代籍帐研究》的录文，池田温所用各种符号均照抄，仅改正标点、断句错误之处。所注页码均为《中国古代籍帐研究》一书之页码。

两批文书绝大部分是“判”。唐代取士分礼部试和吏部试，后者主要试身、言、书、判。其所以必须试判，盖因临民官员必须善于写判词，这是吏事中的常务，非常重要。通常把判仅仅看作试“文理优长”，实际上这是很不确切的，理解得过于简单。杜佑说得比较准确：

> 吏部选才，将亲其人，覆其吏事。始取州县案牍疑议，试其断割而观其能否，此所以为判也。①

① 《通典》卷15《选举典》3《历代制下》。

可见重点在于考查处理吏事和进行“断割”、判案的能力，至于文词已属其次。这项试官的项目之所以名“判”，原因就在于此。每试判之日，预选者“皆平明集于试场，试官亲送侍郎出问目”①。“问目”实即考题，预选者据问目写出判词，以为能否登第的依据。唐人传下来的文献中有一些判，如《全唐文》中就有一部分判词②，但一则不集中，再则反映社会经济状况方面多不如上述出土文书的史料价值为高，所以分析这两批文书并加以介绍是有必要的。

文书中除“判”以外还有一小部分是“牒”。唐代公文“凡下之所以达上，其制有六，曰：表、状、戕、启、辞、牒”，“九品以上公文皆曰牒”③。可见牒是公文中最低等的，大概在下级政权中最为通行，敦煌、吐鲁番出土文书中有大量的牒就可说明此点。当时所谓“官文书”，系指“曹司所行公案及符、移、解、牒之类”④，此处牒也列于最后。唐代法令规定，凡买卖永业田、口分田，“皆须经所部官司申牒，年终彼此除附，若无文牍辄卖买”是不合法的。⑤ 这就是牒在基层政权中运用的具体表现。

P. 3813 号文书涉及的内容很多，兹先介绍其中与社会经济有关的、史料价值最高的四条。第一条录文如下：

1 奉判，石崇殷富，原宪家贫，崇乃用钱百文雇宪涛井。井崩压宪致死，崇乃

2 不告官司，惶惧之间，遂弃宪尸于青门外。武候巡检，捉得崇，送官司请断。

3 原宪家涂窘迫，特异常伦，饮啄无数粒之资，栖息无一枝之分，遂乃庸身取

4 圂合，肆力求资。两自相贪，遂令涛井。面欣断当，心悦交關

① 《大唐六典》卷2《吏部尚书侍郎》。

② 如《全唐文》卷162尹伊《堪坊市诸胡尽禁推问制》、卷267卢浦《对筑墙判》、卷375韦建《对名田判》等。

③ 《大唐六典》卷1《尚书省左右司郎中员外郎》。

④ 《唐律疏议》卷27《杂律下·弃毁制书官文书》。

⑤ 《通典》卷2《食货典》2《田制下》。

(关)，入井求钱，明非抑遣。宪

5 乃井崩被压，因尔致殂。死状虽開（关）崇言，命实堪伤痛。自可告诸邻里，请以官

6 司，具彼雇由，申兹死状；岂得弃尸荒野，致犯汤罗？眷彼无情，理难逃责。遂

7 使恂恂朽质，望坟垅而无依；眇眇孤魂，仰灵梓其何托，武候职当巡察，

8 志在奉公，执崇虽复送官，仍恐未穷由绪。直云压死，状谁（虽）明，空道弃尸，

9 又仍未检。又尸必无他损，推压复有根由，状实方可科辜，事疑无容断罪。宜

10 勘问得实，待实量科。（页 318）

按“涛”当为“掏”字的俗写，“涛井”即“掏井”。“青门”系指长安的东门。[①] 唐无“武候”之职，隋代有“武候”，唐改称“左右金吾卫”，其职能“掌宫中及京城昼夜巡警之法，以执御非违”[②]。文书所谓“武候”当指金吾卫，恐非京兆尹下之“左右巡使”“左右街使”[③]。第5行“命”字前缺一字，系原文脱漏，非由文书残缺所致。所缺字或为“捐”字？“汤罗”即“汤网”，典出《史记·殷本纪》，此处作法网解。“家涂”之“涂”是“徒”字的俗写。

文书第1、2行两行相当于“问目”，亦即案由，第3行以下即判词。这种格式完全符合《六典》的记载。

西晋石崇曾与王恺斗富，是历史上著名的豪富；原宪字子思，是孔子的门人，在历史上被目为贫士的代表，杜甫诗中就有“诸生原宪贫”[④]之句。由此可以断言，“问目”系吏部虚拟的情节，恐非地方官案牍中真正的“疑议”及案由，现实生活中不可能富者恰好名石崇，贫者恰好名

① 参阅曹尔琴《说唐长安的青门》，《学林漫录》第7集。

② 《大唐六典》卷25《左右金吾大将军》。

③ 《唐会要》卷86《街巷》。

④ 《分门集注杜工部诗》卷16《寄李十二白二十韵》。

原宪。尽管如此，判词还是能够反映一些社会上的真实状况，正如《太平广记》中那些纯系虚构的故事也能在一定程度上反映社会经济、人情状况等方面一样。这条问目及判词可以说明：第一，唐代像掏井一类的劳动确实采取了雇佣方式；第二，雇者是富人，受雇者多系一贫如洗的劳动者，“饮啄无数粒之资，栖息无一枝之分”，在“良人”中经济地位低于一般的均田农民；第三，文书表明唐初执法还是比较严肃认真的。总之，这条判词在一定程度上反映了当时雇佣制度下的阶级关系。

第二条的录文如下：

1 　　　　　　　奉判，雍州申称地狭，少地者三万三千

2 户，全无地者五千五百人，每经申请，无地可给，即欲迁就宽乡，百姓

3 情又不愿。其人并是白丁卫士，身役不轻。若为分给，使得安稳。

（中略）

4 用天分地，今古同遵；南亩东圣，贵贱同美。雍州申称地狭，百姓口分不

5 充，请上之理虽勤，抚下之方未足。但陆海殷盛，是号皇居；长安厥田，旧

6 称负墎。至如白丁卫士，咸曰王臣，无地少田，并皆申请。州宜量其贫富，均彼

7 有无，给须就彼宽乡，居宅宜安旧业。即欲迁其户口，弃彼枌榆，方恐楚

8 奏未穷，越吟思切，既乖宪网，又慎人情，公私两亏，窃为未允。

（页 318）

第 4 行“圣”为“泽”字的异体字。第 8 行“慎”当为“负”字的异体字。

此判词反映了如下几个方面的社会问题：第一，除敦煌、吐鲁番出土的手实、户籍证明这两个地区确实施行过均田制外，内地这方面的史料和记载比较少，这件文书说明长安附近的雍州不但实行过均田制，而

且在农民受田严重不足的情况下国家有权“量彼贫富，均彼有无”，即对已受田进行调剂。当然，能调剂到什么程度很值得怀疑，但“均彼有无”在法令上起码是合乎规定的。第二，雍州素称狭乡是尽人皆知的，按该州即京兆府，据《新唐书·地理志》，天宝元年（742）领户三十六万余，口一百九十六万余。日本学者平冈武夫认为长安人口约一百万，则除城市人口外雍州的农村人口当约九十万口，以每户五口人计合约十八万户。在十八万户中少地者有三万三千户，占五分之一强。这说明：即令到开元、天宝之际，雍州作为狭乡，犹有约五分之四的户占有口分、永业田，均田制仍在继续推行；同时应当看到，杜佑所强调的“兼并之风”恐怕是就农民受田在加速减少而言的，还不能理解为均田制已经全部崩溃了。应当承认，受田不足已经相当严重，所以有五千五百人全无土地。第三，唐朝前期实行鼓励狭乡农民迁居宽乡的“乐徙”政策，这件文书却告诉我们，这种政策实行起来颇为困难，一方面，“安土重迁”的农民大多数“情又不愿”；另一方面，官府也顾虑“楚奏未穷，越吟思切”，大量徙民容易在地方上造成骚扰。最后，无地少地的农民“并是白丁卫士，身役不轻”，府兵制在他们身上继续推行下去已经十分困难，兵制势在必改。

第三条的录文如下：

1　　　　　长安县人史婆陁，家兴贩，资财巨富，身有勋官骁

2 骁骑尉。其园池屋宇、衣服器玩、家僮侍妾，比王侯。有亲弟颉利，久已别居，

3 家贫壁立，兄亦不分给。有邻人康莫鼻，借衣不得，告言违法式事。

4 五服既陈，用别尊卑之叙；九章攸显，爰建上下之仪。婆陁阛阓商

5 人，旗亭贾竖，族望卑贱，门地寒微，侮慢朝章，纵斯奢僭。遂使金玉

6 磊砢，无惭梁、霍之家；绮縠缤纷，有逾田、窦之室。梅梁桂栋，架迥

7 浮空；绣桷雕楹，光霞烂目。歌姬舞女，纡罗袂以惊风；骑士游童，转

8 金鞍而照日。公为侈丽，彝无惮彝章。此而不惩，法将安措？至如

衣服

9 违式，并合没官；屋宇过制，法令修改。奢·之罪，律有明文。宜下长安，

10 任彼科决。且亲弟贫匮，特异常伦，室惟三径，家无四壁；而天伦义重，同

11 气情深，罕为落其一毛，无肯分其半菽。眷言于此，良深喟然！颉利

12 纵已别居，犹是婆陁血属，法虽不合征给，深可哀矜。分兄犬马之资，济

13 弟到（倒）悬之命，人情共允，物议何伤！并下县知，任彼安恤。

（页 319）

从第1行至第3行为问目，第4行以下为判词。按突厥以阿史那为姓，赐改汉姓时只留一个“史”字，故唐代姓史者中有一部分人是突厥人。如史大奈，“本西突厥特勒也”，从高祖李渊平长安有功，遂“赐姓史”①，即其一例。史婆陁之弟名颉利，与东突厥可汗同名，可见史家兄弟系突厥人无疑。“康莫鼻”其人，从姓名看，肯定属于昭武九姓，与突厥人史家相邻。此或可说明长安的少数族群及蕃客多聚居一坊或数坊？贞观四年（630）唐平东突厥后大量迁其酋长至长安，“皆拜将军、中郎将”②，大致史婆陁的勋位骁骑尉亦授官于此时。按骁骑卫为勋官十二转中的第九转，正六品，地位不算太低，但也不很高，符合突厥降酋的身份。第1行最后一字“骁”为衍文，池田温已以“·”示之。第6行“架迴”当作“架迴”，池田温误“迴”为“迴”。唐太宗《置酒坐飞阁》诗有“飞檐迴架空”③之句可为佐证。第8行“舞”字为衍文，池田温已有所标示。第9行“奢·之罪”，缺字可能是“僭”。唐代“车舆衣服之令，上得兼下，下不得儗上”④。关于第宅形制，亦有等级规定，“凡营造舍宅

① 《新唐书》卷110《史大奈传》。

② 《通鉴》卷193贞观四年五月。

③ 《全唐诗》卷1。

④ 《新唐书》卷24《车服志》。

者，依营缮令”，譬王公以下均不得“施重棋、藻井”①。官员按品级规定架数多少②。看来史婆陁确实是在车服第宅等方面触犯了令式。

这条判词从以下几方面反映了一些重要的社会现象：第一，东突厥破亡后，内迁长安的部分成员不但取得了职勋等，而且有的经商致富，转化成了富商，史婆陁不但是巨贾，而且已经改姓，估计已基本上与汉族同化。虽然不能说入居长安的“近万家”大多已经汉化，但其中肯定有一部分确实走上了民族同化的道路。第二，突厥族内迁部分，在同商品经济接触的过程中，发生了严重的贫富分化，史婆陁“资财巨富”，其弟颉利“家贫壁立”，就是明显的例证。富有的婆陁对贫困的颉利不肯分给财物，毕竟属于伦理、道德范畴，甚至也说不上是民事纠纷，所以“据法不合征给”，只能让县令进行敦劝，“任彼安恤”，以维护“敦睦九族”的礼教。第三，唐代前期商人的政治地位相当低下，据唐令，“凡官人身及同居大功已上亲，自执工商，家专其业，不得入仕”③。史婆陁仅有骁骑尉勋官衔，无职事位，基本身份是商人，所以舆服第宅违令式后必须衣服“没官”，屋宇“修改”，以维护封建等级制。在一般典籍中，关于内迁长安的突厥人的社会生活状况及民族同化的记载很少见，故这条判词的史料价值相当高。

第四条的录文如下：

1 奉判，宋里仁兄弟三人，随日乱离，各在一所，里仁贯属甘州，弟为贯属鄠县，美

2 弟处智贯属幽州。母姜元贯扬州不改。今三处兄弟，并是边贯，三人俱悉入军，

3 母又老疾，不堪运致。申省户部听裁……

4 ……

5 昔随季道销，　　皇纲弛紊，四溟波骇，五岳尘飞，兆庶将落叶而同飘，

6 簪裾共断蓬而俱逝。但宋仁昆季，属此凋残，因而播迁，东西异

① 《唐律疏议》卷26《杂律·宅舍》。

② 《大唐六典》卷23《左校令》注文。

③ 《大唐六典》卷2《吏部郎中》。

壤，遂使

7 兄弟张掖，弟住蓟门，子滞西州，母留南楚，俱沾边贯，并入军团，各限宪章，

8 无由觐谒。瞻言圣善，弥凄冈（罔）极之心；眷彼友于，更轸陟冈之思，惸惸老母，绝彼璠玙；

9 悠悠弟兄，阻斯姜被；慈颜致参同之隔，同气为胡越之分。抚事论情，实抽肝胆。

10 方今文明御历，遐迩乂安，书轨大同，华戎混一，唯兄唯弟，咸曰王臣；此州彼州，

11 俱沾率土。至若名沾军贯，不许迁移，法意本欲防奸，非为绝其孝

12 道。即知母年八十，子被配流，据法犹许养亲，亲殁方之配所。此则意存

13 孝养，具显条章，举重明轻，昭然可悉。且律通异义，义有多途。不可

14 执军贯之偏文，乖养亲之正理。今若移三州之弟兄，就一郡之慈亲，庶子

15 有负米之心，母息倚闾之望。无亏户口，不损王徭，上下获安，公私允惬，移

16 子从母，理在无疑。（下略）　　（页320）

文书第1行至第3行为问目或案由，因还有另一个案件与此案合并在一起，而二案无直接关系，且另案及判词的史料价值不高，故本文录文中把这一部分全部删略了。按第1行及第5行之“随”当为“隋”字。隋文帝杨坚之父忠北周时本封“随国公”[①]。杨坚袭爵，即位后以周、齐二代“不遑宁处”，故去“随”字之“辶”，改国号隋，盖二字相通，是知“随日乱离”即“隋日乱离”，“随季道销”即“隋季道销”。首句云“兄弟三人”，但后面出现了四个人名，即宋里仁、宋为、宋美和宋处智。既云“美弟处智”，则知里仁与为是亲兄弟，美与处智是亲兄弟，前二人与

① 《周书》卷19《杨忠传》。

后二人为堂兄弟。案件未涉及美，恐其人已死于隋末乱离之日，否则不当不提。宋为贯属鄠县，应即在长安附近，与下文所说“并是边贯”不符，产生抵牾的原因不详。第8行“袮”是“䏲”字的异体，训“痛”。同行“陟冈之思”即指“陟岵之思”，《诗·魏风》有《陟岵》篇，判词此句取该篇孝子行役思亲之义。同行最后一字“玙”，池田温有怀疑，附以“?”号，按当为“璵”字，“璠璵”亦作“璵璠”。《左传》定公五年：“季平子卒于房，阳虎将以璵璠敛”。判词或取其送终之义？第9行“姜被”，典出《后汉书·姜肱传》：“肱与二弟仲海、季江俱以孝行著闻，其友爱天至，常共卧起。”注引《谢承书》曰：“肱性笃孝，事继母恪勤。母既年少，又严厉。肱感《恺风》之孝，兄弟同被而寝，不入房室，以慰母心。”判词即取其兄弟共同孝亲之义。第2行之“三人俱悉入军”及第11行之“名沾军贯，不许迁移”系指实行府兵制而言。按照制度，置有折冲府的州称“军府州”，为防止均田农民逃避兵役，法令规定，农民虽可“乐徙”，但“有军府州不得住无军府州”①。宋里仁兄弟三人均已在当地拣点为府兵，所以在通常情况下不得随意迁贯。

这条判词的史料价值在于：第一，可以说明隋末农民大起义的作用。宋家原贯扬州，肯定属于地主，所以在农民起义风起云涌之际被打得四散奔逃，幽州、甘州均非阶级斗争剧烈的地区，因而成了他们的藏身之处。三人各在唐初成为当地的受田户，而且被拣点为府兵，有可能已经沦为均田农民。“兆庶将落叶而同飘，簪裾共断蓬而俱逝”，反映庶族地主和官僚地主同样遭到了沉重打击，宋家就是属被打击的庶族地主。第二，平定辅公祏是武德七年（624）的事，两年以后唐太宗即位，估计这条判词所叙述的事情当发生于贞观年间。像这样一个普通家庭的困难“申省户部”后竟然能够得到合情合理的处理，说明唐太宗统治时期的行政效能确实是相当高的。

P. 2979号文书前缺，残留部分八条，兹介绍其中七条史料价值较高者。

第一条的录文如下：

---

① 《大唐六典》卷3《户部郎中员外郎》。

1　　　　　　　朱本被诬，牒上台使，第廿七
2 初里正朱本，据户通齐舜着幽州行，舜负恨，至京诣台，讼朱
3 本隐强取弱，并或乞敛乡村。台使推研，追摄颇至，再三索上。
4 为作此申，牒使曰：
5 此县破县，人是疲人，一役差科，群口已议，是何里正，能作过
6 非。如前定行之时，所由简送之日，其人非长大不可，非久
7 行不堪。在朱本所差，与敕文相合，类皆壮健，悉是老
8 行。简中之初，十得其四；余所不送，例是尫羸。不病不贫，即伤
9 即荐。·役者准敕不取，交（较）贫者于法亦原。其中唯吕万一人，
10 稍事强壮，不入过簿，为向陇州，且非高勋，又异取限。如齐舜
11 所讼，更有何非？或云：遍历乡村，乞诸百姓。昨亦令人访问，兼
12 且追众推研，总无所凭，浑是虚说。至如州县发役，人间
13 难务，免者即无响无声，着者即称冤称讼，此摇动在乎
14 群小，政令何関有司？众证既虚，朱本何罪？昨缘此事，追
15 摄亦勤，廿许人数旬劳顿，农不复理，身不得宁，忝是职
16 司，敢不衔恤？具状牒上御史台推事使。

（页374）

这件文书是牒而非判，第1行八个字是案由。“牒使”一职不见于《旧唐书·职官志》《新唐书·百官志》及《六典》《会要》等书，肯定是临时差遣，即对案情进行调查的职务，最后将调查结果牒报御史台推事使。第5行所谓“破县”是指残破的县，史籍中“州县残破”[①]的记载可为佐证。第7行末第8行初之“悉是老行”一语不可解，必有脱误，按前接“类皆壮健”句，“老”字或为“堪”字之误释？“堪”字草写形近“老”。第8行末第9行初“不病不贫，即伤即荐”，“伤”字释文误，于句意难通，“即伤”的原意当为即差或即遣。第9行“·役”缺一字，当补以“免”字或“蠲”字。第10行有“过簿”一词，不见于一般史籍。《唐会要》卷85《团貌》：

① 《唐会要》卷69《州府及县加减官》。

延载元年八月敕：诸户口计年将入丁、老、疾应免科役及给侍者，皆县（令）亲貌形状，以为定簿。一定以后，不得更貌。疑有奸欺者，听随事貌定，以付手实。

《大唐六典》卷30《京畿及天下诸县令》：

掌……中丁多少，贫富强弱，虫霜旱涝，年收耗实，过貌形状及差科簿，皆亲自注定，务均齐焉。

大致县令亲自“过貌形状”，“以为定簿”，这种“定簿”就是“过簿”。第12行“浑是虚说”是当时的口语，意为全是说的假话。

这一牒文的史料价值在于：第一，依唐令，“凡差科，先富强，后贫弱；先多丁，后少丁”。按照《唐律》规定，里正“差科赋役违法及不均平，杖六十”①。齐舜就是依照上述律令对朱本进行控告，御史台并且派人下去做了具体的调查。事实反映唐初政令贯彻得比较认真。第二，尽管调查结果证明控告“浑是虚说”，却能反映社会上确实存在着里正“隐强取弱”“乞敛乡村”的现象，否则这样的控告不会引起御史台的认真查处。第三，一般从法令上看，正役、杂徭、色役都有明文规定，但在民间执行起来具体情况怎样，普通史籍均语焉不详。这一牒文却能告诉我们，实际情况非常复杂，“州县发役，人间难务”，每次发遣役人，就要引起“众口”争议，“免者”尽管“无响无声”，“着者”却莫不“称冤称讼”。这其中实际具有阶级斗争的内容。既然情况这样复杂，一般里正做到处事公允是很不容易的事，“隐强取弱”恐怕是很难避免的。

第二条的录文如下：

1 许资助防丁第廿八

2 初防止竟（竞）诉，衣资不充，合得亲怜（邻）借助。当为准法无例，长

① 《唐律疏议》卷13《户婚律中·差科赋役违法》。

3 官不令。又更下状云：虽无所冯，旧俗如此。况某等往日并
4 资前人，今及身行，即无后继，非唯取恨而去，亦恐不办
5 更逃，以故遂其所言，取济官役。判署曰：
6 频遭凶年，人不堪命，今幸小稔，俗犹困穷，更属徵差，何
7 以供办？既闻顷年防者，必扰亲邻，或一室使办单衣，或数
8 人共出袷服，此乃无中相恤，岂谓有而济赖？昨者长官见
9 说，资助及彼资丁，皆叹人穷，不堪其事。几或判停此助，
10 申减资钱。不柰旧例先成，众口难抑，以为防丁一役，不请
11 官赐，只是转相资助，众以相怜；若或判停，交（教）破旧法，
12 已差者即须逃走，未差者不免祇承。以是至再至三，
13 惟忧惟虑。事不获已，借救于人，既非新规，实是旧例。
14 亦望百姓等体察至公之意，自开救恤之门，一则仁义
15 大行，二固风俗淳古。天时亦因此而泰，水旱则何田（由）以兴？
16 是事行之于人，益之以政，百姓何患乎辛苦？一境何忧乎
17 不宁？勋忝守下司，敢忘百姓，实由事不得已，理不合违，
18 亦望众人无以为憾。其应办衣资等户，衣服·者最
19 精，故者其次，唯不得破烂及乎垢恶。仍限续得续纳，无
20 后无先，皆就此衙，押付官典。至今月廿日大限令毕。辄
21 违此约，或有严科。恐未遍知，因以告谕，仍榜示。

（页374、页375）

唐代府兵番上宿卫者为卫士，戍边者称“防丁”。第7行“一室使办单衣”，我国学者亦有释“使”字为“供”字者，因不能见原件，手头无胶片，难以判断，但二字均可通。第8行“袷服”，《说文·衣部》释“袷”，“衣无絮，从衣，合声”。段注：“此对‘以絮曰襺，以缊曰袍’言也。”按府兵长年戍边，不能只带夹衣，此处“袷服”可能泛指军装。理解文书不能太拘泥于文字的本义。第9行“资丁”二字有误，句当作“资助及彼防丁”。第17行“勋”即“岐州郿县尉”，唯缺姓，判词即其人手笔。第18行“衣服”后有缺字，或可补以“新”字，以与下句“故”字相应？按天宝八载（749）停上下鱼符，府兵制最后破坏，此判

是开元二十四年（736）文书，已至府兵制崩溃的前夕。

这件文书的史料价值在于：第一，唐代充府兵者须自备衣、粮及部分小武器，但在这几项中究竟何者是最重的负担呢？从一般史籍中很难加以判断。通过这件出土文书可以看出，防丁最沉重的负担不是麦饭、米、横刀及胡禄等，而是衣服。番上宿卫，每番仅一月，用不着准备、携带大量的衣服；戍边府兵一去就是三年或更长的时间，必须把几年用的服装一次准备齐全，这确实不是轻而易举的事。如果说兵役重于正赋正役，那么府兵的兵役中戍边又重于番上宿卫，防丁服装的负担又重于粮食与武器。第二，在艳称的“开元之治”的末年，繁荣的表面已经掩盖着贫富分化的暗流，鄗县的下层农民已经陷于“频遭凶年，人不堪命”的境地，即令“小稔”之年，民犹“困穷”，充当府兵确实已经成为不堪忍受的负担，逃避兵役的情况在文书中已有明显的反映。第三，资助防丁一事，官府发生动摇，如果任此事骚扰“亲邻”，出资者“皆叹人穷，不堪其事”；如果废止资助之举，则“已差者即须逃走”。可见农民贫困已相当普遍，不但防丁本身无力负担兵役，即令邻里相助，也发生了困难。这说明府兵制确实已经到了难以维持下去的阶段。第四，统治者为了维护这种已经过时的旧兵制，甚至把民间自助的方法变成就官衙纳衣物的征敛，并且宣布“辄违此约，或有严科”，即干脆变成了府兵亲邻的一项课敛。这同义仓征敛变成地税如出一辙。统治者这样敲骨吸髓地盘剥百姓时甚至还冠冕堂皇地打出“仁义大行”，“固风俗淳古”的旗号，欺骗人民说这样做会收到“天时亦因此而泰，水旱则何由以兴”的效果。实际上继续维持这种不合时宜的制度，只能破坏社会生产，加速农民贫困化的过程，激化阶级矛盾。十三年之后唐朝宣布废除府兵制，是不得不然的事，应该肯定也是一件有意义的适时改革。

第三条的录文如下：

1 判问宋智咆悖第廿九

2 初资助防丁，议而后举，不是专擅，不涉私求，因人之辞，遂其

3 遗俗，务济公役，或慰远心。有宋智，众口之凶，惟下之蠹，

4 资其亲近，独越他人，且妄指麾，是以留问。判曰：

5 百姓凋残，强人侵食，今发丁防，其弊公私。昨以借便衣
6 资，长官不许，中得众人引诉，再三方可。如宋智，阖门尽为
7 老吏，吞削田地，其数甚多，昨乃兼一户人，共一氈装，助其贫
8 防，不着百钱，乃投此状来，且欲沮议。此状既善言不率，亦法语
9 不恭，怒气高于县官，指麾似于长吏。忝为职守，谁复许
10 然。宋智帖狱留问，氈装别求▢人助。

（页375）

此条为“第廿九”，上条为“第廿八”，涉及之事有联系，即均与“资助防丁”有关。从第2行“初资助防丁”至第3行“或慰远心”就是承前件判词而说的。第9行“借便”之“便”亦训“借”，二字义同。敦煌、吐鲁番出土文书中有很多“便麦”“便粟”契约，即高利贷契约。第10行“氈装别求人助”之“求”字，池田温在字旁标以“▢”，按《中国古代籍帐研究》一书体例，“□”为磨灭字或判读困难字，“〰”为文书原抹消字，此处补“求”字难通。宋智既已“帖狱留问”，就不会再另求人助以“氈装”，句意很可能是别人用不着再资助宋智氈装，但缺字不宜妄补。

这件判词的史料价值很高，生动地描写了“老吏”地主武断于乡曲的不法行为。第一，宋智系“阖门尽为老吏，吞削田地，其数甚多”的恶霸地主，他们是封建国家在地方上建立统治的社会基础。顾炎武说：“今天下官无封建而吏有封建。州县之敝，吏胥窟穴其中，父以是传之子，兄以是传之弟……”① 何止明清时有这种情况，“阖门尽为老吏”说明唐代的情况同样是如此。这是一个很重要的社会政治现象。第二，府兵制规定，拣点府兵的原则是：“财均者取强，力均者取富，财力又均，先取多丁。”② 经济状况是优先考虑的条件，必然有一些庶族地主被拣点为兵。但过去我们只注意“差点兵防，无钱则贫弱先充，行货则富强获免”的记载③，不免认为地主实际上很少被拣点者。根据这件文书可以看出，直到开元末年还存在地主子弟充兵的情况。第三，地主服兵役与农

① 《亭林文集》卷1《郡县论》卷8。
② 《唐律疏议》卷16《擅兴律·拣点卫士征人》。
③ 《唐大诏令集》卷82仪凤二年《申理冤屈制》。

民服兵役除了性质有所差别外，实际状况也很不相同。像周智这样的老吏地主，作为地头蛇，被差充防丁时，不但上对官府“法语不恭”，气焰万丈，而且还借口“资助防丁”的惯例对邻里肆行敲榨。仪凤二年《申理冤屈制》中提到“乡邑豪族”被差点兵防时“公行侵暴”，指的就是上述情况。只是这种横行不法的行径在诏书中谈得很抽象，而在判词中就描写得绘形绘声了。文书说明宋智最后受到了惩处，但在全国各地能对他们惩处到什么程度就很难说了。

第四条的录文如下：

1 岐阳郎光隐匿防丁高元牒问第卅
2 高元，郿县百姓，岐阳寄田，其计素奸，其身难管。昨以身
3 着丁防，款有告身，往取更不报来，遣追因即逃避。至如
4 郎光、郎隐，不知何色何人，既纠合朋徒，指麾村野，横捉
5 里正殴打，转将高元隐藏。若此朋凶，何成州县？且见
6 去年孙象、今日刘诚，皆是庸愚，起此大患，寔由下人易
7 为扇动，狂狡迭为英雄。若小不遂惩，必大而难挫。是事
8 利国，当亦利人。其高元，请送其身；郎隐，乞推其党。

（页 375）

此牒文字上无须校释之处，其内容反映了一些重要的社会问题。首先，高元其人附籍郿县却“寄田”于岐阳，官吏认为“其计素奸”，而且他还能诡称有“告身”，可见高元是一个庶族地主无疑，“寄田”本身就是一种逃避课役的手段。此点对我们了解唐代的“寄庄户”颇有帮助。其次，为了规避防丁戍边的兵役而隐藏于郎氏兄弟之家，而且郎光、郎隐能“纠合朋徒”，殴打里正，这种聚众闹事的事件经常发生，遂有“去年孙象”与“今日刘诚”等案，说明兵役实为肇事的根源，大致与均田制破坏、府兵制难以推行有关。最后，郎氏肇事时能够“指麾村野”，官吏亦承认“起此大患，实由下人易为扇动”，反映课役与反课役的斗争远远超过了庶族地主同官府的斗争，也包括了劳动人民同官府的斗争，孙象和刘诚被看作“皆是庸愚”，有可能就是应服兵役的农民，因此类似的事件

中有一些肯定属于阶级斗争范畴。在反课役的问题上，劳动人民没有明确自觉的阶级观点，不可能发现自己同庶族小地主有什么不同。一般史籍上有农民起义的记载，有关于逃户的记载，有涉及“光火贼”的记载，但还从未发现关于聚众闹事、殴打里正，以逃避课役的记载，故此牒的史料价值很高，反映了一些我们不易知道的具体社会现象。

第五条的录文如下：

1 岐山吕珣隐匿防丁王仵牒问第卅一

2 人之云凶，不必待乱，但倚强作暴，恃力作欺，外捍州县之权，

3 居为逋逸之薮。此则虐不可纵，患不可容。如岐山吕珣，不

4 知何者，家藏逃户，无数其人。昨缘一户防丁，久匿其舍，有

5 伯叔往以追括，执文书，信足有凭，而吕珣逆而捍之，诅以为

6 贼，以物（拘）以缚，不异掳掠其人，将匿将携，更以胁遻（还）其党。

7 同奸之辈，所识者半是郿人；傥合之朋，与彼者咸非家属。

8 今般长官威动旁邑，众寮冣（最）声隐甸畿，则有此猾人，潜

9 黩乱也明训，不知其故，敢乞图之。其若干鹘子及王阿仵等，

10 实望公缚送来。无纵吕珣跋扈。具状，牒岐山县。

（页 376）

第1行之“王仵”即第9行之“王阿仵”，前者盖省称也。敦煌、吐鲁番文书中这种人名略写相当普遍。据《唐律》，“诸脱户者，家长徒三年，无课役者减二等，女户又减三等”，“脱口及增减年状以免课役者，一口徒一年，二口加一等，罪止徒三年”。[①] 唐代家长对子弟负担课役是负有法律责任的，所以郿县“一户防丁”逃匿岐山县后其伯叔要“执文书”前往“追括”，这一现象符合当时国家政令的规定。第6行“遻”字，池田温别释作“還”，难通。鄙意以为很可能是“邏”字的俗写，义遮拦，“胁遻”即威胁遮拦。第8行“冣”字，池田温拟改作“最”字，按此

① 《唐律疏议》卷12《户婚律上·脱户》。

字不必改，"寮寀"为一通行名词，义为众官。第9行"黩"字旁注以小字"乱也"，说明P. 2979号卷子的编者，是为了供人们学习写判、牒而把这些官文书抄写在一起的。由此推断，P. 3813号文书《唐判集》的出现也可能是为了同一目的。第9行"鹘子"二字颇费解，就句意推测，鹘为善于搏击之猛禽，"鹘子"似可理解为"打手"。

这件牒可以说明：第一，郿县人逃避课役，大批隐匿于岐山县，"郿县尉□勋"要想拘捕逃户却不能越过县境，只得牒岐山县殷长官（估计是县令）求助，这样做很不方便。证圣元年（695）李峤上表所谓"逃亡之户，或有检察，即转入他境，还行自容"[①]，即指此种情况而言。这是逃户能够做到"簿籍不挂"的重要条件之一。第二，作为"逋逃之薮"的吕珣，"家藏逃户，无数其人"，能够"外捍州县之权"，说明他不但是地主，而且是具有相当势力的土豪，与前件文书所说的郎氏兄弟同属一种人。天宝十一载（752）十一月乙丑诏提到"王公百官及富豪之家"，除了兼并土地以外，还"别停客户，使其佃食"[②]。所谓"王公百官"，自然有特权、有势力，恐怕所谓"豪富"也不包括无权无势的小地主。吕珣能够家藏无数逃户，肯定也是"豪富"一类，这些逃户大概都成了他家的佃农。第三，郎氏一家能够因隐藏防丁而闹事，殴辱里正，吕珣也能拘缚"追括"逃户的叔伯。二事证明，李峤上表所谓逃户"诱动愚俗，堪为祸患，不可不深虑也"[③]，并非危言耸听，确乎是事实。农民和小地主因逃避课役而转化成逃户，在有势力的地主隐庇下同里正和州县斗争，看来这种斗争的性质是复杂的，既有阶级斗争的性质，也有统治阶级内部斗争的性质。我过去把逃户现象单纯地看作阶级斗争的低级形式，是过于简单化了。

第六条的录文如下：

1 新剥勾征使责迟晚第卅一（二）

2 岐下九县，郿为破邑。有壤地不能自保，日受侵吞；有凋户

---

① 《唐会要》卷85《逃户》。

② 《册府元龟》卷495《邦计部·田制》。

③ 《唐会要》卷85《逃户》。

3 不能自存，岁用奔走。况加之以师旅，因之以饥馑，遇之以
4 疫疠，覫见也之以流亡，安得翦尔之郿，坐同诸县之例？应征
5 之数，敢不用甘；取纳之期，实则用惧。具状，牒上采访
6 使，并录申。

（页 376）

第2行“岐下九县”，岐指岐州，即凤翔府，所属九县为：天兴、岐山、扶风、麟游、普润、宝鸡、虢、郿及盩厔。[①] 第3行有“加之以师旅”之句，查岐州地区在开元二十四年以前的几年中均无关于战争的记载，从“郿为破邑”一语或可作如下的推测，该县阶级矛盾最为尖锐，可能发生过镇压小规模农民起义的战争？第4行“覫”字不见于字书，从夹注“见也”可再次证明。P. 2979号文书为供学习而编集；原卷有朱句读，似亦可说明此点。文书最后“牒上采访使”，按开元二十二年（734）“初置采访处置使”朝廷许置印[②]，是此牒写成于采访使初置不久。

这件牒文能够反映：第一，就在“开元全盛日”的长安附近，已经出现了郿县这样残破的地方，阶级矛盾相当尖锐，甚至可能爆发小起义。第二，郿县人民大量转化为逃户转徙近邑，课役却与其他郡县相同，在数量上未蒙蠲减，“县尉□勋”只不过仅仅向采访使申请稍缓“取纳之期”而已，统治者对农民的盘剥相当残酷。

第七条的录文如下：

1 署税钱不纳户第卅三
2 百姓之中，解事者少，见温言则不知愸德，闻麄
3 棒则庶事荒弛，如此倒看，何以从化？今长官恩
4 惠已足，此辈顽□嚣亦多。仰并限此月十六日纳
5 毕，不毕里正摄来，当与死棒。

（页 376）

① 《新唐书》卷37《地理志》。

② 《唐会要》卷78《采访处置使》。

第2行“麄”为“粗”字的异体字。文书涉及的问题是有的民户抗缴“税钱”。按当时户税亦称税钱，据户等征收，每年二限缴纳，此处月份不明，未知是前限还是后限。户税并不是正税，过去我总以为均田制破坏过程中农民土地日渐减少，据丁所征的租调庸数量不变，是农民不堪忍受的主要负担；户等主要根据财产多少划定，有相对的合理性，不至于在促使农民破产过程中起太大的作用。看了这件文书后才恍然大悟，户税之所以遭到农民这样的抵制，官吏甚至不得不以“死棒”来镇压抗税的农民，反映这项税收在盛唐时期的地位和影响不容忽视。从“百姓之中，解事者少，见温言则不知愸德，闻粗棒则庶事荒弛”，短短数语中不但能看到官民的对立情绪，而且也可以看到官吏对劳动人民的恶语相加。总之，官吏的狰狞面孔在这件文书中暴露得再充分不过了。

以上七条判、牒把鄠县地方的社会状况、阶级矛盾状况描写得具体而生动，而这样的记载在一般典籍中很少能看到，这正是出土文书的可贵之处。

唐代进士及第的士人多以县尉为起家官。汉代县尉为武职，唐代则掌“亲理庶务，分判众曹，割断追征，收率课调”①。我们从“鄠县尉□勋”所处理的庶务也可以看出，处于基层这一职务的人，在办事能力方面能够得到很好的锻炼，所以国家对科举出身的人安排这样的仕途是有一定道理的。

以上文书中还有一些关于婚姻等方面的材料，也有涉及蠲免地税等问题的记载，限于篇幅就不一一介绍了。相信有志于研究文书的史学工作者还会从中挖掘出很有价值的课题。

（原载《唐史论丛》第2辑，陕西人民出版社1987年版）

① 《大唐六典》卷30。

唐代均田制研究

均田制是唐初土地问题中的关键之一，正确地理解这一制度是我们研究初唐乃至盛唐的社会经济、政治、赋税、兵制等各方面的必要基础。

遗憾的是，关于此一代重要制度的史料遗留下来的异常稀少，这就使有关均田制之是否推行，制度的内容如何，推行的程度和破坏的过程等情况，成了历来史学界聚讼纷纭的问题。也正因为史料之不足，所以我们今天对这一制度，在前人研究的基础上，做出全面正确的科学结论，仍是比较困难的。但这不等于说根据这些仅有的少数记载，我们就无法进行研究了，只要在方法论上不犯错误，能够正确地运用马克思列宁主义理论，最后仍有可能使均田制的各个方面大白于天下。

兹就我现在理论、业务水平，对此制度作一初步的探索，或可对此问题之研究不无裨益。

一　关于均田制曾否实行的问题

在正式讨论均田制本身以前，我们必须首先解决此制是否曾经实行的问题。因为在这个问题上的结论如果是否定的，认为均田制纯系具文，并未付诸实施，那就从根本上打消了对这一制度的本身及其意义、作用等方面继续研究的必要了。

我的初步意见是：均田制曾经在一定程度上实行过。但是，在实行的开始就遭遇极大的阻力和破坏，最后造成这种制度的全部隳坏。理由何在呢？还是首先从批判相反意见来开始我们的讨论。

邓广铭先生最近在《唐代租庸调法的研究》一文[①]中完全否定了均田制在任何程度上的推行。其论点有三：第一，邓先生认为杜佑所著《通典》一书首重食货，而《食货典》之首篇则为田制，“他在田制篇中对于历代的土地制度，特别是北魏以来的均田制度，无不详加记载，对于唐玄宗开元二十五年所颁布的均田法，在他虽是认为‘虽有此制’而未之能行，也都原原本本地记载了下来，而独独对于武德七年的均田令却无一字道及”，邓先生“单从这一事实”就作了如下的推断：“假如武德七年的均田令在发布之后确曾认真施行过，确曾在其时社会经济的发展上发生过必然会要发生的重要作用，则在极端重视这等事实的杜佑，既不会在无意中把它疏忽过去，更不会有意地漏去不载的；而事实既恰恰是没一字涉及到它，则此一法令在唐代初年必然不曾在任何的程度上实行过。(既然都是压根儿不曾实行过的一种具文，则武德七年的均田令便也无以异于开元二十五年的均田令，后者既更格外加详，既已将前一次的条目全部包拢在内，故杜佑只把后者记载下来，而且仅仅在条文提出之后立即提出了全盘否定的案语了。)”

我的意见恰恰相反，杜佑的记载不但不能说明均田令只是一纸具文，反而足以证明均田制之确曾推行。《通典》的《田制篇》讲到了有关唐代土地制度的很多方面，诸如职分田、公廨田等均一一加以记载，但《田制篇》毕竟不是以这些完全可以肯定已经实行了的田制的记载作为开端，而在篇首冠以开元二十五年的均田令，如果均田令只是一纸毫无意义的具文，杜佑为什么会这样排列呢？假使承认杜佑不载武德七年令的原因是由于均田制并未推行，那就对他记载的均田制大坏的开元二十五年的均田令更是不可理解的了。也许有人要问：武德七年令为何不载？我觉得从《通典》的整个体例看，尤其在《田制篇》中，我们可以发现杜佑是采取了简略的综合叙述方式。他把均田制、职分田、公廨田交织在一起，简要地记载了下来，所以其中有所疏漏是不可避免的。比如有关职分田与公廨田的不同时期颁布的法令亦均未详细载明，但我们不能据此就否定了这两种制度亦未推行。可能杜佑认为均田制早已奠基于北魏，

① 载《历史研究》1954年第4期。

唐代不过承其余绪而已。既然已将以往的均田制度详加记载，此处仅将开元二十五年的均田令记载下来也就够了，尤其是正如邓先生所说，此令已将武德七年令中的条目全部“包拢”在内了。

邓先生所指杜佑所加“全盘否定的案语”，大概是指“虽有此制，开元之季、天宝以来，法令弛坏，兼并之弊，有逾于汉成、哀之间”一语而言的。我觉得邓先生所谓“全盘否定”是对杜佑原意的曲解，因为：首先，杜佑用了“弛坏”二字就并不意味着他对均田令自始就加以“全盘否定”，而只是说明他认为均田制的破坏是逐步的、缓慢的；其次，杜佑特别指出这种“弛坏”及大规模的土地兼并是“开元之季、天宝以来”的事，这不但不能证明均田制自始就未曾实行，反而足以证明杜佑对武德、贞观以来均田制的推行是抱肯定态度的。

邓先生的第二个论点是：隋末，潼关以东，大河南北是“茫茫千里，人烟断绝，鸡犬不闻，道路萧条”[①] 的土旷人稀之区，而永徽五年（654）贾敦颐迁洛阳刺史时，却发现该处“富豪之室皆籍外占田，敦颐都括获三千余顷以给贫乏”[②]，邓先生认为这“不但说明洛阳境内兼并之弊已在发展，而且说明这一州内的贫乏民户也实在不少。如是其多的贫乏民户，竟不曾成为唐政府施行均田法令的对象，在贾敦颐将括获的籍外占田分给他们时也并不说是依照均由法令办理的，这种种，已足可说明一桩事实：即在唐代初年的关东，虽正应是均田法令大有可为之时之地，而竟无丝毫确曾推行过此一法令的迹象可寻”。

这一论点同样也是不正确的。均田制的推行并不排斥土地兼并的存在，我们不能认为只要有土地的兼并与集中，就绝对不曾有均田制的推行，此其一。邓先生在这里特别疏忽的是没有注意时间因素，而笼统称为“唐代初年”，事实上，永徽五年距武德七年（624）已经整整三十年了。我们解放后的土地改革，无论在推行的程度上，对土地兼并的限制上，均较唐代的均田制彻底得多；但在土地改革后的短短数年中，新富农对土地的兼并已经萌芽了。所以均田制实行三十年后，如果对土地兼

---

① 《贞观政要》卷2《纳谏》附《直谏》凡十章。

② 《旧唐书》卷185上《贾敦颐传》。

并的现象还表示诧异，那就太天真了。因此，我们不能根据永徽三年的记载就全盘否定了武德七年均田令的施行，此其二。邓先生根据当时贾敦颐将括获之田“以给贫乏”时，“并不说是依照均田法令办理的”，于是就断定均田制并未施行，但我们也没有理由断定当时一定不是按照均田令办理的。按所括获者均为“豪富之室”籍外所占之官田，而把官田授给贫乏是正与均田制的基本精神相吻合的，既然均田法是当时的正当法令，此处也就不必赘述按均田令办理了，何况这是出自私传中的一段材料。如果这一推断正确，那就更足以说明与土地兼并平行发展的，还有在一定程度上推行着的均田制，此其三。由此可见，邓先生这一论点缺乏充分与必要理由，因而也是不能成立的。

邓先生的第三个论点是：根据敦煌沙州敦煌县的户籍残卷所载“每一户的已受田的数目距其应受田之数无不相差甚多，而已受田与未受田的比例各户又绝不相同”，于是就得出结论说“这已足可说明唐初均田制度实际上之并不存在”；况且“每户所有的土地，虽都冠以永业或口分之名，而却大都是零星分散在四面八方，和‘务从近便，不得隔越’的原则全不相合”。邓先生在分析了大足元年（701）效谷乡常習才和张玄均等家的土地分布情况后，认为“每一家的土地既大部都是分散在相距遥远的数处地方，连仅仅有少量土地的人家也在所不免，这种状态显然可以说明各段土地之绝非由政府颁受而得，而是各户人家在不同年月内凭靠不同的机缘分别购买而得的”。

以上分析显然是忽略了均田制施行时授田的实际条件，因为：第一，在唐初均田制开始推行时，已经就出现了受田不足的狭乡，何况在距武德七年（624）以后已八十年左右的大足元年，在土地兼并已经相当发展，官田几经收授之后，这种受田不足，甚至“距其应受田之数”“相差甚多”的现象之存在，是完全合乎情理的。第二，各户各丁受田并非同年，在不同的年月里，所谓“已受田与未受田的比例各户又绝不相同”的情况正是实际条件造成的必然结果。第三，邓先生根据授田的分散，认为违反“务从近便，不得隔越”的原则，就肯定这些土地“绝非由政府颁受而得，而是各户人家在不同的年月内，凭靠不同的机缘分别购买而得的”。关于此点，我觉得首先应该弄清“隔越”的原意是什么？《通典》卷2《食货典·田制》下篇："诸给口分田，务从近便，不得隔越，若因州县政易，隶地入他境及犬牙相接者，听依旧受；其城居之人，本县无田者，听隔县给受。"《大唐六典》卷3《户部门》："凡给口分田，皆从近便，居城之人，本县无田者，听隔县给受。"可见所谓"隔越"主要是指隔州、隔县而言的，邓先生所用敦煌材料既属同乡，又属同县，自然不能算"隔越"。其次，我们解释与"务从近便"相矛盾的情形。事实上，产生这种受田分散情况的可能因素很多，除邓先生所举敦煌县境"沙阜与沟渠之较多"的理由外，我们仍可以再举以下几点：其一，邓先生也承认均田制是"丝毫不触犯土地私有制度"的，故隋代传下来的私有土地在唐初是依然存在的，所以我们不能想象在实行均田制时，私有土地集中在一起，官田集中在一起的情形是现实的，恐怕事实恰恰是二者穿插交织在一起的，这就有可能使受田分散，不易集中。其二，经过土地兼并后，再加上在不同时期收回不同数量分散各处的口分田，对各类受田户之受田丁进行不同授田的复杂条件，则这种"零星分散"的情形是十分自然的；反之，当时如果出现了整齐划一的受田情况，那倒是不易理解的了。

如果说，均田制未曾在任何程度上施行过，为什么李唐政府把农民的土地均冠为"永业""口分"之名呢？邓先生认为在"唐初发布了均田令之后，只是把全国土地的名称用'口分'和'永业'两词整齐划一了一次，并没有超出乎这一工作之上，而更不曾依其令文中所定办法向全国的无田产或田产很少的农民授过土地"。邓先生在另一处又说："唐初所宣布的所谓均田令，自始就不曾认真推行过，其在下令之后所确曾做过的工作，只是把全国各地民户私有的土地一律更换其名称，凡在一户丁口平均二十亩数量之内的，一律改称为世业田；超出乎此数之外的，一律改称为口分田。……唯其如此，所以在武德七年的均田令中并没有禁止买卖世业口分的规定（高宗永徽中曾下令'禁买卖世业口分田'，那只是为要给予豪强兼并之家一些限制，故规定凡要买卖土地的全须先经政府批准，不经批准者不得私自进行买卖。因而不能把这一禁令中所谓世业口分田理解为全是从政府领受得来的土地）"。

关于邓先生此一意见，兹提出以下几点质疑：其一，如果承认将土地冠以口分永业之名只是一种核实田亩的举措，那我们就无以了解把土地划分成两类的办法如何能达到“整齐划一”的目的了。只把每户土地的数量登记下来岂不更会“整齐划一”？其二，法令中既然规定口分田是要收授的，则在给农民私有土地冠以口分之名时，即令均田法为具文，也会引起农民的顾虑，甚至遭到反抗，但我们却从未发现有这种记载；此外，我不但没有看到正式取消收授之制的诏令，反而在开元二十五年的令中还能看到收授的规定。如口分永业田确系全为私有土地或包括了私有土地，则拥有大量土地之地主所登记之受田必然要超过应受田之数。而敦煌的户籍残卷中所昭示的事实却是“每一户的已受田的数目距其应受田之数无不相差甚多”。由此可见，所谓受田，口分永业田均为受自政府的官田，既非私有土地，也并不包括私有土地。其三，从武德七年（624）令中未明白禁止世业口分田之买卖而否定均田制之推行是皮相的，错误的。按原令中已有“口分则收入官更以给人”一句，是已包含了“这种土地系受自政府，不得出卖，故将来仍须交还政府”之意，即使承认武德七年令中未明确有此禁令，永徽之后再加以充实法令也是完全可能的，因为均田制并不是，也不可能是一次颁布之后就一成不变，永远成为定法的。恐怕真实的情况正是在推行的过程中，由于不断发现问题，逐渐遭受破坏，所以法令中的禁令才日益繁复起来的。由此可见，武德七年令中无此禁令不足以成为否定均田制实行的理由，而永徽之后，禁止买卖永业口分田的事实却还是肯定均田制实行的证明。其四，即使承认武德七年均田令公布后，仅将私有土地冠以永业口分之名，那我们也很难理解这种毫无意义的举措，为什么到一百年后的开元、天宝时还继续存在，因唐玄宗时仍有禁止世业口分田的诏令（详见下文）。其五，永业口分田如均系农民私产，则政府对于私有土地明令禁止买卖是比较难于理解的，这正如在资本主义社会里，资产阶级虽也企图取消土地私有制，但由于“侵犯某一种私有权形式，侵犯某一种劳动要件私有权形式，就使另一种私有权形式也受到很大的危险”①，所以资产阶级这种企图是

① 马克思：《剩余价值论》第2卷，第1篇，转引自列宁《社会民主党在1905年第一次俄国革命中的土地纲领》，第124页。

无法实现的。同样，我们也可以说，以保障土地私有权为目的的地主政权所禁止买卖的只是受自政府的官田，而不可能是农户的私产。此外邓先生把禁止买卖永业口分田与一般土地买卖时，须“申牒官司”“彼此除附”二者混同起来，并据以做出否定均田制之实行的结论也是不恰当的。因为官司登记土地买卖自然就是准许私有土地的买卖，这与禁止买卖世业口分田完全是两回事。

邓先生在表述了自己的意见以后，又举出了陈登原先生及日人铃木俊的论点以为佐证。现在我再就上述二人的意见略加剖析。

陈先生否定均田制实行的第一个根据是：“至于世业口分之田，如何授受，则史无明文；兼并之迹，则传有明记。”“所谓二十为世业，八十为口分，要亦虚立其制。《唐书》卷113《员半千传》：‘自陈臣家赀不满千钱，有田三十亩、粟五十石，闻陛下封神岳，举豪英，故鬻田走京师。’其事在高宗咸亨中（670—673年）此其证也。”①

所谓“如何授受，则史无明文”并非事实，除两《唐书·食货志》及《唐会要》作了简略记载外，《六典》《通典》尤其是《唐律疏议》等书均有比较详细的记载。至于以“兼并之迹，则传有明记”作理由，这同样是绝对化地认为有均田制则绝无兼并，有兼并之迹则绝无均田制，关于此点，前文已批判，不再详论于此。陈先生的唯一史料根据是《员半千传》，因他只有三十亩而非百亩，故推知受田百亩之虚妄，事实上这是一种错觉。根据这条记载，我可以做出完全相反的结论，理由是：第一，员半千这三十亩土地并非受自政府官田，而纯系个人私产，假如是受田所得，则在永徽禁令之后，他绝不敢在皇帝面前公开承认他违法出卖了世业口分田；第二，既然这些私产可以自由买卖，则可见不许出卖的世业口分田必系受自政府的官田，这就证明邓先生所谓世业口分只是给全国百姓土地冠名的说法是错误的；第三，因为三十亩土地是私产，所以我们不能推断员半千究竟受田若干，从而陈先生的结论是毫无根据的。

陈先生的第二个根据是：“且以事实言之，唐初每丁，得有田百亩，

① 陈登原：《中国田赋史》，第93、94页。

则人之登于丁籍者，自有受田之权利可享。人之避登丁籍者，当反损其受田之权利。以常人之心理言之，丁必将自奋自发，以求附于国家之‘籍帐’——而环顾事实，则大谬不然，但见户之规脱也，但见国家之括收也，抑当时之丁男，皆不欲受田欤？抑当时之丁男实苦于以丁为本之赋制也。”①

陈先生所谓“人之避登丁籍”当然是指“逃户”而言的，而逃户的产生自然与赋税剥削有着不可分的密切关系，但逃户的出现却未必就能证明均田制并未实行。受田足百亩的丁男、中男对各种赋税是容易负担的；在狭乡，则这些赋税对受田不足者就成为过重的剥削了。此外，在土地兼并及均田制破坏的过程中，受田不足日益成了普遍的现象，于是受田的好处已经不足抵偿赋税剥削，逃户自然也就会日益普遍起来。按《会要》中，较早之逃户记载为证圣元年（695），距武德七年（624）已七十年左右，因此，根据后来的逃户否定唐初的均田制是错误的；此外，根据当时的逃户否定当时并不授田也是不正确的。与此相反，均田制实行的初期我们却并未发现有严重逃户的记载。

日本人铃木俊否定均田制实行的理由，按邓先生的综合，基本上有两点：第一，“唐代史籍中完全没有记载均田制度何时废止的事”。均田制“既然不曾施行过，当也就用不着明令废止，故史书中也就不可得而记载了”。在史书中，不曾明令废止而实行过的制度多得很，难道我们能把它们一笔抹杀吗？何况土地兼并与均田制破坏是逐步发展的，而在“安史之乱”以前，均田制也还一直在一定程度上推行，根本没有明令废止的必要。范阳兵起之后，在历史条件剧烈变动的情况下，不仅均田制，恐怕其他很多制度也在没有明令废止的情况下自行废止了。第二，“唐代的均田制度，既几乎完全不曾实行过，因而只是一种抽象的图案，是和当时社会情况完全脱节的，是一种仅具形式的条文”。铃木俊到底引用了哪些材料证明均田制与当时社会完全脱节，我因手头无原书，不得而知，但根据我的认识，则均田制与唐初的社会情况恰是相当吻合的。

为了研究均田制实行的社会条件，我以唐初的耕地面积、户口数量

---

① 陈登原：《中国田赋史》，第94、95页。

及唐政府掌握官田的多寡三方面进行分析。

隋大业二年（606）户八百九十万七千五百三十六，杜佑说："此隋之极盛也。"经隋末长期战乱后，至唐初，所余者不过二百余万户。[①] 由武德至永徽三年经过约半个世纪的发展，不过增至三百八十万户。[②] 大概武德七年（624）实行均田制时，户口尚不足大业时的三分之一。这是唐初人口大量减少的情况。

大业中，天下垦田五千五百八十五万四千四十顷[③]，杜佑疑其不实，即以开皇九年（589）论，垦田亦达千九百四十四万四千二百六十七顷[④]。唐初垦田若干虽无记载，大概去隋不远，而较开皇之数则有增无减。如以二百余万户均大业垦田之数，则每户合垦二十余顷；如均开皇之垦田数，则每户亦当合耕地七顷有余。无论按何者计算，亦可以看出劳动力有限，不足使用，故当时大量土地抛荒的严重情形是完全可以想见的。正因如此，所以由高祖历太宗至高宗，对户口的增加均曾给予相当的注意。

劳动力的不足，大量良田之鞠为茂草，对李唐政府必然造成财政不足的问题。因此，地主政权考虑到如何合理地使用这有限的劳动人手，使其最大限度地发挥作用，采取"务农敦本"政策，也就是十分自然的。由此可见，实行均田制对地主政权是完全必要的。

仅有此必要性还不能保证均田制一定能够实行，为了使这一制度实现，还必须具备可能的条件。这个条件就是李唐政府必须掌握有足够的官田。当时政府究竟拥有多少土地，史无明文记载。但根据当时一些侧面材料，可以推知官田的面积是相当庞大的。大量职田、授官田、公廨田、屯田的存在自然已经足以说明此点。此外，唐初赐田的情形亦可作为参考，如：李渊初平长安曾赐裴寂"良田千顷"[⑤]。太宗亦曾赐孙伏伽"兰陵公主园，值百万"[⑥]，至睿宗时，尚能赐刘幽求"良田千亩"[⑦]。其

---

① 《通典》卷7《食货典·历代盛衰户口》："大唐贞观，户不满三百万。"

② 《唐会要》卷84《户口数》。

③ 《通典》卷2《食货典·田制》下。

④ 《通典》卷2《食货典·田制》下。

⑤ 《旧唐书》卷57《裴寂传》。

⑥ 《新唐书》卷97《魏徵传》。

⑦ 《新唐书》卷121《刘幽求传》。

他赐田数百顷、数十顷之记载很多，今不备录。

从上述分析可以得出下列结论：李唐政府从缓和阶级矛盾及保护赋税出发实行均田制是既属必要，又为可能。由此可见，铃木俊的结论是主观主义的，并无任何根据。

以上，我只是消极地批判了各种全盘否定均田制实行的意见；往下，我要从积极方面证明均田制确曾在一定程度上推行过这一事实。

邓先生虽然把永业、口分田全部当作私产，但对授田的记载却并未全部归诸具文，且又无一字涉及，而我们在史料中所发现关于授田的记载却又偏偏很多。如“关辅之地，萌庶孔殷，丁壮受田，罕能充足……臣家令寺有地九百余顷，特请回授关中贫下等色”[①]；开元末，“以京畿地狭，计丁给田犹不足，于是分诸司官在都者，给职田于都畿，以京师地给贫民”[②]。这里所说“丁壮受田”“计丁给田”，显然是指均田制而言的，因此也就出现了受田足与不足的问题，由此亦可推知，把这些土地“回授贫下等色”及“给贫民”正是为了保证均田制之继续实行。官授田的记载直到开元、天宝时仍有，玄宗的一道诏书曾载：

> 两京去城五百里内，不合置牧地，地内熟田仍不得过五顷已上，十顷已下。其有余者，仰官收。应缘括简共给授田地等，并委郡县长官及本判官录事相知勾当，并给复业，并无籍贯浮逃人，仍据丁口，量地好恶，均平给授，便与编附。……官人亲识工商富豪兼并之家，如有妄请受者，先决一顿，然后准法科罪。[③]

“据丁口”“量地好恶”“均平给授”明显地说明这是按均田制授田的，由兼并之家可以“妄请受”亦证明授田制是确实存在的，这些记载已否定了永业、口分田全系百姓私产的说法。

所有以上授田记载是否也属具文，均未实行呢？不是的。邓先生所引敦煌户籍残卷中，已有“应受田”“已受田”的字样，可惜邓先生对这

① 《文苑英华》卷605《皇太子请家令寺地给贫人表》。

② 《新唐书》卷55《食货志》。

③ 《全唐文》卷33玄宗《禁官夺百姓口分永业田诏》。

一事实并未分析。此外，更有积极方面的史料可以证明，开元二十二年（734）的一道诏令载："其今年租，八等已下特宜放免；地税受田一顷已下者，亦宜放免。"[①] 可见授田制不但已经实行，而且成了免税时的一种依据。

如果武德七年（624）的均田令纯系具文，则贞观时所定之《唐律》已无必要对有关均田制各方面的制度加以规定了。但事实却是不但《唐律》有明文规定，甚至在均田令公布后三十多年的永徽之际，长孙无忌等撰《疏议》时，还对这些法律特别详尽地做了阐述。难道这是煞有介事的无的放矢吗？明乎此，则开元二十五年（737）再度颁布均田令的道理就不辩自明了。

此外，我们还可以从一些侧面的事实证明均田制之实行。开元十年（722），玄宗令："内外官职田，除公廨田园外，并官收，给还逃户及贫下户欠丁田。"[②] 这里的"欠"与"不欠"均系就"丁"而言，为什么不说"欠户田"呢？欠与不欠的标准当然是按受田百亩来衡量的。官收职分田以给贫下户欠丁田，正是为了继续均田制的推行。开元二十五年令称："若从远役外任，无人守业者，听贴赁及质。"这自然是指受自政府的口分、永业田而言的，因法令规定官授田"不得贴赁及质，违者财没不追，地还本主"[③]。若无授田，当然也就没有再作此项规定的必要了。另一有关的制中称："天下百姓宜劝得种桑枣，仍每年每丁种桑三十树。其寄住、寄庄、官荫、官家每一顷地，准一丁例。"[④] 我们知道百姓课植桑枣是指永业田而言的，此处"寄住、寄庄、官荫、官家"系指官僚田产而言，由每顷"准一丁例"可知仍以每丁受田百亩为标准，如果无均田制实行，则此处只能按亩课植而不能准"丁"之例了。

《唐律疏议》一书中可以证明均田制实行之积极方面的材料很多，待谈均田制内容时再加引用，此处不再赘叙。

如上所述，我们从全部关于均田制的记载综合研究，而不是只根据

---

① 《册府元龟》卷490《邦计部·蠲复》2。

② 《旧唐书》卷8《玄宗纪》上。

③ 《通典》卷2《食货典·田制》下。

④ 《唐大诏令集》卷111《劝天下种桑枣制》。

个别事例加以片面的理解，可以完全肯定均田制是确实推行过的。但这不等于说我们可以完全肯定其百分之百地推行，我所以一再指出“在一定程度上推行”就是这个道理。邓先生所引大部材料均足以说明此点，不同的只是我根据这些材料，在承认均田制不曾彻底实行并不断遭受破坏的基础上，还是肯定了它的实行；而邓先生根据同样的材料却作了全盘否定的结论。总之，我的意见是：在均田制实行的过程中，一定程度上的实行与未能全部彻底实行，实际上的授田与均田制的破坏，均为问题的两个方面，忽略了任何一方面都是片面的看法，不可能得出正确的结论。

二　均田制的内容

均田制并非平均土地，而只是平均授田的一种制度，其基本内容包括政府对农户的授田及对王公、职事官的授田两方面，后者实际上是俸禄的转化物，对社会经济的意义与作用同前者不能同日而语，所以我们研究的主要对象是农户的受田。

首先，我们对受田者的条件，受田的数量及永业田、口分田之如何划分作一探讨。《唐会要》卷83《租税》上：

> （武德）七年三月二十九日，始定均田赋税。凡天下丁男给田一顷，笃疾、废疾给四十亩，寡妻妾三十亩，若为户者加二十亩。所授之田，十分之二为世业，余以为口分。世业之田，身死则承户者受之，口分则收入，官更以给人。

关于受田者，除上述丁男，笃疾、废疾及寡妻妾外，其他各书所记有所增添。《旧唐书·食货志》于丁男后又加“中男”，亦授田百亩，《通鉴》卷190载武德七年令亦作“丁、中之民，给田一顷”，《新唐书·食货志》载“丁及男年十八以上者，人一顷”，唯除中男外，《新唐书》又作“老及笃疾、废疾者，人四十亩”，则此处又增年过六十的“老”，受田者中究竟是否包括“中男”与“老”呢？我们再来考察一下杜佑的记载。杜佑为唐人，入仕于玄宗时，他亲自看到过开元二十五年（737）的均田令，故《通典》记载比较可信，按其原文为：“其中男年十八以上，亦依丁男给，老男、笃疾、废疾各给口分田四十亩”①，比《通典》更确凿的是玄宗御撰之《大唐六典》，此书亦称“丁男、中男以一顷（中男年十八以上者亦依丁男给），老男、笃疾、废疾以四十亩”②，由此二书推断，则中男与老男均应受田，故可见《会要》《旧唐书》《通鉴》均有所脱漏。是否唐初授田无此二者，均为以后所加呢？以常理度之，恐非如此，因《通典》《六典》所载均玄宗时法令，在受田不足，均田制大坏的时期尚且包括了中男及老男，那么在土旷人稀的武德、贞观之时就更应把二者包括进去了。

除以上受田者外，《六典》又增“凡道士给田三十亩，女冠二十亩，僧、尼亦如之”，这几种受田者是在武德七年即已受田呢？还是以后增加的呢？吾人今日已不可考。此外，《通典》载开元二十五年令，受田三十亩者又有黄、小、中等。

关于受田数量及永业、口分之如何划分，各书记载亦颇不一致。丁男、中男受田百亩，其中二十亩为永业、八十亩为口分，这是各种记载完全一致、毋庸置疑的事实。老、笃疾、废疾所受之四十亩，寡妻妾所受之三十亩及当户者所增之二十亩有无永业、口分之别呢？如有，怎样区别呢？是均以十之二为永业，余以为口分呢？还是均以二十亩为永业，余以为口分呢？这同样也牵涉到狭乡，丁男、中男受田不足百亩时，永业、口分又如何划分的问题。

《会要》《旧唐书·食货志》《通鉴》均在所有授田分别叙述后，总结为：所有授田，十之二为世业，八为口分。唯独《新唐书·食货志》则为：“丁及男年十八以上者，人一顷，其八十亩为口分，二十亩为永业。老及笃疾、废疾者，人四十亩；寡妻妾三十亩，当户者增二十亩，皆以二十亩为永业，余以为口分。”问题就在这里，按《新唐书》记载，只有在丁男、中男受田足百亩的情况下，永业与口分才成二与八之比，

① 《通典》卷2《食货典·田制》下。

② 《大唐六典》卷3《户部郎中·员外郎》。

在其他任何情况下，这一比数均不能适用。关于此一分歧，《六典》仍未给我们作任何明确指示。只有《通典》的记载最详细，可作参考，《通典》卷2《食货》2田制下：

> 丁男给永业田二十亩，口分田八十亩，其中男年十八以上亦依丁男给。老男、笃疾、废疾各给口分田四十亩，寡妻妾，各给口分田三十亩。先永业者，通充口分之数。黄、小、中、丁男及老男、笃疾、废疾、寡妻妾当户者，各给永业田二十亩，口分田二十亩，应给宽乡并依所定数，若狭乡所受者，减宽乡口分之半。其给口分田者，易田则倍给（宽乡三易以上者，仍依乡法易给）。

这段文字有错误，首先须加以更正：受永业田二十亩及口分田三十亩之“贫户者”除黄、小、中、丁男、寡妻妾外，当不包括老男及笃疾、废疾者，因前已载明他们所受口分田为四十亩，而非三十亩，此处应作老男、笃疾、废疾当户者各给永业田二十亩，口分田四十亩。

由《通典》记载可以看出，第一，老男、笃疾、废疾所受四十亩及寡妻妾所受三十亩均为口分田，并非十之二为永业，十之八为口分；第二，除丁男、中男外，其余受田者只有在“当户”的情况下才有永业田二十亩，这是完全合乎情理的，永业田是“身死则承户者授之”的，所以不当户者身死之后则永业田无人可继承，从而也就没有受永业田的必要了；第三，由以上两点可以推定狭乡受田，丁男、中男不足百亩时，亦以二十亩为永业，余以为口分，因除受田足百亩者外，所有各项受田均为此种情况，可见二与八之比数是后人臆造的，且《通典》更指出，狭乡受田只口分田减半，而地力不足之“易田”亦仅口分田倍给，则永业田固定二十亩之理不辩自明。

从上述结论可推知《会要》《旧唐书·食货志》《通鉴》等书笼统地把所有受田中永业、口分之比数定为二比八是错误的，只有《新唐书·食货志》的记载比较正确，可能欧阳修撰书时是下过一番考证功夫的，该书不足的是“皆以二十亩为永业，其余为口分”一句比较含混，应进一步指出不当户者只受口分并无永业一点。

根据不当户者无永业田的结论，可以断定道士及僧所受之三十亩，女冠及尼所受之二十亩亦均为口分田。

比较特殊的是："诸以工商为业者，永业口分田各减半给之，在狭乡者并不给。"① 另一种特殊情况是："凡官户受田，减百姓口分之半。"②

除口分、永业田外，授田中的一个极次要的部分为"应给园宅地者，良口三口以下（《六典》作上）给一亩，每三口加一亩；贱口五口给一亩，每五口加一亩，并不入永业、口分之限。"③ 此种土地不收授，永归受田户所有。④

受田数量，在一般情况下，不能超过法令规定之数，但在宽乡亦有例外，如原定"诸占田过限者，一亩笞十，十亩加一等；过杖六十，二十亩加一等，罪止徒一年"，不过"若于乡闲之处，不坐"，理由是："计口受足以外，仍有剩田，务从垦辟，庶尽地利，故所占虽多，律不与罪。"⑤

其次，当进一步研究所有受田的占有、买卖及转移的情况。前已指出，武德七年（624）令虽无明文禁止买卖世业、口分田，然而由口分田"收入官更以给人"的规定已可推知这种受田在一般情况下是只能占有，不能出售的。法律中更规定"诸卖口分田者，一亩笞十，二十亩加一等，罪止杖一百，地还本主，财没不追"⑥。至于永业田，则于"永徽中"，始见"禁买卖世业、口分田"⑦ 之记载，大概此时兼并之风已经开始，为了继续维持均田制，故此项受田亦入禁售之列。此后，"豪富兼并，贫者失业，于是诏买者还地而罚之"⑧。随着土地集中之剧烈发展，政府对世业、口分田买卖之禁令亦更繁密，所以直至均田制大坏的玄宗时，仍降诏令，重申禁止之意。⑨ 除禁止买卖外，受田亦不得"贴赁及质，违者财没不

① 《通典》卷2《食货典·田制》下。

② 《大唐六典》卷3《户部郎中·员外郎》。

③ 《通典》卷2《食货典·田制》下。

④ 《唐律疏议》卷12《户婚·卖口分田》："口分田，谓计口受之，非永业及居住园宅，辄卖者……"可见所受居住园宅土地可出卖，不在收受之限，大致与永业田性质相近。

⑤ 《唐律疏议》卷13《户婚·占田过限》。

⑥ 《唐律疏议》卷12《户婚·卖口分田》。

⑦ 《新唐书》卷51《食货志》。

⑧ 《新唐书》卷51《食货志》。

⑨ 《全唐文》卷30玄宗《禁卖永业、口分田诏》。

追，地还本主”①。

以上规定只是就一般情形而言，在一些特殊的情况下受田也可买卖或贴赁及质。如“庶人有身死，家贫无以供葬者，听卖永业田，即流移者亦如之”；为了奖励狭乡农民迁往宽乡，以保证受田，又规定，“乐迁就宽乡者，并听卖口分”；口分田如“卖充住宅、邸店、碾硙者，虽非乐迁，亦听私卖”②。为了防止借此准许买卖之便大肆集中土地的现象产生，遂规定，“诸买地者，不得过本制，虽居狭乡，亦听依宽制；其卖者，不得更请”；且“凡卖买，皆须经所部官司申牒，年终彼此除附，若无文牒辄卖买，财没不追，地还本主”③。受田典贴方面的例外情形亦有，如“若从远役外任无人守业者，听贴赁及质”④。

最后，我们看看有关授田的一些具体实施办法。为了不影响生产，在农隙授田，故“应收授之田，每年起十月一日，里正预校勘造簿，县令总集应退、应授之人，对其给授”，因授田的基本目的是充分利用劳动力，保证赋税，缓和阶级矛盾，所以授田时“先课役，后不课役；先无，后少；先贫，后富。其里正皆须依令造簿通送”⑤，为了保证受田充分，在奖励迁往宽乡方面，除前述乐迁者得并卖永业、口分田外，又规定“去本居千里外复三年，五百里外复二年，三百里外复一年”⑥。为了避免隔越州县，因此规定“凡田，乡有余以给比乡，县有余以给比县，州有余以给近州”⑦。为了使法令彻底得到贯彻，对授田不当之里正，如“应受而不授，应还而不收”者，规定“失一事笞四十”⑧。关于收授方面，亦有特殊情况，如“诸因王事没落外藩不还，有亲属同居，其身分之地，六年乃追，身还之日，随便先给。即身死王事者，其子孙虽未成丁，身分地勿追。其因战伤及笃疾、废疾者，亦不追减，听终其身也”⑨。

---

① 《通典》卷2《食货典·田制》下。

② 《通典》卷2《食货典·田制》下及《唐律疏议》卷12《户婚·卖口分田》。

③ 《通典》卷2《食货典·田制》下及《唐律疏议》卷13《户婚·妄认盗卖公私田》。

④ 《通典》卷2《食货典·田制》下。

⑤ 《唐律疏议》卷13《户婚·里正授田课农桑违法》。

⑥ 《唐律疏议》卷13《户婚·应复除不给》。

⑦ 《新唐书》卷51《食货志》。

⑧ 《唐律疏议》卷13《户婚·里正授田课农桑违法》。

⑨ 《通典》卷2《食货典·田制》下。

法律对受田农民是强制劳动的，地方长官有监督生产之责，故“诸部内田畴荒芜者，以十分论，一分笞三十，一分加一等，罪止徒一年（州县各以长官为首，佐职为从）。户主犯者，亦计所荒五分论，一分笞三十，一分加一等”①。

以上是均田制中对一般农户授田的法律规定。

关于王公及职事官等受永业田的情形，《通典·田制》下篇②的记载比较详细正确：

其永业田，亲王百顷，职事官正一品六十顷，郡王及职事官从一品各五十顷，国公若职事官正二品各四十顷，郡公若职事官从二品各三十五顷，县公若职事官正三品各二十五顷，职事官从三品二十顷，侯若职事官正四品各十五顷（《六典》作十四顷），伯若职事官从四品各十顷（《六典》作十一顷），子若职事官正五品各八顷，男若职事官从五品各五顷，上柱国三十顷，柱国二十五顷，上护军二十顷，护军十五顷，上轻车都尉十顷，轻车都尉七顷，上骑都尉六顷，骑都尉四顷，骁骑尉、飞骑尉各八十亩，云骑尉、武骑尉各六十亩，其散官五品以上同职事官给。兼有官爵及勋俱应给者，唯从多，不并给。若当家口分之外先有地非狭乡者，并即回受，有剩进收，不足者更给。诸永业田皆传子孙，不在收授之限（《六典》作“此授”），即子孙犯除名者，所承之地亦不追。每亩课种桑五十根以上，榆、枣各十根以上，三年种毕，乡土不宜者任以所宜树充。所给五品以上永业田皆不得狭乡受，任于宽乡隔越射无主荒地充（即买荫赐田充者，虽狭乡亦听）。其六品以下永业，即听本乡取还公田充，愿于宽乡取者亦听。应赐人田，非指的处所者，不得狭乡给，其应给永业人，如官爵之内有解免者，从所解者追（即解免不尽者，随所降品追）。其除名者，依口分例给，自外及有赐田者，并追。若当家之内，有官爵及少口分应受者，并听回给，有剩追收。其因官爵应得永业未

① 《唐律疏议》卷13《户婚·部内田畴荒芜》。

② 关于此种永业田，《六典》的记载基本上与《通典》同，唯《新唐书·食货志》所载脱误甚多，不足为据。

> 请及未足而身亡者，子孙不合追请也。诸袭爵者唯得承父、祖永业，不合别请；若父、祖未请及未足而身亡者，减始受封者之半给。

此外，《通典》又载“诸狭乡田不足者，听于宽乡遥受”，按农民受田均自己耕种，必受于本乡，上述王公以下受田，五品以上者，已规定受于宽乡，故此种“遥受”于宽乡的制度必然指六品以下受田于本乡者而言。

此种永业田，在法律上，是比农民所受之永业田更具有私有权性质的，因“五品以上若勋官、永业地，亦并听卖”①，且除可自由出卖外亦可贴赁②。

官吏“流内九品以上口分田终其身，六十以上停私乃收。凡给田而无地者，亩给粟二斗”③。

根据均田制之各项记载，可以大致推知其发展情况。大概在武德七年最初颁行时，法令较简单。在实际推行的过程中，随着问题的不断发现及土地兼并对此田制的逐渐破坏，所以在贞观、永徽撰《唐律》和《疏议》时，均田制遂臻于完善，故《唐律疏议》一书把均田制的各方面基本情况都记载下来了。永徽之后直至天宝，制度本身无大发展，而各种限制买卖世业田、口分田之禁令则屡有所见，是均田制已逐渐走向破坏，因此《通典》《六典》之记载基本上没有什么新的内容。

三　均田制与赋税制度

关于均田制与赋税制度之关系，我们从租庸调、地税、户税三方面研究。

均田制与租庸调制在经济上的广义关系，容后讨论，在这里，只从二者在制度本身的法律上之狭义关系，作一探索。我们知道租庸调是按丁课敛，而均田制亦是按丁授田，但这是否就可以肯定二者是完全一致，

---

① 《唐律疏议》卷12《户婚·卖口分田》。

② 《通典》卷2《食货典·田制》下：“其官人永业田及赐田欲卖及贴赁者，皆不在禁限。”

③ 《新唐书》卷55《食货志》。

即由受田丁纳租庸调呢？不是的。《旧唐书·食货志》及《会要·租税》上篇载武德七年均田赋税法令时，均简单地作每丁岁入租庸调若干，《六典》亦作客户每丁岁入若干，《通典》载开元二十五年令为“诸课户一丁租调，准武德二年之制”，而武德二年时均田制尚未颁行。以上各种记载均未指明受田丁课役若干。唯独《新唐书·食货志》称：“凡授田者，丁岁输粟二斛，稻三斛，谓之租。”这是完全错误的。邓先生文中早已指出远在均田令颁布五年前的武德二年已有准丁租调之制，可见负担租庸调者并不一定是受田之丁。至于陆贽所谓“丁男一人，授田百亩，但岁纳租税二石而已，言以公田假人而收其租入，故谓之租”①，这是指均田制的实行是租庸调制的保证条件，因根据农民土地生产物而课以粟麦，故称为租，所以不可把这句话机械地理解为“受田之丁输租庸调”。更就实际情况而言，受田有足与不足之分，但租庸调却无多寡之别，对任何受田户均为同样数量之负担。且开元、天宝之际，均田制已经大坏，而租庸调制却仍继续推行，如将二者关系作机械理解，则此时李唐政府几已无租庸调之收入可言了，然而事实上却大谬不然。

过去治唐史者皆认为地税是王公以下至百姓据所有田亩之数，亩纳二升的义仓税，实际上，这是比较含混的说法，因为这里并未指明所谓“计所垦田，稼穑顷亩”②，究竟指的是什么性质的土地。《六典》载：

> 凡王公已下，每年户别据已受田及借荒等，具所种苗顷亩造青苗簿，诸州以七月已前申尚书省。至征收时，亩别纳粟二升，以为义仓。（宽乡据见营田，狭乡据籍征。若遭损四已上，免半；七已上，全免。其商贾户无田及不足者，上上户税五石，上中已下递减一石，中中户一石五斗，中下户一石，下上七斗，下中五斗，下下户及全户逃并夷獠薄税并不在此限）

这里已完全明白地指出地税是据“已受田及借荒”征收，也就是说，地

① 《陆宣公集》卷22《均节赋税恤百姓第一条》。

② 《唐会要》卷88《仓及常平仓》。

税只是根据官田之占有部分来征收，与社会上已经存在的私有土地无涉。“其商贾户无田及不足者”，显然是指商贾之户受田时“永业、口分各减半给之，在狭乡者并不给”而言的，如地税与受田无关，则此处根本就没有足与不足的问题了。前引《册府元龟》“地税受田一亩以下者，亦宜放免”一句，亦可证明地税与受田的关系，最雄辩的事实是天宝中“其地税约得千二百四十余万石”①，此数虽为杜佑估计所得，可能并不精确，但其约数当与事实相去不远，而杜佑作如是估计之唯一可能的根据是官田被占有的情形，因为如以每亩地税二升计算，则千二百四十余万石合税地六百二十余万顷，这与盛唐时全国近一千万顷垦田相较，真不啻为小巫之见大巫。此外，《敦煌户籍残卷》中只有受田而不见私有土地，亦可证明此说之正确。私有土地既与地税无关，又与租庸调制无制度上之关联，故未载入户籍之中，当然私有土地之多寡是影响户等之高低的，即与户税有关，但决定户等的条件除私有土地外尚有其他资产，故李唐政府为了征收户税，只要登户等就足够了，初无掌握各户全部土地及资财之必要，从而有类明代核实田亩的“鱼鳞图册”在唐代尚不可能出现，但受田则不但与地税有关，而且需要收授，所以户籍中只把此类土地详细登记下来。既然地税是根据官田履亩而税，那么受田户所承担者也就必然成为地税中之最主要部分了。

在户税方面，从上引《六典》放免地税记载，可知受田多少是直接影响定户时之户等的，所以定户等第时，资产中的土地部分既包括有私有田产，亦包括受田的。正因为实际情况是这样，故高宗在永徽二年，为了避免“据地收税，实是劳烦”，曾一度将地税改为“率户出粟，上下户五石。余各有差”。②

四　均田制的破坏

均田制破坏的基本原因是地主阶级逐渐兼并农民的土地及官田的日

① 《通典》卷6《食货典·赋税》下。

② 《唐会要》卷88《仓及常平仓》。

益减少。

官僚、地主、商人、高利贷者通过各种方式兼并土地，是我国封建社会中地主土地私有制存在的前提下必然发生的结果。马克思说：“在欧洲一切国家中，封建的生产，都以土地分给尽可能多数的臣属这件事作为特征。同其他一切主权者一样，封建领主的权力，不是依存于他的地租折的大小，而是依存于他的臣属的人数。后者又依存于自耕农民的人数。”① 在我们中国，地主的权力却不是依存于他所使用的农民的多少，而正是依存于他的地租折的大小，这就使地主阶级通过剥削而积累起来的财富，不是被考虑如何用以改进生产，而是被用作继续集中土地的手段。

唐初，在劳动力不足的情况下，拥有大量土地的地主如何获得劳动人手也成了迫切的问题。均田制在一定程度上的推行使得地主所能利用的农民更加减少，这就不可避免地造成地主必须以较低剥削的代价去诱致部分农民为他垦种。为了解决这一困难，只有使生产者与生产手段（主要是土地）分离，形成大量的相对过剩人口，因此，这就更加促进了地主阶级对农民土地的进攻。恩格斯曾经提出：“在全部中世纪时代，大地产之拥有是封建贵族获得贡物制农民及赋役制农民的先决条件。”②

在土地可以买卖及实物地租的条件下，农民阶级内部亦曾发生阶级分化，亦可产生剥削现象，大致农民的生活情况愈好，生活水平愈提高，社会生产发展愈迅速，则农民阶级中的这种分化也愈快。唐初实行均田制外，在地主政权轻徭薄赋、与民休息的政策下，生产的恢复及发展是比较显著的，这是培养农民阶级内部产生土地兼并这一现象的温床。

关于狭乡受田不足的农民，或生产条件较差，劳动力不足的农民，不但经不起天灾人祸的意外袭击，而且也不易完纳按丁征收的租庸调，因而就不免“农桑之际，多阙粮种，咸求倍息”，最后形成“贫者日削，富者岁滋”③ 的兼并现象。为了逃避赋税，破产的农民大多相率逃亡，于是“暂因规避，旋被兼并”④，加之官吏将逃户赋税“横征邻保”，这就

① 马克思：《资本论》第1卷，人民出版社1953年版，第906页。

② 恩格斯：《反杜林论》，生活·读书·新知三联书店1954年版，第233页。

③ 《全唐文》卷23玄宗《发诸州义仓制》。

④ 《全唐文》卷29玄宗《置劝农使诏》。

更使“逃人田宅，因被贱卖”[①]。

永业田、口分田既然不得买卖，那么这种土地兼并是否能促使均田制破坏呢？答复是肯定的。所谓受田不得买卖并不是绝对的，前已述及，贫无以葬者，乐迁宽乡者，卖充住宅、邸店、碾硙者，无人守业者，其永业田、口分田不但可以出卖，而且允许典贴。只要有这些条件存在，出卖土地者就不怕找不到借口。此外，官僚、寺观的强占亦使法律规定失去实际作用，如“张易之兄弟骄贵、彊夺庄宅、奴婢、姬妾不可胜数”[②]，“张昌宗强市人田”[③]，“寺观广占田地及水碾硙，侵损百姓”[④] 等。总之，在疯狂的土地兼并下，一切禁令均成具文，所以在玄宗时，李唐政府也不得不承认“天下百姓口分、永业田，频有处分，不许买卖典贴”，但实际情况却是“尚未能断”。[⑤]

大概土地兼并在武德、贞观时虽不严重，但已存在，永徽之后得到了进一步的发展，经“武周革命”后至开元、天宝时，已至不可收拾的地步了，故杜佑为之慨然。

官田减少是均田制破坏的另一个重要因素，这种减少可从绝对及相对两方面理解。绝对的减少就是官田实际数量的日益削减。我们虽已指出李唐政府在初年是拥有大量官田的，但这一情况不能长久存在，因为：第一，均田制的实行就意味着官田逐渐转入私人之手，每人二十亩的永业田自不待言，在土地兼并过程中，口分田亦往往无法收回，这就使土地的收授不能继续顺利进行；第二，随着贵族官僚集团之逐渐庞大，尤其是武则天破格用人之后，职分田、公廨田、赐田、授田所占土地面积必然相应地膨胀，所以在均田制推行过程中就发生了无田可授的困难。这几种土地与均田制是处于对立地位的，如贞观十一年（637），“以职田侵渔百姓”，大约是为了保证均田制之推行，曾一度“诏给逃还贫户”[⑥]，前引开元二十九年（741），分诸司官在都者给职田于都畿，以京师地给

① 《唐大诏令集》卷110《诫励风俗敕》。

② 《太平广记》卷263《张易之兄弟》。

③ 《通鉴》卷207长安四年七月。

④ 《唐大诏令集》卷110《诫励风俗敕》。

⑤ 《全唐文》卷30玄宗《禁买卖口分永业田诏》。

⑥ 《新唐书》卷55《食货志》。

贫民之例，亦说明这种情形；第三，屯田的发展亦造成了充作授田的土地减少，在边境之屯田自然与均田制关系不大，但在内地，甚至在狭乡亦行屯田，唐初关中即曾设下邽屯监①，玉山屯监②，贞观中，又在礼泉苑置屯五所③。至开元中，据《玉海》卷177转载《六典》：天下诸州屯九百九十二，其中河中道一百三十一屯，关内道二百五十八屯，河南道一百零七屯，河西道一百五十六屯，陇右道一百七十二屯，河北道二百零八屯，剑南道九屯，开元末，又增百余屯。这种大量屯田存在与均田制的矛盾表现在开元二十五年曾将后增之百余屯“并长春田三百四十余顷，并令分给贫民”；第四，王公百官及富豪之家因置庄田，“借荒者皆有熟田，因之侵夺；置牧者惟指山谷，不限多少”④，这同样使授田数量大大减少，均田制更不易推行了。

所谓官田相对的减少是指随着人口的大量增加，每丁所受土地之日见不足而言的。唐初户仅二百余万户，我们曾把此点作为均田制得以实行的重要条件之一，但随着社会的经济发展，户口数亦与日俱增，永徽三年（652）已达三百八十余万户，神龙元年（705）又增至六百一十五万余户，开元二十四年（736）竟达八百余万户，天宝时，据杜佑估计在千万户以上⑤，这种一跃数倍的户口增加必然使受田充足成为不可能。

均田制就是在这种土地兼并，官田减少，人口增加的条件下弛坏的。“安史之乱”以后，由于社会经济遭受着剧烈的破坏，在人口流散、社会动乱的情形下，我们就连均田制的影子也找不到了。

五　均田制的作用

隋末大乱之后，社会残破，唐初百废待兴，急须恢复农业生产，均

---

① 《新唐书》卷37《地理志》载华州下邽：“武德二年，引白渠灌之，以置监屯。”
② 《旧唐书》卷75《苏世长传》：“（武德四年）寻授玉山屯监。”
③ 《元和郡县志》卷3关内道之永寿县“贞观四年，置礼泉监兼屯置五所，隶司农寺”。
④ 《全唐文》卷33玄宗《禁官夺百姓口分永业田诏》。
⑤ 《唐会要》卷84《户口数》、《通典》卷7《食货典·历代盛衰户口》。

田制的实行在当时是起了一定积极作用的。

李唐地主政权建立后，在恢复生产上的严重问题，不是缺乏土地而是缺乏劳动力。一方面，政府手中掌握了大量的土地无人垦种；另一方面，长期混乱后的逃亡农民虽欲生产，但却苦于无处地著。均田制的实行把政府的官田与流亡农民结合起来了，其结果，相对的过剩人口基本上消灭了，绝大多数农民都能从事社会物质生产，从而就扩大了耕地面积，恢复了生产。

我国封建社会的重要特点之一是土地可以买卖，在一般情况下，农民为了自己获得一定的多余的生产物，首先就要争取获得土地成为自耕农，马克思指出这种小土地所有制的一个特殊弊病是"耕者必须把一个资本投下来购买土地"，这就"一定会夺去耕作的资本"①。均田制的实行正可免去此一弊端，农民可以不用付出土地价格而获得土地的占有权，从而也就易于将积累起来的资金用于改善生产条件，甚至扩大再生产。

从均田制与租庸调制在经济上的配合方面，也可发现它是推动社会生产的有力杠杆。一般谈租庸调制剥削之轻重者，多与南北朝赋税相比，事实上，脱离开农民占有土地的实际条件，我们根本就无从判明某种赋税的轻重，租庸调制是按丁征收的，对于受田充足或较多的农民，自然就不会把他们家庭的全部剩余劳动抽得干干净净，直接生产者也就有可能在获得自己及其家庭必需的生活资料外还会有一部分余额。这就刺激了农民的生产积极性，推动了生产力的发展。与此相反，当均田制逐渐破坏以后，在土地兼并的严重情况下，按丁征税的租庸调制就成了阻碍社会生产发展的桎梏。

均田制的实行与土地兼并是对立的两个方面，前面已经说过，土地兼并是均田制破坏的重要原因之一，在这里，我们要做相反的强调：均田制的推行对土地的兼并也发生了阻遏的作用，虽然这种作用是有限的，最后是兼并战胜了均田制，但兼并的过程却不得不比较缓慢地发展。这是均田制的又一积极作用。

① 马克思：《资本论》第3卷，第1054页。

总之，在均田制实行的情况下，生产者已不是隋末在饥饿线上挣扎着的农民，而是有本事发展生产力和推动农业发展的农民了。

均田制的实行虽有上述的积极意义，但亦有其局限性。

李唐政府颁布均田制的目的是缓和阶级矛盾，尤其是保证赋税，故均田制既是巩固地主政权的重要基础之一，也是地主政权剥削农民的一种手段。列宁在讲到欧洲的领主将份地分给农民占有时，指出产生这种“私人”经济的目的“不是给农民‘保证’生活资料，而是给地主‘保证’劳动人手”①。均田制所不同的只是农民占有的不是领主的土地，而是官田，所保证的不是领主的地租，而是地主政权的赋税。这正如恩格斯所说：“在生产自发地发展起来的一切社会中，不是生产者支配着生产手段，而是生产手段支配着生产者，在这样的社会中，每种新的生产杠杆，必然地转成为生产手段奴役生产者的新工具。”② 均田制正是地主政权奴役唐代农民的重要工具之一。

在均田制实行基础上生产力的提高是有一定限度的，因为这一制度丝毫也没有动摇封建社会的经济基础，在原来社会条件下的农民只能用提高生产积极性来促使社会前进，而生产力提高中最主要的生产工具的发展却极其有限。由此可见，均田制只能把唐代的封建社会在一定程度上推进一步。

均田制的局限性也表现在它的不彻底性和暂时性上。我们已经指出，李唐政府同时推行的其他政策，如屯田、职田、公廨田及赐田等，是与均田制的推行相矛盾的；此外，如法令规定有乐迁之制，这是保证受田充实的一项措施，但陕州刺史崔善为在贞观元年上表称：“畿内之地是为殷户，丁壮之民，悉入军府，若听移转，便出关外，此则虚近实远，非经通之义”，结果是“其事遂止”。③ 此其一例而已，实际上，所有其他法令亦均未能百分之百地贯彻。从而均田制就只能成为可以推行于一时的权宜之法，不能行之久远。

在对抗性的阶级社会中，由地主政权推行的均田制是不可避免地要

① 列宁：《俄国资本主义底发展》，解放社 1949 年版，第 161 页。

② 恩格斯：《反杜林论》，第 328 页。

③ 《唐会要》卷 84《移户》。

产生这种局限的；但在当时的具体历史条件下，其积极意义毕竟还是基本的方面。

（原载《历史研究》1955 年第 5 期）

也谈“自田”兼论与唐代田制有关的一些问题

在敦煌、吐鲁番出土文书中的户籍残卷及手实残卷上经常看到田段四至有“自田”“自至”及“自菌”等字样。所谓“自至”即至自田或至自菌之义，与“自田”的含义同。关于“自田”的性质，中外史学界颇有不同的看法，长期争论不休。对“自田”如何解释，牵涉到唐代的田籍究竟根据什么原则登记各户的土地，均田制是否真正实行过，以及地主土地所有制的存在形式等多方面的问题。在这篇文章里笔者打算提出一些粗浅的看法，就正于通人学者。由于一般现存唐代典籍中均无关于“自田”的直接记载，只能主要根据出土的户籍、手实进行一些猜测性的推论，所以这些粗浅看法也具有不可靠性，并且很可能随着出土文书的增加而被证明是错误的。

大致日本学者较早的看法是：“自田”系指户主的另外一段受田，因二段受田相邻，故互为自田。自西川正夫在50年代发表《关于敦煌发现的唐代户籍残卷上所见“自田”》一文①，提出“自田”是均田制范围以外本户户主的私有土地这一论点以后，争论就展开了。我国侯绍庄同志在《“自田”考释》一文②中也认为不能把自田说成是自己的另外一段受田。确实，虽然有少数地段有“东自田”“西自田”或“南自田”“北自田”的记载，或可解释为二段受田互为“自田”，但更多的情况是有“自田”的地段相互并不邻接，或者只有一段田的四至有“自田”，所以把“自田”一概看成本户受田的史学工作者已经很少了。但还有的史学家认为，凡四至相符者，“自田”即本户主的另外一段受田；凡四至不相符

① 《史学杂志》第64编第10号。

② 《社会科学》1981年第2期。

者，“自田”即系户主私有的田。我认为不论四至相符与否，“自田”均为均田制范围以外的私田。兹论证如下。

主张“自田”均为受田或四至相符者“自田”为受田的学者，往往用图示的办法论证自己的观点。譬如 S. 0514 大历四年敦煌县悬泉乡宜禾里唐元钦户手实中的二段田记载如下：

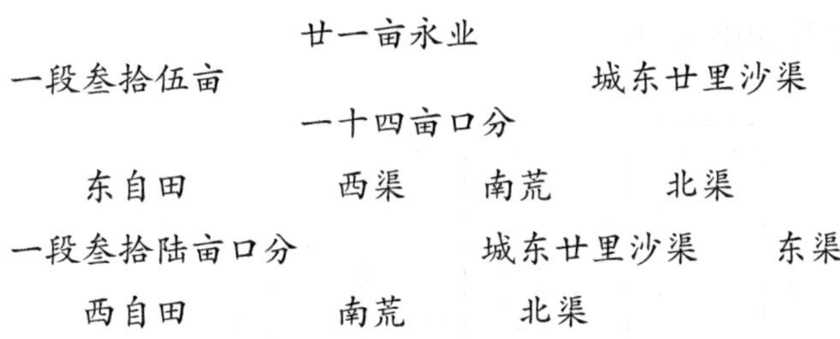
廿一亩永业
一段叁拾伍亩　　城东廿里沙渠
一十四亩口分
东自田　西渠　南荒　北渠
一段叁拾陆亩口分　城东廿里沙渠　东渠
西自田　南荒　北渠

有的史学家把这二段田图示为：

实际上这种画法只说明有这种可能性，并不能用以当作论据，因为这二段田还有如下两种画法：

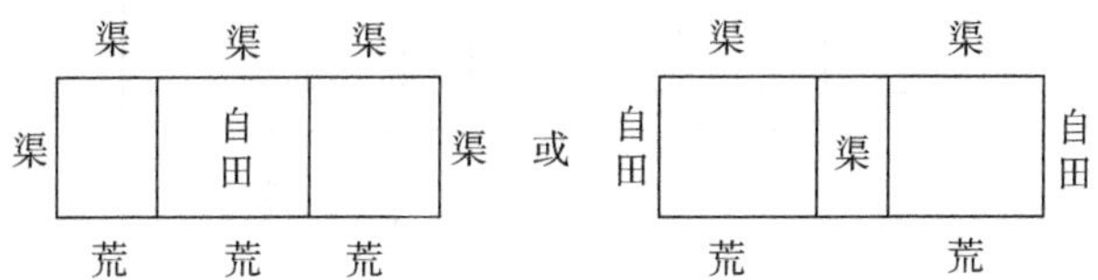

按照这两种画法，“自田”就可以被解释为私有的田段。

又如同一卷子樊黑头户的已受田有以下四段：

一段拾亩永业　城东卌里三支渠　东自田　西贺贞　南路　北路

一段陆亩永业　城东卌里三支渠　东路　西自

田　　南路　北自田

　　一段肆亩永业　　城东卌里三支渠　　东路　　西自

田　　南自田　北路

　　一段贰拾贰亩口分　城东卌里三支渠　　东渠　　西

路　　　南渎　北路

有的史学家把这四段田图示为：

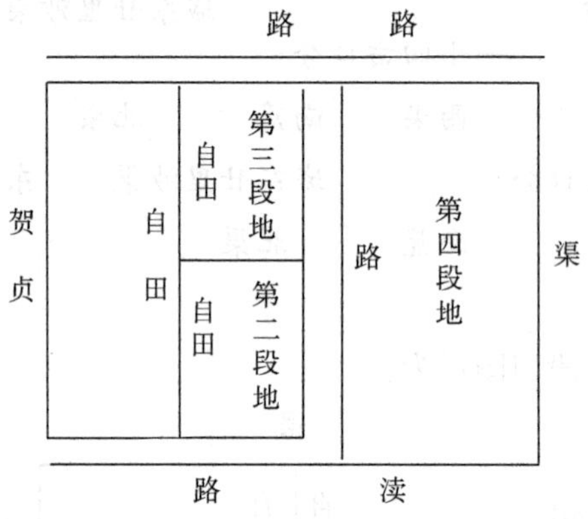

实际上这种画法也只是一种可能性，同样的四至也可以画作：

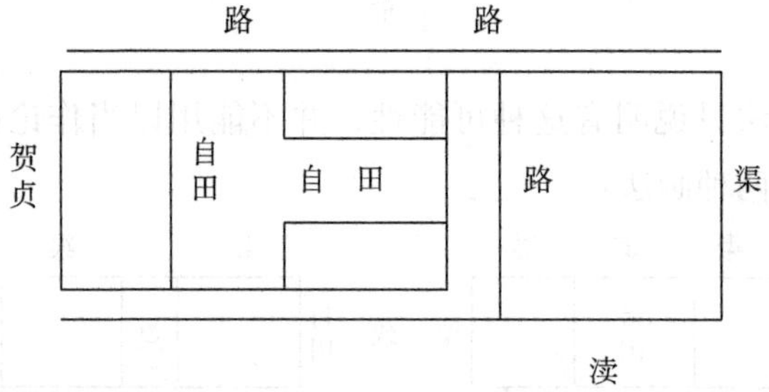

按照这种画法，又考虑到各段田并不见得全是规格的正方形①，则各至所写的“自田”可能就是夹在四段受田中的一块自成方圆的私有地。因此，图示的方法具有主观随意性，具有不同论点的人可以根据自己的需要画出不同的田段示意图，但它们都很难令人信服。

以下，我打算利用出土文书中的其他资料证明自己的看法。

---

① 韩国磐：《隋唐五代史论集》，生活·读书·新知三联书店1979年版，第205页。

大谷 1209 武周如意元年"西州高昌县堰头申青苗数佃人牒"中有户主不明的二段田，其四至中各有一至写作"东部田"。大谷 1246 开元二十九年"西州高昌县给田簿"中有一段受田者不明的田，其四至中有一至写作"东常田"。大谷 2854 年开元末"西州高昌县退田簿"中有"户大女赵大观死退"的二段田，其四至中有一至写作"南易田"。DAT11T301 天宝年间"交河郡某县籍"中有一段二亩永业田，其四至中有二至写作"北口分"。类似的情况还有一些，兹不一一列举。尽人皆知，标明田段的四至是为了登记其所在位置，所以一般四至均写作张××、李××，或渠、路、荒等，而"部田""易田""常田"只是说明土地的质量，这类田遍地皆是，用它们根本不能确定田段的位置。几乎每户都有永业田和口分田，因而在四至上标明"口分田"亦无助于说明田段的位置。在敦煌和吐鲁番，大多数民户都占有永业田和口分田，吐鲁番的各段受田大都标明是部田或常田，一般部田均三易或二易，故所谓"易田"当亦指"部田"。但各段田标明某段田的四至时均采取标明户主姓名的方式。为什么在上述几件文书中均不写土地占有者的姓名而简单地写作"东部田""东常田""南易田"及"北口分"呢，我觉得最大的可能是，这几段相邻的田段均系本户的受田，即"常田""部田""易田""口分田"均系自己的永业田或口分田，否则无法解释这种奇怪的四至写法，也许有人会说，这种四至上的"部田""常田""口分"既然是本户的受田，这些名称实际上就是"自田""自至"的另一种写法。实则不然。大谷 2379 唐开元末"西州高昌县退田簿"中有如下三段田：

东口分	西口分	南口分	北还公
东至道	西至渠	南至荒	北易田
东至渠	西至荒	南管曹	北自至

在这里，自己的"口分"与"自至"是有明显区别的，如果毫无区别，就可以都写作"自至"或"自田"。我觉得这种区别的意义就在于"西口分""南口分"指的是本户的另外一些受田，而"北自至"所指的却

是本户在均田制范围以外所拥有私有土地。

我们之所以不能把“自田”看作均田制范围以内的土地，还由于宋代尽管已经完全不实行均田制了，但在标明田段四至时还使用“自田”这一名称。如 S. 4125：

户邓永兴　　妻阿　　弟章三　弟会进　　弟僧会清

都受田　　　　　　　请千渠小第一渠上界地壹段玖畦，共贰拾亩，东至杨阇梨，西至白黑儿及米定兴并杨阇梨，南至米定兴及自田，北至白黑儿及米定兴

雍熙二年己酉岁正月一日百姓邓永兴户

按邓永兴在南沙杨开河还有请受田，但在千渠小第一渠却只有这段二十亩请受田，故此处所记的“自田”纯系他个人的私有田产是确定无疑的。北宋把私田记作“自田”的情况必然是沿袭唐代的旧习，毫无疑问。

“自田”是私有土地，用钱买到的土地也是私田，二者在性质上是一而二、二而一的，但在田籍登记上却有区别。S. 0514 大历四年“沙州敦煌县悬泉乡宜禾里手实”所载户主李大娘应受田中有二段情况如下：

一段伍亩买田　城东十五里瓜渠　东渠　西自田　南渠　北杨本

一段伍亩买田　城东十五里瓜渠　东自田　西荒　南张剑　北杨本

在这里“买田”与“自田”相邻接，却没有因为都是私田而合并成一段都写成“自田”，而是把“买田”纳入“已受纳”中，而把“自田”当作均田制范围以外的田，这是什么原因呢？敦煌文书中关于“买田”的记载很多，都属于“已受田”，吐鲁番出土文书中也有田段下附以“买附”的字样。在史料典籍中，从未见关于买田也称“已受田”的田令。对于这一点，我有一个极不成熟的看法，即当时土地买卖是司空见惯的事，而田籍中“买田”“买附”却极其少见，恐怕主要原因是：凡买得与均田制相涉的口分、永业田及勋田或赐田者，方登入田籍；凡买得其他私人的祖传私产或

以往私人辗转买卖的土地，即不登入田籍，一概当作“自田”。由于前一种情况下的土地直接或间接同国家发生过关系，所以即令支付地价以后买入，亦须纳入均田制范围，算作“已受田”；在后一种情况下，买得的土地从来没有同官家发生过关系，故反算作“自田”，根本不登入田籍。揆诸唐代的法令规定，这样的推论是合乎情理的。《通典》卷2《食货典2·田制下》：“所给五品以上永业田，皆不得狭乡受，任于宽乡隔越射无主荒地充。（原注：即买荫赐田充者虽狭乡亦听）”说明五品以上官的永业田可以在狭乡以买田充“已受田”，但所买的必须是与官家发生过关系的“荫赐田”，恐怕买进别人的祖传田产就未必充永业田了。为什么只把此类买田划入“已受田”范围呢？同书卷载开元二十五年田令：“诸买地者，不得过本制，虽居狭乡亦听依宽乡制，其卖者不得更请。”买田而不得超过田令规定的“应受田”数，只能解释为所买的是均田制范围之间的永业、口分田或“荫赐田”，如果买其他私产，根本不会有这样的限制。因为不论买任何种类的土地都硬性限制在受田数内，那等于除了贵族、职事官和有勋位的人以外，任何人也不允许当地主，也就等于剥夺了庶族地主合法存在的权利。显然这种不近情理的规定根本不可能存在。正因为买永业田、口分田、荫赐田“不得过本制”，所以这种“买田”必须计算在“已受田”内；而买其他的私有田毫无限制，所以“自田”和“买田”即使邻接也不能作一段田登记。唐代统治者一而再、再而三地下令禁止买卖口分、永业田，却从来没有下令禁止一般性兼并土地，就是由于他们所关心的主要是均田制的推行和维持，这一制度与赋税有直接的关系。统治者的这种关注倾向在天宝十一年（752）十月乙丑诏中有突出的反映，兹摘引部分诏书如下：

如闻王公百姓及富豪之家，比置庄田，恣行吞并，莫惧章程。借荒者皆有熟田，因之侵夺；置牧者唯指山谷，不限多少。爰及口分、永业，违法卖买，或改籍书，或云典贴……其王公官勋荫家应置庄田，不得逾于式令，仍更从宽典，各使弘通。其有同籍周朞以上亲，俱有勋荫者，每人占地顷亩，任其累计。其荫外有余，如旧是无勋荫地合卖者，先用铁（误，当作“钱”）买得，不可官收，限敕到百日内容其转卖，其先不合荫，又荫外请射兼借荒及无马置牧地

> 之内并从合荫者，并不在占限，官还主。其口分、永业地先合买卖，若有主来理者，其地虽经除附，不限载月近远，宜并却还。……又两京去城五百里内，不合置牧地；地内熟田仍不得过五顷已上、十顷已下，其有余者，仰官收。应缘括简共给授田地等，并委郡县长官及本判官录事相知勾当，并特给复业……自今已后，更不得违法买卖口分、永业田及诸射兼借公私荒废地，无马妄请牧田。……①

诏书所涉及的土地是“借荒”，“置牧”，“口分、永业”田，“勋荫”占田等，即都同官田及均田制有关，至于完全与官家无涉的纯私有土地的买卖或兼并，则根本不在统治者关心范围之内。开元二十五年令在谈到买地“不得过本制”时接下去又规定：“凡卖买皆须经所部官司申牒，年终彼此除附；若无文牒辄卖买，财没不追，地还本主。”② 这里所谈的也是指买卖口分、永业田。所谓“除附”，即卖田者在田籍上消除田段，买田者将所买的田段附于自己的田籍上。至于与均田制无关的纯私有土地买卖时是否也需要彼此变动田籍，我觉得就未必了，因为私有的“自田”根本不入田籍，买卖时只要“申牒官司”办理一下田契过户手续，做到所有权“有契验可凭”就行了，完全没有必要办理田籍上的“除附”手续。

讨论到这里，必然会碰到如何解释“籍外田”的问题。按照我的看法，“自田”不入田籍，是否属于“籍外田”呢？“籍外田”是合法存在还是非法存在？首先应当看到，唐代的“籍外田”是非法的，所以官家能够进行检括。永徽五年（654）贾敦颐迁洛州长史，“时豪富之室，皆籍外占田，敦颐都括获三千余顷，以给贫乏”③。这里所谓“籍外占田”，即指“籍外”所占之官荒，因系违反田令，所以贾敦颐可以“括获”，并按照均田制授给贫乏的农户。但这里的“籍外田”却并非“自田”，开元年间宇文融“请急察色役伪滥，并逃户及籍（脱一‘外’字）田”，经过三年左右的检括，共括得客户八十余万，“田亦称是”，户部侍郎杨玚反对“征籍外田税”④。

① 《册府元龟》卷495《邦计部·田制》。
② 《通典》卷2《食货2·田制下》。
③ 《旧唐书》卷185上《贾敦颐传》。
④ 《唐会要》卷85《逃户》。

这些“籍外田”也属于非法隐漏的土地，却不见得是官荒，可能其中有一部分是把登籍田私改为不登籍的私有土地，或者算成自己的“自田”。在这种情况下岂不是“自田”也成了非法的“籍外田”？我觉得这个问题不能简单化地解释，须坚持具体事物具体分析的原则才能给予科学的说明。个人不成熟的看法是：正常情况下的“自田”是合法存在的私有土地，如果是非法的田产，就根本不敢在田籍上公然以四至的身份出现，在这一意义上，“自田”虽不入田籍，却是合法存在的，不能看成是非法的“籍外田”；把受田非法地私改为“自田”的场合，这种所谓“自田”就成了“籍外田”，因为这些田段本来应当登入田籍，现在转化为“自田”具有非法隐漏的性质，所以成为检括的对象。由此可见，唐朝前期中央、地方各级政府先后括“籍外田”，其主要目的在于推行和维护均田制，以保证国家的税收，对纯属私人的田产很少过问和干涉。

有一些史学家承袭马端临“至魏孝文始行均田，然其立法之大概，亦不过因田之在民者而均之”，“唐太宗口分、世业之制亦多踵后魏之法”的说法[①]，认为唐代田籍上所登记的绝大部分“已受田”就是“田之在民者”，即户主原有的私有土地，只不过在登记时把这些私产划分为永业田和口分田而已；这些土地既然本来就属于私产，所以户主死后并不退田，包括口分田也是由诸子按均分的原则继承；只有绝户田才作为退田、还公田由官府另授给请田的受田户。[②] 按照这种说法，户主私有的田产就是受田，均田制的所谓还授在处理绝户田时才有现实意义，田令上规定的“口分则收入官，更以给人”[③] 只不过是具文而已。对于这些意见，个人均持有异议。

首先，如果不是受田普遍、经常进行还授，统治者有什么必要把私田叫作“已受田”，而且画蛇添足地区别为永业田和口分田呢？租庸调都是据丁征敛的，与受田足与不足无必然联系；户税是按照户等征敛的，决定户等的主要是资产，而资产中恰恰不包括土地（详下）；地税是依据青苗簿征收的[④]，

① 《文献通考》卷1《田赋考》2。

② 宋家钰：《唐代户籍上的田籍与均田制》，《中国史研究》1983年第4期。

③ 《旧唐书》卷48《食货志》。

④ 《唐六典》卷3《仓部郎中员外郎条》：“凡王公已下，每年户别据已受田及借荒等，据所种苗顷亩造青苗簿。……至征收时亩别纳粟二升，以为义仓。”

而且义仓收粟变成赋税是较晚的事，唐初不会为此而专门编造田籍。唐政权不会直接为了作为征税的主要依据而编造田籍，那么户籍上大书特书“合应受田”、“已受田”、永业若干亩、口分若干亩及各段田的四至，就只能是为了实行均田制。否则这样做既不必要，也太烦琐、迂腐了。为什么唐代已从户籍中分出计账，而土地登计却仍保留在户籍上，没有形成像宋以后的土地册呢？有的史学工作者提出了这一富有启发性的问题，却不能做出圆满的回答。我觉得关键在于，唐代实行均田制，受田普遍进行还授，所以户籍上必须登计“已受田”；宋以后田税是据私有土地的亩数征收，所以必须编造另一种土地册和鱼鳞图册。

其次，口分田根本不包括各户的原有私田，《唐律》规定“卖口分田”是违法行为。《疏议》对此解释称：“口分田，谓计口受之，非永业及居住园宅，辄卖者。《礼》云：‘田里不鬻’。谓受之于公，不得私自鬻卖。”①“受之于公”即说明并非户主原有的土地。如果口分田原来也都是各户祖传的私产，登入田籍后按均田制实行死后还公的办法，这岂不是等于地主政权强制没收地主、自耕农的私有土地？显然是不近情理的，因为唐政权实行均田制，不可能侵犯地主的土地私有权，更不可能进行平分土地式的改革，均田制至多只能在限制占有无主官田方面起一定的作用。

出土文书中的圣历籍、先天籍、开元籍、天宝籍及大历手实所载各户“已受田”数参差不齐，“已受田”在“应受田”中所占的比重也有高有低，是否可以因此认为：这种情况正足以说明“已受田”就是原来各户拥有的私田，由于私有土地千差万别，才出现了“已受田”数的多少不一；而唐政权也根本没有按照均田令进行统一的授田，否则各户间的受田就应当大体一致？关于此点，我认为不宜作这样的机械理解。首先，从圣历三年（700）到大历四年（769）中间经过近七十年的时间，而这七十年正是均田制加速走向破坏的阶段，土地制度正在发生巨大变革，因而“已受田”数时多时少是理所当然的事。其次，即令在同一年的各里、各户，其受田数也难于一致，因为各里间的垦田数与户口数的比例不可能相同，各地的宽狭程度有差别，所有的受田户之间也存在复

① 《唐律疏议》卷12《户婚上》。

杂的情况：有的是课户，有的是不课户，有的是课户见不输，加之各户有贫有富。因此，如果实行均田制而不出现“已受田”数参差不齐的现象，而是各户“已受田”数完全划一，合乎田令的刻板规定，那才是完全不可理解的事。在历史上任何时期，中央不论颁行什么样的政令，必须同当时、当地的具体情况相结合，才能行得通。社会状况是异常复杂的，应当牢牢掌握这一点才能做出令人信服的结论。

再次，如果认为唐政权所能分配的土地只是绝户田，口分田全部在户内由诸子均分继承，非绝户田根本不存在还田的问题，那实际上等于承认均田制在唐朝前期基本上没有推行过，因为在广大的农户中，绝户只占极少数，大多数户主死后是子孙承户的。仅承认以绝户的退田进行授田之所以等于否定均田制的存在，还由于在不实行均田制的时期也都出现过类似的情况。不论任何朝代，绝户田归官府处理是理所当然的事，宋代就有不少请射官田的文书[①]，本文前引雍熙二年邓永兴户籍即其中之一。如果把这种小范围的受田也说成是均田制，岂不是承认宋代仍在继续推行均田制？由此可见，唐代正是由于永业、口分田受于官府，而且口分田普遍进行还授，才能说当时推行了均田制。

最后，敦煌、吐鲁番发现的户籍和手实，各户受田不但不足田令规定的数额，而且绝大多数户都是下下户、下中户。其中受田超过百亩者仅郑恩养、索思礼、令狐进尧及索仁亮四户，而郑恩养户包括“买田”二段共十二亩，全部“已受田”也只有一顷零一亩[②]；索思礼户“已受田”较多，二顷四十三亩，显然与他因上柱国勋位“应受田”本来多达六十一顷五十三亩有关[③]；令狐进尧户虽然也有上柱国勋，但“已受田”也不过一顷三亩而已[④]；索仁亮户“已受田”也只有一顷三亩[⑤]。显然，郑恩养、令狐进尧、索仁亮三户只能是自耕农；索思礼户占地二顷四十三亩，是否勉强可以当地主，也值得怀疑，因为在唐代亩产量水平的基础上，像陆龟蒙那样

① 《敦煌资料》第一辑，中华书局1961年版，第125—131页。

② P.2592，见《敦煌资料》第一辑，中华书局1961年版，第36—37页。

③ S.0514，见《敦煌资料》第一辑，中华书局1961年版，第64—65页。

④ 《敦煌资料》第一辑，中华书局1961年版，第69页。

⑤ 《敦煌资料》第一辑，中华书局1961年版，第71—72页。

拥有四百亩的地主也还是过着"苦饥困，仓无斗升蓄积"[1] 的生活，只能算作中小地主。根据上述情况不禁要问：敦煌地区的地主到哪里去了？为什么在户籍上只有八、九等户而看不到地主户？如果敦煌户籍、手实上所登录的各户都只拥有田籍上登记的这点土地，其中有人能成为地主吗？我觉得问题很简单，答案就在于有些地主户在受田之外还拥有很多不入田籍的土地，其中一部分就是受田段四至上出现的"自田"。我们不能简单地根据户籍上登记的"已受田"判断他们的阶级成分。有一些户可以肯定是地主户。伯3354天宝六载"敦煌郡敦煌县龙勒乡都乡里户籍"有如下几户。

户主程思[2]楚	载肆拾柒岁	卫士武骑尉	开元十七载三月廿九日授甲头吴庆广，曾位，祖端，父德。下中户，课户见输
母白	载柒拾叁岁	老寡天宝四载帐后死	
妻马	载叁拾陆岁	职资妻	
妻常	载叁拾贰岁	职资妻	
妻郑	载叁拾壹岁	职资妻天宝五载帐后漏，附	
男进子	载贰岁	黄男天宝五载帐后附	
女仙儿	载壹拾柒岁	小女	
女妃妃	载叁岁	黄女天宝四载帐后附	
弟恩忠	载叁拾玖岁	卫士	
忠妻郑	载贰拾柒岁	卫士妻	
忠妻郑	载贰拾贰岁	卫士妻天宝四载帐后漏，附	
忠男元奉	载叁岁	黄男天宝四载帐后漏，附	
忠女妃王	载贰岁	黄女天宝五载帐后附	
弟恩太	载叁拾伍岁	白丁	
太妻李	载壹拾玖岁	丁妻天宝三载籍后漏，附	
太妻白	载贰拾捌岁	丁妻天宝五载帐后漏，附	
妹迴子	载肆拾岁	中女	
妹沙门	载叁拾壹岁	中女	

合应受田叁顷陆拾伍亩

柒拾玖亩已受，六十亩永业，一十八亩口分，一亩居住园宅
二顷八十六亩未受
（后略）

① 《甫里先生集》卷16。

② "思"原误作"恩"。——编者注

程思楚一人有三妻马、常、郑三氏，其弟思忠有二妻均郑氏，另一弟思太亦有妻二人李、白二氏，这一户全家达十八口之多，其母白氏天宝四载帐后死亦仍有十七口人。看一下这一户的人口就可以知道，程思楚户是十足的地主户，真正的八、九等户贫苦农民根本不可能一人三妻、一弟二妻地娶亲，形成偌大的一个家庭。但这一户仅有“已受田”七十九亩，除去居住园宅一亩外尚余七十八亩，即令六十亩永业田不全部种桑、植麻，仅用其中一半三十亩为手工业纺织提供原料，其余四十八亩田全部产谷，也不够维持十七口之家的一半口粮。敦煌地区亩产量不会很高，姑以一石粟计算，折米六斗，四十八亩产粟四十八石，共折米二十八石。唐代食量“少壮相均”，每口每日“食米二升”。[①] 则二十八石米仅勉强能供四口人的食用。显然，像程思楚这样的地主户，必然“已受田”外还有大量的私有土地，否则全家的生活消费难以维持。

再如同一卷子接下去的几户：程什住户为下中户，课户见不输，户主有二妻为茹氏、王氏，另有一妾。[②] 为茹阿妙，全户达十三口人，“已受田”仅六十四亩，同样不足以维持生计。程仁贞户为下下户，不课户，户主本人竟也有妻二人，宋氏和安氏，全户九口人，仅有“已受田”三十亩。程大忠户为下中户，不课户，户主本人有妻二人，张氏和宋氏，全户十二口人，“已受田”八十二亩，除二十亩永业及一亩居住园宅外，其余六十一亩口分田全部种粟，也仅够供十一口人的食用，尚有一人生活无着落。以下的户主程大庆、程智意均有妻二人，其“已受田[③]”均不超过百亩，仅凭受田谁也不够当地主的资格。

从上述诸户主程氏看，有的是一人二妻，有的是二妻一妾，贫苦农民谁也没有条件一娶数房，可以肯定他们都是地主。程氏在敦煌县龙勒乡都乡里是一个在经济上颇具地位的大族无疑。既然各户的“已受田”这样少，他们当地主的条件是什么呢？程思楚户的“已受田”共十一段（居住园宅一段不计，下同），其中有一至是“自田”。程什住户的“已

① 《新唐书》卷54《食货志》。

② 《敦煌资料》第一辑，中华书局1961年版，第48页。录文误作“妻”，因同行下面有“职资妾”三字，池田温《中国古代籍帐研究》第202页录文即作“妾”字。

③ “田”原误作“亩”。——编者注

受田”共十三段，其中有“自田”三至。程仁贞户的“已受田”仅五段，其中竟然也有“自田”一至。程大忠户的“已受田”共十二段，其中“自田”竟达四至之多。程大庆户的“已受田”共六段，其中有“自田”一至。程智意户的“已受田”共十六段，其中“自田”亦多达五至。其他与“已受田”不相邻接的私有土地还有多少，就无从想象了。仅从各户都拥有“自田”这一点就足以说明，程家各户在受田之外都还另拥有私有土地，这就是他们之所以能够成为地主户的秘密所在。

有的史学家对上述论断持有异议，理由是：“大历四年手实中索思礼一户，本人官为武略府别将，勋为上柱国，儿子索游鸾官为通化府折冲都尉，勋亦为上柱国，其家一共受田二顷四十三亩，而在各地段中，竟无一处有‘自田’的记载。以这样一个拥有奴婢的官僚地主家庭，何以没有‘自田’的私田呢？而像圣历三年常習才这户，本人不过是卫士，仅受田十八亩，而在各地段中竟出现了四处‘自田’。又如开元九年残户籍中，董思勖身为‘白丁残疾’，已受田只有二十八亩，而在各地段中出现了三处‘自田’。难道卫士、白丁等比有官勋者更能拥有‘自田’这种私田吗？”“因此，将‘自田’完全说成是均田以外各户的私田，是有困难的。”① 我觉得看来似乎矛盾的上述现象并不难加以解释。田籍上出现的“自田”数多少，取决于私有土地与“已受田”相邻接的情况有多少，并不取决于私有土地本身有多少。如果一个大地主的土地尽管很多，却无一块地与他自己的“已受田”相邻接，在田籍上就必然是一至“自田”也没有。另一方面，田籍上出现的“自田”较多，只反映户主另有私有土地，但这些私有土地究竟有多少亩，却无从说明。因此我们不应机械地认为，户籍上“自田”至数越多，户主的私有土地就越多。

主张田籍登记的“已受田”绝大部分是各户原有的私有土地的史学工作者，也会感到根据“已受田”数发现不了多少地主，对此怎样解释呢？他们认为这是由于非法隐漏土地造成的，即有一些地主不肯把自己的私有土地全部登入田籍。对此不禁要问：唐代前期的主要课役多是按丁、按户等征敛的，而确定户等又与土地的多少无关，逃避课役应当主

① 韩国磐：《隋唐五代史论集》，生活·读书·新知三联书店 1979 年版，第 205—206 页。

要采取漏附丁口的办法，至于土地一项只要不超过“应受田”的限额就行，何必把土地隐漏到“已受田”仅四五十亩的程度呢？兹依据池田温《中国古代籍帐研究》及《敦煌资料》第一辑将敦煌各乡的户籍、手实中各户的“已受田”与“应受田”作一统计，并计算“已受田”占“应受田”的百分比，以说明二者差距之大。吐鲁番地区受田特别少，情况特殊，就不列表比较了。需要声明的是，凡有勋田的户，“应受田”数额特别大，而已受勋田又非常少，把这种情况统计进去没有多大意义，故受勋田数特多的户一概不进行统计，仅统计一般民户的受田额，以说明均田制实施的情况。

时间	文书	户主	应受田（亩）	已受田（亩）	已受田占应受田（%）	备考
7世纪后半期	龙勒乡户籍	不详	101	32	32	
久视元年（700）	效谷乡户籍	不详	81	28	35	原作“圣历三年”，按圣历无三年，相当于久视元年，详《敦煌资料》页8注
	效谷乡户籍	常習才	131	80	61	
大足元年（701）	效谷乡户籍	邯寿寿	131	44	34	
	效谷乡户籍	赵端严	81	28	35	
	效谷乡户籍	常習才	131	18	14	
	效谷乡户籍	张玄均	231	75	33	《敦煌资料》亦属之于圣历三年籍，今从《中国古代籍帐研究》
开元元年（713）	平康乡户籍	不详	101	36	36	原作“先天二年”，按即开元元年
	平康乡户籍	不详	344	74	22	
开元四年（716）	慈惠乡户籍	不详	151	37	25	
	慈惠乡户籍	杨法子	131	15	11	
	慈惠乡户籍	不详	51	26	51	户主母王氏
	慈惠乡户籍	董思勖	131	28	21	
	慈惠乡户籍	杨法子	101	39	39	田段亩数与已受田不合，缺口分田13亩

续表

时间	文书	户主	应受田（亩）	已受田（亩）	已受田占应受田（%）	备考
开元四年（716）	慈惠乡户籍	余善意	161	28	17	
	慈惠乡户籍	杜客生	201	40	20	
开元十年（722）	悬泉乡户籍	不详	201	20	10	户主之女优力
	悬泉乡户籍	郭立昉	201	20	10	
	悬泉乡户籍	杨恩祚	161	43	27	应受田缺，各段田总数为43亩，一顷十八亩未受，故推知应受田为161亩
	悬泉乡户籍	赵玄义	52	11	21	
	悬泉乡户籍	氾尚元	51	15	29	
	悬泉乡户籍	赵玄表	101	25	25	各段田总亩数与已受田数不合，疑有缺漏
	莫高乡户籍	王万寿	101	11	11	未载应受田，户主为白丁，应受田为10亩
	莫高乡户籍	不详	151	50	33	
开元时期	敦煌县户籍（草案）	不详	102	20	20	
	敦煌县户籍（草案）	不详	101	40	40	
天宝三载（744）	神沙乡户籍	张奴奴	82	22	27	
天宝六载（747）	籍龙乡都乡里户籍	不详	184	40	22	户主宾女为因果
	龙勒乡都乡里户籍	郑恩养	234	101	44	
	龙勒乡都乡里户籍	曹思礼	364	62	16	
	龙勒乡都乡里户籍	刘智新	163	68	42	
	龙勒乡都乡里户籍	阴承光	262	49	19	

续表

时间	文书	户主	应受田（亩）	已受田（亩）	已受田占应受田（%）	备考
天宝六载（747）	龙勒乡都乡里户籍	徐庭芝	112	30	25	
	龙勒乡都乡里户籍	程什住	155	64	42	
	龙勒乡都乡里户籍	程仁贞	53	31	58	
	龙勒乡都乡里户籍	令狐仙尚	51	8	16	
	龙勒乡都乡里户籍	卑二郎	234	57	24	
大历四年（769）	悬泉乡宜禾里手实	赵大本	453	90	20	
	悬泉乡宜禾里手实	张可曾	81	46	57	
	悬泉乡宜禾里手实	安大忠	101	33	33	
	悬泉乡宜禾里手实	令狐朝俊	131	38	29	
	悬泉乡宜禾里手实	索仁亮	332	103	31	
	悬泉乡宜禾里手实	杨日晟	101	62	61	
	悬泉乡宜禾里手实	李大娘	59	59	100	
	悬泉乡宜禾里手实	樊黑头	101	43	43	
	悬泉乡宜禾里手实	唐元钦	151	90	60	
合计		46 户	6884	1979	28. 7	平均每户已受田 43 亩

从上表可以看出，已受田平均为 28.7%，即不足三分之一，如果说这是由隐漏土地造成的，那么隐漏到这样的程度是不近情理的。

根据上表还能说明以下几点：第一，“已受田”占“应受田”超过 50%者仅常習才、母王氏、程仁贞、张可曾、杨日晟、李大娘及唐元钦等七户，其中母王氏户“应受田”五十一亩，程仁贞户“应受田”五十三亩，张可曾户“应受田”八十一亩，李大娘户“应受田”五十九亩，杨日晟户“应受田”也仅一百零一亩，可见“应受田”额越少，“已受田”所占的比例越高。常習才户“应受田”一百三十一亩，“已受田”占 61%，可能与久视年间均田制推行比较有效有一定的关系。此外，张可曾、杨日晟、李大娘和唐元钦四户比例较高可能也与时代有关，这四户均见于大历四年手实，而这一时期一般的情况是比例均比较高（详下）。根据这些情况似乎可以作这样的推断：授田除按照“先课役后不课役，先无后少，先贫后富”[①] 的原则外，还有一项精神就是“应受田”较少的户稍多授田以示优惠。第二，兹根据不同时期再列受田情况表如下：

时间	户数	应受田（亩）	已受田（亩）	平均每户受田（亩）	已受田占应受田（%）
开元元年以前	7	887	305	43.5	34.4
开元、天宝年间	30	4488	1110	37	24.7
大历四年（769）	9	1510	564	62.7	37.3

盛唐以前均田制的推行尚比较有效，故不论平均每户“已受田”额，或“已受田”占“应受田”的百分比，均较开元、天宝时期为高。盛唐时期确如杜佑所说，是“法令弛坏，兼并之弊，有逾于汉成、哀之间”[②] 的均田制加速崩溃的阶段，故两项数字都比较低。过去一般的印象是，“安史之乱”以后土地兼并更加严重，均田制彻底破坏，但看一下大历四年手实的统计数字就会发现，当时平均每户受田额及“已受田”占“应受田”的百分比，不但超过了盛唐时期，而且高于武周阶段，形成受田增加的原因是什么呢？我觉得与“安史之乱”以后户籍紊乱、户口隐漏及逃亡

① 《唐律疏义》卷 13《户婚律 · 里正授田课农桑》。

② 《通典》卷 2《食货典 · 田制下》。

猛增有关。李大娘户是唯一的"已受田"与"应受田"相符的一户，但户主本人是"广德三年账后逃还，附，代翁承户"。其翁杨义臣是"永泰二年账后勘责逃走，限满除"。"亡智妻董"及"亡智弟朝宰"均为"永泰二年账后勘责逃走，限满除"。杨日晟户受田六十二亩，占"应受田"的61%，也比较多，但户内兄大绚、亡兄妻孟，弟朝息、妹娘娘及妹花花均注明"永泰二年账后逃亡，限满除"。弟日迁注明"宝应元年账后死"，弟庭颜及庭璡均注明"乾元三年籍后死"。在短短的三年中三弟皆死的可能性并不大，从户内人口大量逃走除籍看，这三个人很可能是死其名而亡其实，大概不是逃亡就是转化成了隐丁匿口。再如令狐朝俊户的人口构成，户主本人是大历三年（768）"账后逃还附，代父承户"，父嗣宗为"乾元三年籍后死"，姊仙仙、姊妙妃、妹罗罗、妹妃妃均注明"乾元三年籍后死"。安大忠户共有九口人，除户主本人外其余八口均或死或逃。类似的情况不一而足，不必一一列举。上述事实说明，大历年间敦煌地区逃亡人口、隐丁匿口、诈申死亡的情况非常严重，这样"应受田"的数额就必然大大减少，因此"已受田"所占比例的上升是一种假象，并不反映均田制实施得比较有效，而人口逃隐的空前严重恰恰是均田制破坏、课役沉重的必然结果。

我们已经知道，敦煌户籍、手实所登录的四十六户中有一部分是地主户，但各户名下的户等除董思勖户为下上户外，其余的都是下中户和下下户，即几乎是八、九等户，连程思楚这样一人三妻，其弟一人二妻的户也是下中户。于是不免产生这样的问题：法令规定是"量其资产"以定九等户，为什么地主与农民资产差距非常悬殊却在户等上相同呢？"自田"和其他私有土地难道不算"资产"吗？开元二十一年西州蒲昌里的"九等定簿"或许有助于回答这个问题，文书录文如下：

肆　户　下　上　户

户韩君行年七十一　老　部曲知富年廿九　宅一区　菜园坞舍一所　车牛两乘　青小麦八硕　床粟肆拾硕

户宋克儁年十六　中　婢菜力年卅五　丁　宅一区　菜园一亩　车牛一乘　犊牛大小二头　青小麦伍硕　床粟拾硕

户范小义年廿三　五品孙　弟思权年十九　婢柳菜年七十老　宅一坵　床粟拾硕

户张君政年卌七　卫士　弟小钦年廿一白丁　赁房住　床粟伍硕

已上并依县

后欠①

这件文书说明，决定户等高低的所谓“资产”包括户内丁男、中男及其身份，奴婢、部曲的人数、年龄，房宅已有还是赁房住，菜园多少，坞舍，畜力及车乘，存谷数量等等，而恰恰不包括土地，即既不包括“已受田”，也不包括“自田”及其他私有土地。尽人皆知，占有土地多少是封建社会决定贫富的关键因素，把这个因素除去后各户资产上的差距就大大缩小了。这是户等容易趋于一致的重要原因之一。其次，正如唐朝后期的陆贽所说，“资产之中，事情不一，有藏于襟怀囊箧，物虽贵而人莫能窥；有积于场圃囤仓，直虽轻而众以为富；有流通蓄息之货，数虽寡而计日收赢；有庐舍器用之资，价虽高而终岁无利”②。仅凭“九等定簿”中的几个项目很难确定一户的“资产”究竟有多少，地主户完全可以把大量租谷出售，转化成为钱、银、绢隐藏起来，以减少表面上的“资产”。更何况床粟一项是时增时减、变动不居的，据以定户等第非常不准确。最后，根据很多项目定户，而不动产土地不计算在内，车、牛、奴婢、床粟时有增减，在这样极其复杂的条件下计算户等必然是异常复杂的事，因为各户的各项彼此有差别，多少不同的各项怎样合并在一起计算呢？估计应当有一个相当于今天计分积分的办法，可惜这一办法没有保留在史料记载中。在“资产”经常变动、计算方法又很复杂而不科学的情况下，地主分子利用制度本身的空隙再加上交通官吏，就很容易千方百计地降低户等，而史料上也确实有“富商大贾，多与官吏往还，递相凭嘱，求居下等”③ 的记载。以上就是地主户也能列入八、九等户的几

---

① 见新疆维吾尔自治区博物馆、西北大学历史系考古专业《1973 年吐鲁番阿斯塔那古墓群发掘简报》，《文物》1975 年第 7 期。录文亦见池田温《中国古代籍帐研究》第 368 页。

② 《陆宣公集》卷 22《均节赋税恤百姓第一条》。

③ 《唐会要》卷 85《定户等第》。

个主要原因。杜佑在说明天宝中户税钱的注称："大约高等少、下等多，今一例为人等以下户计之，其八等户所税四百五十二，九等户则二百二十二，今通以二百五十为率。"① 他把全国绝大多数户都当作八、九等户据以计算户税总额，是完全符合社会上的实际情况的，出土的户籍、手实生动地证明了这一点。过去我认为户税据资产多少征税，在某种程度上加重了地主的负担，现在揆诸实际，情况并非如此，税钱是大体平摊在全国民户身上了，这反映户税同样是便宜了地主，损害了真正的贫苦农民。

"九等定簿"上出现了奴婢和部曲，吐鲁番出土文书中还有一些关于部曲的记录，如大谷 8088"西州籍"：

部曲白善虫年伍拾陆岁　丁 ▭

部曲白小秃年肆拾捌岁　丁部曲空

部曲妻赵慈尚年伍拾岁　丁部曲

部曲男索铁　年叁拾岁　丁部曲男空

（下略）②

但是在敦煌出土的户籍和手实中从未发现有关部曲的记录。我怀疑在敦煌地区已经基本上不存在部曲了，西州地区离中原较远，社会经济水平不免落后，而且隋末农民起义的作用未必能涉及西域，所以那里的超经济强制程度远比黄河、长江流域严重，这是部曲残留的主要原因。这样说并非无稽之谈，而是有史料根据的。除《唐律疏义》中有不少关于部曲的条文外，在两《唐书》和《通鉴》中基本上看不到有关唐初部曲的记载了，出现这一矛盾现象的主要原因恐怕是：唐代前期绝大部分地区已经不再存在大量的部曲了，《唐律》中有关部曲的条文是从《开皇律》中抄袭而来的，正如同《宋刑统》从《唐律》中抄袭有关均田制的条文一样。如果这样的解释不错，由此可以看出隋末农民大起义对削弱农民人身依附关系方面所起的显著作用。

---

① 《通典》卷 6《食货典·赋税下》。

② 见池田温《中国古代籍帐研究》，第 251 页。

“自至”在每户田籍上出现的至数虽然不能准确地反映该户拥有的私有土地究竟有多少，但各个不同时期“自田”至数的增减却可以大体反映私田数量变化的情况。为了说明这一情况，兹将《敦煌资料》中有“自田”记录的户籍、手实分阶段列表如下：

户主	受田段数	自田至数	备考
不详	4	4	
常譽才	4	4	居住园宅无四至，不列入。下同
张玄均	12	5	
不详	10	5	
不详	11	10	
不详	6	4	母王氏
赵玄义	5	7	
氾尚元	3	2	
曹仁备	12	1	
杨法子	4	1	
董思勖	8	3	
杨法子	2	1	各段相加不足已受田亩数，有漏登田段
余善意	2	1	
王万寿	6	2	
卑德意	4	2	文书残缺，田段不全
不详	6	3	妹姜姜，文书残缺，田段不全
不详	3	1	文书残缺，田段不全
郑恩养	17	7	文书残缺，田段不全
曹思礼	7	2	
曹怀瑀	9	7	
刘智新	5	1	
阴承光	8	2	
徐庭芝	6	1	
程思楚	11	1	
程什柱	13	3	
程仁贞	5	1	
程大忠	12	4	各段亩数相加，比已受田多二亩

续表

户主		受田段数	自田至数	备考
程大庆		6	1	
程智意		16	5	
杜怀奉		13	6	各段田相加不足已受田亩数，有漏登田段
共计	30 户	230 段	97 至	平均每户 3.2 至，平均 2.34 段有 1 至“自田”

大历时期表

户主		受田段数	自田至数	备考
赵大本		8	3	
张可曾		8	8	
索游璟		7	6	
安大忠		3	1	
令狐朝俊		9	6	
令狐进尧		24	19	
令狐娘子		1	3	
索仁亮		18	17	
杨日晟		9	1	
李大娘		12	6	
樊黑头		4	5	
唐元钦		4	2	
共计	12 户	107 段	57 至	平均每户 4.75 至，平均 1.87 段有 1 至“自田”

比较上二表可以看出，“安史之乱”以后与唐代前期相比，每户“自田”至数增加 1.55 至，每“自田”一至的平均段数减少 0.47 段。这一粗略的、极不完全的统计多少可以从侧面反映，私有土地日益增加，均田制正在走向破坏，土地兼并正在加剧进行。

（原载《中国经济史研究》1986 年第 2 期）

唐代的田庄

秦汉魏晋以来，我国历代不断出现大田庄，经过隋末农民大起义的沉重打击后，在唐代初年拥有大田庄的地主暂时减少。在均田制推行比较有效的唐初，尽管地主土地所有制仍占支配地位，但土地集中的情况还不很严重，因而大田庄必然相对稀少。随着开元（713—741 年）、天宝（742—756 年）以来均田制日益走向破坏，土地兼并之风逐渐大盛，地主的大地产日见发展，所以田庄越来越多。到唐代后期，大田庄遂遍及全国各地了。

唐代田庄有属于地主政权的，有属于皇室的，前者是国有性质的田庄，由庄宅使、宫苑使等经管，亦可割归州县的地方政权管理；后者为皇室私有性质的田庄，由内庄宅使、内宫苑使等经管。这两种田庄往往可以互相转化，如宝历二年（826）的一道诏书曾有“户部所管同州（治今陕西大荔县）长春宫庄宅，宜令内庄宅使管系”之语[①]。唐代亦有不少寺院庄田，如早在隋末唐初，有的寺院就“竹树森繁，园圃周绕水陆庄田，仓廪、碾硙，库藏盈满”[②]。直到唐朝后期武宗时，礼泉寺竟有“庄园十五所”[③] 之多。玄宗朝宦官势力勃兴，他们中不少人拥有大量庄田，于是长安附近的“名园、上腴之田，为中人所名者半京畿矣”[④]。正因为寺院拥有很多土地和田庄，故武宗灭佛时竟能“收膏腴上田数千、万顷”[⑤]。这些寺院田庄亦称“常住”田庄。除皇族、官贵及寺观外，更大量存在

---

① 《旧唐书》卷 17 上《敬宗纪》。

② 《高僧传》2 集，卷 39《释慧胄传》。

③ 《入唐求法巡礼行记》卷 2。

④ 《新唐书》卷 207《宦者列传序》。

⑤ 《唐会要》卷 47《议释教》上。

的是官僚和普通地主普遍拥有的田庄。如天宝中，相州（治今河南安阳市西）王叟在邺城附近的“庄宅尤广”，他不但拥有佃客二百户，而且“富有财，积粟近至万斛”[①]。不少地主是兼营商业的，他们具有商人兼地主的双重身份，往往用经商致富的盈利购买田产，因而很多人也成为田庄主，最典型的莫过于大商人邹凤炽，其“邸店、园宅，遍满海内”[②]。官僚地主是占有田庄的重要势力，所占的田庄也最大，如玄宗时的刑部尚书卢从愿，就“广占良田，至有百余顷”[③]，他的田庄必然非止一处。当时权相李林甫的“邸第、田园、水硙”亦皆“利尽上腴”[④]。到唐朝后期这种情况进一步发展，最突出的如代宗时的元载竟在长安“城南”一带拥有“膏腴别墅，连疆接畛，凡数十所”[⑤]。即使低官如县令，也能有人“家业蔓延江淮间，累金积粟不可胜计”[⑥]。到武宗时，名相李德裕大力经营的“平泉庄”在洛阳城南，“庄周围十余里，台榭百余所”[⑦]，其规模之宏大实属惊人。拥有大田庄的地主必然尽力巩固其田产，如这个“平泉庄”的主人就曾戒其子孙曰：“留此林居贻厥后代，鬻平泉者非吾子孙也”[⑧]。

就各个皇庄、官庄而言，每庄所占的土地很大，但它们在全国庄田的总量中却所占比重较小；其他几类田庄中以官僚贵族占有田庄的记载为最多，考其原因，不外下列二端：其一，官僚、贵族多列于史传，加之他们中有不少人还有文集传世，故有关此类田庄的史料保存较多；其二，他们实际拥有田庄也确实不少，因为这个特权阶层有获得大块土地的有利条件。他们即使通过购买占有的土地，也往往可以“贱市”[⑨]民间田产，即“市地不如直”[⑩]。有的官僚甚至“强市人田”[⑪]。更多的情况是

① 《太平广记》卷165《王叟》。
② 《太平广记》卷495《邹凤炽》。
③ 《旧唐书》卷100《卢从愿传》。
④ 《旧唐书》卷106《李林甫传》。
⑤ 《旧唐书》卷118《元载传》。
⑥ 《太平广记》卷350《浮梁张令》。
⑦ 《唐语林》卷7。
⑧ 《李文饶别集》卷9《平泉山居戒子孙记》。
⑨ 《旧唐书》卷88《韦思谦传》。
⑩ 《新唐书》卷116《韦思谦传》。
⑪ 《通鉴》卷207长安四年七月。

上层贵族、官僚凭仗权势干脆采取粗野的方式掠夺田产。如唐代前期司农卿赵履温“谄事安乐公主”，曾“为公主夺百姓田园造定昆池”，面积竟达“四十九里，直抵南山”[①]。即使是像宋智这样的“老吏”，居然也能“吞削田地，其数甚多”[②]。最突出的例子莫过于宪宗朝的东川节度使严砺，竟能擅没诸州“庄共六十三所”[③]。类似的记载不一而足，不必胪列。因为官僚、贵族地主均居住于都市之中，所以他们的大田庄多集中在大城市附近，如长安、渭南（今陕西渭南市）、洛阳、汝州（今河南临汝）、济源（今河南济源）、金陵（今江苏南京市）、江陵等城附近，以便于其朝往夕归。尤其是那些风景别致的园林，都是官贵游憩之所，更都集中在著名城市左近，以便于他们玩赏。为了避难或隐居，亦有个别田庄僻处于山谷间，如王维的田庄是“得宋之问辋川别业，山水胜绝”[④]，他自称：“余别业在辋川山谷”[⑤]，恐怕就与诗人的隐逸思想有关。又如元结在天宝中“得商余之山，山东有谷曰‘余中谷’”，而“谷中有田可耕艺者三数夫，有泉停浸可畦稻者数十亩”，于是乃“占山泉，辟榛莽，依山腹，近泉源”经营了一个不大的田庄[⑥]，这个田庄显然也远离城市，处山谷间。

田庄的规模是大小不一、悬殊极巨的。韩愈曾这样描写过太平公主的田庄：“公主当年欲占春，故将台榭压城闉；欲知前面花多少，直到南山不属人!”[⑦] 这是最大的田庄。一般中小地主的田庄则小至仅占地四五百亩而已，柳宗元、陆龟蒙所拥有的就是这样的小田庄。[⑧]

田庄中的产品以谷物为主，艺种谷麦的记载俯拾即是。因此地主向农民榨取的地租主要是农产品，从而产生了大量积谷的情况。如相国韦宙在“江陵府东有别业，良田美产，最号膏腴”，故他得以“积谷如坻，

---

① 《朝野佥载》卷5、卷3。

② 《敦煌掇琐》卷70《判得宋知咆悖》第29。

③ 《元氏长庆集》卷37《弹奏剑南东川节度使状》。

④ 《国史补》上。

⑤ 《王右丞诗》卷4《辋川集序》。

⑥ 《元次山集》卷5《述居》。

⑦ 《韩昌黎集》卷10《游太平公主山庄》。

⑧ 《柳宗元集》卷24《送从弟谋归江陵序》、《甫里先生集》卷16《甫里先生传》。

皆为滞穗。大中（847—859年）初（《太平广记》作‘咸通’初）……江陵庄积谷尚有七十（《太平广记》作‘七千’）堆”，所以皇帝称他为“足谷翁”[①]。田庄主人对筑仓贮谷是非常重视的，白居易最初经营田庄时就知道：“虽有池台，无粟不能守也”，于是他“作池东粟廪”[②] 备用。

除农业外，田庄中亦有手工业生产，唐初王方翼就曾在“郿墅”“垦山出田，燎松鬻墨”[③]。不少田庄中设有碾硙和织机，从事农产品加工和纺绩绢、布。

就史料记载而言，田庄中的农业、手工业生产的产品是品种颇多的，但各田庄的实际状况极不一致，不可一概而论，我们不应根据各田庄的记载断言每个田庄都有生产多种产品的能力。

除官庄、皇庄设官经营管理外，寺院田庄则由“智墅”“知庄”经管。其他田庄的经营方式有下列两类：一类是属于大官僚、大贵族、大商人的田庄，多由家奴、家仆、家人代为主管及收租。如元载的别墅“以奴主务，自称郎将，怙势纵暴”[④]。颜真卿死后十余年，其家“自雍遣家仆往郑州征庄租”[⑤]。再以陶岘在昆山“富有田业，择家人不欺能守事者悉付之家事。身则泛游于江湖，遍行天下，往往数载不归”[⑥]。个别的田庄主则由“傔人”“别墅吏”或“佣力者”代为经管田业或收租。[⑦] 大概这一情况发展下去，就形成了宋代以后的由“管干”“干人”“管庄”等代地主经管农庄和征敛地租的制度，此时仅处于萌芽状态而已。此类地主均不停居于自己的田庄之中，他们在农业生产中实际上无任何职能。第二类田庄主一般仅拥有四五百亩地，往往是中小地主，他们往往就住在本田庄，亲自督率、驱役农民进行生产。王方翼曾“与佣保齐力勤作，苦心计，功不虚弃”[⑧]。陆龟蒙亦“躬负畚锸，率耕夫以为具”[⑨]。这类地主

---

① 《北梦琐言》卷3、《太平广记》卷499《韦宙》。

② 《旧唐书》卷166《白居易传》。

③ 《张说集》卷16《王方翼神道碑》。

④ 《新唐书》卷163《柳公绰附子华传》。

⑤ 《太平广记》卷32《颜真卿》。

⑥ 《太平广记》卷420《陶岘》。

⑦ 《太平广记》卷395《李诚》、《唐语林》卷2、《唐摭言》卷3《慈恩寺题名》。

⑧ 《旧唐书》卷185上《王方翼传》。

⑨ 《甫里先生集》卷16《甫里先生传》。

有时甚至亲自参加了生产劳动过程，有人“讥其劳”，他们的回答是：“尧、舜黴瘠，禹胼胝，彼圣人也，吾一褐衣，敢不勤乎？”① 大多数地主基本上不是自己参加生产劳动，而只不过是“烈日笠首，自督耕夫”而已。②

唐代的田庄虽然土地集中在一起，但这种大地产并非经济上的生产单位，它与散处各地没有形成田庄的地主土地在生产上、经济上并无二致。大部分地主身居自己的田庄之中，监督农民生产，自成一个自给自足的单位，有的庄主过着“树之谷，艺之麻，养有牲，出有车，无求于人”的生活。③ 有的田庄内也进行商品生产，如王方翼“燎松鬻墨”是从事手工业商品生产的表现。在农业生产上也有类似的情况，如宋城南的一所田庄距“定婚店”甚近，因而“鬻蔬以给朝夕”④。但农村中商品货币关系是极不发达的，白居易曾用下述诗句描写过农村的封闭情况：“有财不行商，有丁不入军；家家守村业，头白不出门。”“生者不远别，嫁娶先近邻。”⑤ 可见在广大农村中，自然经济居于绝对支配地位，商品货币关系的水平相当低下。

田庄中劳动力的性质及地主对农民的剥削形式是重要问题之一，需要在这里加以讨论。

在均田制有效推行的时期，部分农民可以获得永业田和口分田，那么田庄主如何得到劳动人手呢？首先，有些田庄主如唐初的于志宁，是“代袭箕裘，周魏以来，基址不坠”的⑥，这些人可能占有世代相承的一定数量的部曲和佃客，不过要说明的是，经过隋末农民大起义的打击以后，唐初有关部曲的记载有如凤毛麟角，叙述较多的主要是《唐律疏议》，我觉得可能是直接抄自隋代的《开皇律》，并不反映唐初的部曲仍然很多。所以当时及以后佃耕田庄土地的主要是佃客。大致这些农民比较贫困，连耕种受田的条件都不具备，或者缺乏耕牛或农具，或则种、

① 《新唐书》卷196《陆龟蒙传》。

② 《樊川文集》卷9《杜诠墓志铭》。

③ 《柳宗元集》卷24《送从弟谋归江陵序》。

④ 《太平广记》卷159《定婚店》。

⑤ 《白氏长庆集》卷10《朱陈村诗》。

⑥ 《旧唐书》卷78《于志宁传》。

食不足，他们须依靠田庄主提供这些条件。其次，受田不足是一个相当普遍的现象，在受田不足自耕的情况下，农民自然就不能不租佃部分田庄主的土地，从而成为半自耕农半佃农。此外，还有相当数量的奴婢也从事农业生产，如武攸绪曾隐于嵩山之阳，“买田使奴耕种，与民无异”①。可见民间地主使用奴婢耕田在一定程度上是存在的。不过社会上的奴婢大多从事家内服役，从事农业生产者只占较小比重。

唐代田庄中最主要的劳动者是庄客，亦称田客、庄夫等。在均田制破坏及土地兼并的过程中，失去受田和私有小块地的农民大多转化成租种地主庄田的佃农，即所谓“王公百官及富豪之家，比置庄田，恣行吞并……爰及口分、世业，违法卖买”，其结果是“致令百姓无处安置”，所以地主“乃别停客户，使其佃食”②。租种地主土地的农民不再像均田农民对受田享有占有权了，现在他们只具有对庄田的使用权。庄客中最多的是佃农，少数极贫困者则沦为“佣力客作”的雇农③，不过雇佣劳动者并非真正的自由劳力，有的雇农自称：“我佣居袁庄七年矣！”④ 这样长期的雇佣关系说明雇农仍然是依附农民，他们只不过是佃农的变态而已。短期雇农在唐代虽然存在，恐怕不是普遍现象，仅是个别特例而已。

庄客的地位较自耕农为低，因有“降人为客”的记载⑤，田庄主对佃农施以严重的超经济强制。至于奴婢和部曲则地位更低，不但前者对地主来说“律比畜产”“奴婢同资财”，而且二者都“身系于主”，没有人身自由。⑥ 田庄主对自己拥有多少佃客是相当重视的，陆龟蒙就曾说他的小田庄中有“耕夫百余指”⑦，按一人十指，“百余指”当合十几个佃农劳力。田庄主对庄客虽不能买卖，然亦有私行审判或严加惩罚的情况，所以“依富室为奴客，役罚峻于州县”⑧。可以肯定，除了地主政权外，

① 《通鉴》卷205万岁通天元年。
② 《册府元龟》卷495《邦计部·田制》。
③ 《唐会要》卷49《像》。
④ 《太平广记》卷347《李佐文》。
⑤ 《全唐文》卷804刘允章《直谏书》。
⑥ 《唐律疏议》卷17《贼盗》。
⑦ 《甫里先生集》卷16《甫里先生传》。
⑧ 《新唐书》卷52《食货志》。

地主也具有对庄客施以专横的权利和手段。

唐代地租剥削形式既有定额租制也存在传统的分成制。如有人“取人（民）田自占，给与农，约熟归其半”[①]，及地方官把国有土地募百姓耕之，“假之牛犁、粟种与食，所收其半与之；不假牛犁者，三分之二”[②]。这是采取分成制租佃方式的具体事例。从唐代开始，我国历史上出现了新的租佃形式，即定额租制。近些年新疆出土的一批租田契、租地契就明确规定了地租额是每亩几斗几升。[③] 唐宋以后，有关定额租制的记载就越来越多了。大致田庄主能直接监督庄客生产和使之纳租者多采取分成制；田庄主只坐收田租，不问生产好坏者，多采取定额租制。可以肯定，采取分成制的田庄不甚大，因利于督察；大田庄则地主检督佃农有困难，多采取定额租制。在定额租制下农民虽有一定程度的独立性，但在灾荒歉收的时候，私租就成了庄客极其沉重的负担。

雇农的工资多少，剥削率如何，史有阙文，不得而知。一般佃农所纳之私租额，在时间上和地域上均不一致，即随时、地之不同而有所增减。大致在土地集中程度越高的时期和地区，失业农民越多，地租剥削率越高。“安史之乱”以后，京畿一带的情况可以作为高额收租的代表，当时当地“私家收租殆有亩至一石者。……降及中等，租犹半之”[④]。以此推测，在全国范围内，私租平均或在五斗上下。也许在均田制有效推行的时期和地区，私租略低于这个水平。此外，唐代还稀疏地出现了以货币缴纳私租的情况，据“西域出土的租田契景片”载：“天宝五载（746年）闰十月十五日，□□交用钱肆佰伍拾文，于吕才艺边租取涧东渠口分常田一顷贰亩。”[⑤] 在自然经济和产品地租占支配地位的唐代，这种地租收钱币的情况终属少见。庄客除缴纳地租外，还须对田庄主提供某些劳役，工部员外郎张周封“率庄客指挥”“筑墙”即其一例。[⑥] 总

---

① 《新唐书》卷153《段秀实传》。

② 《李文公集》卷11《岭南节度使徐公行状》。

③ 《敦煌资料》第1辑，中华书局1961年版，第326页。

④ 《陆宣公集》卷22《均节赋税恤百姓第六条》。

⑤ 原书为日本中村不折氏藏，此处转引自全汉昇《中古自然经济》一文，该文载“中研院”《历史语言研究所集刊》第10本，商务印书馆1948年版。

⑥ 《酉阳杂俎》卷15。

之，庄客所受的剥削是极其残酷的，他们只能过着“妇即客舂祷，夫即客扶犁，黄昏到家里，无米复无柴，男女空饿肚”的悲惨生活①。

唐代田庄的日益增加正是地主土地所有制高度发展的集中表现。不过，我们还不能肯定唐代地主占有土地的主要形式就是所谓的“庄园制”。因为：第一，在地主阶级所占有的土地中很多是未能连成一片形成田庄的，我们很难判明田庄在全部地主土地中所占的比重及所处的地位。第二，如果肯定“庄园制”是地主占有土地的支配形式，那就必然承认田庄对其他未形成田庄的地主土地有重要的作用或影响，但我们还很难具体指出这一重要内容。第三，各个田庄的情况很不一致，田庄主的经营方式亦不划一，尤其是有的田庄主既不停居其中，也不对之管理，在这种情况下，地产形成田庄与否，没有什么重大区别，所以很难说这些田庄体现了“庄园制”原则。第四，欧洲的庄园是一个十分封闭和完整的自然经济大单位，领主不仅拥有农奴，还有很多农奴手工业者在其中从事多种生产，庄园中自产的产品相当繁杂；唐朝的情况大不相同，田庄的封闭性及自给自足的能力明显地比较差，不能与西方的庄园制同日而语。田庄主对庄客的剥削关系与其他地主对佃农的剥削关系并无差异。但大量田庄的出现对社会经济的发展是不利的，因为田庄是地主剥削农民的基础，田庄主为了多得地租，不但要巩固其已经拥有的田庄，而且要力图扩充和增置更大、更新的田庄，这就一方面加速了土地兼并及农民破产的过程，一方面提高了剥削率。恩格斯说，地主的“领地越大，从农民身上榨取的徭役或强迫劳动当然越繁重”②。可见大田庄的普遍发展和壮大对生产力的进步是极其不利的；同时，大田庄的恶性膨胀必然意味着兼并自耕农的小块土地，其结果是使农民日渐破产，从而阶级矛盾更加趋向尖锐化。

史料中充满了田庄主引水注塘、广饰台榭、临泉吟诗、凭池而钓的记载。这多半是园林化的大地产，官僚地主们置园林的重要目的之一是

---

① 《敦煌掇琐》卷30。

② 《马尔克》，见中国人民大学世界通史教研室编《世界通史参考资料》古代史与中世史部分，第1辑，中国人民大学1954年版。（“世界通史教研室”“与”原脱，“中世”后原衍“纪”。——编者注）

用以专供游赏。这就使不少可耕地变成了不进行农业生产的纯消费性地产。洛阳附近的平泉庄就是"卉木台榭，若造仙府"的游玩之处①，所以它的特殊性正在于"清流翠篠，树石幽奇"②。这个"平泉庄"，"周围十余里，台榭百余所，四方奇花异草与松石，靡不置其后"③，简直达到了现代大公园的水平。本来可以用来发展农业的大地产，现在完全用于官僚、地主们玩赏，这是对于土地资源的极大浪费，所以早在唐朝末年大诗人皮日休就曾慨叹地说：

> 今之宅树花卉犹恐不奇，减征赋惟恐不至，苟树桑者必门嗤户笑……今之田贫者不足于耕耨，转而输于富者，富者利广占不利广耕。④

确为一针见血之论。

当我们研究唐代的田庄时，还必须看到，这种田庄与欧洲中世纪庄园之间是有巨大差别的。

欧洲的庄园均为领主的世袭领地，土地不能自由买卖和转手，领地又实行长子独袭制，所以庄园的规模不易变化，世世代代大小一样；唐代的田庄只有极少数是世袭地产，其余大多是来自皇帝的赐田或私下买田，田庄主可以任意出卖其部分土地或全部庄田。在土地易于转手与可以买卖的情况下，田庄还有遭受破坏的可能。庄田在继承时，地主的多子更得瓜分，这也可使它在这个过程中丧失其作为田庄的地位，使土地逐步走向畸零化。这种土地占有关系的不稳定性是我国田庄的重要特点之一。

欧洲庄园中的土地分为领主的自用地和农奴占有的份地，此外还有每人均可利用的森林、牧场、池沼等。在农村公社残存的条件下，份地往往"也是用古老的抽签分摊的方法来决定的"⑤。唐代田庄中则无领主

① 《太平广记》卷405《李德裕》。

② 《旧唐书》卷174《李德裕传》。

③ 《唐语林》卷7。

④ 《皮日休文集》卷7《请行周典》。

⑤ 《马尔克》，见中国人民大学世界通史教研室编《世界通史参考资料》古代史与中世史部分，第1辑，中国人民大学1954年版。（"世界通史教研室""与"原脱，"中世"后原衍"纪"。——编者注）

自用地与农奴份地之划分，田庄主不过将自己的土地全部出租给佃客或交雇农与奴婢来耕种，在这里看不到农村公社的残存及其影响，也根本没有可供众人共同利用的川泽与山林。

欧洲庄园不仅在经济上自成一个自给自足的实例，而且在政治上、司法上也是一个行政单位。农村的领主可以买卖农奴，“于是，农民只能向领主告发领主。如此，立法权、司法权、行政权都集中在地主一人手里，他在自己的领地上便成了毫无限制的统治者”[①]，具有对农奴施以一切专横的手段，从而超经济强制是十分严重的。在唐代的中国，存在着超乎田庄主之上的郡县制度，因此掌握行政权、司法权的不是田庄主本人，而是各级职业地方官吏，这些官僚也经常与田庄主勾结在一起欺压农民，大多数官员也兼有地主身份，但他们并不一定必然具有田庄主的身份，不一定是田庄主本人。至于田庄主私刑审判自己佃农的情况也是存在的，但终属个别情况和特例。庶族地主和佃农、自耕农在等级上均属“庶民”或“百姓”的范畴，在政治等级上区别极其有限。在租佃制及雇佣制下，农民与庄主间的关系是，田庄主既不能买卖庄客，农民亦未终身束缚在庄田之上。由此可见，庄客对田庄主尽管也有人格依存，然而就程度而言，主、佃间的超经济强制不能和欧洲的情况同日而语。

唐代田庄不是行政单位和司法单位，亦无军事性质。自从“家兵”及具有军事性质的“部曲”渐趋消灭以后，郡、县各级官员掌握着军事权和军队，这一点也与欧洲庄园大异其趣，那里的庄园本身就是一个堡塞，领主豢养着自己的骑士与武装力量，于是庄园具有了军事性质。隋朝末年天下大乱，鲜于甫“率庄户一百余人，初即自卫乡里，寻乃攻劫近封”，诸州“大为劫夺”。[②] 五代十国时，有田庄主“帅庄户及乡人悉为兵”的情况。[③] 但这毕竟是非常时期的特殊事例，不是隋唐五代阶段的经常、普遍状况。在正常时期，一般田庄主是不亲自掌握军事权的，他们不能任意把庄客当作军队使用。

欧洲中世纪初期，城市很少，随着庄园经济的发展及手工业与农业

---

① 恩格斯：《论普鲁士农民的历史》，《史学译丛》1955 年第 4 期。

② 《云笈七籤》卷 121《鲜于甫为解冤修黄箓道场验》。

③ 《通鉴》卷 290 广顺元年九月。

的分离，商品经济逐渐活跃起来，新兴的城市从公元 9 世纪以后才开始渐渐出现。我国则从封建社会一开始就普遍实行郡县制，远在唐代田庄发展之前已经有大批的郡县城市存在了，所以不是庄园经济的发展促使城市产生，而是围绕着原有的城市在周围建立起田庄。由唐代的草市、市集逐渐形成的市镇在以后虽然也有，但这毕竟不是我国封建城市产生的主要途径。因此，欧洲领主在庄园中过着自给自足的生活，庄园中生产绝大多数生活必需品，农村与城市的经济联系比较薄弱。只有到封建社会末期，这种情况才有了明显的改变。唐代则大多田庄并不能保证田庄主获得全部生活用品，他们往往要从城市中购买自己所用的什物，甚至不少田庄主本人就住在郡县城市中，有的还亲自兼营商业。故唐代田庄与城市之间的经济联系是远较欧洲庄园与都市间的经济联系为密切的。这与中国封建社会城乡对立关系的特殊形式是分不开的。关于此点，不能详论于此。

（原载《历史教学》1958 年第 12 期，以笔名“胡节”发表）

唐代租庸调制的作用及意义

唐代租庸调的内容及形成之历史渊源等问题，过去治唐朝财政史者已经作了不少的努力，取得了一定的研究成果。但以往的论述对此一制度在社会经济方面的作用及影响却很少论及，这不能不说是在全面认识这一制度中的一个缺陷。本文目的就是想在这些一向被人忽略的重要问题上作一初步探索。事实上，这一制度与当时的生产关系、农业经济等情况有着密切的联系，因此，把租庸调制的意义及作用研究清楚，不但可以帮助我们研究围绕着它的其他财政制度，而且可以使我们更进一步窥知当时社会政治的全貌。

一　初唐租庸调制的积极意义及作用

租庸调三项课役都是按丁征收的，关于此点，近年来治唐史者绝大多数已经得出了一致的结论。邓广铭先生在近作《唐代租庸调法的研究》一文[①]中再一次肯定了“租不计亩，调非税户，租庸调全是计丁征收的”。当然讨论这一制度时，我们首先应当根据颁行此法的制敕。武德二年（619）清楚地规定：“每丁租二石，绢二丈，绵三两。自兹以外，不得横有调敛。”[②] 武德七年（624）再一次规定：“每丁岁入粟二石；调则随乡土所产，绫绢絁各二丈，布加五分之一……凡丁岁役二旬，若不役则收其庸。”[③]

① 载《历史研究》1954 年第 4 期。

② 《唐会要》卷 83《租税》上。

③ 《唐会要》卷 83《租税》上。

以上记载均指明租庸调是按丁征敛，并未提及田亩及户。主张有田出租，有丁出庸，有户出调的根据大多是陆贽所谓“有田则有租，有家则有调，有身则有庸”①。我们对陆贽这一说法应该究其本质，明其所指，而不应断章取义，为一代之制度贸然立论。

需要明确的是：陆贽的说法与法令有矛盾，孰是孰非？为什么他要作这样的叙述？是否他真的不知道租庸调制的征敛方法？搞清这些问题可以帮助进一步研究此制的实质、作用及意义。

其实，与陆贽有类似论述的还有白居易，如其《赠友诗》亦称：“吾闻国之初，有制垂不刊，佣必算丁口，租必计桑田，不求土所无，不强人所难，量入以为出。”② 是否白氏也不知道唐前期正税征敛的方法呢？

我觉得陆、白二人对这一制度并非知之不确，问题是后人对这些记载的精神不加深究，从而发生了误解。如果能通读其全文，自然真相就容易大白了。《陆宣公集》卷22《均节赋税恤百姓第一条》：

> 国朝着令赋役之法有三：一曰租，二曰调，三曰庸……丁男一人授田百亩，但岁纳租税二石而已，言以公田假人而收其租入，故谓之租……每丁各随乡土所出，岁输若绢、若绫、若絁共二丈、绵三两，其无蚕桑之处则输布二丈五尺、麻三斤，以其据丁户调而取之，故谓之调……每丁一岁定役二旬，若不役则收其庸，日准三尺，以其出绢而当庸直，故谓之庸……夫财之所生，必因人力，工而能勤则丰富，拙而兼惰则窭空，是以先王之制，赋入也必以丁夫为本……两税之立则异于斯，惟以资产为宗，不以丁身为本。

陆贽在这里只说“丁男”受田百亩而岁纳租二石，并未指明系计亩收租；谈到调时亦只说“每丁”随乡土所出而输物，亦未指明系按户而调，只在解释所以称作“调”的原因时才指出“据丁户调”，而这里又特别强调

① 《陆宣公集》卷22《均节赋税恤百姓第一条》。

② 《白氏长庆集》卷2《赠友诗五首》。

了“据丁”二字。陆贽此段议论本为反对两税法“以资产为宗，不以丁身为本”而发，故到处称赞租庸调制“必以丁夫为本”的优点。由此可见，他对租庸调制的按丁征税是了如指掌的。

白居易《赠友诗》的说法也是旨在反对两税法之以钱定税，故在同诗中他又称：“私家无钱炉，平地无铜山，胡为夏秋税，岁岁输铜钱！钱力日已重，农力日已殚，贱粜粟与麦，贱质丝与绵，岁暮衣食尽，焉得不饥寒！”与此相反，他认为租庸调制的优点则是：“不求土所无，不强人所难；量入以为出，上足下亦安。”可知所谓：“租必计桑田”的“计”字并非实际计算的意思，而是指“不求土所无”而言的。

两人的共同论点是，都主张以农民的自然生产物按丁征课。所谓“有田则有租，有家则有调，有身则有庸”，只是根据这一主张说明当时为什么要把赋役分作三项的原因。他们自己亦并不认为制度本身就是计亩征租、按户课调的。

为什么按丁征收的赋税一定要分作租、调、庸三项呢？首先，这是封建社会自然经济的表现；其次，为了解决这个问题，我们必须弄清当时进行生产的生产单位是什么。丁男是从事农业生产的主要劳动力，女子是进行手工业生产的主要劳动力，二者不但紧密地结合而且是统一在一个农户之中的，这就是“男耕女织”的农民家庭，也就是我国封建社会中的基本生产单位。在自然经济占支配地位的条件下，从事生产的最小单位就只能以“户”的方式出现。正如马克思所说：

> 不过，生产物地租，在它的纯粹的形态上，虽然也能够残存在更发展的生产方式和生产关系内，但依然是以自然经济为前提；经济条件的全部或最大部分，还是在本经济单位内被生产，是直接由本经济单位的总生产物得到补偿和再生产。它更假定农村家庭手工业和农业的合一；形成地租的剩余生产物，是这个农工合一的家庭劳动的生产物。①

① 《资本论》第3卷，人民出版社1953年版，第1038页。

列宁亦指出：

> 收获原料的农户（农民家庭）本身给这些原料以加工，我们称之为家庭工业，家庭工艺是自然经济底必然附属物。凡是小农存在之地，自然经济底残余差不多总是保存着……在这里，工艺与农业不可分离地联结成为一个整体。①

列宁所指的是19世纪资本主义已经产生后的俄国，因而用了“残余”二字。在唐代，自然经济还占支配地位而并非“残余”，所以这种农业与手工业在农户中的结合就更加巩固。正因如此，所以当作剩余生产物缴纳的赋税也就必然要分作租和调。李唐政府除需要实物外，又需要服徭役的劳动力，故又有庸。总之，在现象上，租庸调都是按丁征敛的，但在实质上，三者的负担者却是当时的生产单位——农户。在封建社会中，女子处于从属地位，当时她们既不受田，故亦不另有课役，这就造成农户的三项负担融合在“丁男”中的现象。陆贽所谓“有田则有租，有家则有调，有身则有庸”正是就这一制度的实质而言的。所以按丁征敛只是一个形式而已。

唐代前期，均田制与租庸调制的配合推行确实起了积极作用。关于后者对生产恢复及发展的作用，除邓广铭先生文中所指三点外，我愿再作一些补充。

就封建地租发展的三个阶段，租庸调的剥削基本上属于产品赋税。租、调两项自不待言，即庸一项虽然具有劳役剥削的性质，但在“输庸代役”的情况下亦转化成了产品。我们知道，产品地租虽然有时也能把农民的剩余产品全部或大部“抽得干干净净”②，所以同样在产品赋税下，农民获得一部分剩余劳动成果的可能性也是存在的。因为：首先，三项剥削对受田农民而言，确实不至于把全部剩余产品抽去，虽然有时也有农民提供额外征敛的情况，但在贞观、永徽之际这种情况并不太多；其次，三项的剥削量由政府颁布后很少发生变动，在此状况下农民自然乐于提高劳

① 《俄国资本主义底发展》，解放社1949年版，第295页。

② 《资本论》第3卷，第1038页。

动生产率，争取在完纳赋税后多得一些超过生活量以上的生产余额，这就有利于他们进行扩大再生产。此外，为了保证赋税，租庸调制也有把劳动力拘禁在固定土地上从事劳动的作用，因为占有受田而努力生产的农民同样须按丁输税。陆贽在描述这种鼓励生产和强制劳动的情况时称：

> 故不以务穑增其税，不以辍稼减其租，则播种多；不以殖产厚其征，不以流寓免其调，则地著固；不以饬励重其役，不以窳怠蠲其庸，则功力勤。如是，然后能使人安其居，尽其力，相观而化，时靡遁心，虽有惰游不率之人，亦已惩矣。①

与均田制实行同时，李唐政府企图尽力阻遏土地兼并。在一般情况下，法令是“禁买卖世业口分田”的②。租庸调制这种只问丁身、不问资产的征敛方法亦同样有缓和土地兼并的作用。王夫之《读通鉴论》卷7《东晋孝武帝》条曾称：

> 收租而不度其田……其在强豪兼并之世尤便也。田已去而租不除，谁肯以其先畴为有力者之兼并乎？人各保其口分之业，人各勤于稼穑之事，强豪者又恶从而夺之？则度人而不度田，劝农以均贫富之善术……太元之制，口收税米三斛，不问其田也，不禁兼并而兼并自息。

王夫之所谓“其在强豪兼并之世尤便也”的说法是错误的，因土地兼并的结果必然使这种田赋制度破坏，但在土地比较分散的时候，这种“口收税米”而“不度其田”的制度确有阻止兼并的作用。王夫之虽然谈的是晋代的“太元之制”，因租庸调制亦据丁收税，故这种作用对唐代前期的正税而言亦有同样的效果。

南北朝时期亦有据产征税的情况，不过有时对生产发生很坏的影响，如南齐时的三吴一带，“守宰相继务在裒克，围桑品屋，以准资课，致令

① 《陆宣公集》卷22《均节赋税恤百姓第一条》。

② 《新唐书》卷51《食货志》。

斩树发瓦，以充重赋”[①]，因此梁乾在天监元年（502）宣布，“始去人赀，计丁为布”[②]。隋朝更实行按“丁男”“丁女”课租调的办法。唐代租庸调按丁征税的方式大概是总结了过去数百年的经验而实行的。在这种制度下，农民是不会“斩树发瓦”求居下等的。这同样也是刺激农民生产积极性的有力杠杆之一。

当我们讨论这一制度的积极意义时，亦应当充分注意其消极的一面。首先，建筑在“男耕女织”基础上的这一课役制度同时亦发生了巩固农业与手工业相结合的作用，在一定程度上有碍于社会分工的发展。

其次，受田不足是普遍现象，对于占有口分田、永业田较少，生产条件较差的农民，这种只问丁身、不问资产的剥削就成了不易负担的征敛，从而也就可以把农民的全部剩余劳动产品，甚至一部分必要劳动产品抽去。

再次，对于占有大量土地的地主阶级，按丁征敛却显得太微不足道了。因此，租庸调制最终还是明显地优惠了剥削阶级，其阶级倾向是十分明显的。

最后，上面所说的把农民束缚于土地的强制作用，也是其消极的一面。

二　租庸调制破坏的主要原因及在破坏过程中消极作用的发展

租庸调制是建筑在均田制推行基础上的赋税制度，所以也只有在农民受田较多的时候才有积极意义。与此相反，在均田制逐渐破坏、土地日渐集中的历史条件下，仍然继续实行租庸调制，生产力就不但不能有所发展，而且甚至要萎缩下去。适应土地集中的情况，必然会产生新的税制。这一变化正标志着从租庸调制到两税法的过渡。

唐初的均田制自始就只曾在一定程度上推行，受田不足与土地兼并的现象很早就开始了。随着官荒的减少、人口的增加、土地的集中，均

① 《南齐书》卷40《晋陵王子良传》。

② 《梁书》卷53《良吏传序》。

田制日益遭到破坏，正如杜佑所说：“虽有此制，开元之季、天宝以来，法令弛坏，兼并之风有逾于汉成、哀之间”。[①] 武德六年（623）本规定：“天下户量其资产，定为三等。”[②] 至贞观九年（635），因三等户“未尽升降”，遂又“置为九等”[③]。可见早在唐初的贞观年间，尽管土地兼并尚不剧烈，李唐政府就已经注意户等的划分了。随着土地兼并与均田制破坏的发展，在财政上，户等的意义就更见重要了，故万岁通天（696 年）时，政府又规定：“天下百姓，父母令外继别籍者，所析之户等第并须与本户同，不得升降。”[④] 可见土地占有的情况与赋税的征敛是有着密切关系的。

土地集中的过程也是大批农民丧失土地与走向破产的过程。我们已经指出，租庸调的负担者实质上是农户，而在征收赋税时却是据丁课敛，因此破产的农户再也无力完纳租庸调了。怎么办呢？最初补救的办法是增加了按户等征收的户税及据青苗顷亩征收的地税。

户税始于何时已不可确考，但至早在高宗时已有税钱的记载[⑤]。随着土地集中与贫富悬殊的日见严重，此项税收也就逐渐重要起来。至天宝（742—756 年）中，每年税钱达二百余万贯。[⑥] 据杜佑估计，“安史之乱”以前此项税收约相当于租庸调的二三十分之一[⑦]。

地税之设，原备义仓储积，凶荒之年，用以恤贫。贞观二年（628）开始创立时，就其原意，不失为“取之于民，用之于民”，并非一项税收制度。历“高宗、武后数十年间，义仓不许杂用”，大致仍不失备凶年之原意。武周之后，“公私窘迫，贷义仓支用。自中宗神龙（705—707）之后，天下义仓，费用向尽”[⑧]，这意味着义仓征敛在作用和性质上发生了

---

① 《通典》卷 2《食货典·田制》下。

② 《通典》卷 6《食货典·赋税》下。

③ 《唐会要》卷 85《定户等第》：“武德六年三月，令天下户量其资产定为三等。至九年三月二十四日，诏天下户三等未尽升降，依为九等。”按《旧唐书》卷 3《太宗纪》下，则“敕天下户立三等未尽升降，置为九等”系于贞观九年三月，可知《会要》在“九年”之前脱漏“贞观”二字。

④ 《唐会要》卷 85《定户等第》。

⑤ 《唐会要》卷 93《诸司诸色本钱》上：“至永徽元年（650）……以天下租脚直为京官俸料。其后，又薄敛一岁税，以高户主之，月收息给俸。寻专以税钱给之。”

⑥ 《通典》卷 6《食货典·赋税》下。

⑦ 《通典》卷 7《食货典·丁中》：“旧制百姓供公上计丁定庸调及租，其税户虽兼出王公以下，比之二三十分唯一耳。”

⑧ 《通典》卷 12《食货典·轻重》。

质的变化，成了货真价实的一项赋税。随着租庸调制的逐渐破坏，地税对李唐政权的财政意义就逐渐加大了。天宝八年（749），凡天下诸色米都九千六百零六万二千二百二十石，而义仓米竟达六千三百一十七万七千六百六十石①，占各仓储米50%以上，说明其重要性已不可轻视。

由此可见，在土地集中的情况下，按户等及田亩征收的赋税日益发展了，而按丁征收的正税与客观条件的矛盾也愈益显露出来。

户税和地税的增加虽然在一定程度上解决了地主政权的财政困难问题，但对一般农民来说却增添了新的负担，因为当时租庸调的剥削仍未废除，从而原来完纳租庸调后勉强可以维持生计的农民现在也不得不走向破产了。这就更反转来加速了土地集中与租庸调制破坏的过程。

受田不足或完全丧失了土地的农民只有通过租佃关系来获得土地的使用权，因而他们大多转化成了大田产中的佃农，必须向地主缴纳地租，同时又须缴纳按丁征敛的租庸调。在均田制破坏、土地兼并的情况下，这些农民忍受着双重剥削，所以出现了“亦有佣力客作以济糇粮，亦有卖舍贴田以供王役”的现象。②

为了便于分析，我们姑且把民户分作四等：甲类户是拥有土地的地主。乙类户是可以自给的自耕农。丙类户是虽有少量受田但不足自耕而必须从地主那里租种部分土地的半自耕农（半佃农）。丁类户是全部丧失了土地和受田的纯租地者——佃农。现在将各类农户所承担的赋税和私租列表示意如下：

表1

户别	所承担的赋税及私租			
甲类	租庸调	户税	地税	
乙类	租庸调	户税	地税	
丙类	租庸调	户税	地税	私租
丁类	租庸调	户税		私租

从上表中可以看出：丙、丁两类农户的负担最重，拥有少量土地的丙类

① 《通典》卷12《食货典·轻重》。

② 《全唐文》卷247李峤《谏建白马坂大象疏》。

户竟须负担叠床架屋的四重剥削，他们必然很快地沦为丁类户。丁类户的负担虽然少了一项地税，但私租一项却大大超过了丙类户。甲类户的户、地二税在表面上似乎比较重，但实际并非如此，因为：第一，他们是剥削者，根本谈不上受剥削，所缴纳的赋税只不过是从他们已经剥削到的地租中瓜分出来的，全系从丙、丁两类户的“私租”转化而成。第二，甲类户中很多属于皇族、官僚或寺观主，这些特权者根本是免课役的特权人物，谈不上有什么负担。可见丙、丁两类户实际上承担了除乙类户以外的全部课役和私租。乙类户在完纳赋税后虽尚能勉强维持生计，但他们是极不稳定的一个阶层，随着受田的日益减少，其中除个别人能上升为甲类户外，大多数均难逃沦为丙、丁两类户的厄运。

经过以上分析，租庸调制的弊端已昭然若揭。户税和地税对农民的威胁不大，因为贫苦农民的受田少，户等低，只有不问资产，按丁征收的租庸调的税额是硬性规定，因而这项税收就成了农民最可怕的负担。建筑在均田制基础上的这一税制，由于均田制的破坏，已经与社会实际条件基本上脱节了。它不但榨取了农民的大量剩余产品，甚至也剥夺了他们的一部分必要劳动成果。狄仁杰即曾发现彭泽一带地狭山峻，农民所营者一户不过十亩、五亩，准例常年即使全熟，“纳官之外，半载无粮”①。这是受田不足的农民在据丁征税下的必然命运。

为了说明问题，在以上的讨论中，我们是以社会一般的情况作为依据。事实上，各种税收的实际剥削与正常的法令规定是往往有出入的。如在实行封制的地方，配作封户的农民在表面上也只向封家提供租庸调，但在真正输纳时则往往超过了政府规定的限度②。生产的发展与社会的繁荣必然使统治者日趋奢靡，车骑舆服之侈自不待言，寺观造像之烦与日俱增，于是地主政权对农民的苛敛就更无恒数了。

以上情况的发展，势必导致阶级矛盾的激化，由于当时农民起义的条件尚不成熟，为了逃避租庸调的负担，阶级斗争就采取了“逃户”的

① 《全唐文》卷169狄仁杰《乞免民租疏》。

② 《旧唐书》卷88《韦嗣立传》：“封户之物，诸家自征，或是官典，或是奴仆，多挟势骋威，凌突州县。凡是封户，不胜侵扰，或输物多索裹头，或相知要取中物。百姓怨叹，远近共知。复有因将货易转更生衅，征打纷纷，曾不宁息。贫乏百姓，何以克堪！”

方式，远在证圣元年（695）李峤即曾上表称：

> 今天下之人流散非一，或违背军镇，或因缘逐粮，苟免岁时，偷避徭役。此等浮衣寓食，积岁淹年，王役不供，簿籍不挂，或出入关防，或来往山泽，非直课调虚蠲，阙于恒赋，亦自诱动愚俗，堪为祸患，不可不深虑也。①

李唐政府虽一再下令禁止逃亡，实行检括，但并未能从根本上阻遏这一趋势的发展。至开元初，终于不得不让宇文融实行“检括田畴，招携户口”的政策，结果竟括得“客户凡八十余万”②。当时全国户数不过近七百万，可见逃户已成十分普遍的现象。“安史之乱”以后，战争使政府更感财政困难，于是征敛多名，且无恒数，农民的逃亡就更见严重了。

租庸调制的破坏除了表现在农民负担加重，逃户不断增加外，还反映于政府的正常税收逐渐陷于困境。首先，土地日益集中在皇族、显贵、官僚及寺观主等不课户手中，国家岁入大受影响；其次，即令庶族地主尽管负担课役，但在按丁纳税的制度下也不能提供大量的赋税；最后，尚未逃亡而仍在地著的农户亦多因为受田过少而成了单贫不济者，根本无力承担纳税义务，故政府不得不屡降蠲复之令，或免个别地区的征敛，或宣布每乡量放丁若干。此种记载甚多，不便备录。今仅据《册府元龟·邦记部》《通鉴》及《唐大诏令集》等书所载材料，可以看出：由唐初至武周，全国性蠲免赋税的次数很少；从公元8世纪开始，此类诏令频繁宣布，渐渐多起来了，最严重的是在天宝年间，短短十四年全国性蠲复竟达四次之多，这正是所谓“开元之季、天宝以来”土地兼并空前加剧的时期。要特别说明的是，蠲免的税项绝大多数都是租和地税，这正雄辩地印证，在土地集中的前提下，租、地税和私租是对农民叠床架屋的剥削。

在讨论租庸调制的破坏时，我们不能不对德宗时杨炎行两税法的原

① 《唐会要》卷85《逃户》。

② 《旧唐书》卷105《宇文融传》。

因进行分析，《旧唐书》卷118《杨炎传》：

> 初定令式，国家有租赋庸调之法。开元中，玄宗修道德，以宽仁为理（治）本，故不为版籍之书，人户寝溢，隄防不禁。丁口转死，非旧名矣；田亩移换，非旧额矣；贫富升降，非旧第矣。户部徒以空文总其故书，盖得非当时之实。旧制，人丁戍边者，蠲其租庸，六岁免归。玄宗方事夷狄，戍者多死不返，边将怙宠而讳，不以死申，故籍贯之名不除。至天宝中，王鉷为户口使，万务聚敛，以丁籍且存，则丁身焉往，是隐课而不出耳。遂案旧籍，计除六年之外，积征其家三十年租庸。天下之人苦而无告，则租庸之法弊久矣！迫至德（756—757年）之后，天下兵起，始以兵役，因之饥疠，征求运输，百役并作。……于是纲目大坏，朝廷不能复诸使，诸使不能复诸州……故科敛之名凡数百，废者不削，重者不去，新旧仍积，不知其涯……凡富人多丁者率为官、为僧，以色役免；贫人无所入则丁存，故课免于上则赋增于下。是以天下残瘁，荡为浮人，乡居地著者百不四五。如是者迨三十年。

这段记载对租庸调制的破坏做了总结，大致此制崩溃的原因可以归纳如下：第一，开元时，租庸调制的弱点已见端倪，其中最主要的就是“田亩移换”“贫富升降”，也就是均田制的破坏和土地的兼并。至于王鉷之聚敛只不过是在传统税制遭到破坏的情况下，李唐政府穷极无聊的一种搜刮办法，这是结果而并非原因。所谓“玄宗修道德，以宽仁为理（治）本，故不为版籍之书”只不过是美化统治者的饰辞，其实“隄防不禁”“丁口转死”正是租庸调制走向崩溃的必然结果，这并不是导致税制遭到破坏的真正原因。第二，至德以后，“始以兵役，因之饥疠，征求运输，百役并作”，只是租庸调制破坏的次要因素，并非主要原因，因为只要实行此类横征暴敛的政策，那就没有一种税制可以顺利和合理地推行，由此产生的租庸调制的诸弊端并非制度本身存在的问题所致，而这些现象却是外部因素促成的。事实上，在唐朝后期战争频仍、官吏腐化的条件下，两税法同样也不能克服类似的弊病。第三，由“朝廷不能复诸使，诸使不能复诸州”而形成财政上的“莫相统摄”的无政府状况，虽然同样对租庸调制的破坏发生了一定程度的影响，但它也是税制以外的外部条件，不属于租庸调制本身存在的问题。唐代后期社会、政治陷于大混乱，所以实行两税法后并没有从根本上克服这种混乱现象。第四，所谓富人丁多者大都“为官、为僧，以色役免”，贫人则因“丁存”而形成“课免于上而赋增于下”，这正再一次对按丁征税与土地集中脱节的弊端做了补充说明。实际上，拥有大量土地的富者，在据丁征敛的情况下，即使不“为官”和“为僧”，照章纳税，对租庸调三项负担也是不以为意的。基本上，这与第一点理由是相同的；所异者只是这里所描写的，已不是天宝以前的情况，而是至德兵兴以后的状况了。因此，紧接着这点之下，又指出了“天下残瘁，荡为浮人，乡居地著者百不四五”的逃户现象依然存在，可见造成逃户的重要原因之一仍是租庸调制的崩溃。

总之，均田制的破坏与土地的集中使租庸调制变成了阻碍生产发展的桎梏。此外，这一税制的走向破坏也直接影响了地主政权的财政收入。因此，对于整个社会经济和李唐政府，传统税制的存废已确实成为必须加以考虑的严重问题了。

在讨论租庸调制崩溃的原因时，为了说明问题实质，我基本上采用了“安史之乱”以前的材料。天宝十四年（755）以后，唐代社会经济遭到了巨大的破坏，处于反常的情况中，我们容易被当时社会的混乱所迷惑，看不出主要的原因。在这里，必须再强调指出，决定唐代赋税制度变迁的基本原因是土地占有的情况，而不是战争的影响。当然我们也并不完全否认，“安史之乱”以后的兵燹战火给社会带来了严重的影响，对租庸调制发生了某些破坏作用。但我们必须特别注意的是，它更加促进了农民的破产与土地的集中，使租庸调制与社会条件的脱节现象更加突出而已。这种量的改变不能阻止我们从质上，也就是从生产关系的变化上，来了解租庸调制崩溃之最根本的原因。

从这一认识出发，以下的讨论仍旧以“安史之乱”以前的事实作为基本线索。

三 租庸调制崩溃过程中财政制度上的诸变化

李唐政府对这种户增于下、赋阙于上的情况如何对付呢？租庸调既然弊端百出，应该用什么办法来代替它或进行弥补呢？这一问题的根本解决有待于德宗时杨炎两税法的创行，但在旧的税制逐渐破坏、新的税制尚未建立之前，只有采用一些过渡性的权宜办法以期匡救于一时，因此在玄宗时就出现了财政上的一系列变化。

针对逃户现象的日益严重，李唐政府采取了大肆括户的政策。宇文融在开元（713—741 年）中发动了一场大规模的括户运动，结果括出逃户八十余万。我们知道，造成大批逃户的真正原因是土地兼并和按丁征税，所以在这些因素没有得到克服的情况下，无论怎样雷厉风行地进行括户，也难以让农民乡居地著，故当时皇甫憬早已预料到“臣恐逃逸从此更深”[①]。事实也正是如此。

括户既不能解决问题，于是遂有“虚摊邻保”的办法。玄宗因百姓逃逸，宰牧等耻言户口减耗，籍账之间虚存户口，所以唐政权“调赋之际，旁见亲邻，此弊因循，其事遂久”[②]。这种办法不但不能解决问题，反而造成了更严重的居人逃亡。“安史之乱”以后，摊逃的现象更加严重，如宝应元年（762）时的一道敕文称：“近日以来，百姓逃散，至于户口十不半存。今色役殷繁，不减旧数，既无正身可送，又遣邻保祗承，转加流亡，日益艰弊”。[③] 户口逃亡与“摊征邻保”成了互相促进的恶性循环，它丝毫也无助于解决政府的财政困难，反而使问题更趋严重。怎么办呢？显然统治者还须实行一些其他更为有效的政策。

维持唐政权的主要粮食来源是租米及地税。至于常平仓的购买，其基本目的尚为“市肆腾踊则减价而出，田穑丰羡则增籴而收”，“庶使公

---

① 《旧唐书》卷 105《宇文融传》。

② 《全唐文》卷 36 玄宗《停亲邻代输租庸敕》。

③ 《唐会要》卷 85《逃户》。

私俱济，家给人足，抑止兼并，宣通拥（壅）滞”[①]，并非专为购粮以备储蓄之用。高宗以后，常平仓存米稍假以给他用，说明“抑止兼并，宣通拥（壅）滞”的作用已经逐渐削弱。至神龙中，该仓所储之米全数用尽，可见其购储之米已全部用以满足财政需要。开元二年（714），统计者复“令诸州修常平仓法”[②]，大概此后籴入较多，粜出较少，所以它的性质就由“宣通拥（壅）滞”的工具转变成了解决粮食不足支用的手段。

由于租庸调的崩溃日渐严重，仅仅改变常平仓的性质尚远不足以解决缺粮困难，统治者因又采取了“变造”的措施。玄宗在开元四年（716）五月在一道敕文中说：

> 天下百姓皆有正条正租，州县义仓本备饥年赈给，若缘官事便用，还以正仓却填。近年以来，每三年一度以百姓义仓造米远送交纳，仍勒百姓私出脚钱……自今以后，更不得以义仓回造。[③]

可见玄宗以前可能已行此法，敕中虽明令停止，然则大势所趋，非但以后未能真正停输，反而更加发展。如开元十八年（730）裴耀卿奏请改革漕运时即认为：“更运江淮变造义仓，每年剩得一二百万石，即望数年之外，仓廪转加。其江淮义仓下湿，不堪久贮，若无船可运，三两年色变，即给贷费散，公私无益。”[④] 当时虽未见即时采纳，但以后在开元二十一年（733）耀卿漕运变造之谋终于得以实现。次年，江淮舟运悉输河阴仓，再以河舟运至含嘉仓及太原仓，最后由太原仓入渭水输关中，“凡三载，运米七百万斛，省僦车钱三十万缗”[⑤]，故耀卿除“江淮以南回造使”[⑥]。由此职衔可测知当时漕运者除租米外必有义仓变造之米。嗣后，李林甫亦“用紫曜（陈寅恪先生考证‘紫曜’当作‘裴耀’，即指裴耀

① 《唐大诏令集》卷111《置常平监官诏》。

② 《通鉴》卷211开元二年九月。

③ 《册府元龟》卷502《邦计部·常平》。

④ 《旧唐书》卷49《食货志》。

⑤ 《通鉴》卷214开元二十二年八月。

⑥ 关于官衔之考证，见俞大纲撰《读高力士外传释“变造”“和籴”之法》一文，载“中研院”《历史语言研究所集刊》第五本第一分。

卿）之谋，爰兴变造”[①]。

大批转漕江南租及变造米，除裴、李二人以外还有韦坚。因其“所在置吏督察，以裨国之仓廪”，所以玄宗以为能，于天宝元年（742）“擢为陕郡太守、水陆转运使”[②]。

在粮食政策方面，玄宗时出现的另一新措施是“和籴”。《资治通鉴》卷214开元二十五年五月条载：

> 先是西北边数十州多宿重兵，地租、营田皆不能赡，始用和籴之法。有彭果者，因牛仙客献策，请行和籴于关中。戊子，敕以岁稔谷贱伤农，命增时价什二三和籴东西畿粟各数万斛，停今年江淮所运租。自是关中蓄积羡溢，车驾不复幸东都矣。癸巳，敕河南、河北租应纳含嘉、太原仓者皆留输本州。

这是常平仓购粮政策的扩大与发展，正是这一新措施使关中出现了羡溢的情况。

与和籴同时实行的又有“回造纳布”这一措施。《通典》关于此事的记载比较简单，只说开元二十五年（737）令：“其江南诸州租，并回造纳布。”[③] 实际上就是在江南实行以布帛代租输纳关中的办法。此外，在河南、河北亦实行类似的办法，《旧唐书》卷48《食货志》：

> （开元）二十五年三月敕：关辅庸输，所税非少，既寡蚕桑，皆资菽粟，常贱粜贵买，损费逾深。又江淮等苦变造之劳，河路增转输之弊，每计其运脚，数倍加钱。今岁属和平，庶物穰贱，南亩有十千之获，京师同水火之饶，均其余以减远费，顺其便使农无伤。自今以后，关内诸州庸调资课，并宜准时价变粟取米送至京，逐要支用。其路远处不可运送者，宜所在收贮，便充随近军粮。其河南、河北有不通水利，宜折租造绢，以代关中调课。

① 《高力士外传》，转引自俞大纲撰《读高力士外传释“变造”“和籴”之法》。

② 《旧唐书》卷105《韦坚传》。

③ 《通典》卷6《食货典·赋税》下。

天宝后，义仓变造亦因韦坚之请改为“取州县义仓粟，输市轻货，差富户押船”①，送纳长安。

开元、天宝之际粮食政策上的变化大致就是如此。现在我们就要在这一系列的史实中找出矛盾和问题，进行分析，以便窥知其内在联系。

由常平仓的恢复到变造、大兴漕运，最后出现回造纳布，在这一过程中，作为中央政府所在地的关中一带，农产品究竟是丰羡还是不足？开元十八年裴耀卿奏请转运江淮变造米时指明其目的是使关中的“仓廪转加”，此为关内缺米的表现。开元二十一年（733）“关中久雨谷贵”，玄宗将幸东都就食，召京兆尹裴耀卿谋之，后者认为关中“以地狭谷少，故乘舆时幸东都以宽之”，这也反映粮食的短缺。与此相反，记载关中丰羡的史料也俯拾即是，如《旧唐书》卷9《玄宗纪》称：“其时（开元二十八年，740）频岁丰稔，京师米斛不满二百”。杜甫《忆昔诗》亦称：“忆昔开元全盛日，小邑犹有万家室，稻米流脂粟米白，公私仓廪俱丰实。”② 难道由开元二十一年至开元二十八年，关中农业在短短的七年中能有突飞猛进的提高吗？如果不是，何以出现这种前后迥异的记载呢？

要解决这一问题，我们仍须从土地集中与租庸调制的破坏这一关键史实中求取答案。上述矛盾现象基本上有一点是共同的，即李唐政府用各种不同的办法企图获得充足的粮食，或则转运，或则和籴，不一而足。其所以产生这一系列措施，根本原因是租庸调制已经处于加速破坏的过程中。农民的大批逃亡使以前可以提供正税的农户因他们大多已转化成了佃农，大量剩余产品遂被当作私租转入地主手中。因此，不足的是政府，而不是关中的地主。为了克服财政困难，于是唐政权实行漕运变造之法，但这毕竟是舍近求远，多所不便。所以又大兴和籴于关中，希望通过购买的方法向羡余的关中地主换取粮食，即购买他们手中的一部分私租。政府用什么来支付购粮费用呢？江南的“回造纳布”，河南、河北的“折租造绢”遂应运而生。开元二十五年（737）后，这些政策还在继续发展，就漕运而言，“崔希逸为河南陕运使，岁运百八十万石。其后，

① 《旧唐书》卷48《食货志》。

② 《杜少林集详注》卷13。

以太仓积粟有余，岁减漕数十万石”[①]。嗣后，“天宝三年（744），左常侍兼陕州刺史韦坚开漕河，自苑西引渭水因古渠至华阴入渭，引永丰仓及三门仓米以给京师，名曰‘广运漕’”[②]。是岁，“漕山东粟四百万石”[③]。不仅如此，韦坚又“请于江淮转运租米，取州县义仓粟转市轻货，差富户押船”运往关中[④]，这与原已实行的“回造纳布”又是一脉相承的。天宝中，“每岁水陆运米二百五十万石入关”[⑤]。“安史之乱”以后，随着关中经济的破坏，漕运就更具有特殊的意义了。

为什么这些情况主要出现在关中呢？难道在其他地区土地不集中、租庸调制未破坏吗？原因如下：第一，关中是人多地少特别严重的狭乡，农民所占有的土地本来就少，且课役殊重，农户易于破产，加之关中是官僚、贵族集中之处，因而土地的集中与租庸调制的破坏在程度上特别严重；第二，唐朝的中央政府位于长安，国家的财政需求特别大，容易感到入不敷出；第三，土地集中和租庸调制的破坏是全国的普遍现象，原不局限于关中一地，从而在河东、河西、陇右等道，因边防驻军也需要大量粮食，也实行了和籴之制[⑥]；此外，其他各地普遍重修常平仓法，以便购粮。天宝八载（749），各地储米共达四百六十万二千二百二十石，其中河北、河西、河南等道均在百万石以上，关内、河东等道亦各至数十万石[⑦]；最后，地方政府所需有限，仅所余课户所纳之租、地税及常平仓储粮已足赡用。

除粮食政策发生变化外，大量逃户的存在使李唐政府大感缺少所需服徭役的劳力，同和籴的产生类似，在征调徭役上亦逐渐采取了“和雇”的办法。在其他贡物方面，亦以相同的理由而产生了“和市”之

---

① 《新唐书》卷53《食货志》。

② 《通典》卷10《食货典·漕运》。

③ 《新唐书》卷53《食货志》（按《新志》误系此事于开元二十九年，今从《通典》当为天宝三载）。

④ 《旧唐书》卷48《食货志》。

⑤ 《通典》卷10《食货典·漕运》。

⑥ 《通典》卷12《食货典·轻重》：天宝八载（749）“和籴一百一十三万九千五百三十石，关内五十万九千三百四十七石，河西三十七万一千七百五十十石，陇右十四万八千二百四石”。《新唐书》卷53《食货志》：“天宝中，岁以钱六十万缗赋诸道和籴，斗增三钱。”

⑦ 《通典》卷12《食货典·轻重》。

法。远在贞观末年，即已有和雇、和市的记载，《全唐文》卷140魏徵《十渐疏》：

> 贞观之初，频岁霜旱，畿内户口并就关外，携负老幼，往来数千，曾无一岁逃亡，一人怨苦……顷年以来，疲于徭役，关外之人劳弊尤甚，杂匠之徒下日悉留和雇……和市之物不绝于乡闾，递送之夫相继于道路，既有所弊，易为惊扰。脱因水旱谷麦不收，恐百姓之心不能如前日之宁帖。

所谓“百姓之心不能如前日之宁帖”一语，正是逃户状态正在萌芽之说明。由前后文看，当时逃户必然已经出现，不过社会经济尚在上升，均田制还在有效地推行，因而逃户现象还不十分普遍；和市、和雇的记载虽有，但亦不很广泛。武周以后，逃户日增，和市与和雇也发展了，故神龙元年《中宗即位赦》特别指出：“顷者户逃亡，良由差科繁剧，非军国切要者并量事停减。若要和市、和雇，先依时价付钱。”① 开元、天宝之后，关于和雇、和市的记载在诏令中屡见不鲜，如天宝十二年（753）“和雇京城丁户一万三千人，筑兴庆宫墙，起楼观”②。尤其甚者，政府竟至公然宣布，两京城内所有杂诸夫役悉数放免，“应须使役，以诸钱和雇取充”③。

应该注意的是，在封建社会中，这些和市与和雇无不打上了强制的烙印。前引《中宗即位赦》证明和雇与和市已不是两和商量的平等经济关系，有时是官府干脆不付价值或付价不如值的。又如“长安旧有配户和市之法，百姓苦之”④，和市在这里变成了一项民户承担的课税负担。

在租庸调制遭到破坏的过程中，和籴、和市、和雇的推行使政府对货币的需要大大增加，这就必然引起统治者改变过去的钱币政策。唐初铸钱全由官府垄断，武德四年（621）规定：“置钱监于洛、并、幽、益

① 《唐大诏令集》卷2《中宗即位赦》。

② 《旧唐书》卷9《玄宗纪》。

③ 《唐大诏令集》卷74《开元二十三年籍田敕》。

④ 《旧唐书》卷98《裴耀卿传》。

等诸州。秦王、齐王赐三炉铸钱，裴寂赐一炉。敢有盗铸者，身死，家口籍没。”次年，又在“桂州置钱监”[①]。当时所铸者即径八分，重二铢四絫，积十钱重一两的“开元通宝钱”[②]。乾封元年（666），改铸“乾封泉宝钱”，重二铢六分，与旧钱相埒，但“新钱一文当旧钱之十”，遂引起谷帛踊贵，商贾不行，于是次年废之，复行“开元通宝钱”。[③] 至仪凤四年（679），因米粟渐贵而“权停少府监铸钱”，但“寻而复旧”[④]。开元二十六年（738），又“于宣、润等州置钱监”[⑤]。此后政府对铸钱特别重视，为了增加鼓铸，把大量铸工由服役改为“厚价募工”，所以“繇是役用减而鼓铸多”[⑥]。至天宝中，铸钱的规模与数量已相当可观，钱炉分布的地区亦非常普遍。《通典》卷9《食货典·钱币》的杜佑注称：

> 按天宝中，诸州凡置九十九炉铸钱：绛州三十炉，扬、润、宣、鄂、蔚各十炉，益、邓、郴各五炉，定州一炉。约每炉役丁匠三十人。每年除六月、七月停作，余十月作十番。每炉约用铜二万一千二百二十斤，白镴三千七百九斤，黑锡五百四十斤，约每贯钱用铜、镴、锡价约七百五十文，丁匠在外。每炉计铸钱三千三百贯，约一岁计铸钱三十二万七千余贯文。

从以上记载可以清楚地看到：李唐政府在开元、天宝以前，对大量铸钱是不大重视的，特别是在仪凤四年曾一度暂停过少府监铸钱。由开元二十六年（738）开始，统治者转变为对鼓铸事业特别重视起来了，不但新置钱监，而且由役用改为厚价募工。至天宝中，铸钱事业真是蔚为大观了。为什么从开元之季发生了这一变化呢？是否可以用通货贬值、增加收入来理解这一政策呢？仅乾封元年的当十钱曾有通货贬值的意义，但次年即废“乾封泉宝钱”，又复用“开元通宝钱”。从《通典》的记载

① 《唐会要》卷89《泉货》。
② 《新唐书》卷54《食货志》。
③ 《新唐书》卷54《食货志》。
④ 《旧唐书》卷48《食货志》。
⑤ 《唐会要》卷89《泉货》。
⑥ 《新唐书》卷54《食货志》。

看，开元通宝钱每贯原料价已值七百五十文，再加上募工的“厚价”，工本与钱值大致相等，李唐统治者从铸钱本身是无大利可图的。开元二十二年（734）曾议放私铸，当时的敕文亦称：“古之为钱以通货币，顷虽官铸，所入无几，约工计本，劳费又多。”① 这也是铸钱无利可图的证明。因此，以通货贬值、铸钱营利来理解这一政策变化是错误的。促使政府改行大量铸钱政策的真正原因是和雇、和市、和籴及常平仓购粮的货币需要。从记载看，宣、润等州增炉于开元二十六年，正是关中大兴和籴的第二年。由此可见，铸钱政策的转变是租庸调崩溃过程中李唐政府一系列财政制度变化的一个环节。

除了大量鼓铸外，李唐政府也重视了通过其他方法获得钱币的措施。裴耀卿转运法行之三年，省脚钱三十万贯，“乃奏充所司和市、和籴等钱”②。宇文融括户所得之客税钱亦“均充所在常平仓用”③，作为购买粮食的资金。开元二十六年（738），在齐澣奏请下，于京口埭下直截渡江二十里开伊娄河二十五里，达于大商业都市扬州（治今江苏扬州市），减租脚钱百亿，“皆官收其课”④。同年，杨慎矜因“诸州纳物者有水渍、伤破及色下者”，故改而“皆令本州征折估钱，转市轻货”⑤。尽人皆知，绢帛于唐代在一定程度上是可以当作货币使用的，所以慎矜此举是十分容易理解的，旧史将“州县征调”之烦的责任完全归诸“聚敛之臣”个人身上，殊不知这一措施的产生是有其社会物质原因的。齐澣与杨氏之举均始于大兴和籴的开元二十五年之次年，这是特别耐人寻味的。开元、天宝之后，表现政府对钱币的重视方面的其他措施，还有很多，如实行赀课及除陌钱等。

实行大量鼓铸的政策，自然是为了统治者的实际财政需要，但在客观上也满足了商品流通领域对货币的日益增加的需要。当时生产蒸蒸日上，商品量与日俱增，货币显得日渐不足，其严重程度在私铸方面反映

① 《通典》卷9《食货典·钱币》。
② 《旧唐书》卷98《裴耀卿传》。
③ 《旧唐书》卷105《宇文融传》。
④ 《唐会要》卷87《漕运》。
⑤ 《旧唐书》卷105《杨慎矜传》。

得特别明显。早在显庆五年（660），已发现“天下恶钱转多”；仪凤四年（679），又令“东都出远年糙米及粟就市粜，斗别纳恶钱百文”；永淳元年（682），对私钱更严申禁令，但仍未收效[①]。至天宝时流行的恶钱品种极多，如鹅眼、铁锡、古文、綖环等。私铸者当然是为了图利，但这种违法的恶钱能够大量投入流通领域，而且为人所接受，并不是偶然的。当时所以出现这种情况，主要原因是仅赖官铸已不能满足市场需要，随着商品的增加，货币必要流通量也大大增加了，所以官铸猛增却仍无法避免天宝末年私铸仍甚的局面。

“安史之乱”以后，土地集中更加严重，政府赋税苛敛无常，租庸调制的破坏也就更加不堪收拾了，和籴、和雇、和市随之日见发展。因此，政府对绢、帛、钱币的需要更是如饥似渴，故又大兴榷盐、榷茶、榷酒、税商、借商等措施，结果使财政收入中的钱币部分大大增加。天宝中，户税是赋税中主要的钱币来源，当时岁入二百余万贯[②]，而至大历十四年（779），“计一岁所入，总一千二百万缗”[③]。

需要解释的是，此时的铸钱政策已不能单纯从和籴、和市、和雇的需要上来理解了，自第五琦创“乾元重宝钱”及“重轮乾元钱”后，曾一度利用通货贬值的办法来解决财政困难，而这是至德（756—758 年）以前所少见的。

（原载《河北天津师范学院学报》1957 年第 2 期）

① 《通典》卷 9《食货典·钱币》。

② 《通典》卷 6《食货典·赋税》下。

③ 《通鉴》卷 225 大历十四年闰五月。

唐代两税法研究

两税法的实行是唐代历史发展中的重大事件。由租庸调制发展到两税法这一巨大变革的历史意义是素为人所熟知的。甚至有某些史学家试图以两税法的产生作为我国封建社会史分期的断限之一，认为它反映了我国封建社会商品经济的发展，具有货币地租的性质。由于过去对这一制度的研究多偏重在制度本身的内容及某些执行中的缺点上，没有把它和中晚唐的社会经济联系起来作全面的考察，因而上述问题就未能得到科学的论证。两税法是当时土地占有制变化后的必然产物，但它却又反转来对经济基础发生了显著的影响。从这些影响中，我们不但可以看出两税法的性质，同时也可以对唐后期的社会情况作进一步的理解。因此，对我们来说，两税法的研究是十分重要的。

一　两税法的内容

直至目前为止，史学家对两税法的内容还是异说纷纭，如果不首先澄清关于这一关键问题的混乱认识，我们就很难对这一制度的其他方面准确分析。有关两税法的内容，大致有下列几种主要的分歧意见：

（一）鞠清远认为，两税“包括户税与地税”，“旧日的租庸调，则归并到户税里面，这是由于簿籍失修、人户流亡、放免课役及广德年中一户三丁放一丁庸调的命令等等，使虽有租庸使等人的督征，租庸调也不易于搜括到开元天宝间的成数”。“地税仍以‘青苗顷亩’作基础，与两税法以前的地税一样。不过两税法定税时的地税，不是按定额税率，全国一致的科征青苗顷亩，而是按照各地大历十四年前‘旧征斛斗数’，按据是年各地垦田数，来重新分配一下”[①]。

（二）金宝祥先生认为，“自按丁征收租庸调瓦解以后，租的部分由按丁征收变为按亩定税，收的依然是谷物，庸调部分则归并两税，收的是钱币”[②]。即按亩所征的斛斗不属于两税范围之中。

（三）一般流行的看法是，两税法是指“夏、秋两征”而言的，岑仲勉先生说：“到了杨炎改制，定名‘两税’……求其取义，则完全因夏、秋两征之故，与户税尤其是地税，毫无关系。杨炎原奏：‘夏税无过六月，秋税无过十月’，便是最天然的注脚。”[③] 同时，岑先生也指出，两税是由租庸调发展而来的。

我基本上同意第三种说法。两税法主要是由租庸调制发展而来的，但亦与原来的户税、地税有一定关系，即两税法是在租庸调及其他旧赋税制度废除的基础上产生的新税制。把两税只与庸调联系起来，或认为它与租庸调制全无关系的论点是错误的。建中元年（780）正月制：“自艰难已来，征赋名目繁杂，委黜陟使与诸道观察使、刺史作年支两税征纳。比来新旧征科色目一切停罢。两税外辄别率一钱，四等官准擅兴赋以枉法论。”[④] 可见两税法之名是由“年支两税征纳”而来，即夏、秋两征之意，两税法的推行是在“新旧征科色目一切停罢”的基础上产生的，我们很难认为它与已经停罢的租庸调无涉。这篇制文很含混，只宣布了租庸调及杂税的停罢，却未指明两税究竟是什么。同年二月的起请条称：“请令黜陟、观察使及州县长官据旧征税数及人户土客，定等第钱数多少，为夏、秋两税。其鳏寡孤独不支济者，准制放免。其丁租庸调并入两税。”[⑤] 这里既指出两税是由夏、秋两征得名，而且也肯定了租庸调与两税的关系。金宝祥先生认为“丁租庸调并入两税”，“也只一句无意义的空文而已”。这是毫无根据，纯系臆断。陆贽也说：“大历

① 鞠清远：《唐代财政史》，第 31、32 页。参阅陶希圣、鞠清远《唐代经济史》第六章第三节。

② 金宝祥：《唐代封建经济的发展及其矛盾》，《历史教学》1954 年第 6 期。

③ 岑仲勉：《唐代两税基础及其牵连的问题》，《历史教学》第 2 卷第 5 期。（即 1951 年第 11 期。——编者注）

④ 《册府元龟》卷 488《邦计部·赋税》。《唐会要》卷 83《租税》较略。

⑤ 《唐会要》卷 83《租税》。

中，非法赋敛，急备供军，折估、宣索、进奉之类者，既并收入两税矣。”[①] 这里不但说明租庸调与两税有关，而且指出其他杂税亦非与两税毫无牵连，这一论点与《停杂税制》（即建中元年正月制）的精神是相吻合的。《通典》在记载两税法时亦称：“其旧租庸及诸色名目，一切并停。”[②] 按杜佑是“杨炎入相，征入朝，历工部、金部二郎中，并充水陆转运使”[③]，他对两税法是不会误解的。金先生认为两税不包括田亩之税的重要根据之一，是陆贽所说的“扫庸调之成规，创两税之新制”[④]，我觉得其所以漏掉“租”字，完全是由于修辞上的骈偶，用这句话定论是近于轻率的。事实上，陆贽在谈到两税法时，是处处与全部租庸调制相比较的，如：“是以国朝著令、稽古作程，所取于人，不逾其分，租出谷，庸出绢，调杂出缯、纩、布、麻，非此族也，不在赋法……今之两税，独异旧章……但估资产为差，便以钱谷定税。”[⑤] 同时，陆贽亦斥责“每州各取大历中一年科率钱谷数最多者便为两税定额”，认为这是“总无名之暴赋，以立恒规”。[⑥] 这里不但以两税法与租庸调相比，而且指出两税法是“以钱谷定税”的，如果金先生的说法能够成立，陆贽岂不陷于自相矛盾之中！我们从以后的法令中，也可以看出“田亩之税”是包括于两税之中的。元和四年（809）诏：“元和三年诸道应遭水旱所捐州府合放两税钱米等，损四分以下者，宜准此处分。”十一年（816）制：“其京畿百姓所有积欠元和九年（814）、十年（815）两税及青苗并折籴、折纳斛斗及税草等，除在官典所由腹内者，并宜放免。”[⑦] 这两条记载分明指出两税中是有米及斛斗的。此外，宣宗时的一道诏书亦称：“青苗两税，本系田土。”[⑧]

鞠清远把两税法的“田亩之税”与过去的地税等同起来是错误的。

---

① 《陆宣公集》卷22《均节赋税恤百姓第一条》。

② 《通典》卷6《食货典·赋税》下。

③ 《旧唐书》卷147《杜佑传》。

④ 《陆宣公集》卷22《均节赋税恤百姓第一条》。

⑤ 《陆宣公集》卷22《均节赋税恤百姓第二条》。

⑥ 《陆宣公集》卷22《均节赋税恤百姓第一条》。

⑦ 《册府元龟》卷491《邦计部·蠲复》。

⑧ 《全唐文》卷80宣宗《两税外不许更征诏》。

我们知道，“田亩之税”远在代宗时已经出现，《新唐书》卷52《食货志》说：“自代宗时始以亩定税而敛以夏、秋。”欧阳修用了“始”字，可充分说明这种税收并非原来的地税，否则就应该是早已以亩定税了。

总之，租庸调制与两税法是唐代前后相承的两个不同历史时期的正税制度，不论前一阶段的户、地二税或后一阶段的青苗地头钱等，都只是这两种主要赋税制度的补充。而这两项制度的基本关系是不容忽视的，所以《新唐书》卷51《食货志》说：“租庸调之法坏而为两税。”

岑仲勉先生对鞠清远意见的批判已很详尽，除作上述补充外，我不必再重复于此了。

两税法虽然是因夏、秋两征而得名的，但并不是所有夏、秋两征的赋税均包括于两税法中，如青苗地头钱及常平、义仓斛斗就是如此。[①]

关于两税法的内容，较详细的是《旧唐书》卷118《杨炎传》中的如下记载：

> 凡百役之费，一钱之敛，先度其数而赋于人，量出以制入。户无主客（《会要》作“土客”），以见居为簿；人无丁中，以贫富为差；不居处而行商者，在所郡县税三十之一，度所取与居者均，使无侥利。居人之税，夏、秋两征之，俗有不便者正（《新传》作“三”）之。其租、庸、杂徭悉省而丁额不废，申报出入如旧式。其田亩之税，率以大历十四年（779）垦田之数为准而均征之。夏税无过六月，秋税无过十一月。

大概德宗的《定两税诏》就是根据杨炎的奏疏和起请条写成的，《全唐文》卷50“诏书”的原文是：

---

① 《册府元龟》卷491《邦计部·蠲复》载顺宗即位赦文称：“京畿诸县应今年秋、夏青苗钱并宜放免。”敬宗在长庆四年（824）正月即位，三月诏：“京畿诸县应今年夏青苗钱并宜放免，秋青苗钱并河南府夏青苗钱每贯放三百文。”（《旧唐书》卷17上《敬宗纪》作：“大赦天下。京畿夏青苗钱并放，秋青苗钱每贯放二百文。”有脱漏及错误）《册府元龟》卷502《邦计部·常平》载会昌六年（846）宣宗的即位赦文：“常平、义仓斛斗已出百姓……如闻此色在诸州、县皆两征。”

> 户无主客，以见居为簿，人无丁中，以贫富为差，行商者在郡县税三十之一。居人之税秋、夏两征之，各有不便者三之，余征赋悉罢而丁额不废。其田亩之税率以大历十四年垦数为准，征夏税无过六月，秋税无过十一月。违者进退长吏。①

由此可见，两税法是由夏、秋两征得名，但亦专指“田亩之税”与“居人之税”而言，故田亩之税有时亦称“两税斛斗”，居人之税有时亦称“两税钱物”。上述记载还未指出居人之税如何征收，这就发生了征钱，征布帛，或钱帛兼收的问题。陆贽所谓“便以钱谷定税”，证明这项税收是以钱定的，也就是“据旧征税数及人户土客，定等第钱数多少”，但纳税时，却以其中一部分配收绫绢，即“定税之数，皆计缗钱，纳税之时，多配绫绢”②。至于按什么比例征收钱、绢，则素无定制，当视征收时的具体情况而定。

两税法与租庸调的主要区别是：首先，租庸调的征收是只问丁身，不问资产；两税法则除根据土地多少规定“田亩之税”外，“唯以资产为宗，不以丁身为本，资产少者则其税少，资产多者则其税多”。其次，租庸调所征收的主要是实物，在租庸调制实行时期，只有户税是计钱的，但只合租庸调的二三十分之一，不甚重要；两税法中的“居人之税”则完全以钱计税，虽然在实际征收时可配纳绫绢，但钱币征收在整个赋税中的比重是比以前大大增加了。

我们弄清两税法的内容后，就可看出，租庸调制与两税法是在不同的历史时期实行的基本赋税制度。因此，只从征收形式肯定两税就是户、地二税，或从形式上只把庸调并入两税的说法，都是难以成立的。我们不可能把前后两个历史时期不同正税制度的关系硬套入“三加二等于五”的公式。

---

① 《册府元龟》卷488《邦计部·赋税》大概是参照《奏疏》与《定两税诏》合并写成的。

② 《陆宣公集》卷22《均节赋税恤百姓第一条》。《新唐书》卷52《食货志》亦称：“自初定两税，货重钱轻，乃计钱而输绫绢。”

二　两税法实行的历史条件

我在拙文《唐代租庸调制的作用及意义》① 中已经指出，租庸调制崩溃的最主要原因是均田制的破坏与土地兼并。在土地高度集中的情况下，一方面，破产的农户无力缴纳据丁课敛的租庸调；另一方面，拥有大量财富的剥削阶级亦只负担同一数量的租庸调（户、地二税非主要税收，故不能改变这种基本情况）。因此，地主政权就不免逐渐陷入财政危机之中。杨炎奏疏中所谓“至德兵起”以后的情况，对促进租庸调制的崩溃是有重要影响的，但绝不是根本原因，单从这些次要现象观察租庸调制的破坏，那就必然得出“时之弊，非法之弊也”的结论。所有这些战乱造成的社会问题，充其量，也只能对旧税制的废除稍加说明，而根本不能解释为什么代替租庸调制的是两税法而不是其他。同时，两税法的产生并不是为了适应这种动乱的社会经济，相反，统治者正是要通过新的赋税制度来整顿混乱的财政情况。在“田亩移换，非旧额矣；贫富升降，非旧第矣”的局面下，地主、商人掌握了社会上最大多数的剩余生产物，地主政权依靠单纯加强对直接生产者的剥削，检括客户，是不能从财政危机中解救出来的，所以，它必须在剥削农民、手工业者外争取分割地主、商人所占有的剩余生产物，为了达到这一目的，按户赀、田亩征税是唯一的办法，两税法于是就应运而生了。

为了进一步说明这一问题，有必要简单回顾一下两税法实行以前赋税制度上的重要变化。

开元、天宝时期，李唐政府为了解决财政困难，曾经实行大量漕运、义仓变造、回造纳布、和籴及大量铸钱等政策。这些政策虽然在一定程度上使地主政权获得了一定的粮食、布帛，但地主政权在全国范围内的赋税来源却未能显著增加，因为这些办法只是取得物资的方式有所改变，而并未从根本上进行开源。于是，宇文融括户所得的客户税钱及王鉷积征三十

① 载《河北天津师范学院学报》1957 年第 2 期。

年租庸的暴敛就出现了。不过，天宝时期，天下户口较多，除逃户外，所余编户尚有相当数量，可以提供一定数量的赋税，尤其当时社会经济还保持繁荣，政府开支亦不能与至德兵兴以后相比，故问题还不十分严重。通过开元、天宝之际的一系列措施，关中仍能出现“帑藏充牣，古今罕俦”的现象。[①]

由“安史之乱”开始，“大盗屡起，方镇数叛，兵革之兴，累世不息，而用度之数，不能节矣”[②]。肃宗乾元三年（760），“见到帐百六十九州，应管户总百九十三万三千一百三十四”，而其中“不课户”竟达“百一十七万四千五百九十二”。[③] 土地兼并与户口逃亡的情况仍在继续发展，代宗时的一道敕称：“百姓田地，比者多被殷富之家、官吏吞并，所以逃散，莫不繇兹。”[④] 由此可见，当时的财政危机是既由收入减少，更因开支增加而日趋严重的。肃宗时“第五琦言财利幸，为江淮租庸使”，房琯曾谏：“往杨国忠聚敛，产怨天下。陛下即位，人未见德，今又宠琦，是一国忠死，一国忠生，无以示远方。”肃宗曰：“六军之命方急，无财则散。卿恶琦可也，何所取财?”结果“琯不得对”。[⑤] 在这种情况下，又继开元、天宝之后，出现了一系列的财政措施。

首先，地主政权采取了通货贬值的办法。乾元元年（758），御史中丞第五琦改行“乾元重宝”钱，以一当十，原来的“开元通宝”钱仍依旧使用。次年，又铸大钱，其文依“乾元重宝”而重其轮，以一当五十，三品并行，推行的结果是“谷价腾贵，饿殍死亡，枕藉道路，又盗铸争起”[⑥]。经过几度改革之后，终于在宝应元年（762）改为“乾元大小钱并以一当一，其私铸重棱钱不在行用之限”。结果，“人甚便之”[⑦]。可见通货贬值的政策最后碰了壁。

其次，漕运成了李唐地主政权的生命线，“天宝已后，戎事方殷，两

① 《通鉴》卷216天宝八载二月。

② 《新唐书》卷51《食货志》。

③ 《通典》卷7《食货典·历代盛衰户口》。《新唐书》卷52《食货志》作“百九十三万三千一百二十四”。《唐会要》卷84作“一百九十三万一百四十五”。

④ 《册府元龟》卷495《邦计部·田制》。

⑤ 《新唐书》卷139《房琯传》。

⑥ 《旧唐书》卷123《第五琦传》。

⑦ 《册府元龟》卷501《邦计部·钱币》。

河宿兵，户赋不入，军国费用，取资江淮”[①]。但漕运本身并无保障，如史朝义兵曾“分出宋州，淮运于是阻绝，租庸盐铁泝汉江而上”[②]。而且走这条路是“迂险劳费”的。[③] 再如大历元年（766），同、华二州节度使及潼关防御使周智光曾“劫诸节度使进奉货物及转运米二万石，据州反……时淮南节度使检校右仆射崔圆入覲，方物百万，智光强留其半”[④]。大历十一年（776）汴州大将李灵耀（亦作曜）反，“因据州城，绝运路”[⑤]。以后，经过刘晏大兴漕运，岁可运米至长安数十万石或至百余万石。[⑥] 但藩镇割据一日存在，对漕运的威胁也就一日未解除，况且漕运只能解决北方的粮食供给问题，而根本不能解决增加税收的问题。

开元、天宝以来，商人是重要的财富集中者，地主政权采取税商贾的办法以增加收入。至德三年（758），李巨“于城市桥梁税出入车牛等钱以供国用”[⑦]。上元（760—761 年）中，“敕江淮堰埭商旅牵船过处，准斛斗纳钱，谓之‘埭程’”[⑧]。这些均属商贾通过税，在战争剧烈进行中，其收入是极其有限的。正规商业税的缺乏导致了地主政权对商贾采取直接掠夺的手段，如安史乱起不久，朝廷“遣御史康云间出江淮，陶锐往蜀汉，豪商富户，皆籍其家资，所有财货畜产，或五分纳一，谓之‘率贷’，所收巨万计。益权时之宜。其后诸道节度使、观察使多率税商贾，以充军资杂用，或于津济要路及市肆间交易之处，计钱至一千以上者，皆以分数税之。自是商旅无利，多失业矣”[⑨]。宝应元年（762），更

---

① 《文苑英华》卷 422 宪宗《元和十四年七月二十三日上尊号赦》。

② 《新唐书》卷 53《食货志》。

③ 《通鉴》卷 223 广德二年三月。

④ 《旧唐书》卷 114《周智光传》。

⑤ 《旧唐书》卷 134《马燧传》。

⑥ 《元和郡县志》卷 2《关内道》：“大历（766—779 年）后，每岁水陆运米四十万石入关。”《旧唐书》卷 49《食货志》：“旧制每岁运江淮米五十万斛至河阴，留十万，四十万送渭仓。（刘）晏殁，久不登其数。”《新唐书》卷 53《食货志》：“（刘晏时）岁转粟百一十万石，无升斗溺者。”

⑦ 《旧唐书》卷 112《李巨传》。

⑧ 《通典》卷 11《食货典 · 杂税》注。

⑨ 《通典》卷 11《食货典 · 杂税》注。《新唐书》卷 51《食货志》：“肃宗即位，遣御史郑叔清等籍江淮、蜀汉富商右族訾畜，十收其二，谓之‘率贷’。诸道亦税商贾以赡军，钱一千者有税。”

对整个江淮民户进行搜刮，地主政权“以江淮虽经兵荒，其民比诸道犹有赀产，乃按籍举八年租调之违负及逋逃者，计其大数而征之；择豪吏为县令而督之，不问负之有无，赀之高下，察民有粟帛者，发徒围之，籍其所有而中分之，甚者十取八九，谓之‘白著’。有不服者，严刑以威之。民有蓄谷十斛者，则重足以待命，或相聚山泽为群盗，州县不能制”①。这种使“商贾失业”的“权时之宜”及造成人民“相聚为盗（起义）”的“白著”显然是不能行之久远真正解决财政危机的。

“安史之乱”以后，两税法实行以前，李唐政府真正能够大量增加岁入的是盐利。乾元元年（758），“第五琦初变盐法”，“尽榷天下盐，斗加时价百钱而出之，为钱一百一十”。② 嗣后，刘晏代其任，“法益精密、官无遗利。初，岁入钱六十万贯，季年所入逾十倍，而人无厌苦。大历末，通计一岁征赋所入总一千二百万贯（《册府元龟》卷493《邦计部·山泽》为一千三百万贯），而盐利且过半”③。为什么盐利收入变得这样重要呢？第一，在战乱无常的情况下，地主政权就更难“为板籍之书”，租庸调更难于如数征足，而客观需要又刻不容缓，所以就只有“因民所急而税之”，以保证“国足用”④。实际上，六百余万的盐利还是间接剥削来的民脂民膏，所谓“人无厌苦”，“人不益税”，只是就表面现象而言的。第二，盐利所入为货币，而李唐政府则正特别需要货币。当时漕运开始让州县取“富人督漕挽”，称作“船头”，结果是这些充作“船头”的“富人”“人不堪命”。至刘晏“使以官船漕”⑤，这自然需要一笔经费，“晏即盐利顾（雇）佣分吏督之”⑥。钱币对李唐政府之所以特别需要，还不仅是漕运的需求，更重要的是借以进行和籴。在土地集中的情况下，地主政权必须通过和籴购买主要集中在地主手中的谷物。为了调剂物价，使之不致暴涨暴落，政府亦必须掌握着相当数量的粮食以便进行粜籴。

① 《通鉴》卷222宝应元年建寅月。

② 《新唐书》卷54《食货志》。

③ 《旧唐书》卷123《刘晏传》。《新唐书》卷54《食货志》：“晏之始至也，盐利岁才四十万缗，至大历末，六百余万缗。天下之赋，盐利居半。”

④ 《新唐书》卷54《食货志》。

⑤ 《全唐文》卷684陈谏《刘晏论》。

⑥ 《新唐书》卷53《食货志》。

广德二年（764），第五琦曾奏请恢复常平仓法，使有关单位“量置本钱和籴”[①]，《旧唐书》卷11《代宗纪》（参考《唐大诏令集》卷111《命诸道平籴敕》、《全唐文》卷47代宗《命诸道入钱备和粜（籴）诏》及《册府元龟》卷484《邦计部·经费》等）：

> 四海之内，方协大宁，西戎无厌，独阻王命，不可忘战，尚劳边事。朕顷以兵革之后，军国空耗，躬率节俭，务勤农桑。上玄储休，仍岁大稔，益用多愧，不知其然。虽属此人和，近于家给，而边谷未实，戎备犹虚。因其天时，思致丰积，将设平籴，以之馈军。然以中都所供，内府不足，粗充常入之数，岂齐倍余之收？其在方面荩臣，成兹大计，其佐公家之急，以资塞下之储。每道岁有防秋兵马……恐路远往来增费，各委本道每年取当使诸色杂钱及回易利润、赃赎钱等，每人计二十贯。每道据合配防秋人数多少，都计钱数，市轻货送纳上都，以备和（籴），仍以秋收送毕。

关于和籴的记载还有很多。[②]由此可见，常平仓法的恢复及大兴和籴既有增加粮食收入以供军需的意义，亦有打击商贾稳定市价的作用，故《新唐书》卷149赞曰：“刘晏因平准法，斡山海，排商贾，制万物低昂，常操天下赢赀，以佐军兴。虽挐兵数十年，敛不及民而用度足。”

这种依靠盐利进行和籴的政策是“因民所急而税之”的权宜之计，地主政权自然不甘把财政收入永久依赖于这一反常的办法。同时，当时社会生产破坏，尤其是商人操纵粮价，政府和籴时在价格上也是要大吃其亏的。[③]最根本的办法，还是针对土地集中这一事实，从根本上改变赋税制度。第五琦的什一税“其实大半”[④]，故永泰元年（765）实行而大

---

① 《旧唐书》卷11《代宗纪》。

② 《册府元龟》卷484《邦计部·经费》：“代宗广德二年（764）九月戊戌，诸道税地钱物使左仆射裴免请进百官俸禄二万贯助粜（籴）军粮，许之。”《新唐书》卷53《食货志》：“大历八年（773），以关内丰穰，减漕十万石，度支和籴以优农。”

③ 《元次山文集》卷7《永泰二年（766）问进士》：“往年粟一斛估钱四百犹贵，近年粟一斗估钱五百尚贱；往年帛一匹估钱五百犹贵，近年帛一匹估钱二千尚贱。”

④ 《全唐文》卷47代宗《给复京兆府诏》。

历元年（766）即停废。青苗地头钱亦为一种附加税，非根本税制。真正作为两税法“田亩之税”前身出现的是代宗时的按亩征租。《册府元龟》卷487《邦计部·赋税》：

> 大历四年十月敕：“北（比）属秋霜，颇伤苗稼，百姓种麦，其数非多，如闻村闾不免流散，来年税麦，须有优矜。其大历五年（770）夏麦所税，特宜与减常年税，其地总分为两等：上等每亩税一斗，下等每亩税五升，其荒田如能开佃者，一切每亩税二升。”

这道敕是在“秋霜伤稼”的条件下，为了“优矜”而宣布的，可见这种税不但原来已有，而且比大历五年所要征收的还重，按《新志》：“自代宗时始以亩定税而敛以夏、秋”，现在我们已无法推知这种办法究竟始于代宗何年。《册府元龟》同卷又称：

> （大历四年）十二月敕：……今关辅诸州，垦田渐广，江淮转漕，常数又加，计一年之储有大半之助，其余他税固可从轻。其京兆（府）来年秋税宜分作两等，上下各半：上等每亩税一斗，下等每亩税六升；其荒田如能佃者宜准今年十月二十九日敕，一切每亩税二升。

大概因为这次税率仍高，故次年（五年，770）三月又规定：“定京兆府百姓税，夏税上田亩税六升，下田亩税四升；秋税上田亩税五升，下田亩税三升，荒田开佃者亩率二升。”按四年十月敕，未指出“京兆府”字样，以后两次法令所指皆京兆府五年减赋规定。且四年（769）十月敕已将租税降至“下等每亩税五升”，而十二月敕却云：“下等每亩税六升”。五年（770）三月制又加以调整。我觉得情况可能是这样的：首先，三次法令均为减轻京兆府租税，所以第二次敕中特别提出其荒田开佃者“宜准今年十月二十九日敕”，大概第一次的法令记载漏掉了“京兆府”字样。其次，四年十月敕所减者为五年夏麦，十二月所减者为秋税，所以五斗六斗之差可能是由于夏麦、秋税征收额之差异而来。由此试作如下推论：大概这种据亩征夏麦、秋税的制度当时还在京兆府试行阶段，未行之于全国，同时，税率不够稳定，一再更改，亦说明这种制度确系推行不久，所以自代宗“始以亩定税”的说法是完全正确的。实行这种税制，自然相应地增加了地主阶级的负担。两税法的“田亩之税”正是这种税制的继续与推广。

除按亩征税外，两税法实行以前，另一重大措施是户税的改革。《唐会要》卷83《租税》上（《册府元龟》稍略）：

> 大历四年正月十八日敕：“天下及王公已下自今已后，宜准度支长行旨条每年税钱，上上户四千文，上中户三千五百文，上下户三千文，中上户二千五百文，中中户二千文，中下户一千五百文，下上户一千文，下中户七百文，下下户五百文。其现任官一品准上上户税，九品准下下户税，余品并准依此户等税。若一户数处任官亦每处依品纳税。其内外官仍据正员及占额内阙者税，其试及同正员文、武官不在税限。其百姓有邸店、行铺及炉冶应准式合加本户二等税者依此税数勘责征纳。其寄庄户准旧例从八等户税，寄住户（《册府元龟》作‘寄卜住户’）从九等户税，比类百姓，事恐不均，宜各递加一等税。其诸色浮客及权时寄住户等，无问有官无官亦所在为两等收税；稍殷有者准八等户税，余准九等户税。如数处有庄田亦每处纳税。诸道将士庄田既缘防御勤劳，不可同百姓例，并一切从九等输税。”①

从上述记载可以看到：第一，天宝中，八等户所税四百五十二文，九等户则二百二十二文。② 大历四年（769）这次改革则八等户（下中户）增为七百文，九等户（下下户）增为五百文，而这次征税的精神重在上等户，故可见上、中六等户所增当在一倍以上无疑。第二，开元、天宝时

① 《旧唐书》卷11《代宗纪》：“大历四年（769）正月敕有司定王公士庶每户税钱分上、中、下三等。”误。

② 《通典》卷6《食货典·赋税》下注：“大约高等少、下等多，今一例为八等以下户计之。其八等户所税四百五十二，九等户则二百二十二。”

期户税的征收目的主要是以所得钱充官人俸料，而在这次改革中官僚则为主要被征收的对象之一，可见在性质上是前后有所差异的。第三，增加了商人的负担，即地主政权从他们那里瓜分其利润所得。① 这与两税法“不居处而行商者，在所州县税三十之一”的精神是相一致的。第四，对“诸色浮客及权时寄住户等”的征税正是两税法“户无主客，以见居为簿”的萌芽。

总之，代宗时的这两种税制奠定了两税法实行的基础。

如上所述，均田制的破坏是由租庸调制发展为两税法的关键所在，其他原因只能是次要的，派生的。欧阳修所谓“盖口分、世业之田坏而为兼并，租庸调之法坏而为两税”是一语道破了其中实质。②

三 两税法实行后的钱重物轻问题

两税法最初实行时，确曾收到了划一税制、增加赋入的效果，杜佑认为：“收入公税，增倍而余。遂令赋有常规，人知定制，贪冒之吏莫得生奸，狡猾之氓，皆被其籍，诚适时之令典，拯弊之良图。”③ 随着至德以后杂乱赋税的宣布废除及地主、商人负担的加重，地主政权对农民的赋役剥削也确实可以在一定程度上减轻。同时，“田亩之税”和“居人之税”是截然划分的两项税收，对每户人民并非必然全部负担，没有土地的户口只纳“居人之税”而不缴“田亩之税”的，这对手工业与农业的分离也是有利的。但两税法施行不久，弊端又生，尤以钱重物轻为其最。在以钱定税的情况下，人民的负担于是加重，大历中绢一匹“价近四

① 鞠清远在《唐代财政史》中认为“其百姓有邸店、行铺及炉冶应准式加本户二等税者，依此税数勘责征纳”是对工商业者“减低税率”。这完全是错误的。岑仲勉先生早已指出此点。我认为鞠氏这种解释不仅与全部法令的精神相违背，而且与“安史之乱”以后李唐政府一贯实行打击商人的政策不相符合。

② 《新唐书》卷51《食货志》。

③ 《通典》卷7《食货典·丁中》。《册府元龟》卷488《邦计部·赋税》注：“帝行之不疑，天下便之，人不土断而地著，赋不加敛而增入，版籍不造而得其虚实，贪吏不戒而奸无所取。自是，轻重之权始归于朝廷。（杨）炎救时之弊，颇有嘉声也。”

千”，而到贞元末仅值八九百。[①] 李翱也说：“自建中元年初定两税至今四十年矣，当时绢一匹为钱四千，米一斗为钱二百，税户之输十千者，为绢二匹半而足矣。今税额如故而粟帛日贱，钱益加重，绢一匹价不过八百，米一斗不过五十，税户之输十千者，为绢十有二匹然后可……是为比建中之初为税加三倍矣。”[②] 农民被迫“贱粜粟与麦，贱贸丝与绵”[③]，必然造成“虽赋不增旧而民愈困矣”的情景。[④] 为了取得钱币完纳赋税，农民“或先取粟麦价，及至收获悉以还债”[⑤]。这种物价下落纯系人为，并非由于生产增加，所以有“耕者不多而谷有余，蚕者不多而帛有余，有余宜足而反不足”的怪现象。[⑥]

过去一般认为产生这一现象的原因是两税法本身以钱定税的缺点。我觉得这还只是问题的一个方面，因税制本身对征收钱帛的比例并无规定[⑦]，如果在征收赋税时，多配绫绢就可少收钱币，物价自然不会暴落。其所以产生钱重物轻这一情况，另一方面，是与地主政权有意执行压低物价的政策有关。为了说明此点，必须对当时的具体情况进行分析。两税法推行不久就遭受破坏，地主政权的财政困难依然存在，所谓“赋不加敛而增入”只是一时的现象。这种财政困难的产生不外两种原因：一方面，富商巨贾，豪强地主尽量设法逃税[⑧]，而地方上也有“二十余年，都不定户，存亡孰察，贫富不均”的情况[⑨]。剩余生产物仍然因为土地集中而大量被地主所占有，地主政权单纯依靠两税法已不能保证足够的收

① 《权载之集》卷47《论旱灾表》。

② 《李文公集》卷9《疏改税法》。参阅卷3《进士策问》。

③ 《白氏长庆集》卷2《赠友诗》。

④ 《新唐书》卷52《食货志》。

⑤ 《韩昌黎集》卷40《论变盐法事宜状》。

⑥ 《韩昌黎集》卷14《进士策问》。

⑦ 李吉甫的《元和国计簿》和王彦威的《供军图》均有力地证明了此点，可参阅有关二者的记载。

⑧ 《新唐书》卷52《食货志》：“（文宗）时豪民侵噬产业不移户，州县不敢徭役。”《沈下贤集》卷10《省试策三道》：“美地、农产尽归豪奸，益其地、资其利而赋税以薄。”《元氏长庆集》卷38《同州奏均田》：“亦有豪富兼并，广占阡陌，十分田地才税二三，致使穷独逋亡，赋税不办。”《唐大诏令集》卷71《太和三年（829）南郊赦》：“如闻近年以来，京城坊市及畿甸百姓等多属州军诸使、诸司，占补之时，都无旨敕，差科之际，顿异编甿，或一丁有名则一户全免。”类似记载很多，今不备录。

⑨ 《唐会要》卷85《定户等第》。

人，所以只有再次通过和籴向地主、商人及人民购买粮食。这就必然引起地主政权对钱币需要的增加。地主、商人在出卖粮食时，自然要尽量抬高物价，如太和（827—835 年）时，“时属蝗旱，粟价暴踊，豪门闲籴，以邀善价”①。又如“江淮诸道富商大贾并诸寺观广占良田，多滞积贮，坐求善价，莫救贫人，致使闾里之间翔贵转甚”②。这就必然引起地主政权在和籴时与地主、商人在粮食价格上进行斗争。征税时多征钱币，既可使统治者获得大量钱币用以购买物资，又可使市面上的物价下落，以便廉价和籴。即令当时多漕运，亦有压低关中粮价的意义。③ 在这种情况下，钱重物轻遂不可避免。两税法实行后，大量和籴的记载仍然很多，但却一向为人所忽略，今仅将其重要者汇录如下。

《陆宣公集》卷 20《请边城备米粟等状》：

> 贞元（785—805 年）初，陆贽奏：“臣以任当体国，职合分忧，奏减河运脚钱用充军镇和籴，幸蒙圣恩允许，又属频岁顺成，二年之间，沿边诸军共计收籴米、粟一百八十余万石。”

《旧唐书》卷 14《顺宗纪》：

> 贞元二十一年（805），度支使杜佑奏：“今岁丰阜，请权停北河（‘百衲本’倒误，当作‘河北’）转运，于滨河州府和籴二百万石以救农伤之弊。”此奏因“议者同异不决而止”。

《唐会要》卷 90《和籴》：

> 元和七年（812），户部侍郎、判度支卢坦奏：“今冬诸州和籴贮

① 《旧唐书》卷 164《王播附起传》。

② 《唐大诏令集》卷 117《遣使宣抚诸道诏》。

③ 《太平广记》卷 499《王铎》：“故相晋国公王铎为丞郎时，李骈判度支，每年江淮运米至京水陆脚钱斗计七百，京国米价每斗四十，议欲令江淮不运米，但每斗纳钱七百。铎曰：‘非计也，若于京国籴米必耗京国之食，若运米实关中自江淮至京，兼济无限贫民也。’时籴米之制业已行，意无敢沮其议者。都下官籴，米果大贵。”

粟，泽潞四十万石，郑、滑、易、定各一十五万石，夏州八万石，河阳一十万石，太原二十万石。”（《册府元龟》卷502《邦计部·平籴》增“灵武七万石，振武、丰州、盐州各五万石，凡一百六十万”）

又：

长庆四年（824）穆宗诏：“于关内及关外折籴、和籴粟一百五十万石，用备饥歉。”

又：

宝历元年（825），敬宗敕：“以两京、河西大稔，委度支和籴二百万斛。”

《册府元龟》卷484《邦计部·经费》：

开成元年（836）二月，度支奏：“每年供诸司并畿内诸镇军粮等计粟、麦一百六十余万石，约以钱九十六万六千余贯籴之。”

《册府元龟》卷502《邦计部·平籴》：

同年十月，“户部请和籴粟一百万石”。

虽然政府有时亦减价出粜，而且在两税法实行后不久，于建中三年（782），在赵赞奏请下恢复了常平仓法，但一般粜粟、麦多在二三十万石左右，五六十万石者已属少见，上百万石者根本没有。可见粟、麦出粜与动辄百余万石的和籴是不能同日而语的。正因为有时需要贱粜粟、麦，这就更加大了低价和籴的意义。两税法实行以后，义仓亦以贷粮为主，很少赈给，这亦反映了统治者对谷物的迫切需要。

李唐政府是否可以多征实物，不采用压低粮价与大量和籴的办法呢？

有关折纳、折籴的法令很多，不必胪列，今仅把杨於[1]陵等及白居易的建议介绍如下，《唐会要》卷84《租税》下：

> 元和十五年（820）八月（时穆宗已即位——引者），中书门下奏："伏准今年闰正月十七日敕，令百僚议钱货轻重者，今据群官、户部尚书杨於[2]陵等伏请天下两税、榷盐酒利等悉以布、帛、丝、绵任土所产物充税，并不征见钱，则物渐重，钱渐轻。农人见（《册府元龟》卷501《邦计部·钱币》'见'字作'且'）免贱卖匹帛者。"伏以群官所议，事皆至当，深利公私。请商量付度支据诸州府应征两税供上都及留州、留使旧额，起元和十年（815）（《会要》误，据《册府元龟》当作"十六年"）以后，并改配端匹、斤两之物为税额……此事的结果是"敕旨宜依"。

《白氏长庆集》卷41《论和籴状》：

> 凡曰和籴，则官出钱、人出谷，两和商量，然后交易也。比来和籴事则不然，但令府县散配户人，促立程限，严加征催，苟有稽迟则被追捉，追蹙鞭挞甚于赋税，号为和籴，其实害人……必不得已，则不如折籴。折籴者，折青苗税钱使纳斛斗，免令贱粜别纳见钱，在于农人亦甚为利。况度支比来所支和籴价钱，多是杂色匹段，百姓又须转卖，然后将纳税钱。

从上述记载可以看出，大概压低粮价进行和籴的政策是遭到拥有大批粮食的地主、商人之反抗的，所以和籴最后带上了强制性质，变成了"散配户人"的征购。这样一来，不但地主、商人成为征购对象，一般农民也在所难免了。为了避免这种情况及使农民免于纳钱之苦，所以白居易坚持改和籴为折籴。

---

① "於"原作"于"。——秦进才注
② "於"原作"于"。——秦进才注

虽然有很多人建议征纳实物或折籴，李唐政府亦一再下令推行这种办法，但两税法推行后在绝大多数时期仍征钱币，可见上述这种办法是行不通的。原因何在呢？崔戎说："今臣与郭钊商量，当道两税并纳见钱，军中支用及将士官吏俸、依赐并以见钱给付，今若一半折纳则将士请受，折损较多。"① 这里虽未指明以钱折物则使将士折损的原因是什么，但我们可以断言，这与物价有关。在以钱定"居人之税"的条件下，不论折纳也好，折籴也好，如果物价偏高，政府在折物时必受损失，如果物价偏低，自然收钱与折物无异。但我们已经指出，在中晚唐社会生产萎缩中，政府只有采用多征钱币的办法压低物价和籴。由此可见，地主政权放弃征钱的政策，在当时，是不可想象的。这就是折征实物、折籴不能长期推行的基本原因。地主政权收税时，也有抬高实物估价的"省估""虚估"情况，但这含有在一定程度上蠲免赋税的性质，并不说明地主政权采取了抬高物价的政策，事实上，地方官吏在实际征收赋税时仍旧是依"实估"征收的。

既然李唐政府实行大量和籴的政策以获得必需的粮食，用什么去支付呢？其来源又如何？白居易《论和籴状》说明"杂色匹段"可以支付，但更重要的是钱币。我们已经指出，两税法的实行有加重富商巨贾负担的意图，此后的商贾自然依旧逃税，所以继续打击他们的措施不断出现。建中三年（782）赵赞奏请："诸道津要都会之所皆置吏阅商人财货，计钱每贯税二十文，天下所出竹、木、茶、漆皆十一税之，以充常平本。"② 同年，太常博士韦都宾、陈京"以为货利所聚皆在富商，请括富商钱，出万缗者借其余以供军，计天下不过错一、二千商（《旧唐书·德宗纪》作'不一、二十大商'），则数年之用足矣"。德宗"从之"，于是判度支杜佑"大索长安中所有货，意其不实，辄加搒捶，人不胜苦，有缢死者，长安嚣然，如被寇盗。计所得才八十余万缗"。此外，统治者又括"僦柜质钱"，凡民间"蓄积钱、帛、粟、麦者，皆借四分之一，封其柜窖，百姓为之罢市"③。

① 《全唐文》卷744崔戎《请勒停杂税奏》。

② 《唐会要》卷88《仓及常平仓》。

③ 《通鉴》卷227建中三年四月。

次年，赵赞又“请税屋间架等除算陌钱”[①]。除陌钱为商业税，税间架的主要对象亦为商人及地主。这种类似的记载迄于唐末，史不绝书。这些收入自然都是钱币。真正作为经常大量征钱的赋税收入还是榷茶与盐利。这几项税收都是日渐增加的，据《通鉴》载，大中七年（853）度支奏称：“每岁天下所纳钱九百二十五万余缗，内五百五十万余缗租税，八十二万余缗榷酤，二百七十八万余缗盐利。”[②]《新唐书》卷52《食货志》亦称：“宣宗既复河湟，天下两税、榷酒茶盐钱岁入九百二十二万缗。”上述《通鉴》所载的数字偏低，因为在元和时（806—820年）盐利实际每年均在六七百万贯上下[③]。在两税法遭到地主、商人抵制和破坏的情况下，上述这些措施可说仍是刘晏“因民所急而税之”政策的继续和发展。

在上述分析中，我们已基本指出了钱重物轻产生的根源，并且明确了两税法实行后，赋税制度中的某些特点。关于两税法实行以后货币比重大为增加这一事实，过去流行这样一种看法：认为两税法的实行反映了商品经济的发展，甚至有货币地租的性质。[④] 我觉得这种看法是片面的。两税法实行时期，正是“安史之乱”结束不久，天下残破，良田鞠为茂草，我们很难看出当时的历史条件可以造成商品生产的巨大发展。如果与开元、天宝时期相比，可以断言，商品生产是大大萎缩了。马克思认为由生产物地租转化为货币地租是“把商业，城市产业，商品生产一般，及货币流通已有显著发展这一件事作为前提。它还以生产物有一个市场价格，并以多少接近价值的售卖作为前提”[⑤]。可见价值规律的作用正日益显著与普遍。马克思更指出，货币地租的出现，意味着“农民和地主间的传统的合乎习惯法的关系，必然会转化为一种契约的，依照明文法的固定规则来确定的，纯粹的货币关系”。生产者有了“转化为独

---

① 《唐会要》卷84《杂税》。

② 《通鉴》卷249大中七年十二月。

③ 《册府元龟》卷493《邦计部·山泽》。

④ 严格地说，两税法所征收的是赋税，并非地租。不过在商品生产发展的条件下正如货币地租取代实物地租一样，赋税亦可由实物变为货币。所以我觉得马克思讨论这两种地租形态转化的理论在分析赋税时也是适用的。

⑤ 《资本论》第3卷，人民出版社1953年版，第1041页。

立农民”的可能。[①] 两税法实行后，农民不但没有取得更大的独立性，而且在价值规律遭到破坏的情况下，被以钱征税的两税法压得喘不过气来；甚至和籴交易也带上了强制性。

因为地主政权有意识地造成物价下落，所以货币流通也出现了反常现象，而与真正的商品经济发展背道而驰。马克思指出：“商品流通在范围、价格与速度上，有不息的变动。跟着这种不息的变动，货币的流通额也不断地有增减，所以货币的流通额必须能有伸缩。有时候，货币当作铸币被吸收；有时候，铸币当作货币被排斥。”[②] 可见货币的流通额与储藏额应该首先取决于商品流通的需要。两税法实行以后，货币流通的实际情况却与此完全相反，在大量征钱的情况下，很多生产物被强制地变为商品人为地投入了流通过程，钱币非但不因此增加，反而“日以减耗，或积于国府，或滞于私家”[③]，故私销之风盛行，诚如白居易所说：“铸者有程，销者无限；虽官家之岁铸，岂能胜私家之日销乎?”[④] 这种情况说明，作为储藏手段的货币职能超过了作为流通手段的职能。由此可见，两税法实行后的货币流通情况也没有反映商品经济的巨大发展，而且发生了使“商贾不通”的阻碍作用。

两税法对社会生产所发生的作用，亦与货币地租迥然不同。货币地租的产生使生产者获得了较大的独立性，因而对商品生产的发展有积极的意义。两税法大量征钱的结果，却是“农夫之心尽思释耒而倚市，织妇之手皆欲投杼而刺文，致使田卒污莱，室如悬罄，人力罕施而地利多郁”[⑤]。连政府的诏令亦承认“钱贵物贱，伤农害工”[⑥]。这些事实充分说明，农村中商品生产是不足的。列宁说：“自然经济之占优势，使乡村中

---

① 《资本论》第3卷，第1042页。

② 《资本论》第3卷，第131页。《政治经济学教科书》上册，人民出版社1956年版，第80页：“当金铸币或银铸币作为货币时，它的数量自发地适合商品流转的需要。在商品生产缩小、商品流转额减少时，一部分金币就离开流通而贮藏起来。当商品生产扩大和商品流转额增加时，这些铸币又重新进入流通。”

③ 《白氏长庆集》卷63《息游堕》。

④ 《白氏长庆集》卷63《平百货之价》。

⑤ 《白氏长庆集》卷63《息游堕》。

⑥ 《唐会要》卷89《泉货》。

的货币成为稀有和宝贵的物品。”① 两税法实行后货币奇缺的事实正说明当时自然经济威力十分巨大，商品经济的发展水平完全不能适应这种大量征钱的赋税制度。

总之，无论从地主政权大量征钱的原因，和货币流通的反常情况及大量征钱对商品生产的影响，我们都不能把当时商品生产的水平及作用估计过高，从而也不能过分强调两税法的货币地租性质。当然我们也并不否认唐代的商品生产比以往有了相当的发展，这种发展对赋税中货币成分的增加有影响，否则大量征钱的政策将毫无推行的可能。但我们不应该片面强调商品生产的作用；否则，上述的矛盾现象就无从解释了。

钱重物轻的情况并非一直维持到唐末，地主政权对物价的控制还是有一定限度的。咸通以后，唐代物价又趋上涨，一方面，因为“天下尽裂于方镇”，中央政府所能控制的地区日蹙；另一方面，因为战争更加频繁，社会生产遭受严重破坏，市场上的供不应求已无法克服。在这种局面下，任何政策和制度也无力使物价在全国范围内永远维持在较低的水平上。不过，随着这次物价的回升，唐帝国已至崩溃的前夕。所以两税法实行后，在绝大部分时期，物价的下落还是基本的方面。

四　两税法的实行对土地占有情况、商业资本及高利贷的影响

从表面上看，“田亩之税”及“居人之税”是可以起阻遏这几方面情况恶化的作用，但事实上，地主、商人、高利贷者的势力不但没有停止发展，而且日益猖獗。

首先，我们研究“田亩之税”对土地占有情况的影响。《全唐文》卷683独孤郁《对才识兼茂明于体用策》：

> 昔尝有人有良田千亩、柔桑千本、居屋百堵、牛羊千蹄、奴婢

① 《俄国资本主义的发展》，人民出版社1957年版，第311页。

千指，其税不下七万钱矣。然而不下三四年，桑田为墟，居室崩坏，羊、犬、奴婢十不余一，而公家之税曾不稍蠲。

这一记载，看似足以说明两税法是造成地主破产的原因，其实这只是出于独孤郁的有意夸张。所谓“今富者万亩，贫者无容足之居”[①]；“疆畛相接，半为豪家”才是当时社会的真实写照[②]。在土地得以自由买卖的条件下，土地兼并的经济规律经常发生作用是不以人们的意志为转移的，任何违反这一规律的措施都不能不最终失败，“权豪贱市田屋牟厚利，而匹窭户仍输赋”[③]；“豪民侵噬产业不移户，州县不敢徭役，而征税皆出下贫”[④]，以及富者多属诸军、诸使、诸司，地方官“二十年都不完户”等情况使地主在进行土地兼并时是肆无忌惮的。结果必然是“美地农产尽归豪奸”[⑤]。土地兼并与土地集中又反转来造成“比屋流离，簿书有堆委之烦，闾井有征责之弊”[⑥]，这就更有利于豪强地主进行土地兼并。

两税法实行后，正是烽火之余，人口减少，土地荒芜，为什么不能实行类似唐初均田制的办法，把脱离了生产过程的农民与政府掌握的官荒地结合，使社会经济恢复起来呢？地主政权有关安辑逃亡、赐民以田、蠲除赋税、奖励地著及贷民种粮的诏令连篇累牍，然而所收实效很小。为什么呢？初唐与中晚唐的历史条件有两点是完全不同的：首先，在初唐，全国统一，府兵制实行，统治者在农民起义打击之后也知道“载舟复舟”的道理，所以“轻徭薄赋”的政策保证了受田农民在生产中的有利情况，从而均田制容易实行；“安史之乱”以后，战争不息，征伐无厌，农民地著的好处是不足以抵消这些消极因素的。其次，唐初土地集中不严重，虽然赋役仍是农民负担，但因地主所征的私租在全国剩余生产物中所占的比重有限，故课役基本上由农民均衡负担，不致畸轻畸重，

① 《新唐书》卷52《食货志》。

② 《皇甫持正集》卷3《制策一道》。

③ 《新唐书》卷177《李翱传》。

④ 《新唐书》卷52《食货志》。

⑤ 《沈下贤集》卷10《省策试三道》。

⑥ 《全唐文》卷623宋申锡《李公德政碑铭》。

每个受田农民所承担者尚属力能胜任；两税法实行时期土地集中已高度发展，地主虽然拥有绝大多数剩余产品，却无不尽量逃避赋税，这使地主政权加重了对自耕农的剥削，所以农民地著转化为编户是有损无益的事。“摊逃”政策更助长了这种趋势的发展。① 在上述两种条件下，所谓“人不土断而地著”最多也只能是两税法最初实行时的情况，以后就与实际情况完全不符了。我们所看到的记载说明当时逃户问题严重存在。关于其中原因，陆贽有下列的精辟论点：

> 所贵田野垦辟者，岂不以训导有术，人皆乐业乎？今或牵率黎烝，播植荒废，约以年限，免其地租，苟农夫不增而垦田欲广，新亩虽辟，旧畲反芜；人利免租，颇亦从令；年限才满，复为污莱；有益烦劳，无增稼穑。不度力而务辟田野，有如是之病焉。②

实际上并非“度力”与否的问题，“农户不增”正是逃户众多的结果，逃户众多则由于赋役过重，“新亩虽辟，旧畲反芜”正与“此州若增客户，彼郡必减居人”是相适应的③。既然有大量客户存在，为什么政府不进行大规模的按括呢？编户转为客户是农民进行阶级斗争的一种方式，如果地主政权大肆按括，那就必然促使阶级矛盾更加尖锐化，农民所进行的斗争也就必然向更高级的方式发展。客户的存在具有农民互助的性质。韦处厚曾正确地指出这种情况：“百姓粗能支济免至流离者，实赖所存浮户相倚，两税得充，纵遇水、旱、虫、霜，亦得相全相补，若搜索悉尽，立至流亡。”④

如上所述，两税法的实行，既不能使类似均田制的办法得以推行，使农民乡居地著，更不能阻碍土地兼并与土地集中的进程。阶级矛盾之

---

① 《旧唐书》卷171《李渤传》：“（元和十三年）路次陕西，渤上疏曰：臣出使经行，历求利病。窃知渭南县长源乡本有四百户，今才一百（《册府元龟》卷510《邦计部·重敛》‘一百’作‘四十’）余户，阌乡（《册府元龟》作‘阕乡’）县本有三千户，今才有一千户。其他州县大约相似。访寻积弊，始自均摊逃户。”

② 《陆宣公集》卷22《均节赋税恤百姓第三条》。

③ 《陆宣公集》卷22《均节赋税恤百姓第三条》。

④ 《全唐文》卷715韦处厚《驳张平叔粜盐法议》。

日趋尖锐化于是不可避免。

从“安史之乱”开始，直至唐末，李唐政府基本上采取了打击商贾的政策，借商、税商不一而足，但两税法的“居人之税”及“不居处而行商者，在所郡县，税三十之一”的规定丝毫也没有发生阻碍商人资本发展的作用。同时，两税法本身亦有对商人特别有利的地方，《陆宣公集》卷29《均节赋税恤百姓第一条》：

> 两税之立……唯以资产为宗，不以丁身为本，资产少者则其税少，资产多者则其税多。曾不悟资产之中，事情不一，有藏于襟怀囊箧，物虽贵而人莫能窥……有流通蕃息之货，数寡而计日收赢。

这就造成“务轻费而乐转徙者恒脱于徭税”的有利条件，两税法实行后大量和籴与农民的大批出卖生产物，均使商人勾结官吏，上下其手，剥削农民，如“当稔而原籴者则务裁其价不时敛藏，遇灾而艰食者则莫揆乏粮抑使收籴，遂使豪家、贪吏反操利权，贱取于人，以俟公私之乏困，乘时所急，十倍其赢”①。实际上，也就是“农人贱粜，利归商徒，度支贵粜（籴），贿行黔吏”的具体表现。②

商人势力之特别易于发展，还由于他们从事高利贷的经营。钱重物轻、筹码不足，是高利贷发展的温床。当时“人不得铸钱而限令供税，是使贫者破产而假资于富有之室，富者蓄货而窃行于轻重之权”③。一般商贾豪强均“乘时射利”④，“皆多积钱以逐轻重”⑤。在钱币奇缺的情况下，利息率必然很高。贞元时（785—804年）苏州海盐县有戴某“家富性贪，每乡人举债，必须收利数倍”⑥。敬宗时（825—826年）京城内也有“私债经十年已上”者，“出利过本两倍”的情况。⑦

---

① 《陆宣公集》卷18《请减京东水运收脚价于缘边州镇储蓄军粮事宜状》。

② 《册府元龟》卷484《邦计部·经费》。

③ 《陆宣公集》卷22《均节赋税恤百姓第二条》。

④ 《白氏长庆集》卷46《息游堕》。

⑤ 《李文公集》卷9《疏改税法》。

⑥ 《太平广记》卷434《戴文》。

⑦ 《全唐文》卷68敬宗《受尊号赦文》。

甚至李唐政府亦利用社会上筹码不足、货币奇缺的情况大肆举放高利贷。两税法实行以前本来已有公廨本钱，但在整个财政收入中的地位与中、晚唐的官营高利贷相比是不能同日而语的。两税法实行时期“百司”及“诸司、诸军、诸使”均设“公廨本利钱”“息利本钱”，朝廷亦下令“量县大小各置本钱，逐月四分收利”。甚至驿站也要靠高利贷维持，“量县大小及道路要僻，各置本钱，逐月收利”[①]。高利贷的恶性发展遂产生了“利上生利”以及“回利作本，重重征收”的复利利息。[②] 重重盘剥之下，人民无力偿还，因而利息累计过本五倍、十倍者比比皆是。马克思曾指出：“每一个会在一定期限到期的货币支付（地租、贡赋、赋税等等），都引起货币支付的必要。所以，大体上说，高利贷业自古罗马时代到近代，都附着在收税人手里。”[③] 可见唐代官营高利贷的猖獗与当时的赋税制度特点是分不开的。马克思又说：“高利贷在生产资料分散的地方，把货币财产集中起来。它不改变生产方式，而是紧紧地寄生在它上面，使它变为穷困的。它吮吸着它的血，破坏着它的神经，并强迫再生产在日益悲惨的条件下进行。”[④] 唐代官营高利贷盘剥之下，生产者的处境正是如此，沈既济曾说：“当今关辅大病皆为百司息钱，伤人破产，积于府县。”[⑤] 土地兼并继续发展，商业资本、高利贷的盘剥变本加厉，于是唐末的社会危机日益严重，阶级矛盾趋向尖锐，终于最后爆发了大规模的农民起义。在社会危机已经成熟的条件下，无论两税法或其他任何赋税制度也不能从根本上克服地主政权的财政危机。在唐代是如此，在其他时代也是如此。

唐代两税法的产生是均田制破坏、地主土地所有制发展的结果。中唐以后，随着中国封建社会的继续发展，地主土地所有制日益巩固，国家再也不能实行“占田制”与“均田制”。所以中唐以后，历代的赋税制

---

① 《唐会要》卷93《诸司诸色本钱》。

② 《唐大诏令集》卷86《咸通八年五月德音》。

③ 《资本论》第3卷，第778、779页。

④ 《资本论》第3卷，第774页。

⑤ 《全唐文》卷476沈既济《论增待制官疏》。

度莫不主要根据土地与财产多少来征收课役，甚至丁役亦往往在土地集中的条件下实行“量地计丁”或“摊丁入亩”的办法。两税法对以后中国历代赋税制度的影响是不容忽视的。

（原载《河北天津师范学院学报》1958 年第 3 期）

论唐代农产品与手工业品的比价及其变动

导致一个历史时期物价涨落的因素很多，生产的发展与衰落、消费的增加与减少、赋税的征钱与敛物、货币的流通、货币名价与实价的关系等，都对物价的波动有显著影响。把各种条件全部估计在内，对物价的变动规律进行全面的说明，殊非易事。在这篇文章里，我只打算根据一些基本史料，初步阐述一下唐代农产品与手工业品的比价，即两种产品的价格关系及其变动情况。

我们全面看一下唐代有关物价的记载，就可发现，史料本身有很大缺陷。首先，粮价记载较多，手工业品价格的记载较少。其次，荒年的粮价记载多，平年的粮价记载少。最后，只有米、粟和绢、帛的价格记载较多，其他农产品和手工业品的价格很少见。根据上述情况，兹确定一些研究物价的基本前提：第一，本文主要讨论米、粟价格与绢、帛价格的关系。其他物价暂不涉及。第二，只研究、分析通常价格，不涉及特殊情况下的反常价格，如战争时期围城中的价格。

有些年头，只有米价的记载，没有粟价的记载，关于绢价与帛价的记载，也有类似情况。史料中以米价与绢价的记载最多。为了比较充分地运用材料，需要把粟价折成米价，把帛价折成绢价。为了折算方便，应该首先明确米价与粟价的比例、绢价与帛价的比例。

首先我们解决米、粟比价问题。关于开元十三年（725）的米、粟价，《通鉴》载："东都斗米十五钱，青、齐五钱，粟三钱。"①《旧唐书》

① 《通鉴》卷212开元十二年十二月。

载："时累岁丰稔，东都米斗十钱，青、齐米斗五钱。"① 东都米价在两条史料中有差别，可弃而不论。青、齐米价均为斗五钱，可为依据。按米、粟价不可能悬殊过多，可知粟三钱亦为青、齐地区之粟价。依此计算，则粟价相当于米价的60%。据《通鉴》载，兴元元年（784），五月，"时关中兵荒，米斗直钱五百"。十一月，"天下旱蝗，关中米斗千钱"②。白居易的《捕蝗》诗中有"兴元兵久伤阴阳，和气蛊蠹化为蝗，始自两河及三辅……是时粟斗钱三百"之句。③ 三条记载都是兴元元年米价，但有以下两个问题：第一，《捕蝗》诗所记者是否为关中谷价？第二，如确系关中谷价，当与哪一个米价相比呢？据《旧唐书》卷166《白居易传》载，白氏先世早已徙居关中下邽，居易于贞元年间始仕进，则知他在兴元时仍在下邽家居，《捕蝗》诗所记当为关中粟价。又按此诗有"捕蝗捕蝗谁家子，天热日长饥欲死"之句，可知此诗作于夏季，所以应该与五月米价相比。两数比较，粟价亦为米价的60%。根据以上几例，大致可以断定，在一般情况下，粟价为米价的60%左右。

两税法实行之初，建中元年（780），"帛一匹价盈二千"④。当时的绢价有每匹三千、三千二三百及四千的记载⑤。绢价如以平价数三千五百计算，则每匹帛价相当于绢价的57%左右。因帛价的记载较少，目前无法做更多的比较，姑以此数为以后推算依据。此外，根据唐代大量记载可以断定，缣价即为绢价，并非帛价。

以下我们研究米、绢比价，并结合赋税制度进行分析。

太宗即位之始，大约在贞观元、二年（627、628）间，物价是"绢一匹易米一斗"⑥。当时绢贱米贵的原因是，一方面农业生产尚未恢复，社会居民对谷物的需求最为迫切；另一方面，可能社会上还有相当数量

---

① 《旧唐书》卷8《玄宗纪》。

② 《通鉴》卷231兴元元年。

③ 《白氏长庆集》卷3《捕蝗》。

④ 《李文公集》卷3《进士策问第一道》。

⑤ 《韩昌黎集》卷40《论变盐法事宜状》，《陆宣公集》卷22《均节赋税恤百姓第二条》，《李文公集》卷9《疏改税法》。

⑥ 《新唐书》卷51《食货志》。此外，《通鉴》卷193，《贞观政要》卷1《政体》等书所载，亦均此数。

储存的绢帛，而人们对绢帛需求远逊于谷物。应该说，当时农产品和手工业品的比价是不正常的，因为战乱之余，社会经济还没有恢复常态。

唐代租庸调的数量是每丁纳粟二石、调绢二丈及绵三两、输庸代役折绢六丈。因没有掌握有关绵价的记载，且三两绵不占重要地位，所以在比较三项税收的轻重时，暂不把绵价估计在内，并把租、庸在总税额中所占百分比的尾数并入调绢比数，以资弥补。按粟二石、合米一石二斗、绢四丈为一匹计算，则合米（斗）在租庸调中所占百分比：

表 1

租	12（斗）	85%
庸	1.5	10%
调	0.5	5%
合计	14	100%

这说明租庸调中农民负担最重的是租，其次是庸，调居末位。庸调相加为二斗，占总数 15%，而这两项都可纳绢，所以在三项中，农产品占绝对优势，手工业品只居从属地位。

随着农产品与手工业品比价的变动，各项赋税在总税额中所占的比重也会有剧烈的变动。贞观十一年（637），马周曾说："今比年丰穰，匹绢得粟十余斛。"① 如果把粟折成米，大致匹绢可值米十石。米价突然大幅度地下落了百倍，这是农业逐渐恢复的反映。这次物价的波动对农民赋税负担的影响是巨大的。按贞观十一年物价计算，则合米（斗）在租庸调中所占百分比：

表 2

租	12（斗）	5%
庸	150	70%
调	50	25%
合计	212	100%

农民以生产谷物为主，家庭织妇所从事者只是副业，居从属地位，

① 《通鉴》卷 195 贞观十一年八月。

所以我们计算农民的实际负担量，应该以米为依据。此外，农民经济与商品经济联系很少，而且以实物缴纳赋税，所以我们不能根据产品价格计算农民的负担，应该以实物为依据。在上述前提下可以看出，由于谷价的下降，农民在贞观十一年（637）的负担总量相当于贞观初年的十五倍强。因此，从表面看，租庸调的数量是固定的，但如果把农产品和手工业品的比价估计在内，就可看到，随着生产力的恢复和发展，固定的税额正掩盖着农民负担成倍增加的事实。

我们从新的比例中还可看到，此时谷物在赋税中微不足道了，徭役反倒成了赋税的主要部分。

唐朝初期，曾有这样的事实："（太宗贞观十六年）制：自今有自伤残者，据法加罪，仍从赋役。隋末赋役重数，人往往自折支体，谓之福手福足。至是遗风犹存，故禁之。"① 过去，我对这一现象很难理解，以为既有"输庸代役"，农民就可以不亲自去服役，而且一匹半绢也不算太重，为什么农民会这样逃避徭役呢？经过上述计算和分析，才恍然大悟，对于农民来说，庸的负担是最重的。在徭役二十天折米一百五十斗的情况下，自然很多贫苦农民是宁肯服役也不肯输庸代役的。这就是在输庸代役规定下，仍有很多农民服役的基本原因。真正输庸代役的，恐怕多是地主。

高祖后期及武则天时期，物价有上升趋势，但在玄宗执政后，旋又下降。关于开元十三年（725）的物价，《通典》载："米斗至十三文……自后天下无贵物。两京斗米不至二十文，面三十二文，绢一匹二百一十文。"② 据《通鉴》，"是岁，东都斗米十五钱"③。以后物价一直保持稳定，至天宝五载（746），物价仍为"米斗之价钱十三……绢一匹钱二百"④。大致开元、天宝时期，平均米价约在斗十五文左右，平均绢价约每匹二百文。如依此计算，则一匹绢可折米十四斗。与贞观十一年匹绢折米十石相比，现在米价上涨了七倍多。同样是物价下落时期，为什么

---

① 《通鉴》卷196贞观十六年七月。

② 《通典》卷7《食货典·历代盛衰户口》。

③ 《通鉴》卷212开元十三年十二月。

④ 《新唐书》卷51《食货志》。

前后两个时期相差如此悬殊呢？恐怕主要原因是：经过隋末长期战争之后，谷物及蚕桑生产都受到了摧残，但谷物的生产比较容易在短期内恢复，而蚕桑业的恢复却不是一蹴而就的，这样，丝织业在原料缺乏的条件下就不能大量生产。在原有的存绢耗尽以后，市场上就会出现供不应求的紧张状态。这是贞观十一年（637）绢价特高的基本原因。应该看到，绢贵米贱到这样的程度，是种反常现象。贞观以后，随着蚕桑业的恢复，手工业生产也跟上来了，于是在开元、天宝时期出现了绢价下落的现象。匹绢值米十四斗是正常的比价。

我们再来看看开元、天宝时期，农民租庸调负担的比重变化情况。合米（斗）在租庸调中所占百分比：

表 3

租	12（斗）	30%
庸	21	52%
调	7	18%
合计	40	100%

从表面看，这一时期农民的总负担量只相当于贞观十一年的 19%，但如果我们把开元、天宝时期受田严重不足的情况估计在内，就可以知道，农民的实际负担并没有减轻。敦煌户籍残卷中，开元、天宝年间各户已受田达到应受田一半者很少见，一般已受田多在应受田四分之一至三分之一。

仅以此计，农民的负担还不见得比贞观十一年重。实际上，现在应该把地税和户税计算在内。如按每丁在开元、天宝时受田三十亩计，则地税亩二升，三十亩当为粟六斗，折米三斗六升。户税在开元以前如何征收、税额如何，不得而知。不过，户税征钱而钱数并不固定，确为事实。[①] 从高祖到高宗时期，商品货币关系很不发达，社会经济正需要恢复，所以户税不可能太重。随着土地集中的严重及商品经济的发展，到

① 杜佑曾说，天宝中，户税是“八等户所税四百五十二，九等户则二百二十二”（《通典》卷 6《赋税》下）；大历四年（769），规定户税是“下中户七百文，下下户五百文”（《唐会要》卷 83《租税》上），可见八、九等户税钱数不定，且有增加趋势。

玄宗时，户税的地位肯定是上升了。天宝中，八等户税钱四百五十二文，九等户税钱二百二十二文，究竟在农民负担中占有什么地位呢？我们也应该折成米计算。按米每斗价十五文计，则八等户的户税可折米三十斗，九等户的户税可折米十五斗。现在我们就可以看到，八等户的户税比租调之和还多，相当于租庸调总数的四分之三。九等户的户税也分别比租和调都多，相当于租庸调总数的三分之一强。通过上述计算可以看出，在开元、天宝时期，把户税当作一个无足轻重的次要赋税是不正确的，八等户的户税和地税加起来，可达三十三斗六升，已经很接近租庸调总量四十斗的数字了。九等户的户税和地税加起来也接近租庸调总量的二分之一了。

既然受田严重不足，农民必须首先保障种、食两项需要，那么为了缴纳户税，就只有加强手工业生产，出卖绢帛换取货币，以完纳户税。这也是造成绢价下降的重要原因。

以上就是“安史之乱”以前，唐代前期农产品与手工业品比价变动的基本情况。

“安史之乱”以后，两税法实行以前，物价呈普遍上升趋势。米、绢比价如何变动呢？永泰二年（即大历元年，是年十一月改元。当为766年）的物价是：“近年粟一斗，估钱五百尚贱”；“近年帛一匹，估钱二千尚贱”。[①] 以粟折米，则斗米当值八百三十文。以帛折绢，则匹绢当值三千五百文。现在一匹绢价等于米四斗二升之价。如与开元、天宝时期相比，绢价相当于原来的17.5倍，米价相当于原来的55.3倍。现在绢价的上涨远远落在米价之后了。这一现象的产生原因，与贞观初年米贵于绢的原因基本上相同。与当时的匹绢易斗米相较，这次物价上涨中米价比贞观时减少到原来的四分之一，那是由于“安史之乱”只局限于黄河流域，而隋末的战争则遍于全国，所以永泰时谷物供应的紧张状况略逊于唐初。

经过物价上涨之后，农民的实际赋税负担怎样呢？我们已知大历四年（769）的户税是下中户七百文，下下户五百文，可以平均数六百文计算。又知大历四年的物价与大历元年的物价基本上相同。[②] 所以可以把大

① 《元次山文集》卷7《问进士》。

② 《唐会要》卷44《水灾》下：“大历四年，京师大雨水，斗米直八百。”与我们根据元结道州“问进士”所载粟价折成之米价很接近。

历元年的米绢价与大历四年的户税结合在一起计算。至于地税，我们仍以受田三十亩，纳米三斗六升计算。合米（斗）在租庸调中所占百分比：

表 4

租	12（斗）	48%
庸	6.3	25%
调	2.1	10%
户税	0.7	3%
地税	3.6	14%
合计	24.7	100%

从表面看，农民的赋税负担比开元、天宝时期减轻了 15.3 斗。如果我们把战争时期生产的破坏，农民的逃亡及青苗地头钱的增加，第五琦变盐法后的盐价暴涨十倍都估计在内，则恐怕农民的实际负担是加重了，而不会真正减轻。就租庸调三项而言，虽合计只值米二石多，与贞观十一年（637）的数字约略相等，但如果把农民受田只及原来三分之一的情况估计在内，则实际负担等于增加了两倍。在地主政权方面，却感到全部直接税加在一起，也只略比实行“轻徭薄赋”的贞观时期的租庸调总量略多一点。大历末年，盐利竟达到“六百余万缗，天下之赋，盐利居半”①。上述事实充分说明，从财政收入的观点出发，唐政权一方面越来越依靠间接税，一方面也发现原来的直接税制，主要是租庸调法，已经更加难以继续维持。即使抛开户口、田亩的脱漏不说，统治者已不可能通过原来的直接税搜括到大量财富了。从工农业产品比价的折算结果，我们可以从侧面看到新税制出现的不可避免性。

租庸调法和均田制实行时期，受田、纳税均以丁计，故我们姑以每户一丁计算。实际上，情况比这种假设复杂得多，如一户中可能有二丁，也可能另有一个只受田不纳税的中男等。不过，由于资料的限制，也为了能直接说明单纯的情况，以便进行前后比较，所以我们无法把这些错综复杂的条件都计算在内。两税法实行以后，我们既不知道如何定户等，也不知道税率和税额，因而就只能探讨农产品与手工业品的比价问题，

① 《新唐书》卷 64《食货志》。

不再可能结合赋税制度进行分析了。

我们已经指出，两税法开始实行的建中元年（780），绢的平均价格是每匹三千五百文。当时的谷价是“米一斗为钱二百”①。如与大历元年相比，米价跌落至原价的四分之一左右，绢价则基本上维持原价，没有下降。原来一匹绢可买米四斗二升，现在则一匹绢可买米十六斗五升。与绢相比，米的相对价格下落了四倍。按李翱《疏改税法》中有“自建中元年初定两税，至今四十年矣”句，知此疏作于元和十五年（820）左右。疏中又称：“今税额如故，而粟帛日贱，钱益加重，绢一匹价不过八百，米一斗不过五十。”可见两税法实行四十年后，绢价落至原价的23%左右，米价落至原价的25%。现在一匹绢可买米十六斗。比价基本上没有发生大的变动。

我们应该如何看待大历、建中之际这一比价剧烈变动的原因呢？必须首先明确，大历元年（766），匹绢值米四斗二升的比价是反常的，这和“安史之乱”以后的连年战争使农业生产遭受严重破坏有关。这次反常比价的出现与贞观元年（627）匹绢值米一斗的反常比价的出现具有类似的原因，只是程度不如贞观初年严重而已。自永泰元年（765）仆固怀恩败死，唐联合回纥击退吐蕃军后，中原地区没有再爆发长期大规模的战争，经过十几年的稳定，农村经济逐渐得到了一定程度的恢复，所以到建中以后，反常的绢、米比价遂又为常态的比价所代替。这种情况和贞观十一年米价的猛烈下落有相同之处。只是这次比价没有像上次一样恢复到匹绢值米十石。这只能反映“安史之乱”以后，蚕桑业的破坏不似隋末严重，手工业生产的恢复比较容易。

至于两税法实行以后农产品与手工业品价格的长期大幅度下落，其主要原因不是生产的发展，而是赋税征收中货币部分的大量增加，不过，地主政权能够长期把物价控制在较低的水平，其基础还是社会经济的萎缩不太剧烈。到懿宗（860—874年）以后，由于社会危机已经极度地加强了，加之以各种战争的连绵不断，在唐末的半个多世纪中，地主政权不再具有驾驭物价的经济能力，于是再度出现了物价的飞涨。

---

① 《李文公集》卷9《疏改税法》。

唐代末年的绢、米比价资料极少，因缺乏同年同地的米价与绢价的记载，故无从比较。

从上述分析可以看出从开元到元和，匹绢值米总是在十五斗上下摆动，我们可以把这个数字看作农产品和手工业品价格间的一般正常比例。唐代市场上出现的绢帛，绝大多数都是农民经济中家庭织妇的产品，这一点从全国农民普遍植桑就可以证明。因此，农民不但知道谷物所包含的劳动量，而且也准确地知道绢帛所包含的劳动量，这就使他们能够摸索到一个一般的绢、米比价水平。以上述匹绢值米十五斗衡量，则知贞观元年（627）、贞观十一年（637）和大历元年（766）的比价都是反常现象。

除绢帛以外，布是农民的另一项主要手工业产品，但在史料中，布价的记载却很少见。产生这一现象的主要原因是：布是劳动人民的消费品，多被生产者自产自用，因而较少进入流通过程。绢帛虽然基本上是农民的产品，却主要是供剥削阶级消费的，所以这种产品除一部分直接当作赋税缴纳给统治者消费外，大部分或者要经过流通过程才能达到消费者手中，或者剥削阶级占有后，又要经常出卖，使它再度进入流通过程。这就是绢帛比麻布更具有商品性的原因。从此一端也可看出，地主经济与商品经济的联系超过了农民经济与商品经济的联系。

（原载《光明日报》1963 年 12 月 31 日）

《唐天宝二年交河郡市估案》中的物价史料

大谷文书中有不少不相连属的残卷，记载了唐代交河郡很多商品的官定价格，日本学者池田温在《中国古代籍帐研究》的录文部分把这些性质相同的文书排列在一起，并定名为“市估案”，为利用这一珍贵资料进行研究提供了方便。这些录文加在一起约占十五页的篇幅，内容极其丰富，对研究唐代经济史非常重要。本文打算就这部分文书（以下简称《市估案》，所注页码均来自《中国古代籍帐研究》，省略书名）稍加介绍和分析。

一

《市估案》所反映的是天宝二年（743）交河郡的情况。《旧唐书》卷40《地理志》：

> 西州中都督府　本高昌国。贞观十三年（639）平高昌，置西州都督府，仍立五县。显庆三年（658）改为都督府。天宝元年（742）改为交河郡。

据两《唐书》的《太宗纪》及《通鉴》等书所载，侯君集平高昌为贞观十四年（640）事，盖《旧志》讹“四”为“三”。李吉甫《元和郡县图志》卷40《陇右道下》载，所谓五县即前庭、柳中、交河、天山和蒲昌。侯君集平定高昌的当年，唐朝即“置安西都护府于交河城”①。可见

① 《通鉴》卷195贞观十四年九月。

交河是西州所辖各城中的重镇。天宝元年改为交河郡，是知《市估案》即改郡次年的文书。考古工作者已发现了交河故城，遗址在今新疆吐鲁番县西10千米处的雅尔湖乡，位于雅尔乃孜沟村的干河床中的土崖上，是古代中西交通要道上的一个据点[①]，这种地理位置决定了它是当地的重要城市，必然有相当繁荣的商业，《市估案》的发现就是证明。

全部文书不相连属，严重残缺，但因篇幅较大，故可窥知整个文书的款式，其大体记录方法是以“行”名置于前，接着罗列该行经营的同类商品，在每种商品项下载明上、次、下三等价格。遗憾的是，文书残缺部分有很多“行”的名称不见了。这种公布物价的办法完全合乎唐代在内地实行的制度。《大唐六典》卷20《两京诸市署》：

> 京都诸市令，掌百族交易之事……以二物平市（原注：谓秤以格、斗以概），以三贾（价）均市（原注：精为上贾，次为中贾，粗为下贾）。

又《唐律疏议》卷4《名例·平赃者》：

> 诸平赃者，皆据犯处当时物价及上绢估。〔疏议曰〕：赃，谓罪人所取之赃，皆平其价直，准犯处当时上绢之价。依令，每月旬别三等估其赃，平所犯旬估定罪。

同书卷26《杂律上·市司评物价》：

> 诸市司评物价不平者，计所贵贱坐赃论。

从上述律令可以看到：第一，唐代市上的物价是官府规定的，负责评定物价的“市司”即“市令”。当时不仅两京有市令，在地方上州郡治所同样置市令。《市估案》就是由交河郡市令公布的官文书。第二，市估每旬

① 参阅《新疆考古三十年》，新疆人民出版社1983年版，第142页。

公布一次，每月公布三次。《市估案》中同一商品在不同的地方多次出现，价格不同，这反映《市估案》不是一旬之内公布的文书，是由不同旬、月公布的《市估案》集合而成的。第三，《市估案》中有些商品如“绵绸”和“緤”，均分为“细”“次”“粗”，每种中价格又分“上”“次”“下”，《六典》所谓“精为上贾，次为中贾，粗为下贾”是指何者而言呢？我觉得是指后者而非前者，因为大多数商品都无“细”“次”“粗”的划分，却都有“上”“次”“下”三等价的划分，而《六典》正文“以三贾均市”是就一般的、大量的商品而言的。每种商品分“上”“次”“下”定价，就具有按质论价之义，与《六典》所谓“精”“次”“粗”相吻合。上述记载反映，在长安、洛阳实行的“市估”制度已经推行到西州一带了。

《市估案》从很多方面说明了唐代，尤其是西州等地的经济状况，以下仅就其中几个方面进行介绍。

二

《市估案》为研究唐代的“行”提供了珍贵的资料。研究唐代的行，除依据一般史籍外，《房山石经》题记中的材料也早已受到重视，但它的记载比较简略，只罗列一些行的名称，远不如《市估案》的记载具体。除有所残缺者外，文书现存部分清晰可见的“行”计有：谷麦行、米面行、酱□〔行〕（见页447）、帛练行、果子行（见页448）、□布行、綵帛行（见页449）、凡器行（见页451）、铛釜行（见页452）、菜子行（见页453）等。其中“酱□〔行〕”涉及的商品有“麦酢”“糠酢”“麹”“豆黄”及“酪”等。“酢”见《说文·酉部》，段注云：“本截浆之名，引申之，凡味酸者皆谓之酢。”按“酢”即“醋”的本字。推测：“酱□〔行〕”的缺字很可能就是“酢”字，果尔则有“酱醋行”。“果子行”经营的商品无水果，残存文书部分尚保留“乾蒲陶”“大枣”二项，按“蒲陶”即今“葡萄”，“乾蒲陶”即葡萄干，至今仍为新疆名产，可见此行以经营干果为业。“□布行”经营的商品有“常州布”“杂州布”“火麻布”“㬦布”“赀布”“小水布”及“大绵”等，其中“杂”字我国学者释“维”字，手头无原件及缩微胶卷，无从核校，姑亦作“维”字，是有“维州布”。“大绵”一行之后缺数行，推测可能还有小绵等，故“□布行”的缺字或可补以“绵”字？“帛练行”与“綵帛行”都以经营丝织品为业，而且都有“帛”，二者区别何在呢？“綵帛行”涉及的商品有“紫熟绵绫”“绯熟绵绫”“杂色隔沙”及“夹绿绫”等，是知“綵”并非指丝织物綵，而是“彩”字的异体，说明此行以经营着色丝织物为业。“帛练行”经营的商品虽也有“缦紫”“缦绯”，但大多数是“练”“生绝”及“生绢”等，以未染色者为主。“凡器行”从字面上很难判断其经营商品的性质和范围，下面列举的商品有“兖”“献”“椀”“盘子”等。其中“兖”字无法释辨；“献”可能是蒸器“甗”字的异体，此处当为陶甗而非铜铁质的甗；“椀”即“碗”字的异体。同页的下半页有“叠子”“羹椀”“大染盘”等，恐亦属此行经营之商品，按“叠”为“碟”字的异体。可见“凡器行”经营的商品多为瓷、陶日常用具。

除上述几“行”外，页 450 有“□□行”，涉及的商品有“春白羊毛”“皮裘”等，行名虽不详，可以肯定是以经营皮毛为业。页 452 的下半页只有商品名，缺“行”名，罗列的商品有“钢”“镔”（均论两）、“镔横刀”“钢横刀”“梓霸刀”“角霸刀”“斧”“三寸钉”“小踞鞓”“钢食刀”“钢镰”“复带快头”“铁末”等。其中“鞓”字不可辨释，但根据其商品均系铁、铜制品，可以推知“小踞鞓”即“小锯条”。“霸”大概就是“把”的异体，“梓霸刀”即以梓为把的刀，“角霸刀”即以牛角为把的刀。“复带快头”为何物不得而知。可以肯定此行以经营铁、钢、刀、斧等为业，商品多为生产资料，至于确切的行名不宜妄断。页 453、454 文书前缺，行名不详，残文书保留下来的商品有“突厥敦马、草马”，“波斯敦父驼”及“草驼”等。“父驼”与“草驼”对称，“马”与“草马”对称，可知“草驼”即母驼，“草马”即母马。《尔雅·释畜》：“牝曰骀。”郭注：“草马名。”《广雅·释兽》：“牿、牸、牝，雌也。”按“骀”即“牿”之俗字。古代字书亦可证“草马”“草驼”肯定就是母马、母驼。次页的下半页有“次犍牛”“字牛”等，按《说文·牛部》：“犍，犗牛也。”即阉过的公牛。“字牛”之“字”应即《广雅》所说之“牸”，亦作“雌”解。是知“犍牛”为公牛，“字牛”为母牛，文书中二者对称，证明这样的解释准确无误。虽然不能证明载马、驼的文书与载牛的文书都记录的是同一行的畜价，但当地有经营此类大牲畜的行是完全可以肯定的。《市估案》中记载最多的是中药材，这部分文书多达五页余，商品超过百余种。遗憾的是竟然没有一处显示出行的名称。按日僧圆仁《入唐求法巡礼行记》卷4有“药行”的记载，则可推知交河郡肯定也有药行。《房山石经》题记中有“绢行”“大绢行”“小绢行”“新绢行”，《太平广记》中也出现过“绢行”的记载。[①]《市估案》的“帛练行”所涉及的商品就有“生绢”及各种“练”“絁”，可见交河郡不会再有“绢行”。这反映全国各地行的名称很不划一，因地而异。

三

从《市估案》史料，可对某些商品的价格进行分析，并进而对商品本身进行一些探讨。

“帛练行”有两个商品项目完全相同的价目表，兹分别抄录如下。页448第一表作：

〔大练壹〕匹	上直钱肆伯[②]柒拾文	次肆伯陆拾文	下肆伯伍拾文
梓州小练壹匹	上直钱参伯玖拾文	次参伯捌拾文	下参伯柒拾文
河南府生絁壹匹	上直钱陆伯伍拾文	次陆伯肆拾文	下陆伯参拾文
蒲陕州絁壹匹	上直钱陆伯参拾文	次陆伯贰拾文	下陆伯壹拾文
生绢壹匹	上直钱肆伯柒拾文	次肆伯陆拾文	下肆伯伍拾文
缦紫壹匹	上直钱伍伯陆拾文	次伍伯伍拾文	〔下伍伯肆拾文〕

① 《太平广记》卷363《王愬条》。

② 此处伯为“佰”义，下同。——编者注

缦绯壹匹	上直钱伍伯文	次肆伯玖拾文	〔下肆伯捌拾文〕

同页之下半页的第二表作：

大练壹匹	上直钱肆伯柒拾文	次〔肆伯陆拾文	下肆伯伍拾文〕
〔梓州小〕练壹匹	上直钱肆伯壹拾文	〔次参伯文	下参伯玖拾文〕
〔河南府生〕絁壹匹	上直钱陆伯参拾文	次陆伯贰拾文	下陆伯〔壹拾文〕
〔蒲陕州〕絁壹匹	上直钱陆伯参拾文	次陆伯文	下陆伯玖〔拾文〕
〔生绢〕壹匹	上直钱肆伯柒拾文	次肆伯陆拾文	下肆伯伍〔拾文〕
〔缦紫壹匹〕	上直钱伍伯伍拾文	次伍伯肆拾文	下伍伯参〔拾文〕
〔缦〕绯壹匹	上直钱伍伯文	次肆伯玖拾文	〔下肆伯捌拾文〕

以上二表商品项目相同，有些丝织品的价格亦完全一样，但也有几种的价格有所升降。可能公布的时间不同，但无大的升降，说明在时间上不会相距很远，其中价格全无变动的商品有“大练”“生绢”及“缦绯”。“缦绯”价格稳定的原因不得而详，“练”与“生涓”的价格不变恐怕与它们在一定程度上起着货币的作用有关，作为交换手段和价值尺度，它们与钱币的比价可能稍微稳定一些。唐代绢货兼行是尽人皆知的事，练的货币作用亦不容忽视，法令规定：“诸官私互市，唯得用帛、练、蕃綵，自外并不得交易。”①《市估案》中的驼、马价亦均以“大练”计算，大谷3786号文书有《西州用练买牛簿》，均可证明此点。

所载各项丝织品有的来自远处，如梓州练、河南府絁、蒲陕州絁等，价格中自然包括运费，有的没有标出地名，但也不敢一概看作本地产品，所以在分析价格时不得已而舍弃运价不加考虑。据《六典》载，河南府所管二十八州中，陈、许、汝、颍四州“调以絁、绵”，汝州贡“细絁”，陕、颍、徐三州贡“绸、絁”②，河南府确实是主要絁产地之一。《新唐书》在介绍少府监织染署令时按照纺织品的质量排列了这样的顺序：

① 《大唐六典》卷3《金部郎中员外郎》。

② 《大唐六典》卷3《户部郎中员外郎》。

"锦、罗、纱、縠、绫、绸、绝、绢、布"①。即把"绝"排在丝织品的倒数第二位，说明非精贵之品，但在文书中"绝"的价格却最高，反映这两件文书中只公布最一般的民间通用织品，无宫廷、贵族所服用的高级奢侈品。这是由于：首先，锦、罗、縠等主要供皇族、百官服用，进入商品流通领域者不会太多；其次，交河郡僻处西陲，服用这种珍贵织物的人很少，此类商品在这里很难找到市场。

价格仅次于"绝"的是"缦"，其质地当更差一等。《说文·糸部》："缦，缯无文也。"段注："《春秋繁露》，庶人衣缦。"可见"缦"是一种更加大众化的低级丝织品。唐代赐物往往以十段为单位，"杂彩十段"包括的内容是："丝布二匹、绸二匹、缦四匹。"若赐蕃客"锦彩十段"则为"锦一张、绫二匹、缦三匹、绵四屯"②。在这几种丝织品中"缦"不但排在最后，而且数量均超过前几种，都足以反映其质地之低下。

价格最低的是"练"和"生绢"。《说文·糸部》段注："《考工记》所谓湅帛也。已练之帛曰练。"煮熟的帛就是"练"，比"生绢"的质量不会有显著的差别。大概这两种丝织品质量最低，易于民间普遍大量生产，《市估案》所举者很可能就产于当地，价格不包括运费，故价格特别低，大致由于"练"与"生绢"有上述特点，所以被选定当作一般等价物，能够在某种程度上部分地发挥货币的职能。

"綵帛行"的各种丝织品价格如下：

紫熟绵绫〔壹尺〕	上直钱陆拾陆文	次陆拾伍文	下陆拾肆文
绯熟绵绫壹尺	上直钱陆拾□文	〔次〕□□□文	下伍拾伍文
杂色隔沙壹尺	上直钱拾肆文	□□□	
夹绿绫壹尺	上直钱拾陆文	□□□	
		（中略）	
晕絧壹尺	上直钱□□□	次拾捌文	下拾肆文
丝割壹尺	上直钱参拾陆文	次参拾伍文	下参拾肆文

① 《新唐书》卷48《百官志》。
② 《大唐六典》卷3《金部郎中员外郎》。

燋割壹尺　　　上直钱拾陆文　　　次□□□

按“帛练行”与“綵帛行”各种商品的上、次、下三等价格均具有等差的特点，依此原则可推知：“绯熟绫”的上价可能是陆拾伍文，次价是陆拾文；“杂色隔沙”的“沙”当为“纱”字的异体，次价为拾叁文，下价为拾贰文；“夹绿绫”的次价是拾伍文，下价是拾肆文；“晕绸”的次价、下价相差肆文，上价可能是贰拾贰文；“燋割”的次价当为拾伍文，下价是拾肆文。

根据各种商品的价格可以推测，“紫熟绵绫”的质量最高，其次当推“绯熟绵绫”，唐代散官三品以上衣紫，五品以上衣绯，亦反映“紫”贵于“绯”。这两种丝织品每尺价六十文左右，相当于本行一般织物价格的四倍左右，肯定是高级产品。国家规定“凡绫锦文织，禁示于外”可为佐证。[①]“丝割”和“晕绸”是本行丝织品中的中等商品，价格远低于“绵绫”，但较其他织物价格为高，其中如“丝割”甚至高达一倍。“夹绿绫”“燋割”和“杂色隔沙”的价格最低，其质地亦应最次。据《六典》载，河南府齐州贡品中有“丝葛”[②]，可能“割”是“葛”的俗写，果尔则“丝割”就是“丝葛”，“燋割”当为“燋葛”。

按丝与其他纤维混织之物称“葛”，如丝棉织物、丝麻织物及丝毛织物。可能由于其他原料价格不同，所以“丝割”与“燋割”价格相差悬殊。依情理推断，“燋割”肯定是丝麻混织，因为麻最低廉，非麻不至于售价仅仅每尺拾陆文。

据唐令，“布帛皆阔尺八寸，（帛）长四丈为匹，布五丈为端”[③]。“綵帛行”经营的低档商品每尺价十六文左右，每匹合价六百余文，与“河南府生絁”的匹价不相上下，仅较“缦紫”“缦绯”的匹价略高，而且像“夹绿绫”的质量本来应当高于生絁。还应看到“帛练行”的织物以匹计价，“綵帛行”的织物以尺计价，前者为批售价，后者为零售价，后者自当略高于前者。把这些因素综合起来考虑，就可发现唐代丝织品

① 《新唐书》卷48《百官志》。

② 《大唐六典》卷3《户部郎中员外郎》。

③ 《通典》卷6《食货典·赋税下》。

的染价并不高，相当低廉。

页449至页450有行名不详的一些纺织品，兹抄录如下：

细绵绸壹尺	上直钱肆拾柒文	次肆拾伍文	下肆拾肆文
次绵绸壹尺	上直钱肆拾贰文	次肆拾文	下参拾捌文
麁绵绸壹尺	上直钱参拾柒文	次参拾伍文	下参拾文
细緤壹尺	上直钱肆拾伍文	次肆拾肆文	下肆拾参文
次緤壹尺	上直钱参拾文	次贰拾伍文	下贰拾文
麁緤壹尺	上直钱拾壹文	次壹拾文	□□□
緤鞋壹量	上直钱参拾文	次贰拾柒文	□□□
緤花壹斤	上直钱柒文	次陆文	□□□

应玄《一切经音义》卷2《大般涅槃经》第1卷注："粗，麁也。"是知"麁绵绸"即"粗绵绸"，"麁緤"即"粗緤"。吐鲁番出土文书中"牒"字均作"牒"，"緤"即"緤"字，在文书中也有写作"緤"或"緤"[①]者。据王仲荦先生考证，"緤"即棉布，"緤花"当为棉花。[②]"緤鞋壹量"的"量"字当系"两"字的异体。《隋书·食货志》"其佃谷皆与大家量分"的记载亦以"量分"代"两分"。故和"緤鞋壹量"字即壹双之义。"粗緤"价上、次价相差壹文，缺文当为"下玖文"。"緤鞋"价上、次相差三文，下等价可能是二十四五文。"緤花"价上、次相差一文，缺文当为"下伍文"。

"细绵绸"和"次绵绸"每尺价四十文左右，仅次于"绵绫"，较"丝割"犹贵，说明是一种质量不次的丝织品，与《新唐书》的排列"绵罗纱縠绫绸"相参照，价格与质量都居于"绫""絁"之间。"粗绵绸"的价格每尺三十余文，相当于"丝割"。"绵绸"分细、次、粗，每种价又分上、次、下三等，可见这种丝织品的质量有很大悬殊，起码可以分为九个等级。"緤"也有相同的情况，说明唐代西州不仅植棉、织布已有一定程度的普及，而且已能织成各种质量不同的布，纺织技术已有

---

① "緤"原误作"緤"。据上下文推测，"緤"应为"緤"。——编者注

② 参阅王仲荦《唐代西州的緤布》，《文物》1976年第1期。

相当的水平。“细緤”“次緤”每尺价三四十文，仅次于“熟绵绫”，最好的比“丝割”还贵，这反映白緤不仅在内地是珍贵的罕见之物，就是在西州也仍被目为高级织物或奢侈品。

“□布行”所经营的布价如下：

常州布壹端	上直钱伍伯文	次肆伯玖拾文	下肆伯捌拾文①
维州布壹端	上直钱肆伯伍拾文	次肆伯文	下参伯捌拾文
火麻布壹端	上直钱伍伯文	次肆伯玖拾文	下肆伯捌拾文
緆布壹端	上直钱肆伯捌拾文	次肆伯柒拾文	下肆伯伍拾文
赀布壹端	上直钱伍伯伍拾文	次伍伯肆拾文	下伍伯文
小水布壹端	上直钱参伯参拾文	次参伯贰拾文	下参伯文

以上各种麻布中以“赀布”价格最高，反映其质量属最优等。据《六典》载，全国仅淮南的正赋和贡品中有“赀布”，其余各道庸调及贡品中均不见此种织物②，可见“赀布”是各种麻布中少见的珍品。“火麻布”除淮南道用以输庸调外，仅江南道润州“调火麻”亦为珍品③，故每端价上直五百文。由此推知，“上直伍伯文”的“常州布”亦为上等麻布。较以上几种价格稍低者为“维州布”及“緆布”，查《新唐书·地理志》《六典》及《元和郡县图志》，维州贡品中无布，唯《六典》载剑南道“厥赋绢绵葛纻”。注云：“泸州调以葛纻等布，余州皆用绵绢及纻布。”可见“维州布”肯定就是“纻布”。这种布在维州是赋而非贡品，自然质量比较一般，每端价四百文左右，也是中等价，质量与价格亦吻合。“緆布”产地不详，价格略高于“维州布”，可能质量稍优。最低廉的是“小水布”，价格只相当于“赀布”的百分之六十，质量自属最差。

在唐代人的心目中，“布是粗物”，“绢是细物”。④ 按道理在价格上

---

① 此处原衍“肆”。——编者注

② 《大唐六典》卷3《户部郎中员外郎》。

③ 《大唐六典》卷3《户部郎中员外郎》。

④ 《全唐文》卷172张鷟《工部员外郎赵务支蒲陕布供渔阳军幽易绢入京百姓诉不便务款布是粗物将以供军绢是细物宜贮官库》。

应当是绢贵布贱，为什么一匹绢同一端布的价格都是五百文左右，没有显示出差别来呢？关键在于端长五丈，匹长四丈，在长度上二者相差一丈，也就是端比匹长五分之一。明乎此，就可以理解为什么唐代调绫绢绝二丈，“布加五分之一”，庸绢日三尺亦“布加五分之一”[①]。由此可见四丈绢的价值与五丈布的价值应是相等的，匹绢价等于端布价并不说明二者质量相同，恰恰说明质量差别反映到价格上正是四比五的比例关系，这两种纺织品确有“粗”“细”之分。唐朝统治者正是由于准确地衡量了这种比例关系，才规定调绢、庸绢纳布时增收五分之一。

唐代丝织品的原料是绵，法令规定绵的计算单位是“屯”，但一般史料中很少见屯价的记载。《市估案》中有“大绵壹屯　上直钱贰伯壹拾文”，“小绵壹屯　上直钱壹伯玖拾文　次壹伯捌拾文　下壹伯柒拾文”（页449）的记载，这是极其珍贵的资料。据此可知一屯绵的一般价格是二百文左右。当时规定“绵六两为屯”[②]，按十六两为一斤折算，是知绵每斤价当在五百三十文左右，而“緤花”一斤上等却只值柒文，绵与小棉花的价格相差非常悬殊。但以绵为原料的“熟绵绫”匹价与以棉为原料的“緤布”端价却大体相同，这种奇怪现象怎样解释呢？织一端布所用的棉可能多于织一匹绫所用的丝，但仅此一点难以说明悬殊如此之大的全部原因。我觉得造成这种现象的主要因素可能是棉花脱籽、纺纱、织布比缫丝、织绫要更加费工、费时得多。

吐鲁番出土文书中经常出现的粮食品种有粟、米及床等。应玄《一切经音义》卷2《大般涅槃经》第1卷“粟、床”注：“字体作糜、穈，二形同，忙皮反。禾穄也，关西谓之床，冀州谓之穄也。”是“床”音méi，即今人所说的糜子，不粘的粟子。遗憾的是，《市估案》中并未涉及上述几种粮食的价格，而仅列举了“白面”和“北庭面”的价格：

白面壹斗	上直钱叁拾捌文	次叁拾柒文	下叁拾陆文
北庭面壹斗	上直钱叁拾伍文	□□□	〔页447〕

① 《大唐六曲》卷3《户部郎中员外郎》及原注。

② 《新唐书》卷48《百官志》。

按"白面"斗价上、次、下相差一文，"北庭面"价尚低于"白面"，上、次、下价亦只可能相差一文而不可能多，故缺文当补以"次叁拾肆文 下叁拾叁文"。开元末年"天下无贵物，两京米斗不至二十文，面三十文"①。可见西州面价略高于内地，但基本上差不多。按内地米、面价比例推断，西州一带米价当在每斗二十文或稍多一些。

以下谈驼、马价。录文如下：

突厥敦〔马壹匹〕	〔次上直大练贰拾匹〕	次拾捌匹	下拾陆匹
	次上直〔小练贰拾贰匹〕	次贰拾匹	下拾捌匹
〔草〕马壹匹	次上直大练〔玖匹〕	次捌匹	下柒匹
波斯敦父驼壹头	次上直大练叁拾叁匹	次叁拾匹	下贰拾□□
草驼〔壹〕头	次上直大练叁拾匹	次□□□	

〔页453〕

"波斯敦父驼"匹价次上与次相差叁匹，下价"贰拾"之后当补以"柒匹"。"草驼"与"父驼"匹价只差叁匹，估计前者上、次、下价相差亦类"父驼"，果尔则"次"字后面的缺文当补以"贰拾柒匹 下贰拾伍匹"。从上列驼、马价格可以看出：第一，牡马匹价高过牝马一倍有余，"父驼"匹价亦高于"草驼"，但后者在性别差价上只差十分之一，不能与牡马、牝马差相比，这反映"草驼"与"父驼"的畜力差不多。第二，驼、马匹价相比，驼高于马很多，"父驼"高于牡马上价十三匹，"草驼"高于"草马"上价二十一匹，后者差价超过三倍。这说明，一方面驼的能力确实大大超过了马；另一方面，在西域沙碛商路上驼用处也大大超过了马。第三，"突厥敦马"匹价次上直大练二十匹，直小练二十二匹；次直大练十八匹，小练二十匹，由此可以推知，大练与小练的价格大致每匹相差十分之一左右。前引文书"大练"一匹"上直肆伯柒拾文"，无小练价，如以每匹差价十分之一推算，则小练每匹当上直三百五十文左右。关于牛价的录文如下：

① 《通典》卷7《食货典·历代盛衰户口》。

细犍牛壹头	上直钱肆阡贰伯文	次肆阡文	下叁阡捌伯文
次犍牛壹头	上直钱叁阡贰伯文	次叁阡文	下贰阡贰伯文
字牛壹头	上直钱〔		〕

〔页454〕

前引文书“大练”壹匹上直钱四百七十文，则“细犍牛”壹头上直钱四千二百文合“大练”约九匹，“次犍牛”壹头上直钱三千二百文合“大练”约七匹，与“突厥敦马”匹价次上相比，价低一半以上，相当于“草马”的匹价。“字牛”价缺，当较“犍牛”为低，可知匹价就更低了。开元年间《西州用练买牛簿》（以下简称《买牛簿》）所载牛价，最贵者如“乌伯犍”“黄犍”“犁犍”也只匹价练九匹，绝大多数犍牛价是练七匹，价最低的如“犅犍”仅五匹，“犁伯特”则甚至仅值练四匹（页352）。《买牛簿》的牛价与《市估案》的牛价大体相当，两种文书的时间亦相去不远，比较典型地反映了当时的牛价。唯《买牛簿》均标明了每头牛的年龄，如“捌岁”“陆岁”“五岁”，等等，说明牛价与其年龄有一定的关系。《市估案》记录驼、马价均不及牲畜年龄，可能是由于年龄千差万别，逐一公布过于烦琐，故只能公布一般服役年龄的牲畜价。

四

最后，谈谈《市估案》对研究唐代经济交流的史料价值。前引文书所载纺织品有标明地名者，如“梓州小练”“河南府生绝”“蒲陕州绝”“常州布”“维州布”等，说明这几种产品均非交河郡当地所产，而是来自很多地方。据《新唐书·地理志》《元和郡县图志》《六典》等书所载，伊州、西州、庭州、安西等地所上的贡、赋中，纺织品及其原料也只有“白氎”“绯毡”“布”及“毛”“麻”“丝”等，可见今新疆一带在唐代的丝织业并不十分发达，因而《市估案》中出现的其他地名不详的丝织品，如缦、绸、沙（纱）、绵绫、晕絧等也大部分是从内地各处运去的。纺织品的种类众多，足以说明今新疆一带在唐代与内地的经济交流的频繁。

《市估案》所罗列的药物特别多，兹将其名称可辨明者列举如下：伏苓、茱萸、决明子、庵闾子、蜀柒、猪苓、贯众、大戟，茵芋、前胡，细辛、代赭、昆布，白芷、知母、兔丝子、亭历子、蛇床子、薏苡人(仁)、萎蕤、常山、独活、羌活、葶苈、天门冬、酸枣、犀角、白石脂、庵磨勒、生石蜜、桂心、花烟支、楼灰、苹解、鬼臼、鬼煎、松子、偏桃人（仁)、没老子、石蜜、胡臻子、一日子、紫粉、朱砂、石碌、空青、铜碌、铜黄、诃梨勒、青黛、黄丹、绖墨、蝇、鞘木梳、巾子、朱粉、胡桃让、鞭鞘、郁金花、麝粉、轻粉、丁香、沈香、白檀、质汗、散米、砂糖、橘皮、鹿皮、藤帽、勾沙、通草、黄连等，以上共计七十三种。此外由于文书残缺及难以辨认的药材还有六十七行，每行一项，其中肯定有几种是重见的，除此之外估计起码还有五十余种。故可以肯定全部药材当在一百二十种以上。药材一般都是各地的土特产品，全国普遍生长的草药只占极少数，以上一百二十余种中药肯定绝大部分是来自中国南北各地，而且源源不断运往交河郡等地以供出售，避免脱销。因此，由上列药名之繁多也可看出，今新疆一带在唐代与内地的经济交流是非常繁盛而经常的。

至于新疆出土的内地所产的各种丝织品，亦系经济交流的历史见证，因与《市估案》无关，本文就不涉及了。

（原载《平准学刊》第2集，中国商业出版社1990年版）

唐代的飞钱

治唐史者均对飞钱的出现相当注意，因为这一史实说明远在公元9世纪初，我国就产生了汇兑制度；但在重视的同时，往往对当时的工商业发展水平做过高的估计，这一方面固然由于对晚唐社会经济研究之不足，另一方面也由于在研究飞钱时，缺乏对具体事物做具体分析的态度。

研究飞钱的最大困难是记载太少，现在我就利用仅有的一些史料，作一试探性的论述。

首先，讨论飞钱制的内容及发展情况。《新唐书》卷54《食货志》：

> （宪宗）时，商贾至京师，委钱诸道进奏院及诸军诸使富家，以轻装趋四方，合券乃取之，号飞钱。

这是关于飞钱最典型的记载，也是最受人重视的史料。不久，“京兆尹裴武请禁与商贾飞钱者，廋索诸坊十人为保”①，关于飞钱之禁止，《唐会要》卷89《泉货门》载：

> （元和）六年二月制：公私交易十贯钱已上，即须兼用匹段，委度支、盐铁使及京兆尹即具作分数条流闻奏。茶商等公私使（便）换见钱，并须禁断。

上述记载说明：第一，飞钱之最初实行是在元和初年，因六年已有禁断之令，大概此令与裴武请禁是一回事；第二，飞钱是与诸军诸使富

① 《新唐书》卷54《食货志》。

家有关的，这种汇兑不是由货币经营者经理的，政府下令禁断亦证明此事与地主政权的货币政策有关。

此令实行仅一年，即行开禁，《唐会要》卷89《泉货门》：

七年五月，兵部尚书判户部事王绍、户部侍郎判度支卢坦、盐铁使王播等奏："伏以京都时用，多重见钱，官中支计，近日殊少，盖缘比来不许商人使（便）换，因兹家有滞藏，所以物价转轻，钱多不出。臣等今商量伏请许令商人于户部、度支、盐铁三司任便换见钱，一切依旧禁约。伏以比来诸司诸使等或有使商人钱多留城中，逐时收贮，积藏私室，无复流通。伏请自今以后，严加禁约。"从之。

这种禁断政策是失败的，它遭到了商人与诸军诸使的对抗，前者采取"家有滞藏"的办法促使京师的货币更加不足，后者则使商人留钱城中，"逐时收贮，积藏私室"，这说明飞钱仍在暗中存在。禁断之失败遂使这一制度又恢复起来，不同的是由中央地主政权的三司垄断起来了。由元和六、七年（811、812）政策之改变，可以看出，问题的关键是中央政府与代表地方势力的诸军诸使争夺货币，当便换之利操诸地方时，则禁断之，当其利操诸三司时，则又恢复之。

恢复后两月，商人仍很少至三司飞钱者，《册府元龟》卷501《邦计部·钱币门》：

七月，度支、户部、盐铁等使奏："先令差所由招召商人每贯加饶官中一百文换钱，今并无人情愿。伏请依元和五年例，敌贯与商人对换。"从之。

可见飞钱从一开始实行就是不收汇费的。为什么会产生"敌贯"对换的情况呢？主要原因是当时钱币不足，物价下落，高利贷利息很高，商人不愿轻易把生息资本交给别人。李唐政府恢复此制的重要原因之一，就是借以解决货币奇缺的问题。

三司垄断，禁止一般便换的政策也并不十分成功，长庆元年（821）

的一道诏令曾称："公私便换钱物，先已禁断，官委京兆府切加觉察。"①可见私自飞钱者仍大有人在，故须"切加觉察"。

李唐政府经营便换的目的除了解决京师钱币不足外，也是为了使诸道税收汇解长安，以免运输之劳费。《旧唐书》卷187下《庾敬休传》：

> 剑南、西川、山南西道每年税茶及除陌钱旧例委度支巡院勾当，榷税当司于上都召商人便换。

因为飞钱一事由政府经营，所以地方上有特殊需要时，遂不肯将所收税款按"券"付商人，这也造成便换时的一种障碍，《旧唐书》卷19上《懿宗纪》：

> （咸通八年）十月丙寅，户部侍郎、判度支崔彦昭奏："当司应收管江、淮诸道州府咸通八年已前两税、榷酒及支米价，并二十文除陌诸色属省钱，准旧例逐年商人投状便换。自南蛮用兵以来，置供军使，当司在诸州府场监钱，犹有商人便换，赍省司便换文牒，至本州府请领，皆被诸州府称准供军使指挥占留。以此商人疑惑，乃致当司支用不充。乞下诸道州府场监院依限送纳及给还商人，不得托称占留者。"敕旨从之。

由此可见，我国历史上汇兑事业最早出现时，即由地主政权（不论其为中央或地方政权）所操纵。实行这种制度的目的主要不是服务于商品流通，而是为了解决钱币不足与财政困难，这就必然引起商人的顾虑与飞钱发展的障碍，从而我们亦可看出专制主义对商品流通的不利作用。与此相反，欧洲汇兑业的出现却与我国的飞钱大异其趣。在那里，从一开始，汇兑业就与封建政权无涉，而是掌握在私营银行手中，它完全是在商品生产已经相当发展的基础上产生，而又完全为商品流通服务的。因此，它不但没受到任何基于政治原因的打击与阻碍，而且能随着商业

---

① 《册府元龟》卷501《邦计部·钱币门》。

的繁荣，日益巩固与发展。

过去流行的一种看法是：单纯地把飞钱的出现归诸晚唐商业的繁荣，这是不正确的。就唐代而言，生产最发达，商业最繁荣的时期是以“开元”“天宝”为标志的盛唐，但那时却没有出现汇兑。“安史之乱”以后，生产凋敝，农工失业，在社会动乱的情况下却产生了飞钱。所以，单纯用商业繁荣来解释这一制度，于情于理，都是说不通的。当然商业的需要毕竟还是产生飞钱的一个客观条件，但这种需要并不是由商业的繁荣导致的。根据是什么呢？我们还是看看飞钱产生前的具体历史条件吧。贞元时，因“民间钱益少，缯帛价轻”，所以“州县禁钱不出境”，结果是“商贾皆绝”[①]。为了改变这种情况，贞元十四年（798），盐铁使李若初曾奏“请指挥见钱，任其往来”，诏“从之”[②]。这是对商贾极其有利的，故当时“京师商贾赍钱四方贸易者不可胜计”，但旋“诏复禁之”[③]，可见商贾在能够赍钱至四方时，还是以直接携钱外出为便，飞钱正是在复禁之后，禁钱出境的情况下才产生的。此外，晚唐时期，战乱频仍，社会秩序混乱，为了避免抢劫，亦以改大量赍钱为飞钱便换为保险，如：“有士，鬻产于外，得钱数百缗，惧川途之难赍也，祈所知，纳于公藏，而持牒以归，世所谓便换者，置之衣囊。”[④] 按赵璘为宣宗大中时衢州刺史，可见当时社会上对大量携带缗钱外出是有顾虑的。

如上所述，飞钱的出现与其说是商业繁荣的结果，毋宁说是由于商业受到阻碍而造成的，因此，脱离开当时社会的具体条件，我们就不易对飞钱这一历史现象作出科学的说明。

当然，我们亦不完全否认晚唐商业在某种程度上的活跃所起的作用，因为如果当时是百分之百的自然经济的话，自然就不会产生飞钱了，但我所要特别强调的是这种活跃并不是问题的主要方面。

（原载《光明日报》1956 年 6 月 7 日）

① 《新唐书》卷 54《食货志》。

② 《册府元龟》卷 501《邦计部 · 钱币门》。

③ 《新唐书》卷 54《食货志》。

④ 赵璘《因话录》卷 6。

唐五代时期的“骄兵”与藩镇

关于唐代后期至五代的藩镇割据，问题很大，牵涉的面很广，产生的原因很复杂，全面进行研究和分析，作出科学结论，殊非一蹴而就，更非这篇短文所能概括。在这里只就骄兵与藩镇割据问题略事剖析。《新唐书》卷50《兵志》：

> 兵骄则逐帅，帅强则叛上，或父死子握其兵而不肯代，或取舍由于士卒，往往自择将吏，号为留后，以邀命于朝。天子顾力不能制，则忍耻含垢，因而抚之，谓之姑息之政。盖姑息起于兵骄，兵骄由于方镇，姑息愈甚而兵将愈俱骄。

这段记载集中地说明，骄兵的存在和藩镇割据局面的形成是互为表里，相互影响的，中央集权的崩溃与骄兵的出现有密切关系。掌握不了骄兵，节度使不但不能进行割据和叛乱，而且甚至难以存在；得不到骄兵的拥戴，就不会出现“父死子握其兵而不肯代”的世代相承的节度使。所谓“姑息起于兵骄”，信然！欧阳修在总结唐代兵制变化时说：“夫置兵所以止乱；及其弊也，适足为乱；又其甚也，至困天下以养乱而遂至于之。”①这里所说的“乱”，即指藩镇叛乱而言。唐代这一形势发展到五代，就是所谓“国擅于将，将擅于兵”。一直到北宋，藩镇割据问题才与骄兵逐帅问题一起解决，中央集权遂得以再度恢复。

恩格斯在《反杜林论》中，一再指出士兵“材料”对作战方式的重

---

① 《新唐书》卷50《兵志》。

要意义。同样，我们也应该从骄兵的素质研究唐及五代时期的藩镇割据和藩镇战争。这不仅因为士兵的素质对这些方面有很大影响，而且因为它还能反映当时的社会经济关系。

府兵制破坏以后，各藩镇都就地招募了大量的职业兵。在西方，职业兵是中央集权的工具，为什么唐及五代时期的职业兵却反而成为藩镇割据的工具呢？这与他们的经济地位和生活状况有关。

《旧唐书》卷127《姚令言传》：

> 建中四年（783），李希烈叛，寇陷汝州。……十月，诏令言率本镇兵五万赴援。泾师离镇，多携子弟而来，望至京师，以获厚赏。及师上路，一无所赐，时诏京兆尹王翃犒军士，唯粝食菜啖而已。军士复而不顾，皆愤怒扬言曰："吾辈弃父母妻子，将死于难，而食不得饱，安能以草命捍白刃耶！国家琼林大盈宝货堆积，不取此以自活，何往耶！"行次浐水，乃返戈大呼，鼓噪而还。

这次事件就是有名的"泾原兵变"。这次兵变告诉我们，泾原兵在本镇皆有"父母妻子"相随，甚至他们在调遣征战时，还要携带一些家族"子弟"。泾原兵叛乱的直接原因是"粝食菜啖"，"一无所赐"，刺史刘澭"拔其所部兵一千五百人，男女万余口直趋京师"。① 一千五百人的军队竟有家口万余人相随转移！直到黄巢起义后，王绪起兵时，曾在漳州"以道险粮少"为理由，"令军中无得以老弱相随"。② 正因为王绪禁令违反常例，拂逆人情，所以王潮才能最后利用士兵的愤懑，杀死王绪，在闽地开创了局面。

士兵有家室之累，就特别乐于定居一地，不愿轻易调遣。郭子仪率兵赴邠时，"军士久家河中，颇不乐徙，往往自邠逃归"③。德宗命泾州兵城原州，泾军怒曰：

> 吾曹为国西门之屏，十余年矣，始治于邠才置农桑地著之安，

① 《旧唐书》卷143《刘怦附刘澭传》。

② 《通鉴》卷256光启元年八月。

③ 《通鉴》卷224大历四年六月。

> 而徙于此，置榛莽之中。手披足践，才立城垒，又投之塞外，吾何罪而置此乎！[①]

所谓“置农桑地著之安”，显然是就安置家口而言，如果只身从军，有军饷供其享用，根本就不存在不乐再徙的问题。不久，德宗又命韩全义率长武兵赴夏绥银宥节度使任，士兵遂相与谋曰：“夏州砂碛之地，无耕蚕生业，盛夏移徙，吾所不能。”于是鼓噪为乱。[②] 这与泾军的怒言，在性质上完全相同。不但推行“姑息”政策的德宗时是如此，就是大力镇压藩镇的宪宗、武宗执政时，情况也无改变。如元和十三年（818），宪宗以河阳节度使乌重胤为横海节度使，随重胤赴镇的三千河阳兵“不乐去乡里，中道溃归”[③]。会昌四年（844），昭义节度使卢钧奉诏“出潞军五千戍代北”。临行饯别，“潞卒素骄，因与家人诀别，乘醉倒戈攻城门。监军以州兵拒之。至晚，抚劳方定”[④]。可见士兵既反对全家相随的迁徙，也反对只身离家远戍。他们不愿与家口分离，所以军额有缺，亦多取其子弟递补，这就形成了巩固的骄兵集团。关于此点，最典型的莫过于魏博牙兵，《旧五代史》卷14《罗绍威传》：

> 初，至德中，田承嗣盗据相、魏、澶、博、卫、贝等六州，召募军中子弟置之部下，号曰“牙军”。皆丰给厚赐，不胜骄宠。年代寖远，父子相袭，亲党胶固。其凶戾者，强贾豪夺，逾法犯令，长吏不能禁。变易主帅，有同儿戏。自田氏已后，垂二百年，主帅废置，出于其手。如史宪诚、何全皞、韩君雄、乐彦贞，皆为其所立。优奖小不如意，则举族被诛。

显然，这种“杀帅自擅”，亲党胶固的骄兵，必然安于地著，反对调遣，因而只能成为藩镇割据的条件，不可能成为中央集权的手段。

---

① 《旧唐书》卷118《杨炎传》。
② 《旧唐书》卷162《韩全义传》。
③ 《通鉴》卷240元和十三年十一月。
④ 《旧唐书》卷177《卢钧传》。

为什么唐代的骄兵对藩镇割据有如此巨大的作用呢？关键在于，唐及五代的士兵虽然全家随军，但国家却只供给士兵本人衣粮，家口不入军籍，其全家的生活在制度上没有得到合法的保障。他们原来都是一贫如洗的破产农民，既无耕畜，又无土地。所谓“耕蚕生业”，恐怕也只是随处开垦一些弃地、惨淡经营的一点生计，况且，节度使有时还认为“疲兵于陇亩，缓急非可用也”①，并不鼓励士兵耕垦。这样，士兵家口的生活无着，自然就会发生“衣粮所给，唯止当身，例为妻子所分，常有冻馁之色”的现象。② 如何摆脱困境呢？士兵就只有希望多得赏赐，以养活家口。这些作为亡命之徒的骄兵在饥寒威胁之下，不再怕失去任何东西，因而就会不顾一切地起来斗争，迫使节度使多加赏赐，以争取家族的生存权。根据史料记载，绝大多数兵变引起的原因是节度使对士兵“刻薄衣粮”和“赏赐不时”。此中秘密，李泌甚为洞悉，他曾对德宗说：

> 自置府兵，未有能以之外叛内侮及杀帅自擅者。自废以来，召募长征健儿，而禄山得以为乱，至今不定……开元末，李林甫为相，又请诸军召募长征健儿，以息山东兵士，于是师不土著，无家族之顾，将帅胁一时之令，而偏裨杀帅，自擅之兆生矣……关东之人西戍者，边将利其死而没入轻赍之资，故戍率自天宝后回归者无一二。其虐如是而不敢怨叛，以取之土著，恐累亲族也。③

这段记载说明，只要士兵选自土著农民，只身从军，即令在府兵制破坏以后，他们备受边将的虐待，因为其家庭仍为土著的农民，所以在“恐累宗族”的顾虑下，这些士兵仍然不能成为“杀帅自擅”的骄兵。只有“师不土著，无家族之顾”，全部家口随军以后，士兵才能转化为骄兵。正因为产生了这种骄兵，所以才出现了最早的藩镇割据和藩镇叛乱，故李泌一针见血地指出：“自废（府兵）以来，召募长征健儿，而禄山得以为乱。”“安史之乱”以后，骄兵在大多数地区普遍出现，节度使亦同

① 《全唐文》卷723《对军士营农判》。

② 《陆宣公集》卷19《论缘边守备事宜状》。

③ 《玉海》卷138引《邺侯家传》。

时林立于各地。二者的发展是亦步亦趋的。

中央政权也知道骄兵的拥戴是节度使称雄割据的资本，因而有时也用收买军心的办法打击藩镇势力。大历十四年（779），淄青李正己曾上表献钱三十万缗，“以观朝廷”。不料德宗却以所献钱全部赏赐给淄青将士，其目的不过是用以“恩洽士心”。统治者估计，正己若不真正以献钱赏赐士兵，则后果必然是“彼自敛怨，军且乱”①。中央与节度使间的这种斗争方式，至五代时，仍旧存在。后唐灭前蜀后，一部分军队长趋入蜀，但士兵家口却依旧留驻中原。在孟知祥已初步据有全蜀的情况下，唐明宗曾于长兴二年（931）下令：“两川隔道兵士，所有家属，常加赡给，勿令失所。”显然，国家供应士兵家口衣食，在这里只是一种特殊照顾，统治者的目的是争取军心，与孟知祥进行斗争。两年以后，因“国计不充”，范延光奏请权停支给士兵家口衣粮，明宗虽未允许，却也做了如下安排：“其间愿归乡贯者，从之。如有子弟，许继其父兄本军名粮。如无乡里可归，无子弟承继，且量支一年，以是晓谕其家。”② 此事说明，在制度上，国家不供应士兵家口衣粮，至于特殊照顾，只能是暂时性的，不能长期继续。子弟递补父兄名粮，正是骄兵的惯例，与魏博牙兵如出一辙。

魏晋南北朝时期，虽亦存在士兵家口相随的现象，但是，第一，绝对不会普遍到像唐五代这种程度；第二，当时全家属于军籍，士家、兵户、府户、镇户的称谓即可说明此点，故其生活有统一的安排，所以北朝的团主、坊主都有劝课农桑的责任。③ 因此，这种士兵不会经常为了全家的生活起而进行斗争，从而也就不可能转化为骄兵。一般说来，宋代的职业兵也很“骄惰”，“一逆其意，则欲群起而噪呼”④。而且经常发生兵变。为什么宋代的骄兵不能成为藩镇割据的条件呢？我觉得主要原因有二：第一，士兵“妻子屋庐既已托于营伍之中”，故国家“虽薄其资粮，而皆廪之终身”⑤。不但全家生活有保障，而且士兵还能额外得到赏

① 《新唐书》卷142《崔祐甫传》。

② 《册府元龟》卷147《帝王部·恤下》。

③ 参阅谷霁光《府兵制度考释》，上海人民出版社1962年版，第58—61页。

④ 《通考》卷16《兵考》卷4。

⑤ 《东坡文集》卷18《练军实》。

赐、装钱、特支等。所以被招募为厢、禁军者，有时“一人充军，数口之家得以全活”①。一般禁军家口均定居，生活比较安定，其“在京禁军及其家属，率皆生长京师，亲姻联布，安居乐业，衣食县官日久”②。分营于外的就粮军虽然携带家口，大致至驻地后，全家也会长期定居下来。既然家口生活有保障，又能定居一地，所以士兵在外调遣或征战时，不但没有后顾之忧，而且不用扶携老幼。“更戍法”之所以能够实行，其原因就在于此。这是宋代职业兵与骄兵的重要区别之一。第二，宋代尽管有时也爆发兵变，也存在骄兵叛乱的事实，但没有割据一方的藩镇势力，这是由于，当时没有掌握地方财政权的节度使，所以军官无权经常私自决定颁赐士兵多少赏赐，士兵从而也就不会“杀帅自擅”，“自择留后”。这种士兵如果叛乱，就会直接反对宋政权。唐五代时期的节度使则“既有其土地，又有其人民，又有其甲兵，又有其财赋”③。赏赐多少的大权完全操诸藩镇手中，因而骄兵在争取赏赐时，首先是起来与节度使斗争。可见藩镇割据的形成与骄兵的出现有关，而骄兵之所以能够成为割据的条件，又与财政上的地方分权有关。明乎此，宋代的有骄兵而无藩镇，就不难理解了。

旧史都将仆固怀恩追歼安史余党后没有彻底剪除李怀仙、张忠志、薛嵩势力的原因归诸怀恩的“怀有二心”，“私欲树党”。实际上，这种说法使他蒙了不白之冤。赦宥安史余党是出于皇帝的命令，而且仆固怀恩以后的叛乱完全是由辛云京、骆奉先的从中拨弄是非而酿成的，原非始料所及，所以他使安史旧部留守旧职并非预先为叛乱布下棋子。既然如此，他为什么不能一举消灭河北的割据势力呢？关键在于唐朝当时已经无法消灭当地的骄兵。平卢节度使王玄志死后，肃宗遣中使“就察军中所欲立者，授以旌节”。结果，侯希逸被推为节度副使。史称：“节度使由军士废立自此始”。按此事发生于乾元元年（758），距“安史之乱”的平定还有四年多。关于此事，司马光慨然而叹：

① 《韩魏公集》卷10《家传》。

② 《通考》卷16《兵考》卷4。

③ 《新唐书》卷50《兵志》。

> 今唐治军而不顾礼，使士卒得以陵偏裨，偏裨得以陵将帅，则将帅之陵天子，自然之势也。由是祸乱继起，兵革不息，民坠涂炭，无所控诉，凡二百余年！[①]

司马光根据最早的军士废立节度使的事实议论整个藩镇割据，确实抓住了要害。宝应元年（762），在“安史之乱”结束的前夕，河东节度使邓景山也被军众愤怒逐杀，军中请以都知兵马使代州刺史辛云京为节度使，朝廷不得已，只好“从之”[②]。以上两件事都发生在“安史之乱”结束以前，可见当仆固怀恩横扫河北的时候，从表面看，军事上的胜利势如破竹，但究其实，各地的骄兵、悍将早已坐大，其势力根深蒂固，远非一朝一夕所能铲除。唐朝实行“姑息”政策，仆固怀恩保留安史“余党”，是有其不得已的苦衷的。

统治者也曾企图削减骄兵，以达到削弱藩镇势力的目的，但结果总是事与愿违，不能收到预期效果，有时反而会激成藩镇叛乱。《旧唐书》卷127《洪经纶传》：

> 建中初，为黜陟使。至东都，访闻魏州田悦食粮兵凡七万人。经纶素昧时机，先以符停其兵四万人，令归农亩。田悦伪顺命，即依符罢之，而大集所罢兵士，激怒之曰：“尔等在军旅，各有父母妻子，即为黜陟使所罢，如何得衣食？”遂大哭。悦乃尽出家财衣服厚给之，各令还其部伍。自此，人坚叛心。

这段记载一方面说明，士兵因家口随军，谁给赏赐，就为谁所用，田悦正是以此笼络军心，以为割据资本；另一方面也说明，这些士兵已成为与原来的阶级脱离了联系的寄生集团，统治者通过一道法令企图简单地削减骄兵，是根本不可能的。唐穆宗曾采萧俛、段文昌的“消兵”议，裁减天下军镇兵，结果，“藩籍之卒合而为盗”，到朱克融、王廷凑

① 《通鉴》卷220乾元元年十二月。

② 《旧唐书》卷110《邓景山传》。

"复乱河朔"时，"一呼而遣卒皆至"。最后，唐廷"复失河朔，盖消兵之失也"①。事实再一次证明，骄兵是朱克融、王廷凑等割据势力的工具，唐朝削弱藩镇兵的企图再告失败。为了平定这次事件，穆宗连忙承认："天宝以后，屯兵七十余年，皆成父子之军，不习农桑之业。一朝罢归陇亩，顿绝衣粮"，因而表示"嗟悯"。并同时宣布，各道兵数仍守旧额，"以为定数，不得辄有减省"②。这等于皇帝向骄兵承认了错误，取消了成命。

唐及五代时期的统治者为了加强中央集权，削弱藩镇势力，曾经采取过大量屠杀骄兵的政策。徐州的"银刀都"是有名的骄兵，素称难制，唐懿宗曾派王式为徐州节度使，大肆屠杀，"数日，银刀都数千人殆尽"③。朱温在天祐三年（906）把魏博牙兵"尽诛之，凡八千家，皆赤其族"④。但问题并未真正解决，以后杨师厚任魏博节度使时，又"专割财赋，置银枪效节军，凡数千人"，"复故时牙军之态"。⑤魏博于是又形成了藩镇割据的局面。后唐明宗仍以"银枪效节都"为心腹之患，故又于天成二年（927）下令，魏博军三千五百人及"在营家口骨肉，并可全家处斩"⑥。此事据《旧五代史》卷91《房知温传》载："下诏于郑尽杀军士家口老幼凡数万，清漳为之变色。"这三千五百士兵的家口竟有数万之众！此外，明宗处死滑州乱军数百人，"夷其族"⑦。值得注意的是，在几次重要的屠杀中，多有大量士兵家口被杀。可见统治者也意识到了家口随身与士兵骄惰间的关系。

为什么唐及五代时期统治者的"消兵"、屠杀政策不能收效，骄兵一度被消灭后又会再产生出来呢？主要原因在于骄兵归农的条件尚不成熟。原来农民破产之后，为了逃避赋役而募军籍。统治者不能认真、有效、普遍地推行让步政策，减轻赋役，则破产农民宁愿做骄兵，也不肯乡居

① 《旧唐书》卷172《萧俛传》。
② 《唐大诏令集》卷65《叙用勋旧武臣德音》。（"集"原脱。——编者注）
③ 《唐语林》卷2《政事》下。
④ 《旧五代史》卷14《罗绍威传》。
⑤ 《旧五代史》卷22《杨师厚传》。
⑥ 《旧五代史》卷38《唐明宗纪》。
⑦ 《旧五代史》卷36《唐明宗纪》。

地著，安身陇亩，重新再陷入重税的盘剥之中。刘禹锡就曾在一首诗中这样对比农民与士兵的生活：

> 昔为编户人，秉耒甘哺糠。今来从军乐，跃马饫峙粱。犹思风尘起，无种取侯王。①

只要农民“秉耒甘哺糠”的生活不改变，士兵就不会愿意弃伍归农；只要敲骨吸髓的重敛的政策不改变，就会不断产生新的破产农民，继续补充骄兵的队伍。这就必然为藩镇割据和叛乱创造条件。后晋成德节度使安重荣欲叛，“大集境内饥民，众至数万，南向郑都”②。前蜀的两川刺史“尝以兵为牙军，小郡不下五百人”③。这是进行割据的有利条件，所以企图叛乱的王宗佶曾“求为方镇”④，目的是掌握这一部分骄兵。后蜀孙钦将谋乱，因“发帑廪以赏将士，自辰至巳，亡命之徒应募而至者千余人”⑤。可见只要破产农民大量存在，在重敛之下无法地著，而财政权又不能集中到中央，就有产生骄兵和藩镇的土壤，已经存在的骄兵和藩镇也就无法消灭。

尽管唐末五代时期骄兵仍在全国各地普遍存在，但经过唐末农民战争之后，生产关系已经得到一定程度的调整，不少统治者已开始推行让步政策，士兵归农的条件逐渐具备。因而骄兵随之亦有所减少。前已指出，后唐时已有入蜀军家口留中原者听归乡贯的政策。从后周至北宋，是让步政策推行的最有效的阶段，大致骄兵大量归农也主要在此一时期。周世宗曾下令：“诸军将士年老病患不任征行情愿归农者，本军具以名闻，给凭徭放免。”⑥ 宋代亦有类似情况，史称：“国朝初平伪国，合并所得兵，别为军额，其愿归农者，解其籍，或给以土田。”⑦ 事实说明，当

① 《刘梦得集》卷2《武夫词》。
② 《通鉴》卷282天福六年十二月。
③ 《旧五代史》卷62《董璋传》。
④ 《九国志》卷6《前蜀王宗佶传》。
⑤ 《九国志》卷7《后蜀孙钦传》。
⑥ 《册府元龟》卷135《帝王部·愍征役》。
⑦ 《通考》卷16《兵考》卷4。

时的阶级斗争为骄兵归农开辟了道路，也为中央集权的恢复创造了条件。

其次，家口随身的士兵并不能全部归农，如何使留下的这一部分骄兵失去“杀帅自擅”的性质，转化为中央集权的工具呢？后周、北宋统治者采取的主要措施是：第一，在藩镇兵中选拔身强体壮者送归中央充禁军，即以强干弱枝的政策改变外重内轻的局面。第二，裁汰老弱，放免归农的结果，兵额有显著减少，于是提高其物质待遇，使他们不轻易因生活缺乏保障而起来斗争。第三，北宋统治者取消了过去留使、留州的办法，把财政权完全集中到中央政权手中，这样，地方上不再有操赏赐大权的节度使，即使发生兵变，也不会形成藩镇与骄兵结合的局面。

通过上述措施，统治者最终解决了骄兵与藩镇割据的问题，所以藩镇林立的局面结束了，专制主义中央集权制度再度出现在历史舞台上。明白了这一点，那么，宋太祖导演的“杯酒释兵权”和“欢宴罢节镇”就不再是难以理解之事。因为节度使进行割据和叛乱的凭仗早已釜底抽薪地消除了，他们只能俯首帖耳地听从赵匡胤的摆布。

马克思在《〈政治经济学批判〉导言》中指出：

> 战争比和平发达得早；某些经济关系，如雇佣劳动、机器等等，怎样在战争和军队等等中比在资产阶级社会内部发展得早。生产力和交往关系的关系在军队中也特别显著。①

因此，我们研究军事问题，必须结合一定历史阶段的经济状况。

历代的士兵都是由农民披坚执锐转化而成的，所以农民的身份和地位一定会反映到士兵身上。魏晋南北朝的士兵身份和地位是相当低下的，与此相比，唐代骄兵却显示了不同的特点，他们甚至经常“陵偏裨”“杀将帅”。为什么会产生这样显著的区别呢？主要原因在于：魏晋南北朝时期，超经济强制和农民的依附程度比较严重；商品货币关系的严重衰落使宗法关系的色彩特别浓重，从而在官兵关系上也涂上了宗法色彩。唐

① 《〈政治经济学批判〉导言》，《马克思恩格斯选集》第2卷，人民出版社1972年版，第111—112页。

中叶以后，则带有契约性的租佃关系逐渐发展，超经济强制和农民的人身依附有了显著缓和；随着商品经济水平的巨大提高，宗法纽带逐渐松弛下来了。只是唐代士兵身份的变化比农民更为突出，因为“战争比和平发达得早”。

骄兵形成的时期正处在中国封建社会发生巨大变革的阶段。变革的主要内容之一，就是在土地制度上，均田制最后崩溃了，地主土地所有制有了长足的进展。在这个过程中，自耕农大量破产和失业，所以从此以后，占募军籍就成为失业农民谋生的一个重要出路。宋代地主政权曾有意识地从失业农民中大量补充兵员，以缓和阶级矛盾，但当这个新问题刚刚出现时，唐朝统治者还没有一套应付变局的成熟办法，于是骄兵产生了，中央集权的税收制度崩溃了，从而造成了藩镇割据的局面。这种政治形势变化的主要根源是：上层建筑的形式与经济基础的变化不相适应，二者间发生了矛盾。因此，到宋代，税收制、兵制的新形式被摸索到了，上层建筑的形式与变革后的经济基础又相适应了，中央集权终于战胜了藩镇割据。

如果我们从士兵的掌握者分析问题时，也会发现，魏晋南北朝和唐后期、五代的情况有显著的区别。在前一个阶段，虽然也有很多割据者掌握着国家的军队，但真正瓦解中央集权的却是地主武装，直到北朝末年，拥有私人武装的坞堡主还是重要的割据力量。在这个阶段，出私财募兵的事俯拾即是。甚至国家军队也能转化为私产，世袭领兵制和“送故”的习惯就是经济关系上复客制、赐客制、荫客制在兵制上的反映。即令是较大的割据者，也离不开豪强武装的军事支持，曹操势力的壮大就与李典、田畴、任峻、李乾、许褚等私人武装的支持分不开。然与前一时期比较，已不啻为小巫之见大巫。骄兵不再是豪强地主的家兵，而是归节度使掌握的职业兵。节度使拥有的不是作为私人占有物的家兵，而是在法律上属于国家的军队。他们不是以地主的身份进行割据和叛乱，而是以国家官吏的身份和地位称雄一方，瓦解中央集权。

因为两次分裂割据时的条件和士兵的“材料”不同，所以，隋唐中央集权的恢复与家兵、部曲等私人武装的消灭有关，与超经济强制的削弱与缓和有关，与国家政权利用均田制、三长制抑制拥有武装的豪强地主有关，与广募豪强，使其武装逐步中央化有关；而北宋中央集权制的恢复，则与骄兵问题的解决与财政上的中央集权化有关。

由此可见，我们应该具体研究每次由中央集权走向分裂割据，由分裂割据走向中央集权的条件和过程，不能笼统地把每次中央集权的瓦解归结为一个简单的概念：自然经济的作用。因为同样在自然经济的基础上，会时而出现中央集权，时而出现分裂割据。

（原载《光明日报》1963 年 7 月 3 日）

关于隋末农民起义的若干问题

隋末农民大起义爆发于中国封建社会史上的重要历史阶段，要想全面探讨它的社会意义及有关起义的各个方面，远非一蹴可就。在这篇文章里，不可能涉及起义的全部历史作用，只打算就几个有关的问题提出一些粗浅的看法。

一　农民起义与徭役、兵役

尽人皆知，隋炀帝统治时期“劳役不息”[①]，“天下死于役”[②]，是农民起义爆发的最重要、最直接的原因，但当时徭役、兵役究竟苛重到什么程度呢？过去我们对此心中无数，只有一些大致的印象而已。要想精确地统计隋炀帝执政后全国服役的总人数，是根本不可能的，我只想就史料所记载的额外动用的民力，做一点粗略的估算。至于其他正常服役的人数，由于史有阙文，就一概从略了。

兹先就仁寿四年（604）隋炀帝即位起至大业八年（612）第一次东征高丽止所动用的人力估算如下：

（一）仁寿四年（604）十一月，“发丁男数十万掘堑”，东接长平、汲郡，抵临清关，度河，至浚仪、襄城，达于上洛，以置关防。[③] 虽未确言几十万，但据工程地域之广袤，役丁当不下于五十万。

① 《隋书》卷22《五行志》。

② 《隋书》卷24《食货志》。

③ 《隋书》卷3《炀帝纪》、《通鉴》卷180。

（二）大业元年（605），营建东都，“每月役丁二百万人”[①]，这项工程“九旬而就”[②]，也就是进行了三个月，当共役丁六百万。

（三）同年三月，“发河南诸郡男女百余万，开通济渠”[③]。另据杜宝《大业杂记》：“发河南诸州郡兵夫五十余万，开通津渠。”按“通津渠”即“通济渠”。《杂记》显然有脱漏，参照《隋书》《通鉴》，当增“一百”二字于“五十余万”前，则此项工程当动用民力一百五十万。

（四）同月，又“发淮南民十余万开邗沟”[④]。姑作十五万计。

（五）同年八月，隋炀帝第一次幸江都，随行的有“骑兵翊两岸二十余万……别有步骑十余万，夹两岸翊舟而行”[⑤]。此外还有“挽船士八万余人”[⑥]。以上合计当在五十万人左右。

（六）大业二年（606）二月，何稠造章服、文物送于江都，“所役工十余万人”[⑦]，姑以十五万计。

（七）同年三月至四月，隋炀帝发江都，入东都，如与南巡时规模相同，动用民力亦当在五十万人左右。

（八）大业三年（607）三月，隋炀帝自东都还长安。据《隋书》卷24《食货志》载：“九区之内，鸾和岁幼，从幸宫掖，常十万人，所有供顿，皆仰州县。”则知一般的巡幸，连同供顿民力，当在十五万人左右。以后不明人数的巡幸，均照此估算。

（九）同年四月，隋炀帝北巡赵、魏等地，至九月还东都，亦以动用民力十五万计。

（十）同年五月，“发河北十余郡丁男凿太行山，达于并州，以通驰道”[⑧]。据《隋书》卷30《地理志》，黄河以北可能预此役者有恒山、赵、信都、武安、博陵、魏、汲、襄国、雁门、武阳、河间、平原、清河、

① 《通鉴》卷180大业元年三月。

② 《隋书》卷67《裴矩传》。

③ 《隋书》卷3《炀帝纪》、《通鉴》卷180。

④ 《通鉴》卷180大业元年三月。

⑤ 《大业杂记》。

⑥ 《通鉴》卷180大业元年八月。

⑦ 《通鉴》卷180大业二年二月。

⑧ 《隋书》卷3《炀帝纪》、《通鉴》卷180。

离石等十几郡，各郡合计有一百九十余万户，如以平均两户抽丁一人计算，当共役丁一百万人左右。

（十一）同年七月，发丁男“百余万”筑长城，西至榆林，东至紫河[①]。姑以一百五十万人计。

（十二）大业四年（608）正月，发河北诸郡“男女百余万”开永济渠[②]，姑以一百五十万人计。

（十三）同年二月，隋炀帝幸五原，出塞巡长城，至次年二月还西京，亦姑以动用人力十五万计。

（十四）同年七月，发丁“二十余万”筑长城[③]，姑以役丁二十五万计。

（十五）大业五年（609）三月，隋炀帝西巡河右等地，九月入西京，并于此次西巡中征服了吐谷浑。预此役者有段文振、元寿、杨义臣等人，其中文振“督兵屯雪山，连营三百余里，东接杨义臣，西连张寿（疑当作‘元寿’）”[④]；元寿“率众屯金山，东西连营三百余里”[⑤]；杨义臣军“屯琵琶峡，连营八十里，南接元寿，北连段文振”[⑥]。三人军队绵亘七百里左右，显然这次出巡动用的人力、兵力大大超过了十五万，总计当不下于五十万人。

（十六）同年十一月，隋炀帝幸东都，仍以动用人力十五万计。

（十七）大业六年（610）三月，隋炀帝第二次巡游江都，如规模像第一次，动用人力亦当以五十万人计。

（十八）同年十二月，穿江南河八百余里，河广十余丈。《隋书》卷3《炀帝纪》漏载此事，《通鉴》亦未载役丁数。按江南河的长度约为通济渠的一半左右，但开通济渠“引河入汴，汴入泗，盖皆故道”[⑦]，则知

---

① 《隋书》卷3《炀帝纪》、卷24《食货志》、《通鉴》卷180。

② 《隋书》卷3《炀帝纪》。《通鉴》所载人数相同，唯误“诸郡”为“诸军”。

③ 《隋书》卷3《炀帝纪》、《通鉴》卷181。唯《隋书》卷22《五行志》作：“大业四年，燕、代缘边诸郡旱。时发卒百余万筑长城。”我意《五行志》的记载不可信，很可能是把大业三年筑长城事与此次混为一谈。

④ 《隋书》卷60《段文振传》。

⑤ 《隋书》卷63《元寿传》。

⑥ 《隋书》卷63《杨义臣传》。

⑦ 《通鉴》卷180胡三省注。

开江南河系首创工程，艰巨得多。凿通济渠役丁一百五十万人，则开江南河当在一百万人左右。

（十九）大业七年（611）二月至四月，隋炀帝自江都幸涿郡，如南巡时随行人员全部北返，且这次远及涿郡，动用人力亦不会少于五十万人。

（二十）同年，准备东征高丽，“舳舻相次千余里，载兵甲及攻取之具，往还在道常数十万人”①。姑以五十万人计。

（二十一）大业八年（612）正月，大军集于涿郡，“总一百一十三万三千八百，其馈运者倍之”②。合计当约三百四十万人。

（二十二）据《通鉴》载，隋炀帝为巡游江都之用，曾于大业元年三月开始在江南造龙舟、水殿、杂船数万艘；为发动东征高丽战争之用，曾在东莱海口造战船三百艘。“数万艘”虽非确数，但至少也不会少于两三万艘，如将三百艘战船也计算在内，最保守的估计也在三万艘以上。唐太宗欲征高丽，亦曾敕剑南造船，计“大船一艘，庸绢二千二百三十六匹”③。依此计算，则隋代造船三万艘当合庸绢六千七百余万匹。从大业元年三月开始造船至隋炀帝八月壬寅（该月戊子朔，壬寅是十五）开始南巡计历时四月余，其中应除去龙舟等北运东都的时间才是造船所用的时间。炀帝第一次由江都返东都历时约二十天④，船造成后北运亦需二十天，则造船共当用三个多月的时间。唐代“输庸代役”，每天合绢三尺，隋代也有“输庸停防”之制，如亦以日三尺绢折算，则造船丁匠服役三个多月约合绢七匹，依此估算则隋炀帝造船三万艘当共役丁匠九百五十七万余人。不通过计算，是无法估计造船之役造成了劳动人民多大的灾难。

以上合计共用人力三千零一十二万余人。

此外，不知动用民力若干或无法估算的工程还很多，如这十余年中

---

① 《通鉴》卷181大业七年七月。

② 《隋书》卷3《炀帝纪》、《通鉴》卷181。《册府元龟》卷117《帝王部·亲征》作“一百一十万三千八百”。但《册府元龟》一书舛错特多，不足为据。

③ 《通鉴》卷199贞观二十二年九月。

④ 据《通鉴》载，隋炀帝系三月庚午发江都，该月乙卯朔，庚午是十五。四月庚戌入东京，该月乙酉朔，庚戌是初六。计历时二十天。

曾先后营建显仁宫、天经宫、晋阳宫、汾阳宫……并自长安至江都共置离宫四十余所。唐初人张玄素说，“隋室造殿，楹栋宏壮”，大木多采自江南，二千人曳一柱，“终日不过进三二十里。略计一柱，已用数十万功”①。上述全部宫殿所浪掷的人力，当属十分惊人。隋炀帝在洛阳作周回二百里的西苑，“役民力常万数”②。大业三年北巡时，炀帝为亲上太行山，曾“开直道九十里”③，用人力当亦可观。其他如置洛口仓、回洛仓，共穿窖三千三百个，亦属浩大的用人工程。隋代丁役二十日，而上述工程及征高丽的兵役，很多都是超期服役，如造船之役是按每个丁匠服役三个多月计算的，若按二十日役计算，则所用民力当又加四五倍。仅大业元年，营建东都、开通济渠和邗沟、第一次巡幸江都及造船等项所动用的人力即达一千七百余万之多，以八百多万户的人口在一年中承担，合每户役二丁。如果再把当年正常服兵役、徭役的人数估计在内，人民的负担之重，就更难以想象了。隋朝本来有丁岁役二十日的规定，隋炀帝的恶作剧就在于他不顾制度，迫使劳动人民毫无限制地久役远征。

苛暴的徭役、兵役引起农民起义，阶级斗争的烈火把隋政权化为灰烬，这是李渊、李世民目睹亲闻的活生生的无情事实，因此，适当地减轻徭役、兵役是唐初统治者所面临的迫切任务之一。早在武德六年(623)，唐高祖就下诏规定，河南、河北、江淮以南及荆州以西，“非有别敕，不得辄差科徭役及迎送供承，庶其安逸”④。贞观中，岑文本更从原则上提出：“今之百姓……常加含养，则日就滋息；暂有征役，则随而凋耗。凋耗既甚，则人不聊生；人不聊生，则怨气充塞；怨气充塞，则离叛之心生矣!”⑤ 正是由于认识到了徭役与阶级矛盾间的关系，所以魏徵明确地肯定：“静者，为化之本。”⑥ 唐太宗以李勣为并州大都督府长史，在州凡十六年，“号为称职”，李世民因谓侍臣曰：“隋炀帝不能精选贤良，安抚边境，惟解筑长城以备突厥，情识之惑，一至于此！朕今委任

① 《旧唐书》卷75《张玄素传》。

② 《炀帝海山记》。

③ 《通鉴》卷180 大业三年八月。

④ 《唐大诏令集》卷111《简徭役诏》。

⑤ 《旧唐书》卷70《岑文本传》。

⑥ 《魏郑公谏录》卷3《对北蕃扰乱须发兵》。

李世勣于并州，遂使突厥畏威遁走，塞垣安静，岂不胜远筑长城耶?"① 再如贞观四年（630），有司以林邑"辞表不顺"为借口，建议出兵征讨，唐太宗说："好战者亡，隋炀帝、颉利可汗皆耳目所亲见也。小国，胜之不武，况未可必乎？语言之间，何足介意！"② 他对于一些"事不获已"的工程，如"缮治器械，修葺城隍，及堤防浸决，桥梁坏毁"，也注意到"须慰彼民心，缓其日用"③。这和隋炀帝的督役严急，程限迫促是大不相同的。

特别值得注意的是，唐初正役有明文规定："凡丁，岁役二旬……有事而加役者，旬有五日免其调，三旬则租调俱免。通正役，并不过五十日。"④ 这种对超期服役的折算和限制，显然是针对隋炀帝的无限久役而做的新规定。此项措施是隋唐之际役法上的一大变化，也是农民起义的作用之一。

至于"输庸代役"的出现，通常也被看作农民起义作用的一种体现，而且具有产品地租取代劳动地租的性质和进步性。我觉得，对此不能估计过高。按"输庸代役"有两种可能：一种可能是，农民有权根据自愿，在亲自服役与"输庸代役"之间进行自由选择，在这种情况下，这一制度的进步性和意义就是明显而巨大的；另一种可能是，统治者根据需要，决定让农民亲自服役或"输庸代役"，在这种情况下，这一制度的进步性和意义就有很大的局限性了。现在须要辨明的是，所谓"不役"的含义究竟是什么。《旧唐书》卷48《食货志》、《唐会要》卷83《租税上》及《册府元龟》卷487《邦计部·赋税》均作"若不役，则收其庸"，很含混。《唐六典》卷3的记载是："无事则收其庸；有事而加役者，旬有五日免其调，三旬则租调俱免。"既然"有事而加役"是由国家的需要决定的，那么"无事"也是指政府没有征调徭役的需要而言的。日本的《养老赋役令》第四条规定："凡正丁岁役十日，若须收庸者，布二丈六尺……若欲雇当国郡人及遣家代役者，听之。"⑤ 所谓"须收庸"，显然是指官方的

① 《旧唐书》卷67《李勣传》。

② 《通鉴》卷193贞观四年五月。

③ 《全唐文》卷4太宗《缓力役诏》。

④ 《旧唐书》卷48《食货志》。

⑤ 《唐令拾遗·赋役令》第二十三。

需要而言，如果服役者能够根据自愿决定输庸代役，那就根本不必雇人代役，而是可以直接向国家输纳庸布了。《养老令》的记载足可佐证唐初“输庸代役”的情况。唐代对官府手工业中的番户和杂户规定：“番户一年三番，杂户二年五番，番皆一月。十六已上当番请纳资者，亦听之。”①这里的“纳资”纯系出于自愿，却不用“不役”“不事”等字样。唐代吏部文官自四品皆番上于吏部，不上者岁输资钱；兵部武官四品，皆番上于兵部，“以远近为八番”，但“三千里外者，免番，输资”②。这里所说是一律免番，也不用“不事”等字样。可见“输庸代役”与上述情况有显著的区别。隋代农民为了逃避徭役而自残肢体，谓之“福手”“福足”，到唐初的贞观盛世，“遗风犹存”③。如果唐代农民可以根据自愿“输庸代役”，这种陋习就不可能继续残存了。当然，也应当承认，“输庸代役”的出现多少反映农民的超期服役大大减少，甚至有的时候正役不足二十日；否则“输庸代役”的规定就毫无意义了。但徭役的减少与对“输庸代役”本身的估价毕竟是两个问题，不宜混为一谈。

二　农民起义与隋朝的置仓储粮

研究隋末农民起义爆发的原因，往往容易过分强调徭役和兵役，而忽视隋政权储粮于官的过头政策对阶级矛盾激化和农民起义的影响。

东晋南朝时期，江南的开发及隋代漕运的勃兴，使隋政权在建国之初就非常重视置仓积谷。隋文帝曾先后在卫州（今河南汲县）置黎阳仓，洛州（今河南洛阳市东）置河阳仓，陕州（今河南陕县）置常平仓，华州置广通仓（今陕西华阴县东北）④，“转相灌注。漕关东及汾、晋之粟以给京师”⑤。

---

① 《唐六典》卷6。

② 《新唐书》卷46《百官志》。

③ 《通鉴》卷196贞观十六年七月。

④ 《隋书》卷30《地理志》中载偃师“有河阳仓”，今从《隋书》卷24《食货志》。《隋志》及《通典》卷10《食货典·漕运》均作“广通仓”，唯《旧唐书》卷44《职官志》误作“广运仓”。

⑤ 《隋书》卷24《食货志》。

隋炀帝于大业二年又先后在洛阳附近“置洛口仓于巩东南原上，筑仓城，周回二十余里，穿三千窖，窖容八千石以还”；“置回洛仓于洛阳北七里”，“穿三百窖”。[①] 大致窖容八千石是隋朝的一般情况[②]，仅此洛口、回洛二仓储粮即达二千六百四十万石之多，如再累计黎阳、河阳、常平、广通等仓，储粮总额当又加数倍。此外，隋代“潼关、渭南亦皆有仓，以转运之”[③]。

隋政权不仅广建巨仓名廪，而且实行储粮于官的过头政策。开皇十四年（594）大旱，关中饥，“是时仓库盈溢”，隋文帝“竟不许赈给，乃令百姓逐粮”关东，后来此事受到唐太宗的尖锐指斥：“隋文不怜百姓而惜仓库，比至末年，计天下储积得供五六十年。”[④] 隋炀帝不但闭仓拒赈，甚至肆无忌惮地逆取若干年的租赋[⑤]，囤于官仓。隋文帝置义仓，目的是“储之闾巷，以备凶年”[⑥]，隋炀帝即位后一反初衷，“取社仓之物以充官费”[⑦]，使义仓的性质发生了根本变化。此外，隋政权对官仓的控制非常严格，如大业中，因兴辽东之役，“又属岁饥，米谷踊贵”，齐郡丞张须陀“将开仓赈给”，官属却都说：“须待诏敕，不可擅与。”[⑧] 打开一个郡的官仓以济民，尚须“待诏敕”而行，控制之严，一至于此！《隋书》卷24《食货志》：“是时百姓废业，屯集城堡，无以自给。然所在仓库，犹大充牣，吏皆惧法，莫肯赈救，由是益困。初皆剥树皮以食之，渐及于叶；皮叶皆尽，乃煮土或捣藁为末而食之；其后，人乃相食。”隋朝这种储粮于官的过头政策，无疑对阶级矛盾的极度尖锐化起了火上加油的作用。正是针对这种弊政，瓦岗军中的李勣言于李密曰：“天下大乱，本是

---

① 《通鉴》卷180大业二年十月、十二月。

② 洛阳城内有“子罗仓”，仓西有窖，亦“窖别受八千石”（《大业杂记》）。另据发掘含嘉仓所得铭砖记载，各窖储粮多者一万数千石，少者数千石（河南省博物馆、洛阳市博物馆《洛阳隋唐含嘉仓的发掘》，见《文物》1973年第3期），平均数亦在八千石左右。

③ 《唐六典》卷19。

④ 《贞观政要》卷8《辩兴亡》、《隋书》卷23《五行志》。

⑤ 唐人朱敬则说隋炀帝“逆取五年之课”（《全唐文》卷171《五等论》）。《册府元龟》卷510《邦计部·重敛》有“逆收数年之赋”的记载。李密在讨炀帝檄文中指斥“逆折十年之租”（《旧唐书》卷53《李密传》）。

⑥ 《隋书》卷46《长孙平传》。

⑦ 《旧唐书》卷70《戴胄传》。

⑧ 《隋书》卷71《张须陀传》。

为饥，今若得黎阳一仓，大事济矣！”农民军攻克黎阳仓后，“开仓恣食，一旬之间，胜兵二十万余”①。置仓聚谷不但是激化阶级矛盾的因素，名仓巨廪也成了起义农民夺取的大目标。

不仅农民起义是这样，甚至地主起兵也往往围绕着闭仓与开仓的问题大做文章。隋末马邑（今山西朔县）“百姓饥馁”，太守王仁恭“不敢辄开仓廪，赈邺百姓”，故麾下校尉刘武周宣言郡中曰：“父老妻子冻馁，填委沟壑，而王府君闭仓不救百姓，是何理也？”他“以此激怒众”，并于起兵之初“开仓赈给，郡内皆从之”②。杨玄感起兵后移书旁郡，“各令发兵，会于仓所”，一时“从乱者如市”，显然与仓粮的引诱有关。③ 后来他围攻东都，“开仓赈给百姓”④，借以取悦群众，收揽民心。李子雄认为中原无法久留，建议杨玄感西图关中，特别指出：“开永丰仓以赈贫乏，三辅可指麾而定。”⑤ 李渊军至龙门，薛大鼎亦说渊：“请勿攻河东，自龙门直济河，据永丰仓（原名广通仓，大业初改名），传檄远近，关中可坐取也。”任瓌也认为：“直据永丰，虽未得长安，关中固已定矣。”⑥ 从李、薛、任诸人的言论可见，夺取永丰仓是略定关中的关键所在。后来李渊进兵关中，果然“发永丰仓以赈之，百姓方苏息矣”⑦。其他薛举、罗艺等人起兵时，也多开仓赈民，争取群众。反之，凡一仍隋朝闭仓拒赈政策的势力，则不免陷于分崩离析。如武德元年（618），“河右饥，人相食”，李轨麾下“故隋官”谢统师等认为：“国家仓粟，以备不虞，岂可散之以饲羸弱？”李轨采纳这种意见的恶果是“士民离怨”⑧。

隋朝的几个著名大仓多集中在洛阳附近，瓦岗军恰恰是在中原一带进行斗争，所以洛口、回洛、黎阳三大名仓就成了双方争夺的焦点，其得失易手对彼此都有重大影响。大业十二年（616），李密深感瓦岗军“士众虽

---

① 《旧唐书》卷67《李勣传》。
② 《隋书》卷65《王仁恭传》。
③ 《隋书》卷70《杨玄感传》。
④ 《通鉴》卷182 大业九年八月。
⑤ 《隋书》卷70《杨玄感传》。
⑥ 《通鉴》卷182 大业九年八月。
⑦ 《隋书》卷24《食货志》。
⑧ 《通鉴》卷186 武德元年十二月。

多，食无仓廪”，处境不利，因建议翟让攻取“米逾巨亿”的洛口仓。[①] 次年攻克此仓，迎来了农民群众的盛大节日，《通鉴》卷185：“密开洛口仓散米，无防守典当者，又无文券，取之者随意多少；或离仓之后，力不能致，委弃衢路，自仓门至郭门，米厚数寸，为车马所辗践。群盗来就食者并家属近百万口，无瓮盎，织荆筐淘米，洛水两岸十里之间，望之皆如白沙。”瓦岗军因此声威大震，“于是赵、魏以南，江淮以北，群盗莫不响应”，“道路降者不绝如流，众至数十万”，河南郡县亦“多陷于密”。农民军攻克回洛仓后，卡了东都的脖子，越王杨侗慌忙使元善达赴江都告急：“李密有众百万，围逼东都，据洛口仓，城内无食。”义军克黎阳仓后，再一次“开仓恣民就食，浃旬间得胜兵二十余万。武安、永安、义阳、弋阳、齐郡相继降密。窦建德、朱粲之徒亦遣使附密”。这种“又得回洛，复取黎阳，天下之仓，尽非隋有”的形势[②]，既有利于瓦岗军一次又一次地掀起斗争高潮，壮大势力，又对东都的敌人形成了致命的威胁。义宁元年（617）洛阳城内斗米千钱，人饿死者什二三，就与丧失这几个名仓有密切关系。瓦岗军的最后失败，也与失去仓粮息息相关。武德元年（618）九月，李密为王世充所败，奔虎牢，原无意归唐，不料这时邴元真以洛口仓城降，黎阳仓的守将徐世勣又素非心腹，正是这种形势迫使他走上了西投关中的道路。

在三大支农民起义军中瓦岗军势力最大，所谓“七国之地，四为我有；五都之所，三在域中”[③]，“威之所被，将半天下”[④]，虽不免有所夸大，但毕竟在一定程度上反映了这支义军在全国大起义中所占的突出地位。其所以如此，显然与瓦岗军得天独厚，能够掌握三大名仓有关。但关于此点，也要一分为二地进行分析，李密以巨仓为凭借，还产生了一些消极影响。首先，他不像窦建德那样，兴修水利[⑤]，“劝课农桑”[⑥]，在

---

① 《通鉴》卷183大业十二年十月，并见《考异》引《革命记》。

② 《通鉴》卷183义宁元年（617）二月、四月，卷184同年九月，并见《考异》引《河洛记》。

③ 《魏郑公文集》卷3《唐故邢国公李密墓志铭》。

④ 《魏郑公文集》卷3《与徐世勣书》。

⑤ 窦建德曾在广平郡（今河北永年）疏清漳渠水入柳沟，“与永济渠合流”（《太平寰宇记》卷58《贝州·清河县》）。

⑥ 《通鉴》卷188武德三年二月。

发展生产上做出贡献，而是忽略建立巩固的后方，又处中原四战之地，故在各支主力农民军中最先走向失败。其次，义宁元年（617）五月，柴孝和建议李密西取关中，他拒绝这一正确战略的理由是："昏主尚在，从兵犹众，我所部皆山东人，见洛阳未下，谁肯从我西入！诸将出于群盗，留之各竞雌雄，如此则大业隳矣。"① 山东人不肯西入关中的看法纯系臆度，毫无根据。王世充在洛阳率领的军队"皆是江淮精锐"②，但战斗力并不差。李渊率领的晋阳兵，家属均在太原，他们也没有因此不肯渡河进军关中。李世民曾一针见血地指出李密不肯西取长安的真正原因是"顾恋仓粟，未遑远略"③。名仓巨廪给李密吸引了百万大军，也限制了他的战略眼光，李密只见其利，不知其弊，因而吃了大亏。

置仓储粮的过头政策对隋朝的覆亡起了一定的作用，唐初统治者亲见亲闻其事，对此不能不改弦更张，变换政策。唐高祖李渊早在武德二年（619）就下诏："府库仓廪，所在开发，流冗之民，随加赈抚。"④ 唐太宗即位后，以隋朝统治者"不怜百姓而惜仓库"为戒，曾宣称："凡理国者，务积于人，不在盈其仓库。古人云'百姓不足，君孰与足'；但使仓库可备凶年，此外何烦储蓄！后嗣若贤，自能保其天下；如其不肖，多积仓库，徒益其奢侈，危亡之本也。"⑤ 后来马周也曾奏称："自古以来，国之兴亡，不由积畜（蓄）多少，唯在百姓苦乐。且以近事验之，隋家贮洛口仓，而李密因之；东都积布帛，而王（世）充据之；西京府库，亦为国家之用，至今未尽。向使洛口、东都无粟帛，则世充、李密未必能聚大众。但贮积者，固是有国之常事，要当人有余力而后收之，岂劳人而强敛之，更以资寇，积之无益也。"⑥ 可见亡隋的教训对唐统治者来说是太深刻了，农民起义对统治集团来说是有切肤之痛的。贮积确实是"有国之常事"，但由隋朝的"逆折十年之租"，"不怜百姓而惜仓库"，发展到唐初的"务积于人，不在盈其仓库"，不能不说是政策上的

① 《通鉴》卷183义宁元年五月。
② 《旧唐书》卷73《薛收传》。
③ 《通鉴》卷184义宁元年七月。
④ 《唐大诏令集》卷115《皇太子等巡京城诸县诏》。
⑤ 《贞观政要》卷8《辩兴亡》。
⑥ 《旧唐书》卷74《马周传》。

一大变化。

洛阳附近的三大名仓在唐初大多失去原有的地位，到咸亨年间（670—673年）才重置河阳仓，并在洛州柏崖置敖仓。[①] 唐初所置义仓，目的是“若年谷不登，百姓饥馑，当所州县，随便取给，则有无均平，常免匮竭”[②]，又恢复了隋初义仓取之于民，用之于民的性质，克服了“充官费”的弊政。至于以后“公私窘迫，贷义仓支用”，使义仓征谷变成地税，那已是武后以后的事了[③]，取给赈灾的原则起码维持了半个多世纪。

三　农民起义与土地问题

隋末农民起义与土地问题并非毫无关系，这次起义对隋唐之际土地配置状况的调整及均田制的趋向完善也起了一定的作用，只是由于隋末土地集中不如一般王朝后期严重，而土地问题又为突出的徭役和兵役所掩盖，所以这方面一向为人所忽略。

为了对比隋唐两代均田制推行的程度，必须首先弄清隋朝均田制的实施情况。隋史的史料中对此只有这样一条记载：“其丁男、中男永业露田，皆遵后齐之制。”[④]《隋书·高祖纪》及《通鉴》对隋朝的均田令只字未提。为什么记载如此简略，为什么在北周基础上建立的隋政权在均田制上不承周制而遵齐制呢？我的解释是：周齐对峙时期，北齐势力大于北周，宇文氏以小灭大，若以周制代齐制，须有一番大的整顿与改革，而处戎马倥偬之际，统治者无暇及此；隋朝也只承认了一下北齐均田制的既成事实，并没有在全国范围内另颁新的均田令。果尔，则隋朝在山东广大地区施行均田制到何种程度，主要取决于北齐原有的基础。北齐均田制“授受无法”，露田不听卖买，“卖买亦无重责”，“其时强弱相

① 《唐会要》卷88《仓及常平仓》。

② 《唐会要》卷88《仓及常平仓》。

③ 《通典》卷12《食货典·轻重》。

④ 《隋书》卷24《食货志》，《通典》卷2《食货典·田制下》。

凌，恃势侵夺；富者连畛亘陌，贫无立锥之地”[①]。在土地制度上，隋文帝接收的是一个烂摊子，而又没有进行有效的整顿。有隋一代历时三十七年，记载中只有两次明令均田：一次是开皇十二年（592）“发使四出均天下田”，发现“其狭乡每丁才二十亩，老小又少焉”[②]；另一次是大业五年（609）隋炀帝“诏天下均田”[③]。这正说明在平常的时候官吏执行均田令是漫不经心的，而且农民受田严重不足。出现这种情况，一方面由于北齐以来土地兼并日趋严重，又没有发生大规模的农民起义，土地关系长期得不到调整；一方面也与统治者的政策有关。《隋书》卷40《王谊传》：“太常卿苏威立议，以为户口滋多，民田不赡，欲减功臣之地以给民。谊奏曰：‘百官者，历世勋贤，方蒙爵士，一旦削之，未见其可。如臣所虑，正恐朝臣功德不建，何患人田有不足？’上然之，竟寝威议。”君臣既然不以“人田不足”为虑，自然也就不以力行均田制为意了，所以隋文帝对“民田不赡”采取了听之任之的态度。杨坚执政之初，“以山东民多流冗，遣使按验，又欲徙民北实边塞”，其子杨勇就此上疏：“有齐之末，主暗时昏，周平东夏，继以威虐，民不堪命，致有逃亡，非厌家乡，愿为羁旅。加以去年三方逆乱，赖陛下仁圣，区宇肃清，锋刃虽屏，疮痍未复，若假以数岁，沐浴皇风，逃窜之徒，自然归本。”[④] 从齐、周到隋初，黄河中下游农民普遍逃亡，正反映均田制推行不力，而杨勇在这里也根本没有提出利用均田制安辑流亡的建议。开皇时，郎茂建议实行“身死王事者，子不退田，品官年老不减地”的办法[⑤]，这也是维护官僚利益而不惜破坏均田制的表现。开皇十二年，“时天下户口岁增，京辅及三河地少而人众，衣食不给。议者咸欲徙就宽乡”，文帝虽然“命诸州考使议之”，并且发使四出均田，但统治集团“竟无长算”[⑥]，“徙就宽乡”的建议也就付诸东流了。总之，隋代均田制虽然仍在继续推行，但其实施程度可以说是上逊于魏、周，下愧于李唐。

---

① 《通典》卷2《食货典·田制下》，并见所引宋孝王《关东风俗传》。

② 《隋书》卷24《食货志》。

③ 《隋书》卷3《炀帝纪》。

④ 《隋书》卷45《房陵王勇传》。

⑤ 《隋书》卷66《郎茂传》。

⑥ 《隋书》卷24《食货志》。

既然农民受田严重不足，土地究竟集中在哪些人手中呢？隋代拥有土地最多的是贵族官僚和寺院地主。

贵族官僚，有的人“家有旧业，资产素殷”①，田产是继承所得的“父时田宅”②；有的则自周、齐以来，“强夺民田”③，据为己有；但更多的土地是来源于赐田，有关这方面的记载可谓俯拾即是④。其中最突出的如杨素，两次受田共达一百三十顷之多，实属惊人。他的田宅“多在华阴，左右放纵”，而“华阴多盗贼”⑤，说明这一带阶级矛盾的激化就与杨素在当地大量占田有关。不仅如此，隋炀帝统治下吏治败坏，贪墨成风，各级官吏莫不“大治产业”⑥，故有“人皆因禄富”的说法⑦。贪官污吏利用权势侵占、强夺民田的不法行为还得到了官方的庇护，如佞臣宇文述大概因为强占了民田，李圆通留守京师时竟因“判宇文述田以还民”而“坐是免官”⑧。上述史实有力地证明，贵族官僚是大量占有土地的一个不可忽视的势力。

北周武帝虽有灭佛之举，但在隋文帝大力提倡佛教的条件下寺院经济又死灰复燃。寺院土地的主要来源是国家的赐田和信徒的施舍。隋文帝曾赐宣州妙显寺“水田二顷五十亩，将充永业”⑨。有的寺院还得到赏赐的水硙、水碾“永充基业”⑩。隋炀帝亦曾给天台寺“废寺水田”，并“劝王宏施肥田良地以充基业”⑪。不少僧侣由此都变成了大地主，甚至一人竟拥有庄田数所，如蒲州普济寺的道英，“置庄三所，麻麦粟田皆在夏县东山深隐之所”⑫，该寺的“园硙田蔬，周环俯就”⑬，俨然是一个大地

① 《隋书》卷66《房彦谦传》。

② 《隋书》卷47《韦世康传》。

③ 《通鉴》卷177开皇十年二月。

④ 《隋书》卷8《来和传》、《隋书》卷41《高颎传》、《隋书》卷66《陆知命传》、《隋书》卷48《杨素传》、《隋书》卷56《张衡传》、《隋书》卷63《樊子盖传》、《卫玄传》、《通鉴》卷177开皇九年四月、《文苑英华》卷938《牛僧孺墓志》。

⑤ 《隋书》卷66《荣毗传》。

⑥ 《隋书》卷47《韦世康附艺传》。

⑦ 《隋书》卷66《房彦谦传》。

⑧ 《隋书》卷64《李圆通传》。

⑨ 《全隋文》卷28郑辨志《宣州稽亭山妙显寺碑铭》。

⑩ 《高僧传》二集卷21《释昙崇传》。

⑪ 《高僧传》二集卷23《释灌顶传》注引《国清百录》。

⑫ 《高僧传》二集卷34《释道英传》。

⑬ 《高僧传》二集卷39《释道积传》。

主的气派。隋代寺塔林立，不计其数，寺院占有的土地总量虽无确数，可以肯定是相当可观的。

均田制推行不力，贵族官僚和寺院地主大量占有土地，“民田不赡”，“衣食不给”，对阶级矛盾的尖锐化不可能不发生一定的影响。

隋末农民起义对贵族官僚地主阶层的打击是十分沉重的，不但杨氏皇族及百官公卿成了隋朝的殉葬品，就是一般的地方官吏也难逃农民军的严惩。在阶级斗争风暴席卷全国的日子里，义军“得隋官及士族子弟皆杀之”，有的地方“豪杰争杀隋守令”以响应起义。① 经过改朝换代，贵族官僚集团大大缩小了，隋代内官共计二千五百八十一员，而唐太宗于贞观六年（632）“大省内官，凡文武定员六百四十有二而已”②。至于地方官吏，李渊虽因“拥众据地”的“豪杰”“相率来归”，一时使郡县数大为膨胀，甚至“倍于开皇、大业之间”，但这只是暂时的权宜之计，太宗即位后“以民少吏多，思革其弊”，遂下令“大加并省”。③ 另一方面，农民军对隋官的大加杀戮也使唐初的士子心存余悸，不敢轻易问津仕途，以致出现了这样的怪现象：“贞观中……士子皆乐乡土，不窥仕进，至于官员不充，省符追人赴京参选，远州皆率衣粮以相资送，然犹辞诉求免。”④ 唐初虽然仍旧大量赐田⑤，但随着贵族官僚的大量减少，这一阶层所占有的土地在全国耕地总和中的比重必然有所下降。此外，随着唐初吏治的趋向清明，贪官污吏肆意侵夺民田的气焰亦有所收敛，如先后任泽州刺史的张长贵、赵士达等“并占境内膏腴之田数十顷”，贞观初年新任刺史长孙顺德“并劾而追夺，分与贫户”⑥，这与隋代李圆通因判宇文述“田以还民”而免官相较，形成鲜明的对比。

隋末农民起义未能从意识形态斗争的高度掀起反佛斗争，但沉重地

---

① 《通鉴》卷183大业十二年十二月。

② 《通典》卷19《职官典》。

③ 《通鉴》卷192贞观元年正月、二月。

④ 《封氏闻见记》卷3《铨曹》。

⑤ 唐初赐田一般均为数顷至二三十顷，最多如武士彟，亦仅有三百顷（《文苑英华》卷875李峤《攀龙台碑》）。唯两《唐书》的《裴寂传》有赐良田“千顷”的记载，殊不近情理。疑“千顷”或讹“十”为“千”，或讹“亩”为“顷”。当时赐田十顷的情况很普遍。

⑥ 《旧唐书》卷58《长孙顺德传》。

打击了寺院经济，也就是打击了僧侣地主。“佛寺僧坊，并随灰烬，众侣分散，颠仆沟壑”①；“寰中法侣，尽婴涂地之灾”②。《高僧传》二集卷28《释惠琎传》：“大业末历，郊垒多虞，禅定一众，雅推琎善能御敌，乃总集诸处人畜，普在昆池一庄……时司竹群贼鼓行郊野，所至摧殄，无抗拒者。兵临庄次，意存诛荡。琎……大设肴馔，广开仓廪，身先入阵，劳问军主……所以义宁之初，通庄并溃，惟有禅定如旧无损。”这条材料说明，像禅定寺昆池庄这样的情况只是例外，一般的寺院庄田无不遭“通庄并溃”之劫。直到唐朝建立之初，仍然是“诸寺饥馁，烟火不续”③。寺院经济之衰落，于此可见。

唐朝统治者尽管仍旧佞佛崇道，但经过一次阶级大搏斗，对寺院僧道的政策也与隋代略有差别。李渊即位后下诏规定，京师只置三寺，“唯立千僧”，其余“并放还桑梓”④。“扫定东夏”之后又敕“州别一寺，留三十僧，余者从俗”⑤。此后，沙汰僧道的诏敕屡见。这与隋代“率土之内，普建灵塔”⑥，“民间佛经，多于六经数十百倍”⑦ 相比，也是不能同日而语的。

贵族官僚地主及僧侣地主的削弱，为土地配置状况的调整和唐初均田制的有效推行开辟了道路。

唐初均田制的推行远比隋代有效，统治者一再颁布具体详细的均田令，不像隋朝那样笼统地“皆遵后齐之制”，这反映李氏王朝推行此制的态度是相当严肃而认真的。

其次，隋朝君臣曾议论过把京辅、三河等狭乡农民“徙就宽乡”的事，但议而未行。唐初则在均田令中明文规定，自狭乡迁往宽乡的人，不但可以出卖永业田，而且“得并卖口分田”。此外，“凡田，乡有余以给比乡，县有余以给比县，州有余以给近州”⑧。这种宽狭调整的办法都

---

① 《高僧传》二集卷17《释玄鉴传》。

② 《全唐文》卷201李尚一《开业寺碑并序》。

③ 《高僧传》二集卷31《释智实传》。

④ 《高僧传》二集卷32《释法琳传》。

⑤ 《高僧传》二集卷31《释慧乘传》。

⑥ 《高僧传》二集卷14《释童真传》。

⑦ 《隋书》卷35《经籍志》。

⑧ 《新唐书》卷51《食货志》。

是为了尽量保证受田而制定的，而在隋代尚付阙如。

最后，隋代如果只在北齐的基础上勉强维持旧制，那么在从未实行过均田制的南方推行到何种程度，就很值得怀疑了。唐太宗在贞观十四年（640）灭高昌后不久，就下诏："彼州所有官田并分给旧官人、首望及百姓等。"① 可见他对新占领区推行均田制是抓得很紧的。吐鲁番地区大量出土的文书也证明那一带确实施行过这一田制。据此可以推测，统治者对于经济上远比高昌重要的南方广大地区，是不会不抓紧实行均田制的。大致说来，唐代均田制推行的范围是大大超过了隋代。

已经发现的敦煌、吐鲁番户籍残卷及给、退田文书中，受田足额者从未见，在吐鲁番地区受田一般只有十亩左右，敦煌一带一般在五十亩左右，不少研究者据此强调唐代均田制实行的极不彻底。应当承认，不彻底是肯定的，但我认为对此点也不能估计过分，理由是：第一，法令已明文规定，"狭乡授田减宽乡之半"，所以我们不能总是以每丁受田百亩的标准来衡量，如果狭乡一丁受田四五十亩，那也就算是大体符合制度了。第二，受田足与不足，还要根据每个劳力的实际耕作能力来判断。北魏太和元年（477）诏："一夫制治田四十亩，中男二十亩，无令人有余力。"② 说明每丁耕种四十亩田就没有多少余力了。唐朝后期"田不及五十亩，即是穷人"③，说明拥有五十亩地就是中产人家了。陆龟蒙"有田奇十万步"，"有耕夫百余指"，按吴田一亩当二百五十步④，十万步合四百亩，耕夫百余指为十几个劳力，每人只合耕三四十亩，可见当时一个劳力所能垦种的土地，平均也就是四五十亩左右。第三，北魏露田四十亩，另给倍田四十亩休耕地，受田农民实际耕种的是桑田二十亩和露田四十亩。唐代口分田八十亩，如果也休耕四十亩，实际耕种的也还是二十亩永业田和四十亩口分田。农民若能勤施肥水，抛弃休耕的习惯，五六十亩受田大体也就够一个丁男耕种了。第四，目前发现的敦煌、吐鲁番户籍卷，一般都是武则天以后的文书，很少能看到光宅、垂拱以前

① 《文馆词林》卷664《贞观年中巡抚高昌诏》。

② 《魏书》卷7《高祖纪》。

③ 《新唐书》卷120《袁恕己附高传》。

④ 《甫里先生集》卷16《甫里先生传》。

的文书，更不用说武德、贞观、永徽年间的文书了，而且只能反映敦煌、高昌这两个狭乡的情况。根据这些文书证明远在七十年前的宽乡也没有彻底推行过均田制，是不能令人信服的。

综上所述，唐代均田制的推行，在制度本身的完备方面，实施范围方面，彻底的程度方面，都远远超过了隋代。均田制从北魏开始实行，中间屡兴屡坏，经过二百多年，至唐代已成强弩之末，但在最终崩溃之前能来一个回光返照，不能不说是由于隋末农民起义在土地关系的调整方面起了一定的作用。

四 农民起义与赐奴婢的锐减

魏晋南北朝时期，社会上存在大量奴婢，直到隋代，国家对贵族、官僚赏赐奴婢的数量仍相当可观。北周末年，杨坚执政之初，于义曾以破王谦将达奚惎功，拜潼关总管，“赐奴婢五百口”①；梁睿亦以斩王谦功，赐“奴婢一千口”②。隋朝正式建立后，统治者仍然在不断大量赏赐奴婢。经过隋末农民大起义，赐奴婢的记载骤然锐减。这一现象早已为人所注意，我在这里只打算就个人所搜集的史料做一点统计工作，力争具体地说明这一重要的社会现象。

兹先将隋代赐奴婢的记载列表如下：

表 1

时间	受赐人	赐奴婢原因	赐奴婢数	史料出处	备考
开皇年间	赵绰	治梁士彦等狱	十口	《隋书》卷 62《赵绰传》	
同上	周法尚	褒功	三百口	《隋书》卷 65《周法尚传》	
同上	同上	平吕子廓反有功	五十口	同上	《册府元龟》卷 384《将帅部 · 褒异》作平钱季兴等
同上	同上	平桂州李光仕乱	一百五十口	同上	

① 《隋书》卷 39《于义传》。

② 《隋书》卷 37《梁睿传》。

续表

时间	受赐人	赐奴婢原因	赐奴婢数	史料出处	备考
开皇年间	苏沙罗	平越巂王奉之乱	一百口	《隋书》卷46《苏孝慈传》	《册府元龟》卷383《将帅部·褒异》作"百余口"
同上	李景	伐陈有功	六十口	《隋书》卷65《李景传》	
同上	张衡	平熙州李英林乱	一百三十口	《隋书》卷56《张衡传》	
同上	王韶	伐陈有功	三百口	《隋书》卷62《王韶传》	
同上	慕容三藏	讨岭南王仲宣功	一百口	《隋书》卷65《慕容三藏传》	
同上	张奫	破高智慧功	六十口	《隋书》卷64《张奫传》	
同上	杜彦	同上	一百余口	《隋书》卷55《杜彦传》	
同上	李圆通	伐陈有功	三百口	《册府元龟》卷384《将帅部·褒异》	
同上	房彦谦	安抚泉、括等州	七口	《隋书》卷66《房彦谦传》	
同上	段达	破汪文进功	五十口	《隋书》卷85《段达传》	
同上	段文振	平越巂蛮功	二百口	《隋书》卷60《段文振传》	
同上	崔仲方	平会州功	一百三十口	《隋书》卷60《崔仲方传》、《册府元龟》卷383《将帅部·褒异》	《册府元龟》卷356《将帅部·立功》作"二百三十口",疑误
仁寿年间	杨素	代高颎为左仆射	一百口	《隋书》卷48《杨素传》	
同上	郭荣	平西南夷僚功	三百余口	《隋书》卷50《郭荣传》	
同上	王仁恭	平定山僚功	三百口	《隋书》卷65《王仁恭传》	
同上	周法尚	平定遂州僚功	一百口	《隋书》卷65《周法尚传》	《册府元龟》卷384《将帅部·褒异》作"巂州乌蛮"
同上	柳彧	蜀王秀私赐奴婢	十口	《隋书》卷62《柳彧传》	
同上	赵仲卿	按蜀王秀案有功	五十口	《隋书》卷74《赵仲卿传》	
大业年间	史祥	从征吐谷浑功	六十口	《隋书》卷63《史祥传》	
同上	裴仁基	平蛮族向思多功	一百口	《隋书》卷70《裴仁基传》	
同上	李景	击向思多功	八十口	《隋书》卷65《李景传》	《册府元龟》卷383《将帅部·褒异》作"六十口",该书错误甚多,今从《隋书》

续表

时间	受赐人	赐奴婢原因	赐奴婢数	史料出处	备考
大业年间	李景	击吐谷浑功	六十口	《隋书》卷65《李景传》	
同上	周法尚	击向思多及平吐谷浑功	一百口	《隋书》卷65《周法尚传》	
同上	同上	镇压王薄、孟让起义有功	一百口	《隋书》卷65《周法尚传》	
同上	樊子盖	平杨玄感功	二十口	《隋书》卷63《樊子盖传》	
同上	裴蕴	杨玄感失败后杀戮人民有功	十五口	《隋书》卷67《裴蕴传》	

根据上述不完全统计，隋代历时三十余年，共赐奴婢三十次，三千四百余人，平均每年约赐奴婢一次，九十余人。值得注意的是，三十次赐奴婢中，有百分之八十是为了褒奖军功，为此所赐奴婢，一次动辄以百余人乃至数百人计。周法尚一人因前后军功受赐的奴婢累计竟达八百人之多。至于因其他原因所赐奴婢，每次不过十口，最多的也不超过百口。由此可以推知，以战俘为奴婢的事，在隋代还是相当严重的。

兹将唐代“安史之乱”以前赐奴婢的记载列表如下：

表 2

时间	受赐人	赐奴婢原因	赐奴婢数	史料出处	备考
武德年间	李大亮	镇压辅公祏之功	一百二十人	《旧唐书》卷62《李大亮传》	《唐会要》卷86《奴婢》作一百三十人
同上	李孝恭	同上	七百人	《旧唐书》卷60《河间王孝恭传》	
同上	武士彟	元从起兵之功	三百人	《文苑英华》卷875 李峤[①]《攀龙台碑》	
同上	李靖	镇压辅公祏之功	一百口	《旧唐书》卷67《李靖传》	
同上	庞玉	镇压巴州山僚之功	赐以口马	《册府元龟》卷365《将帅部·机略》	

① “峤”原误作“矫”。——编者注

续表

时间	受赐人	赐奴婢原因	赐奴婢数	史料出处	备考
贞观年间	李大亮	破吐谷浑之功	一百五十人	《旧唐书》卷62《李大亮传》	
同上	姜行本	平高昌功	七十人	《册府元龟》卷384《将帅部·褒异》	
同上	李安俨之父	愍安俨伏诛，赐奴婢以养之	不详	《通鉴》卷197贞观十七年四月	
同上	马周	欲买宅，有司给直，并赐奴婢	不详	《新唐书》卷98《马周传》	
同上	李道宗	征高丽功	四十人	《旧唐书》卷60《江夏王道宗传》	
同上	薛仁贵	同上	十人	《旧唐书》卷83《薛仁贵传》	
开耀年间	裴行俭	西擒郅支，北降伏念之功	二百人	《张说之文集》卷14《赠太尉裴公神道碑》	
万岁通天年间	来俊臣	罗织有功	十人	《旧唐书》卷186上《来俊臣传》	《通鉴》卷206神功元年六月载，以告綦连耀谋反有功，赐奴婢十人，疑与本传所载同为一事
景云年间	刘幽求	拜相时	二十人	《旧唐书》卷97《刘幽求传》	
同上	李宪	以让立太子	十房	《旧唐书》卷95《让皇帝宪传》	
开元年间	王毛仲	任闲厩使有功	不详	《旧唐书》卷106《王毛仲传》	
天宝年间	李岫、李屿、李岫	其父李林甫死后，三人徙岭南，因各赐奴婢	共九人	《新唐书》卷223上《李林甫传》	

上表中赐李安俨之父及马周奴婢数不详，不过根据赐奴婢原因看，人数可能很少，姑各以十人计算。王毛仲受赐奴婢数不详，但受赐原因不是战功，恐怕也只有数十人而已，姑以二十人计算。庞玉镇压僚族有功而赐以口马，因系出于战功，而且处于大量赐奴婢的武德年间，姑以一百

人计算。根据上述不完全统计，唐代前期历时一百三十余年，共赐奴婢十七次，一千八百七十余人，平均每年赐奴婢0.13次，赐奴婢约十四人。与隋代相比，唐代平均每年赐奴婢的次数只相当于隋代的百分之十三，人数只相当于百分之十五强。通过上述比较，唐代赐奴婢的锐减趋势是非常明显的。特别值得注意的是，唐代大量赐奴婢多集中在武德、贞观年间，这是农民起义正在进行和刚刚结束的时期，受隋代遗风的影响比较显著，农民起义的作用还来不及立即体现出来；而到开耀之后，每次所赐奴婢数就微不足道了。此外，从开耀年间裴行俭受赐之后，因军功赐奴婢的事就消失了，这说明战争中掠战俘为奴婢的事也大体上结束了，这是赐奴婢锐减的主要原因。

赐奴婢的次数、人数的由多变少，只是由一个方面反映了隋唐蓄奴情况的变化。实际上，从其他方面也可看出这一变化的蛛丝马迹。隋朝末年，在炀帝的暴政下民不聊生，奴婢的数量迅猛增加，如大业七年，“山东、河南漂没三十余郡，民相卖为奴婢”[①]。第一次东征高丽前后，由于长吏“裒刻征敛，取办一时”，“弱者自卖为奴婢”[②]。唐初的统治者，针对着蓄奴众多的陋习，执行了一系列进步的政策。贞观初，逢岁饥时，“有鬻男女者”，唐太宗对此不是听之任之，而是正式下令：“出御府金宝赎男女自卖者，还其父母。”[③] 显庆时，唐高宗也下诏规定：“放还奴婢为良及部曲、客女者，听之。皆由家长手书，长子已下连署，仍经本属申牒除附。诸官奴婢年六十已上及废疾者，并免贱。”永昌年间，越王贞起兵失败后，更规定：“王公以下，奴婢有数。”大足元年（701），又令“西北缘边州县，不得畜突厥奴婢”[④]，显然这与掠战俘为奴婢的锐减有关，因为当时的民族战争主要发生于唐朝与突厥之间。此外，奴婢的出路方面，也有所变化，李渊太原起兵后，为赏霍邑之功，曾下令：“义兵取人，山藏海纳，逮乎徒隶，亦无弃者，及著勋绩，所习致疑。览其所请，可为太息。岂可矢石之间，不辨贵贱，庸勋之次，便有等差？以此

① 《隋书》卷3《炀帝纪》。

② 《隋书》卷24《食货志》。

③ 《旧唐书》卷2《太宗纪》。

④ 《唐会要》卷86《奴婢》。

论功，将何以劝？黥而为王，亦何妨也？赏宜从重，吾其与之。诸部曲及徒隶征战有功勋者，并从本色勋授。”[①] 从“及著勋绩，所习致疑”一语可知，“黥而为王，亦何妨也”确系前所未有的新观点。此后，万岁通天元年（696）敕：“士庶家僮仆有骁勇者，官酬主直，并令讨击契丹。”[②] 这仍是徒隶等贱民“从本色授勋”精神的继续。唐朝前期仍是封建社会，嫁妻卖子的事不可能完全消失，就在“贞观之治”的初年，尚有“民多卖子以接衣食”的记载[③]，但从国家的政策上看，统治者却在着眼于赎还奴婢，限制贵族官吏占有的奴婢数，并在政治上给奴婢以一定的出路。

在经济方面，唐初国家法令规定，“奴婢纵为良人，给复三年”，“部曲、客女、奴婢纵为良者，附宽乡”。[④] 这些政策和措施的目的显然是与地主争夺劳动人手，鼓励奴婢、部曲、客女等贱民转化成为具有“良人”身份的编户齐民，借以增加纳税人口，但在客观上，却起了解放奴婢和贱民的作用。

遍查唐代典籍，买卖、掠卖奴婢的事多盛行于岭南、黔中、福建等地，这一点很值得注意。自“永嘉之乱”以后，落后民族一次又一次地入主中原，北方大量掠战俘为奴婢的风尚大概就是在这种条件下兴起的，所以由国家大批赏赐奴婢的事，北朝远远超过南朝。但到唐代，掠战俘为奴婢的事在北方由多而少，逐渐消失，买卖、掠卖奴婢之风呈南多北少之势，奴隶制残余由北盛于南转变为南盛于北，此点有力地说明，北方蓄奴风气的减杀，与隋末农民起义有不容忽视的关系。

五　农民起义与地主起兵

隋唐之际，大大小小的武装势力星罗棋布于全国各地，其中哪些是农民起义军，哪些是地主武装，在探讨这个复杂的问题时，先声明如下

① 《全唐文》卷 1 高祖《徒隶等准从本色授官敕》。

② 《唐会要》卷 86《奴婢》。

③ 《通鉴》卷 192 贞观二年三月。

④ 《新唐书》卷 51《食货志》。

三点：第一，由于史料记载的局限，把每一支武装力量的性质辨认清楚是不可能的，但可以肯定的是，在数量上，农民军远远地超过了地主武装。因此，先把能够确认的地主武装划分出来，其余难以辨认的势力不妨均当作农民军看待。第二，隋朝的郡守、县令等地方官，如没有私自招募武装，也没有举起反隋的旗帜而发动起兵，就一律当作隋政权的残余看待，不算作地主起兵。第三，当时还有一些僚、蛮、俚、稽胡等少数民族起兵，由于记载不足，隋与各族的关系不甚明了，起事的具体情况模糊，大多数武装的性质难以辨认，在这里就弃而不论了。

大致隋末的地主武装不外以下几种类型：一是，杨玄感、李渊及罗艺可以算作一类，其共同特点是，这些人均为隋朝的高官显宦，政治野心比较大。杨、李二人的显赫地位素为人所熟知，无须介绍。罗艺在大业时曾以军功官至虎贲郎将，并因在涿郡一带镇压农民起义有“功”而“威势日重”[①]。二是，南朝贵族孑遗及江南的大族豪强，其中以萧铣和沈法兴为代表。萧铣是后梁宣帝的曾孙，祖岩在陈亡后“为文帝所诛”[②]。他在起兵后自称：“我之本国，昔在有隋，以小事大，朝贡无阙。乃贪我土宇，灭我宗祊，我是以痛心疾首，无忘雪耻。”[③] 沈氏一族“代居南土，宗族数千家，为远近所服”[④]，大概与陈灭后发动叛乱的高智慧、汪文进属于同一性质的豪强地主。这一类型起兵者的共同特点是，虽没有夺取全国政权的野心，却妄图在天下大乱中遂其反隋之夙愿，恢复分裂割据局面。三是，梁师都、李轨、薛举和刘武周是阀阅上无可夸耀的土豪强，在当地有一定的势力，梁师都是夏州朔方人，“代为本郡豪族，仕隋鹰扬郎将”，后罢归，杀郡丞“据郡反”[⑤]。李轨是武威姑臧人，“家富于财”为鹰扬府司马。薛举起兵后，李轨与同郡安脩仁等聚而谋曰：“薛举残暴，必来侵扰，郡官庸怯，无以御之。今宜同心戮力，保据河右，以观天下之事。”[⑥]

---

① 《旧唐书》卷56《罗艺传》。
② 《旧唐书》卷56《萧铣传》。
③ 《全唐文》卷131萧铣《报董景珍书》。
④ 《旧唐书》卷56《沈法兴传》。
⑤ 《旧唐书》卷56《梁师都传》。
⑥ 《旧唐书》卷55《李轨传》。

薛举是“家产巨万，交结豪猾，雄于边朔”的土豪。[①] 刘武周在马邑一带也是“交通豪侠”的“州里之雄”[②]。这种天下大乱中自保乡里的土豪在南方也有，如弋阳卢祖尚，于隋末“纠合壮士以卫乡里，部分严整，群盗畏之。及炀帝遇弑，乡人奉之为光州刺史”[③]。这种类型的起兵者，其共同特点是，政治野心不像前两类地主大，他们大多利用自己在地方上的威望，号召宗族，私募武装，在政治动乱中求生存，免遭农民军及其他地主武装的袭击，其中不少人曾任职于鹰扬府，具有一定的军事能力。唐初人张玄素说：“隋末沸腾，被于宇县，所争天下者不过十数人，余皆保邑全身，思归有道。”[④] 大概地主起兵中，像卢祖尚这种“保邑全身”者占绝大多数。

以下，我们按照上述类型，识别地主起兵势力。

刘元进是余杭人，“少好任侠，为州里所宗”，在天下大乱中“阴有异志，遂聚众，合亡命”。“既而杨玄感起于黎阳，元进知天下思乱，于是举兵应之。”[⑤] 这支力量显然是地主武装，因为：第一，这次起事不是首先由农民起来斗争，而是刘元进在响应杨玄感的旗帜下发难。第二，尽管起兵后“三吴苦役者莫不响至”，仍不能以此看作农民起义，因为杨玄感起兵时也有类似的情况，却没有人把它当作农民起义。第三，刘元进“好任侠”这一点很值得注意，隋代京师有“大侠刘居士”[⑥]，任太子千牛备身，“聚徒任侠，不遵法度”，有“党与三百人，其矫捷者号为‘饿鹘人’，武力者号为‘蓬转队’。每韝鹰绁犬，连骑道中，殴击路人，多所侵夺。长安市里无贵贱，见之者皆辟易，至于公卿妃主，莫敢与校者”[⑦]。再如吴兴人沈光，亦“交通轻侠，为京师恶少年之所朋附”[⑧]。可见所谓“任侠”者，大都是社会上的一些恶霸。刘元进“好任侠”正说

---

① 《旧唐书》卷55《薛举传》。

② 《旧唐书》卷55《刘武周传》。

③ 《通鉴》卷189武德四年九月。据《考异》引《实录》，卢祖尚为“光州豪右”。

④ 《旧唐书》卷75《张玄素传》。

⑤ 《隋书》卷70《刘元进传》。

⑥ 《隋书》卷64《陈茂传》。

⑦ 《隋书》卷80《刘昶女传》。

⑧ 《隋书》卷64《沈光传》。

明他是一个恶霸地主。根据这一原则，后来归附于瓦岗军的“任城大侠徐师仁”[①]，恐怕原来也是一支地主武装的首领。此外，杨玄感起兵后，吴人朱燮、晋陵人管崇亦“起兵江南以应之”[②]，而且以后共迎刘元进“奉以为主”[③]。可以肯定，朱、管二人也是地主武装的两个首领。起兵响应杨玄感的“梁郡人韩相国”[④]，当亦属同一性质。刘元进失败以后，“其余党往往保险为盗”，接着“董道冲、沈法兴、李子通等乘此而起”[⑤]。董道冲和李子通起事是什么性质呢？按子通“少贫贱”，“家无蓄积”，曾先后投奔左相才、杜伏威等农民军[⑥]，则知他是农民起义的领导者。董道冲的出身和起事情况，史有阙文，无从查考，只能当作农民军的领导者了。

如果说杨玄感起事是掀起了地主起兵的第一个高潮，那么隋炀帝被弑、李唐建立之际就出现了第二个高潮。所谓“关中豪杰”和“司竹群盗”中有很多支都是地主武装。李渊之女，柴绍之妻，即后来册封的平阳公主，在李渊、李世民起兵之后，“乃归鄠县庄所，遂散家资，招引山中亡命，得数百人，起兵以应高祖”。当时有“胡贼”何潘仁，聚众于司竹园，“未有所属”，平阳公主遣人说以利害，潘仁遂攻陷鄠县。其他“群盗李仲文、向善志、丘师利等，各率众数千人来会”[⑦]，据《通鉴》载，何潘仁系“西域商胡”，李仲文是蒲山郡公李密的从父，丘师利是隋炀帝的宠臣丘和之子[⑧]。大业末，丘师利与其弟行恭“聚兵于岐、雍间，有众一万，保故郿城”，“群盗不敢入境”[⑨]。可见丘氏的政治身份类似杨玄感和李渊，其起兵目的与方式则又与梁师都、卢祖尚差不多。还有段纶，是段文振之子，李渊之婿，“亦聚徒于蓝田，得万余人”，于李渊渡河时，“遣使迎渊”[⑩]。则知段纶武装与平阳公主在性质上完全相同。向善

① 《旧唐书》卷53《李密传》。
② 《旧唐书》卷54《王世充传》。
③ 《隋书》卷70《刘元进传》。
④ 《隋书》卷70《杨玄感传》。据《通鉴》胡注，此梁郡系今河南商丘，非指陕西南郑。
⑤ 《隋书》卷70《刘元进传》。
⑥ 《旧唐书》卷56《李子通传》。
⑦ 《旧唐书》卷58《平阳公主传》。
⑧ 《通鉴》卷184义宁元年九月。
⑨ 《旧唐书》卷59《丘和附行恭传》。
⑩ 《通鉴》卷184义宁元年九月。

志的事迹无法查明，既与李仲文、丘师利等同来会李渊，恐亦系地主武装的首领。与上述诸人同时主动降唐的还有“宜君贼刘炅”[①]，从时间、地区上看，也当系地方豪强首领。李渊起兵后，其从父弟李神通“潜入鄠县山南，与京师大侠史万宝、河东裴勣、柳崇礼等举兵以应”之，并“遣使与司竹贼帅何潘仁连结”[②]。李、史、裴、柳所率领的这支武装，在性质上与平阳公主所率领者完全相同。大业十二年（616）七月，“冯翊人孙华自号总管，举兵为盗。”[③] 义宁元年（617），河东户曹任瓌说李渊曰：“关中豪杰皆企踵以待义师。瓌在冯翊积年，知其豪杰，请往谕之，必从风而靡。义师自梁山济河，指韩城，通郃阳……孙华之徒，皆当远迎。”当时“关中群盗”中“孙华最强”，李渊进军壶口时他果然“自郃阳轻骑渡河见渊”[④]。孙华一心向往投降李渊，显然也是地主武装。与孙华同时送款，“具舟楫以待义师”的“土门贼帅白玄度”[⑤]，自当与孙华属于同一性质。郭子和是同州蒲城人，曾任左翊卫，“以罪徙榆林”，大业十三年（617）执郡丞起事于榆林，号“永乐王”，“南连梁师都，北事突厥”，始毕可汗册为“平杨天子”[⑥]，根据郭子和的表现，他显然不是农民起义的领导者。“司竹群盗”中还有一个祝山海，“有众一千，自称护乡公”[⑦]，他虽然没有立即投降李渊，但从“护乡公”这个称号看，拥兵自保的情况与卢祖尚完全相同。

隋末，岭南一带也有一些地主起兵，其中最突出的莫过于冯盎一族。冯氏是从北燕南迁后在岭南定居下来的土著豪族，并与“世为南越首领”的高凉冼氏结为姻亲。[⑧] 冯氏在当地“代为右族，带甲千人，拟四豪之公子；田洞百里，齐万户之封君”[⑨]。在隋末天下鼎沸中，冯盎据高、罗起

---

① 《新唐书》卷1《高祖纪》。

② 《旧唐书》卷60《淮安王神通传》。

③ 《隋书》卷4《炀帝纪》。

④ 《通鉴》卷184义宁元年八月。

⑤ 《旧唐书》卷1《高祖纪》。

⑥ 《新唐书》卷1《高祖纪》、卷92《李子和传》、《通鉴》卷185武德元年七月。《通鉴》《新纪》均作郭子和，疑与《新传》所说李子和系一人，故将上述三种记载合并使用。

⑦ 《旧唐书》卷64《隐太子建成传》。

⑧ 《隋书》卷80《谯国夫子传》。

⑨ 《张说之文集》卷22《冯潘州墓志》。

兵，号称总管[①]，形成独霸一方的割据局面。高凉通守洗珤彻于大业十二年七月“举兵作乱，岭南溪洞多应之”[②]。可以肯定，洗珤彻即洗夫人的同族，其起兵性质与冯盎完全相同。岭南起事的还有李袭志，虽然从五世祖起世居金州安康，并非岭南土著，但大业末，他是始安郡丞，在“江外盗贼尤甚”的形势下“散家产，招募得三千人，以守郡城”，固守以抗萧铣、林士弘等。郡人曾劝之曰：“公累叶冠族，久临鄙郡，蛮夷畏服，士女悦服，虽曰隋臣，实我之君长。”[③] 李袭志虽系隋臣，但率领的却是一支自行招募的地主武装，具有很大的独立性，也当目之为地主起兵。此外，据广州的邓文进，据郁林的宁长其[④]，岭南与冯、宁同时归唐的李光度[⑤]，大体上也都是地主武装的首领[⑥]。

江淮下游除响应杨玄感起兵的沈法兴、刘元进等人外，还有不少地主武装。薛士通是常州义兴人，“大业中，为鹰扬郎将。江都之乱，士通与乡人闻人嗣安等同据本郡，以御寇贼”[⑦]。薛士通既任职于鹰扬府，起事目的又与卢祖尚同，当然是地主起兵。至于闻人嗣安，《旧唐书·王雄诞传》作“苏州贼帅闻人遂安”。则知闻人嗣安即闻人遂安，系一人，起兵苏州，与起兵常州的薛士通原为两支势力。其起事情况既与薛士通相当，显然亦系地主起兵。隋炀帝被杀后，“齐郡贼帅乐伯通据丹阳，为（宇文）化及城守”[⑧]。同宇文化及站在一起的农民军百不一见，故可肯定，乐伯通是地主武装的首领。另有“歙州首领汪华，隋末据本郡称王十余年”[⑨]。李渊在《封汪华越国公制》中称：“汪华往因离乱，保聚州乡，镇静一隅，以待宁晏。”[⑩] 他与李轨的情况大同而小异，性质上不会不同。

① 《新唐书》卷1《高祖纪》。
② 《隋书》卷4《炀帝纪》。
③ 《旧唐书》卷59《李袭志传》。
④ 《新唐书》卷1《高祖纪》。
⑤ 《旧唐书》卷67《李靖传》。
⑥ 如宁长真就是当地的“大首领”（《旧唐书》卷67《李靖传》）。
⑦ 《旧唐书》卷101《薛登传》。
⑧ 《旧唐书》卷56《沈法兴传》。
⑨ 《旧唐书》卷56《王雄诞传》。
⑩ 《全唐文》卷1。

长江中游除萧铣起兵外，也还有一些地主武装。隋末天下大乱中，朱粲所领导的一支武装力量相当著名，我认为它不是农民军。《旧唐书》卷56《朱粲传》："朱粲者，亳州城父人也。初为[①]县佐史。大业末，从军讨长白山贼，遂聚结为群盗，号可达寒贼，自称迦楼罗王，众至十余万。引军渡淮，屠竟陵、沔阳，后转掠山南，郡县不能守。所至杀戮，噍类无遗……所克州县，皆发其藏粟以充食。迁徙无常，去辄焚余赀，毁城郭。又不务稼穑，以劫掠为业。于是百姓大馁，死者如积，人多相食。军中罄竭，无所虏掠，乃取婴儿蒸而啖之。因令军士曰：'食之美者，宁过于人肉乎！但令他国有人，我何所虑?'即勒所部，有略得妇人小儿皆烹之，分给军士。乃税诸城堡，取小弱男女以益军粮。"朱粲的这种野蛮性和疯狂性颇类薛仁杲，后者获庾立后，"怒其不降，磔于猛火之上，渐割以啗军士"。拔秦州后，"悉召富人倒悬之，以醋灌鼻，或杙其下窍，以求金宝"[②]。既然薛举是地主武装的首领，朱粲也不可能是农民起义的领导者。根据他的"迁徙无常"，"劫掠为业"和以人为粮，毋宁说这是一支由流氓无产者组成的武装势力。此外，周法明是周法尚之弟[③]，系"永安大族"[④]，于隋末"袭据黄梅"起事[⑤]，显然也是地主武装。

长江上游的剑南地区，在隋代仍是"蜀土沃饶，人物殷阜"[⑥]。唐初人说："隋末，剑南独无寇盗。"[⑦] 大概这里起义犹如凤毛麟角，一般起事多系地主起兵。"开州贼萧阇提"曾与萧铣一起"规取巴蜀"[⑧]，阇提肯定是土豪起兵。还有"冉安昌据巴东"[⑨]，大概也是地主起兵。

在黄河下游，也稀疏地出现了一些地主起兵。平原豆子䴚的刘霸道，"累世仕官，赀产富厚"，"喜游侠，食客常数百人"，起兵后号称"阿舅贼"[⑩]，

---

① "为"原误作"五"。——秦进才注
② 《旧唐书》卷55《薛举附仁杲传》。
③ 《通鉴》卷189武德四年五月。
④ 《旧唐书》卷53《李密传》。
⑤ 《通鉴》卷189武德四年五月。
⑥ 《隋书》卷39《于义附宣敏传》。
⑦ 《通鉴》卷199贞观二十二年六月。
⑧ 《旧唐书》卷59《许绍传》。
⑨ 《新唐书》卷1《高祖纪》。
⑩ 《通鉴》卷181大业七年十二月。

这支力量丝毫不像农民起义军。程知节是济州东阿人，“大业末，聚徒数百，共保乡里，以备他盗”[①]，起兵情况与卢祖尚毫无二致，性质当同。刘兰“见隋末将乱”，“北海完富”，“利其子女玉帛，与群盗相应，破其本乡城邑”，最后“率其宗党往归”唐[②]。这支力量以刘兰的“宗党”为核心，不是由于不堪压榨而起义，而是想在天下大乱中浑水摸鱼，自然不是农民起义军。苏邕是冀州武邑人，“大业末，率乡闾数千人为本郡讨贼”[③]，由是“贼不舍境，乡党赖之”[④]。苏邕虽然与州郡隋官站在一起，但他率领的不是官兵，而是乡闾宗族，所以仍当目之为地主武装。高季辅之兄元道，“仕隋为汲令”，被翻城参加起义军的县人所杀，季辅“率其党出斗，竟擒杀其兄者，斩之”，后来由于归附者渐增，“众至数千”[⑤]。这支与农民军坚决为敌的势力显然也是地主武装。

宋金刚后来与刘武周合流，故往往被当作地主武装中的将领，但他在合流之前，“有众万余人，在易州界为群盗，定州贼帅魏刀儿与相表里”[⑥]。魏刀儿是著名的起义领导人，宋金刚与他协同作战，当时二人的身份性质当相同。

唐朝建立之后，又陆续出现了一些地主武装，为识别他们的性质，须声明如下几点：第一，农民起义主要是由隋朝的压迫和剥削引起的，大多爆发于大业、义宁年间，由唐初统治者压榨引起的起义也有，但属于极个别的现象，所以在没有材料证明是唐朝压榨引起斗争的情况下，一般大业、义宁年间不见记载而在武德年间方始起事或率众归唐的私人势力，均可当作地主武装。第二，我认为隋亡后刘黑闼、徐圆朗的反抗在一定程度上仍具有农民起义的性质，所以当时起来响应他们的土豪地主势力由于未能长期维持独立局面，在这里也不看作地主武装。第三，《通鉴》记载当时起事者和归唐者时，一般都要冠以隋官的职衔或“某地贼”“某地民”“某城民”等，其中冠以隋官职衔者可看作隋朝的残余势

① 《旧唐书》卷68《程知节传》。
② 《旧唐书》卷69《刘兰传》。
③ 《旧唐书》卷83《苏定方传》。
④ 《新唐书》卷111《苏定方传》。
⑤ 《旧唐书》卷78《高季辅传》。
⑥ 《旧唐书》卷55《刘武周传》。

力，不看作地主武装；其中冠以其他几类称谓者，姑一概作为地主武装。此外，凡见于《通鉴》者，不一一注史料出处，见于他书者，则注明之。

根据以上原则，唐初反唐、归唐的地主武装有：武德二年（619），“夏县人吕崇茂杀县令，举兵反，自称魏王，请援于武周”①。当时刘武周正“寇太原”②，故知吕崇茂毫无农民起义的性质。武德三年（620）三月，唐朝“封贼帅刘孝真为彭城王，赐姓李氏”③。刘孝真事迹不见于大业、义宁之际，当系地主武装的首领。武德四年（621）六月，营州人石世则“执总管晋文衍举州叛，奉靺鞨突地稽为主”。五年（622）五月，“瓜州土豪王干斩贺拔行威以降”。七月，“迁州人邓士政执刺史李敬昂以反”。六年（623）正月，“巂州人王摩沙（《新唐书·高祖纪》作‘娑’）举兵”。四月，“南越州民宁道明、高州首领冯暄俱反”。疑冯暄即冯盎的族人。六月，“沙州人张护、李通反”。九月，“渝州人张大智反”。七年（624）正月，“邹州人邓同颖杀刺史李士衡反”。三月，“广陵城主龙龛降”。九月，“日南人姜子路反”。九年（626）五月，“越州卢南反，杀刺史宁道明”。据《通鉴》胡注：“此岭南之越州，后改廉州。”

据以上不完全统计，地主起兵分布如下：关中一带有平阳公主、李神通④、段纶、何潘仁、李仲文、向善志、丘师利、孙华、祝山海⑤、梁师都、刘炅、白玄度、郭子和等十三起，岭南一带有冯盎、李袭志、冼珤彻、邓文进、宁长真、宁道明、李光度、冯暄、姜子路、卢南等十起，淮河、长江、钱塘江下游东部沿海一带有沈法兴、刘元进、朱爕、管崇、薛士通、闻人嗣安、乐伯通、汪华、刘孝真、龙龛等十起，今河南、山东一带有杨玄感、刘霸道、卢祖尚、徐师仁、韩相国、程知节、刘兰、苏邕、邓同颖、高季辅等十起，河西陇右一带有李轨、薛举、张护（及李通）、王干等四起，剑南一带有萧阇提、冉安昌、王摩沙、张大智等四起，长江中游两湖一带有萧铣、朱粲、周法明、邓士政等四起，河东一

① 《旧唐书》卷60《永安王孝基传》。《旧唐书》卷57《裴寂传》作：“引金刚为援。”当时宋金刚已为刘武周部将，实则一事。

② 《新唐书》卷78《永安王孝基传》。

③ 《旧唐书》卷1《高祖纪》。

④ “神通”原误倒。——编者注

⑤ “山海”原误倒。——编者注

带有李渊、刘武周、吕崇茂等三起，河北一带有罗艺一起，东北一带亦只有石世则一起。以上合计共六十起。

事实说明，地主起兵以关中、岭南、江淮下游及今河南、山东最多。为什么会产生这一现象呢？这需要对上述各地区的情况进行具体分析。关中地区的地主起兵，从数量上看，在全国首屈一指，原因在于京畿附近大量集中了地主阶级的上层人物，他们一般具有一定的势力，在政治上有很高的能量，而隋炀帝又远在江都，于是就乘机纷纷而起，以待所归了。李渊在《授三秦豪杰等官教》中说："义旗济河，关中响应，辕门辐辏，赴者如归。五陵豪杰，三辅冠盖，公卿将相之绪余，侠少良家之子弟，从吾投刺，咸畏后时。"① 这一记载足以说明这些人的政治身份，他们正是李唐政权在关中的社会基础。这种势力在当地的特别强大，也是李渊、李世民父子进军关中后能够稳住局面，壮大实力的重要原因之一。此外，隋炀帝还"课关中富人，计其赀产出驴，往伊吾、河源、且末运粮。多者至数百头，每头价至万余"②。这也是造成关中地主起兵特多的原因之一。从江淮到岭南，地主起兵合计共二十起左右，占全国六十起的34%弱，相当可观。这一广大地区大部是原来南朝的辖境，在侯景乱梁前后兴起了很多土著豪强地主，其中不少人如程灵洗、鲁悉大、冼夫人等是陈朝的支持者和依附者。③ 全国统一之后，他们与萧铣一样，都是隋政权下的异己力量，所以南方曾经爆发过汪文进、高智慧、沈玄侩、吴世华、王国庆等人的武装反抗，一时"陈之故境，大抵皆反"④。隋文帝虽然平定了这次大暴动，但派裴矩"绥集"岭南时，"又承制署其渠帅为刺史、县令"⑤，实际上有半镇压半妥协的性质，并没有根除了这一势力。所以一有风吹草动，像沈法兴、刘元进这样的地主豪强就蠢蠢欲动了。这是南方地主起兵特别多的主要原因。黄河中下游，今河南、山东一带地主起兵也不少，原因何在呢？首先，这里与关中相似，集中

① 《全唐文》卷1。

② 《隋书》卷24《食货志》。

③ 参阅王仲荦《魏晋南北朝隋初唐史》，上海人民出版社1961年版，第328—332页。

④ 《通鉴》卷177开皇十年十一月。

⑤ 《隋书》卷67《裴矩传》。

了大量高官显宦及其子弟，他们具有较大的能量，在统治集团分崩离析中很易于借机起事，以求一逞。不但杨玄感本人是这种人物，参加他起兵的还有韩擒虎之子世谔、观王杨雄之子恭道、虞世基之子柔等四十余人，皆“达官子弟”[①]。其次，隋征吐谷浑后，马驴死者十八九，后征高丽，发现“兵马已多损耗”，炀帝于是诏“课天下富人，量其赀产，出钱市武马，填原数”[②]，当时马匹“直十余万，富强坐是冻馁者十家而九”[③]。受害富人首当其冲者必然是山东、河南一带的地主。最后，“邺都杂俗，人多变诈”，齐亡之后素称“人情险诐，妄起风谣”[④]，“旧号难治”[⑤]。中原矛盾素来复杂，隋政权在这里的统治本来就不巩固，统治阶级内部埋藏着不安定的因素。

隋朝是长期分裂之后刚刚建立的统一王朝，颇类嬴秦，在大一统的表面下掩盖着一股割据分裂的暗流，时隐时现，所以秦隋的统一都是极不巩固的。经过隋末农民大起义，各种妄图割据的势力都跳出来登台表演，实际上是投入大动荡的急流中让历史进行选择和沙汰，不识时务者不免落得个飞蛾扑火的下场。薛仁杲、梁师都及武德年间起兵的豪强地主，无不以卵击石，自取灭亡。还有一些反隋的南方豪强，在农民起义推翻隋政权后，则归附于唐，变成了唐朝的支持者。冯盎就是这种人物的典型。《旧唐书》卷109《冯盎传》：“或有说盎曰：‘自隋季崩离，海内骚动，今唐虽应运，而风教未浃，南越一隅，未有所定。公克平五岭二十余州，岂与赵佗九郡相比？今请上南越王之号。’盎曰：‘吾居南越，于兹五代，本州牧伯，唯我一门，子女玉帛，吾之有也。人生富贵，如我殆难。常恐弗克负荷，以坠先业。本州衣锦便足，余复何求？越王之号，非所闻也。’”总之，唐朝的统一远远地超过了隋代，更加巩固和发展了。至于“安史之乱”以后的藩镇割据，那是新的历史条件下产生的新问题，不宜与南北朝至隋代的情况混为一谈。

---

① 《通鉴》卷182大业九年六月。

② 《隋书》卷24《食货志》。

③ 《隋书》卷4《炀帝纪》。

④ 《隋书》卷73《梁彦光传》。

⑤ 《隋书》卷46《长孙平传》。

把地主起兵识别出来以后，就可确认哪些武装势力是农民起义军了。除少数民族起事不计外，兹将农民起义军的情况列表如下：

表 3

领导人或称号	斗争地区		史料主要出处	备考
	隋地名	今地名		
王薄	齐郡	山东济南一带	《通鉴》《隋书·炀帝纪》《隋书·张须陀传》	一人一事往往见于《通鉴》各卷，故不注明卷次，下同
孙安祖	高鸡泊	山东漳南境	《旧唐书·窦建德传》《通鉴》	
孟海公	济阳、曹州	山东菏泽、曹县	《新唐书·高祖纪》《通鉴》	
孟让	齐郡	山东济南一带	《通鉴》《隋书·炀帝纪》	
郝孝德	平原	山东平原一带	《隋书·段达传》《隋书·张须陀传》《通鉴》	
孙宣雅	勃海	山东惠民一带	《隋书·张须陀传》《通鉴》《隋书·炀帝纪》	
郭方预	北海	山东益都一带	《通鉴》《隋书·炀帝纪》	亦作郭方顶
左孝友	齐郡	山东济南一带	《通鉴》《隋书·张须陀传》	
左才相	同上	同上	《新唐书·高祖纪》《通鉴》	
吴海流	济阴	山东菏泽一带	《隋书·炀帝纪》	
颜宣政	齐郡	山东济南一带	同上	
王伯当	济阴	山东菏泽一带	《通鉴》	
时季康	不详	山东境	《隋书·王辩传》	因该传把郝孝德、孙宣雅、时季康、窦建德排列在一起，估计当在山东境内
石秪阇	豆子䴚	山东德州境	《隋书·张须陀传》	
徐圆朗	鲁郡	山东兖州一带	两《唐书·徐圆朗传》《通鉴》	
房献伯	济阴	山东菏泽一带	《通鉴》	《隋书·炀帝纪》作汝阴郡，姑从《通鉴》
张青特	济北	山东聊城一带	《新唐书·高祖纪》《通鉴》	
甄宝车	同上	同上	《隋书·炀帝纪》	
杜彦冰、王润	平原	山东聊城一带	同上	

续表

领导人或称号	斗争地区		史料主要出处	备考
	隋地名	今地名		
李德逸	同上	同上	同上	
韩进洛	济北	山东平原一带	同上	
綦公顺	北海、青、莱	山东益都、掖县一带	《新唐书·高祖纪》《通鉴》	
王安	临清	山东临清一带	《隋书·杨善会传》	
裴长才、石子河	齐郡	山东济南一带	《隋书·张须陀传》	
秦君弘	北海	山东益都一带	同上	
帅仁泰	济北	山东聊城一带	同上	
霍小汉	同上	同上	同上	
杨厚	北海	山东益都一带	《隋书·松赟传》	
宋世谟	琅邪	山东临沂境	《隋书·炀帝纪》	《隋书·董纯传》作宗世谟
徐师顺	任城	山东济宁一带	《新唐书·高祖纪》	
淳于难	文登	山东登州一带	同上	
张金称	清河	河北清河一带	《隋书》的《段达传》《杨义臣传》《杨善会传》《通鉴》	
高士达、窦建德	同上	同上	两《唐书·窦建德传》《通鉴》	
格谦	河间	河北河间一带	《通鉴》《隋书·炀帝纪》	
高开道	沧州、北平	河北沧县、卢龙一带	两《唐书·高开道传》《通鉴》	
王须拔	上谷、恒、定	河北易县、正定、定县一带	《新唐书·高祖纪》《通鉴》	
魏刀儿	高阳	河北高阳一带	《隋书·段达传》《通鉴》	亦作魏刁儿
卢明月	涿郡	北京市一带	《通鉴》《隋书·炀帝纪》	《旧唐书·秦叔宝传》击明月于下邳，从《通鉴》
宋金刚	易州	河北易县一带	《旧唐书·刘武周传》《通鉴》	
杨公卿	邯郸	河北邯郸一带	《通鉴》《旧唐书·苏定方传》	
赵万海	恒山	河北正定境	《隋书·炀帝纪》《通鉴》	

续表

领导人或称号	斗争地区		史料主要出处	备考
	隋地名	今地名		
王君廓	上谷	河北易县一带	两《唐书·王君廓传》《通鉴》	
郗士陵	灵寿	河北灵寿一带	《通鉴》	
赵君德	清河	河北清河一带	同上	
沙门高昙晟	怀戎	北京市一带	同上	
杨宗绪	幽州	同上	《隋书·李景传》	
王子英	上谷	河北易县一带	《隋书·炀帝纪》	
李文相	魏郡	河北临漳一带	《通鉴》	《旧唐书·李密传》作李文柏
张升	洹水	河北大名一带	《通鉴》	
李义满	平陵	河北大名县一带	《新唐书·高祖纪》	隋有平陵县，在今湖北境。据李义满事迹，此平陵当不在湖北，疑平陵系平陵城，在今大名附近
刘黑闼	窦建德故境	河北省一带	两《唐书·刘黑闼传》《通鉴》	
自称弥勒佛者	洛阳	河南洛阳市	《隋书·五行志》《通鉴》	
翟让“瓦岗军”	瓦岗寨	河南滑县一带	《通鉴》《隋书》及两《唐书》的《李密传》	
吕明星	东郡	同上	《隋书·炀帝纪》《通鉴》	
王德仁	林虑山、邺	河南林县、安阳一带	《新唐书·高祖纪》《通鉴》	邺（今河北临障西南）①
王当仁	外黄	河南民权一带	《通鉴》	
李公逸	雍丘	河南杞县一带	同上	
魏六儿	淮阳	河南淮阳一带	同上	
李德谦	同上	同上	同上	

① “邺（今河北临障西南）”原无。——秦进才注

续表

领导人或称号	斗争地区		史料主要出处	备考
	隋地名	今地名		
周文举	韦城、淮阳	河南滑县、淮阳一带	《新唐书·高祖纪》《通鉴》	
董灯明	毛州	河北馆陶一带	《新唐书·高祖纪》《通鉴》	
张士贵	虢州	河南卢氏一带	两《唐书·张士贵传》	
杨仲达	豫州	河南洛阳一带	《新唐书·高祖纪》	
张善相	伊、汝	河南伊、汝二水	同上	
王要汉	汴州	河南开封附近	同上	
时德叡	尉氏	同上	同上	
崔白驹	颍川	河南许昌一带	《旧唐书·李密传》	
彭孝才	东海	江苏连云港一带	《通鉴》《隋书·炀帝纪》	
杜伏威、辅公祏	江淮一带	江苏省境	两《唐书》的《杜伏威传》《辅公祏传》《通鉴》	
李子通	海陵	江苏泰州一带	《旧唐书·李子通传》《新唐书·高祖纪》《通鉴》	
赵破阵	同上	同上	《通鉴》《旧唐书·杜伏威传》	
张大彪	彭城	江苏徐州一带	《隋书·炀帝纪》《隋书·董纯传》	唯《通鉴》作张大虎
魏骐驎	同上	同上	《隋书·炀帝纪》	
“胡驴贼”	上洛	陕西商县一带	《通鉴》	
张善安	方与	江苏徐州境内	《旧唐书·张善安传》《通鉴》	
臧君相	海陵、海州	江苏泰州、连云港一带	《新唐书·高祖纪》《通鉴》	
董道冲	江南一带	江苏境内	《隋书·刘元进传》	
卢公暹	东海	江苏连云港一带	《隋书·炀帝纪》	
沈觅敌	扬州	江苏扬州一带	同上	
罗慧方	吴州	江苏苏州一带	《隋书·韦冲传》	
吴綦子	丹阳	江苏南京一带	《隋书·刘子翊传》	
翟松柏	雁门	山西代县一带	《隋书·炀帝纪》	
毋端儿	龙门	山西河津一带	《新唐书·高祖纪》《通鉴》	亦作母端儿
王君廓	长平、虞乡	山西高平、运城等地。	两《唐书》的《王君廓传》《旧唐书·王及善传》	

续表

领导人或称号	斗争地区		史料主要出处	备考
	隋地名	今地名		
敬盘陀	绛郡	山西闻喜、绛县一带	《隋书·樊子盖传》《通鉴》《隋书·炀帝纪》	
柴保昌	同上	同上	《隋书·樊子盖传》《隋书·炀帝纪》	
李士才	长平	山西高平一带	《通鉴》	《旧唐书·李密传》有李士雄，亦斗争于长平，疑与《通鉴》所载李士才为一人
韦宝、邓豹	虞乡	山西运城一带	同上	
杨世洛	太原	山西太原一带	《隋书·炀帝纪》	
郭六郎	并州	同上	《全唐文》卷134陈子良《平城县正陈子幹诔并序》	
尉文通	雁门	山西代县一带	《隋书·炀帝纪》	
司马长安	西河	山西汾阳一带	同上	
“黑社”	谯郡	安徽亳县一带	《通鉴》	
“白社”	同上	同上	同上	
张迁	同上	同上	同上	
殷恭邃	同安	安徽潜山一带	《新唐书·高祖纪》《通鉴》	
梅知严	宣城	安徽宣城一带	《新唐书·高祖纪》	
张子路	庐江	安徽合肥一带	《隋书·炀帝纪》	
李通德	同上	同上	同上	
张起绪	淮南	安徽寿县一带	《隋书·炀帝纪》	
李青蛙	淮左	安徽境	《旧唐书·刘德威传》	
向海明	三辅	陕西中部地区	《隋书·五行志》《通鉴》《隋书·炀帝纪》	《隋书·杨义臣传》有“妖贼向海公”，活动于扶风、安定一带，疑即向海明
李弘芝、唐弼	扶风	陕西兴平一带	《旧唐书·薛举传》《通鉴》	唯《隋书·炀帝纪》作李弘
卲江海	岐州	陕西凤翔一带	《隋书·炀帝纪》《新唐书·高祖纪》	

续表

领导人或称号	斗争地区		史料主要出处	备考
	隋地名	今地名		
刘迦论	雕阴	陕西绥德一带	《旧唐书·屈突通传》《通鉴》《隋书·炀帝纪》	
周洮	上洛	陕西商县一带	《新唐书·高祖纪》	《通鉴》作周比洮
张子惠	司竹	陕西周至一带	同上	虽始见于武德二年，但为“山贼”，必非地主起兵
杨士林	山南	陕西、四川、河南、湖北部分地区	同上	
荔非世雄	临泾	甘肃镇原一带	《隋书·炀帝纪》	
左难当	泾州	甘肃泾川	《新唐书·高祖纪》	
康老和	张掖	甘肃张掖	《隋书·恭帝纪》	
宗罗睺	金城	甘肃兰州一带	《旧唐书·薛举传》	
陈瑱	信安	广东高要一带	《隋书·炀帝纪》	
梁慧尚	苍梧	广东封川一带	同上	
高法澄	广州	广东广州一带	《通鉴》	起事虽在武德年间，因起事后即归附林士弘农民军，故仍为起义
沈宝彻	新州	广东新兴一带	同上	同上
林士弘	豫章	江西南昌一带	《旧唐书·林士弘传》《通鉴》	
操师乞	鄱阳	江西波阳一带	同上	唯《隋书·炀帝纪》作操天成
李三儿、向但子	东阳	浙江金华一带	《隋书·炀帝纪》	
陶子定	东阳	浙江金华一带	《隋书·韦冲传》	
苗海潮	永嘉	浙江温州一带	《新唐书·高祖纪》	
郑文雅、林宝护	建安	福建福州一带	《隋书·炀帝纪》	
曹武彻	桂阳	湖南郴县一带	《隋书·恭帝纪》	
沈柳生	罗川	湖北宜城一带	《旧唐书·萧铣传》	
张长逊	五原	内蒙古包头一带	《隋书·炀帝纪》《新唐书·高祖纪》	亦作张长悉

续表

领导人或称号	斗争地区		史料主要出处	备考
	隋地名	今地名		
刘兴祖	河朔	甘肃、宁夏一带	《旧唐书·李密传》	原记载为“白朔”，古地名无“白朔”，疑“白”字为行书“河”字之讹

据以上不完全统计，农民起义共爆发一百二十六次之多，确实是“星离棋布，以千百数”①。在爆发起义的地区中，今山东省共三十一起，占全国总数的25%强，因为这里是东征高丽受害最严重之处，也是水灾为害最甚的地方。唐初魏徵曾说：“自丧乱以来，近泰山州县，凋残最甚”②，说明山东一带确实是阶级斗争进行得最剧烈、最残酷的地区。今河北省和北京市爆发的起义，共二十一起，占全国总数的16%强，居第二位。这一带爆发起义特别多，除存在和山东相同的原因外，恐怕还与开凿永济渠的苛重徭役有关。第三位当推今河南一带，共爆发十五起，占全国总数的12%弱，在隋朝末年，无论是开运河、征高丽、巡游江南，中原都是受害区，所以也成为起义集中爆发区之一。今江苏、安徽两省合计，共爆发起义二十二起，占全国总数的17%强，相当可观，故有“锋镝腾沸，四海同弊，三吴益甚”的记载。③ 这一地区阶级矛盾特别尖锐，可能与通济渠、邗沟、江南河的开凿及炀帝巡游有密切的关系。此外，隋炀帝欲都丹阳，李桐客曾说：“江东卑湿，土地险狭，内奉万乘，外给三军，民不堪命，亦恐终散乱耳。”④ 可见长江下游是人多地少的狭乡，阶级矛盾本来就比较尖锐，估计这种情况是由南朝世族地主的占固、兼并土地造成的。大致受开运河、征高丽、巡游等骚扰越少，越偏远的地区，农民起义越少，所以今山西有十一起，陕西有八起，甘肃、广东各四起，其余各省就更少了。至于长江中游的林士弘起义，规模也不算小，但大约不是由于阶级矛盾特别尖锐造成的，而是与隋政权的鞭长莫及有关，

① 《隋书》卷70史臣曰。

② 《魏郑公谏录》卷4《对封禅》。

③ 《高僧传》二集卷16《释智琰传》。《册府元龟》卷309《宰辅部·佐命》载，刘文静称：“今……淮南大贼连州郡，小盗阻山泽者万数矣。”

④ 《通鉴》卷185武德元年三月。

所以这次起义占领的地区并不算小，而在整个阶级斗争的大场面中，影响却不大。通过上述分析可以看出，隋末农民起义爆发得非常普遍，几乎全国各地都有，与唐末农民军的一支孤军奋战，有显著的区别。但起义爆发仍然是不平衡的，大致起义爆发较多的地区，容易凝聚成规模较大的农民军主力，窦建德的河北起义军，翟让、李密的瓦岗军和杜伏威的江淮起义军，恰恰出现于阶级矛盾最激化、起义爆发最多的黄河中下游和江淮一带，就足以说明此点。

隋末的农民起义约有一百二十六起，地主起兵约有六十起，前者比后者多一倍有余，阶级斗争占绝对的支配地位；但在一次农民大起义中竟然有这么多的地主起兵，实属惊人。由此可见，阶级斗争同统治阶级内部斗争、地主起兵自保的严重交织，使历史呈现出一幅光怪陆离的画面，这确实是隋末农民起义的突出特点之一。

（原载《文史》第 11 辑，中华书局 1981 年版）

唐末农民战争的历史作用

从公元7世纪初隋末农民战争之后，至公元14世纪中叶元末农民战争以前，在长达七个多世纪的历史时期中，农民起义此起彼伏，从未间断，然而真正具有农民战争规模的却只有唐末农民大起义。它是这一时期阶级斗争的高潮。这次农民战争爆发在中国封建社会前后期发展的转折阶段，因而起义军领袖的桂冠上出现了“平等”字样，部分商人破天荒地参加了起义。起义不仅反映了历史发展的阶段性特点，而且也对社会的发展和变化起了伟大的推动作用。只是由于起义失败之后，未能立刻出现全国统一的政治形势，复杂的政治局面和统治阶级间的斗争仍在继续，因此起义的作用受到一定的局限，同时也不能简单地、直接地浮现在社会历史的表面，而是通过复杂的社会政治关系曲折地折射出来。这就给唐末农民战争的历史作用这个问题的研究带来了特殊的困难。也正因如此，才需要我们深入细致地进行分析和探讨。

一　“平均”要求提出的意义

《续宝运录》载，王仙芝起义后，自称“天补平均大将军兼海内诸豪都统”①。这个称号带有“平均”字样，因而它不仅是一个称号，而且也是一面斗争旗帜，上面书写着农民军的纲领性口号。到南唐时，农民的平均要求提得更明显了，陆游《南唐书》卷14《陈起传》：

① 《通鉴》卷252《考异》引《续宝运录》。同书卷253《考异》亦引《续宝运录》，但作“天补均平大将军兼海内诸豪都统”。未知孰是。

> 昇元中，以进士起家为黄梅令。时县境独木村有妖人诸佑挟左道，自言数世不食肉，能使富者贫，贫者富。俚民稍稍从之。初有徒数十人，积数年，从者至数百。男女无别，号曰忍辱，夜行昼伏，取资于盗。

我们可以看出，这是一个贫苦农民的宗教组织，诸佑用以号召群众的“使富者贫，贫者富”的口号就是农民群众的原始平均要求。北宋初年爆发的王小波、李顺起义则进一步公开提出了“均贫富”的纲领性口号。由此可见，从唐末至北宋，是农民起义“平均”口号从酝酿到诞生的历史阶段，而“天补平均大将军”则是这个口号的最初萌芽。尽管唐末农民战争的这个口号提得还比较朦胧，但作为新鲜事物在历史上第一次出现，是有其重大意义的。

“平均”要求是针对不平均的实际社会状况提出的，当时不平均的现实意义是什么呢？唐懿宗在咸通十三年的诏书中称：

> 其逃亡户口赋税及杂差科等须有承佃户人，方可依前应役。如将阙税课额摊于见在人户，则转成逋债，重困黎元。或富者有连阡之田，贫者无立锥之地，欲令均一，固在公平。①

上述记载说明，当时所谓“不均”有双重意义：首先是指“富者有连阡之田，贫者无立锥之地”的土地不均而言，其次是指在土地不均基础上产生的赋税不均而言。

唐末农民战争之所以能够提出反对贫富不均的战争口号，是由于唐中叶至北宋建立，中国封建社会正处在一个历史转折的过渡阶段，转折变化的基本内容之一就是地主土地所有制的进一步发展，占田制、均田制等国家处理大量官荒培植自耕农的措施以后再也不能推行。② 不过，唐

① 《旧唐书》卷 19 上《懿宗纪》。

② 明初大量移民垦荒也培植了很多自耕农，但与蒙古贵族全部被驱逐有关，如果没有民族占领，很难设想明初的无主官荒有那么多，我们应对明初的情况特殊地看待，不能当作一般正常的经济状况。

宋时期，农民还未能把土地从一般物质财富中区别出来，因而不能直接提出“均田”的要求，而只能要求均贫富。在阶级斗争的过程中，这一要求曾在一定程度上见诸实践。黄巢领导农民军进入洛阳时，有的官僚地主以“其金帛悉藏于地中，并为群盗所得”①。而农民军“见穷民”，却以“金帛与之”②。这就是所谓“劫富济贫”的行动。只是农民不能从主观上认识封建剥削的整个经济体系，所以这个原则不可能在社会范围内被彻底地全面运用。

农民是个体小生产者，他们反对贫富不均的另一面就是幻想建立一个乌托邦式的平等、平均的社会。这种理想只能存在于人们的意识中，不可能真正降临到现实的人间。但这种愿望却会推动农民在条件可能的地区和时间改善自己的生产、生活状况。农民战争失败以后，张全义在洛阳附近大兴屯田，除他原有的军队之外，“招农户令自耕种，流民渐归”，参加耕垦。这个地区的面貌是：“民诉以牛疲或阙人耕锄”，张全义“立召其邻仵，责之曰：‘此少人牛，何不众助之?’邻仵皆伏罪”。“洛阳之民无远近，民之少牛者，相率助之，少人者，亦然。”在法律上，“除杀人者死，余但加杖而已，无重刑”。在剥削上，则“无租税”，“关市人赋，殆于无籍”。农民的生活是“家家有蓄积，水旱无饥民”③。从上述事实可以看出：这一带既然是设屯垦种，大致每户农民占有的土地比较平均，不会形成贫富悬殊；在官府不设租税的条件下，农民能暂时免于剥削；地主政权的刑罚统治也很松弛。这是地主政权推行让步政策的表现，在大齐政权做过吏部尚书的张全义毕竟比较了解农民的理想，所以能够较多地按照农民的要求进行让步。由于历史条件的限制，当时的农民不能以自己的名义来保护其阶级利益，因而封建官吏张全义就自然成了建立上述生活的“权威”。这就决定了张全义毕竟是农民的统治者，“无租税、无重刑”的状况一定不能持久，农民的前途只能是充当受地主阶级统治和剥削的依附劳动者。虽然如此，我们仍应肯定，洛阳的屯垦正是提出“平均”要求的农民战争所取得的伟大成就。

---

① 《玉泉子》。

② 《新唐书》卷225下《黄巢传》。

③ 《洛阳缙绅旧闻记》卷2《齐王张令公外传》。

两税法实行以后，法令规定按土地多少和户等高低课税，实际上，吏治败坏，地主规避，“豪民侵噬产业不移户，州县不敢徭役，而征税皆出下贫”①。这就形成“两税不均”②。元稹在《同州奏均田状》中曾说：“富豪兼并，广占阡陌，十分田地，才税二三。”③ 这和懿宗诏的精神完全吻合。元稹所谓“均田”就是均税。赋税越畸轻畸重，农民对于贫富不均的痛苦便感到越为严重，越不能容忍。可见唐末农民起义的“平均”要求既表现为反对贫富不均，也表现为反对课役不均。五代十国时期，百姓“诉田不均”④ 的情况仍然存在，但各朝统治者“按行民田”“均民田税”“排改检视”的事实比农民战争以前是大大增加了。后周时，柴荣曾“以元稹均田图遍赐诸道”，并遣大臣三十四人，“分行诸州，均定田租”⑤。此外，据亩征税的趋势也越来越明显，五代十国时期的一些杂税也多摊征于顷亩，如后唐的麯钱、桥道钱、农具钱、小菉豆税，后周的牛皮税等，都是如此。⑥ 沿着这条道路发展下去，北宋的二税变成了完全按亩征敛，根本没有土地的客户就免去了课役。这种赋税制度的变化反映了地主土地所有制的发展，而推动这个变化的动力则是要求平均课役的农民战争。

唐末农民战争的“平均”要求是对地主阶级提出的政治抗议，这一要求的出现反映阶级矛盾的深刻化，反映阶级斗争水平的提高，也客观上反映了农民对封建社会所持的态度。

二　生产关系的局部调整

唐末农民战争之前，土地高度集中，周期性危机再一次重演。唐代实行科举制度，官吏逐年大量增加，武则天以后，破格用人，官僚集团

---

① 《新唐书》卷52《食货志》。

② 《全唐文》卷685皇甫湜《对贤良方正直言极谏策》。

③ 《元氏长庆集》卷38《同州奏均田状》。（“同州”“奏”原误倒。——编者注）

④ 《旧五代史》卷46《唐末帝纪》。

⑤ 《通鉴》卷294显德五年七月、十月。

⑥ 参阅《五代会要》卷25、卷26，《旧五代史·唐明宗纪》及《通鉴》卷277、卷291等。

迅速膨胀。“安史之乱”以后，尽管人口减少，经济残破，而中央政权仍以封爵赐官收买人心，节度使则大置僚属，全国的官吏继续增加。官僚地主于是成为地主阶级中的一个重要阶层。他们依靠特权，不但兼并农民的土地，而且也强夺庶族地主的土地。如中唐时，剑南东川节度使严砺就曾违法没收吏民八十八户的庄宅共一百二十二所。① 再如庐州营田吏施汴，“尝恃势夺民田数十顷，其主退为其耕夫，不能自理”②。所谓“前贤”“衣冠”的特权地主“例无徭役”，一般农民及庶族地主则“惧其徭役，悉愿与人，不计货物，只希影复”。土地于是大量流入特权阶层手中，他们“自置庄田”，“广占物产”的结果，“凡称衣冠，罔计顷亩”③。官僚地主占有大量土地，不仅敲骨汲髓地剥削农民，摧残社会生产，并且把很多田庄变成仅供游乐，不事生产的园林。当时有人慨叹地说：

> 今之宅树花卉犹恐不奇，减征赋惟恐不至，苟树桑者，必门嗤户笑……今之田贫者不足于耕耨，转而输于富者，富者利广占不利广耕。④

可见土地高度集中对生产不利，大量集中在官僚地主手中，对生产的破坏更为严重。这样，农民起义反对地主阶级，尤其集中地打击官僚地主阶层。

唐朝的丞相崔沆曾被“黄巢赤其族”⑤。僖宗狼狈而逃，“扈从不及”的官僚地主及藏在张直方复壁中的“公卿”全部被杀。《秦妇吟》所谓“天街踏遍公卿骨”集中地描写了农民军打击官僚地主的情景。北方的贵族官僚失去了巢穴，四散南逃，多依靠吴、南唐，前、后蜀，闽及南汉各国政权，寄人篱下。徐知诰的“延宾亭”、王审邽的“招贤院”都是专门为“物色”“礼遇”北来衣冠而设的。⑥ 正因为农民起义沉重地打击了

---

① 《元氏长庆集》卷37《弹奏剑南东川节度使状》。

② 《太平广记》卷134《施汴》出《稽神录》。

③ 《文苑英华》卷669《复宫阙后上执政书》。

④ 《皮日休文集》卷7《请行周典》。

⑤ 《玉泉子》。

⑥ 《钓矶立谈》。《十国春秋》卷94《武肃王审邽传》。（“邽”原误作“邦”。——编者注）

官僚地主，所以经过五代到北宋，出现了这样的情况：

> 昔者承五代之乱，天下学者凋丧，而仕者益寡，虽有美才良士，犹溺于耕田养生之乐，不肯弃其乡闾而效力于官事。当此之时，至调富民而为官。①

一向力求显达的地主知识分子现在居然对做官感到淡漠，不能不说是一个一百八十度的巨变。随着官僚地主的遭到迎头痛击，他们的大地产、园林也衰落了，这是地主阶级经济力量被削弱的表现。李德裕的“平泉庄”是唐代洛阳闻名的园林，他曾谆谆告诫子孙：“鬻平泉者非吾子孙也。以平泉一树一石与人者，非佳也。”② 经过黄巢大起义后，李德裕苦心经营的“平泉庄”面目全非了。《旧五代史》卷60《李敬义传》：

> 洎巢（黄巢）、蔡（秦宗权）之乱，洛都灰烬……李氏花木多为都下移掘，樵人鬻卖，园亭扫地矣！有醒酒石……中使有监（张）全义军得此石，置于家园……（敬义）因托全义请石于监军……监军忿然厉声曰：“黄巢败后，谁家园池完复？岂独平泉有石哉！”

这是一个极其典型的例子。很多园林“扫地”的结果，使大量土地重新使用于农业生产。实际上，除官僚地主外，一般庶族豪强地主也遭到农民起义的沉重打击，经济力量也被削弱。地主土地所有制的被抑制就可以为土地关系的调整开辟道路。

唐末五代生产关系的调整主要表现为自耕农数量的增加。南唐徐知诰曾下令：“民有向风来归者，授之土田，仍给复三岁。”“民三年艺桑及三千本者，赐帛五十匹。每丁垦田及八十亩者，赐钱二万。皆五年勿收租税。”③ 吴越王钱俶亦“下令以境内田亩荒废者，纵民耕之，公不加

---

① 《栾城集》卷20《私试进士策问二十八首》。

② 《李文饶别集》卷9《平泉山居戒子孙记》。

③ 《陆游南唐书》卷1《烈祖本纪》。

赋”。同时他还“募民垦荒田，勿收其租税。由是境内并无弃田”[1]。张全义在洛阳屯垦的土地虽然仍属国家所有，但农民却获得了稳固的占有权和使用权。唐哀帝曾在天祐二年诏中正式宣布：

> 洛城坊曲内旧有朝臣、诸司宅舍，经乱荒榛，张全义葺理已来，皆已耕垦，既供军赋，即系公田。或恐每有披论，认为世业，须烦按验，遂启倖门。其都内坊曲及畿内已耕植田土，诸色人并不得论认。如要业田，一任买置。凡论认者，不在给还之限。如有本主元自差人勾当，不在此限。如荒田无主，即许识认。[2]

法令规定，逃亡地主回来后，不能把农民已经耕垦了的土地论认追还；如果需要土地，应该另行买置；只有现在无人经营的荒田，才在论认之限。显然，这是农民战争打击地主经济的结果。到后周时，郭威终于停废了这些屯田，割属州县，并规定：“应有客户元佃系省庄田桑土舍宇，便赐逐户充为永业。”公田也终于成了农民的私田，于是农民“既得为己业，比户欣然，于是葺屋植树，敢致功力”[3]。除屯田转化为自耕农私田外，北方农民垦耕无主弃田为已业的情况也很普遍。后晋统治者曾令“民垦田及五顷以上，三年外乃听县司徭役”[4]。后周广顺元年，幽州发生饥荒，流民散入沧州，郭威除“口给斗粟”外，“仍给无主土田令取便种莳，放免差税”[5]。唐末及五代十国时期，由于历史发展阶段的具体条件所制约，土地关系的调整已不可能达到唐初均田制实行时的规模，但毕竟经过调整，大土地所有制是削弱了，自耕农是增加了。这样，封建社会的基本矛盾就趋向缓和，危机阶段就为恢复阶段所代替。生产力再一次为自己的恢复和发展开辟了途径。

中唐时期，唐政权也一再下令，鼓励农民垦种荒田，以充永业，也

---

① 《吴越备史》卷4《大元帅吴越国王》。
② 《旧唐书》卷20下《哀帝纪》。
③ 《旧五代史》卷112《周太祖纪》。
④ 《通鉴》卷281天福三年六月。
⑤ 《旧五代史》卷111《周太祖纪》。

曾把局部地区的屯田分配给农民作为私有土地[①]，但这些政策收效很小。到农民战争之后，同样的政策却能收到显著的效果。原因何在呢？首先，中唐时期，地主经济未曾受到农民起义的打击，上述政策不能普遍实行。其次，地主政权不能在各地普遍减轻赋役，只能在个别狭小的地区让步，这就不但不能收到实效，反而使各地负担畸轻畸重，引起农民为了避劳就逸而流转各地，结果，“新亩虽辟，旧畲反芜；人利免租，颇亦从令”[②]。五代十国时期，地主政权减轻赋役的让步政策推行得比较普遍了，所以才能真正起到安辑流亡的作用。没有赋役的普遍减轻，后周出佃逃户庄田及招还逃户归业的政策是不会卓有成效的。

五代十国时期，各国统治者之所以肯于、能够推行上述让步措施，固然由于接受了农民起义推翻唐室的教训，同时也还由于唐末农民战争为这些政策的施行创造了比较有利的政治环境。

三　调整生产关系、推行让步政策的政治条件

对唐政权最后执行死刑的是朱温，而宣布其死刑判决书的却是长安含元殿的大齐皇帝。甚至封建史臣也懂得“唐亡于黄巢而祸基于桂林”[③]。唐政权的覆灭不仅具有政治意义，而且还有现实的经济后果。

“安史之乱”以后，全国各地藩镇林立，至唐末，中央政权已成了一具僵尸。实际行使国家政权的，与其说是皇帝的小朝廷，不如说是大大小小的节度使，唐政权已经成为长在社会机体上的一个赘瘤。作为剥削机器，它却仍有显著的职能，德宗时沈传师曾说，财政支出中“最多者兵资，次多者官俸，其余杂费，十不当二事之一，所以黎人重困，杼轴犹空”[④]，李吉甫上《元和国计簿》时指出，中央政权能够直接赋敛的区

① 参阅《唐大诏令集》卷 70《长庆元年正月南郊改元赦》、《全唐文》卷 76 武宗《禁额外征税制》、卷 79 宣宗《召募闲田制》、卷 82 宣宗《大中改元南郊赦》、《旧唐书》卷 18 下《宣宗纪》及《通鉴》卷 248 大中三年八月。（“集”原脱。——编者注）

② 《陆宣公集》卷 22《均节赋税恤百姓第三条》。

③ 《新唐书》卷 222 中《南诏传赞》。

④ 《旧唐书》卷 149《沈传师传》。

域尚有浙江东西、宣歙、淮南、江西、鄂岳、福建、湖南等八道。节度使尽管可以自立留后，父死子继，然而还必须得到来自中央的节旄。藩镇为了使割据地位取得法律的承认，能够巩固，纷纷“进奉市恩”，当时有所谓“月进”“日进”“贺礼”“助赏”，不一而足。希望做节度使的人还要借债贿赂，到镇之后则“膏血疲民以偿之”，时人称为“债帅”①。由此可见，唐政权的存在使统治机构形成叠床架屋的臃肿状况，成了加重人民负担的因素。它不是混乱中秩序的代表者，而是以饕餮的容貌表明了自己的存在。当社会患着生产不足的严重贫血症时，再输送养料滋养这个肥大的赘瘤，就愈发显得不胜负担了。

唐末农民战争施行了切除手术，消灭了这个赘瘤，这就使人民的赋役负担可以减轻。大运河再也不能成为吸吮江南人民膏血的输血管，结束了唐代“军国费用，取资江淮”② 的局面。没有唐政权的推翻，吴、南唐、吴越、荆南及楚等国就很难推行让步政策，大力兴修水利工程。后唐灭前蜀时，郭崇韬等入川，又恢复了中原政权对剑南人民的榨取，“尽夜督责”当地居民输纳犒军钱。③ 在后唐的榨取下，“盗贼群起，布满山林”④。后蜀恢复独立后，又摆脱了中原政权的榨取，“府库之积，无一丝一粒入于中原，所以财币充实”⑤。可见人民群众是反对这种叠床架屋的统治，反对这种双重剥削的。只有中央集权的统一帝国恢复以后，地主政权大为简化，那时中央对全国各地统治的恢复才不至于带来双重剥削的恶果。五代十国时期，南方各国向中原进贡的事仍很普遍，但这与唐朝对江南的榨取不同。朱温有一次表扬吴越王钱镠的“贡献之勤”，臣下接着就指出：“镠之入贡，利于市易。”⑥ 可见这种进贡带有商业目的，与唐朝的赋敛迥异。

中唐时期，恢复中央集权的企图只是一种不切实际的幻想，根本缺乏条件，没有可能实现。从德宗到武宗，几次重要的藩镇战争几乎是由

---

① 《旧唐书》卷162《高瑀传》。

② 《文苑英华》卷422宪宗《元和十四年七月二十三日上尊号赦》。

③ 《通鉴》卷275天成元年十月。

④ 《通鉴》卷274同光三年闰十二月。

⑤ 《蜀梼杌》下。

⑥ 《通鉴》卷269贞明二年七月。

中央与藩镇的矛盾引起的。这些战争除了破坏社会经济，给人民带来一些灾难以外，没有任何积极作用和影响。唐末农民战争摧毁唐政权后，也就消灭了经常挑起藩镇战争的一个重要因素。

唐政权自身的力量不足以单独平定藩镇，遂采取“以方镇御方镇”[①]的策略，这就需要对藩镇兵大量赏赐，并且还要给予“出界粮”[②]。节度使既贪图出界粮，又感到唐朝统治者对他们的态度是：“有急则抚存将士，不爱官赏；事宁则弃之，或更得罪。”[③] 因此他们在作战时，“每有小捷，虚张俘级，以邀赏赉。实欲困朝廷而缓贼也”[④]。战争过程往往因此而成年累月地延长。唐末农民战争颠覆唐政权后，至五代十国时期，各国必须以自己单独具有的经济、军事力量进行战争，现在，战争不但不再会给各国统治者提供什么赏赐和出界粮，而且会消耗其力量，激化各地的阶级斗争，对各个政权提出能否生存的问题。在唐政权消灭的条件下，万不得已，各国间爆发了战争，各国统治者也会尽量缩短战争过程。如贞明五年，吴攻吴越，大胜之余，诸将劝徐温一举灭吴，徐温却说：“天下纷纷，民甚困矣！钱公亦未可轻也。若连兵不解，方为诸君之忧。”[⑤] 吴越统治者也十分愿意结束这次战争，因欲“息民故也”。吴越“自是休兵，民乐业二十余年”[⑥]。以后，南唐统治者徐知诰、李璟仍能基本上坚持“弭兵务农”政策，故史称：“自杨氏王吴，淮甸之人不识干戈者二十余年。”[⑦] 后蜀赵廷隐在利州时，亦欲北取兴元及秦、凤等州，孟知祥却“以兵疲民困，不许”[⑧]。因而后蜀能够“边陲无扰，百姓丰肥”[⑨]。又如荆南高氏欲攻楚，孙光宪谏称：“荆南乱离之后，赖公休息，士民始有生意。若又与楚交恶，它国乘吾之弊，良可忧也。”[⑩] 上述数例说明，五代

---

① 《唐语林》卷8《补遗》。
② 《国史补》上。
③ 《通鉴》卷253乾符六年十一月。
④ 《旧唐书》卷143《李全略附同捷传》。
⑤ 《九国志》卷3《徐温传》。
⑥ 《吴越备史》卷1《武肃王》。
⑦ 《马令南唐书》卷3《嗣主书》。
⑧ 《通鉴》卷277长兴二年五月。
⑨ 《锦里耆旧传》卷7。
⑩ 《通鉴》卷275天成元年四月。

十国统治者对待战争的态度，与唐朝的节度使比较起来，真有天渊之别。

需要声明的是，五代十国时期的战争并不一定比唐代少，只是唐代统治集团不是尽量避免战争，而是经常不必要地挑起战争，延长战争过程；五代十国统治者则避免了一些可以避免的战争，缩短了战争过程。我们应该从相对的意义上理解唐末农民战争的这一作用。

农民战争可以把反动腐朽的地主政权改造为“轻徭薄赋”的廉价政府，但这种改造必须通过旧政权的推翻和新政权的重建来实现。暴君本人不能改造成“好皇帝”，贪墨成风的酷吏也不能改造成为吏治清明的“循吏”。黄巢领导农民军浩浩荡荡进占长安时，政治形势发生了剧烈的震动，于是“州郡易帅，有同博奕”①；“诸藩擅易主帅”②。这就为统治集团的撤换和地主政权的改造开辟了道路。新执政的统治者如朱温、张全义、杨行密、马殷、王潮、高季兴、刘从效、周行逢、郭威等，或则出身寒微，“世为农夫”“少为木工”，或则本人就参加过农民起义。这种统治集团的更换对于推行让步政策、调整生产关系是比较有利的。如“少孤贫”的杨行密③就“自言不敢忘本”④。南唐泉州刺史刘从效也尝自称：“我素贫贱，不可忘本也。”故他能“以勤俭为务”⑤。后周郭威也曾说：“朕起于寒微，备尝艰苦，遭时丧乱，一旦为帝王，岂敢厚自奉养以病下民乎！”⑥ 不能设想，没有唐末农民战争，地主政权会发生这样重大的变化。

如上所述，唐末农民战争埋葬了唐政权这一事实具有显著而现实的社会、政治效果，对五代十国时期的经济恢复有重大作用。

四 从分裂割据发展为统一集权

由五代十国的分裂走向北宋的统一，由藩镇割据发展为中央集权，

---

① 《旧五代史》卷62《孟方立传》。

② 《旧五代史》卷13《王师范传》。

③ 《旧五代史》卷134《杨行密传》。

④ 《十国春秋》卷1《吴太祖世家》。

⑤ 《马令南唐书》卷27《刘从效传》。

⑥ 《通鉴》卷290广顺元年正月。

这是唐末农民战争之后政治形势发展的基本趋势。“安史之乱”以后，统一集权帝国的重建一直是广大人民的要求，而只有历史条件具备以后，这种要求才可能实现。正是唐末农民战争创造了统一集权帝国再现的历史条件。

关于藩镇战争，《新唐书·方镇表序》称：“喜则连衡而叛上，怒则以力而相并”。实际上，唐末农民战争以前，藩镇战争的内容总是“叛上”和“讨叛”构成的，只有到农民起义之后，唐政权已经名存实亡，才大量出现了“以力相并”的兼并战争，于是形成这样的局面：“时藩镇相攻者，朝廷不复为之辩曲直，由是互相吞噬，惟力是视，皆无所禀畏矣。”① 五代十国的大分裂就是由此而形成的。在唐代藩镇林立的状况下，任何一个强大的节度使都没有独吞全国的胃口，不具备兼并所有藩镇的经济、军事力量，所以，由割据走向统一的过程必须分作两步：第一步，强大的藩镇首先兼并弱小的藩镇；第二步，各国间展开最后的兼并，由最强大的国家吃掉所有的小国。从表面看，从藩镇割据发展为五代十国的分裂好像违背统一的趋势，但从实质上看，大分裂的表面却掩盖着局部地区的小统一，而这种局部统一正是全国最后统一的准备和条件。农民大军横扫全国的时候，“所在雄藩，望风瓦解”②，藩镇间原有的均势状态遭到了剧烈的破坏，割据势力间在力量对比上形成了严重的不平衡，农民起义于是为兼并战争开辟了途径。可见农民战争之后开始的藩镇“互相吞噬”是全国统一的起点。

五代十国的分裂局面形成以后，“诸国各有分土，兵革稍息”③，又形成了新的均势。这是历史发展过程中的喘息阶段，是调整生产关系、推行让步政策的有利时机。经过一段发展，各国间的均势再被不平衡的发展所破坏，于是就开始了第二步的兼并战争，以最后实现全国统一。在最后的兼并战争中，哪一个国家成为兼并者，哪些国家成为被吞并者，这是由什么决定呢？主要取决于农民战争的作用在各地区有大小的区别。就南方而言，淮水以南，西起复州、鄂州，东至宣州、歙州，南迄虔州，

① 《通鉴》卷256中和四年七月。

② 《通鉴》卷253广明元年七月《考异》引《妖乱志》。

③ 《通鉴》卷282天福六年四月。

是起义大军往复斗争的主要区域，它与吴、南唐的疆域大致吻合，因而吴与南唐就成为南方最大的强国，陆游说："自吴建国，有江淮之地，比他国最为富饶。"[①] 浙东是裘甫起义的主要地区，黄巢大军虽未深入这一带，但王仙芝牺牲后，其余部曾进攻潮州，"剽掠浙西"，曹师雄领导起义军活动于"二浙"一带。[②] 这就是后来吴越建国的区域，因而钱氏就成为南方仅次于吴与南唐的第二个势力。淮河以北，黄河流域，西起关中，东止沂州，是农民起义开始爆发及发展至最高潮时的基本战场。农民军撤出长安后，围陈三百天的战役虽然在战略上犯了拼命主义错误，但仍能"纵兵四掠，自河南许、汝、唐、邓、孟、郑、汴、曹、濮、徐、兖等数十州咸被其毒"[③]。黄河中下游是北方五个王朝的所在地，是统治阶级受农民起义打击最沉重的地区，因而也就成了最后统一全国的出发点和基地。与此相反，唐末农民战争未波及的地方如燕、北汉，只有旋起旋灭的小规模起义爆发的前、后蜀以及仅有起义军的足迹而未经剧烈阶级斗争的闽、楚、南汉、荆南，这些国家的统治者或则从来就极端腐化，或则很快就转为腐化，因而他们就只配做兼并战争中的被吞并者。

由此可见，从"安史之乱"以后，至唐末农民战争以前，历史沿着由中央集权走向藩镇割据的道路前进；从唐末农民战争之后，历史则沿着由分裂走向统一的道路前进。伟大的阶级斗争成了这种变化的转折点。

说到这里，问题还只解决了一半，因为藩镇割据产生的条件如何消灭的问题还全未涉及。唐宪宗曾经对很多藩镇取得过军事上的胜利，这些战争却没有发生兼并、统一的作用。新任的节度使实际上仍然是继起的割据者和叛乱者，他们的存在与其说是中央集权胜利的表现，不如说是对这种"胜利"的辛辣讽刺。唐政权为什么只能讨平叛乱的节度使，而不能消灭割据的节度使呢？这是一个十分重要的问题。

府兵制破坏以后，由募兵方式产生的镇兵是藩镇割据的手段和工具。他们除了穿着职业兵的制服以外，还摆出一副"骄兵"面孔。"安史之乱"以后，军士废立节度使相沿成俗。魏博牙兵不但强买豪夺，逾法犯

---

① 《陆游南唐书》卷15《刘承勋传》。

② 《通鉴》卷253乾符五年四月、六月、十二月。

③ 《通鉴》卷255中和三年六月。

令，而且还能“变易主帅，有同儿戏”。如史宪诚、何进滔、韩君雄、乐彦祯等节度使均由牙兵拥立。徐州的银刀军，其骄横也不亚于魏博军。唐代“兵骄则逐帅，帅强则叛上”的情况发展至五代，就是所谓“国擅于将，将擅于兵”。当时的政治形势可以概括为：站在皇帝对面的是拥兵割据的节度使，站在节度使背后的是骄兵，站在骄兵背后的才是广大的农民群众。可见骄兵的存在是产生割据的根源，只有消灭了骄兵，才能恢复中央集权。

骄兵都是由破产农民转化而成的职业兵，他们家口随身，却只有个人属于军籍，全家老小生活毫无保障，所以“衣粮所给，唯止当身，例为妻子所分，常有冻馁之色”[①]。因此，这些士兵就会不顾一切地起来与节度使斗争，与唐政权斗争，以争取赏赐。史料记载，“刻薄衣粮”“赏赐不时”经常是激成兵变的主要原因。各级统治者厚赏军士的结果，士兵“日益骄恣”。唐政权也想削弱藩镇兵，然其后果往往是事与愿违，朱克融、王廷凑的“复乱河朔”就是对萧俛、段文昌“消兵”之议的回答。[②] 只有到五代北宋时，统治者的军事改革才真正开始收效，即保留了有战斗力的士兵，使骄兵归农。为什么能发生这一转变呢？就由于生产关系得到了调整，统治者推行了让步政策，只有如此，骄兵才愿意真正归农。否则，他们宁愿做职业兵，也不愿乡居地著，忍受国家苛重的赋役剥削。可见没有唐末农民战争，生产条件得不到改善，骄兵就无法消灭，这样，即使北宋能吞并各国，也仍然不能避免藩镇割据，中央集权仍旧不能重建。北宋的禁军也很骄惰，但都是只身从军，无家口随身，故统治者能推行“更戍[③]法”，他们已不再是地方官进行割据的工具。

五　农民战争对商品经济的作用

唐代是中国封建社会商品经济水平有了显著提高的时期，商品货币

① 《陆宣公集》卷 19《论缘边守备事宜状》。

② 《旧唐书》卷 172《萧俛传》。

③ “戍”原误作“戌”。——编者注

关系有了很大发展，刘晏曾说："如见钱流地上。"① 这和"钱货不行"的魏晋时期迥然不同。"安史之乱"以后，土地高度集中，战火连年，农业生产萎缩，但商业却继续维持繁荣景象，主要原因是：第一，地主集中了大量地租，他们必然要出售其中相当部分，换取奢侈品。所以唐代后期贩运珠宝、玳瑁、香料等奢侈品的蕃商及中国商人充斥各地。第二，两税法的实行和唐政权的大搞盐利、茶利，使财政收入中的货币部分大为增加，社会居民被迫贱卖谷帛，缴纳赋税。这样，农民的负担随着物价的下落成倍地加重，很多产品人为地转化成了商品。以上两点说明，这种商业是病态的，对社会生产和人民生活有害无利。况且，奢侈品贸易越发展，地主的寄生性消费的欲望也越大，从而就会反转来加重剥削农民。

唐末农民起义对这些商业活动曾给予沉重打击。唐僖宗承认农民军在王仙芝领导下曾威胁东都，故"工商失业以无依"②。江西淮南各地的农民起义军亦"窘厄商徒"③。农民军在广州大量屠杀蕃商并使海外贸易停顿的事尽人皆知。④ 从奢侈品贸易的上述性质可以看出，起义军打击这种商业活动是完全合乎情理、可以令人理解的。五代十国时期，蕃商贩卖奢侈品的贸易仍然存在，如楚国"海商有鬻犀带者"⑤，闽国王审知曾"招来海中蛮裔商贾，资用以饶"⑥。但就全国范围来说，这种贸易是大为衰落了，蕃商的数量已不再可能与唐代后期同日而语了。有关记载说明，五代十国时期，绝大多数商业活动的主要内容都是贩卖盐、茶、纺织品等与国计民生有密切关系的商品。如楚国马殷就在汴、荆、襄、唐、郢、复等州置"回图务"，专门"运茶于河南北卖之，以易缯纩、战马而归"⑦。后周原来禁止民间与回鹘"市易定货"，虽一度取消禁令，"一听

---

① 《新唐书》卷149《刘晏传》。

② 《唐大诏令集》卷117《宣抚东都官吏敕》。（"集"原脱。——编者注）

③ 《唐大诏令集》卷120《讨草贼诏》。（"集"原脱。——编者注）

④ 参阅《中西交通史料汇编》第3册《古代中国与阿剌伯的交通》，第130页。

⑤ 《九国志》《拾遗》。

⑥ 《十国春秋》卷90《闽太祖世家》。

⑦ 《通鉴》卷266开平二年六月。

私便贸易”[①]；但不久，回鹘遣使朝贡，献玉及硇砂等物，后周却“皆不纳，所入马，量给价钱”。柴荣“以玉虽称宝，无益国用，故因而却之”[②]。可见统治者也有意识地限制奢侈品的贸易。应该说，五代十国时期，病态商业有所收敛，常态商业则仍在继续。

唐代地主政权大量征钱超过了商品经济的实际水平，对生产极其不利，故五代十国时有的国家重新征敛实物。吴国顺义二年，睿帝命定租税，仍按亩征钱，宋齐邱因奏称：

> 江淮之地，自唐季以来，为战争之所。今兵革乍息，甿黎始安，而必率以见钱，折以金银，斯非民耕桑可得也，将兴贩以求之，是教民弃本而逐末耳。乞虚升时价，悉收谷帛本色为便。

这一建议被采纳后，“自是，不十年间，野无闲田，桑无隙地”[③]。南唐“夏赋准贡见缗，民苦之”。在李元清奏请下，也终于纳帛折钱，结果，“民无怨望”[④]。楚国民间输税，亦“用帛代钱”，其作用是：“湖南民素不习蚕桑事。至是，机杼遂埒于吴越。”[⑤] 事实说明，赋税多征实物更适合农民自然经济的状况，这种改变导致病态商业的衰落，对农民经济范围内的农、工业发展有利。这种让步政策的推行也是农民战争发生积极作用的表现。

六　唐末农民战争的作用与五代十国时期的阶级斗争

我们必须把唐末农民战争与五代十国时期的阶级斗争联系起来进行研究，才能全面地理解黄巢大起义的作用。

① 《旧五代史》卷111《周太祖纪》卷2。
② 《旧五代史》卷138《回鹘传》。
③ 《十国春秋》卷3《吴睿帝本纪》。
④ 《马令南唐书》卷22《李元清传》。
⑤ 《十国春秋》卷72《高郁传》。

唐末农民战争之后，阶级斗争的高涨虽已过去，小规模的农民起义和各种形式的阶级斗争却从未间断。比较著名的起义有梁贞明时的毋乙、董乙起义，曾经活动于陈、颍、蔡等州。① 岭南张遇贤曾自称“中天八国王”，发动起义，有众十余万。② 唐末剑南地区也有道士杜从法领导的起义，活动于昌、普、合三州。③ 其他小规模的农民起义遍布全国各地，不胜枚举。此外，其他形式的阶级斗争也多种多样。其中主要的仍是逃亡。如吴越农民曾在水灾的袭击下大批流入南唐境内。④ 南唐饥民亦曾在饥荒时与唐兵格斗而大量逃入周境。⑤ 北汉因“内供军国，外奉契丹，赋繁役重，民不聊生”，故农民“逃入周境者甚众”⑥。仅此数例已足说明，哪一国推行让步政策卓有成效，哪一国就能争取到更多的劳动力。毋宁说，逃亡这种斗争是农民施于封建统治者的一种压力，迫使他们实行轻徭薄赋、缓和阶级矛盾的政策。在兼并战争中，只有肯于认真减轻人民负担、推行让步政策的统治者，才能真正取得军事上、政治上的胜利。后周符颜卿北征，入北汉境，“民争以食物迎周师，泣诉刘氏赋役之重，愿供军须，助攻晋阳”。但周军“不免剽掠，北汉民失望，稍稍保山谷自固”。后周统治者争忙下令，“禁止剽掠，安抚农民，止征今岁租税”⑦。显然，农民这种态度的表示也是阶级斗争的一种形式，对历史发展起了推动作用。我们应该肯定，五代十国时期的社会进步不能完全归之于唐末农民战争的推动，继起的阶级斗争也起了一定作用；否则，距离唐末农民战争较远的后周在推行让步政策上超过梁、唐、晋、汉各代，就是不能令人理解的事。

唐末农民战争之前，也爆发过小规模的农民起义，农民群众也进行过各种形式的阶级斗争，但却不能起显著的积极作用；然而五代十国时期，这种斗争就能发挥较大的作用。这是什么原因呢？唐代后期由历史

① 《旧五代史》卷10《梁末帝纪》下。
② 《十国春秋》卷66《张遇贤传》、卷22《边镐传》。
③ 《十国春秋》卷35《前蜀高祖本纪》上。
④ 《陆游南唐书》卷1《烈祖本纪》。
⑤ 《通鉴》卷291广顺三年七月。
⑥ 《通鉴》卷290广顺元年十二月。
⑦ 《通鉴》卷291显德元年四月。

长期积累下来的经济关系和政治黑暗很不容易被清除出社会生活，统治阶级已经麻木不仁，小规模的阶级斗争很难对他们起刺激作用。唐末农民战争对于统治阶级来说，是一个晴天霹雳，是一次威胁其生存的大地震，地主阶级受到的打击是相当沉重的，震动是剧烈的，因而经过这样一次惊心动魄的阶级搏斗以后，统治阶级对于任何小规模的起义，任何形式的农民斗争，都很敏感，都会被迫考虑采取缓和阶级矛盾的措施。我们可以说，唐末农民战争是五代十国时期阶级斗争发生显著积极作用的基础。在这一意义上，五代十国时期继起的阶级斗争是唐末农民战争的继续，其作用也是唐末农民战争伟大作用的继续和补充。不看到此点，孤立地强调五代十国时期阶级斗争的作用，就会流于低估唐末农民战争的作用。

因为唐末农民战争以后局面复杂，所以有大量让步政策推行的记载，也有“拔钉钱”和“捋鬚钱”的记载。在同一个国家，前一个统治者缓和了阶级矛盾，后一个统治者也可能又激化阶级矛盾。因此，在研究唐末农民战争的作用时，必须把握基本事实，把握历史发展的主流；否则，就会感到扑朔迷离，如堕五里雾中，甚至玩弄历史事实的个别举例。这是研究复杂社会现象必须注意的一点。

（原载《历史研究》1963 年第 1 期）

庞勋领导起义的戍卒发遣年代略考

唐末农民大起义之前，继裘甫起义之后还爆发过一次庞勋领导的以桂州戍卒兵变开其端的起义。这次起义的原因是戍卒反对长期在桂州留戍。究竟戍卒是哪一年开始南戍桂州的呢？史籍中有两种记载：《新唐书》和《旧唐书》的《崔彦曾传》都说是咸通六年（865）徐州戍卒三千人南遣安南，分其中八百人戍守桂州。按旧制，戍卒三年一更。咸通九年（868），戍卒以“至期请代”为理由要求北还，官吏不允，激起兵变。《新唐书·康承训传》则称：“武宁兵七百戍桂州，六岁不得代。”据此推算，徐州兵开始戍守桂州当为咸通三年（862），而不是六年。宋人吴缜在《新唐书纠谬》卷4中已经指出这个抵牾，但他只表示“未知孰是”，没有进一步考察。

按《通鉴》咸通九年六月载：“戍桂州者已六年，屡求代还。”据此推算，徐州兵的南戍桂州恰为咸通三年。又查《通鉴》卷250咸通三年二月确有如下记载：“南诏复寇安南，经略使王宽数来告急，朝廷以前湖南观察使蔡袭代之，仍发许、滑、徐、汴、荆、襄、潭、鄂等道兵……”可见咸通三年徐州发兵南征是毋庸置疑的。

然而咸通六年是否仍有徐州遣兵之事呢？

懿宗曾在一道制文中下令遣徐州兵防戍岭外，原文称：“徐州风土雄劲，军士精强，比以制驭乖方，频致骚扰……况边方未静，深藉人才。宜令徐泗团练使选拣召募官健三千人赴邕管防城（《全唐文》作‘戍’），待岭外事宁之后，即与替代归还。仍令每召满五百人，即差军将押送。”

此制见于《全唐文》卷83，称《以南蛮用兵持恩优恤制》，不载年月。《旧唐书·懿宗纪》及《通鉴》均系此制于咸通五年（864）五月

（《唐大诏令集[①]》卷107误为三年五月），可见咸通五年又有徐州发兵戍守岭表的事。

既然徐州前后两次发兵岭表，那么分守桂州而终于起兵的是哪一次派去的戍卒呢？从下面一点史实来看，当是咸通三年（862）派去的。第一，咸通三年在蔡京奏请下，分岭南为东西两道，以广州为东道，邕州为西道，并割桂管龚、象二州，容管籐、巖二州隶邕管。当年八月西道节度使蔡京以"为政苛惨"，"遂为邕州军士所逐"，初奔籐州，欲攻邕州，动辄溃败，继而"往依桂州"，然因过去曾割去龚、象二州，故"桂州人怨其分裂，不纳"[②]。可见桂、邕二州不但不是同管，而且颇有隔阂。既然咸通五年制徐州发卒是"赴邕管防城"，则其中很难有分戍桂州者。据此推断，桂州戍卒当系咸通三年发遣者。第二，咸通九年（868），当起义正在进行时，庞勋奏称："当道先发戍岭南兵士三千人春冬衣，今欲差人送赴邕管。"[③] 可见直至桂州戍卒北返之后，咸通五年制所发徐州兵三千人尚全数在邕州。事实说明，北返的桂州戍卒全部是咸通三年发遣者。

（原载《历史教学》1964年第7期）

① "集"原脱。——编者注

② 《通鉴》卷250咸通三年八月。

③ 《旧唐书》卷19《懿宗纪》。

对王仙芝、黄巢“乞降”问题的两点意见

最近读了宁可在《光明日报》《史学》242号发表的《读王仙芝黄巢受敌诱降、乞降考辨诸文质疑》一文后，觉得对吴泽、袁英光合写的《王仙芝受敌诱降问题初探》及《黄巢“乞降”问题考辨》二文的批评相当中肯，兹补充两点意见如下：

第一，吴、袁二同志认为“黄巢及家人首级献给僖宗，黄巢的姬妾被俘获后，也被械至成都，受僖宗讯问和迫害时，一些主要姬妾也毅然不屈，慷慨陈辞”。其根据是《通鉴》的下述一段记载：

> 上（僖宗）……宣问姬妾：“汝曹皆勋贵子女，世受国恩，何为从贼?”其居首者对曰：“狂贼凶逆，国家以百万之众，失守宗祧，播迁巴蜀。今陛下以不能拒贼责一女子，置公卿将帅于何地乎!”上不复问，皆戮之于市。人争与之酒，其余皆悲怖昏醉，居首者独不饮不泣，至于就刑，神色肃然。

吴、袁二同志认为这段记载说明了黄巢姬妾“坚贞不屈”“不饮不泣”的从容就义精神。实际上，这完全是对史料的曲解。这些女子原来都是唐朝的“勋贵子女”，她们是以俘虏的身份存在于起义军中，根本不是农民起义的参加者。唐僖宗并没有责备她们参加起义，而是责备她们不能死节而“从贼”。她们的回答也只是说“公卿将帅、百万之师还抵抗不了黄巢，难道能责备我们这些女子吗?”可见她们的“慷慨陈辞”并不是站在起义军的立场进行辩解，而仍然是站在地主阶级的立场为自己的不能死节辩护。这段史料并不难理解，可惜吴、袁二同志把它完全弄颠

倒了。

第二，吴、袁二同志一再认为关于王仙芝、黄巢“乞降”的记载是出于封建史臣的有意“污蔑”“歪曲”和“罗织”，所以《通鉴》、两《唐书》等记载矛盾百出，前后抵牾。确实，我们应该运用阶级观点对待史料，但必须注意，我们的立场和司马光、欧阳修、宋祁的立场是完全相反的，衡量事物的尺度并不一致。封建史臣站在地主阶级立场，绝对不会把农民坚持起义看作光荣的事，却会把农民领袖的投降看作是“归顺”，是“弃暗投明”。只有今天能够站在劳动人民立场的史学家才认为农民军领袖的变节投降是可耻的事。这样看来，司马光、欧阳修、宋祁等人怎么会用王仙芝、黄巢的“乞降”来污蔑他们呢？如果我们读一下《通鉴考异》，就会发现史籍中史事记载的矛盾、抵牾是司空见惯的事；如果根据这一现象就否认历史事件的存在，认为是出于捏造，那么恐怕可信的历史事实就太少了，何独于唐末农民战争为然！

（原载《光明日报》1962年9月12日，以笔名“吴节”发表）

从汉末到唐中叶的封建土地所有制形式

从东汉末黄巾大起义以后直至唐朝中叶，即从公元2世纪末到8世纪中，在长达五百多年的时期中，土地制度呈现出一些具有历史阶段性的特点。大量无主荒田的不断出现，内地屯田、占田制、均田制的陆续产生，就是最主要的特点。于是就发生了这样的问题：在这一历史时期，是土地国有制占支配地位呢？还是地主土地所有制占支配地位呢？这确实是一个值得研究和需要解决的重要问题。

现存的史料没有记载三国屯田、西晋占田、北魏到唐朝的均田各在当时的全部国民经济中占有多大的比例。但我认为，即令国家处理的上述土地在某一时期在数量上超过了私有土地，也不能说土地国有制就占了支配地位。问题的关键不在于各类土地的绝对数量，而在于各自在经济关系中所占的地位，即是否占支配地位。

怎样才算是占了支配地位呢？标准是什么呢？最主要的是看哪一种土地所有制决定了社会面貌。曹魏的屯田是北方社会经济恢复的重要环节之一，并且还是曹氏统一北方、司马氏统一全国的基本前提之一。均田制的推行保证了历代地主政权的财政收入，对中央集权的恢复和巩固起了不小的作用，并且还对税制、兵制等一系列上层建筑的形式起过决定性作用。但是，这些都不足以成为土地国有制占支配地位的立论根据，因为仍然不足以由此证明国家土地所有制决定了社会面貌。

应该在什么意义上理解决定社会面貌这一理论概念呢？所谓基本社会面貌就是指与生产资料所有制相联系的各主要社会集团间在生产过程中所结成的相互关系，即基本的阶级对立关系。哪一种土地所有制是构成阶级对立的基础，哪一种土地所有制就决定了社会面貌，从而可以说它在经济关系的总和中占了支配地位。这种土地所有制必然能够决定其他一切所有制的地位和影响，改变它们的特点。

根据具体史实，我认为即令在从汉末到唐中叶的这一特殊历史时期，占支配地位的仍然是地主土地所有制，这是由于：即令在占田制、均田制实施的条件下，地主阶级与农民阶级仍然是最基本的阶级，二者间的对立构成最主要的阶级矛盾。在社会意义上，封建政权是地主土地所有制的经济利益的政治表现，而不是皇帝个人经济利益的政治表现。甚至皇帝本人，虽居万民之上，然就其实质而言，也仍不过是地主阶级的政治代理人而已。曹操尽管打击过豪强地主，并“为强豪所忿”[①]，但他所反对的只是豪强的“擅恣”，却未必是豪强地主本身。大地主任峻、李乾（及其从孙李典）、吕虔、许褚、田畴等实际上是曹氏政权的社会支柱。至于中小地主之拥戴，就更不待言了。九品中正制的推行，其结果也不免于“权归豪右”[②]。西晋政权的产生，是豪强、士族地主势力发展的结果。罢屯田为郡县，占田制代替屯田制，不但不是国家土地所有制发展的表现，而且是国有土地削减、私有土地发展的见证。关于此点，下文还要进一步具体论证。拓跋氏进入中原时，北方存在着大量“百室合户，千丁共籍”的大地主，著名的范阳卢玄、赵郡李灵、渤海高允、博陵崔绰、广平游雅、河间邢颖、太原张伟等都立刻就参加了北魏政权。均田制的推行不仅没有撼动地主土地所有制这一基础，而且北方地主阶级内部的门阀等级也日益森严。清河崔氏、范阳卢氏、荥阳郑氏、太原王氏、赵郡李氏及关中的韦、裴、柳、薛、杨、杜等氏，都是当时著名的“郡姓”。其他宗族亦多分别列入各种等级的姓和族。地主阶级的这种等级划分反映到政治上，就表现为“以贵承贵，以贱袭贱”[③]，清浊分明。北齐也推行均田制，然而地主与农民之间的阶级矛盾比北魏时更深刻化了，因有“强弱相凌，恃势侵夺，富有连畛亘陌，贫无立锥之地”[④] 的情况。经过隋末农民战争的打击，地主经济有明显的削弱，但南北朝以来的地

① 《三国魏志》卷1《武帝纪》注引《魏武故事》。

② 《新唐书》卷199《柳冲传》。

③ 《魏书》卷60《韩麒麟附显宗传》。

④ 《通典》卷2《食货典》引宋孝王《关东风俗传》。

主仍有很多人保持着自己的经济势力，北方有的人“代袭箕裘，周魏以来，基址不坠”①。江淮间的大地主田氏、彭氏在均田制有效推行时期仍然著称于世，故有“富如田、彭”之语。② 如上所述，在屯田、占田、均田等制度实施期间，地主土地所有制一直存在，地主阶级始终是历代封建政权的社会基础。地主政权剥削耕种国有土地的农民，其终极目的还是为地主经济这一基础服务的。如果把皇帝或封建国家与农民的对立看成占支配地位的阶级关系，那就会把地主阶级排斥在当时的基本阶级之外，这样的看法显然欠妥。

因为存在地主与农民间的阶级对立，才会出现地主政权，才能产生封建政权剥削自耕农及耕种国有土地的农民这一事实。由此可见，不论国家掌握了多少土地，皇帝、地主政权同农民群众的矛盾，也只能是整个地主阶级与农民阶级间总的矛盾中的一个有机组成部分，前者包括于后者之中，而不是孤立于外的事物。另一方面，无论如何也不能说，地主与农民的矛盾包括于地主政权或皇族与农民间的矛盾之中，因为这样说完全不符合事实。不应该把广泛、复杂的阶级矛盾简化、还原为皇帝或封建政权同农民阶级间的矛盾。

国家处理或掌握的土地与原来已经存在的私有土地，在数量界限上表现出来的相互制约关系，亦反映地主土地所有制占支配地位。司马朗曾对曹操说：

> ……宜复井田。往者以民各有累世之业，难中夺之，是以至今。今承大乱之后，民人分散，土业无主，皆为公田，宜及此时复之。③

《通考》引水心叶氏曰：

> 至于汉亡，三国并立，民既死于兵革之余，未至繁息，天下皆为旷土，未及富盛，而天下大乱。虽当时天下之田，既不在官，然

① 《旧唐书》卷78《于志宁传》。

② 《新唐书》卷115《郝处俊传》。

③ 《三国魏志》卷15《司马朗传》。

亦终不在民。以为在官，则官无人收管；以为在民，则又无簿籍契券。但随其力之所能，至而耕之。元魏稍立田制……①

“随其力之所能，至而耕之”，与占田制的精神是基本上一致的。

北魏实行均田制亦规定：

诸土广民稀之处，随力所及，官借民种莳……诸远流配谪无子孙及户绝者，墟宅桑榆尽为公田，以供授受。②

上述记载说明：第一，尽管历代都有个别地主的私有土地被封建政权强夺、没官、逼献、逼卖，但地主作为一个社会阶级，所占有的土地却不可侵犯，他们的“累世之业”不允许任何人“中夺”。第二，因为私有土地不容侵犯，所以出现了各地区由于土地数量及人口密度不同而形成的宽乡与狭乡的区别。第三，地主政权有权处理和分配的，只是私有土地范围以外的那些“既不在官，亦不在民”的无主“旷土”，这种处理权与土地分配权本身不能证明国家对这些土地具有所有权；只能根据经过分配，实际占有土地的人对于田业的具体权力，他们与土地结合的条件与方式，才能判断土地所有权的属性。由此可见，决定土地权属的经济原则是：私有土地的数量是决定无主旷土数量的前提，国家处理、分配的土地能有多少，不取决于皇帝及官吏的主观愿望，而是取决于地主经济力量的大小。私有土地的多少是封建政权处理、分配土地的数量界限，后者却不能成为前者的界限。这一原则体现了地主土地所有制在经济上的绝对支配地位。

既然国家分配、处理无主旷土的权力不足以体现国家对土地的所有权，就不能笼统地说屯田制、占田制与均田制同样地、在同等程度上体现了土地国有制；不仅如此，均田制中的桑田（永业田）、露田（口分田）也不宜一概笼统地称之为国有土地或私有土地；甚至北魏的桑田、

① 《通考》卷1《田赋考》卷2。

② 《魏书》卷110《食货志》。

露田与唐代的永业田、口分田所体现的国有权和私有权，在程度上也有所区别。总之，必须遵循具体事物具体分析的原则，进行细致深入的探讨，不宜简单化地做出草率、片面的论断。

在讨论各种土地所有制的性质之前，需要首先明确土地所有权这一概念的真正含义。马克思说：

> 地租的占有是土地所有权借以实现的经济形式，而地租又是以土地所有权，以某些个人对某些地块的所有权为前提。①

这一原则虽放之四海而皆准，但不能随便套用，如果教条主义地理解它，不但会把地主的全部受田看作百分之百的私有土地，而且也会把职分田误看作私有土地。实际上，官员们从职田上所得到的，是禄米而非地租，这种禄米是由国家征收的职田地租转化而成的，官员的直接收租只是出于分配手续上的简化，而不是由于土地所有权直接的经济实现。

因此，在研究土地所有权时，除了考虑地租之外，还必须同土地的买卖权和继承权联系起来分析。土地能够买卖是土地私有权的表现，地主通过收回土地价格实现了其所有权；但不能买卖的土地却不一定就不是私有土地，它既可能是国有的，也可能是私有的。欧洲封建社会的领主土地就不能任意出售，却也是私有领地，因为封建领主对它有世代继承权。可见我们应该把占取地租权、土地买卖权、田产继承权辩证地结合起来全面进行衡量，才能准确地判断、认定某种土地所有权，片面地强调其中一点并不妥当。

曹操时的屯田，在性质上属于单纯的国有土地。不仅统治者兴屯田的目的是解决军需供应，而且地主政权直接以土地所有者的资格通过分成制租佃关系，剥削屯户和佃兵。直接生产者所提供的剩余劳动，确实体现了地租与课税合一的原则。由屯田发展为西晋的占田这一过程说明，无主田或屯田经过国家处理、分配后，在性质上发生了根本变化。占田令既不限制土地买卖，又无还授之法，占田的继承更是理所当然的事，

① 《马克思恩格斯全集》第25卷，第714页。

因此私人所占之田完全属于私有性质，毫无国有性质。国家征收的是赋税，并非地租。占田农民是十足的自耕农，并不是国家佃农。

曹操把“既不在官，亦不在民”的没有土地所有权的土地转化成了国有土地。司马氏则将这类土地转化成了私有土地。曹氏的屯田是一时权宜之计，司马氏的占田制则与封建的经济基础有密切的关系。所以我们说，由屯田制发展为占田制，是国家土地削弱、私有土地发展的表现。

关于均田制的性质，应该分别研究不同时期桑田（永业田）、露田（口分田）的具体情况，不宜笼统地一概而论。

北魏的桑田有时指受田者原有的私有土地，有时指“初受田者”所受的土地。[①] 对于前者而言，根本不存在有无国有性质的问题。后者虽系受自国家，但也是私有土地。它既“不在还受之限”，“身终不还”，受田者的后代有继承权；而且桑田“盈者得卖其盈，不足者得买所不足”，可以买卖。“不得卖其分，亦不得买过所足”，是国家对买卖桑田在一定程度上的限制和干涉，然而这种法律规定并不足以使桑田带上国有性质，因为完全不能出卖的土地只要能够世代继承并收取地租，也还是私有土地。只有下述规定才微弱地体现了一点国有性质：“诸初受（桑）田者，男夫一人给田二十亩，课莳余种桑五十树，枣五株，榆三根……限三年种毕；不毕，夺其不毕之地。”国家通过收夺土地干涉经营，确实是对私有权的一种侵犯。不过，对此点不能夸大，因为收夺的目的主要不是为了实现土地所有权，而是为了课种果木。北魏的麻田“皆从还受之法”，基本上属于国有性质，与桑田不同。

北齐永业田二十亩亦课种桑、榆、枣树，但无夺其种不毕者的记载，不知由于史料与田令有出入，还是当时确已取消了北魏的旧规定。如果是后一种情况，则永业田的国有性质已经完全丧失了。北齐麻田“如桑田法”，自然亦“不在还受之限”[②]，已由北魏的国有土地发展为私有土地了。隋制与齐制相同。北周均田制的有关记载过于粗略，无从分析。

唐政权虽一再下令禁止买卖永业田，但法令却规定：“身死则承户者

① 参阅唐长孺《北魏均田制中的几个问题》，见《魏晋南北朝史论丛续编》，生活·读书·新知三联书店1959年版。

② 《隋书》卷24《食货志》。

授之。"① 既称作"永业"，又可以继承，当然是私有土地。"庶人身死，家贫无以供葬者，听卖永业田，即流移者亦如之"；此外，还允许"贴赁及质"。② 特定情况下永业田可以合法出卖及贴赁，更加强了它的私有色彩。唐代也规定永业田"树以榆、枣、桑及所宜之木，皆有数"③。但可以肯定，种不毕收夺永业田的制度是完全废除了。永业田任何程度的国有性质均不复存在，私有权体现得更加纯粹了。

官员受田的变化也可以说明土地私有原则的日益加强及土地国有原则的逐渐削弱。北魏颁行均田制时规定："诸宰民之官，各随地给公田，刺史十五顷，太守十顷，治中、别驾各八顷，县令、郡丞六顷，更代相付，卖者坐如律。"④ 这种"公田"毫无私有性质，实际上就是职田，所以杜佑在《通典》记载此制后紧接着就指出："职分田起于此。"⑤ 这种国有土地在历史发展过程中，渐被私有原则所侵犯，部分地转化成了私有土地。《通典》卷2《食货典》引宋孝王《关东风俗传》：

> 其时（北齐时）……其赐田者谓公田及诸横赐之田。魏令：职分公田，不问贵贱，一人一顷，以供刍秣。自宣武出猎以来，始以永赐，得听卖买。迁邺之始，滥职众多，所得公田，悉从货易。又天保之代，曾遥压首人田以充公簿；比武平以后，横赐诸贵及外戚佞宠之家，亦以尽矣。

此段记载，时间交错，须首先加以辨明。《风俗传》虽在记载北齐均田制时插入此段文字，然"公田"及"横赐田"却涉及北魏、东魏及北齐诸代的情况。"魏令"显系指东魏法令而言，因北魏公田并非一人一顷，不过这种公田私有化过程是从北魏宣武帝时开始，所以追述自"宣武出猎以来"。当时既"得听卖买"，又为"永赐"，这种"公田"遂开始失去

① 《唐会要》卷83《租税》上。
② 《通典》卷2《食货典・田制》。
③ 《新唐书》卷41《食货志》。
④ 《魏书》卷110《食货志》。
⑤ 《通典》卷1《食货典・田制》。

了职分田的性质，转化成为官僚的永业田。“迁邺之始”，是指东魏孝静帝迁都；以下“所得公田，悉从货易”，系指东魏“公田”的私有化而言。“天保之代”即北齐以后，不但官员已得之“公田”都成了私有土地，而且地主政权搜刮来的无主土地赏赐殆尽，全部成了私田。可以想见，北齐均田制的推行成效远逊于北魏。北周时，诸王以下至于都督，“皆给永业田各有差，多者至一百顷，少者至四十亩”。此外，“京官又给职分田，一品者给田五顷，每品以五十亩为差”①。北周永业田是私有土地，职分田是国有土地。唐仍此制，官员仍得永业田及职分田各有差，这种永业田已明文规定，“皆传子孙，不在收授之限；即子孙犯除名者，所承之地亦不追”②。五品以上勋官之永业田“亦并听卖”③。唐代职田的出现并不意味着土地国有原则比北齐时有了重大发展，因为永业田的数量不但超过了北魏的“公田”，而且超过了东魏、北齐时期的“公田”，受田最多的亲王可得永业田百顷之多，正一品职事官亦可得六十顷。从这里可以清楚地看到国有土地私有化的趋势在加强。北周及唐朝的职田确系国有土地，毫无私有性质，但这种国有原则必然在总的土地关系中，为永业田大量发展的趋势所冲淡。

北魏的露田，在任何情况下，法令均不允许出卖和继承。北齐和隋朝的口分田，亦毫无例外地“悉入还受之分”。就法权观念而言，这种土地没有私有性质。但就实际情况而言，国家所有权却并不巩固，亦不完整。北齐时已经出现了非法出卖口分田的记载：“露田虽不听卖买，卖买亦无重责。贫户因王课不济，率多货卖田业。”有的受田户为了逃避赋役，“虽存田地，不肯肆力，在外浮游。三正卖其口田，从供租课”④。立法者本身成了口分田私有化的促进者，成了田令的破坏者。唐朝国家曾三令五申，禁止出卖口分田，但卖者自卖，禁令徒为具文。是否应该根据法权观念认为口分田的非法出卖不能说明私有权的存在呢？不能这样说，因为我们研究的是一个政治经济学问题，而不是一个法权问题。事

① 《隋书》卷24《食货志》。

② 《通典》卷2《食货典·田制》。

③ 《唐律疏议》卷12《户婚律》上《卖口分田》。

④ 《通典》卷2《食货典》引宋孝王《关东风俗传》。

实上，唐代口分田比北朝露田具有更多的私有性质，当时法令规定，狭乡农民乐徙宽乡及卖充住宅、邸店、碾硙者，口分田亦可合法出卖，可见即令在法权观念上，土地国有权也不十分完整了。叶适曾经敏锐地指出了此点："唐却容他自迁徙，并得自卖所分之田。方授田之初，其制已自不可久，又许之自卖，民始有契约文书而得以私自卖易。故唐之比前世，其法虽为粗立，然先王之法，亦自此大坏矣！"① 露田、口分田的日益私有化趋势是比较明显的。只是在均田制还没有最终崩溃以前，这种趋势仍不足以从根本上消除口分田的国有性质。毋宁说，唐代口分田的性质具有二重性。

地主受田后也能利用口分田通过租佃关系剥削佃农，但不能因此肯定它就是完全的私有土地，抹杀其国有性质，因为这些口分田与地主原有的私田毕竟不同。地主之所以能够把口分田当作剥削佃农的手段，主要是由于原来已经拥有相当数量的私有土地；否则，就只能躬耕受田，没有条件利用口分田剥削地租。原来的地主身份和经济地位是使口分田补充其剥削手段的前提和关键。可见口分田是否产生私租，并不取决于它本身是国有土地还是私有土地。

授田时桑田、露田的分配原则，也反映私有原则超过了国有原则。北魏规定："诸桑田不在还受之限，但通入倍田分。于分虽盈，没则还田（四字衍），不得以充露田之数，不足者以露田充倍。"唐长孺先生在《北魏均田制中的几个问题》一文中正确地指出，此条系指受田者原有的桑田而言。法令说明，原有桑田不足额或超额时，可用增减倍田的办法加以调整。唐文的下述解释稍嫌不够完备："如果倍田分由于部分或全部作为桑田以致不足额时，法令准许把露田抽取一部分来补足，即是维持必要的休耕地。"露田、倍田休耕多少，休耕哪一块或哪几块土地，完全属于受田者经营生产的权限之内。只有地主政权因倍田补充桑田不足额而增授倍田或露田时，才有维持必要休耕地的实际作用。既然不增授田，为什么又规定"以露田充倍"呢？我的看法是，桑田缺额首先用倍田补充，倍田补充后仍有缺额则以露田充倍田继续补充桑田。只有这样解释，

① 《通考》卷1《田赋考》3引水心叶氏曰。

"以露田充倍"才有现实意义。如果上述解释不误，则北魏的授田原则是：首先保证私有性质最充分的桑田足额，在狭乡受田不足之处，则以首先减少倍田，然后减少露田的办法保证桑田足额。唐代受田不足时，也坚持二十亩永业田优先足额，余以为口分的原则。敦煌、吐鲁番发现的唐代户籍、手实中，受田普遍不足法定额，但永业田不够二十亩的很少，其中间或出现一二亩缺额，很可能是出于私自出售或个别其他原因，未见得是原来受田时就不足所致。至于大量的"未受田"，绝大多数都属于口分田范畴。由此可见，从北魏到唐朝，在均田制范围内，也是桑田、永业田成为露田、口分田的界限，而不是后者成为前者的界限。比例于受田的不足与减少，均田制中私有成分必然相对增加，均田制的破坏不仅说明私有原则战胜了国有原则，而且这一破坏过程是加速度的，而不是等速度的。

占田制、均田制推行的重要条件之一，固然是无主旷土的大量存在，然而另一方面，私有土地日益发展、地主向无主荒田的疯狂进攻，也是促使封建国家限制任意私占这些土地，并通过制度加以处理和分配的原因之一。东晋南朝时期，国家虽有"山湖之禁"，但地主莫不"烋山封水，保为家利"。正因为他们大肆侵占山泽，才在羊希建议下制定了官员按品占山的制度[①]。北魏推行均田制时也有同样的情况，《魏书》卷53《李安世传》：

> 三长既立，始返旧墟，庐井荒毁，桑榆改植，事已历远，易生假冒。强宗豪族，肆其侵凌，远认魏晋之家，近引亲旧之验。又年载稍久，乡老所惑；群证虽多，莫可取据；各附亲知，互有长短；两证徒具，听者犹疑；争讼迁延，连纪不判；良畴委而不开，柔桑枯而不采。

孝文帝的均田令中也提到"或争亩畔以亡身，或因饥馑以弃业"[②]。事实

---

① 《宋书》卷54《羊玄保传》。

② 《魏书》卷7上《高祖纪》。

说明，均田制实行前夕，地主对无主旷土的攘夺已经严重到了何种程度，它已妨碍生产，使人民陷于流亡的地步。正是为了解决这一问题，地主政权才创造了均田制，用以处理和分配这些无主旷土。北魏拓跋焘在太延五年（439）就统一了中国北方，但将近半个世纪没有全面推行均田制，这大概由于当时户口稀少，豪强地主占有劳动者有限，无力大量垦占荒地。至孝文帝时，人口的增长加强了地主侵垦土地的力量，因而攘夺土地的问题就趋向严重化和表面化了，统治者到这时才开始认真解决土地问题，均田制于是应运而生。孝明帝时，北魏户口据杜佑估算达五百余万户①。上推三十年至孝文帝实行均田制时，户数当亦在四百万户左右。只有充分估计这一社会条件，才能说明为什么均田制的推行比北魏统一北方竟然晚了将近半个世纪之久。因此，通过均田制的推行，既要看到国家处理、分配大量土地的权力，也要看到土地私有制的发展及其影响。正是后面这一点，往往为我们所忽略。

屯田、占田、均田之所以能够出现并断断续续地推行，是由于不断出现大量无主旷土；均田制在唐中叶最后破坏，是由于无主旷土不再能大量产生。土地制度的变化原因是什么呢？对此进行探究，也有助于我们了解当时的土地所有制形式问题。

为什么从汉末至唐中叶能够不断出现大量的无主旷土呢？流行的说法是由于战火频仍，人口大量死丧逃亡，土地遂被抛荒。这种解释并不能令人信服，因为“安史之乱”以后直到五代十国，战争并不比魏晋南北朝少，户口的锐减及人口的流徙也相当严重，但五代、北宋的历朝政权却再也不能推行均田制了。土地制度的这一变化，必须与社会生产力的发展联系起来考察，才能科学地说明其底蕴。

两汉时期，在耕作技术水平制约下，大多数垦田分布在土地平敞、肥沃、人口聚居的地区，劳动人手稀少的南方、河西、幽州等地及黄河流域的山泽地区，大部分土地尚未得到充分开垦。因此，一旦中原发生战争，本来占有大量土地的地主就带领着大批的宗族、部曲、依附客远逃他乡，他们到各地，尤其是到南方以后，很容易占有可供开垦的土地。

① 《通典》卷7《食货典·历代盛衰户口》。

韩融、田畴、孔潜、郗鉴、庾衮等人是开发山区土地的典型人物。[①] 汉末，北人南迁已经开始，“徐方士民多避难扬土”[②]。鲁肃就是因“中州扰乱”而率男女三百余口南徙“沃野万里”的“江东”[③]。“永嘉之乱”以后，大量地主一批又一批地南逃，他们在南方也能找到荒地，譬如侨人集中的晋陵一带，原来就是“地广人稀，且少陂渠，田多恶秽”[④] 的地区。谢灵运、郗鉴、沈庆之等占有的“湖田”[⑤] 大多也是初垦的开荒田。不但谢灵运“凿山浚湖，功役无已”，求决回踵湖为田等事实说明了此点，而且孔灵符建议徙山阴无赀之家于余姚、鄞、鄮三县“垦起湖田”，结果“并成良业”[⑥]，更是有力的历史见证。地主政权直接经营的土地，有的称“公创”“公家创内”[⑦]；关于私人田业也有“创辟田园”[⑧] 之语。这些“创”字足以说明此类公私土地都是新垦辟的田业。各代均有流民，只有晋、南北朝才有侨郡侨县，不但南方大置侨郡，而且慕容廆在燕、张轨在凉也都有侨之郡。[⑨] 只有逃亡人口按原籍集中分布在同一地区才能够侨立郡县，而逃亡人口之所以能够聚居某郡某县，则与垦荒有关。在生产力水平的限制下，个人耕作能力有限，只有依靠众人劳作才能有效垦荒。当然，土地得到开垦后，农民所进行的仍是个体生产；但垦创之初需要聚居协力，这就为侨立郡县创造了条件。很多流民集团聚而不散，原因也在于此，“乞活”集团的情况是最典型的表现。[⑩]

通过垦起湖田获得大量田业的地主，自然乐于就地落籍，不再重返旧墟。东晋桓温建议哀帝还都洛阳时，孙绰以为不可，奏曰：

---

① 《后汉书》卷100《荀彧传》、《三国魏志》卷11《田畴传》、《晋书》卷78《孔愉传》、《世说新语》卷下《栖逸篇》注引《孔愉别传》、《晋书》卷67《郗鉴传》、《晋书》卷88《庾衮传》等。

② 《三国吴志》卷7《张昭传》。

③ 《三国吴志》卷9《鲁肃传》注引《吴书》。

④ 《元和郡县图志》卷25，《江南道》卷1《润州丹徒县》。

⑤ 《宋书》卷67《谢灵运传》、《太平寰宇记》卷99《江南东道温州瑞县》、《宋书》卷77《沈庆之传》。

⑥ 《宋书》卷59《孔季恭附灵符传》。

⑦ 《梁书》卷3《武帝纪》。

⑧ 《梁书》卷25《徐勉传》。

⑨ 《晋书》卷108《慕容廆载记》、《晋书》卷86《张轨传》。

⑩ 参阅周一良《乞活考》，见《魏晋南北朝史论集》，中华书局1963年版。

播流江表，已经数世。存者长子老孙，亡者丘垅成行……温今此举，诚欲大览始终，为国远图……而百姓震骇，同怀危惧者，岂不以反旧之乐赊而趣死之忧促哉！何者？植根于江外数十年矣，一朝拔之，顿驱蹴于空荒之地，提挈万里，逾险浮深，离坟墓，弃生业，富者无三年之量（粮），贫者无一餐之饭。田宅不可复售，舟车无从而得……①

这些南渡宗族因为在南方已占有大量土地，所以就不思恢复故土了。他们的“绝望于本邦，宴安于所托”②，并非由于缺乏政治抱负，而是因为经济因素在起作用。逃亡地主、南渡宗族重返故里、重整旧业的只是少数，大多数中原的田产都被他们放弃了，于是自然就出现了大量的无主旷土。

由此可见，江南的开发是伴随着地主土地私有制的发展而进行的，正是这一情况为北方不断实行屯田、占田、均田创造了条件。在研究土地关系时，应当把全国经济作为一个整体进行全面分析，不能为分裂割据的政治地图所蒙蔽，从而把注意力集中于北方，弃而不论南方土地私有制的发展。

历代均田制屡兴屡废，但唐代均田制破坏以后为什么再也不能恢复？土地关系的这一变化当然也与生产力水平的提高有关。二者间的具体关系是一个非常重要而饶有趣味的问题。唐代耕作技术有明显提高，出现了曲辕犁和犁壁，尤其重要的是经过六朝至隋唐的开发，南方易垦的沃壤至公元8世纪中叶大体都已成为良田。开元时唐玄宗曾称：“今原田弥望，亩浍连属，繇来榛棘之所，遍为秔稻之川。”③ 元结亦称：“开元、天宝之中，耕者益力，四海之内，高山绝壑，耒耜亦满。”④ 现在，即使中原发生战乱，四散逃亡的地主也不大可能在他乡找到易开垦的土地。大多数人在战乱结束后必然要返归故里，重理田业。如“安史之乱”时赵郡李莹、李岷兄弟南渡避乱，“岷家田地多为人所影占”，以后他们回到

① 《晋书》卷56《孙楚附绰传》。《晋书》卷75《范汪附宁传》亦载范宁奏：“昔中原丧乱，流寓江左，庶有旋返之期……自尔渐久，人安其业，丘垅坟柏，皆已成行。虽无本邦之名，而有安土之实。”

② 《晋书》卷98《桓温传》。

③ 《册府元龟》卷497《邦计部·河渠》。

④ 《元次山集》卷7《问进士》。

故里，“皆公讼收复之”[①]。这样，地主政权就必须为外逃地主保持其土地私有权，而不能任意处理这些土地。唐朝和五代有关外逃地主复业还田的诏令很多，安辑流亡的法令中有大量的记载，如：唐玄宗天宝十四载（755）制：“天下诸郡逃户有田宅产业妄被人破除，并缘欠负租庸，先已亲邻买卖，及其归复，无所依投。永言此流，须加安辑，应有复业者，宜并却还。”[②] 五代时后周政权规定：“逃户庄田，许人请射承佃，供纳租税。如三周年后，本户来归业者，其桑土不以荒熟，并庄田交还一半；五周年内归业者，三分交还一分。”被契丹“打虏向北”而归业者，亦规定：“五周年内，其本主还来识认，不以桑田荒熟，并庄园三分中交还二分；十周年内来者，交还一半；十五周年内来者，三分中交还一分。”[③] 类似的史料不一而足，无须一一列举。在这种新的情况下，国家所能掌握和处理的无主旷土极其有限，因而实行均田制的条件不复存在，这就是此制在唐中叶最后崩溃的原因。

如上所述，随着生产力水平的提高，垦田的开发、地主土地所有制的发展，土地私有权更巩固了，均田制破坏后终于不能再得到恢复。这也是地主土地所有制占支配地位、决定历史发展进程的表现之一。

从汉末到唐中叶，尽管实行过屯田制、占田制和均田制，但土地国有制始终未占支配地位；与其他时期相同，决定社会面貌的土地制度仍然是地主土地所有制。通过对屯田、占田与均田的具体分析可以看出，不宜把这些土地笼统地称作国有土地，其中有的属于国有，有的属于私有，有的兼有两种性质，而且这些所有权的性质处于不断变化之中，变化的总趋势则是国有性日益削弱，私有性逐渐增加。实际上，均田制本身，通过反复还授，就成为土地私有化的一条自然通路，它本身就包含着促使自己走向破坏的内在因素。历史发展的进程生动地证明，地主土地所有制在土地关系总和中占绝对的支配地位。

（原载《教学与研究》1962 年第 3、4 期，题目稍有变动）

① 《太平广记》卷 336《李莹条》出《广异记》。

② 《唐会要》卷 85《逃户》。

③ 《五代会要》卷 25《逃户》。

门阀士族兴衰的根本原因及士族在隋唐的地位和作用

士族是魏晋隋唐时期地主阶级中的一个重要的阶层，关于它兴起和衰落的原因，是一个比较复杂的问题，须要到社会经济中去探寻其深刻的根源。门阀士族的产生是历史发展的必然，这一阶层在历史上所起的作用，也应根据史料和史实进行具体分析，不宜简单地加以肯定或否定。以下拟就这两方面的问题略加分析。

一　门阀士族形成的主要社会条件

史学界的先辈已经中肯地指出，魏晋之交是门阀士族产生的关键阶段，当时累世显贵的大族往往就成为后来的士族或世族，这确实是一个重要的结论。但这里所说明的只是一种现象，并不能从本质上解释门阀士族产生的物质原因。

累世显贵的现象历代都有。汉代“功臣之世，惟有金氏、张氏，亲近贵宠，比于外戚”①。其中张安世子孙相继为官者十余人。东汉的耿氏一族，“自中兴已后，迄建安之末，大将军二人，将军九人，卿十三人”，“列侯十九人，中郎将、护羌校尉及刺史、二千石数十百人，遂与汉兴衰云”。② 杨震一族亦“四世太尉，德业相继，与袁氏俱为东京名族”。《后

① 《汉书》卷59《张汤传》。

② 《后汉书》卷19《耿弇传》。

汉书》本传注引华峤书亦云："东京杨氏、袁氏，累世宰相，为汉名族。"①至于数世三公的袁氏素为人所熟知，就无须用史料介绍了。再如邓禹一族，也是"自中兴后，累世宠贵，凡侯者二十九人，公二人，大将军以下十三人，中二千石十四人"，其余任州、郡官吏及侍中、谒者的"不可胜数"②。但两汉时期并没有因为有这种累世显贵的大族而形成门阀政治，其中必有值得进一步深究的道理。

唐代也有类似的情况。《新唐书》卷71上《宰相世系表序》云：

> 唐为国久，传世多，而诸臣亦各修其家法，务以门族相高，其材子贤孙不殒其世德，或父子相继居相位，或累数世而屡显，或终唐之世不绝。

这种现象在有唐一代确实是屡见不鲜，如郑絪一族屡出宰相，有所谓"南郑相""北郑相"，"大郑相""小郑相"之称，"门内居台席者多矣"③。杨恭仁在唐朝前期"一家之内，驸马三人，王妃五人，赠皇后一人，三品以上官二十余人，遂为盛族"④。再如刘审礼，"宗族至刺史者二十余人"⑤。京兆韦氏更是著名的大族，"在周暨隋，勋庸并茂盛矣"⑥。"自唐已来，氏族之盛，无逾于韦氏"⑦。两《唐书》列传中韦氏通显者代有其人。唐代仅次于韦氏的望族是河东裴氏，裴佶、裴武"兄弟皆为八座"，自丞相裴耀卿开始至裴泰章，"四世入南北省，群从居显列者，不可胜书。泰章后亦为尚书"⑧。但唐朝也没有形成门阀政治，而且士族恰恰在"累数世而屡显"的风气下走向了衰落。

或曰魏晋南北朝时期由于奕世显贵的望族能利用九品官人法而如虎

---

① 《后汉书》卷54《杨震传》。

② 《后汉书》卷16《邓禹传》。

③ 《因话录》卷2《商部》上。

④ 《旧唐书》卷62《杨恭仁传》。

⑤ 《旧唐书》卷77《刘德威附审礼传》。

⑥ 《隋书》卷47史臣曰。

⑦ 《旧唐书》卷102《韦述传》。

⑧ 《唐语林》卷1《法行》。裴耀卿之父为守真，据《旧唐书》卷188《裴守真传》，郡望"绛州稷山"，显系河东裴氏。

傅翼，遂能促成门阀政治，汉、唐二代都不实行这种选官制度，故无门阀政治。毋庸讳言，九品中正制确实在其中起过推波助澜的作用，但仅此一点仍不足以解释全部关键所在。唐长孺先生早已指出，九品中正制最初出现时，并不具有助成门阀政治的目的，统治者创立此制只是为了把私人月旦评议变作官设中正的品第，实际上带有与望族既相妥协又相矛盾的性质，只是以后才为门阀士族所操纵利用。[①] 只要士族这一具有生命力的阶层已经登上了历史舞台，实行任何选官制度都会被他们把持利用的。当这一阶层还不存在时，即令实行乡举里选的制度，也未必能导致门阀政治。唐代实行的是科举制，但在后期同样出现了世袭官僚的现象。[②] 把九品官人法的作用估计过高，未见允当。

我认为，汉末商品经济的严重衰落和自然经济的明显加强，是导致门阀士族产生的主要社会根源。由此派生出一些其他的因素，也起了一定的作用。萧子显发表过这样的议论：

> 魏氏君临，年祚短促，服褐前代，官成后期。晋氏登庸，与之从事，名虽魏臣，实为晋有。故主位虽改，臣任如初。自是世禄之盛，习为旧准……君臣之节，徒致虚名，贵仕素资，皆由门庆，平流进取，坐至公卿。则知殉国之感无因，保家之念宜切；市朝亟革，宠贵方来；陵阙虽殊，顾眄如一。[③]

清人赵翼也说，江左“高门大族”，都是“自保其家世，虽朝市革易，而我之门第如故”[④]。士族最讲礼法，却不讲“忠”，看起来难以理解，实质在于一个“稳”字，尽管政治风云变幻莫测，门阀大族的社会、政治地位却相当稳固。汉代和唐代虽然也有累世公卿的名族，但地位远不如门阀士族稳固，而且这种名族在数量上也不能与魏晋以来的世族同日而语。

---

① 参阅《九品中正制度试释》，见《魏晋南北朝史论丛》，生活·读书·新知三联书店1955年版。

② 参阅吴宗国《进士科与唐朝后期的官僚世袭》，《中国史研究》1982年第1期。

③ 《南齐书》卷23《褚渊传》史臣曰。

④ 《廿二史札记》卷12《江左世族无功臣》。

门阀士族政治地位稳固是由于社会地位稳固，社会地位稳固的根源则是经济地位的稳固，而经济地位的稳固却取决于自然经济的增强。怎样理解这种连锁关系呢？

首先，商品经济的水平高低同土地买卖的频繁与否有密切的关系。战国、西汉时期，商品货币关系比较发达，土地买卖、转手必然随之频繁。“董卓之乱”以后“钱货不行”，数百年间不断“以谷帛为市”，土地买卖、转手肯定有所减少，土地占有关系遂趋向稳定，其结果是促使土地所有者的经济地位也比较稳定。东晋谢氏一族“仍世宰辅，一门两封”，有“田业十余处”，“田畴垦辟有加于旧”，直到刘宋时还有关于这些“园宅十余所”的记载。[①] 东晋初年王导的赐田八十余顷，直到萧梁还保持在后人王骞手中。[②] 唐初于志宁说：“臣居关右，代袭箕裘，周、魏以来，基址不坠。”[③] 这种情况说明，世禄与世代稳定地占有田产往往是孪生在一起的。魏晋南北朝时期有关土地买卖的记载相对少于历代，确实是一个重要的社会经济现象。

其次，魏晋南北朝地主对农民超经济强制的加深，主要也取决于自然经济的增强。当城市繁荣、商业发达的时候，破产农民、逃避课役的小生产者，往往采取“舍本逐末”、弃农从商的办法，转化为工商业者及城市中的佣保。东汉末年“名都空而不居，百里绝而无民者，不可胜数”[④]。“永嘉之乱”以后城市经济遭到的破坏更为严重。商品货币关系的削弱及城市的衰敝不堪，基本上堵死了农民“舍本逐末”这条出路，破产的小农或为避乱，或为规脱徭赋，就只能投靠于坞堡主和大族地主，于是他们对土地所有者的人身依附程度就大大加强了。

超经济强制加强的另外一个原因，是地主为了垦占土地而力争大量控制劳动者。两汉时期，大致可以说黄河流域基本上得到了开发，但南方还有很多自然条件很好、极易开垦的处女地，所以魏晋以后中原每遇战乱，就有大批地主率宗族、奴客、部曲南迁，他们在所到之处很少通

---

① 《宋书》卷58《谢弘微传》。

② 《梁书》卷7《太宗王皇后传》。

③ 《旧唐书》卷78《于志宁传》。

④ 仲长统：《昌言·理乱篇》。

过购买方式获得土地，而是以垦占山湖的办法“求田问舍”。即令在北方，也还有一些偏僻的山区有不少易于垦辟的土地。田畴进入徐无山中、李显甫开李鱼川，都是较为典型的事例。由于待开垦的沃土很多，避难的地主首先考虑的不是能不能占有土地的问题，而是有没有足够的劳力进行开发的问题。任何时期北方发生战争都会引起人口南徙，但就其规模而言，都不能与“永嘉之乱”以后的情况相比，原因就在于此时地主率领、裹挟大批宗族、依附人口南渡。唐代也有“天宝之乱，元结自汝坟率邻里南投襄汉，保全者千余家”的事例[①]，但在记载中可谓绝无仅有，反映这种现象并不普遍。两晋、南北朝时期，没有大族的率领，仅凭小生产者的微薄力量，是根本无法远徙江表的。因此，两晋之际农民没有出路，只能投靠地主，大族也深感不能离开劳动者，二者间的结合于是特别紧密。在这种情况下，甚至流民集团也多以大族为首领，如“乞活”帅陈午以及在兖州镇抚“乞活”的郗鉴就都是地主分子，郗氏甚至是高平望族。[②] 西晋流民起义的领导人杜弢，自祖、父以来就是“有名蜀土”的大姓。[③] 李特的祖父曾“将五百余家”归附曹操，李特所率领的流民集团中还有任、阎、赵、何等望族。[④] 另一支流民的首领是王如，曾经任“州武吏”[⑤]。领导流民起义的张昌出身“县吏”[⑥]。李特随流民南徙的事例更生动地说明大族是怎样地离不开农民。上述情况有力地反映，生产力水平和土地关系使地主同农民之间建立了相当牢固的关系，而这种牢固的关系就意味着超经济强制的加强。

地主既稳定地占有土地，又稳定地占有依附农民，这种经济地位的稳定性就为政治上相对稳定的等级制提供了生存的土壤。这是门阀政治存在的主要基础。

最后，黄巾起义以后，社会上大量出现的另一个现象是相当一部分大地主聚族而居，血缘宗法色彩日趋浓重，坞堡组织就是族居生活的形

---

① 《唐语林》卷4《栖逸》。

② 参阅周一良师《乞活考》，《魏晋南北朝史论集》，中华书局1963年版。

③ 《晋书》卷100《杜弢传》。

④ 《晋书》卷120《李特载记》。

⑤ 《晋书》卷100《王如传》。

⑥ 《晋书》卷100《张昌传》。

式之一。这一点也同自然经济的加强有关。尽人皆知，原始社会的氏族血缘纽带同货币经济“绝对不能相容”，氏族制度“无力反对货币的胜利进军”①，终于走向崩溃。西周的宗法纽带也是在春秋战国之交商品经济的冲击下松弛下来的。魏晋南北朝大地主的聚族而居，使社会生活蒙上了一层温情脉脉的宗族纱幕，显然是由于商品经济长期无力对它进行挑战。商鞅变法时反对民户有二男以上不分居的现象。西汉时虽然有像济南瞯氏那种“宗人三百家”的地方大族，但是他们被当作“豪猾”成了酷吏打击的对象②。汉武帝大量迁徙“强宗大姓”，特别规定“不得族居”③。但到汉末三国之际，情况发生了变化，地主数世不分财者不仅不再受到斥责和打击，反而“乡党高其义”④。曹操甚至在法令上也“除异子之科，使父子无异财也”⑤。以后数百年间，以百家、千家聚居一处者数见不鲜。唐人柳芳有一段著名的议论，列举士族称：

> 过江则为侨姓，王、谢、袁、萧为大；东南则为吴姓，朱、张、顾、陆为大；山东则为郡姓，王、崔、卢、李、郑为大；关中亦号郡姓，韦、裴、柳、薛、杨、杜首之。⑥

这里所谓“吴姓”“郡姓”，都与各地的宗族聚居有关。即令“侨姓”也因地著于南方各地，而且“人安其业，丘垄坟柏，皆已成行，虽无本郡之名，而有安土之实”⑦，大致亦采取了族居的生活方式。大族能够稳定地占有成片的田业也是得以聚族而居的条件，而这种宗族聚居的形式又反过来巩固了大片田业的占有。刘宋时沈庆之“广开田园之业”，“家素富厚”，不但“携子孙徙居”于娄湖一带，而且“悉移亲戚中表于娄湖，

① 恩格斯：《家庭、私有制和国家的起源》，《马克思恩格斯选集》第4卷，第107页。
② 《汉书》卷90《郅都传》。
③ 《后汉书》卷63《郑弘传》注引谢承书。
④ 《后汉书》卷60下《蔡邕传》。
⑤ 《晋书》卷30《刑法志》。
⑥ 《新唐书》卷199《柳冲传》。
⑦ 《晋书》卷75《范汪附宁传》。

列门则同闬焉"[①]。聚集在一起的数百家、数千家，并不都是同姓宗亲，其中必然有大量的奴客和部曲，但毕竟是以血缘纽带联系起来的地主宗族为核心，没有这样一个核心就无法产生凝聚力。不少地主就是由于"宗族富盛"，才能够"世为乡豪"[②]。《颜氏家训》卷1《治家篇》有一段对自然经济的描写：

> 生民之本，要当稼穑而食，桑麻以衣。蔬果之畜，园场之所产；鸡豚之善，埘圈之所生。爰及栋宇器械，樵苏脂烛，莫非种植之物也。至能守其业者，闭门而为生之具以足，但家无盐井耳。今北土风俗，率能躬俭节用，以赡衣食；江南奢侈，多不逮焉。

具备这样完备的自给自足经济条件的，只能是占有大量田业的大族；把自给自足当作"治家"原则加以提倡，反映自然经济与聚族而居结下了不解之缘。北方自然经济色彩浓于南方，无怪乎到隋唐时期只有崔、卢、李、郑、王等士族尚能维持一定的势力，后凋于其他各姓。

史学家们早已注意到门阀士族比较讲究礼法门风，但原因何在呢？主要取决于以下两点：首先，数以百户、千户的人们聚处一地，如何加以维系，如何调整人际关系，是一个非常重要的问题。为了解决这一问题，大族就必须提倡礼法门风，以之作为宗族内部的行为规范，否则就难以做到聚而不散，长期维持族居生活。细究士族所倡行的礼法，主要内容不外乎孝、悌、义几个范畴，当时家门友义、数世同居的记载连篇累牍，不必胪列。正因如此，所以《孝经》是当时社会上主要攻读的儒家典籍，这种学风一直延续到隋唐时期。其次，尽管魏晋南北朝存在"公门有公，卿门有卿"，"以贵承贵，以贱袭贱"的等级承袭制，但毕竟还是在实行秦汉以来的官僚政治，即令出身士族的人，如果不能谨言慎行，洁身自好，也有被贬、被免、被杀的可能，为了长期维持其特权地位，就必然要讲究礼法门风，教育子孙，以家风不替来保证政治地位的

① 《宋书》卷77《沈庆之传》。
② 《晋书》卷82《习凿齿传》。

持续。

礼法门风的维持与商品经济的发展也是对立的。大致什么时候商品货币关系侵蚀士族、宗族，什么时候就容易发生礼法门风败坏的事；哪一家士族受商品经济腐蚀严重，其家风就首先走向败坏。可见士族礼法门风之得以长期维持，也与自然经济的加强有一定的关系。

二 门阀士族衰落的主要原因

史学界流行的看法是：农民起义一再打击士族，是促使门阀政治结束、士族走向衰落的基本原因。持这种观点的论著，除以孙恩、卢循起义、北魏末的农民大起义为论据外，经常引用的一条史料就是《旧唐书》卷 54《窦建德传》的如下记载："初群盗得隋官及山东士子皆杀之。"有关隋末农民起义的史料可谓汗牛充栋，起义军达百余支之多，但再想找到一条类似的记载却非常困难。即令这条史料，下文也紧接着就说："唯建德每获士人，必加礼遇。"而此句却往往为引用者有意略去。更何况"山东士子"全部解释成士族，也未见得完全合适。应当承认，门阀士族确实在某种程度上遭到了农民起义的打击，问题在于其他地主阶层，包括寒素地主和中小地主，也莫不受到了沉重的打击，于此不禁要问：为什么寒素地主受到打击后在唐朝前期能够重新振作起来而士族地主却难以衰而复兴呢？黄巾起义也打击东汉时期形成的"四世三公"的豪门望族，西晋流民起义无疑也打击当时的上层地主，为什么不能通过连续的打击把士族扼杀在摇篮里，门阀士族反而在不断的打击中从无到有、从小到大呢？到南北朝后期，岂止农民起义，连"河阴之役"和"侯景乱梁"这样一些事件也能像秋风扫落叶一样对门阀士族进行摧枯拉朽的扫荡。可见单纯用农民起义的作用来解释士族衰落这一重大社会现象，是非常不够的。可以肯定，还有更深刻的内在因素在起作用。

在上一个题目中已经论证了门阀士族形成的主要社会原因是自然经济的加强。据此，南北朝后期及隋唐时期士族走向严重衰落的主要原因，就只能是商品经济的发展了。

刘宋元嘉年间开始铸四铢钱，以后盗铸恶货的情况日趋严重，说明随着商品经济的发展，货币流通量急需增加。梁初从京师、三吴经荆、郢、江、湖到梁、益各州，普遍用钱[①]，是整个长江流域商品货币关系发展的反映。北魏到太和十九年（495）始铸"太和五铢"钱，结束了"钱货无所周流"的局面。[②] 以后私铸之风随之兴起。北齐时段孝言典选，"富商大贾，多被诠擢"[③]。唐太宗即位后除关梁之禁[④]，为商品流通创造了条件。以后唐代商业的繁荣，就更无须介绍了。商品经济的逐渐发达首先把地主经济卷入了商品货币关系的旋涡。南朝徐勉曾谓其子崧曰：

> 显贵以来，将三十载，门人故旧，亟荐便宜，或使创辟田园，或劝兴立邸店，又欲舳舻运致，亦令货殖聚敛。若此众事，皆距（拒）而不纳。非谓拔葵去织，且欲省息纷纭。[⑤]

徐勉虽然"拒而不纳"这种建议，但这一记载却从侧面反映，官僚、地主"兴立邸店""舳舻运致""货殖聚敛"者大有人在。当时的"贵戚竞利，兴货廛肆"[⑥]，确已成为普遍现象。北朝的高阿那肱在卫国县市有"店八十坻"[⑦]，也是官僚经商的例证。隋唐时期商品经济进一步发展，必然加速土地买卖，加剧土地兼并，正如杜佑所说，开元、天宝以来，"兼并之弊，有逾于汉成、哀之间"[⑧]。地主阶级各阶层越是卷入商品经济，就越易于由生活奢侈而走向浪掷产业。东晋人范宁说：

> 夫人性无涯，奢俭由势。今并兼之士亦多不赡，非力不足以厚身，非禄不足以富家，是得之有由，而用之无节。蒱酒永日，驰鹜

① 《隋书》卷24《食货志》。
② 《魏书》卷110《食货志》。
③ 《北史》卷54《段荣附孝言传》。
④ 《唐会要》卷86《关市》。
⑤ 《梁书》卷25《徐勉传》。
⑥ 《宋书》卷85《谢庄传》。
⑦ 《隋书》卷42《李德林传》。
⑧ 《通典》卷2《食货典·田制下》。

> 卒年，一宴之馔，费过十金，丽服之美，不可赀算！盛狗马之饰，营郑、卫之音，南亩废而不垦，讲诵阙而无闻……①

生活腐化导致“南亩废而不垦”，必然从根本上危及其经济地位；“讲诵阙而无闻”，必然败坏礼法门风。这种情况不可避免地会动摇士族的生存基础。北朝的夏侯夬由于生活奢靡，“多所费用”，致使“父时田园，货卖略尽”。② 武周时的李日知，使诸子弟“皆结婚名族”，但他卒后少子伊衡“以妾为妻，费散田宅，仍列讼诸兄，家风替矣”③。可见家风的替否与田宅之能否保持，是同步发展的。开元年间的张嘉贞说：“比见朝士广占良田，及身没后，皆为无赖子弟作酒色之资，甚无谓也。”④ 唐代后期甚至有人作如下的总结：

> 不肖子弟有三变：第一变为蝗虫，谓鬻庄而食也；第二变为蠹鱼，谓鬻书而食也；第三变为大虫，谓卖奴婢而食也。三食之辈，何代无之?⑤

“鬻庄而食”的“三食之辈”，在魏晋时期并不很多，“何代无之”是唐朝人的看法，这种观点所以流行，恰恰是唐代商品货币关系空前发展的结果。唐朝地主阶级内部“贫富升降”“田亩移换”加速，从根本上动摇了各阶层经济地位的稳固性，因而门阀政治失去了生命力。《新唐书》卷95《高俭传》赞曰：

> 古者受姓受氏，以旌有功，是时人皆土著，故名宗望姓，举郡国自表，而谱系兴焉，所以推叙昭穆，使百代不得相乱也……（唐）至中叶，风教又薄，谱录都废，公靡常产之拘，士亡旧德之传，言

---

① 《晋书》卷75《范汪附宁传》。

② 《魏书》卷71《夏侯道迁附夬传》。

③ 《旧唐书》卷188《李日知传》。

④ 《旧唐书》卷99《张嘉贞传》。

⑤ 《北梦琐言》卷3《不肖子三变》。

> 李悉出陇西，言刘悉出彭城，悠悠世胙，讫无考按，冠冕皂隶，混为一区，可太息哉！

这里把古代的“名宗望姓”及“谱系之兴”归之于“人皆土著”，把唐中叶以后的“冠冕皂隶，混为一区”同“公靡常产之拘”联系起来，是独具慧眼，颇有见地，即从土地关系的角度解释等级制的存废，抓住了问题的关键。不足之处在于没有进一步指出，造成“公靡常产之拘”的条件正是商品货币关系的发展。

魏晋以来的聚族而居，是“人皆土著”的反映，商品经济的发展必然瓦解宗族的血缘纽带，使大族趋于分化，“人皆土著”走向离乡徙居。刘宋时周朗奏称：

> 今士大夫以下，父母在而兄弟异计，十家而七矣；庶人父子殊产，亦八家而五矣。凡甚者，乃危亡不相知，饥寒不相郦，又嫉谤谗害，其间不可胜数。①

这反映不论士族、庶民，“殊产”“异计”动摇了聚族而居的基础，而风气之走向浇薄，显然与商品经济之侵蚀有关。北方的裴植，系河东裴氏，其诸弟“各别资财，同居异爨，一门数灶，盖亦染江南之俗也”②。这种风气南盛于北，南早于北，正是南方商品经济比北方发达较早、较快的反映。宗族分化的结果，必然导致内部产生贫富不均，陈留尉氏阮姓，一族分居道北及道南，而“北阮皆富，南阮贫”③，就是大族贫富分化的例证。随着血缘纽带的松弛、两极分化的加速，原来聚居的宗族产生了离心力，于是出现了其中某些家族远徙他乡的现象。兹分别介绍著名士族徙居情况如下。

首先看一下博陵崔氏。崔无诐，“京兆长安人也，本博陵旧族”④。既

---

① 《宋书》卷82《周朗传》。
② 《魏书》卷71《裴叔业附植传》。
③ 《世说新语》下卷上《任诞篇》。
④ 《旧唐书》卷187下《崔无诐传》。

已改贯，恐系数世前早已西迁。崔沔也是“京兆长安人。周陇州刺史士约玄孙也。自博陵徙关中，世为著姓”①。大致开始徙居是北朝末年的事。崔敦礼，“雍州咸阳人”，“其先本居博陵，世为山东著姓，魏末徙关中”②。崔行功，“恒州井陉人。北齐钜鹿太守伯让曾孙也，自博陵徙家焉”③。崔日用，“滑州灵昌人，其先自博陵徙家焉”④。崔光远的情况与崔日用完全相同。⑤ 大致以上各崔多系徙家于北朝末年。

再看范阳卢氏。卢怀慎，“滑州灵昌人。其先家于范阳，为山东著姓。祖悊，为灵昌令，因徙焉”⑥。这里指出了徙于灵昌的原因是其祖任该县的县令，可能即卒于此官。卢从愿，“相州临漳人。后魏度支尚书昶六代孙也。自范阳徙家焉。世为山东著姓”⑦。卢昶一族徙家临漳的原因，恐怕与卢悊相同。卢简辞，“范阳人，后徙家于蒲”⑧。按简辞宪宗时人，徙家的时间较晚。卢坦，“河南洛阳人。其先自范阳徙焉”⑨。唐末人卢携，“其先本范阳，世居郑”⑩，肯定是由范阳徙居于郑。

陇西“驼李”内徙的例子也不少。李穆，“自云陇西成纪人”，“祖斌，以都督镇高平，因家焉”⑪。这也是因官徙贯。高宗时人李义琰，“魏州昌乐人，其先出陇西望姓”⑫。李傑，“相州滏阳人，后魏并州刺史宝之后也。其先自陇西徙焉”⑬。李玄道，“本陇西人也，世居郑，为山东冠族”⑭。李揆的贯、望与玄道完全相同⑮。即令赵郡李氏，本是内地望族，也有南迁的情况，如李尚隐，“其先赵郡人，世居潞州之铜鞮，近又徙家

---

① 《旧唐书》卷188《崔沔传》。
② 《旧唐书》卷81《崔敦礼传》。
③ 《旧唐书》卷190上《崔行功传》。
④ 《旧唐书》卷99《崔日用传》。
⑤ 《旧唐书》卷111《崔光远传》。
⑥ 《旧唐书》卷98《卢怀慎传》。
⑦ 《旧唐书》卷100《卢从愿传》。
⑧ 《旧唐书》卷163《卢简辞传》。
⑨ 《旧唐书》卷153《卢坦传》。
⑩ 《新唐书》卷184《卢携传》。
⑪ 《隋书》卷37《李穆传》。
⑫ 《新唐书》卷105《李义琰传》。
⑬ 《旧唐书》卷100《李傑传》。
⑭ 《旧唐书》卷72《褚亮附李玄道传》。
⑮ 《旧唐书》卷126《李揆传》。

京兆之万年"①。此族离开旧籍一迁再迁，最后成为京兆万年人。李观，"洛阳人，其先自赵郡徙焉"②。李绅，"润州无锡人，本山东著姓"。"父晤，历金坛、乌程、晋陵三县令，因家无锡。"③ 李晤是"山东著姓"，肯定属于赵郡李氏，徙家的时间已在唐代，而且远徙江南。甚至清河崔氏也有徙居南方者，史称："清河崔氏亦小房最著，崔程出清河小房，世居楚州宝应县，号'八宝崔氏'。"④ 进士郑翚说，"家在高邮，有亲表卢氏"⑤。郑、卢两家联姻，说明郑翚肯定是望族，当出于荥阳郑氏，但已徙家江南的高邮。

王氏徙家者亦不乏其人。大诗人王维，"太原祁人"，即太原王氏，其父"处廉终汾州司马，徙家于蒲，遂为河东人"⑥。王绍，"本家于太原，今为京兆万年人"⑦。改贯的原因自然也是徙居。王播，"其先太原人。父恕，为扬州仓曹参军，遂家焉"⑧。按播为德宗时人，其父徙家已经较晚。王无竞，"其先琅邪人，因官徙居东莱。宋太尉弘之十一代孙"⑨。琅邪王氏徙居者较少，但唐代王氏有史传可查者大多属于太原王，琅邪王的人数极少。

史称："杨氏自杨震号为'关西孔子'，葬于潼关亭。至今七百年，子孙犹在阌乡故宅。天下一家而已。"⑩ 从汉至唐世代居守故里已是罕见的现象。"四姓唯郑氏不离荥阳"的记载⑪，也说明崔、卢、李各姓有不少人已离乡远徙。可见自北魏到唐代著姓因官徙家已经成为司空见惯的事了。

从上述史实可以看出：首先，徙家改贯之举一般始于北朝后期，至

① 《旧唐书》卷185下《李尚隐传》。
② 《旧唐书》卷144《李观传》。
③ 《旧唐书》卷173《李绅传》。
④ 《唐语林》卷4《企羡》。
⑤ 《因话录》卷6《羽部》。
⑥ 《旧唐书》卷190下《王维传》。
⑦ 《旧唐书》卷123《王绍传》。
⑧ 《新唐书》卷167《王播传》。
⑨ 《旧唐书》卷190中《阎朝隐附王无竞传》。
⑩ 《国史补》卷上。
⑪ 《国史补》卷上。

唐代则更有远徙江南者。其次，出于因官而徙家，所以大族一般迁徙的趋势是由河北徙往河南、关中，由陇西迁往长安。只有北魏统一北方、隋唐统一全国后人们才会向长安、洛阳靠拢。复次，以上只是表面现象，如果没有商品经济冲击宗族关系，淡化人们的乡土观念，即令为官异乡，最终也不会消除意识中的丘垅之恋。最后，正是由于因官徙家的现象日益普遍，从北朝末年到隋唐才发生了籍贯与郡望分离的情况。贯、望混乱为庶姓伪托地望大开了方便之门，所谓“言李悉出陇西，言刘悉出彭城”，就是滥肆伪托的反映。唐代人的籍贯、郡望是很不可信的，这是鱼龙混杂、泥沙俱下的结果，也是士族衰落的表现。

隋唐的韦鼎、韦世康同属京兆韦氏，但鼎曾为官于南朝。全国统一后隋文帝问之曰：“韦世康与公相去远近?”鼎对曰：“臣宗族分派，南北孤绝，自生以来，未尝访问。”文帝曰：“公百世卿族，何得尔也?”乃遣世康与鼎还杜陵，欢饮十余日，“鼎乃考校昭穆，自楚太傅孟以下二十余世，作《韦氏谱》七卷”①。可见同族远徙分居各地以后，就断绝往来。血缘纽带的削弱造成大族中的一部分家族徙居，而徙居又反转来削弱大族，门阀士族就在这种恶性循环中走向衰落。

从南北朝到隋唐，大族对劳动者的占有也趋向不稳定，超经济强制有日渐削弱的倾向。究其原因，主要有二：第一，商品经济的发展广开了农民“舍本逐末”的出路，破产的农民和规脱徭赋的小生产者，或则转化为小工商业者，或则成为城市“游手”，他们向地主投靠者虽然仍旧不少，但毕竟不像以往那么多了。南朝的沈约曾作如下描述：“昏作役苦，故穑人去而从商；商子事逸，末业流而浸广。”故他主张以谷帛代泉货，“可使末技自禁，游食知反”②。北魏太和年间韩麒麟也发现，“今京师民庶，不田者多，游食之口，三分居二”，产生了“宝货盈于市里”而“耕者日少，田有荒芜”的严重情况③。隋代则京师及不少地方有“去农从商，争朝夕之利；游手为事，竞锥刀之末”的现象④。唐代城市空前繁

① 《隋书》卷78《韦鼎传》。

② 《宋书》卷56《孔琳之传》史臣曰。

③ 《魏书》卷60《韩麒麟传》。

④ 《隋书》卷29上《地理志》。

荣，商业空前发展，上述情况更为严重，农民“去衣食之本，以趣末作”的结果[①]，“农人日困，末业日增”[②]。这是促使人身依附趋向缓和的主要原因。第二，均田制断断续续推行，使部分依附农民转化成受田的编户齐民，这条新的出路也有利于削弱士族对农民的超经济强制。唐代部曲的明显减少及租佃契约的大量出现，是超经济强制今非昔比的重要表现。

商品货币关系松弛了宗族的血缘纽带，削弱了农民对地主的人身依附，聚族而居的现象遂日益减少，对礼法门风的需要不像过去那样迫切了。相当一部分士族在商品经济高涨的浪潮中追求声色犬马，这也使他们所标榜的礼法门风难以长期保持。北魏的范阳卢玄，本来“为世盛门”，“闺门之礼，为世所推”，但此族自卢渊兄弟以后，“家风衰损，子孙多非法，帷薄混秽，为论者所鄙”[③]。隋代甚至出现了这样的情况：“礼教凋敝，公卿薨亡，其爱妾侍婢，子孙辄嫁卖之，遂成风俗。”[④] 这简直是以祖、父辈的“爱妾侍婢”为商品了。唐代祖父母、父母在而“子孙别籍异财者”相当普遍，甚至要由法律来加以禁止。[⑤] 汉代王符指责察举选官，“虚谈则知以德义为贤，贡荐则必阀阅为前”[⑥]，说明“德义”与“阀阅”并不统一。魏晋以后礼法门风成了门阀士族高自标榜的招牌，而到南北朝后期，相当一部分士族却门风败坏了。唐代“浮华”之风兴起，就与此种历史发展趋势有关。

土地买卖频繁，超经济强制减弱，聚族而居走向分户析产，宗族远徙支解，这些因素综合起来，就使某些大族、大地主的经济地位不再像过去那样相对稳定，部分士族难免走向贫困甚至破产。南齐的张融系吴郡张氏，“家贫愿禄”，自云少年时过着“布衣苇席”“箪食瓢饮”的清贫生活。[⑦] 梁朝的同郡望族顾宪之，晚年归故里后也“不免饥寒”[⑧]。北

---

① 《权载之集》卷40《进士策问》。

② 《李文公集》卷9《疏改税法》。

③ 《魏书》卷47《卢玄传》及传末史臣曰。

④ 《隋书》卷66《李谔传》。

⑤ 《唐律疏议》卷12《户婚律》上《子孙不得别籍》。

⑥ 《潜夫论·交际篇》。

⑦ 《南齐书》卷41《张融传》。

⑧ 《梁书》卷52《顾宪之传》。

方也有类似的情况，如崔廓其人，“少孤贫”[①]。卢文伟是范阳人，“北州冠族”，亦“家素贫俭”，后来由于他“善于营理”才得以“置富”[②]。类似的记载，晋代就有，但这种情况越到后来越发展，而且南方严重于北方。隋唐以后历史沿着这条道路继续发展，李唐的开国功臣裴寂，出自河东裴氏，在隋代“家贫无以自业”[③]。王方翼是“并州祁人”，理应属于太原王氏，但幼年尚须亲自“与佣保齐力勤作，苦心计”，开垦土地[④]，家境也不会太好。范阳卢商，“少孤贫，力学”[⑤]。王播，“其先太原人”[⑥]，“少贫，居瓜州寄食，多为人所薄”[⑦]。李揆，“陇西成纪人”，受元载排摈，“江淮养疾，既无禄俸，家复贫乏，孀孤百口，丐食取给”[⑧]。类似的例子，不胜枚举。正如唐初太宗诏所云，很多“燕赵右姓”，“自有魏失御”以来，已经“名虽著于州闾，身未免于贫贱”[⑨]。开元名相姚崇也说：“比见诸达官身亡以后，子孙既失覆荫，多至贫寒。”[⑩] 这里指的虽然不是士族，但说明地主阶级中各个阶层的人，经济地位的变动剧烈。经济地位的不稳定必然从根本上动摇士族的政治地位和社会声望，世袭等级特权随之难以继续维持，这是门阀政治走向衰落的最主要的根源。

要特别声明的是：首先，即令在魏晋之际，经济地位的稳定也只是相对的，不是绝对一成不变的，所以名门望族虽然奕世显贵，也都难于做到永远通显，不免一批一批地先后衰微；其次，经济地位同社会地位、政治地位的变动有密切的联系，但三者在时间上又不容“一刀切”，如有的大族在经济上衰败以后，社会声望和政治影响还会保持一段时间；有的是先在政治上失势，然后才在经济上垮台，失去社会声望。不过其间最重要的还是经济地位，一旦保持不住这种地位，其他各方面迟早都会

---

① 《隋书》卷77《崔廓传》。

② 《北齐书》卷22《卢文伟传》。

③ 《旧唐书》卷57《裴寂传》。

④ 《旧唐书》卷185上《王方翼传》。

⑤ 《旧唐书》卷176《卢商传》。

⑥ 《新唐书》卷167《王播传》。

⑦ 《唐语林》卷4《伤逝》。

⑧ 《旧唐书》卷126《李揆传》。

⑨ 《唐会要》卷83《嫁娶》。

⑩ 《旧唐书》卷96《姚崇传》。

走向衰微。

三 贞观《氏族志》和显庆《姓氏录》

魏晋南北朝的门阀士族所讲究者有二：一曰婚，二曰宦。首先就唐代婚的方面进行探讨。唐朝前期的官修谱牒基本上是在“婚”字上作文章，其中最重要的两部书是《贞观氏族志》和高宗、武后时修成的《姓氏录》。治唐史者对二书已有不少中肯的分析，兹在前人研究的基础上再补充一些个人看法。

《贞观政要》卷 7《礼乐》及《旧唐书》卷 65《高士廉传》关于《氏族志》的记载最详细、准确，谨据二书逐录其记载如下：

> 贞观六年（632），太宗谓尚书左仆射房玄龄曰：“比有山东崔、卢、李、郑四姓，虽累叶陵迟，犹恃其旧地，好自矜大，称为士大夫。每嫁女他族，必广索聘财，以多为贵，论数定约，同于市贾，甚损风俗，有紊礼经，既轻重失宜，理须改革。”乃诏吏部尚书（《会要》卷 36 误作“礼部尚书”）高士廉、御史大夫韦挺、中书侍郎岑文本、礼部侍郎令狐德棻等，刊正姓氏，普责天下谱牒，兼据凭史传，剪其浮华，定其真伪，忠贤者褒进，悖逆者贬黜，撰为《氏族志》。士廉等及进定氏族等第，遂以崔（民）干为第一等。（以上据《贞观政要》，以下据《旧高士廉传》）太宗曰：“我与山东崔、卢、李、郑，旧既无嫌，为其世代衰微，全无冠盖，犹自云士大夫。婚姻之间，则多邀钱币。才识凡下，而偃仰自高，贩鬻松檟，依托富贵，我不解人间何为重之？祇缘齐家惟据河北，梁、陈僻在江南，当时虽有人物，偏僻小国，不足可贵，至今犹以崔、卢、王、谢为重。我平定四海，天下一家，凡在朝士，皆功效显著，或忠孝可称，或学艺通博，所以擢用。见居三品以上，欲共衰代旧门为亲，纵多输钱帛，犹被偃仰。我今特定族姓者，欲崇重今朝冠冕，何因崔（民）干犹为第一等？……不须论数世以前，止取今日官爵高下

作等级。”遂以崔（民）干为第三等。及书成，凡一百卷，诏颁于天下。

据《唐会要》卷36《氏族》，最后修成于贞观十二年（638）正月，计前后历时达六年之久。与此相关的还有贞观十六年（642）六月己酉诏：

氏族之盛，实系于冠冕；婚姻之道，莫先于仁义。自有魏失御，齐氏云亡，市朝既迁，风俗陵替。燕、赵右姓，多失衣冠之绪；齐、韩旧族（《会要》作“俗”字），或乖德义之风。名虽著于州闾，身未免于贫贱；自号高（膏）梁（粱）之胄，不敦匹敌之仪；问名惟在于窃赀，结褵必归于富室。乃有新官之辈，丰财之家，慕其祖宗，竞结婚媾，多纳货贿，有如贩鬻。或贬其家门，受屈于姻娅；或矜其旧望，行无礼于舅姑。积习成俗，迄今未已。既紊人伦，实亏名教。朕夙夜兢惕，忧勤政道，往代蠹害，咸已惩革，唯此弊风，未能尽变。自今已后，明加告示，使识嫁娶之序，务合典礼，称朕意焉。其自今年六月，禁卖婚。①

上述记载首先说明，“燕、赵右姓”，“齐、韩旧族”，无论在经济地位或政治地位上，已经衰败下来。“身未免于贫贱”，是经济上没落的反映；“世代衰微，全无冠盖”，是政治上失势的表现。“市朝既迁”即“多失衣冠之绪”，与过去的“朝市革易，而我之门第如旧”；“陵阙虽殊，顾眄如一”，已完全不同了。“公门有公，卿门有卿”的政治特权已经从根本上动摇。其次，卖婚索财本身就是士族没落的反映，梁人沈约早就指出：“自宋氏失御，礼教凋衰，衣冠之族，日失其序，姻娅沦杂，罔计厮庶，贩鬻祖曾，以为贾道，明目腆颜，曾无愧畏。”② 颜之推也说：“近世嫁娶，遂有卖女纳财，买妇输绢，比量父祖，计较锱铢，责多还少，市井

① 《册府元龟》卷159《帝王部·革弊》。《唐会要》卷83《嫁娶》。《唐大诏令集》卷110《诫励氏族婚姻诏》。末句《册府元龟》无，据《会要》补。

② 《全梁文》卷27沈约《奏弹王源》。

无异。或猥婿在门，或傲妇擅室，贪荣求利，反招羞耻。”① 可见以婚求财始于南北朝，在魏晋时期是很少见的，到唐朝就泛滥成灾了。士族最忌婚宦失类，而买卖婚姻恰恰是在婚的问题上陷于失类。士族得势时期，寒门素族与他们同榻共坐都不可能，岂能用多出聘财的手段与他们高攀。只有士族部分地走向贫困以后才肯卖婚求财，与寒门结姻。陈朝人王元规系太原王氏，他“八岁而孤，兄弟三人，随母依舅氏往临海郡，时年十二”。当地“土豪”刘瑱，“资财巨万，以女妻之。元规母以其兄弟幼弱，欲结强援”。后因元规苦劝，才避免了“苟安异壤，辄婚非类”的命运。② 但王母的意向却生动说明，士族失势于异乡时就不免要动念头“辄婚非类”了。隋朝人赵元楷并非望族，其父“家富于财”，重清河崔氏门望，因“厚礼以聘”崔氏之女。③ 寒素地主羡慕士族的门望，门阀士族企求庶族的财富，交易于是做成了，但不免陷于“辄婚非类”。最后，这种买卖婚姻“同于市贾”，“有如贩鬻”，确实是商品经济渗透到士族婚姻关系中的反映，而且它败坏士族所一贯标榜的礼法门风，“甚损风俗，有紊礼经”。在这一意义上，此风也是门阀士族走向衰微的结果。还应当看到，礼法门风的败坏反转来动摇士族赖以生存的等级特权，史称，北魏“自灵太后预政，淫风稍行。及元叉擅权，公为奸秽。自此素族、名家，遂多乱杂，法官不加纠治，婚宦无贬于世，有识咸以叹息矣！”④ 南朝“商贩之室，饰等王侯”的结果，“见车马不辨贵贱，视冠服不知尊卑”⑤，也是商品经济冲击门阀制度的写照。颜之推所谓“自丧乱已来，见因托风云，徼幸富贵，旦执机权，夜填坑谷，朔欢卓、郑，晦泣颜、原者，非十人五人也”⑥，集中描绘了统治阶级内部经济、政治地位的极不稳定。士族中的某些“衰宗落谱”已经沉沦下去，最后手中剩下的只是一块空招牌，于是就靠出卖门第，“贩鬻松槚”来谋点蝇头小利。因此，从卖婚陋俗上既要看到这些士族还有一些社会声望，更应该看到他们的地位已经

① 《颜氏家训》卷1《治家篇》。

② 《隋书》卷33《王元规传》。

③ 《隋书》卷80《赵元楷妻传》。

④ 《魏书》卷56《郑羲传》。

⑤ 《宋书》卷82《周朗传》。

⑥ 《颜氏家训》卷5《止足篇》。

今非昔比了。本来提倡礼法门风的是门阀士族，唐朝由贬抑崔、卢、李、郑的唐太宗来指斥卖婚索财“有紊礼经”，这简直是一个无情的讽刺。

唐太宗令高俭等修《氏族志》，一方面固然有意贬降山东士族的社会地位，另一方面却说明他本人并没有从根本上同门阀士族划清界限。讲究谱牒原是一种士族风尚，《贞观氏族志》本身就是官修的谱牒，因此李世民下令修此谱牒，不是企图彻底消灭门阀，而只是打算用“崇重今朝冠冕”的原则提高唐朝皇族及显贵的社会地位，使之也挤入士族的行列，但他没有想到，混迹于士族的人越多，士族就越不值钱。创造历史的人采取某些行动，自己是意识到了在朝什么方向用力，却不可能自觉到自己的力量只是决定历史发展方向的合力的构成因素之一，而取决于合力的历史趋向往往与个人的意向并不吻合。事与愿违就是历史对历史人物主观意志经常开的玩笑。

修《贞观氏族志》坚持的原则是“崇重今朝冠冕”。历来把此点看作打击旧士族的手段，殊不知北魏迁都洛阳后，将“出于帝族”之八氏十姓、“诸国从魏者”三十六族，及“世为部落大人者”九十二姓都算作“河南洛阳人”，实则与“中国士人”中的“四海大姓”“郡姓”“州姓”“县姓”处于同等地位[①]，同样具有“重今朝冠冕”的性质和目的，却从来无人把此举也看成打击士族的手段。关键在于时代条件、社会环境有显著的不同。当门阀士族兴盛得势的土壤还存在时，即令重当时冠冕，也起不了抑贬士族的作用，孝文帝定“四姓”时陇西李“恐不入”谱，“星夜乘鸣驼倍程至洛”以争取，遂因此被称为“驼李”[②]，就是明证；而门阀士族走向衰落的条件已经具备后，同样的原则实行起来就能够起不同的作用。

唐太宗“崇重今朝冠冕”，却并没有把山东著姓完全排挤在新谱之外，否则就不会“普责天下谱牒，仍凭据史传，考其真伪”了。《旧唐书》卷189下《柳冲传》也说，太宗修《氏族志》，目的在于“甄别士庶”。崔民干只是从第一等降到第三等，就说明旧士族在新谱牒中仍然保持着一定的地位。南朝已有“谱牒伪误”的情况，唐代假冒士族者大有

① 《隋书》卷33《经籍志》。

② 《太平广记》卷184《氏族・李氏条》。

人在，如果不认真地“甄别士庶”，“考其真伪”，即令把李氏皇族列于《氏族志》之首，那又有什么光彩可言呢？但这种士庶混杂、真伪难辨的情况日益严重，恰恰是门阀制度正在走向崩溃的征兆。

关于《姓氏录》，《唐会要》记载最详细，兹先迻录如下：

> 显庆四年（659）九月五日，诏改《氏族志》为《姓（氏）录》。上亲制序，仍自裁其类例。凡二百四十五姓，二百八十七家。以皇后四家、酅公、介公、赠台司、太子三师、开府仪同三司、仆射为第一等，文武二品及知政事者三品为第二等；各以品位为等第，凡为九等。并取其身及后裔若亲兄弟量计相从；自余枝属，一不得同谱。（原注：“初，《贞观氏族志》称为详练，至是，许敬宗以其书不叙明皇后武氏本望，李义府又耻其家无名，乃奏改之。于是委礼部侍郎孔志约、著作郎杨仁卿、太子洗马史元（玄）道、太常丞吕才等十二人，商量编录，遂立格，以皇朝得五品者尽入族谱。入谱者，缙绅士大夫咸以为耻，议者号其书为‘勋桂’。李义府又奏收《贞观氏族志》焚之”）①

按《姓录》当为《姓氏录》，脱一“氏”字，据他书补。《新唐书》卷58《艺文志》作《姓氏谱》二百卷，误“录”为“谱”。《旧唐书》卷46《经籍志上》作《姓氏谱》二卷，除“谱”字误外卷数脱“百”字。“勋桂”当作“勋格”，“桂”字误。关于“勋格”，《会要》记载似未解释清楚，《旧唐书》卷82《李义府传》有助于理解，其记载为：“志约等遂立格云：‘皇朝得五品官者皆升士流。’于是兵卒以军功致五品者，尽入书限……由是缙绅士大夫多耻被甄叙，皆号此书为‘勋格’。”关于《姓氏录》所收的姓数和家数，《新唐书》卷95《高俭传》作“合二百三十五姓，二千二百八十七家”。按《贞观氏族志》共收二百九十三姓，一千六百五十一家②，《姓氏录》所收家数断不至少至二百余，而且尾数“八十

① 《唐会要》卷36《氏族》。

② 《唐会要》卷36《氏族》、《册府元龟》卷560《国史部·谱牒》、高士廉本传及《通鉴》均同。

七”二书相同，是知《会要》脱“二千”两字。至于姓数，《会要》作“二百四十五”，《高俭传》作“二百三十五”，可能前者讹“三”为“四”。

一般认为《氏族志》与《姓氏录》相同，都具有打击山东士族的目的和作用，仔细分析，二者间还存在一定的区别，需要加以辨明。首先，主持修《氏族志》的高士廉，“雅谙姓氏，凡所署用，莫不人地俱允”①。而且他本人就是出身渤海望族。参与修志的韦挺，雍州万年人②，属京兆望族。修《姓氏录》的孔、杨、史诸人均不见经传，吕才与许敬宗也都无郡望可言。这两批人的立场和看法不可能完全相同。其次，如前所述，《氏族志》虽“崇重今朝冠冕”，但山东士族仍然列入新谱，只不过降等而已；《姓氏录》则把旧士族完全排挤在外，除非他们本人任五品以上官，郡望已丝毫不起作用。因此，《姓氏录》贬抑山东士族更加彻底。《姓氏录》共收二千二百八十七家，比《氏族志》多收六百三十六家，恐怕就是滥肆入谱的结果。复次，由于《贞观氏族志》既“崇重今朝冠冕”，又照顾了一些旧士族的地位，所以“升降去取，时称允当”③。《姓氏录》则因为滥收姓族，遭到了士大夫的卑视。不同的社会反应微妙地显示了这两部官修谱牒的差别。最后，通过《氏族志》和《姓氏录》以及唐太宗和武则天的政策，可以看出他们对待婚姻问题的不同态度。关于高宗时武后及李义府等人的态度，《新唐书》卷95《高俭传》的下述记载最详尽：

> 又诏：“后魏陇西李宝，太原王琼，荥阳郑温，范阳卢子迁、卢浑、卢辅，清河崔宗伯、崔元孙，前燕博陵崔懿，晋赵郡李楷，凡七姓十家，不得自为昏。三品以上纳币不得过三百匹，四品、五品二百，六品、七品百，悉为归装，夫氏禁受陪门财。”先是后魏太和中定四海望族，以宝等为冠，其后矜尚门地，故《氏族志》一切降之，王妃、主婿，皆取当世勋贵名臣家，未尝尚山东旧族。后房玄龄、魏徵、李勣复与昏，故望不减，然每姓第其房望，虽一姓中，高

① 《旧唐书》卷65《高士廉传》。

② 《旧唐书》卷77《韦挺传》。

③ 《通鉴》卷200显庆四年六月。

> 下县（悬）隔。李义府为子求昏不得，始奏禁焉。其后天下衰宗落谱，昭穆所不齿者，皆称“禁昏家”，益自贵。凡男女皆潜相聘娶，天子不能禁，世以为敝云。

从上述记载可以看出：唐太宗的政策是禁止卖婚，而且不让王妃、主婿“尚山东旧族”；武则天、李义府辈则是禁止“七姓十家”自为婚，并且宣布禁止“陪门财”的陋习，力求通过这些措施，打开与士族廉价通婚的大门。因此，武后集团与其说是出于政治考虑打击士族，不如说是垂涎三尺，企羡与士族攀姻，达不到目的后恼羞成怒，转而大力抑制旧姓。正因为存在这种偏激的情绪，《姓氏录》及“禁婚家”的规定也显得比《氏族志》及太宗禁卖婚的政策更加彻底。但平心而论，唐太宗比武则天更具有政治家的风度。

山东士族既以“禁婚家”自贵，“潜相聘娶”，又嫁女寒门，索取“陪门财”，这一矛盾现象怎样解释呢？这里要对不同的士族区别对待。应当承认，士族中确实有一部分人还有相当的经济地位，尚能维持礼法门风，他们不愿意婚配“失类”。唐文宗为庄恪太子选妃，“求郑门衣冠子女为新妇”，而朝臣却不愿为之“作亲情”[①]。唐宣宗欲为其女万寿公主择望族郑颢为婿，但“颢不乐为国婚”，而且对提出此项建议的宰相白敏中“深衔之”[②]。必须承认，这两次拒婚都出于诚意。至于那些“衰宗落谱”也自称“禁婚家”，“潜相聘娶”，则是为了抬高身价，多索“陪门财”。如果不这样高自标卖，就无利可图了。但这一部分衰败下来的士族残余，已经无礼法门风可言。

过去对《氏族志》与《姓氏录》的评价不免偏高，即过分肯定了它们打击山东士族的作用。实际上，唐太宗、武则天是出于一厢情愿，没有料到这些官修谱牒所能起的作用极其有限。这是因为：第一，商品经济给人们的社会地位带来了灵活性，隋唐时期“冠冕之家，兴衰不一”，已经无法“以曩时之褒贬为当今之轨模”[③]。在官僚政治下等级制日趋不

① 《太平广记》卷184《氏族·庄恪太子妃条》。

② 《唐语林》卷7《补遗》。

③ 《全唐文》卷235柳冲《请修谱牒表》。

太严格，官僚、贵族的政治地位变动不居，按品位定的姓氏等第很快就会与实际状况脱节，失去意义。第二，士族地位是以社会承认为前提的，仅仅依靠政治法令无法消除社会上慕求士族婚娅的风尚，只有社会承认这一客观条件不存在以后，士族才会最后失去其社会上的特殊声望。单纯的行政命令在社会问题上很难奏效。前面所举房玄龄、魏徵、李勣、李义府及后期的皇帝文宗、宣宗，都在追求通婚士族，就是明显的例子。这样的实例不胜枚举。正如《旧五代史》所说："唐太宗曾降诏以戒其弊风，终莫能改。"① 实际上，紧接《姓氏录》之后，柳冲等人在中宗神龙年间所修的《大唐姓氏系录》二百卷，就是修改《姓氏录》而成书的，其重修原则是"凡四海望族则为右姓"②，放弃了"崇重今朝冠冕"及凡五品皆入谱的标准，重新回到了以地望定姓族高低的老路。

不过，在商品经济日益发展的过程中，尽管旧士族在挣扎着维持其特殊的社会地位，但逐渐走向衰落却是不可抗拒的时代潮流，隋代承南北朝之余风，"于是乎士无乡里，里无衣冠，人无廉耻，士族乱而庶人僭矣"③。在这种趋势下，发生了两个现象：首先，伪冒士族者越来越多，史称：

> 代有《山东士大夫类例》三卷，其有非士族及假冒者，不见录。署云"相州僧昙刚撰"。后柳常侍冲亦明于族姓，中宗朝为相州刺史，询问旧老，云："自隋以来，不闻有僧昙刚。"盖惧嫉于时，故隐名氏云。④

因"惧嫉于时"而撰者隐其姓名，可见假冒士族、反对考辨姓族者大有人在。这种风气始于南北朝，盛于隋唐，实际是一股要淹没真士族的洪流。其次，社会舆论对士族的高自标榜，从企羡逐渐走向看不惯，最后对之采取鄙薄的态度。隋代卢恺摄吏部，与薛道衡、陆彦师等"甄别士流，故涉党固之谮"⑤。但另一条记载称，陆彦师任吏部侍郎时，"隋承周

① 《旧五代史》卷93《李专美传》。
② 《新唐书》卷199《柳冲传》。
③ 《新唐书》卷199《柳冲传》。
④ 《隋唐嘉话》下。
⑤ 《隋书》卷56《卢恺传》。

制，官无清浊"，由于他"凡所任人，颇甄别于士庶，论者美之"①。可以说社会舆论对"甄别士庶"是毁誉参半。唐代李敬玄，"前后三娶，皆山东士族，又与赵郡李氏合谱，故台省要职，多是其同族婚媾之家。高宗知而不悦，然犹不彰其过"②。过去"公门有公，卿门有卿"，士族相互通婚以便于仕途提携，是天经地义的事，现在却被看成了不正当的行为，是犯了错误。唐代尽管有不少人慕求联姻士族，但开元朝名臣张说却因"好求山东婚姻，当时皆恶之"③。五代时崔居俭属清河崔氏，其家"子孙专以门望自高，为世所嫉"④。广大群众已不买他们的账，越这样标榜越孤立。相反，"远祖本出姑臧大房"的"名族"李专美，不沿袭士族"浮薄自大"的习气，"未尝以氏族形于口吻，见寒素士大夫，恒恂恂如也，人以此多之"⑤。时代变了，士族的地位变了，社会舆论也随着变了，这正是存在决定意识的体现。唐代把郡望看得比官爵还重的人仍旧存在，如李稹其人，"门户第一，而有清名，常以爵位不如族望，官至司封郎中、怀州刺史，与人书札，唯称陇西李稹而不衔"⑥。但这不是社会上惯常的通例，史料是把它当作不正常的迂腐现象特别记载下来的。

四　科举取士与士族在唐代的仕途

以下专门讨论唐代山东士族在"宦"的方面所处的地位。隋唐实行科举制，尤以进士科、制举取士为重要，所以科举取士怎样影响士族的仕途，就是这里所要分析的关键所在。

过去传统的说法是，科举制取代九品官人法，具有打击山东士族的作用。一般地讲，应当承认这是事实。但关于此点，不能把它看得太绝对了。九品中正制是门阀士族垄断清职的工具，科举制兴起后，这种垄

① 《隋书》卷72《陆彦师传》。
② 《旧唐书》卷81《李敬玄传》。
③ 《国史补》卷上。
④ 《五代史记》卷85《崔居俭传》。
⑤ 《旧五代史》卷93《李专美传》。
⑥ 《国史补》卷上。

断仕途的特权被剥夺了；但科举取士并不排斥士族干禄仕进，只要他们登第入选，同样可以飞黄腾达，而恰恰在后一方面，士族在考场竞争中仍然具有文化上的优势。遍查隋唐时期崔、卢、李、郑、王、裴、韦等大族的列传，他们大多数人“通经术”“善属文”“涉文史”“博览经史”。太原王氏有不少族、房就是隋代大儒“文中子”王通的后人。王维是“以诗名盛于开元、天宝间”的大诗人。[①] 赵郡李虞仲、范阳卢纶都是“大历十才子”中的望族诗人。陇西李揆“代为冠族”，“门地、人物、文章，皆当代所推”，“故时人称为‘三绝’”。[②] 崔湜、崔滌等“昆仲数人，并有文翰”，“列官清要”，每“自比王、谢之家”，以门第、出身、官历自矜。[③] 清河崔群、京兆韦处厚，均“以文学饰身，致位崇极”[④]。由此可见，科举取士有剥夺士族垄断清途的一面，也有发挥他们文化优势的有利一面，而这一点往往为人们所忽略。

实际上，早在科举制实行以前，士族在仕途上已经处于不利地位，魏齐以来，“多失衣冠之绪”，就是明显的证明。隋文帝时，“齐朝资荫，不复称叙，鼎贵高门，俱从九品释褐”[⑤]。在这戎马生郊的岁月里，倒是那些关陇武夫得到了青云直上的际会。正当这个时期，杨隋宣布废除九品官人法，开始分科举人，此点恰恰给那些满腹经纶的右族望姓开辟了新的仕途。隋炀帝曾诏：“时方拨乱，屠贩可以登朝；世属隆平，经术然后升士。”“自三方未一，四海交争，不遑文教，唯尚武功，设官分职，罕以才授，班朝治人，乃由勋叙，莫非拔足行阵，出自勇夫。”于是规定：“自今已后，诸授勋官者，并不得回授文武职事。”[⑥] 这和他实行进士科的指导思想是一脉相承的。而即令在这个尚武的时代，士族也多不是单纯的武夫，起码是才兼文武的人物。[⑦] 萧颖士的先世是“南迁士族”，

---

① 《旧唐书》卷190《王维传》。

② 《旧唐书》卷126《李揆传》。

③ 《太平广记》卷184《氏族·崔湜条》。

④ 《旧唐书》卷159《崔群传》史臣曰。

⑤ 《全唐文》卷143李百药《唐故都督徐州五州诸军事徐州刺史临淄定公房公碑》。

⑥ 《隋书》卷4《炀帝纪》。

⑦ 如太原王颁，“有文武干局”（《隋书》卷72《王颁传》）。博陵崔仲方，“有文武才干”（《隋书》卷60《崔仲方传》）。

“自梁涉唐，多著名迹。终古蕃盛，莫之与比”。但“贞观之后，群从凋零；垂拱以来，无复大位”。颖士本人正是凭借“孜孜强学，业成冠岁”，才得以“射策甲科，见称朝友”①。这是大族没落后凭借文化优势通过科举制得以复兴的生动例子。

唐代武则天大力发展科举制，颁布《姓氏录》，自以为打击了山东士族，但她始料所不及的是，崔、卢、李、郑、王诸姓通过科举制置身通显者越来越多。这就是历史的辩证法。崔雍系博陵崔氏②，他有“兄弟八人皆进士，列甲乙科。当时号为‘点头崔家’”③。博陵崔颋进士出身，长子珙以书判拔萃登科，其余诸子琯、璆、璪、球、玙及诸孙涓、渎、澹及澹子远，均进士登第，珙兄弟八人，“皆达官，时人比汉之荀氏，号曰‘八龙’”。“崔氏咸通、乾符间昆仲子弟纡组拖绅，历台阁、践藩岳者，二十余人，大中已来盛族，时推甲等。”④ 范阳卢氏自兴元元年至乾符二年，“计九十二年，而二年停举。九十年中，登进士者一百一十六人，诸科在外”⑤。裴宽系河东裴氏，“弟兄多宦达，子侄亦有名称”，“当世荣之”。他们是怎样“宦达”的呢？“兄弟八人，皆明经及第，入台省、典郡者五人”⑥。再如弘农杨氏中的杨於陵，其子嗣复，其孙授、损、拭、扔，均进士擢第。⑦ 此外，杨虞卿及诸子知进、知退，其弟汉公，汉公子范，从兄汝士和汝士子知温、知远、知权，汝士弟鲁士等，均进士登第。杨氏一门“郁为昌族”，“咸通中，昆仲子孙在朝行、方镇者十余人”⑧。唐代后期父子先后擢第，兄弟同时登科者比比皆是，而且一人往往在进士及第后又登制科。这些旧姓都是通过科举制维持其门望的，类似的例子不胜枚举。在科举取士盛行的时代，甚至连皇帝宗室也有不少人走着同样的道路。史称：“自天宝艰难之后，宗室子弟贤而立功者，唯郑王、

① 《萧茂挺文集·赠韦司业书》。

② 据《新唐书》卷159《崔戎传》，崔雍即其子，戎为玄暐从孙。《旧唐书》卷91《崔玄暐传》：“博陵安平人也。”

③ 《唐语林》卷4《企羡》。

④ 《旧唐书》卷177《崔珙传》及各附传。

⑤ 《唐语林》卷4《企羡》。

⑥ 《旧唐书》卷100《裴漼附宽传》。

⑦ 《旧唐书》卷176《杨嗣复传》及各附传。

⑧ 《旧唐书》卷176《杨虞卿传》。

曹王子孙耳……夷简诸弟夷亮、夷则、夷范皆登进士第。”[①] 唐代后期，山东士族出身而显贵者比比皆是，有的史学工作者因此感到旧士族又有复兴的势头，殊不知这种现象，与其说是旧势力作为门阀士族再次抬头，不如说是科举制日益盛行的结果。

流行的一种看法是，士族出身的人留恋九品官人法，故多反对科举制，趋向以门荫入仕，譬如李德裕，就是这种势力的代表。实际上，唐朝的荫官制与魏晋南北朝的“公门有公，卿门有卿”是貌似而实异的。后者的基础是九品中正制，而九品官人法是以郡望为基础的。唐代以荫入仕，凭借祖、父的官品，而先世取得官品仍须通过科举制。李德裕门荫释褐，与他出身赵郡李氏毫无瓜葛，完全取决于李吉甫的官位。李吉甫也是以荫补官，但其父栖筠却仍旧是“仕进无他歧”，只得以擢进士高第而开始踏上仕途。[②] 时代不同了，门荫的意义也发生了变化，我们不能为表面现象所迷惑。李德裕幼年，确曾“耻与诸生从乡赋，不喜科试”，但这是由于“不求仕进”[③]，并不是着意要走门阀入仕的老路。元稹回顾往事时说：“稹初不好文，徒以仕无他歧，强由科试。”[④] 尽人皆知，大诗人元稹并非山东的大族右姓。可见持这种观点的人，原不局限于李栖筠、李德裕这样的旧姓。到唐代后期，是否对科举制持肯定态度，已经不再是区别士族与寒门的主要标准。门第、文学、官职均称第一的李揆怎样看待门第与官职的关系呢？他说：“若道门第有所自，承余裕也。官职，遭遇也。”[⑤] 一语道破了其中的奥秘，即门第与官职无关，后者并非来自前者。

正因为官爵不来源于郡望，旧士族在唐代已不再具有长期稳定的经济地位，所以他们即令能通过科举制置身通显，连续几代人历践台阁，但也避免不了宦海浮沉的不幸遭遇，不久就没落下去。赵郡李氏在元和初年，“三祖之后，同时一人为相”，“至太和、开成间，又各一人前后在

① 《旧唐书》卷176《李宗闵传》。

② 《新唐书》卷146《李栖筠传》及所附《吉甫传》。

③ 《旧唐书》卷174《李德裕传》。

④ 《旧唐书》卷166《元稹传》。

⑤ 《唐语林》卷4《企羡》。

相位”[①]，是罕见的现象。但自李德裕贬崖州后，“历乾符、广明、中和、光启、文德、龙纪、大顺、景福、乾宁，悉无宗相，而宗室陵迟尤甚，居官者不过郡县长，处乡里者或为里胥”[②]。因此，没有巩固、稳定的郡望可恃，某些士族尽管可以利用科举制在短期内几代显贵，但毕竟不能依仗特权地位“平流进取，坐至公卿”了。

郡望、门第是否在任何程度上都不影响仕途呢？不能绝对化地看待这个问题。李揆以进士调京师，至宣平坊卜问仕途于善筮的王生，得到的答复是“当河南道一尉”。揆“负才与门籍，不宜为此，颇忿而去”。但他终于“书判不中第”，补陈留尉。到任之后，采访使倪若水“以揆才品、族望，留假府职”[③]。在李揆与倪若水的观念中，“族望”与官品似乎应发生某种联系。此外，士族典选确实也发生过偏袒旧望的情况。隋代大业年间韦云起说：“今朝廷内多山东人，而自作门户，更相剡荐，附下罔上，共为朋党，不抑其端，必倾朝政。”[④] 唐末的崔雍与郑颢齐名，均出身望族，“士之游其门者多登第，时人语为‘崔雍、郑颢世界’”[⑤]。从表面上看，这同魏晋时的中正品评有点相似，但必须透过现象看到本质。魏晋南北朝以郡望起家是理直气壮的事，符合国家制度；而隋唐时期的士族相互援引，却被看成不正当的宦风，往往遭到指斥，有的人甚至以此贬官。如崔湜与郑愔均属五姓中人，在神龙时“同知选事”，因“铨综失序为御史李尚隐所劾”而被贬。[⑥] 大族彼此结为朋党是不符合政治原则的行为。崔琳属于“三戟崔家”，卢从愿郡望范阳，“时两人有宰相望”，玄宗亦“欲相之数矣”，但最后还是“以族大，恐附离者众，卒不用”[⑦]。上述事实说明，士族利用官势相互援引是违反当时政治原则的事，有的人不但未能利用这种权势，反而因“族大”吃了亏。

唐朝后期五姓及裴、韦等族的人担任过宰相者很多，我们认为这种

---

① 《唐语林》卷4《企羡》。
② 《唐语林》卷7《补遗》。
③ 《唐语林》卷6《补遗》。
④ 《旧唐书》卷75《韦云起传》。
⑤ 《唐语林》卷4《企羡》。
⑥ 《旧唐书》卷74《崔仁师附湜传》。
⑦ 《旧唐书》卷109《崔义玄附琳传》。

现象丝毫也不体现旧士族的复兴，这是因为利用科举制一门显赫的寒素地主也大有人在。张嘉贞、张延赏、张弘靖“祖孙三代为相”[①]，“时号‘三相张家’”[②]。冯宿三子陶、宽、图三人，“连年进士及第，连年登宏词科”。“太和初，冯氏进士十人，宿家兄弟叔侄亦八人焉”[③]，可谓一门鼎盛。王徽是京兆杜陵人，不属太原、琅邪二王氏，该族自徽曾祖择从之兄易从以降，至大中朝，“登进士科者一十八人，登台省、历牧守、宾佐者三十余人”[④]。《旧唐书》的高钍本传不载贯望，未必出自渤海高氏，他本人及其弟铢、锴、钍子湜、锴子湘，均以进士登第，大多官至侍郎及中书舍人[⑤]，通显于从元和到咸通的年代里。河中人赵橹著《乡籍》一篇，“大夸河东人物之盛”，“同乡中赵氏轩冕文儒最著”，其曾祖、祖、父“世掌纶诰”，橹本人“昆弟五人，进士及第，皆历台省”[⑥]。张正甫一族，路岩一族，均非右姓，他们也都是数世显贵，均出身进士[⑦]。这些非士族出身的家庭，其成员入仕的途径及一门贵盛、数世通显的事例同前举崔、卢、李、郑、王等旧姓的情况完全相同。因此，尽管有一些士族在唐朝，尤其是后期，又有仕途得势的趋势，但他们与张嘉贞、王徽、高钍、路岩等族相比，并没有享受什么特殊的等级特权。

由此可见，随着历史的前进，唐代士族地主与寒素地主逐渐在政治上走向平等，二者间的界限日趋泯灭，不应把唐朝旧族的政治地位估计过高。唐人薛元超说：“吾不才，富贵过分，然平生有三恨：始不以进士擢第，不得娶五姓女，不得修国史。”[⑧] 这不是他一个人的观点，是当时的一种社会思潮。从表面上看，一、二两恨似乎有矛盾，因为科举取士代替九品官人法对“五姓”不利，但在时人的心目中，谋取“进士擢第”和“娶五姓女”不但不矛盾，而且完全可以统一在一个人的抱负之中。

---

① 《国史补》中。

② 《元河南志》卷1。

③ 《唐语林》卷4《企羡》。

④ 《旧唐书》卷178《王徽传》。

⑤ 《旧唐书》卷168《高钍传》及各附传。

⑥ 《因话录》卷3《商部》下。

⑦ 《旧唐书》卷162《张正甫传》及附《毅夫传》。同书卷177《路岩传》及各附传。

⑧ 《隋唐嘉话》中。

士族与寒素的区别已在日渐消失中。

魏晋南北朝官分清浊，这是士庶分隔的重要方面之一。唐代如郎官、宪台官、谏官等也是清职，人们意识中仍有清浊概念，但五姓士族进士登第后并不能保证历官清要，在后期很多人是“累辟使府”“累佐诸侯府”，充当土军阀节度使的幕僚，往复迁转。庶族出身的进士历职清要者却大有人在。在这一点上，士庶之间也不存在区别。

总之，历史发展到唐代，在“宦”的问题上，士庶已同归一途，无差别可言；在“婚”的问题上，社会中还残存着慕“五姓”虚名的风尚，不过已经没有太大的意义。大概在人类历史上，统治者对政治制度、用人标准都比较敏感，所以这些方面都具有更多的灵活性，易于随时代发生改革和变化；由历史长期发展积淀而成的社会风俗，则具有较多的惯性，往往在经济、政治变革发生以后还能持续相当长的时期。

五　士族在唐代的作用

史学界过去流行着一种观点，认为士族自始至终都是一个在历史上起反动作用的保守势力，尤其在隋唐时期，它的反动性更加突出。对此，笔者实不敢苟同。

魏晋南北朝时期，士族除了保守色彩这一面以外，起码还起过两种促进历史发展的积极作用：首先，在“董卓之乱”以后，尤其是“永嘉之乱”以后，城市毁于战火，商品经济衰落不堪，破产农民走投无路，他们同包括士族在内的望族、大地主、坞堡主结成依附关系，当时的生产力只能在这种生产关系下维持和发展，所以这种生产关系具有历史的“合理”性，是不可避免的。其次，没有大量侨姓大族南渡，就不会裹挟去那么多的劳动人民，而没有一批又一批的北人南迁，江南迅速得到开发是不可想象的。因此，当我们赞美劳动人民为开发南方作出巨大贡献时，不应忘了这种开发是在当时的生产关系下进行的。至于士族的其他进步作用，史学界已有不少很好的意见，就不赘于兹了。

隋唐是士族走向没落的阶段，在这一阶段中，其保守性与反动性是更加明显了，但是否在任何程度上都不再能起进步作用了呢？答复仍然是否定的。笼统地把当时的士族看成铁板一块的势力，未免失之缺乏分析。实际上，隋唐时期的士族有两种截然相反的情况。一种士族确实自南朝以来就已“熏衣剃面”，“傅粉施朱”，虎马不辨，甚至“虽千载冠冕，不晓书记”。这一部分大姓在商品经济的腐蚀下已经完全腐化，没有资格再标榜什么礼法门风，也根本无进步性可言。唐代士族中这样的人很多，如范阳卢惎，“无学术，善事权要，为政苛躁”[①]。赵郡李若初，历陈州太康令，曾献计于刺史李芃，“请收敛羡余钱物，交结权贵”[②]。唐末的崔昭纬属清河崔氏，“性奸纤，忌前达，内结中人，外连藩阃，属朝廷微弱，每托援以凌人主”，昭宗曾降诏指斥他“贪荣冒宠，僭滥无厌，败俗伤风，贤愚共鄙”[③]。像这样的腐朽士族，代不乏人，他们确实只能起反动作用。

必须承认，社会上还有另一类旧姓大族，他们仍能继续维护礼法门风，这种人在隋唐时期也有一些，大多成为贤臣循吏。兹举数例以明之。《隋书》卷80《郑善果母传》：

> 郑善果母者，清河崔氏之女也……母年二十而寡，父彦穆欲夺其志，母抱善果谓彦穆曰：“妇人无再见男子之义。且郑君虽死，幸有此儿，弃儿为不慈，背死为无礼……违礼灭慈，非敢闻命”……母性贤明，有节操……每善果出听事，母恒坐胡床，于鄣后察之。闻其剖断合理，归则大悦，即赐之坐，相对谈笑；若行事不允，或妄瞋怒，母[④]乃还堂蒙被而泣，终日不食……谓之曰：“吾非怒汝，乃愧汝家耳……汝先君忠勤之士也，在官清恪，未尝问私，以身徇国，继之以死。吾亦望汝副其此心……安可不思此事而妄加瞋怒，心缘骄乐，堕于公政，内则坠尔家风，或亡失官爵，外则亏天子之法，以取罪戾。”

---

① 《旧唐书》卷126《卢惎传》。

② 《旧唐书》卷146《李若初传》。

③ 《旧唐书》卷179《崔昭纬传》。

④ “母”原脱。——秦进才注

据《旧唐书·郑善果传》，善果为荥阳郑氏。郑崔联姻说明都是士族，而家风对善果的吏治显然起了好的作用。隋代类似的例子还很多，如京兆人韦师，少读《孝经》，叹曰："名教之极，其在兹乎!""州里称其孝行"①。其族人世康在吏部，"选用平允，请托不行"，在荆州总管任内"为政简静，百姓爱悦，合境无讼"②。范阳卢楚，秉性"鲠急"，大业中"当朝正色，甚为公卿所惮"。炀帝幸江都时，"东都官僚多不奉法，楚每存纠举，无所回避"③。唐朝国祚较久，这种例子就更多了。《旧唐书》卷91《崔玄暐传》：

> 崔玄暐，博陵安平人也……其母卢氏尝诫之曰："吾见姨兄屯田郎中辛玄驭云：儿子从官者，有人来云贫乏不能存，此是好消息；若闻赀货充足，衣马轻肥，此恶消息。吾常重此言，以为确论……汝今坐食禄俸，荣幸已多；若其不能忠清，何以戴天履地？……"玄暐遵奉母氏教诫，以清谨见称……每介然自守，都绝请谒。

按照"五姓"通婚的原则，其母卢氏肯定属范阳大姓。她教子的内容、方式及效果，与郑善果母崔氏完全相同。卢怀慎先世为范阳的"山东著姓"，为人"清俭，不营产业，器用服饰，无金玉绮文之丽，所得俸禄，皆随时分散，而家无余蓄"，其子奂"早修整，历任皆以清白闻"。开元中任陕州刺史，玄宗幸陕时"于厅事题赞而书曰：专城之重，分陕之雄，人多惠爱，性实谦冲，亦既利物，在乎匪躬。斯为国宝，不坠家风"。其弟奕"亦传清白"④。河东裴氏可称道者亦不乏其人。裴守真"事母至孝"，"事寡姊及兄甚谨，闺门礼则，士友所推"，任成州刺史时"为政不务威刑，甚为人吏所爱"。其子子余"事继母以孝闻"，亦"居官清俭，友爱诸兄弟。兄弟六人，皆有志行"⑤。崔沔死后谥曰"孝"，"公家以清

---

① 《隋书》卷46《韦师传》。

② 《隋书》卷47《韦世康传》。

③ 《隋书》卷71《卢楚传》。

④ 《旧唐书》卷98《卢怀慎传》及附传。

⑤ 《旧唐书》卷188《裴守真传》及附《子余传》。

俭礼法为士流之则”[①]。史称：“开元、天宝间，传家法者：崔沔之家学，崔均之家法”。“贞元以来，言家法者，以（崔）倕为首”。宣宗曾说：“崔郸家门孝友，可为士族之法矣。”[②] 崔氏在唐朝门望历久不衰，不是凭借郡望，而是依靠进士登第和门风清俭。文宗时宋申锡冤案起，阉寺势力炙手可热，朝臣中敢于主持正义抵制宦官者，有出于太原王氏的王正雅[③]，出于京兆韦氏的“忠鲠救时”的韦温[④]，“与同职理宋申锡之枉，由是知名”的范阳卢钧[⑤]。郑余庆属荥阳郑氏，立身处世，“砥名励行，不失儒者之道，清俭率素，终始不渝。四朝居将相之任，出入垂五十年”，“洎中外践更，郁为耆德，朝廷得失，言成准的”[⑥]。京兆人韦虚心也是“家有礼则，父子兄弟更践郎署，时称‘郎官家’。”韦氏“吐忠谠之言，补朝廷之失，有犯无隐，不愧古人，有唐之良臣也”[⑦]。河东裴向是“名相子”，“以学行自饬，谨守其门风，历官仁智推爱，利及于人”[⑧]。正因为讲求礼法门风有利于改善政治生活，所以皇帝对此也大力提倡，如“德宗初即位，深尚礼法”[⑨]，即其明证。柳宗元曾经发过一段议论：

> 江之浒，凡舟可縻而上下者曰步。永州北郭有步曰“铁炉步”。余乘舟来居九年，往来求其所以为铁炉者无有，问之，人曰：“盖尝有锻者居，其人去而炉毁者不知年矣，独有其号冒而存。”余曰：“嘻！世固有事去名存而冒焉若是耶？”步之人曰：“子何独怪是？今世有负其姓而立于天下者，曰吾门大，他不我敌也。问其位与德，曰久矣，其先也。然而彼犹曰我大。世亦曰某氏大。其冒于号有以异于兹步者乎？……位存焉而德无有，犹不足大其门……大者桀冒禹，纣冒汤，幽、厉冒文、武，以傲天下，由不知推其本而姑大其

---

① 《旧唐书》卷119《崔祐甫传》。
② 《唐语林》卷1《德行》。
③ 《旧唐书》卷165《王正雅传》。
④ 《旧唐书》卷168《韦温传》。
⑤ 《旧唐书》卷177《卢钧传》。
⑥ 《旧唐书》卷158《郑余庆传》。
⑦ 《旧唐书》卷101《韦凑附虚心传》。
⑧ 《旧唐书》卷113《裴遵庆附向传》。
⑨ 《唐语林》卷1《德行》。

故号，以至于败，为世笑僇，斯可以甚惧。”①

柳宗元认为士族之能否长期“大其族”，关键在于有没有德，如果缺德少义，则“不足以大其门”，迟早要“至于败”。仅仅以郡望“冒其号”，没有意义。保持门风、讲究忠孝、有德有义的士族大多为官清廉，为人正派，他们在唐代自然起了进步的作用。

袁朗一族在陈朝是江左“冠族”，隋统一后仍以“海内冠族”自居，甚至鄙视琅邪王氏。朗孙谊于神功中任苏州刺史，司马张沛对他说：“此州得一长史，是陇西李亶，天下甲门。”袁谊却云：“司马何言之失，门户须历代人贤，名节风教为衣冠顾属，始可称举，老夫是也。夫山东人尚于婚媾，求于禄利，作时柱石，见危授命，则旷代无人，何可说之以为门户？”张沛“怀惭而退。时人以为口实”②。袁氏在唐代已说不上是冠族，但从他的议论中可以看出，山东士族中那些卖婚求财、门风败坏的人已经没有资格再炫耀、吹嘘自己的门第，而崔、卢、李、郑、王、裴、韦诸姓中那些能保持“名节风教”的人，恐怕在当时人的心目中仍然是当之无愧的。郡望越来越退居次要地位，“名节风教”日益成为能否“大其族”的关键，正是时代在发生变化的征兆。

寒素地主出身的官吏，也有很多“名节风教”不错的人，士族出身的士人也有不少家风沦替的例子，这同样使士庶区别日渐泯除。

隋代赵州李氏“有世阀”，李知本“事亲至孝，与弟知隐甚称雍睦，子孙百余口，财物僮仆，纤毫无间”，故农民起义军“过其闾而不入，因相让曰：无犯义门”③。这种例子在当时并非绝无仅有，它虽然说明，农民阶级对礼法的本质还缺乏透彻的认识；却也反映讲究礼法门风的地主，在劳动人民心目中，并不是反面形象。这同礼法规范在社会政治生活中所起的作用不无关系。礼法有利于改善吏治，培育贤臣循吏，据此我认为儒家“正心、修身、齐家、治国、平天下”的政治思想，确有其进步性。

---

① 《柳宗元集》卷28《永州铁炉步志》。

② 《旧唐书》卷190上《袁朗传》。

③ 《旧唐书》卷188《李知本传》。

门阀士族兴衰的原因，需要透过现象看到本质，全面进行分析，才能把握关键所在。士族在唐初索取“陪门财”，既反映他们还有一定的社会影响，又反映出没落的一面。《氏族志》和《姓氏录》既有贬抑旧族的目的，又说明唐太宗和武则天仍在讲究谱牒。科举制既有剥夺士族垄断清职的作用，又有士族可凭借文化优势加以利用的一面。唐朝后期旧士族通过科举制飞黄腾达的人有所增加，这一现象却掩藏着士庶合流的一股暗流。士族中既有阻碍历史前进的反动势力，也有不少能够起进步作用的人物。总之，必须力求运用辩证法对上述问题进行剖析，否则就容易流于简单化、片面化，得出不完全符合历史实际的结论。

（原载《唐史论丛》第 3 辑，陕西人民出版社 1987 年版）

唐宋之际中国封建社会的巨大变革

唐朝和宋朝是我国封建社会的两个重要朝代，在社会性质上，没有发生什么根本的变化；但放眼中国封建社会史的全过程，就会发现，从唐中叶到宋代，确实发生了一些重要而显著的演变，理应引起史学工作者的注意。毋宁说，当时是发生了量变过程中的局部质变，从而使两个朝代显示出了某些阶段性特点。兹就这些反映社会演变的特点，分别介绍如下。

一　阶级斗争的变化

阶级矛盾和阶级斗争是生产力同生产关系发生冲突、经济基础同上层建筑发生矛盾的结果，因此，它最能集中地反映社会各方面的变化。基于这种考虑，让我们首先研究唐宋之际的农民起义和各种形式的阶级斗争发生了哪些变化。

北宋以前，农民起义具有显著的共同点。秦末农民起义爆发之初，陈涉曾以“天下苦秦久矣”号召群众起来斗争；克陈之后当地“三老豪杰”对他说：“将军身披坚执锐，伐无道，诛暴秦……”一时“诸郡县苦秦吏者，皆刑其长吏，杀之以应陈涉。”① 秦政权的暴政是引起农民大起义的主要原因，“暴秦”是农民军打击的主要目标。王莽改制失败以后，绿林、赤眉起义军举起了反对新莽政权的旗帜，先后进军长安，终于颠覆

① 《史记》卷48《陈涉世家》。

了新朝。东汉末的黄巾起义则提出了“苍天已死，黄天当立”的口号，斗争矛头直指汉王朝。隋末农民起义爆发后，杜伏威命辅公祏劝说苗海潮部起义军与江淮义军合作，公祏指出：“今同苦隋政，各兴大义……”① 瓦岗军的领导人李密在讨隋炀帝的檄文中“数炀帝十罪，且曰：罄南山之竹，书罪无穷；决东海之波，流恶难尽”②。唐末王仙芝起义时，曾移檄诸道，“言吏贪沓，赋重，赏罚不平”。黄巢也“驰檄四方，章奏论列，皆指斥朝政之弊”。以后起义军由广州出发北进时，更“露表告将入关，因诋宦竖柄朝，垢蠹纲纪，指诸臣与中人赂遗交构状，铨贡失才；禁刺史殖财产，县令犯赃者族；皆当时极弊”③。王仙芝虽自称“天补均平大将军”，但“平均”财富的要求毕竟朦胧，这一口号并不响亮。由此可见，从秦汉至隋唐，几次著名的农民起义，虽然也反对和打击地主经济本身，但纲领性口号中始终把斗争的锋芒指向地主政权，这就是中国封建社会前期农民起义和农民战争的时代特点。

从北宋开始，农民起义的纲领性口号发生了显著的变化。王小波、李顺起义首次明确提出了“均贫富”的口号。南宋钟相、杨么起义继之以“均贫富、等贵贱”的口号。明末农民战争中李自成更把传统的“均贫富”发展为“均田免粮”，为清代太平天国的“天朝田亩制度”开了先河。这些口号说明，虽然多数农民起义仍然打击封建王朝，有些大规模的农民战争且取得了改朝换代的成果，但作为时代特点，这些纲领性口号都把打击地主经济、地主土地所有制本身明确地写在了斗争旗帜上，正是这一点显示了中国封建社会后期农民起义和农民战争的新的时代特点。

农民起义和农民战争是封建主义时代阶级斗争的最高形式，除此之外，还有很多其他形式的阶级斗争。这些斗争形式的发展变化同农民起义口号的变化往往也具有相当程度的一致性，即循同一轨迹前进。这是一个饶有兴味的、非常重要的问题。

五代以前，农民起义以外的一般阶级斗争，大多采取逃避赋税徭役

① 《旧唐书》卷56《杜伏威传》。

② 《通鉴》卷183义宁元年四月。

③ 《新唐书》卷225下《黄巢传》。

及兵役的形式。战国时的“氓”“宾氓”“浮氓”等即指逃亡农民而言，《管子·轻重篇》所说的“君求焉而无止，民无以待之，走亡而栖山阜”，清楚地指明了农民逃避的原因就是沉重的课役。西汉元封年间“关东流民二百万口，无名数者四十万”，武帝声称：“惟吏多私，征求无已，去者便，居者扰，故为‘流民法’，以禁重赋。”① 哀帝时逃亡农民“流离道路，以十万数”②。东汉末年袁谭在青州募兵，农民大量规避，“邑有万户者，著籍不盈数百”③。杜恕在汉魏之际甚至说：“今大魏奄有十州之地”，而“计其户口，不如往昔一州之民”。④ 当时转徙各地的流民动辄以数万家、十余万家计。各地导致流民产生的原因大体相同，如东吴的“民户损耗”是由于“征役繁数”⑤；北方的“农者离其南亩”，是由于“丁夫疲于力作”⑥。西晋的流民更多，以百万口计，农民起义就是以流民为基本群众发动起来的。东晋时“东土多赋役，百姓乃从海道入广州”⑦。刘宋“赋役严苦，贫者不复堪命，多逃亡入蛮，蛮无徭役”⑧。北魏孝庄帝时，“四方多有流民”⑨，因遣宋世良大肆括户。孝敬帝时遣孙腾、高隆之“各为括户大使，凡获逃户六十余万”⑩。北齐虽仍实行均田制，但“贫户因王课不济，率多货卖田业，至春困急，轻致藏走”。还有的人“虽存田地，不肯肆力，在外浮游”⑪。隋统一后，这种情况并未发生根本改变，仍然是“禁网疏阔，户口多漏。或年及成丁，犹诈为小；未至于老，已免租赋”⑫。所谓“诈老”“诈小”，虽未至于逃亡，然亦属逃避课役的一种斗争方式。唐代从武则天执政时起，农民“偷避徭役”，“王役不供，簿籍不挂”的现象逐渐普遍起来，逃户问题越来越严重，开元时

① 《汉书》卷46《石奋传》。
② 《汉书》卷81《孔光传》。
③ 《三国魏志》卷6《袁绍传》引《九州春秋》。
④ 《三国魏志》卷16《杜畿附恕传》。
⑤ 《三国吴志》卷12《骆统传》。
⑥ 《三国魏志》卷13《王朗附肃传》。
⑦ 《晋书》卷73《庾亮附翼传》。（“书”原误作“出”。——编者注）
⑧ 《宋书》卷97《荆雍州蛮传》。
⑨ 《魏书》卷77《高崇附儒传》。
⑩ 《魏书》卷12《孝静帝纪》。
⑪ 《通典》卷2《食货典》引宋孝王《关东风俗传》。
⑫ 《隋书》卷67《裴蕴传》。

宇文融括户，竟括得客户八十余万。[①] 唐代后期把逃亡的赋税向邻保摊征，称作“摊逃”，这样做的结果，使邻保也相继转化为逃户，“似投石井中，非到底不止”[②]。至唐末，“所在群盗，半是逃户”[③]，逃税农民为农民起义准备了群众基础。

在中国封建社会的前期，不但农民反抗地主的记载大大少于反抗国家课役的记载，而且有的农民甚至因逃避赋役而宁愿转化成地主的依附农民。早在战国时代，韩国统治者“悉租税，专民力”的结果，引起了“士卒之逃事伏匿，附托有威之门，以避徭赋，而上不得者万数”[④]。十六国时期“迭相荫冒，或百室合户，或千丁共籍，依托城社，不惧薰烧，公避课役”[⑤]，虽然说的是大族的“公避课役”，其中必然也包括投靠他们的逃税农民。北魏的“户口逃散，生长奸诈，因生隐藏，出缩老小，妄注死失”[⑥]，也包括了类似的情况。

如上所述，在整个中国封建社会前期，农民起义的纲领性口号及逃避课役的斗争都具有共同的斗争方向和目标，即把斗争的矛头集中指向地主政权。

从宋代起，尽管农民逃避课役的斗争仍旧非常普遍，但农民对地主本人的直接反抗，作为一种新的形式，却大大丰富了阶级斗争的内容。今举数例为证。《宋会要辑稿·兵》卷13之20：

> （栾衢州）俞八与佃主徐三不足，因集保户持杖劫夺谷米，不计数目，并擒捉徐三等同往祠神烧香……

同书《兵》卷13之26：

> 臣僚言：今岁诸道间有荒歉之所，饥民乘势劫取富民廪谷……

---

① 《唐会要》卷85《逃户》。
② 《旧唐书》卷171《李渤传》。
③ 《通鉴》卷250咸通元年五月。
④ 《韩非子·诡使》。
⑤ 《晋书》卷127《慕容德载记》。
⑥ 《魏书》卷15《元晖传》。

顷绍兴间，严陵小饥，民有率众发人廪谷者。

同书《兵》卷13之43：

臣僚言：近闻天台饥甿结集恶少，以借粮为名，恐喝强取财者相继，交斗互敌，杀伤甚多。

《通考》卷17《刑考》5：

京江浙大饥，民多相率持杵棒投券富家，取其粟，坐强盗弃市者甚众。

同书卷17《刑考》12：

婺州富人卢助教，以刻核起家。因至佃仆之居，为仆父子四人所执，投置杵臼内，捣碎其躯为肉泥。

《吕东莱集》卷7《薛常州墓志铭》：

（湖州一带）土俗小民悍强，甚者数十人为朋，私为相约，无得输主户租。

实际上，王小波、李顺起义时也采取过同样的斗争方式："悉召乡里富人大姓，令具其家所有财粟，据其生齿足用之外，一切调拨，大赈贫乏。"①宋代开始直到明清，抗租、借米、抢米、吃大户等记载史不绝书，而在唐代以前，即令存在，也很少能看到。这类斗争具有在经济上反对地主剥削的性质，对地主经济是严重的打击，它们同"均贫富"的口号是完全吻合的。

① 《梦溪笔谈》卷25。

阶级斗争的这种变化使地主阶级缓和阶级矛盾的某些方式也发生了变化。五代以前，对农民进行赈贷的基本上是地主政权，义仓、常平仓的设置即与此有关。宋以后，"州里富人"对农民进行"赈济"的记载突然大量出现。很显然，对于缓和阶级矛盾，地主比以前是关心得多了。

阶级斗争的形式为什么在宋代发生了这样重大的变化呢？其主要原因是：首先，宋代土地兼并和土地集中发展到了一个新阶段，收租百万斛的大地主已属司空见惯。绝大多数农民已转化成为佃农，受地主剥削，自耕农的数量比汉初的自耕农、唐初的均田农民在人口比重中大为降低。在国家官田上耕作的农民已不是通过受田方式占有永业田和口分田，而是成为纯粹的国家佃农，他们与佃耕地主土地的佃农，无论在经济地位上或身份上，都不再有任何显著的区别。宋代佃户亦称佃客、客户、牛户、旁户等，其为下户"自有田者亦无几"①。自耕农破产后大量补充佃农的队伍，形成了"客户多而主户少"的状况。② 有的地主竟能拥有旁户数千户。③ 一般的大地主一姓所有客户，亦"动是三五百家"④。随着土地集中的加速及自耕农的大量破产，相对过剩的劳动力大大增加，地主因此得以利用农民间的竞争，用"撤佃增租""划佃增租"的手段最大限度地提高地租剥削率，如："乡曲强梗之徒，初欲搀佃他人田土，遂诣主家，约多偿租稻。(主）家既如其言，逐去旧客。"⑤ 这种情形已经十分普遍，所以不肯撤佃增租的个别地主甚至要受到嘲笑，史称："窭人无田，艺富民之田而中分其粟，乏力者粟辄不登，在他人必易艺者，（王）府君卒不变，人笑其愚。"⑥ 佃户是农民中最重要的阶级，他们与地主之间的矛盾又十分尖锐，所以佃农反抗地主的强烈要求不可能不反映到农民起义的纲领性口号之中。

其次，宋代以前，也有受地主剥削的大量依附农民，如徒附、客、

---

① 《陆象山集》卷8《与陈教授书》。

② 《灌园集》卷4。

③ 《宋会要辑稿·刑法》卷2之5："至道二年八月二十八日诏：制置剑南峡路诸州旁户。先是巴庸民以财力相君，每富人家役属至数千户。"

④ 《宋会要辑稿·食货》卷4之28。

⑤ 《真西山文忠公文集》卷8《申户部定断池州人户争沙田事状》。

⑥ 《宋学士文集》卷21《故王府君墓志铭》。

部曲、佃客，二者间也存在阶级矛盾，但为什么抗租、抢米、借米、吃大户的记载百不一见，或此类斗争很不显著呢？农民起义为什么提不出“均贫富”及“均田”的斗争口号呢？这是由不同的历史阶段农民所处的具体地位不同所决定的。秦代“佣耕”的陈涉尚须戍边。汉代的口赋、算赋、更赋合计起来比田租重得多，而这些按丁、口所征的赋役，依附于地主的各色农民也大多均须承担。曹魏、西晋的户调制是按户征敛，除了合法的荫客外一般依附农民亦难幸免。唐代前期实行租庸调制，只问丁身，不问资产，破产农民即令在旧贯沦为佃客，只要仍旧在籍，也还要继续缴纳田租、调绢和输庸代役。所以在均田制剧烈破坏的过程中，唐朝一再下令每乡各“量放丁”若干，作为蠲免“单贫不济”农民课役的一种方法，以缓和阶级矛盾。即令在杨炎两税法实行以后，佃农还必须负担“居人之税”，仍编列于九等户中。在我国封建社会前期，部分依附农民不负担课役的情况也有，但在法律上他们的人数极其有限，在整个农民阶级中不占支配地位。曹魏时，地主政权曾“给公卿以下租牛、客户各有差”[①]。孙吴实行“复客制”，所“复”的“客”也有具体的数字规定。西晋品官所荫的客，也有明确的户数限制。可见官僚地主所剥削的“给”“复”“荫”以外的依附农民，是仍有课役负担的。李雄据蜀时，为了优待帮助过大成政权的范长生，曾特别宣布：“复其部曲，不豫军征，租税一入其家。”[②] 这是一种特许，恰恰反证在一般情况下，部曲既“豫军征”，依附农民须向国家缴纳“租税”。“豪强多挟藏户口，以为私附”的事实虽大量存在，但这是法律所不允许的，所以东晋山遐为余姚令时，能“绳以峻法，到县八旬，出口万余”[③]。国家亦往往“诏禁募客”[④]，或下令：“豪强不得侵役寡弱，私相置名。”[⑤] 受官僚地主役使的客、部曲尚且不能全部免除课役负担，一般庶族地主所占有的依附农民，自然多须据法纳税。由此可见，在中国封建社会前期，不但自耕农

---

① 《晋书》卷93《王恂传》。

② 《晋书》卷121《李雄载记》。

③ 《晋书》卷43《山遐传》。

④ 《晋书》卷93《王恂传》。

⑤ 《晋书》卷26《食货志》。

进行阶级斗争时以反对地主政权为主，而且依附农民亦以反对地主政权为主，这是因为：后者向地主支付私租，由此取得了土地使用权，地主对农民的剥削在一定程度上为人与物的关系所掩盖；而相形之下，地主政权对佃客的剥削则赤裸裸地暴露了其掠夺本质。在这种经济关系下，依附佃农必然也把斗争矛头首先指向封建政权。

宋代主客户制度的实行，是中国历史上经济关系大变动的重要内容之一。唐代只有"土户"，没有"主户"，"土户"是与"客户"相对而言的，二者间的主要区别是户籍上的分类，均须负担课税，经济地位上尚难严格区分。宋代的主客户制度与此不同，主户是需要负担课役的"税户"，客户则基本上不纳税服役，至于后者所纳的"身丁钱"，在整个赋役中不占重要位置，不足以改变客户免钱的基本情况。唐代两税法中的"田亩之税"，主要由地主缴纳，因当时拥有小块私田的自耕农已经为数很少。宋代的"二税"系专指田税，是承袭唐代的"田亩之税"发展而成的，其征税对象自然也是地主和自耕农。这种履亩而税的赋税当然与佃农不发生直接关系。在主客户制度下，佃农基本上只同地主发生经济关系，而不再与地主政权发生瓜葛，剩余产品的分配形式于是就表现为："农夫输于巨室，巨室输于州县。"[①] 赋税尽管也是农民剩余劳动的结果，却不是直接取之于佃农之手，而是从私租中扣除出来的。封建国家是通过剩余产品再分配的形式对佃农进行间接剥削。在这种情况下，地主政权对佃农的掠夺就为地主对佃客的剥削所掩盖，从而赋税不使农民感到有切肤之痛。不仅如此，在这种新的关系下，赋税越重，地主同佃客的矛盾越激化。因此，在国家、地主、佃农的三者关系中，一切矛盾都集中体现为主佃矛盾。这就决定了农民进行阶级斗争时，一定会首先起来反对地主，这种政治抗议反映到农民起义的纲领性口号上，就是把"均贫富"写在斗争旗帜上。

此外，唐宋之际，农民的人身依附程度，即剥削者对劳动者的超经济强制程度，发生了由严重到缓和的变化趋势。魏晋南北朝是我国历史上人身依附最突出的历史阶段，"客皆注家籍"是最集中的表现，部曲遍

① 《鲁斋集》卷7《赈济利害书》。

于南北各地，这些事实尽人皆知，无须胪列史料。唐代有关部曲的记载大为减少，地主与佃农的租佃关系已大量采取了契约形式，以战俘、以奴婢赏赐军功的情况已不能同北朝时期同日而语。宋代主客户制度建立以后，国家对佃农的人身控制放松了，而且农民自行改佃的事例也空前地增加了。在我国封建主义时代，被坚持锐的农民就是士卒，超经济强制的削弱必然曲折地反映在军队中，从曹氏的“士家制度”、行之数百年的部曲制度，发展到唐后期至五代的“骄兵逐帅”，不能不说是一个重大的变化，它从一个侧面说明农民的人身地位有了明显的提高。宋代军队实行以募兵为主的制度，这同唐代以来和雇、和籴、和市的增加是同步发展起来的。农民对国家、地主人身依附的缓和伴随着农民对土地所有者经济依附的加强，而后者正是地主土地所有制空前膨胀的结果。在这种条件下，农民进行阶级斗争，不再以摆脱超经济强制及以此为基础的课役作为主要斗争目标，而是以减轻地租剥削、摆脱地主对农民的经济剥削关系、打击地主土地所有制为主要斗争目标。

以上几点就是阶级斗争发生变化的基本原因。这种变化及宋代主客户制度的出现，是与一系列其他方面的重大变化相伴随的。

二　地主政权与地主间争夺剩余劳动的斗争形式之演变

地主政权与地主之间的斗争，实质上就是对农民剩余劳动的争夺，即赋役与地租之争。我国历代都有这种斗争，其表现形式多种多样，虽然有些斗争方式历代都有，但程度上确有轻重之别，也有一些某一朝代所特有的斗争方式，这些都可以反映历史发展的阶段变化。在这里，仅就几种主要的斗争方式作一初步比较和分析，以探求社会演变的轨迹。

从我国封建社会一开始，由于土地关系是生产方式的核心，所以就出现了履亩而税的税制。在这个问题上，地主隐漏土地、逃避田税同地主政权的检括土地是主要的斗争形式，这种形式历代都有，前后却有不同，唐宋之际有一定程度的变化。五代以前，最重要的斗争是东汉初年的“度田”，由于豪强的反抗而未能进行到底。第二次就是开元年间宇文融括户得八十余万时“田亦称是”，但所括者均为“籍田”[①]。按敦煌、吐鲁番出土的唐代户籍、手实，田籍上只登记受田，作为私有土地的“自田”只出现在“四至”上，并不详细逐段记录，可见当时的括田只涉及均田制范围内的田亩，并不检括私有土地，所以这次括田不但地位不如括户重要，而且在性质上与汉代的“度田”及宋以来的清丈土地不同。两税法实行以后，“田亩之税”的重要性比以前大为增加了，唐代后期除元稹在地方上偶尔实行过“均田”（实际上是均税）外，从未发生过大规模的清丈土地。一到宋代就不同了，不但王安石变法时把“方田均税法”作为新法的重要内容之一，而且南宋还实行过规模相当可观的“经界法”。明朝张居正在全国范围清丈土地，成效是空前的。上述事实说明，从唐朝到宋朝，是隐漏土地与检括田亩的斗争由缓和趋向尖锐的关键阶段。

地主政权同地主的另一个争夺对象是土地，这种斗争在唐宋之际也发生了显著的变化。西晋的占田制、南朝刘宋按官品封占山泽的规定及从北魏到唐朝的均田制，都有限制贵族、官僚、地主占有土地的性质，这些制度具有以下两个特点：一是限制他们无限地占据无主荒地或官荒，并不触动地主原有的私有田业。二是在限制的同时对他们又有照顾，如西晋占田制、刘宋按官品封占山泽及唐朝的均田制，贵族、官僚都有按品位多占田或多受永业田的特权和优惠待遇；北朝均田制奴婢和耕牛受田也对地主非常有利。但是到宋代，地主政权同地主争夺土地的斗争空前地激化了，统治者不再是限制地主侵占官荒，而是直接从地主手中剥夺土地。北宋末，地主政权“始作公田于汝州。公田之法：县取民间田契根磨，如田今属甲，则从甲而索乙契；乙契既在，又索丙契；展转推求，至无契可证，则量地所在，增立官租”。当时“南暨襄城，西至沔池，北逾大河，民田有逾初券亩步者，辄使输公田钱……尽山东、河朔天荒、逃田与河堤、退滩，输租举入焉。皆内侍主其事。所括凡得田三万四千三百余顷”[②]。这无异于对私有土地的掠夺。南宋时，情况更

---

① 《唐会要》卷85《逃户》。

② 《通考》卷7《田赋考》7。

严重了，贾似道在浙江东西路推行公田法，“官民户逾限之田，抽三分之一，买充公田”①。双方在争夺土地中难免伤及自耕农的小块土地，但宋代主户中上三等户是“从来兼并之家”，他们拥有的田产占绝大部分，所以首当其冲受到打击的毕竟还是地主经济。在这种斗争中，不存在任何照顾、优惠地主的规定，而是使地主土地所有制伤筋动骨地被削弱。

宋代地主政权大量出售官田的事实与上述论点不仅不矛盾，而且在实质上是一致的，只不过是同一事物的两种不同表现方式而已。出卖官田的原因之一是，“州县公吏与形势之家通同管占，不行输纳租课”②。请佃官田之人，多为“豪右之侵冒，输官租赋，十无一二”③。在这种情况下，地主政权对土地的所有权已是名存实亡，因为未能得到地租。土地所有权无法得到经济实现，于是地主政权就通过出卖官田的方式，在土地价格上实现其所有权。因此，官田的出卖，在实质上仍然是地主政权与这些“形势之家”“豪右”争夺土地所有权。出卖官田的原因之二是财政困难，如“金人乍和乍战，战则军需浩繁，和则岁币重大，国用常苦不继，于是因民苦官租之重，命有司括卖官田以给用。”又如：“绍兴元年，以军兴，用度不足，诏尽鬻诸路官田。”④ 可见在某种情况下，出卖官田是政府出于无奈的一时权宜之计，而不是其根本政策。正因为官田的出卖违反地主政权争夺土地的方针，不符合其长远利益，所以南宋末年，才推行贾似道的公田法，以扭转局面。如上所述，无论在哪一种条件下，都可以看出，官田的出售正是从侧面证明了地主政权与地主争夺土地的重要性。

统治阶级内部斗争的变化，其原因何在呢？主客户制为什么在宋代出现呢？地主土地所有制的发展是关键所在。这是导致一切变革发生的物质基础。

① 《宋史》卷173《食货志》。

② 《宋会要辑稿·食货》卷5之34。

③ 《宋会要辑稿·食货》卷1之31。

④ 《宋史》卷173《食货志》。

三　地主土地所有制的发展

宋代以前，地主政权与地主的斗争，之所以首先争夺劳动人手而不是首先争夺土地，是由于当时地主土地所有制发展的水平还比较低，土地所有权还不十分巩固。汉代迁徙富豪之能够“利与田宅”，三国至隋唐先后实行内地屯田、占田制与均田制，正是由于封建政权容易获得大量的无主荒地。在占有土地不太困难的条件下，对于地主政权来说，劳动人手的占有就成了突出的问题。曹魏实行内地大规模屯田的主要条件是：“大乱之后，民人分散，土业无主，皆为公田。”① 宋代叶适也说：

> 至于汉亡，三国并立，民既死于兵革之余，未至繁息，天下皆为旷土，未及富盛则天下大乱。虽天下当时之田，既不在官，然亦终不在民，以为在官则官无人收管，以为在民则又无簿籍契券。但随其力之所能至而耕之。②

大量无主抛荒田的出现，正是地主土地所有制不够巩固的表现。赵宋以后，“兵革之余”，人口大减的情况也不断出现，但却再也不能实行占田制、均田制一类的田制了，这只能用国家掌握的无主荒田的减少来解释。

魏晋南北朝及隋唐时期，大量无主土地存在的事实，不仅使封建国家能够不断推行屯田制、占田制和均田制，而且使一般地主也易于获占土地。如晋人郭翻，“居贫无业，欲垦荒田，先立表题，经年无主，然后乃作”③。在天下大乱的时候，李典、田畴等能够率领宗族深入山区，正是由于他们在那里具有“营深险平敞地而居”的条件。④ “永嘉之乱”以

---

① 《三国魏志》卷15《司马朗传》。

② 《通考》卷1《田赋考》2。

③ 《晋书》卷94《郭翻传》。

④ 《三国魏志》卷11《田畴传》。

后，庾衮初则进入林虑山，继则登于大头山“而田于其下”[①]，也是山区土业无主的说明。南渡大族动辄宗族数千家，他们虽不易在三吴一带“求田问舍”，但至会稽附近终于找到了营立田园的条件。上述情况可以证明：第一，无论北方进入山区的坞堡主还是南渡的地主，他们获得土地比较容易，否则数千家同族人和依附农民是无法生存的。第二，在占有土地比较有把握的条件下，他们首先考虑的是如何占有足够的劳动人手，没有大量的依附人口，维持其寄生性生活是不可想象的。正因为封建政权和地主都不感到占有土地有什么严重困难，所以争夺劳动人手就成了基本的斗争内容。

唐代均田制最终破坏以后，随着地主土地所有权的日益巩固，无主荒地比以往大为减少了。天宝十四年（755）唐玄宗宣布：“天下诸郡，逃户有田宅产业妄被人破除，并缘欠负租庸，先已亲邻买卖，及其归复，无所依投。永言此流，须加安辑，应有复业者，宜并却还。”[②] 这一规定在过去实属罕见，而在唐以后，类似的情形却时常可以看到。五代时后周政权规定，“逃户庄田，许人请射承佃，供纳租税。如三周年后，本户来归业者，其桑土不以荒熟，并庄田交还一半；五周年内归业者，三分交还一分”。被契丹“打虏向北”而归业者，“五周年内，其本主还来识认，不以桑土荒熟，并庄园三分中交还二分；十周年内来者，交还一半；十五周年内来者，三分交还一分”[③]。宋代以后，这种情形就更为普遍了。这是土地私有权进一步巩固的表现，而土地私有权的巩固必然意味着地主土地所有制的发展。逃户土地所有权被法律承认，使地主政权再也不能把这些抛荒田当作“无主旷土”分配给受田者去占有了。

地主土地所有制的巩固和发展，还导致地主称谓的变化，明清之际的顾亭林曾说：

> 汉武帝时，董仲舒言：“或耕豪民之田，见税什伍。”唐德宗时，陆贽言：“今京畿之内，每田一亩，官税五升，而私家收租有亩至一

① 《晋书》卷88《庾衮传》。

② 《唐会要》卷85《逃户》。

③ 《五代会要》卷25《逃户》。

> 石者……兼并之徒，居然受利……”仲舒所言则今之分租，贽所言则今之包租也，然犹谓之“豪民”，谓之“兼并之徒”。宋以下则公然号为“田主”矣。①

可见古人已朦胧地感到了自唐宋之际始，土地制度方面发生了某种程度的变化。

地主土地的膨胀和大土地所有制的发展使大量剩余产品成为私租归地主占有，从而导致封建政权所能直接剥削的自耕农、占田农民、受田农民减少或消失了，适应这一情况，作为新的租、税再分配方式，两税法在唐后期遂应运而生了。隋朝及唐朝前期只问身丁、不问资产的租庸调制在农民少地、无地的条件下再也无法推行；两税法的“田亩之税”由土地所有者负担，自然主要承担者是地主；“居人之税”亦由于“以贫富作差”而加重了富者的负担。宋代的“二税”则全据亩征收。这是唐代地税的继续和扩大，只有差役才由主户按户等负担，而负担较重的上等户自然也多是地主。这种税制说明，私租随着土地集中的加剧而增加，由此迫使地主政权不得不采用新的方法来保证、增加自身的财政收入。这正是地主经济发展造成的必然结果。明代的一条鞭法、清代的摊丁入亩，实际上也还是这种税制的继续和发展，其基本精神是一致的。宋朝政府放弃对客户的直接征税权，正是由这种据亩、据产征税的扩大来加以补偿的。由此可见，主客户制度也是地主土地所有制高度发展的派生物。

税亩、税产的扩大及客户赋役的减少，从形式上看，好像增加了地主的负担，但实际上，地主又把这些赋税转嫁给佃农了，地主本人并未真正受到损失。对于自耕农来说，税制上的这一改革却加重了他们的负担，这是由于自耕农不能把由税地、税产加重的课役再转嫁给任何人，只能全部由自己承担。这就必然加速自耕农的破产过程。宋代的二税、支移、折变、役法在这方面的作用十分明显。因此，地主土地所有制的发展促使课役制度发生变化，而课役制的变化又反转过来加速了地主土

① 《日知录》卷10《苏松二府田赋之重》。

地所有制的发展，地主经济就在这种相互促进的情况下迅速扩张起来。充分估计这一辩证关系，十分重要。

赋税制度的改变必然会遭到地主的抗拒，他们会千方百计地逃避课役，偷税漏税。这种记载史不绝书，不必征引。地主的这些违法不轨行为大大损害了封建国家的财政收入，统治者难以按制度征足应得的税额，于是财政危机照旧会出现。剩余产品由于土地集中而大量集中在地主的私廪之中，统治者如何从后者手中获得必需的产品呢？唯一可行的办法就是大量征收货币赋税，用以进行和籴、和市。所以，唐朝后期以降，货币赋税的增加，不能全部归之于商品经济的发展，部分地也与地主土地所有制的发展有关。在均田制最终破坏以前，只有南朝齐武帝时曾经有过一次大量和籴、和市的记载①，而南朝还恰好没有实行均田制。唐朝初年虽然就有过和籴、和市的情况，但规模比较小。真正大量的和籴开始于开元末年。尽人皆知，这正是均田制加速“弛坏”的阶段。此后，大规模和籴、和市就成为司空见惯的事了。北宋于建隆（960—962 年）初置场增价市籴之后，“自是率以为常”。并且又相继出现了“入中”“坐仓”“博籴”“结籴”“俵籴”“兑籴”“寄籴”“括籴”“劝籴”“均籴”等法。② 由此可见，大规模和籴的产生也是唐宋时期中国封建社会发生巨大变革的重要表现之一。

大量和籴、和市使地主政权同地主之间在商品价格上展开了新的斗争。拥有很多谷、帛的地主，在出售产品时一定要尽量提高售价。唐朝已有“豪门闭籴，以邀善价”③，及“多滞积贮坐求善价”的记载④。宋代也有“兼并闭粜以邀利”⑤，及“谷所以储积，皆豪民大家乘时徼利，闭廪索价，价脱不高，廪终不发，则谷不得不甚贵”的记载⑥。封建政府虽然也采取种种办法，企图压低物价，但在斗争中，最后胜利的往往还是地主。唐代两税法实行后大量征钱，物价曾一度低落，但到唐末物价

① 《南齐书》卷 3《武帝纪》。

② 《宋史》卷 175《食货志》。

③ 《旧唐书》卷 164《王播附起传》。

④ 《唐大诏令集》卷 117《遣使宣抚诸道诏》。

⑤ 《宋史》卷 311《王随传》。

⑥ 《范香溪文集》卷 15《议钱》。

又趋上涨。宋代政府在这方面的成就尚不如唐朝。封建政府与地主在物价上斗争的失败必然造成财政困难，怎么办呢？地主政权遂不得不采取直接争夺土地的手段。宋代大肆推行公田法的时候也正是物价最高的阶段，这绝不是历史的偶然巧合。况且南宋统治者在阐明推行公田法的原因时已经公开承认有“可免和籴”的目的。[①] 可见封建政权同地主争夺土地的斗争也是地主土地所有制发展的必然后果。

宋代地主土地所有制的发展是决定当时社会面貌的主要因素，所以它也对国有土地发生了影响。这种影响的主要表现是：第一，封建政府不断进行土地买卖，而且形成了制度，如史称：“天下系官田产，在常平司有出卖法，如折纳、抵当、户绝之类是也。”[②] 出卖官田往往还采取“实封投状，限满拆封”的投标方式。官府与地主对土地的所有权几乎完全一样了。但在北宋以前，国家直接买卖土地的事，可谓百不一见。第二，地主政权经营官田也采取了一般地主管理私田所惯用的租佃方式。官田上的“添租划佃”与私田上的“撤佃增租”如出一辙。这和占田制、均田制实行时期把土地分配给农民使之成为自耕农的情况是不可同日而语的。宋代佃耕官田的农民已经是百分之百的国家佃农了。

总上所述，中国封建社会在唐宋之际发生了一系列明显的巨大变革，促成这些变革的物质原因是生产力的发展，魏晋南北朝南方的开发及唐代亩产量的猛增，是生产力水平提高的主要表现。劳动人民的长期生产斗争和一次又一次的阶级斗争，把中国封建社会推到了一个新的历史时代。

我们是历史发展的阶段论者，因而主张根据唐宋之际的社会变革把中国封建主义时代划分为前后两个不同的历史时期。但无论前期或后期，都还是封建社会，因此不应过分夸大这种变革，两个时期间不存在绝对不可逾越的鸿沟。有些现象甚至是相互交差出现的，如曹魏的屯田客也处于国家佃农地位，与宋代类似；宋代的身丁钱仍然税丁而非税产。社会现象非常复杂，很少有纯粹的事物。所以前期与后期可以说是既相区

① 《齐东野语》卷17。

② 《宋会要辑稿·食货》卷1之31。

别又相联系的，既不能因有联系而看不到区别，也不应只见区别而忽略联系。必须辩证地看待这个问题。

四　中国封建社会史的分期问题

唐宋之际的历史变革阶段可以从公元 8 世纪中叶，即开元、天宝间均田制基本破坏算起，直到公元 10 世纪末叶，即北宋建立和王小波、李顺起义提出“均贫富”口号为止。在这二百多年的过渡阶段中，中国封建社会史的所谓前期和后期究竟应当在哪里断限呢？关于这个问题，意见颇为纷纭。

有的史学工作者主张把隋以前算作一个时期，从隋唐开始进入另一时期。我个人觉得这种意见未必妥当。本文前面已经阐明，唐宋之际的一系列社会变革始于公元 8 世纪中叶，在隋代和唐初，无论土地制度、赋役制度、农民的地位、阶级斗争的特点等方面，均与两晋以来的情况基本上相同，隋朝建立以前同以后没有显示出巨大的差异。主张以隋代为断限，是基于这样一种认识：秦、隋相似，都是二世而亡的短命王朝；汉、唐相当，都是统一的强盛帝国；魏晋南北朝类似五代十国，都是分裂割据时代。仔细推敲，这种意见也是似是而非的，因为：首先，这些相似之处恰好说明两个阶段有相同的地方，而不足以证明二者分属两个不同的历史时期。我们划分历史发展的不同时期，目的恰恰在于寻找和显示不同历史时期的阶段性特点。其次，以国家政体的形式及各王朝历时的长短来划分阶段，也未见得合适，因为作为分期标准的应当是社会变革，而不是政权的革代易姓。

有的史学工作者主张以公元 755 年“安史之乱”的爆发作为划分历史时期的界标。应当承认，这种划分法确实具有一定的道理，因为一系列社会变革确实是从公元 8 世纪开始初露端倪的。但这种意见也有缺陷，这是由于：首先，“开元之季、天宝以来”只是土地制度变化开始加剧的阶段，此后两个世纪社会经济及课役制度仍处于逐渐变革过程之中，把社会变革作为一个整体来考察，仅从均田制和府兵制的破坏着眼，不免失之偏颇。其次，“安史之乱”不适于当作划分历史时期的界标，这是由于：一则这是一次统治阶级内部的斗争，再则这次事件的性质不能反映社会经济变革的性质。

公元780年杨炎两税法的创行是否可以作为划分历史时期的界标呢？也未见得合适。两税法的出现确实是中国税制史上的大事件，也是由土地制度的变化引起的，具有社会意义；但它本身毕竟还具有浓厚的过渡性。“户无主客，以见居为簿”及“丁额不废，申报出入如旧式”，就是这种过渡性的具体表现，佃客仍有直接纳税的义务。封建政府与地主争夺劳动人手的斗争也没有完全结束。

有相当多的史学工作者主张以唐末农民战争的爆发，即公元875年，作为划分历史时期的界标。用大规模的农民起义，即阶级斗争为断限，在理论上是完全说得通的，因为农民起义不但是历史发展中的重大事件，而且其斗争口号、起义特点往往与社会经济的变革有关。然而我觉得，王仙芝“天补平均大将军”的头衔使“平均”要求还显得朦胧，不十分明确，如果与宋代农民起义所提出的“均贫富”口号相比，就不免显得略逊一筹了。因此，王仙芝的头衔所表现的“平均”思想也仍旧具有不成熟的过渡色彩。这次大起义的主要打击目标，仍然是李唐政权，打击地主经济的自觉性只居从属地位。

我觉得，以公元960年北宋的建立为断限划分历史时期比较合适，理由是：首先，公元10世纪末发生的王小波、李顺起义第一次旗帜鲜明地提出了“均贫富”的纲领性口号，这件事集中反映了两个多世纪以来的社会变革，反映了农民阶级社会地位的变化。只是由于这次起义规模过小，我们才不把公元993年当作断限年代，但公元960年毕竟很接近这一年。其次，唐代虽有客户，但系土、客相对，土户与宋代的主户还有区别。只有到北宋建立以后，主客户制度才正式确立，这件事集中反映了土地制度、佃客地位的变化，所以北宋的建立并非一般的革代易姓，而是标志着历史时代的转折，具有特殊的社会意义。

（原载《史学月刊》1960年第7期）

唐代中日文化交流高度发展的社会政治条件

在漫长的历史发展过程中，中日间的文化交流既有高潮，也有低潮，呈时起时落之势。唐代是第一个高潮时期。仅日本官方派遣的遣唐使、送唐使就达十八次之多，留学生、学问僧、请益僧络绎不绝，一批又一批地浮海西渡；唐朝方面亦曾遣使报聘，如咸亨二年（671）唐使郭务悰赴日，一行达两千余人之多①，其中虽然有大量百济人，但仅就唐朝使团而言，规模亦实属惊人。唐代中日交往能够出现这样繁盛的局面，显然有其社会政治原因，单纯用僧侣的个人虔诚和日本留学生的一己兴趣是无法加以解释的。为了探讨这些条件，需要从中日两国的社会政治状况分别进行剖析。

首先研究唐朝方面的情况。

唐朝派赴日本的使臣为数有限，唐日交往频繁主要体现在遣唐使的不绝西渡，但如果唐朝方面实行闭关自守的政策，拒日使于千里之外，那么日本无论多么想打通中日交通的孔道，恐怕也难以实现。而双方正式交往的受阻，必然严重影响两国间的文化交流。因此唐朝采取对外开放的政策，在当时确实起了一定的作用。唐太宗时，国家大力发展国学和太学，一时高句丽、百济、新罗、吐蕃等首领，亦遣子弟请入国学。②日本的留学生就是在唐朝这种广收博揽政策下陆续进入国学受业的。为什么统治者肯于、能够实行这种开放政策呢？这是一个相当复杂的问题，需要从多方面进行探讨。

---

① 《日本书纪》卷27。

② 《唐会要》卷35《学校》。

首先，就客观条件而言，国家在政治上统一、稳定，社会升平繁荣，是加强中外关系的重要前提之一。西汉是长期大一统的王朝，尤其在汉武帝时出现了中国历史上第一次鼎盛局面，于是迎来了中西文化交往的第一个高潮；元、明二代也都是大一统的王朝，尤其是明代经济空前发展和繁荣，因而这一时期在中外关系史上亦占有重要的地位。统一、稳定，社会升平之所以有利于促进中外关系的发展，是由于：一则国内安定，执政者有余力把目光转向国外，同时在国家强大的时候封建皇帝也特别关心徕远人、显国威；再则统一时期疆域辽阔，国境线长，与异域的接触面自然较大。隋唐帝国是经过数百年大分裂、大动乱后重建的统一国家，尤其开皇（581—600 年）、贞观（627—649 年）、开元（713—741 年）等朝社会经济显著发展，唐玄宗时出现了中国历史上第二次鼎盛局面，这是当时能够迎来第二个中外文化交流高潮的重要原因。

当然，对各个统一的时代也还需要进行具体分析，某些特殊因素往往可以促成或干扰中外关系的进展。如汉代由于企图“断匈奴右臂”而遣使西域，由此发展了中西文化交流；再如宋代虽然前期统一，但遭受契丹、西夏和女真的一再攻扰，无国威可显，遂无心于徕远人了；至于明、清的“海禁”，也是出于某些具体的政治考虑而采取的特殊政策，对中外交往不无一定的影响。但这些复杂的情况并不足以改变统一有利于中外交往的总趋势。

汉代统治者坚持历史上形成的“严夷夏之防”的原则，封闭性比较强，张骞、班超先后通西域是为了联络大月氏和乌孙以对付匈奴，经营西域，主观上对外开放的成分微乎其微，至于因此引起的中西文化交流，并非出于初衷，完全是政治行动的副产品。唐朝则与此不同，统治者是在自觉地实行徕远人的开放政策，这与当时“夷夏之辨”的观念比较淡薄，大汉族主义色彩不太浓重有密切的关系。像金日磾那种出身异族的人能在朝廷上置身通显者，在汉代可以说是绝无仅有。唐朝的官员中出身少数民族及外国的人，比比皆是。《新唐书》卷 110《诸夷蕃将列传》中列举了大批人，如史大奈阿史纳社尔、执失思力等均出身突厥，李谨行、李多祚等均出身靺鞨，契苾何力出身铁勒，黑齿常之原为百济西部人，尉迟胜本来是于阗国王。据其他列传所载，还有很多类似的例子，名将李光弼是契丹后裔[①]，浑瑊原属铁勒九姓的浑部[②]，仆固怀恩原为铁勒人[③]，歌舒翰是突骑施歌舒部落之裔，高仙芝和王思礼则为高句丽人[④]。唐朝末年的崔致远曾任高骈的幕僚，是朝鲜半岛"王京沙梁部人"[⑤]。正是在这种蕃将、蕃臣盈庭的条件下，日人朝衡也在唐朝袍笏登场了，类似的例子众所熟知，不必一一胪列。唐朝刚刚建立，李渊就在武德二年(619)宣布"义在羁縻，无取臣属"，"悦近来远"，"要荒蕃服，宜与和亲"。[⑥] 唐太宗的民族政策更为开明，安置东突厥降众后创设羁縻州，使少数民族具有某种程度的自治权。他晚年总结一生的成功经验时特别指出："自古帝王，虽平定中夏，不能服戎狄；朕才不逮古人而成功过之"，区别在于"自古皆贵中华，贱夷狄；朕独爱之如一，故其种落皆依朕如父母"[⑦]。正是在这种开明的民族政策下，唐代出现了"胡越一家，自古未有"的局面[⑧]。唐朝统治者不太歧视少数民族，因而也就不太歧视异域的远方来客，对他们采取欢迎的态度。

为什么在唐朝能出现上述具有时代特色的情况呢？这与当时所处的历史阶段有关。西晋"永嘉之乱"以后，中国处于民族大融合中，各民族间的接触空前增加，各族文化彼此影响，最后走向民族同化。在历史上，金朝和清朝也都发生过民族融合，但没有由此引起明显的开明民族政策，为什么唐代在民族融合之后统治者肯于实行这样的政策呢？主要有以下两个原因，其一，金、清二朝都是在汉人与女真人、汉人与满人之间实行两个民族之间的融合；"永嘉之乱"以后则是多民族参加融合，隋唐时期的九部乐、十部乐就有力地说明了此点。其二，当民族融合尚未完成，民族矛盾还比较尖锐的时候，强调"夷夏之防"的观点比较有市场；当民族融合完成而且经过一段长时期后，很多原来属于少数民族

---

① 《旧唐书》卷 110 本传。

② 《旧唐书》卷 134 本传。

③ 《旧唐书》卷 121 本传。

④ 《旧唐书》卷 104、卷 110 各人本传。

⑤ 《三国史记》卷 45。

⑥ 《唐大诏令集》卷 128《镇抚夷狄诏》。

⑦ 《资治通鉴》卷 198。

⑧ 《资治通鉴》卷 194。

的人已经汉化，不再意识到自己血统中的异族因素，完全以汉人自居。唐代是民族融合的过程刚刚结束，人们对民族差异、民族纷争记忆犹新的转折阶段。正是在这种特殊的时期出现了特殊的民族政策，由此导致了特殊的对外开放政策。乾封元年（666）唐高宗到泰山行封禅礼，刘仁轨率新罗、百济、儋（或作耽）罗及倭（日本）等国首领、使者赴会，“天子大悦”①，据日本《高僧传要文抄》载，唐玄宗曾赐日本使者诗云“日下非殊俗，天中嘉会朝”②。这不单是偶然的即兴之作，更是符合当时唐朝对外政策的外交语言。

唐代长安是一个国际化的城市，向达先生在《唐代长安与西域文明》一书中有生动介绍。胡乐、胡舞及绘画中吸收的晕染法，还有来自波斯的马毬戏，对于皇族也好，贵族百官也好，都已成为生活中不可须臾以离的娱乐和享受。胡商、胡店、胡饼、胡帽……则在社会上影响面更大。文化领域万紫千红，云蒸霞蔚的盛况同对外来文化广容博采的开放政策有直接的联系。儒家思想在唐代仍然居于统治地位，为什么崇尚儒学的李氏皇帝不惧怕异域文化对传统文化进行冲击呢？除了前述民族融合的结果在起作用外，还需要补充以下一点，即汉族在吸收外来文化时并不是简单地实行“拿来主义”，生吞活剥，而是经过改造并使之中国化了。在这方面，最明显的莫过于由印度传入的佛教了。从隋唐开始，佛教在中国已经走上独立发展的道路，不再单靠翻译经论，我国僧侣开始有了自己的论著。社会上影响最大的是禅宗、天台宗和华严宗，这些都是已经中国化了的宗派。生搬硬套印度佛学的法相宗，只风行了三四十年就走向衰落。③ 佛教艺术在魏晋南北朝时外来影响比较明显，作品相当生拙；而到隋代，与中国传统艺术就结合在一起，作品渐趋生动圆熟。这是尽人皆知的情况，无须详加介绍。至于韩愈强调“佛者，夷狄之一法耳”，“上古未尝有也”，“佛本夷狄之人”只不过是多找一个反佛的借口④，并不说明唐代人还把佛教当作外来宗教信仰。正是由于各族、各国

① 《新唐书》卷108《刘仁轨传》。

② 转见《大日本史》。

③ 参阅任继愈《汉唐佛教思想论集》，人民出版社1974年版。

④ 《韩昌黎集》卷39《论佛骨表》。

的文化都在一定程度上汉化或中国化，能与传统文化相结合，而不是喧宾夺主，取而代之，唐朝皇帝才有信心，不怕儒家思想被冲淡，不盲目排外，敢于实行对外开放政策。

大历十二年（777）渤海国向唐朝遣使献方物，同时进献日本国舞女十一人[①]，反映李唐皇族对日本艺术的传入颇感兴趣。没有特殊的需要，唐高宗和武则天在咸亨二年（671）也不会派遣郭务悰率领的大型使团涉洋东渡，恐怕这未必是一次单纯礼节性的聘问。

此外，有的时候也存在某些具体情况促使统治者加强同日本的联系。如“安史之乱”后唐朝兵器损失很多，肃宗听说日本多牛，乃乞援日方，淳仁天皇遂派毛野广滨、广田小床等于安艺造遣唐使船，并敕东海、东山、北陆、山阴、山阳、南海等道诸国贡牛角七千八百只，以遗于唐。[②]

至于经常的朝贡贸易给唐朝带来的好处，就更无须赘述了。

唐朝对大多数民族和国家采取开明和开放的政策，中外文化交流像滚滚波涛奔腾前进，在这种形势下中日文化交流自然就顺理成章地纳入了这一洪流。因此，从唐朝方面来说，中日文化交流的迅猛发展绝对不是孤立的历史现象。尤其值得特别提出的是，与唐朝接壤的大陆民族和国家，有时免不了同李氏王朝发生某些摩擦和冲突，因而统治者对相互交往还存在一定的戒备心理，而唐日之间有一衣带水之隔，除了由于朝鲜半岛的局势双方发生过白江口之役外，则很少发生利害矛盾，所以唐朝采取对日开放政策就更少顾虑了。

以下从日本方面进行分析。

如果说唐朝执行对日开放政策是出于自身的需要，那么日本方面加强双方交往的要求就更主动、更迫切了。就当时的航海技术与物质条件而言，日本的使舶要越海西渡殊非易事，遭风而回、一再出发的事经常发生。鉴真东渡第六次方告成功，正反映了这种情况。覆舟丧生的遣唐使、留学生、学问僧大有人在，他们真是“出入死生之间”[③]，“存亡难

---

① 《旧唐书》卷119下《渤海靺鞨传》。

② 《续日本纪》卷23天平宝字五年十月辛酉条。

③ 《日本后纪》卷12延历二十四年六月乙巳条。

量”[①]。宽平六年（894）菅原道真曾向天皇奏称：“伏检旧纪，遣唐之使，或有渡海不堪命者，或有遭贼而亡身者。”[②] 没有迫切的社会需要和政治要求，是不会有那么多日本人冒死浮海西渡的。

日人西来，像江河之水一样，一个浪潮接着一个浪潮，源源不断，人数之多实属惊人，这一点与官方不断派出遣唐使有密切的关系。使舶一般可容一百二十人左右，而且每次出发多不限于一船，往往是数舶同行；而一般民间商舶，每船只能容纳五六十人，况且多系孤舟独往，至多不过二舶同行。因此，如果没有大量遣唐使舶一批又一批地浮海西行，仅靠私人的商舶顺便运载留学生和学问僧，日中文化交流的规模显然就要小得多了。

日本官方不断派出遣唐使的主要目的，自然不是为供客商搭乘使舶，而是为了满足政治上的需要。推古天皇三十一年（623），学问僧惠日等回国后奏称：“留于唐国学者，皆学以成业，应唤。且其大唐国者，法式备定之珍国也，常须达。”[③] 一语道破了留学生主要学的是唐朝的“法式”，即典章制度。唐玄宗曾说，“戎狄归欵，日夕归朝”，纷纷进入国学观礼教，是由于“慕我华风，敦先儒礼”[④]。日本留学生学习的主要典籍是经史和律令，礼仪尤其是钻研的重点。吉备真备回国后曾向天皇献《唐礼》130卷、《乐书要录》10卷[⑤]，光仁天皇曾以他为师“受《礼记》及《汉书》，恩宠甚渥”[⑥]。其他日本留学生好读经史、擅长经史的记载，不一而足。圣德太子宣布的“宪法十七条”中宣称“群卿百寮，以礼为本；其治民之本，要在乎礼”[⑦]。他所制定的十二阶冠位法中出现了德、仁、义、礼、智、信等儒教德目。[⑧] 唐玄宗于开元二十七年（739）追谥孔子为文宣王后，到中国“问先圣之遗风，览胶庠之余烈”的膳大丘回

① 《续日本后纪》卷5承和三年七月辛丑条。

② 《大日本史》卷133列传第60。

③ 《日本书纪》卷22。

④ 《唐大诏令集》卷128《令蕃客国子监观礼教敕》。

⑤ 《续日本纪》卷12天平七年四月辛亥条。

⑥ 《续日本纪》卷33宝龟六年十月壬戌条。

⑦ 《日本书纪》卷22推古天皇十二年四月条。

⑧ 《日本书纪》卷22推古天皇十一年十二月条。

国后亦向称德天皇建议改孔子号，以后遂称“文宣王”[①]。他所学的经史后来对奈良朝的儒学勃兴起了不小的作用。

在中国，律与礼的关系非常密切，甚至有律从礼出的说法。日本留学生特别重视学礼，与他们着重学习中国的律令及典章制度有关。吉备真备就是既通唐礼，又在日本删正过律令二十四条的政治家。[②] 因此，就日唐间文化交流的总体而言，取经学佛的学问僧和请益僧在人数上虽然大大超过了留学生，但就日本的社会政治需要和中国文化对日本社会的影响而言，儒学和礼法比佛教所起的作用要明显和直接得多。在公元8世纪以前，佛教主要与日本的宫廷生活有关，还没有成为社会上广大群众的信仰，在中央的政治生活中，上层执政者对它的重视远不能和对儒教礼法、典章制度的重视同日而语。

即令那些学问僧和请益僧，也不是单纯的宗教传布者，而是具有一定政治色彩的人物。苏我氏与物部氏的斗争，表面上一方佞佛，一方反佛，实际上却是两派政治势力的斗争，佛教僧侣不可能不卷入这种政治旋涡。在中国，政治上的主要思想武器是传统的儒学；统治者也利用佛教和道教，但从来不把它们公开当作政治理论的依据。与此不同，日本素有“冥显一致”的思想，自从佛教传入后统治者就把它看作镇护国家的要法，寺院不仅是宗教活动的场所，而且具有接待外国使臣的使命和职能[③]。因此圣德太子使小野妹子入隋，不仅仅是单纯为了学佛，应当看作是一个政治行动。在唐长期留学的僧旻和高向玄理，后来在“大化革新”中起了重要的作用，就是生动的历史见证。开元二十三年（735），日本遣唐使向唐玄宗“恳求《老子经》本及天尊象，以归于国，发扬圣教”[④]，显然与唐玄宗特别崇奉道教有关，这也是受政治影响的反映，不过这种影响此次来自中国，而非日本本土。

为什么单单在隋唐时期日本不厌其烦地一再派出遣隋使、遣唐使呢？为什么这种情况不出现在南北朝和北宋时期呢？这与日本“大化革新”

---

① 《日本书纪》卷29。

② 《续日本纪》卷40延历十年三月丙寅条。

③ 参阅村上专精《日本佛教史纲》，商务印书馆1981年版。

④ 《册府元龟》卷999《外臣部·请求》。

前后所处的社会发展历史阶段以及由此引起的政治需要有直接而密切的关系。到公元7世纪时，日本的封建生产关系已经居于支配地位，经济基础的变化要求上层建筑也发生相应的改变，即社会性质的变化为政治、思想的改革提供了物质前提。但就社会、政治发展的水平而言，与亚洲大陆相比，日本显得瞠乎其后。当它一旦进入封建主义的时代，需要确立自己的政治、财政制度时，发现身旁已经有一个存在了一千多年的封建国家，而其典章制度又非常完备，自然就会把唐朝看作学习的榜样，向它借鉴。所以日本目光西向是必然的，合乎情理的。

日本主要学习唐朝，还同当时隋唐帝国所处的具体阶段有关。如果“大化革新”前后，正逢中国处于大混乱、大分裂的时期，如三国、十六国或五代十国，正赶上像“安史之乱”以后那样典章制度遭到严重破坏而陷于大混乱的时期，使职差遣突然产生但还未形成正式的制度，那显然会影响日本学习取法的积极性，隋朝和唐朝前期，不仅经济发展、社会繁荣（隋末农民起义时的短期动乱除外），而且三省六部制、均田制、租庸调法都实行得比较有效。尤其是三省六部制，经过长期的酝酿至隋唐刚刚臻于完备，是中国封建社会史上继秦汉之后第二次完善国家制度的关键。从“开皇律”到“永徽律”的颁布，也是中国法制史上划时代的大事。此外，礼制也在唐代发展到了一个新阶段。凡此种种使隋唐帝国的形象显得特别高大和完美，很容易成为亚洲各国模仿的榜样。日本的“大化革新”与唐朝前期的昌盛完备相遇，应当承认其中具有几分偶然的巧会成分。

“大化革新”无疑是日本社会向封建制发展过程中最引人注目的大事件，但它并不是孤立的，而是既有来龙，又有去脉。社会变革和政治革新实际上经历了一个完整的历史阶段。推古天皇时圣德太子掌摄政大权，从公元593年到622年实行新政，可以看作“大化革新”的序幕，颁行“宪法十七条”就是进行政治改革的生动表现，日本派遣隋使、遣唐使的浪潮就是从此开始的。这两件事绝不是历史的偶然巧合，而是政治要求同时代条件相结合的必然结果。据《驭戎慨言》记载，朝鲜半岛早有人向圣德太子“赞扬大唐为可钦羡之国”，太子本人又“阅读汉文，精湛典籍”，“便思设法与之通好，万事悉欲仿效之心，与日俱增”。小野妹子聘隋时所持之国书，“皆太子之词也”[①]。既曰“万事悉欲仿效”，则可知遣使入隋绝对不是仅仅为了学佛求经，而是具有明确的政治目的。“宪法十七条”中宣扬的“国非二君，民无二主”，显然是中国“天无二日，民无二主”思想的翻版，这足以说明儒家的政治观点成了日本统治者加强中央集权的理论根据。“大化革新”的中流砥柱人物中大兄和中臣镰足曾就学问僧请安学习“周孔之教”[②]，大概也同他研讨过如何进行改革。这说明学问僧、请益僧到中国，也不是单纯研修佛教经论，而是兼学儒家典籍的。显然，日本派遣的学问僧也同其本国改革的需要有密切的关系，这正是学问僧能在“大化革新”中起重要作用的关键所在。

“大化革新”是日本政治改革的高潮，但此后改革的余波仍在继续，直到“壬申之乱”（672 年）后编纂律令时，改革成果才在法律上加以肯定。公元 8 世纪初的“大宝律令”（701 年）和中叶的“养老律令”（757 年）进一步巩固和发展了这些成果。在此期间的遣唐使，出于国内的政治需要，有的是前去“请儒士授经”的人，如大伴山守[③]；有的是有儒学功底的士人，如粟田真人，“好读经史，解属文，容止温雅”[④]，俨然一派儒士风度。在公元 8 世纪初，中国人已知道日本是“礼义敦行”的“君子国”[⑤]。

分析历次日本遣使相隔时间的变化同其国内政局发展的关系，是饶有兴趣的事。

隋代日本三次遣使的时间是：推古天皇十五年（607）、十六年（608）和二十二年（614），三次相隔的时间分别为一年和四年。短期内频繁遣使，显然与圣德太子积极进行改革有关。进入唐朝以后，第一次、第二次遣使是在舒明天皇二年（630）和白雉四年（653），第一次距推古天皇二十二年那次相隔十六年，第二次距第一次相隔二十三年，这种稀疏状况显然是由下述两方面的原因造成的：在日本方面，圣德太子死后苏我氏执政，改革一时受到挫折；在中国方面，隋末唐初发生了农民大起义，

① 《大日本史》卷 87《圣德太子传》。

② 《日本书纪》卷 24 皇极天皇三年正月条。

③ 《旧唐书》卷 199 上《日本传》。

④ 《旧唐书》卷 199 上《日本传》。

⑤ 《续日本纪》卷 3 庆云元年七月条。

全国陷于大动乱中。

从“大化革新”开始，日本改革进入高潮，随之出现了频繁遣使的情况，各次间相隔时间遂大为缩短，所以从孝德天皇白雉四年（653）到天智天皇八年（669）的十六年中共遣使六次，平均二年余就遣使一次。天智天皇八年以后相隔三十二年才再派遣唐使，长期不遣使的主要原因是日本国内阶级矛盾尖锐，政局混乱，并爆发了“壬申之乱”，天武天皇即位后需要集中精力在内部进行整顿。当时既无暇外顾，也就不存在向唐朝学习的迫切要求。

日本自大宝（701—703 年）以后，尤其是进入奈良时期（710—794 年），半个多世纪只派了五次遣唐使，说明在政治上向唐朝学习的紧迫感已不存在。这一时期的特点是，每次遣使随行的人员比较多，一般都在五百人左右，有一次甚至将近六百人。这种情况产生的原因是：学习典章制度和律令的高潮已经过去，当时大批日本人西渡是为了学习文化，而学习文化则非少数人短期内可以为功，必需大量派人进行比较长期的潜心钻研。奈良时期是日本的文化昌盛阶段，这是导致上述特点产生的总背景。从淳仁天皇天平宝字三年（759）以后直至唐末，近百年间只派了六次遣唐使，呈现出衰落的趋势。

上面分析日本派遣隋使、遣唐使的原因时，特别强调了社会、政治变革的需要；这里应当补充说明的是，隋唐时期佛教在日本正处于方兴未艾的阶段，纯宗教的因素也是不能忽视的，宗教需要也是社会需要的一个方面，大量学问僧、请益僧不畏险阻，冒死浮海，就与他们的宗教热情有密切的关系。可以肯定，社会、政治因素与宗教因素结合起来，共同促成了中日交往的盛况。

促使日唐文化交流高涨的条件如果发生变化或消失，双方交往也必将走向衰落。对此也可以从唐朝方面和日本方面分别进行探讨。

从唐朝方面看，“安史之乱”以后中央集权的统一局面为分裂割据的形势所代替，据地自雄的节度使林立各地，内战此起彼伏；吐蕃占领河西陇右以后直逼西门，一度攻入长安迫使皇帝幸陕，唐朝同南诏的关系也有所逆转；经济遭到破坏，阶级矛盾日趋激化；朋党相争，宦官专柄，朝政日非。在这种严峻的形势下，统治者穷于应付内部的问题，无暇外顾，再也没有条件执行显国威、徕远人的国策了。中西交通孔道的断绝阻碍了文化交流，轻歌曼舞已不像升平时代那样受到皇族和显贵的重视，艺术方面取得的新成就（主要指音乐、舞蹈和壁画等）极其有限。因此，唐朝的开放政策逐渐褪色，中外交往严重削弱，同日本间的交往、交流自然也就从高潮转变为低潮。

在日本方面，社会变革已经完成，政治改革亦已告终，不再需要向唐朝学习典章制度和礼法了。从大宝时期开始，公地公民制逐渐走向弛坏，天平十五年（743）颁布的“垦田永年私财令”标志着班田制已经寿终正寝，在藤原氏执政期间庄园经济兴起。天皇的力量今非昔比，奈良时期以后中央集权亦逐渐为分裂割据所代替，适应这种形势，日本改行锁国政策。佛教僧侣虽然仍旧不时有人西渡，但佛教同政治的联系大为松弛了，尤其是国家长期改行抑制寺院和僧侣的政策，佛教同律令制政府发生了矛盾，统治者对派遣学问僧赴唐就不再积极了。此外，唐朝后期政治动乱不堪，旧制破坏而新制度尚未定型，对日本来说，在政治上已不再有什么可以取法之处。凡此种种，都大大减少了日本天皇和统治集团派送遣唐使的兴趣。随着两国间官方交往的逐渐削弱，双方的文化交流规模自然就不能同过去相比了。

到唐末五代，由于日本的遣唐使舶锐减，学问僧不能再随使舶赴中国，只得改而搭乘唐朝的商船往来于中日之间。私人的商舶不但容纳的人数比使舶少，而且主要是供商人乘坐和运载商货，因而学问僧和请益僧就再也不能附于遣唐使的骥尾大批西渡了。加之他们已经不再是到中国学佛求经，而仅仅是以个人身份遵照惯例到天台山、五台山等地膜拜圣迹，所以不但人数少，而且在中国停留的时间也大为缩短，一般是逗留一两年就返国，时间最长者也不超过五年。这种情况一直延续到北宋，没有什么大的改变。

通过以上史实和分析可以看出，中日文化交流不是孤立的历史现象，其发展过程中有高潮也有低潮，这是受两国的社会、政治条件共同制约的。在唐代是这样，在其他历史时期也是如此。

（原载《河北师院学报》1987 年第 4 期）

隋唐五代史的阶段划分

从隋文帝开皇元年（581）建立隋朝开始，到宋太宗建隆元年（960）止，隋唐五代历史约 380 年；如果算到宋太宗最后于太平兴国三年（978）亡吴越，次年（979）灭北汉止，则将近四百年。为了研究和撰写这四个世纪的历史，把它划分为若干个阶段和段落是十分必要的。

以隋义宁二年即唐武德元年（618）江都之变和唐朝的建立为界标，把隋朝单独划分为一个独立的阶段，应该说是没有问题的，在一般的通史和断代史著作中也都作如是处理。关于唐朝和五代十国史应当分作几段，意见就很不相同了，以下拟就这个问题略加探讨。

传统的划分方法之一，是把唐朝划分为：初唐，从唐初至开元以前；盛唐，从开元至大历；中唐，从大历至太和；晚唐，太和以后至唐末。按，这是元人杨士弘《唐音》、明人高棅《唐诗品汇》等为选唐诗划分的阶段，它只反映唐诗发展的脉络，这些段落同社会发展的阶段并不全部吻合，而我们从研究唐代社会发展的角度出发，应当根据经济、政治和文化进行综合的分析，以恰当地划分历史阶段。

范文澜同志把唐朝的历史大体上划作三个阶段：从武德元年（618）到玄宗开元二十九年（741）为第一个阶段，称前期，历时凡 124 年，其间主要矛盾是中央统治集团内部腐朽倾向和进步倾向的矛盾，由于进步倾向起着主导作用，因而保持着长期的强盛状态；从天宝元年（742）到宪宗元和十五年（820）为第二阶段，称中期，历时凡 79 年，其间主要矛盾是中央集权势力和地方割据势力的矛盾，斗争结果中央取得相对胜利，因而基本上还能保持国家统一；从穆宗长庆元年（821）到昭宣帝天祐四年（907）为第三阶段，称唐后期，历时凡 87 年，其中主要矛盾是中央统治集团内部宦官势力和士族势力的矛盾，由于宦官势力占优势和地方割据势力的膨胀，唐朝终于走向灭亡。[①] 笔者个人觉得这样的划分法似乎欠妥，理由是：首先，把统治集团内部的斗争及各种势力的相互消长作为划分标准，而且把这种斗争看作社会、国家发展演变的主要因素，显然有片面之处。其次，没有把唐朝社会当作一个整体，从经济、政治、文化各方面的发展演变观察历史脉络，所以不易切中要害。最后，在第一阶段中把唐高祖看成“爱好酒色，昏庸无能的”腐朽倾向的代表，否认他在太原起兵时的作用，把建成也归诸腐朽势力，将“玄武门之变”说成是腐朽倾向同进步倾向的斗争，显然都不符合事实；既然中期以中央同藩镇的斗争为主要矛盾，就应当看到“安史之乱”是这一矛盾的转折点，它的地位和影响远比宪宗平藩为显著，忽略这次事件是欠妥的；把后期中央政权的削弱主要归因于宦官的猖獗，把唐朝的灭亡主要归诸地方势力的膨胀而不归之于黄巢起义的作用，似亦难以令人信服，因为连古人都知道“唐亡于黄巢”。出现上述问题的原因是过分强调政治斗争，没有全面考虑各个方面。

回顾三十多年来我国的唐史研究状况，选题过窄，不少方面的研究尚未进行或展开，在这种情况下解决上面提出的这个课题，条件是不成熟的，尤其是个人学力所限，更加难以胜任，不过，阶段划分问题总是由浅入深，由片面走向全面，由错误走向正确的，目前完全不接触这个课题也不可能，因此就不揣个人的浅薄，略谈一点极不成熟的意见。

在拙著《中国封建社会形态研究》第十七章“生产关系与生产力在发展过程中的相互制约”中把每一个周期分作危机阶段、恢复阶段和发展阶段，并具体指出：

> 唐代从高祖历太宗、高宗到武周，约八十年左右，是休养生息的恢复阶段，到唐玄宗时，出现了开元、天宝的盛世景象。据杜佑估计当时全国人口最少也在一千三四百万户左右。我国历史上第二

① 《中国通史简编》（修订本）第三编第一册，人民出版社 1965 年版。

次鼎盛局面就出现在唐代的经济发展阶段。[①]

现在看来，当时的考虑有不够周密之处，如果综合分析、考察唐朝前期的历史发展脉络，恢复阶段与发展阶段之间的界标，似乎定在“武周”前后为宜，因为在武则天执政时期，社会、政治和文化等方面确实发生了一些显著的变化。

就社会经济而言，当时正是均田制开始弛坏、土地兼并开始加剧的阶段，逃户的大量出现就是土地制度开始发生演变的体现。农民离土逃亡，从唐初就肯定存在，但只有当这个问题严重以后才会引起人们的重视。对此最早进行大声疾呼的，是证圣元年（695）上表的李峤。接着韩琬又在景云二年（711）指出：“顷年，人多失业，流离道路。”[②] 面对着这一问题，武曌开始发使括浮逃户，这实际上是开元年间宇文融大规模括户的先声。[③] 韦嗣立谏“学校颓废，刑法滥酷”的上疏中有“自永淳已来，二十余载”之语，可知其中所说“今天下户口，亡逃过半”[④]，当指武周末长安年间的情况，虽然不免有夸张之处，亦足以反映当时逃户的严重。均田制的破坏和逃户的猛增同课役的繁重有关，而课役的由轻而重，也发生在武则天执政阶段。贞观、永徽时期的去奢省费、轻徭薄赋，逐渐转化成了皇族、百官的竞相奢纵，重赋苛役，武氏建“天枢”，筑明堂，铸九鼎，大肆营建寺院大佛，就是最集中的表现。武德、贞观年间，有关商品经济和一般商旅的记载虽有一些[⑤]，但关于具体商人的记载却非常少见。冯小宝即僧怀义，其人曾“卖药”于洛阳市，后来竟“得幸”于武则天。[⑥] 张易之“引蜀商宋霸子等数人于前博戏”，亦发生在武周长安年间。[⑦] 也就在同一时期，扬州已“多富商大贾”[⑧]。凤阁舍人崔融所

① 《中国封建社会形态研究》，生活·读书·新知三联书店 1979 年版，第 353 页。
② 《唐会要》卷 85《逃户》。
③ 参阅唐长孺《关于武则天统治末年的浮逃户》，《历史研究》1961 年第 6 期。
④ 《旧唐书》卷 88《韦思谦附嗣立传》。
⑤ 《隋唐嘉话》卷 1、《册府元龟》卷 504《邦计部》、《新唐书》卷 2《太宗纪》等。
⑥ 《通鉴》卷 203 垂拱元年十一月。
⑦ 《旧唐书》卷 92《韦安石传》。
⑧ 《旧唐书》卷 88《苏瓌传》。

描写的“天下诸津，舟航所聚”，“弘舸巨舰，千轴万艘，交货往还，昧旦永日”，亦见于长安二年（702）他的奏疏。[①] 可见武周前后是唐朝商品经济显著发展的阶段，为开元、天宝时期的进一步繁荣奠定了基础。

武周前后，政治领域也发生了不小的变化。唐朝初年，国家机构比较精干，中央的文武定员不过六百余人。从武则天执政开始，破格用人，从天授二年（691）起官员猛增，并置“试官”，至时人谚云：“补阙连车载，拾遗平斗量，杷推侍御史，椀脱校书郎。”中宗复位后承其余绪，又置员外官、斜封官，于是“官纪大紊”[②]。使职差遣制就是从这时恶性发展起来的。唐代的科举制实质上包括两个主要内容，一是“怀牒自列于州县”，即自愿报考，二是进士科以诗赋登第。前者早已开始，无需赘论，后者则与武则天有关。唐太宗时此科主要试策论和经史，据沈既济后来回忆，自武则天执政以后，由于她“颇涉文史，好雕虫之艺，永隆中始以文章选士”[③]。按，当时的“杂文”包括诗赋[④]，以诗赋取士是否简单地由于武则天个人喜好“雕虫之艺”，可暂置而不论，然这一新的考试内容在她执政时增添，当是确定无疑的。府兵制的开始破坏与逃户问题的严重系同时趋于表面化，证圣元年（695），李峤建议对逃户中“心乐所在，情不愿还”本贯者，采取“听于所在隶名，即为编户”的政策，持异议者“以为军府之地，户不可移，关辅之地，贯不可改”，加以反对。可见这种“越关继踵，背府相寻”[⑤] 的状况是对兵制的严重威胁，到开元年间，府兵制终于彻底崩溃了。

考古工作的成果具有综合性，能够反映手工业、艺术等各方面的发展和演变，以下从这方面略事介绍。就唐代墓葬而言，以今西安地区发掘较多，并具有代表性，所以主要介绍这里的考古成果。我国考古工作者根据已发现的瓷器、铜镜、壁画、墓葬形制对唐墓分期提出了各种意见，经过综合，确定为四期：第一期，唐初至高宗时期；第二期，武则

---

① 《旧唐书》卷94《崔融传》作“三年”、《唐会要》卷86《关市》作“二年”。

② 《通典》卷19《职官典》1。

③ 《通典》卷15《选举典》3《历代制》下。

④ “杂文”是否从一开始就包括诗赋，前人说法不一，兹从程千帆同志说，参阅《唐代进士行卷与文学》，上海古籍出版社1980年版，第11页。

⑤ 《唐会要》卷85《逃户》。

天至中宗时期；第三期，玄宗至代宗时期；第四期，德宗至唐朝末期①。这说明武则天执政时期确实是一个发生变化的阶段。唐初李寿墓壁画中的人物体态清瘦，身躯直而呆板；高宗年间体态稍觉圆腴，形象趋向生动；至中宗时人物已经丰满匀称，说明武则天执政的五十年左右是变化的重要时期。陶俑也是如此，唐初至高宗时人物俑颇有北朝以来的遗风，亦体态清瘦，武则天至中宗时胖瘦适中，体态生动，是向以后肥胖型人物俑转变中的过渡。再如出土瓷器，唐初至高宗朝，青瓷多而白瓷少，且二者间界限不清；武则天到代宗时，白瓷釉色进一步纯正，大型器减少，实用器增多。② 出土的金银器，唐初比较少，也是从高宗、武则天时期开始锐增。③ 唐墓及出土文物的变化同一般文学、艺术、手工业品的发展和演变，步调基本上一致。

如上所述，从经济、政治、社会生活及唐代考古等各方面看，以武则天执政为界标把唐朝前期划分为两个段落是恰当的。至于具体年代，似以载初元年（689）为宜。

唐玄宗执政时间，历史沿着“武周”的势头继续前进。一个势头是生产力水平进一步提高，经济达到了繁荣的顶点；另一个势头是随着土地制度的急骤变化，上层建筑的紊乱更加趋向严重，出现了一系列问题，进行了很多改革。

经济发展，社会繁荣，是农业和工商业发展的具体表现，“开元盛世”在历史上是艳称的治世。造型艺术方面，人物形象比武则天时更加丰腴，张旭、颜真卿的肥厚字体正式出现，爱牡丹成为长安的风气，都是时人好尚的反映。从中宗开始金银器的花纹层次增多，结构复杂，显得比以前富丽，忍冬纹花繁叶茂，呈怒放之势。④ 我国金银工艺的第一次

① 中国社会科学院考古研究所编：《新中国的考古发现和研究》，文物出版社 1984 年版，第 583 页。

② 中国社会科学院考古研究所编：《新中国的考古发现和研究》，文物出版社 1984 年版，第 584 页。

③ 中国社会科学院考古研究所编：《新中国的考古发现和研究》，文物出版社 1984 年版，第 594 页。

④ 中国社会科学院考古研究所编：《新中国的考古发现和研究》，文物出版社 1984 年版，第 593 页。

大繁荣大概就出现在此时。中外文化交流也比武周时进一步发展。“开元之治”的情况与杜甫的《忆昔诗》尽人皆知，无须介绍。

玄宗朝后期，社会问题、财政问题和政治问题比武周时更加深刻化和表面化了。均田制的加速弛坏是“开元之季、天宝以来”（杜佑语）的事，随着土地制度的变化，逃户问题更加严重，宇文融括户竟能括得客户八十余万，就足以说明问题。此外，由于土地兼并剧烈，引起了一系列改革：在财政上，裴耀卿改革漕运，江南仓谷变造北运关中，后又改为回造纳布，关中等地大兴和籴，和市、和雇增加，正役二十日全部“输庸代役”，资课制兴起并日见重要，色役大多以钱代役，王铁的聚敛，这些都是经济、财政上产生严重问题的结果。在政治上，制度进一步紊乱，“中书门下”出现后侵六部之权，使职差遣官迅猛增加，科举制改为礼部、吏部分试，募兵制取代府兵制，随着沿边节度使的大量设置，中央同地方的权力局部地失去平衡，皇帝“用不知节”，百官奢靡腐化。如果说开元年间升平的景象尚能有效地掩盖复杂的社会矛盾，那么天宝年间这股暗流就逐渐公开化了，这一点甚至在陶俑上也有反映，如天宝时俑的身段欠匀称，制俑艺术走向衰落。① 因此可以说，从开元末年到“安史之乱”爆发，是唐朝前期向后期过渡的历史阶段，各种乱机都在酝酿中并走向成熟。当唐玄宗陶醉在一片升平景象中欣赏轻歌曼舞的时候，“渔阳鼙鼓”像晴天霹雳一样一声巨响，惊破了他的“霓裳羽衣曲”。范阳点燃的战火把唐朝历史推到了另一个阶段。

我主张唐朝后期的历史从“安史之乱”爆发算起，直到中和四年（884）黄巢起义失败为止，历时约一百三十年。为什么不截止于公元907年唐朝灭亡呢？这是由于“唐亡于黄巢”，朱温篡唐以前李氏王朝早已经名存实亡了。我打算把唐末和五代划作一个独立的阶段，使之与隋朝处于相当的地位。

从天宝十四年（755）到中和四年长达百余年，历史在这段时间里走过了曲折的道路，宜于再划成小的段落，我主张划分为两个小段，其界

① 中国社会科学院考古研究所编：《新中国的考古发现和研究》，文物出版社1984年版，第594页。

标选在德宗建中元年（780）。这样处理的主要根据是，德宗朝是社会、政治又发生明显变化和重大事件的关键时刻。这些变化和事件的基本内容是：首先，土地制度的变化促成了税制改革，建中元年杨炎建议下颁行两税法以取代过时的租庸调法，是中国税制史上划时代的大事，从此国家税收适应中央同藩镇并存的现实，以留州、送使、上供的三分制进行分配，这是双方妥协的结果；盐铁、度支、户部三使的财政机构新格局，也是在唐德宗朝正式形成，茶税是建中年间产生的新税项，占有一定的地位。

其次，“安史之乱”以前，节度使均出现于与周边各族接壤的地区，他们是民族矛盾的产物，除安禄山、史思明集团外，其他人大多无割据的性质。经过这场战争，藩镇普及到了内地，但他们之所以成为盘根错节的割据势力，正如《新唐书·方镇表序》所说，“方镇之患，始也各专其地以自世”，与节度使的父死子代是分不开的，“自世”二字使用得确有见地。正是德宗朝发生的“四王二帝之乱”以后，部分藩帅的父子相承才成为惯例，德宗的姑息政策就是对这一事实的容忍。唐朝宦官的猖獗，德宗朝也是关键时刻。玄宗时高力士已开干政之端，然代宗尚能先后解除李辅国、程元振的职位，剪除其势力。鱼朝恩尽管出任过观军容宣慰使，然行军“自有统帅”，他仅“监领而已”。德宗在“泾师之难”以后任窦文场、霍仙鸣为两神策军中尉，“自是，神策亲军之权，全归于宦者矣”。正是贞元以后，中人“威权日炽”，形成了“万机之与夺任情，九重之废立由己”的情况。[①] 后来历朝阉宦弑君、废君、立君的祸根，就是在德宗朝种下的。如果没有宦官掌握神策军的制度，后来的皇帝是不至于悲惨地“受制于家奴”的。

最后，如前所述，考古工作者已经发现，西安地区的唐墓，在德宗朝也发生了显著的变化，所以把德宗至唐末划作唐墓的第四期。以铜镜而言，玄宗至代宗时期最多的是葵花形镜，而从德宗开始直至唐末则以八卦镜、万字镜、瑞花镜为多。从德宗朝起，金银器的纹饰构图均趋向严整，讲求对称，花卉图案拘谨有余，生动不足，沿着这种趋势继续发

---

① 《旧唐书》卷184《宦官传序》。

展，就出现了文宗以后简单、草率和抽象化的风格。唯一值得称道的是德宗以后瓷器的品种有所增加，普遍使用了护胎釉。[①]

从德宗到黄巢起义失败，其间发生的最引人注目的大事是：在政治领域中，先是发生了“二王八司马”的改革和“甘露之变”，持续近半个世纪的牛李党争，这些政治斗争企图回答的都是一个问题，即唐王朝是否可以挽救。唐朝后期的政治问题主要是三个：宦官专柄、藩镇跋扈、阶级矛盾尖锐。对于第三个问题，任何人也开不出治病的良方。“二王八司马”改革和“甘露之变”是想解决宦官问题，结果都失败了。牛李两党之争的焦点，是对藩镇叛乱采取什么政策，斗争的结局是牛胜李败，第二个问题自然无法解决。从宪宗到武宗的两次平藩高潮，虽然取得一些暂时成就，然而始终改变不了“一寇死，一贼生”[②] 的发展逻辑，武宗以后就再也无力较量了。

思想和文学作为上层建筑，并不总是同生产力的发展和政治生活的正常同步前进的。汉武帝时经济繁荣、国家统一，产生的却是董仲舒的唯心主义思想和缺乏生气的汉赋。但是在完全绝望的时代，世纪末的感情占领人们的精神生活时，哲学领域和文学领域中也难以闪现出夺目的火花。只有在那些社会、政治、思想问题已经充分暴露，人们认为还有希望进行挽救而肯于为此大声疾呼的时代，才是杰出的思想家、文学家产生的最佳气候。德宗以后武宗以前正处于这样的阶段，所以适应着政治上的挽救运动，韩愈提出道统，企图用儒家思想统一人们的思想，以反对那些天天犯上作乱的“化同夷貊”的藩镇，并提出“文以载道”的任务，发动古文运动，使之也为同一目的服务。柳宗元、刘禹锡的哲学思想和他们的政治改革斗争是合拍的。白居易的新乐府运动口号“文章合为时而著，歌诗合为事而作”，所说的“时”和“事”，联系他上疏宪宗请急捕刺杀宰相武元衡的藩帅李师道、王承宗的政治行动，谴责宦官、节度使、贪官污吏，描写人民生活时“但伤民病痛”的篇什和心情，就不难明其所指了。武宗以后，所有的改革和斗争都以失败告终了，人们

① 中国社会科学院考古研究所编：《新中国的考古发现和研究》，文物出版社 1984 年版，第 584、593 页。

② 《新唐书》卷 210《藩镇传序》。

对未来丧失了信心和希望，思想战线和文坛上的最后一缕光辉也被抹去了，于是李商隐吟出“夕阳无限好，只是近黄昏”（《乐游园》），与其说这是赞赏“夕阳”之“好”，毋宁说是百无聊赖的苦笑。唐彦谦的“空怀伊尹心，无补尧舜治”（《富田家》），则最后道出了对时代绝望的心情。在唐代诗坛上，出现在盛唐的是放声的豪歌，出现在中唐的是振臂高呼，出现在晚唐的是叹息和哀鸣。

宣宗以后的时期，社会生活的中心课题是阶级斗争，先则裘甫起义，继则庞勋起义，终于爆发了黄巢领导的大规模农民战争。李氏皇朝在黄巢起义的打击下踉踉跄跄地向墓门接近。

唐末五代是隋唐五代史中的最后一个时期，历史至此发生了转机。从表面上看，由割据走向分裂，形势好像在继续恶化，但透过现象观察本质，就会发现在这个混乱的时代中开始露出了曙光，其间的关键性契机，是唐末农民战争的推动作用。经过阶级大搏斗，藩镇格局发生了变化，在混战中结束了唐朝。通过兼并形成各国并列的局面，局部地区实现了小统一，数十个林立全国的强藩巨镇经过淘汰性的竞赛剩下了十余个，为最后的决出冠军准备了条件。所以大分裂中酝酿着走向统一的因素。战乱虽然频仍，但也有相对稳定的时候，尤其是在南方各国。所有的政权都在力图恢复经济，正是通过这一曲折的发展道路，南方的经济水平开始超过了北方。秦汉时期，中国生产水平北高南低，从魏晋到五代是各地发展趋向相对平衡的时期，五代和北宋以后又出现了南高北低的新的不平衡，唐末五代在后一个变化中占有一定的历史地位。

随着南方各国政权的建立，统治者纷纷延揽南渡士人，成立专门的接待机构“迎宾”“招贤”，很多中原失意或避难的文人墨客先后南下，对中国文化的向南方普及起了作用。据陈正祥所绘《唐代之诗人分布图》①，当时的中国诗人的籍贯集中在渭水流域和黄河中下游，南方除北起扬州南止越州的地区诗人较多外，其他地方的诗人很少，而且北方远远多于南方。宋代的情况发生了很大变化，整个长江中下游的词人和诗

① 见《中国历史文化地理图册》，第36图，原书房出版。

人都大大超过了北方。[①] 历来人们重视经济重心的南移，实际上经过唐末五代以后文化重心的南移更加引人注目。

根据以上分析，可以把隋唐五代史的阶段划分图示如下：

表 1

阶段划分	起止年代	小段落
第一阶段 隋朝	隋开皇元年（581）至义宁二年（618），历时 37 年	
第二阶段 唐前期	唐武德元年（618）至天宝十四载（755），历时 137 年	前段：武德元年（618）至载初元年（689），历时 71 年
		后段：载初元年（689）至天宝十四载（755），历时 66 年
第三阶段 唐后期	天宝十四载（755）至中和四年（884），历时 129 年	前段：天宝十四载（755）至建中元年（780），历时 25 年
		后段：建中元年（780）至中和四年（884），历时 104 年
第四阶段 唐末五代	中和四年（884）至宋建隆元年（960），历时 76 年	

（原载《河北师院学报》1986 年第 3 期）

① 见《中国历史文化地理图册》，第 49、50 图。

论隋唐五代在历史上的地位

隋唐五代是中国古代历史上的重要时期，无论是隋朝和唐朝前期的鼎盛局面，还是唐朝后期至五代十国的社会变革，都在历史前进的途程上留下了重要的足迹，在中华民族的发展史上占有重要的地位。

一

在长达两千余年的封建社会发展史中，历史沿着曲折的道路前进，呈现波浪式前进的轨迹，其中有过高潮，也有过低潮。高潮时期，社会经济繁荣，文化昌盛，国家强大，这就是通常所说的“鼎盛”。中国古代史上一共出现过三次高潮，即秦朝和西汉，隋朝和唐朝前期，明朝和清前期。隋唐两代是古代重要的盛世，不但经济、文化方面的成就光辉夺目，而且在多民族国家的形成和中外关系的发展方面也占有重要的地位。“开皇盛世”“贞观之治”“开元之治”是这种“鼎盛”局面的集中表现。

隋朝及唐朝前期的“鼎盛”，反映在社会生活的各个方面。

（一）社会生产力的发展是取得一切成就的基础

在农业上，曲辕犁的出现和广泛使用具有划时代的意义。江东曲辕犁的记载虽然在文献上始见于晚唐陆龟蒙的《耒耜经》，但建于贞观四年（630）的李寿墓中的壁画牛耕图上已经发现了曲辕犁（该墓位于今陕西三原）①。此外，中国历史博物馆的通史陈列品中有敦煌445号窟的壁画，

① 陕西省博物馆、文管会：《唐李寿墓发掘简报》，《文物》1974年第9期。（“唐”原脱。——编者注）

上面也画有曲辕犁。可见这种便于转弯、回头的新式犁的使用，在时间上不晚于初唐，在空间上远及黄河流域，所以过去称之为“江东犁”，未必合适。刘仙洲先生认为我国的耕犁到唐代基本定型，以后一直没有多大进步。[①] 这是很有见地的。因此，唐朝是我国耕作技术发生划时代变化的关键时期。

秦汉时期，黄河流域同长江流域的农业发展水平显示出明显的悬殊，经过东晋、南朝的大力开发，到隋唐时期，南北发展的不平衡状况大为缓和，因而盛唐时“繇来榛棘之所，遍为粳稻之乡”，形成了“四海之内，高山绝壑，耒耜亦满”的盛况。[②] 五代以后，中国经济重心移向南方，而隋唐时期正处于南北发展趋于平衡的阶段，这正是农业在全国普遍兴盛的阶段，对“鼎盛”的出现起了重要的作用。

唐朝小麦和水稻的种植日益普遍，复种指数空前提高，产生了两年三熟和一年两熟的现象，正是在这一基础上，正税征收改为一年二限或三限。随着水利工程的兴修和灌溉技术的提高，复种指数的增加，耕作技术和农具的进步，唐朝的单位面积产量有了空前的、大幅度的提高，据蒙文通先生研究，我国历代单位面积产量的提高分四个阶段：战国及两汉是第一阶段，魏晋南北朝是第二阶段，唐宋是第三阶段，明清是第四阶段。通过亩制和度量衡的折算，第二阶段只比第一阶段增产 20%，唐宋却比汉朝猛增 100%，明清只比唐宋增加 50%。[③] 可见在这四个阶段中，以第三个阶段的跨度最大，而在这个阶段中尤以唐朝的成就最为显著。

在世界史上，我国是以出产丝织品和陶瓷而著称的国家；造纸业也是在我国首先发展起来的手工业部门。隋唐五代时期，这三种具有代表性的手工业生产都取得了辉煌的成就。

尽管秦汉时已掌握了显花技术，但依靠的是手工织制；唐朝出土的许多通经通纬的纬显花织锦，不但证明已推广了束综和多综蹑相结合的

---

① 刘仙洲：《中国古代农业机械发明史》，科学出版社 1963 年版，第 18 页。

② 《册府元龟》卷 497《邦计部 · 河渠》、《元次山集》卷 7《问进士》。

③ 蒙文通：《中国历代农产量的扩大和赋役制度及学术思想的演变》，《四川大学学报》（社会科学版）1957 年第 2 期。

提花机，而且反映经显花向纬显花的过渡亦于此时完成，这是织制技术上的一大进步。唐朝手工业者把“缂毛”通经回纬的织法运用于丝织技术，遂产生了“缂丝”，即宋代“刻丝”的滥觞。此外，纺织技术上的“三原组织”（平纹、斜纹、缎纹）亦至唐而臻于完备。绫的织制也在此时达到高峰，甚至民间亦能织成精美的大型花绫。过去传统的颜料印花，此时已向创新型版的多彩色套印和色地印花方面发展。秦汉以降，只有丝织品外销他国，从唐朝开始，不但精美的唐绫、唐锦远销异域，而且织制技术、脚踏织机、镂空版印花术、染料红花素的制法以至蚕种，亦前后传往东、西方各国。丝织技术的传播比丝织品本身在“丝绸之路”上的远途跋涉具有更大的意义。宋代以后，虽然丝织技术仍在继续进步，但由于棉纺织业的勃兴，纺织业的兴奋点略有转移。①

瓷器烧造在唐朝取得的重大进展之一，是形成了“南青北白”的局面。白瓷在北齐时开始烧造，但直到隋朝开皇年间白色尚不纯正，至大业时始臻于成熟，至于它的普遍使用，那是唐朝中期以后的事了，李肇所谓“天下无贵贱，通用之”的说法②，反映了大量生产白瓷的情况。青瓷早已出现，然产地主要限于江南，也是在入隋以后才在黄河流域逐渐发展起来。唐朝普遍开始使用“匣钵装烧”技术，大大提高了青瓷和白瓷的质量。“南越”“北邢”的南北辉映，为宋代名窑的大量产生开了先河。“唐三彩”出现于高宗朝，极盛于开元时期，其特点是器大、形美，施以彩釉，人物体态丰腴，神态生动，三彩马膘肥体壮，集中代表盛唐的社会风貌和当时人们的精神面貌，它确实是“鼎盛”局面的写照。天宝以后，“唐三彩”逐渐减少，预示着从“鼎盛”走向衰落。唐朝陶瓷造型浑圆饱满，人物、马、驼具有气魄，确实是时代的体现。中唐以后三彩塔形罐失去了以往的雄伟气势，五代时瓷器转为优美秀致，这也都是时代风貌的反映。白瓷的烧造和彩釉的使用，为宋代以后彩瓷的制造创造了前提。与丝织业一样，唐朝不仅瓷器外销，而且制瓷技术也远传东、西方各国，日本学者甚至把海路称作“瓷器之路”③。

---

① 参阅陈维稷主编《中国纺织科学技术史》，科学出版社 1984 年版。

② 《国史补》下。

③ 参阅中国硅酸盐学会编《中国陶瓷史》，文物出版社 1982 年版。

中国历史上汉代开始造纸，在宋代技术臻于成熟，明清时期只是在总结宋以前的技术的基础上有所发展，所以唐宋时期是造纸术发展的重要阶段。隋唐时期生产技术大幅度提高，纸制品广泛使用，普及于民间日常生活之中，造纸业遍及南北各地，为宋代造纸业的走向成熟打下了坚实的基础。纸的大量使用导致抄书成风，而广泛抄书是推动雕版印刷形成的动力。造纸技术虽然在隋唐以前已经外传，但就其规模而言，远不能与唐朝相比。当时不但进一步向民族地区推广，而且从东、西、南三个方向传播到日本、阿拉伯和印度次大陆等地。纸的大量生产和普遍使用，对唐代文化的繁荣提供了重要的物质条件。

1970 年在西安市南郊何家村发现了一处盛唐窖藏，其中有金银器 270 件，根据切削加工的痕迹可以断定，当时已经采用了以手摇足踩为动力的简单车床。银器纯度很高，足以说明已经使用灰吹法提取纯银的技术。①

考察一下隋唐的建筑和陵墓，就会更加具体地体会到当时的“鼎盛”。中国传统建筑是以木结构为特点的，而木构架的技术提高有三个重要的时期，即秦汉、隋唐和明清，这也同三个历史发展中的“鼎盛”时期相吻合。隋唐以前，采用“三角形间缝梁架结构”比较简单，不能满足大跨度建筑物的需要。大约在公元 8 世纪，即盛唐时，把上述结构同层叠的横梁结合起来，产生了复合的“榑栿梁架”结构，以后六百年中无大改变。此外，汉代已有斗拱，是木结构建筑的重要部件，但这一技术也是经过魏晋南北朝到隋唐时才演化成熟。宋代的《营造法式》一书，是总结隋唐五代时期的建筑技术而写成的专著，它的撰成是隋唐建筑技术高度发展和走向成熟的反映。“榑栿梁架”的出现是由于建筑大跨度建筑物的需要，而大跨度建筑物的产生则是隋唐时期建筑物趋向雄伟宏大的必然体现。②

据杨宽先生研究，中国古代的陵寝制度，在发展过程中也有三个重要时期。汉代出现“上宫”，是一个重大发展。魏晋南北朝时陵寝制度一

① 参阅陕西省博物馆、文管会革委会写作小组《西安南郊何家村发现唐代窖藏文物》，《文物》1972 年第 1 期；一冰《唐代冶银术初探》，《文物》1972 年第 6 期。

② 参阅赵正之《中国古代建筑工程技术》，见清华大学建筑系编《建筑史论文集》第 1 辑，清华大学出版社 1983 年版。

度中衰。到唐朝才再度发展，除“上宫”外，又增加了“下宫”，规模显然扩大了。宋朝沿袭唐制，规模却较唐差小。明代虽然废除了“下宫”，却扩大宫殿建筑，并形成了三进院落的陵寝规模。清沿明制，无大发展。[①]“因山为陵”的情况在汉朝已稀疏地出现，但只有到唐朝才成为诸陵的定制，唐陵“因土成陵”者仅属于个别现象。“因山为陵”便于深埋密封，其结果是陵园规模趋向宏大。唐太宗的昭陵占地30万市亩，是国内最大的帝王陵园，在世界范围内亦属罕见。“六骏”象征他的武功，十四躯民族首领、邻邦君长石像象征唐朝的强大和国威远扬。高祖献陵前的六十一王宾石像，亦意在表现唐朝的声威远震。睿宗的桥陵规模超过高宗的乾陵，石刻高大魁梧，反映了盛唐气势。晚唐时陵墓制度衰落，石狮、石马形体变小，失去了初唐古朴奇雄、盛唐粗壮魁威的气势，是由“鼎盛”走向衰微的写照。

最能反映隋唐帝国“鼎盛”局面的，莫过于长安城。隋文帝兴建的大兴城，唐朝改称长安。它北枕渭水，南向终南，规划整齐，规模宏大，总占地面积达83平方公里。最宽的朱雀大街宽达155米，其他大街多数亦宽在100米以上。尽管南面约占全城三分之一的坊很少居民，但全城人口亦当在百万以上。[②] 豪华的大明宫和兴庆宫“体现了唐代前期国力强盛，生产发展”[③]。像这样规模的大城市，不仅在当时世界上是仅见的，就是在今人的目光中也难免叹为观止。它是“开皇之治”“贞观之治”“开元之治”的舞台，是治世升平的体现。

（二）唐朝商品经济的发展，是造成社会繁荣景象的一个重要条件

秦汉时期，商品经济比较发达，但它是同奴隶制残余联系在一起的，大工商业者、盐铁业者，多使用奴隶劳动，蓄奴动辄以千计。商周时期“工商食官”，战国以后的工商奴隶主是随着封建社会的形成而新兴起来的阶层，这一点同商周奴隶制发展不充分有密切的关系。但由于秦汉时的奴隶劳动是封建社会中的经济现象，因而当时的工商业繁盛是一种不

---

① 参阅杨宽《中国古代陵寝制度史研究》，上海古籍出版社1985年版。

② 平冈武夫：《长安与洛阳》，陕西人民出版社1957年版，中译本第29、30页。

③ 中国社会科学院考古研究所编：《新中国的考古发现和研究》，文物出版社1984年版，第577页。

很正常的现象，这就使商品经济随着封建制的发展反而走向衰落。黄巾起义以后的四百年中自然经济的色彩相当浓厚，直到隋唐时期，“钱货不行”“以谷帛为市”的现象始大为削弱，出现了刘晏所说“如见钱流地上”的情况。当时户税征钱，色役折钱，盐利、茶利等间接税敛钱，官府设公廨本钱，官员领俸料钱，社会上产生了不少“藏镪百万”的富商大贾，蕃商遍于名都巨邑。随着城市商品经济的发展，邸店较以往有所增加，柜坊开始设置，最早的汇兑业飞钱亦初露头角。这时的富商大贾已经不是寄生在奴隶劳动之上的工商奴隶主，而是地地道道的纯封建商人了。唐朝与魏晋南北朝相比，前者以商品经济的加强为时代特色，后者以自然经济的加强为时代特色，二者呈相反的色调；唐朝与宋朝相比，基本色调相同，只不过后一时期显得更加浓重而已。到明清时期，才迎来了另一个商品经济繁盛的新高潮，在这个高潮中资本主义萌芽问世了。由此可见，中国封建社会的商品经济，也有三个发展高潮：战国、秦汉、隋唐和明清。如果以秦汉的情况比较特殊，另当别论，那么隋唐五代时期的商业高涨就显得具有更为重大的历史意义了，它为宋朝商品经济的进一步前进奠定了基础。

（三）文学和艺术的繁荣是唐朝呈现“鼎盛”状况的一面镜子

当时诗歌、音乐、舞蹈、绘画、雕塑、书法、工艺各个领域都取得了惊人的成就，呈现出万紫千红、百花争艳的景象，我国历史上的“诗圣”“画圣”“塑圣”“草圣”……多出现在这个朝代，这绝不是偶然的邂逅，恰恰说明伟大的时代为诗人和艺术家的诞生提供了宜人的气候和肥沃的土壤。文艺的各个领域之间相互渗透和影响，更是锦上添花，起了彼此促进的良性循环作用。王维的作品“诗中有画，画中有诗”，诗画相通；张旭看了公孙大娘的舞剑后草书大为长进，笔法“豪荡”；吴道子不但受裴旻舞剑的启发作画“有若神助”，而且通过学习张旭的书法提高了自己的画境。苏轼在《东坡题跋》中说：“君子之于学，百工之于技，自三代历汉，至唐而备矣，故诗至于杜子美，文至于韩退之，书至于颜鲁公，画至于吴道子，而古今之变，天下之能事毕矣！”唐朝在这些领域，确实是回顾以往，集其大成；面对当世，跨步猛进；展望未来，影响深远。苏轼的话，并非言过其实。

我国古代的文学以诗的成就最高，甚至可以说是诗的国度。宋词称作“诗余”，元曲是诗、词的余绪；只有到明清才进入了小说繁荣的时代，而在小说中也只有一部《红楼梦》可以同巴尔扎克、托尔斯泰的作品相媲美，其他作品难免略逊一筹，所以小说名著的产生不足以改变我国文学以诗为主的基本结论。西方古代的诗作，如《伊里亚特》《奥德赛》，都以鸿篇巨制的叙事诗为特色，我国则多短小精悍的篇什，像《孔雀东南飞》和《长恨歌》就算较长的作品了，在篇幅上亦不能与上述二诗相比。这种情况产生的主要原因之一，是中国的诗多系抒情之作。历来人们认为“诗莫盛于唐”，而唐朝律诗的出现又足以说明古体、今体分工，古典诗歌的多种形式至此定型。唐诗在中国文学史上的成就最高，可以说是达到了顶峰，而“盛唐气象”则是唐朝“鼎盛”局面在诗坛上的生动反映。辛文房在《唐才子传》中说：“观于海者难为水，游于李、杜之门者难为诗。”明代的前、后七子也说“诗必盛唐”，李白和杜甫就是盛唐诗人的代表。在诗的国度里，“诗圣”“诗仙”“诗豪”（刘梦得）都出现在唐朝，确实有深厚的社会根源。唐诗的成就上超汉、魏、六朝，下为宋、元、明、清所不逮，是唐朝“鼎盛”的一面五光十色的镜子。

音乐是诗歌的孪生姐妹，最能说明“鼎盛”局面的莫过于大曲，因为它同官府的音乐机构有关，最能表现各个时代的政治气魄和朝廷气氛。我国的第一次“鼎盛”局面出现于秦朝和西汉，秦统治者始建“乐府”，汉朝加以扩大，武帝时乐工达千人以上，是经济繁荣、国力强大的反映。汉代“乐府”创作了“相和大曲”，是隋唐“大曲”的先声。魏晋南北朝时期发展有限，“大曲”的飞跃前进是在隋唐时期，当时以歌舞大曲为主体的宫廷燕乐趋向繁荣。“大曲”有代表性的是隋朝的“九部乐”和唐朝的“十部乐”，这是一种大型套曲，燕乐乐队使用的演奏乐器达29种之多，唐朝的乐工总计在万人以上。入宋以后，“教坊”断断续续，时有时无，钧[①]容直亦同样衰落。甚至明、清两代，乐坛气势亦终难与隋唐相比。[②]

在绘画领域中，秦汉可以说是奠基搭架时期，尽管已能处理较大的

---

① “钧”原误作“勾”。——编者注

② 参阅吴钊、刘东升《中国音乐史略》，人民音乐出版社1983年版。

场面，但技术上尚显得稚拙，表达不够细致。唐朝绘画跨步前进，不但画法大为提高，而且很多作品都能反映时代的“鼎盛”，如宗教画多结构宏伟，场面硕大，色彩富丽堂皇。内容不再是北朝壁画的宣传苦行，而是改为画“西方净土变”为主，竭力描绘“极乐世界”。无论壁画也好，文人画也好，雕像也好，人物形象均不再如北朝那样刻削清瘦，而是转变为脸面丰润、体态雍容，这些都是时代的风貌。张彦远在《历代名画记》中谈到唐朝画坛时说，“奇艺者骈罗，耳目相接，开元、天宝，其人最多”。可见社会、国力的鼎盛与画坛的兴盛有着相同的节拍，盛唐的画家辈出，不能不说是时代的产物。正是在唐人成就的基础上，宋代绘画才能又前进一步。不过，宗教画在宋朝已走向衰落，它的极盛期只能说是唐朝。明朝的文人画虽然发达，但道路曲折，发展迟缓，清朝则是中国绘画的衰落期。①

书法在唐朝的成就是辉煌的，也能反映“鼎盛”的时代精神。中国书法史上有所谓“颠张醉素”之说，“颠张”指张旭，酒后颠狂，创狂草，故名“草圣”；“醉素”指草书家怀素，亦嗜酒。二人草书有如龙飞凤舞，骤雨旋风。气势磅礴是他们的共同点。当时人把李白的诗、裴旻的舞剑和张旭的草书称作“三绝”，说明豪放纵酒，气吞宇宙，确实是盛唐社会风貌的象征。至于古代正楷，有“颜筋柳骨”之说，“颜筋”指颜真卿的书法，筋肉丰腴；“柳骨”指柳公权的书法，骨立有力。颜为盛唐人，柳为中晚唐人，所以颜体的丰满最能代表盛唐时的气势，显得特别端庄雄伟。至于他的行书，被人比作荆轲按剑，樊哙拥盾，金刚瞋目，力士挥拳，与“颠张醉素”具有相同的风格，更何况他本人就是张旭的学生。中国书法的第一个发展高潮出现在魏晋南北朝时期，造就了钟繇和二王这样的书法大师。初唐的虞、欧、褚、薛仍承其余绪，字体多瘦硬，到张旭、颜鲁公出，才迎来了改革创新的时代，摆脱过去的传统，形成了第二个发展高潮。他们字体的肥厚开一代风气，与绘画中的人物丰腴韵味一致，共同反映了当时人的精神面貌。楷书亦名“真书”或“正书”，是中国书法最重要的字体，在唐代成就最高。宋、元、明、清

---

① 参阅王伯敏《中国绘画史》，上海人民美术出版社 1983 年版。

重行草和小楷，正楷皆不敌唐人，而且他们学书法，莫不先从魏碑或唐碑入手。后代馆阁体的风行导致了谨严死板，缺乏气魄。

绘画、雕塑和书法方面的时代特点，是同当时人的爱好和风尚密切相关的。谈中国古代美女，有所谓“燕瘦环肥”之说，“燕”指汉代的赵飞燕，“环”指唐代的杨贵妃，“瘦”“肥”二字并不是仅仅形容这两个绝代佳人，而是分别代表着两个时代人们的不同审美标准，宋人董逌跋周昉《按筝图》说，“人物丰秾”是“唐人所好”，“唐人所尚，以丰肌为美”。《宣和画谱》亦指出周昉所画的仕女“以丰厚为体”，这正足以说明当时人的审美观点对艺术形象所产生的深刻影响。再从花卉爱好方面看，不同的人物、不同的时代，对花卉有各种各样的爱好，但某种花卉在某一特定历史阶段成为普遍赞赏的对象，就往往不是出于偶然，而是由于某种社会原因。有人早已注意到唐人特别喜爱牡丹，甚至说长安出现了“牡丹狂”①。用士人在科举制下产生了“进取”精神来解释这种现象，比较勉强，因为爱牡丹的风气首先是在宫廷中由武则天、唐玄宗等人提倡起来的，而宋代科举制进一步完善，士人的仕途仍极宽广，其所钟爱的花卉却转变成了寒梅。牡丹在唐朝之所以成为“国色天香”，恐怕与它本身的特色能够与时代精神合拍有关。此花色艳、味香、朵大，具有富丽堂皇和奔放不羁的气势，这同张旭、怀素的狂草、李白的诗以及净土宗经变画的韵味基本一致。李隆基本人就是既爱“环肥”和肥厚体书法，又爱牡丹的皇帝，可谓一身而三任焉。可见对仕女的审美标准、对牡丹的特意欣赏，都与“鼎盛”升平时代人们的精神面貌所分不开。

二

隋唐时期在中国历史上是多民族国家进一步发展的重要历史阶段，也是对外交往的“鼎盛”时期。

---

① 参阅胡行《唐都长安的牡丹狂》，《逸经》1936 年第 7 期；李树桐《唐人喜爱牡丹考》，见《唐史新论》，台湾中华分局 1972 年版。

民族融合或民族同化，与多民族国家的形成是两个不同的概念。前者指的是落后的民族同化于先进的民族，或为先进民族的文化所征服，其归宿是落后民族的消失，而不是两个民族的联合；后者指的是两个或两个以上的民族联合为一个国家，而各族仍然保持其民族特征，具有独立的语言、心理和文化。魏晋南北朝是民族融合和民族同化的时代，却不是多民族国家发展的时代。我国历史上多民族国家的形成和发展过程中，有三个重要的时期：第一个是秦汉，第二个是隋唐，第三个是明清。第二个时期中尤为重要的是唐朝前期，当时的民族政策比其他两个时期开明，实行具有局部民族自治性质的羁縻府州制，对促进民族联合起了不小的作用。为什么当时能出现这样的情况呢？我觉得与所处的具体历史环境有关。从南北朝到隋唐，是一个民族融合、民族同化刚刚完成的时期，作为皇族的杨、李二氏都是数代与胡姓通婚，独孤氏、窦氏、长孙氏虽然都已成为汉姓，但他们原来均属胡姓，在这种条件下，大多数统治者（个别者除外，像隋炀帝）心目中“非我族类，其心必异”的观念就大为淡薄了，“严夷夏之防”的思想亦不十分严重，这就为减少民族隔阂、增加少数民族的向心力创造了气氛。唐朝蕃臣、蕃将殷庭，《新唐书》特置《诸夷蕃将》类传，就是证明。唐太宗所说，“自古皆贵中华，贱夷狄，朕独爱之如一，故其种落皆依朕如父母”①，确实是时代的产物，是具有代表性的观点。到唐朝后期，南北朝时期已经汉化的胡姓，由于年代久远，逐渐淡忘了自己先世的血统。随着民族战争的频繁和残酷，情况发生了改变，“严夷夏之防”的观点又由淡而浓②，所以“安史之乱”以后，民族联合的形势就趋向逆转。到了宋代，宋辽、宋夏、宋金战争此起彼伏，几百年前汉化了的鲜卑人、匈奴人早已忘记了先世的族属，完全以汉人自居，甚至他们也认为“非我族类，其心必异”，就更谈不上实行开明的民族政策了。

在私有制和阶级社会里，出于抵御外国入侵的需要而各族自愿进行联合的情况，也偶然会出现，但极为罕见；多数的多民族国家都是通过

---

① 《通鉴》卷198贞观二十一年五月。

② 参阅傅乐成《唐代夷夏观念之演变》，见《汉唐史论集》，台北联经出版事业公司1977年版。

战争和征服的方式而形成的。无论在哪种情况下，各民族中总是有一个最强大的民族作为凝聚各族的核心。当这个民族发展顺利，经济、文化高涨时，多民族联合体就容易形成和巩固；反之，当它衰微、混乱时，其他民族就易于产生离心力；或者说向心力就趋于削弱。隋朝及唐朝前期，同秦、西汉及明清一样，都是处于作为多民族国家核心的汉族蒸蒸日上的阶段，所以当时的多民族国家就取得了进展，走向巩固。唐朝后期汉族政权分崩离析，长安的国门之外就是吐蕃的占领军，在民族矛盾尖锐、民族关系紧张的形势下，尽管也出现过一些民族间经济、文化交流的历史篇章，但总的趋势是各民族间的凝聚力明显下降，民族联合走向松弛。

因此，所谓多民族国家形成和发展的第二个高潮，是仅指隋朝和唐朝前期而言，而这一时期也正是由开皇至天宝的“鼎盛”阶段。

如果我们放眼当时的世界，就会发现在欧、亚两大洲的政治地图中，隋朝和唐朝前期在历史上也占有重要的地位，在世界史上放射着异彩。以下，让我们由东至西地考察一下隋唐时期世界上一些主要国家的发展水平。

日本在公元7世纪中叶“大化革新”时始建立早期的封建国家，直到公元9世纪才创制了自己的文字——假名，第一部历史文献《古事记》产生于公元8世纪，全系汉字。“奈良时期”（710—794年）虽然文化昌盛，但大多是仿效唐朝文化而来。奈良王朝表面上中央集权，却长期内讧不已。就国力强弱与社会、文化发展水平而言，远不能同隋唐帝国相比。

印度是中国以外亚洲的另一个重要的文明古国，公元4—5世纪笈多王朝处全盛时期，生产水平超过欧洲，科学、文学、艺术成就也相当可观；但就社会发展阶段而言，从公元5世纪起封建因素才在奴隶制内部开始萌芽，公元7世纪以后开始得到充分发展。戒日王统治的国家虽渐趋强大，但始终未能真正统一次大陆。公元646年他死后，这个国家就瓦解了。公元8世纪初阿拉伯人入侵以后，陷于长期战争。即令是戒日王执政的强盛阶段，文化上的成就也仍逊色于笈多王朝。如果以中、印两个文明古国的社会发展水平和文化成就而言，在公元6世纪到10世纪的阶段，仍然是前者高于后者。

东方的斯拉夫人，在公元9世纪才开始进入封建社会，形成了古罗斯国家。公元10世纪中叶始见有关秋播的记载，直到公元12世纪休耕、撂荒还很流行。显然，在全世界的重要国家中，罗斯是一个当时比较落后的国家。

拜占庭进入封建社会后保存着繁荣的城市，君士坦丁堡的人口达百万之多，始终维持着统一集权的国家体制，公元9世纪前后的文化成就也相当辉煌，但它的强大远比不上隋唐帝国。公元7、8世纪之交，拜占庭政治陷于混乱，外部受阿拉伯人的侵袭，北面受保加利亚人的威胁，直到君士坦丁五世（741—745年）才恢复了国力。这个国家由奴隶制进入封建制的时间比中国晚了一千年左右。

公元5世纪中叶，波斯是西亚最大的国家之一。当时它刚刚向封建社会过渡，到公元6世纪建立了早期封建国家。萨珊王朝同拜占庭长期发生战争的结果，引起了内部的权力之争，公元628年与拜占庭媾和之后，频繁更换国王，国力大为削弱。接着又遇到了阿拉伯的大举入侵，而当时正是唐帝国欣欣向荣的阶段。

从公元6世纪起，阿拉伯就成了拜占庭同波斯争夺的对象，处于相当可悲的地位。直到公元7世纪起，才有了统一的领土，产生了统一的语言。此后进行了一系列的征服战争，建立了大帝国，到公元8世纪中叶和9世纪，封建关系得以发展，紧接着哈里发国家就走向分裂。可以说，阿拉伯的重要成就是在军事方面，社会发展水平与文化成就不能与隋唐帝国相比。正是由于大帝国是一个不稳定的军事行政联合体，所以它难于长期维持。

西欧在中世纪史上占有重要的地位，但在公元6世纪到公元10世纪的时期，同隋唐帝国相比，仍然显得瞠乎其后。隋王朝建立的时候，中国封建社会已经发展了一千年左右，而欧洲封建社会才刚刚经历一百年左右。西欧生产水平提高得极其缓慢，公元7世纪起才显示出比奴隶制优越的地方，直至公元8、9世纪，农业也不过才处于休耕制和二区轮作制向三区轮作制过渡，技术低劣，种一收二已经是不错的收成了。盎格鲁-撒克逊人的农业生产水平比法兰克人还低。当唐朝的长安、洛阳、扬州、益州呈现一派繁荣景象时，西欧的城市尚未诞生。不可一世的查理大帝的帝国仅仅维持了四十多年（768—814 年），他死后就分裂了。即令是鄂图一世在公元 10 世纪建立的王国，亦无统一的政治中心，而到该世纪末，德意志皇权已开始削弱。在文化上，中世纪号称“黑暗时代”，教育和学校完全掌握在教会和僧侣手中，而僧侣大多愚昧无知。查理大帝从意大利现成建筑物上拆下大理石运来进行建筑，而且他们的木构架建筑很快就毁坏了，这与其说是发展建筑，不如说是破坏古代的罗马艺术。所谓“加罗林文艺复兴”，不但地域有限，而且为时短暂，至公元 10 世纪时其影响已经消失殆尽。民间文学的代表作《罗兰之歌》几乎是仅有的文学成就，同唐代诗坛百花争妍、诗人辈出的盛况无法相比。

如上所述，在公元 6 世纪到公元 8 世纪时期，隋唐的确是全世界中社会发展水平最高，国力最为强盛，文化最发达、繁荣的佼佼者，当时的中国在世界历史上的崇高地位是有目共睹的。

隋唐的这种显赫国际地位，必然导致世界各国对中国的仰慕，于是迎来了中外经济、文化交流的新高潮。在中国历史上，西汉是中外经济、文化交流的第一个高潮，但当时的中外交往主要是出于民族斗争的需要，“断匈奴右臂”是张骞出使西域的目的，班超、班勇西行也主要是为了同匈奴争夺对西域的控制，至于中西文化交流本身并不是基本目标，只不过是这些政治行动的副产品而已。隋唐时期的情况却有所不同，促进中外交往已成为自觉的目的，这同当时的社会、政治条件有密切的关系，需要略加阐释。

一般说来，中央集权和全国统一的朝代，容易发展中外经济、文化交流，这是由于：第一，统一的国家疆域辽阔，国境线长，天然地造成了中外接触面扩大的形势。第二，只有在国家统一，内争很少，社会升平的时代，统治者才有余力实行“扬国威，徕远人”的政策，才能目光向外。汉、唐两代的情况都是如此。为什么唐朝的中外文化交流水平又远远超过汉朝呢？这同唐朝统治者肯于在一定程度上实行开放政策有关。下面就专门讨论当时实行局部开放政策的原因。

在古代人眼中，周边各族同远方的各国都是“四夷”，没有什么大的差别，所以对周边各族采取的政策必然延伸为对外政策。前面已经指出，唐朝统治者对各族人民采取比较开明的政策，而且朝廷用人不歧视异族，其结果必然对“远夷”之人也采取同样的政策，所以像晁衡、崔致远这样的异邦人也能在唐政权中供职。归根到底，这还是民族大融合刚刚完成不久的特定历史环境的产物。

民族融合、同化的结果，不但汉族“非我族类，其心必异”的传统观念被淡化；在文化方面也在一定程度上拆除了“夷夏之防”的藩篱，各族文化遂呈纷陈杂现的状况，其表现是多方面的。首先，隋唐的九部乐和十部乐中不仅有疏勒乐和龟兹乐，而且也有高丽乐、安国乐、康国乐和天竺乐。胡腾舞、胡旋舞、柘枝舞也都来自异域。米嘉荣是活跃在长安艺坛的米国歌唱家，康萨陁是活跃在中国艺坛的康国画家。把“凹凸法”传来我国的是西域的尉迟质跋那。其次，印度的佛教早已传到中国，姑置不论，唐朝新传入的宗教就有景教、摩尼教、祆教和伊斯兰教。最后，贵族百官和长安富人，在衣着上竞戴胡帽、穿胡服，在饮食上争食胡饼，大都市胡商蕃客成群，市面上胡店星罗棋布。总之，对唐朝的皇族、百官和士人来说，外国艺术、外国衣着、舶来商品已经成为精神生活和物质生活不可须臾以离的了，这就是统治者推行对外开放政策的根源。

世界上的文明古国，其传统文化能够保留至今天的，可谓绝无仅有，大多数文明古国的文化传统都在外来文化的冲击下中断了。我国是一个罕见的例外，传统文化一直保存下来，未因外来文化的冲击而中断，其中重要的原因之一，就是中国文化对从异域传来的各种文化具有改造和吸收的功能，使之逐渐地中国化。这样，两种文化碰撞时就不具有你死我活的性质，而是形成一种有弹性的接触。直到清朝张之洞的“中体西用”说，仍然是这种传统心态的继续。我国这种既保留自己传统文化，又能改造吸收外来文化的机制是什么，值得研究，目前尚难简单地做出结论。隋唐时期之所以敢于伸开双臂拥抱外来文化，放手进行交流，也就是由于不惧怕外来文化对我国传统文化的冲击，具有较强的自信心。魏晋以来，对我国文化影响最大的，莫过于佛教文化，但佛教自传入开始，就在不断受到改造。在汉代，佛教是当作道术的一种被理解，因为当时方术、祠祀相当流行；魏晋南北朝时佛教与玄学唯心主义相结合，因为当时最流行的思想是玄学；隋唐时期，佛教模仿中国的宗法制建立了很多宗派，但生搬硬套印度经院哲学的法相宗流行不广，风靡不过四十年就走向衰落，一蹶不振，中国化较深的一些宗派如天台宗、华严宗和禅宗影响最大。[①] 在隋唐时期，人们已经不再把佛教当作洋教来信奉，它已经基本上变成了中国社会的意识形态中的有机组成部分。韩愈所谓"佛者，夷狄之一法耳"，"佛本夷狄之人"[②]，只不过是为反佛多找一个借口，并不说明唐人还真正把佛教当作外来宗教。至于佛教艺术的中国化，尽人皆知，更无须在此冗赘。因此，唐朝采取开放政策，是自信心十足的反映，对于一个政治上、文化上十分虚弱的朝代来说，采取这种政策是不可想象的。

隋唐时期的贵族、百官、士人，对外来文化既感到有需要，又感到有自信，所以就敢于大力促进中外文化交流。与隋唐帝国交往的东、西方各国，在生产上、文化上均大大落后于中国，而且有不少国家正处于由奴隶制向封建制过渡的阶段，因此他们有的是羡慕隋唐的文明，有的是师法隋唐的制度。中外条件结合起来，就促成了中国历史上文化交流的第二个高潮。

值得特别提出的是，尽管中国历史上曾经出现过多次的中外交流高潮，但其他时期在这些交流中所处的地位和发挥的作用却都不如唐代突出。这是由于，唐朝不仅仅是局限于同各国之间进行双边交流，而且是作为世界文化交流的中心而发挥着桥梁作用。印度的佛教是通过中国又继续东传朝鲜和日本的。长安作为一个世界文化的展览馆，聚集着来自东、西方很多国家的使节、墨客、艺术家和蕃商，多种文化都在中国发生了接触，这样的地位和作用在其他时期是罕见的。

三

从社会的发展和演变看，隋唐五代这三百多年正是中国封建社会由

---

① 参阅任继愈《汉唐佛教思想论集》，人民出版社 1974 年版。

② 《韩昌黎集》卷 39《论佛骨表》。

前期向后期过渡的时代。每一个大的历史阶段，都具有承前启后的性质，对前一个时期均有所因，也有所革。从隋朝建立到“安史之乱”，可以说是对魏晋南北朝以来的社会、政治、文化因多于革的阶段；“安史之乱”以后，发生了显著变化，可以说是革多于因的时代，这些变革为北宋所继承和改进，为整个中国封建社会的后期开了先河。因此，从“安史之乱”到北宋建立的二百年，是发生大变革的二百年，是对后代产生深远影响的二百年。就生产、文化、多民族国家的发展及中外文化交流而言，隋朝和唐朝前期做出的贡献较大；就社会变革及文化演变而言，后期更显得重要。

首先考察一下隋朝和唐朝前期的因多于革。自三国实行屯田、西晋实行占田以来，国家能够不断处理大量的无主荒地；从北魏开始又实行均田制，这一田制一直延续到隋唐。从曹魏实行户调制到唐朝实行租庸调制，也是前后一脉相承的，这些税制的共同特点在于重户、重丁而轻资产。北朝的府兵制由产生而发展，到唐朝初年也成熟到最完备的程度。三省六部制，两汉之际开始萌芽，魏晋南北朝时期进一步酝酿，隋唐时期最后定型，使封建政权的结构比秦汉时更加成熟，而且这一政体对宋代以后也发生了影响。至于“革”的方面，主要表现为：劳动者和士卒的身份有所提高，超经济强制趋向减弱；门阀士族严重衰落，科举制取代了九品中正制；自然经济削弱，商品经济加强。而这些变化大多亦不自隋唐始，在南北朝后期早已见其端倪。

从唐中叶到北宋建立这二百年看，则是因少革多。

经济基础的变化是引起上层建筑领域变化的物质前提，从唐中叶起经济关系中发生的最大变化，莫过于土地制度方面的变化了，即均田制的最终崩溃和地主土地所有制向新的阶段发展。从北魏开始实行的均田制，时兴时弛，延续了将近三个世纪，到唐朝中叶最后失去生命力。国家有权处理的无主田大为减少，私有土地空前增加，地主土地所有制必然迅猛发展。这是唐宋之际社会变革的总根源。

地主土地所有制的发展引起了空前严重的贫富悬殊，在这种新的历史条件下课税重户、重丁口的制度就难于推行，所以按土地多少、户等高低征课的两税法就取代了只问丁身、不问资产的租庸调法。由于唐宋以后地主土地所有制在继续发展，两税法基本精神就一直贯彻下去，宋代的二税、明代的“一条鞭法”、清代的“摊丁入亩”都体现这种精神。因此，两税法实际上为中国封建社会后期的赋税制度开了先河，它的颁行具有划时代的意义。

随着贫富悬殊的空前严重，农民起义的口号也发生了变化。“伐无道，诛暴秦”及“苍天已死，黄天当立”的口号都把斗争的矛头首先指向封建政权和皇帝，这是我国封建社会前期的共同特征；王仙芝“天补均平大将军”的称号首次朦胧地提出了“平均”财富的要求，宋代“均贫富”、明代“均田免粮”及清代太平天国的“天朝田亩制度”，是这一纲领性口号的继续和发展，它们的共同点是都把斗争矛头指向地主经济。贯穿于整个封建时代后期的这种新的要求，也是首先萌芽于唐末。

当经济发生重大变革的时候，尚未认识历史发展规律的统治阶级和皇帝、百官，不但不能预见未来，而且对正在发生的变革亦不能清醒地认识，必然陷于穷于应付的被动地位，只能对已经出现的迫在眉睫的问题采取一些权宜之计。在这种情况下，上层建筑领域出现了一系列紊乱现象，使职差遣制的产生就是由此引起的，最具有典型性。这种新的职官制度具有一些新的特点，它们主要是：本官不治本司事而治别司事；使职差遣官无定员，任命不由吏、兵二部，直接由皇帝任免；使职差遣官无品秩。① 这些特征均足以说明这种新制度的超越常规和不正规性。户口色役使、租庸使、盐铁使、转运使、度支使、户部使……是在财政制度紊乱的条件下产生的差遣官；节度使、观察处置使、都防御使、经略使……是在地方行政制度和军事制度发生紊乱的条件下产生的新使职；“兵强则逐帅，帅强则叛上”是均田制破坏过程中兵制发生紊乱和地方行政制度发生紊乱相结合而引起的统治秩序的大混乱；翰林学士成为“内相”以后侵中书省之权，政事堂改称“中书门下”以后下设的“五房”（吏房、枢机房、兵房、户房、刑礼房）侵六部之权，尚书省的长官成为“空除仆射”以后改变了宰相班子的权力构成，这都是中央政权发生严重紊乱的象征；唐朝后期宰相权力和三省六部职能的削弱，藩帅成为“使相”而尾大不掉，三省长官成为荣衔而滥赠滥授，是中央政府同地方官

① 参阅陈仲安《唐代的使职差遣制》，《武汉大学学报》1963 年第 1 期。

员的力量失去平衡，发生权力紊乱的结果；“安史之乱”以后的藩镇割据和藩镇战争则是全国大紊乱的集中表现。

当唐朝处于统一集权的阶段时，儒、释、道并存，中外文化杂陈，无人感到有什么严重不恰当的地方。当唐朝后期政治、军事陷入大混乱时，思想家们意识不到引起紊乱的根源是经济基础发生的变化，于是就过多地归因于意识形态领域的紊乱，出于整顿社会、政治秩序的需要，韩愈等思想家企图恢复儒家的独尊地位和“道统”，统一人们的思想，借以重建统一集权的国家。内容决定形式，四六骈俪的文体不适于进行说教，以“文以载道”“文以明道”为口号的“古文运动”遂应运而生。韩愈和李翱是宋代理学的先驱，而理学一直发展到明清时期。“古文运动”为宋代的古文家欧阳修等人所继承，写古文之风一直继续到“五四”运动前夕。可见在思想和文学上唐人也为后代奠定了一定的基础。准确地说这些奠基工作都正式开始于中唐时期。

中国古代的史籍，主要有四种体裁，即编年体、纪传体、政书体和纪事本末体。其中政书体专门研究记载典章制度，第一部书是杜佑的《通典》，它的出现与唐代的制度紊乱有一定的关系。《食货典》首先对田制紊乱发出慨叹：“虽有此制（指均田制），开元之季，天宝以来，法令弛坏，兼并之弊，有逾于汉成、哀之间！”唐朝官制的大紊乱是从武周时期开始的，所以杜氏对神龙年间的“官纪荡然”亦深表不满。[①] 唐人李翰为《通典》作的“序”中特别指出，“立事在乎师古，师古在乎随时，必参古今之宜，穷终始之要，始可以度其古，终可以行于今”。显然，他们认为处在变革的时代，必须在典章制度上“师古”，只是在“师古”时不能流于泥古，而要做到“随时”。在他们看来，唐朝制度大紊乱违背了“师古”与“随时”的原则，需要借鉴历史进行整顿，所以才创造了专门探讨典章制度的专书。苏冕《会要》撰写于中唐时期，处于制度大紊乱的阶段，也是有关典章制度的专著。政书体和会要体对中国封建社会后期史学的发展发生了深远的影响，所以后代才陆续纂成大量的政书体史籍。这是唐朝后期史学成就也具有划时代意义的表现。

---

① 《新唐书》卷166《杜佑传》。

北宋建立以后，在唐朝后期和五代十国制度紊乱的基础上力图建立新的秩序。像土地制度，统治者根本无力改革，采取了现实主义态度，干脆“不抑兼并”，听任地主土地所有制发展。对科举制度也是如此，不但全盘继承，而且取消“释褐试”，扩大录取名额，大量任用官员。对北宋统治者来说，过去二百年行政制度和军事制度的大紊乱是最敏感的问题，不严肃对待就无法立国，所以在这些问题上采取了因中有革、革中有因的政策。在唐代，使职差遣制是行政、军事紊乱的集中反映，宋代无法把它抛弃，只能乱中求治，即把差遣制变成正式的制度，从中建立新的秩序。户部虽然继续存在，但掌握全国财政权的是三司使，这是把唐朝后期盐铁使、转运使、度支使等职务加以继承和改造而成的，使之不再具有临时性质，成为定制。唐朝的职业雇佣兵是造成藩镇叛乱的主要条件之一，宋朝统治者无力改募兵为征兵，于是在职业兵制的基础上实行“更戍法”，使兵不识帅，帅不识兵，避免重演藩帅拥兵自重、据地称雄的悲剧。为了恢复和保持中央对地方的居重驭轻，实行文臣知州和设置“通判”的办法，以保证国家的统一集权。由此可见，所谓“因中有革，革中有因”，实质就是要由乱而治，它标志着政治、军事上由无序走向有序的过渡。为了防止尾大不掉的割据势力产生，统治者采取“虚外守内”的政策，再加上宋辽、宋夏、宋金战争频繁，所以宋朝由唐朝的对外开放变成了封闭僵化的局面。

上述事实说明，唐朝后期和五代十国的历史，对后世所产生的影响，既有宋代的短期效应，也有直到明清和五四运动以前的长期效应，不能不加以重视。

总之，隋唐五代近四个世纪的历史，一方面结束了封建社会前期的历史，尤其对魏晋以来的历史作了总结；另一方面又为中国封建社会后期的发展准备了多方面的条件。隋朝和唐朝前期迎来了中国历史上的第二次“鼎盛”和发展高潮，唐朝后期和五代十国又在大混乱中让人们看到了一线新时期的曙光。在这三百多年中既有欢乐，也有痛苦，是一个笑声和哭声交织的时代，在中国历史上占有着特殊的重要地位。

（原载《河北学刊》1988 年第 2 期）

后　记

这本集子收录了我自己关于隋唐五代史的二十篇文章。这些文章大致分为三类。第一类是有关经济与财政方面的，第二类是有关农民战争方面的，第三类则属于从总体上考察隋唐五代史。把这些不同类型的文章汇聚一册，主要是考虑到它们本质上有相通之处。就历史问题而言，社会经济是我最感兴趣的内容。我对农民战争的重视也正是在于它具有推动社会经济发展的作用。至于从总体上把握隋唐五代的历史脉络，则更离不开对经济史的思考。关于这一历史时期政治史方面的文章，我将另外结集出版。

几十年来，陆陆续续写了些文章，现在回首自己的学术生涯，重新翻检这些旧作，不觉汗颜，深感功力不足，水平不高。唯一值得安慰的是，在允许研究、允许写作的时候，我毕竟是尽力了。现在我已年届古稀，加之体弱多病，因此觉得应该对过去的研究做一个总结了。这就是我出版这本论文集的目的。

当此学术著作“出版难”之际，这本集子由于得到了“唐史研究基金会”的赞助，终于能够问世。中国社会科学出版社的冯广裕同志为本书的出版付出了大量艰苦细致的劳动，使本书避免不少错误。在此，谨向基金会的诸位先生及冯广裕先生表示深深的谢意！河北师院历史系的张荣强、姜密同学协助我搜集、抄写了一些文章，在此也一并表示谢意！

由于水平所限，本集收录的文章中必定有许多错误，深盼读者提出批评意见。

胡如雷

1996 年 6 月 1 日记于石家庄

（《隋唐五代社会经济史论稿》，中国社会科学出版社 1996 年版）